山西大同大学基金资助

独立学科视域下的翻译学研究与发展

DULI XUEKE SHIYUXIA DE FANYIXUE YANJIU YU FAZHAN

樊超 ◎ 著

吉林大学出版社

图书在版编目(CIP)数据

独立学科视域下的翻译学研究与发展：汉文、英文 / 樊超著. -- 长春：吉林大学出版社，2022.12
 ISBN 978-7-5768-1362-3

Ⅰ.①独… Ⅱ.①樊… Ⅲ.①翻译学—研究—汉、英 Ⅳ.①H059

中国版本图书馆 CIP 数据核字(2022)第 251605 号

书　　名	独立学科视域下的翻译学研究与发展：汉文、英文 DULIXUEKESHIYUXIA DE FANYIXUEYANJIU YU FAZHAN：HANWEN YINGWEN
作　　者	樊　超　著
策划编辑	张维波
责任编辑	代红梅
责任校对	柳　燕
装帧设计	繁华教育
出版发行	吉林大学出版社
社　　址	长春市人民大街 4059 号
邮政编码	130021
发行电话	0431-89580028/29/21
网　　址	http：//www.jlup.com.cn
电子邮箱	jldxcbs@sina.com
印　　刷	三河市腾飞印务有限公司
开　　本	787×1092　1/16
印　　张	29
字　　数	635 千字
版　　次	2022 年 12 月　第 1 版
印　　次	2023 年 1 月　第 1 次
书　　号	ISBN 978-7-5768-1362-3
定　　价	98.00 元

版权所有　翻印必究

前 言

中国的翻译研究可谓源远流长,历史上长达千年的翻译不仅造就了一批优秀的翻译家,同时也催生了我国古代的翻译研究和相应的翻译思想。这些翻译思想,从三国时支谦的"因循本旨,不加文饰",到东晋道安的"五失本三不易",从六朝鸠摩罗什的"依实出华",到唐代玄奘的"五不翻",尽管多属只言片语,零篇残什,但其中蕴含的丰富翻译思想弥足珍贵,仍然可以为当今的翻译学发展提供宝贵的思想资源。像唐代贾公彦关于翻译的定义"译即易,谓换易言语使相解也",即使从今天的翻译学角度看,也堪称经典。

翻译是人类跨语言、跨文化的交流活动,是推动人类社会进步的最重要手段和途径之一。翻译很可能是宇宙进化过程中产生的人类最复杂的一类活动。它的复杂性必然对我们的研究构成挑战,要求我们的研究不断拓展,不断创总序新,不断深化。

对于一个学科的发展来说,引进国外的理论和方法很重要,但更重要的是要结合翻译实践、翻译教学与研究,写出与我们自己的实际密切结合的论著。国内已经出版了一些这样的著作,对翻译学的建设起到了某种程度的推进作用,功不可没。但从理论的系统性和研究方法的科学性上来说,国内还没有一本多数人认可的"翻译学导论"方面的著作。为了进一步推动翻译学的研究与发展,笔者编撰此书,希望能满足高校翻译学专业的师生教学与研究的需求。

翻译作为一门独立的学科已经成为当今国际学界的共识。与之相应,在中国经历了二十世纪八九十年代关于翻译学的大讨论后,终于在 21 世纪之初翻译学作为一门独立学科得到了体制内的承认。本书共十六章,从翻译学的基本理论入手进行阐述,对翻译研究的中西方对照、翻译学的内容与属性、翻译学的方法与途径做了详细阐述。进而笔者有重点地将认知翻译学、生态翻译学、文学翻译学、语料库翻译学、语用翻译学、应用翻译学和工程技术翻译学进行了板块研究。随后笔者选取不同视角,从译者的角度、译本的角度、社会符号学角度及跨文化角度四个方面，对翻译学进行研究和阐述。在充实翻译学框架内容与内涵、促进翻译学健康发展的问题上，均有着鲜明而又独到的思想和见解。

从古至今，大体来说，人类对翻译的研究已有了直观经验式的、文艺学的、语言学的、文化学的等多种视角和方法。笔者相信，我国的学者一定会同世界各国的同行一道，对人类这项重要而复杂的活动不断加以探索，进行多层面、多角度的研究，为这一学科的发展作出贡献。

本书作为翻译学概论，具有理论广度与深度，且文字简练，通俗易懂，具有可读性，适用于翻译理论研究者、翻译实践工作者、中西比较翻译学研究者、大专院校翻译及外语专业的教师。

本书在编写过程中参考了国内外大量书刊和业界的研究成果，在此谨向各方表示衷心的感谢！由于笔者水平有限，书中难免存在纰漏和不足之处，敬请各位读者予以指正。

作　者

2022 年 8 月

目 录

第一章 翻译学概述 ………………………………………………………… 1
 第一节 翻译的内涵、意义和价值 ………………………………… 1
 第二节 翻译学学科性质之惑 ……………………………………… 4
 第三节 观照翻译学的复杂性科学视角 …………………………… 6
 第四节 复杂性科学视角下的翻译学方法论 ……………………… 11

第二章 翻译研究的中西观照 …………………………………………… 17
 第一节 中西现代翻译学概评 ……………………………………… 17
 第二节 翻译学必须重视中西译论比较研究 ……………………… 22
 第三节 中国翻译与西方翻译 ……………………………………… 27
 第四节 中西译论的相似性 ………………………………………… 30
 第五节 中西译论的相异性 ………………………………………… 34

第三章 翻译学的内容与属性 …………………………………………… 42
 第一节 翻译学的建立 ……………………………………………… 42
 第二节 翻译学的途径 ……………………………………………… 47
 第三节 翻译学的任务和内容 ……………………………………… 54
 第四节 翻译本质的绝对与相对属性 ……………………………… 61
 第五节 翻译学的新世界思索 ……………………………………… 67

第四章 翻译学研究方法论 ……………………………………………… 71
 第一节 翻译学方法论基本概念辨析 ……………………………… 71
 第二节 翻译学方法论研究意义与现状 …………………………… 83
 第三节 翻译学方法论的体系建构 ………………………………… 99

第五章 认知翻译学 ……………………………………………………… 108
 第一节 理解认知翻译学 …………………………………………… 108

| | 第二节 认知翻译学理论取向 | 110 |
| | 第三节 认知翻译学的范式与方法 | 129 |

第六章 生态翻译学 ... 139
- 第一节 生态翻译学的起源与发展 ... 139
- 第二节 生态翻译学的理论基础与体系 ... 143
- 第三节 生态翻译学核心术语体系 ... 149
- 第四节 生态翻译学的核心理念与视角 ... 151
- 第五节 生态翻译学的发展走向与启迪 ... 159

第七章 文学翻译学 ... 169
- 第一节 文学翻译概述 ... 169
- 第二节 文学翻译的主体与"自我"表现 ... 171
- 第三节 文学翻译的风格与审美 ... 175
- 第四节 文学翻译批评学思想 ... 182

第八章 语料库翻译学 ... 188
- 第一节 语料库翻译学的学科属性 ... 188
- 第二节 语料库翻译学的特征 ... 191
- 第三节 语料库翻译学的研究领域 ... 195
- 第四节 语料库翻译学研究的意义 ... 197
- 第五节 基于语料库的翻译教学实践 ... 198
- 第六节 语料库翻译研究现状及未来走向 ... 202

第九章 语用翻译学 ... 205
- 第一节 语用翻译学的建立 ... 205
- 第二节 语用翻译学的基本译观 ... 210
- 第三节 语用意图翻译的理论基础 ... 217
- 第四节 语用意图翻译的理解与解释 ... 229
- 第五节 语用意图翻译的表达与接受 ... 237

第十章 应用翻译学 247
第一节 应用翻译学的建立 247
第二节 应用学建立的意义 250
第三节 应用翻译的特点与原则 252

第十一章 工程技术翻译学 261
第一节 工程技术与工程技术翻译学 261
第二节 工程技术翻译学与相关翻译研究的区别和联系 266
第三节 工程技术翻译的语境场 269
第四节 工程技术翻译的话语场 275
第五节 工程技术翻译的语域 279
第六节 工程技术翻译的词汇和语句 287

第十二章 语境与翻译学 292
第一节 语境的定义与发展 292
第二节 翻译与语境的关联 294
第三节 功能语境对翻译的影响 309

第十三章 译者角色与翻译学 319
第一节 译者角色研究 319
第二节 译者面临的翻译伦理问题 321
第三节 多维翻译伦理关系中译者角色的动态调整 334
第四节 译者的伦理判断与决策 343
第五节 译者伦理决策与翻译策略选择 349
第六节 译者角色伦理论的适用性 355

第十四章 译本视角与翻译学 364
第一节 译法研究 364
第二节 译本实例分析 369
第三节 译本的语用学解读 375

第十五章 社会符号学与翻译 ……………………………………… 382

第一节 现代符号学理论概述 ……………………………… 382

第二节 翻译研究的符号学途径 …………………………… 383

第三节 社会符号学理论源起 ……………………………… 390

第四节 社会符号学翻译模式构建 ………………………… 400

第五节 社会符号学翻译理论应用 ………………………… 404

第十六章 跨文化交流与翻译学 …………………………………… 407

第一节 跨文化翻译与文化对比 …………………………… 407

第二节 全球化语境下的跨文化交际与翻译 ……………… 412

第三节 跨文化传播视阈下的翻译功能 …………………… 421

第四节 跨文化翻译与传播：教学研培类 ………………… 428

第五节 跨文化翻译与传播：审美比较类 ………………… 447

参考文献 …………………………………………………………………… 454

第一章 翻译学概述

在当今全球化的时代,翻译的重要性显而易见。伴随着翻译活动的日益频繁,翻译理论也日渐丰富,当前的翻译理论主要包括翻译基本原理、翻译史、翻译思想、翻译原理、翻译批评等。从"翻译"的定义来看,翻译即言语的转换,目的是使读者理解。翻译所要表达的基本含义有两个:其一,翻译是以忠实于原作的意义和目的进行的活动;其二,翻译是两种语言之间相互转换的活动。

第一节 翻译的内涵、意义和价值

一、翻译及相关内涵阐述

对于翻译的内涵,笔者将从翻译的含义、翻译的标准、翻译的审美原则三方面来进行阐述。

(一)翻译的含义

从广义的角度看,翻译指语言与语言、语言变体与语言变体、语言与非语言等的代码转换和基本信息的传达。例如,英语和汉语之间的相互转换,语言和体态语之间的相互转换。从狭义的角度看,翻译是一种语言活动,是把一种语言表达的内容忠实地用另一种语言表达出来。我们把一种语言所要表达的内容,用另外一种语言表达出来,是一种形式上的转换,是意义的传递。

范仲英教授给翻译下的定义是,"翻译是人类交流思想过程中沟通不同语言的桥梁,使通晓不同语言的人能通过原文的重新表达而进行思想交流;是把一种语言(原语)的信息用另一种语言(译语)表达出来,使译文读者能得到原作者所表达的思想,得到与原文读者大致相同的感受"。费道罗夫(Federov)认为,翻译是"用一种语言手段忠实,全面地表达另一种语言表达的东西"。尤金·A. 奈达(Eugene A. Nida)认为,翻译是"在接受语中寻找和原语信息尽可能接近的、自然的对等话语"。所有这些观点都道出了翻译的本质,即忠实地传达原义[1]。因为语言不仅是交流的工具,还是文化的载体,它本身也有意义所以把翻译当成一个过滤装置,一经翻译只存意义,滤出语言形式(表达手段)的做法往往会使我们失去很多有价值的东西。过度强调译法会抹去许多语言风格、艺术、文化的特征,从而

---

[1] 姚珊珊. 关于译者自由度的探讨[J]. 北方文学:下,2012(11):112-112.

影响译文的真正价值。

(二)翻译的标准

关于翻译的标准,可谓众说纷纭。中国翻译界流传、遵循最广的翻译标准至今仍应该是清末翻译家严复提出的"信、达、雅"三字说。

信:承用原作内容,取信于读者。

达:译文酣畅地道,为译文读者喜闻乐见。

雅:强调译语包装,增强译文的可读性。

按鲁迅先生所说,翻译只是相当于为外国人融入本国做化妆、变装、换口音的工作。不论他外表变得多厉害,人总还是原来那个完整的外国人,只是能够融入中国社会,可以与中国人沟通、产生共鸣。这实际是从本质上肯定了翻译的第一要义——忠实。细思之,也有"达""雅"的意思蕴含在内。此论是笔者比较认可、推崇的简要精练而又形象贴切的翻译标准。

(三)翻译的审美原则

关于翻译的审美原则也有很多论述,笔者在此只想强调两点。

一是必须确立翻译审美标准的相对性。不能简单地把一种语系之间的转换规律看作另外一种语系之间的转换规律。由于语系转换规律具有相对适应性,审美标准也要具有相对性。

二是必须确立翻译审美标准的依附性。翻译不是创作,不能不顾原文,一味臆造。译者必须选择与原文审美构成相适应的审美再现手段。这点是针对当下理论界的"译者主体性""译作自创论"而说的。

二、翻译的意义和价值

译者在进行翻译的时候,通过对原文的意境、内涵认真地进行揣度,深入地探索读者的审美需求,借助译文将原文的审美价值充分地体现出来。这样读者就会比较容易了解原文的美学意义。

(一)翻译的意义

从远古时期,翻译工作就已经开始了,世界各民族之间相互往来、开展文化交流、互通商业贸易、进行宗教传播。与文学史和文化史一样,我国有着两千多年的翻译史,这是我国文化的瑰宝,为我们积累了宝贵的文化财富。对于优秀的译者来说,先要了解翻译的意义,这样才能加强对翻译事业的了解,做好翻译这份工作。随着经济的发展,国与国之间的交流日益加深,人们也深切地体会到翻译在当今社会的重要性,而且这种重要性还有进一步加强的趋势。每年市场需求的新译者数量都在不断增加,各个行业、各个领域都需要翻译人才。

（二）翻译的价值

1. 美学价值

意境，指文学艺术作品通过形象描写所表现出来的境界和情调。意境的追求和创造是修辞上获得最佳表达效果所必需的。在文学翻译中，译者要以追求原作的意境为己任，以再创造等同的意境为目标；以实现翻译之美学价值而言，译者不仅要动笔，还要动情。莎士比亚的"和泪之作"与曹雪芹的"一把辛酸泪"同是文情相生，挥笔挥泪。创作是如此，翻译也应该如此进行再创作。译者要通过翻译走进创作者的创作过程，了解他们的心理活动、心理状态和个性，追求自己的艺术思维，获得其美学形象。

译者在不知不觉中与作者及作品心物交融，然后译者脱离作品本身，问到自我意识上，从感知形象到抽象思维，与作者达成了美的共识，然后实现艺术再创造。在认知过程中，译者不断整合作品的各个部分。译者通过对作品的不断整合形成美学形象，感受到审美形象，这是一种较高层次的感知，与感知开始的感觉不同。

文学翻译的艺术再现活动是"超然的"，其中译者所操作的不是有形结构，而是超越时空的物象。因此，作者通过直觉和形象整合，抽象地总结形式结构是必要的。根据从作品中获得的感性信息，译者构建与作者相似的审美形象，并与作者的思想达成共鸣，这是心灵的共鸣。随着这种共鸣，译者将跟随作者的想象力，按照作者的想法，进入原作的审美意境。

2. 社会文化价值

翻译的价值还主要体现在社会文化层面，社会的变革与文化的发展往往和蓬勃发展的翻译活动有关。翻译可以引发对特定文化乃至社会制度的变革，也可以推动不同文明向前演进。古罗马的希腊文学翻译推动了拉丁文学的诞生，五四运动时期的西学东渐及大规模翻译活动促进了现代白话文的形成和发展，这些无疑都是翻译的社会文化价值的最佳佐证。另外，从社会文化的角度来考察翻译现象，可以使不同时期的翻译文学得到更为合理的解释。

3. 理论价值

翻译本身并非理论，它所谓的理论价值，并不是指它作为理论的价值，而是指它对翻译研究和翻译理论的价值。换言之，翻译作为翻译理论的直接研究对象，是翻译理论赖以发生和发展的"物质基础"，因而它对翻译理论具有价值。翻译理论乃至翻译学作为独立学科的发展在很大程度上都依赖于翻译这一"物质基础"的存在和发展。离开了这个基础，翻译理论的存在和发展就无从谈起。反过来，翻译理论通过对译本的描写和总结，又可以给翻译实践提供指导，带动翻译实践更好地发展，使它在人类文明发展过程中不可或缺的作用得到更好的彰显。在这个意义上，翻译实践是前提，它不是因为翻译理论的存在而存在，而是有了它的存在，翻译理论的存在才能成为可能。同时，往往因为它的发展，翻译理论的发展才成了有源之水、有本之木。

第二节　翻译学学科性质之惑

翻译学的学科性质是什么？这并非一个简单的问题。二十世纪八九十年代国内译界曾有过一场关于"翻译（科）学"的论战，论及"翻译是否为一门独立的学科"和"翻译是否为科学"[①]两个方面。如今似已无须再为"翻译是否为一门独立的学科"而争辩了，因为无论是体制建设还是社会影响，翻译学的独立学科地位已经获得了普遍认可。然而，从中外翻译研究发展的历史与现状来看，有关翻译学的性质（翻译学是一门什么样的学科）一直未达成相对统一的共识，对于翻译学学科性质的认识依然值得深入思考。

一方面，人们的观念会发生变化，对一门学科或学问在不同发展阶段的研究对象、理论范畴和学科属性的认识也会发生变化。英语中先后出现的"Science of Translation" "Traductology" "Translatology" "Translation Theory"和"Translation Studies"等用以表达"翻译学"的词语表明了人们对翻译学性质的认识所发生的变化。国际著名翻译学家尤金·奈达曾在其早期研究中把翻译看作一门科学，他在 Toward a Science of Translating（《走向翻译科学》，1964）中提出了建立翻译科学的目标，而在其与泰伯（C. Taber）的合著 The Theory and Practice of Translation（《翻译理论与实践》）中却放弃了原来的观点，转而把翻译视为艺术[②]（Nida，Taber，1969/1984：preface），进而在 1991 年的 Translation: Possible and Impossible（《翻译的可能与不可能》）一文中指出"We should not attempt to make a science out of translating…"（我们不应尝试去将翻译构建为一门科学……）（Nida，1991：10）。奈达的认识变化在学科史上是一个典型的例子。个人的观点发生变化是很正常的现象，说明社会在发展，人的认识在发展，但并非说明这个变化一定是从错误走向正确。认识的早晚不是判断认识正确与否的标准。

另一方面，学科是一个不断演化且多义的概念，既可以指系统化的学问，也可以指学校规训体系，且划分学科的标准不尽相同，因而翻译学的学科归类并不容易，学界观点颇难统一。人们提及"学科"时，还常将其和"科学"混用，因为学科"不仅指具有相对独立知识体系的科教科目、学术门类或分类，而且作为科学的分支，它与科学的概念日趋同一"。然而，人们对"科学"一词本身也存在着不同的理解，既用以指分门别类的知识体系，也指反映自然、社会、思维等客观规律的学术研究。知识界对科学的界定大体分为英美和德国两种。英美的科学概念认为，科学应是具有高度逻辑严密性的实证知识体系，须同时满足以下条件：①有尽可能严密的逻辑性，最好是能公理化，其次是能运用数学模型，至少要

[①] 1996 年，劳陇在《中国翻译》发表了《丢掉幻想联系实践——揭破"翻译（科）学"的迷梦》一文，从而引发了一场围绕"翻译可否成为学科"和"翻译是科学还是艺术"的全国性论战；1999 年，张经浩在《外语与外语教学》发表《翻译学：一个未圆且难圆的梦》更是再掀论争高潮，论辩双方各执己见，始终未能达成共识。学界在论战中对于该问题有着不同的表述，如"翻译是科学还是艺术""翻译活动是科学还是艺术""翻译学是科学还是艺术""翻译学是科学论还是艺术论"等。

[②] 奈达在书中称"It is also a skill, and, in the ultimate analysis, fully satisfactory translation is always an art.（翻译也是一项技艺，究其根本而言，理想的翻译是一门艺术）"。

有一个能"自圆其说"的理论体系；②能够直接接受观察和实验的检验。基于此，英美等国把所有学科分成为三类：自然科学、社会科学和人文学（人文学只能是学问，是学科，不能称为科学）。德国的科学概念则认为，科学就是指一切体系化的知识，一切科学只分为两类：自然科学和精神科学（或文化科学，包括常说的社会科学和人文科学）[1]。

在我国学科体制中，"翻译"多被划分为人文学科，没有设立翻译学院或外语学院的高校一般将翻译学系或与之相关的研究所/中心划入"文学院"或"人文学院"，翻译学界对此却观点不一。有学者[2]明确地表示翻译学是一门"人文科学"；有学者认为翻译学是"综合学科"[3]；也有学者时而认为翻译学是"综合学科"，时而认为是"人文学科"[4]；还有学者认为翻译学是"边缘学科"或"交叉学科"[5]。人们对"学科"缺乏统一的界定，对综合性学科是不是严格意义上的独立学科有着不同的看法，同样，对"怎样的学科以及怎样融合才算交叉"这个问题也缺乏定论[6]。

可以看出，无论人们将翻译研究划为人文科学、社会科学或笼统的人文社会科学，还是综合学科、边缘学科或交叉学科，每种观点都各有其道理。这些相异的观点一方面反映了人们划分学科的标准和对翻译学的认识存在差异，另一方面也确实反映了翻译学学科定性之困难，以传统的标准来看待新生的翻译学容易陷入迷惑。换一个角度来看，持有各种观点者看待"学科"的出发点和视角不同，结论一定各异，好比"盲人摸象"，不一定急着先下结论，等到各自变换出发点和角度继续去摸索，就会对"象"的模样逐渐达成共识。

随着科学的发展和社会的进步，越来越多的综合性学科和边缘学科成为事实，自然科学里的物理、化学，人文社会科学里的历史、地理等，都反映出学科发展的过程，从简单分类，越分越多，到随着研究的需要开始合并成综合性的新学科，然后再进行细分，出现更多的学科，这样一个螺旋式上升的过程，就是人们对世界认识不断深入和变化的过程。笔者对翻译学的学科性质进行探讨，也只能反映笔者对于翻译学这个新兴学科的认知，很可能属于"盲人摸象"的过程，但这些探索或许有助于我们越来越清楚地认识学科性质。

---

[1] 吴鹏森，房列曙. 人文社会科学基础[M]. 上海：上海人民出版社，2000.
[2] 黄振定. 外语与外语教学[J]. 大连外国语学院学报，1999(2)：33-35.
[3] 李平. 论翻译学的学科性质[J]. 外语研究，2003(2)：43-46；50.
[4] 吕俊. 吕俊翻译学选论[M]. 上海：复旦大学出版社，2007.
[5] 谢天振. 当代国外翻译理论导读[M]. 天津：南开大学出版社，2008.
[6] 炎冰，宋子良认为综合学科不是独立学科，只是就某一问题为对象，综合多学科的理论、方法和研究者去共同探讨并加以解决的实际操作过程。如环境科学，它只是人们为解决环境污染、生态失衡、资源流失等环境问题，集生物学、生态学、植被学、气象学、地球物理学、社会学、经济学等学科的理论方法和上述各学科的专家，联合探讨环境问题的解决途径与实践过程，本质上并不属于独立学科。"交叉学科"和"交叉科学"两者也在混用。有的认为交叉学科是指自然科学和社会科学相互交叉地带生长出的一系列新生学科，还有的认为交叉学科是与单一科学相对应的综合性科学，两门以上的科学相互结合、彼此渗透，不仅分别存在于自然科学和社会科学各自的内部，而且还大量发生在自然科学与社会科学之间。从狭义上来说，交叉学科被认为是与比较学科、边缘学科、软学科、综合学科、横断学科和超学科等学科并列的学科；从广义上来说，交叉学科被认为是包括比较学科、边缘学科、软学科、综合学科、横断学科和超学科在内的学科。

第三节　观照翻译学的复杂性科学视角

经典科学的观念认为，事物的简单与复杂是相对的，一个事物在未被认识之前是复杂的，一旦被认识之后就变得简单了，事物之所以复杂完全是因为人们对事物认识得不够充分。科学需满足自然一致性原则、实体永恒性原则和因果性原则，这三个原则所蕴含的就是科学的确定性假设。受其影响，人们努力将复杂的事物简化为可分析的结构，并以是否揭示事物发展的确定性规律来检视一门学科的科学性，因而揭示客观规律就成了许多学科的自我规定性任务，翻译学也不例外。

早在1951年，董秋斯在《论翻译理论的建设》一文中就认为："（翻译）工作中有一定的客观规律可以遵循……这规律是客观存在的，不是某些人凭空想出来的。"[1] 谭载喜1987年在《必须建立翻译学》一文中更是明确指出，翻译学的"任务是'揭示'翻译过程的'客观规律''探求'关于翻译问题的'客观真理'，给实际翻译工作提供行动'指南'"[2]。在翻译学寻求独立学科身份的过程中，相关研究一直在朝着科学化和实证化的方向努力。语料库翻译研究的兴起更是一个例证，相关研究者以语料库为工具，对大量实际存在的翻译事实或现象进行定性和定量的分析与概括，以凸显翻译研究的客观性和科学性[3]。

谭载喜于1987年提出在翻译研究的学科化努力中，科学主义扮演了重要的角色，它强调研究对象的外在客观性、研究程序的可重复性、研究结果的可验证性和研究结论在解释上的普适性。翻译科学派如奈达、纽马克、穆南、威尔斯、费道罗夫等都认为"可以像描写语言一样，对翻译程序和方法进行客观、科学的描写，并使之公式化、模式化"。赵彦春[4]于2005年还曾提出以归结主义方法指导和开展翻译学研究，旨在"将错综复杂的现象归结为核心的、本质的东西""将翻译的种种表现形态归结到翻译过程，将翻译的主体因素归结到翻译的客体，将人文学科的某些因素归结到正题法则体系"。归结主义方法"以找出翻译作为客观存在的内在统一性为最终目的"，要求"从翻译实例中归纳出一般规则，或以一般规则验证于翻译实例"。这种抛开复杂的主体因素，"把翻译当作人这一主体去认识的、独立于主体的客观存在物"来讨论，是以语言结构的稳定性、文本意义的透明性、语码转换的完全对应性为前提假设的。根据科学主义的认识论，复杂可降解为简单，整体可分化为部分来加以研究。以之为指导的翻译研究努力将翻译过程分解为一组组直观的数据，并归纳出反映翻译过程统一性、确定性和规律性的公式，最终用于指导翻译。但是，翻译是一个复杂的社会文化现象，其中包含一定的操作规律，也包含了很多不确定性，无法归结为统一性。翻译研究无法忽视这些不确定性，描写性研究方法的运用就是让人既看

---

[1] 谭载喜．必须建立翻译学[J]．中国翻译，1987(3)：2-7.
[2] 沈苏儒．继承·融合·创立·发展——我国现代翻译理论建设刍议[J]．外国语（上海外国语学院学报），1991 (05)：20-23.
[3] 胡开宝．语料库翻译学概论[M]．上海：上海交通大学出版社，2011.
[4] 赵彦春．翻译学的归结主义方法[J]．英语研究，2005，3(02)：38-44.

到规律性的操作,又认识到那些不确定性的表现。归结的初衷大概是要化繁为简,但是,翻译的复杂性和多样性很难让操作实现理想化,翻译过程中涉及的诸多主观因素很难让归结的初衷得以实现,语言特性无法涵盖翻译过程涉及的种种要素,更无法解释涉及人和社会的各种复杂因素。

然而,翻译研究似乎很少能以确凿的证据揭示出不以人的意志为转移的客观存在的翻译规律。"信、达、雅"影响深远,但终归只是一种主观的翻译标准;"忠实"历经解构还屹立不倒,却也只是一种共识原则而并非规律;"多元系统论"阐述了翻译文学在一国文化系统中的地位对文学翻译所起的制约作用,但这一假设并未得到充分的证实和证伪,也缺乏广泛的应用性,无法解释特定社会文化语境中(如中国晚清时期)的翻译现象;基于语料库研究的"翻译共性"也未获得普遍的证实;描写翻译研究所发现的更多是主导翻译选择和行动的规范,即某种程度趋同的行为趋势,而并非固定不变的翻译规律。因而,传统科学的确定性假设在翻译学领域中得不到充分的印证。在大多数情况下,翻译活动是翻译主体在比较、鉴别、协调、平衡的基础上进行价值选择的结果,如果对照确定性因果规律的揭示,翻译学显然无法确保自身的科学性,这与翻译学已经获得了独立学科地位的事实明显悖逆。

20世纪80年代兴起的复杂性科学或复杂性研究为我们认识翻译学的性质、消解上述悖论提供了一个新的视角。

一、翻译学的复杂性研究思维

张焘于1991年提出20世纪科学的突出进展是宣告几百年形成的学科专业化时代的结束。学科的分化及学科间相互的渗透、交叉与综合打破了旧的科学文化格局,使得原本泾渭分明的学科边界变得模糊起来,新的学科不断出现,一些传统学科的研究领域得以拓展,一些原本不太相关的学科在研究内容上出现耦合。黄欣荣在2006年提出诸多学科研究的现象和面对的问题所表现出的复杂性越来越突出,复杂性科学的出现"适应了对复杂性进行综合和分析的迫切需要"。

20世纪是科学范式革命频繁发生的时期,20世纪80年代,科学革命的一系列变化经过酝酿和升华,终于把科学系统推向新的历史形态,科学世界呈现出新的图景。2004年,苗东升[①]提出科学形态的变化所产生的综合结果,"一是现有的学科(包括力学)都开始探索本领域的复杂性,二是不断出现跨学科、跨领域的大科学问题,二者共同构成所谓复杂性研究"。由此,整个世界范围内都掀起了复杂性研究的热潮,发展出"复杂性科学"这一概念。复杂性科学以复杂性系统为研究对象,它"并不是一门具体的学科,而是一种跨学科的新兴科学研究形态"。拉尔夫·斯泰西(Ralph Stacey)在2000年提出"复杂性科学"是一个复数概念,由一系列不同的理论课题共同构成,包括混沌理论、耗散结构理论和复杂适

---

① 苗东升. 系统思维与复杂性研究[J]. 系统辩证学学报,2004,12(1):1—5.

应系统理论等。复杂性研究是一场具有范式意义的思维方式的变革运动,它从复杂性理念出发,探索所有领域中的复杂性,为众多领域的研究和发展提供新思路和新途径。

复杂性研究的兴起标志着经典科学向新型科学发展,或者说是由简单性科学转向复杂性科学。一般认为,经典科学就是简单性科学,在经典科学的世界图景中,世界本质上是简单的,复杂性不过是人的认识局限所造成的对世界的虚假认识,复杂和简单都是相对而言的,人们对于已经掌握的东西,就觉得简单;而对于尚未了解和掌握的东西,就觉得复杂。只要把对象世界还原到一个最基本的层次,就可以把一切复杂性化解为简单性来处理。在新型科学的世界图景中,世界并非由简单累加而成,而是简单性和复杂性相统一的存在;复杂性系统具有有序和无序、偶然性和必然性的动态关联性,甚至是不可分割的,并不是将复杂系统分解了,我们就能将之化为简单。另外,世界是发展的,且朝着复杂性不断增加的方向发展。复杂性才是对象世界的本质,不存在一个可以将一切复杂性都降解为简单性的最基本层次。因而,经典科学和新型科学对于复杂性有各自不同的处理原则,前者秉持的是把复杂性化为简单性来处理,而后者把复杂性当作复杂性来处理。

正如法国哲学家莫兰(Morin)所说,复杂性是"把'一'和'多'统一起来",也"把互补性和对立性统一起来"而形成的多样性统一,达到复杂性的思维意味着达到思想上的用双目视物而放弃用独眼的思想方法。新型科学提倡以复杂性思维的视角看待对象世界,复杂性思维本身就具有包容性和开放性,因而复杂性科学本身并不否定简单性科学的价值,而是认为不能将简单性科学的原则普遍运用于一切研究对象,必须在保留对象世界复杂性的本质特征的情况下对复杂性加以简化。苗东升在2004年提出[①]"对于典型的复杂性对象,必须把复杂性当成复杂性来处理,一味追求简单性、坚持用还原论解决一切问题才是开错了药方"。复杂性科学这一方法论原则适用于所有学科领域,带来的是全世界范围内科学系统整体形态的深层次变化。

复杂性科学力图打破传统学科之间互不往来的界限,致力于解决非线性、非均衡和复杂系统带来的种种问题,以提高人们认识世界、探究世界和改造世界的能力。与其说复杂性科学的兴起代表着一种新的学科门类,不如说它代表着一种新的科学观念和思维方式,它的发展不仅引发了自然科学界的变革,也逐渐渗透到人文社会科学领域。武杰在2017年提出[②]复杂性科学的兴起"不仅拓展了科学研究的疆域,也为我们增添了理解自然和理解社会的新理念",给人文社会科学带来了一种生成性的、跨学科的研究路向。教育学界认为复杂性理论给教育理念带来了根本的挑战,教育应该超越简单化和片段化的认识,形成复杂性思维范式。焦瑶光、吕寿伟在2007年提出[③]法国社会学家卢曼也赋予复杂性一种核心地位,将复杂性贯穿于其理论中,卢曼的社会系统理论实质上是对于社会系统在不同状态下和不同部分中组成因素、关系网络、运作程序复杂性的一种表达和处理。

---

① 苗东升. 系统思维与复杂性研究[J]. 系统辩证学学报,2004,12(1):1—5.
② 武杰,孙雅琪. 复杂性科学的学科特征及其哲学境界[J]. 自然辩证法研究,2017(7):6.
③ 焦瑶光,吕寿伟. 复杂性与社会分化——卢曼社会系统理论研究[J]. 自然辩证法研究,2007,23(12):5.

复杂性科学采取的是一种完全不同的世界观，认为真正的复杂性具有自身的规定性，即使经过还原和分解，复杂性也无法消除，事物的根本属性还包括流动性、多样性、多元性、多层次性、多因素性、多变性、关联性、片段性、异质性、弹性、相互作用的非线性、时空演化的复杂性、不确定性与随机性等。复杂性科学的发展使人类对客观事物的认识由线性上升到非线性，由均衡上升到非均衡，由简单还原论上升到复杂整体论，由实体性思维发展到关系思维，由静态逻辑分析发展到过程关注，等等。对复杂性的关注意味着科学观念的一次根本性调整与转换，意味着对于简单性原则的一种时代性反思与超越，也推动着人文社会科学研究中的观念变革与方法论创新。

二、翻译研究本体的发展性

迪尔凯姆提出[①]复杂性理论，复杂性包括发展性，即事物由简单朝复杂方向发展的特性，翻译学的研究本体就表现出由简单向复杂发展的趋势。一门科学"只有其他科学没有研究的那类事实成为它的研究对象时，它才有理由独立存在"。古今中外，学者对于"何为翻译研究本体"（翻译研究的对象）有过许多表述，虽然观点各异，但从历时角度考察可以发现，翻译研究本体在不断扩大，复杂程度也在不断加深。以复杂性科学为方法论观照，不难发现，试图将翻译学研究纳入纯粹的科学或人文范畴的努力，即将翻译学的科学性和人文性隔绝对峙起来，这正是非此即彼"二元对立"的简单性思维的体现。

翻译学不同于传统科学的是，随着学科的发展，其研究对象也在变化，已经从翻译的语言转换过程扩大到翻译作为人类社会文化实践活动的组织管理、翻译的操作与选择过程，以及翻译的社会影响等，具体研究既可以选择客观存在的翻译行为或翻译现象，也可以选择翻译产品（翻译服务的有形产品和无形产品），还可以选择翻译学学科本身（翻译学的本体论、认识论、方法论等）为研究对象。就以翻译行为为对象的研究而言，既有宏观层次的国家与国际层面、民族与民族之间的翻译行为的相关问题，也有中观层次的译者群体、翻译行业层面的翻译行为与翻译管理行为的相关问题，还有微观层次的译者/译员个体的翻译行为的相关问题。翻译操作过程中语言转换的技巧与方法、译者的翻译思维和认知活动及其发生和发展的规律、翻译对特定社会历史文化发展产生的影响、翻译教学与培训、翻译行业的管理等都是翻译学研究的重要主题。这种界定要求我们不仅要总结翻译语言转换过程中具体的技巧、技术和规范，还要揭示翻译作为社会实践的一般原理，建立抽象程度较高、逻辑自洽严密的学科理论体系。

随着社会的发展，翻译发生了重要的转型，其社会功能由精神启蒙逐渐转为文化消费，其社会参与者由精英人群转为普通民众，其社会组织由个体劳动发展为集约生产。在人们开展翻译研究的早期，翻译尚停留在"书房"阶段，往往被视为一门只有文人学者钻研

---

① 武孝龙，苏贵. 论迪尔凯姆的社会事实及其研究方法——复杂性科学哲学的视野[J]. 濮阳职业技术学院学报，2013，26(5)：4.

的高深的技艺，从事翻译工作的人并不多，优秀译者更少，翻译研究的对象一般用于翻译工作的直接经验，研究翻译的专家多是从事翻译实践工作而又善于反思的译者，他们丰富的翻译经验对于翻译学习者来说具有十分重要的借鉴意义，因而译者工作经验的交流和技艺的总结颇为重要。彼时，翻译研究方法论需解决的主要问题是如何观察和描述译者的直接翻译经验。这种对译者自我经验的观察和对优秀译者的技艺评价倾向于采用极具主观特色的人文主义方法和手段来完成，研究成果通常以"感悟""心得""体会"和"点评"的形式呈现。蓝峰在1986年提出①因为研究者的主观审视无法排除自身价值偏见的影响，其观察所得的结论与其实际翻译操作也难以达到一致，作为研究者的"言"与作为译者的"行"往往有一定的出入，且研究者的"个人经验之谈"又掺杂翻译艺术必备的"天赋""悟性"与"灵感"等因素，虽然译者的经验令人叹服，但那些有关翻译之道的隐喻性表达"要么令人畏为参不透的禅语，要么流为机械的工艺标准，失去了实际的指导意义"，因而难以获得普适性的推广和应用。

由于早期的翻译研究只对翻译经验进行直接观察式的研究，不能客观地描述翻译过程中的语言转换的规范特征，也不能充分解释各种翻译现象发生和发展的原因，因而也就不能真正解决人们在翻译实践活动中遇到的各种问题。在"东渐"的西方结构主义语言学的影响下，翻译研究者逐渐跳出了探讨翻译艺术与技巧的藩篱，转向了翻译所涉语言内部结构的规则性，翻译研究的对象从译者的主体经验转为翻译的客观文本。研究者虽然没有完全放弃对翻译经验的总结，但更多地聚焦于语言结构的可分析性、文本意义的可转换性及翻译过程中符码转换规则的可再现性和研究结果的可检验性等，翻译研究的逻辑起点设定为语言的可译性和翻译的规律性，呈现明显的科学主义特征，有关翻译文本的句法、语义、语用、语篇等语言学层面的对比与分析不仅填补了主观翻译经验总结和归纳的不足，而且推动了翻译学向认知心理研究、社会符号研究等更为广阔的领域发展。

科学主义为翻译研究的科学化发展提供了工具，奠定了翻译研究的学科基础，但建立在"作者意义是确定的""原文语言是透明的""翻译过程是封闭而不受外界影响的""原语文化与译语文化是完全平等的""译者是完全价值无涉的"等天真假设基础之上的研究忽略了翻译所涉的译者主体因素、译文受众因素和文化语境因素等其他变量，使翻译研究成果的可信度受到质疑，而解构主义思潮和文化研究的兴起又从根本上动摇了科学主义翻译研究的工具理性基础。

随着全球化和本土化进程的深入，翻译的性质、方式和手段都发生了变化，翻译本身也从一种个人化的兴趣活动演变为一种团队性的职业活动，电脑、互联网等信息工具的使用极大地提高了翻译工作的效率和质量，同时也使得世界一体化的翻译市场成为可能。人们越来越认识到翻译并非只是一种单纯的语言文字转换活动，除"忠实""神似""风格移植"外，还有"功能对等""目的""语境顺应"等原则和"叛逆""操控""改写""征服""阻抗"等现象，认识到对于职业化时期的翻译进行研究不仅要总结经验与技巧，发现翻译中语言转换

---

① 蓝峰. 观念与方法——翻译研究刍议[J]. 中国翻译，1986(6)：5.

规律和译者的认知心理过程，还需要了解翻译的伦理规范和译者的职业能力，以及翻译作为语言服务产品的生产传播方式。翻译研究本体范围不断扩大，翻译在社会变革和发展中的作用，翻译与经济、文化等系统之间的联系和互动都纳入了翻译研究的视野，单一的研究视角无法涵盖繁芜庞杂的翻译研究对象，采用不同的方法与手段才能解决不同研究对象的特质问题。人们慢慢认识到不同方法各有长短，人文主义重视文化、历史和社会环境因素的重要意义，而科学主义则强调量化和实证的工具价值。前者难以将人的主体性带来的不确定性和模糊性纳入严格的科学范畴中，而后者在维护翻译学科学性时却忽视了翻译现象和人类存在的社会历史性。因而，翻译学进入了一个学科研究对象复杂、寻求方法创新的时期。

第四节　复杂性科学视角下的翻译学方法论

翻译学的复杂性不仅表现为翻译研究本体的发展性、翻译对象性关系的多样性、翻译研究主客体关系的互动性这三者，但这三者已经表明翻译学极具复杂性特征，从复杂性科学来认识和探索翻译学是翻译研究者的职责和使命。

一、复杂性科学视角的翻译学方法特性

如前文所述，受经典科学概念的影响，人们按照简单性思维来划分学科和进行学科建构，而翻译学在传统学科类别中很难找到自己的明确归属，借助复杂性科学的概念可以让翻译学的学科特性得到更好的解释。

传统学科强调学科的独立性，严格区分研究对象，将各自的研究范围"画地为牢"。迈因策尔在其专著《复杂性中的思维——物质、精神和人类的复杂动力学》(*Thinking in Complexity: The Complex Dynamics of Matter, Mind, and Mankind*)中说："斯诺曾在著作《两种文化》中批评过自然科学和人文科学之间的隔阂，而复杂系统探究方法可以是一种沟通两者、消除隔阂的方法。"从复杂性科学的角度来看，翻译学并不局限于某一单纯类型的科学或方法，并不像传统学科那样有清晰的学科界线。翻译学研究明显融合了归纳与演绎、定性与定量、微观与宏观、还原论与整体论、科学推理与哲学思辨等看似矛盾对立的原则与方法。

事实也告诉我们，翻译活动中很少有简单线性的规则秩序，各种翻译现象也难以满足于一因一果的解释。如果要比较全面地认识翻译的本质状态，我们需要从不同的层次、不同的角度、不同的方面提出问题，需要在综合复杂性与简单性的基础上提出新的方法，既不忽视翻译过程的复杂性，又不迷失在纷繁杂乱的翻译事实和翻译现象之中。其次，非线性思维告诉我们，对于翻译现象，我们不可能像自然科学一样做到长期的精确预测，而只能根据一定的社会历史情境和翻译主体的特点做到局部或有限的预判，因而追求确定性规律并非翻译学研究的全部使命所在。

然而，我国当代的翻译学研究还在很大程度上因循着简单的思维定式。例如：一些学

者认为翻译的本质为"语言转换",因而拒绝接受与承认文化翻译研究为翻译研究的本体,也抗拒翻译研究的"社会转向";也有一些学者认为不能直接将指导翻译实践的翻译学理论视为无用的理论,因而要求弱化翻译研究的理论意义;还有一些学者反复套用某一种理论去分析一个又一个文本,结果只是以简单枚举的方式证实理论的有效性,此外别无新的见解。作为一种新兴的复杂性研究,翻译学要追求自身多样化的研究旨趣和履行独特的社会使命,必然要求研究方法的多元性和特殊性。

翻译学研究方法的多元性可以概括为两大取向:原则规定和经验描写。前者指研究从有关翻译的性质、目的、标准、原则等观点或假设出发,经过逻辑推演,形成由各种范畴、概念构成的理论体系,并以此规定和指导翻译实践。后者指从具体的翻译事实出发,通过对翻译实践过程和翻译现象中的数据收集、整理、比较、分析和抽象,总结出特征或概括出理论,发展新的概念体系,从而深化对翻译本质与功能的认识。

可以说,多元本身就是翻译学研究的特殊性表现,但总体而言,翻译作为结构分析、意义转换与价值介入的活动,只有当翻译主体的主观认识与翻译文本的客观意义之间,以及翻译主体间达成"视域融合",译本才能获得翻译界的认可与接受。由具体翻译活动形成的各种翻译现象既有一定的重复性和累积性,也具有较强的偶然性、多因素性与非线性。另外,翻译学问题层次丰富,类别多样,翻译选择过程中译者的理性因素和非理性因素并存,变量复杂,研究过程中主体和客体都会发生变化,研究过程不断演化。多因素、多变量、非线性的翻译现象,以及动态的、不可复制的翻译选择过程都决定了翻译学研究的多元化、阐释性、批判性和复合性。

无论是研究对象、研究方法、研究问题,还是与其他学科的关系,翻译学都表现出复杂性科学的特点,这内在地要求我们用复杂性思维去推进研究。翻译学研究无论是朝原则规定的方向发展,还是更多地吸纳经验描写的量化特点;无论是倡导研究的应用性,还是强化理论的普适性,均需以包容的态度,坚持客观性的同时充分尊重主观性,肯定研究程序科学严谨的同时强调研究目的的人文关怀,既为翻译过程提供指导,也对翻译活动中各类主体的价值取向和各种复杂翻译现象中的主体间关系做出合理阐释。借助于复杂性科学的视角,翻译学可以超越人为划分的学科疆域,接纳多方面、多层次研究主体的介入,将多学科研究途径有机地结合起来,形成学科研究的协同创新。

二、翻译学复杂性研究的方法论原则

研究翻译学复杂性,或开启翻译学复杂性研究,首先需认识到翻译复杂性的客观和普遍存在,使"复杂性"成为翻译研究的理论主题,从本体论、认识论和方法论角度分别深入对翻译复杂性的认识。简单性与复杂性都是世界的基本属性,复杂性还存在着不同程度上的差异。对于复杂系统来说,科学主义范式的研究所提出的模型一般比实际情况简单,控制变量就是以简化的方式对系统进行模拟和观察,越简化的模型离实际情况越远。对于具体的问题来说,每一类甚至每一个具体问题或现象也都有其独特的复杂性,揭示出问题的线性特征,也无法推及对其他问题的理解。尽管如此,研究翻译学复杂性还是要从具体问题入手,以线性方法解决简单性的问题,以非线性方法描述和解决复杂性的问题,研究各种不同问题的复杂性,然后才能探索出翻译中复杂性与简单性之间的关系是如何存在和演化的,具体如下。

(一)翻译学研究对象

1. 翻译存在的生成性原则

"何为翻译?"这一直是翻译学一个最基本的问题。对此,学者有许许多多不同的答案,但已经取得的共识是:翻译是一种社会实践活动。翻译作为一种社会性的存在,其本体不是某种"既定质",而是在实践过程中的"生成质"。翻译的存在是与其他要素整体联系和生成的过程,而不能脱离于其他事物"是其所是"。被称为"翻译"的静态的译本只是生成性翻译过程的产品和最终镜像,而并非翻译过程本身。翻译研究的分析对象可以是文本,但着眼点必须是多样性不断增加的生成性过程。因而,翻译研究者不应从翻译的静态存在来理解动态的过程,而应从生成的过程来理解翻译的存在。翻译存在的生成性决定了翻译活动具有基于共性的多样性。翻译活动涉及不同的语对、不同的时间、不同的地域、不同的文化、不同的目的、不同的受众等,这些事物均有其特殊性和差异性。但翻译和任何其他事物一样,无论多么复杂,也都建立在人性、思维、语言和文化的共性基础之上,缺乏共性,人类不可能实现相互之间的沟通和交流。在翻译研究中,对于研究对象的共性特征和个性差异,两者均不能偏废或忽略。

2. 翻译活动的可有限预测原则

作为复杂性存在的人类翻译活动,要素间具有相互关联的因果性,但这并非具有决定论意义的线性因果关系,而是一种非线性因果关系。翻译各要素间会相互反馈和干扰,由此产生不确定性的偏转和变化,翻译中存在的只有"盖然性规律",而没有绝对的"客观规律",因而翻译研究的目标不应设定为揭示出所有的线性因果关系,以实现精确预测,而应是为人类提供关于翻译的整体的、全息的流变图像,即通过无数直接与间接社会要素、应然与实然的翻译事件联系在一起的图像。

(二)翻译学研究主客体关系

1. 研究主体与客体相统一原则

翻译研究者一般也是翻译实践者,当译者对自己的翻译过程进行研究和反思时,翻译研究者和被研究者就是统一的;当译者对其他译者进行研究时,研究者和被研究者之间也并非绝对的主客体关系,而是互为主体的关系,研究者在研究过程中会受到被研究者的经验、思想和观念的影响。基于译本分析的翻译研究者会不可避免地对原文和译文进行对比阅读,这一过程实际上也是在生成新的译文的过程,研究者对译文进行评价时,就以另一译者的身份直接或间接地参与了翻译过程。

2. 研究的对象与环境一体化原则

翻译活动可解读出多种不同的对象性关系,翻译研究者选取研究对象时,不能脱离具体的语境来认识该研究对象的性质。无论翻译研究的对象是翻译活动的产品(文本)、翻译活动的主体,还是翻译活动的过程,都不能脱离对该翻译活动发生和发展的社会文化环境的考量,对静态文本的分析和研究得出的"规律性"认识,能帮助人们了解已经发生的翻译行为的一个方面,却并不足以规定人们未来的翻译行为。翻译研究的对象与其环境是相互作用的,翻译活动不仅会对其社会环境产生作用,又要承受社会环境所施加的压力,不断调整和适应。

(三)翻译学研究思维方法观方面

1. 多值逻辑思维原则

无论是传统的人文主义翻译研究,还是现代科学主义的翻译研究,研究者都是运用单值逻辑的单向度思维。在单值逻辑中,一切命题都是非真即假的,一个命题不可能是二值的。多值逻辑规则认为,命题不止有两个值,不仅是真或假,也有既不真也不假的。传统翻译观中"忠实"是绝对可靠的内在真理标准,是判断译文好坏的唯一标准,凡是不忠实的译文都意味着是不好的或错误的。现代科学化的翻译研究竭尽全力对译文进行客观描写,不考虑翻译生产过程中外在环境因素的影响,不考虑译者在生产译文过程中的目的,也不考虑译文读者(受众)的差异,以追求译文中的因果律,希冀指导翻译实践。然而,这种无视其他引起差异因素的"规律"一接触翻译现实就会变异,也就不可能具有真正的实践指导意义。只承认翻译中的个性,一味否认翻译的共性也是单值逻辑的另一种表现。复杂性研究是在承认和肯定简单性研究的价值基础之上,加入对多值命题可能性的考量。进行翻译学复杂性研究,需要认识单向思维、单值逻辑的限度,尽量超越"规律",发现"规律"不可解释的情境,从更宽广的背景中去理解翻译的复杂性,始终保持研究的未完成性和反思性。

2. 还原方法与整体方法相结合原则

受我国传统哲学观的影响,我国古代翻译研究的方法论本质上是整体论的,强调整体地把握翻译,但这种整体论是直观朴素的,它只考虑到整体,而没有考察细节和部分,没有将对整体的把握建立在对部分的精细了解之上。科学主义范式的翻译研究则创造和运用可重复操作的方法,在语言学翻译研究、认知翻译研究等方面取得了诸多成就,然而面对社会性的翻译现象和各种复杂的翻译系统,作为科学研究基本方法的还原法却并不能起到预想的作用。复杂性研究要求将还原法和整合法结合起来,整合法和还原法并行不悖,不还原不可能了解细部特征,所谓的整合论只是直观笼统的猜测,没有整体观照,只是还原,我们对事物的认识会是零碎的、失去关联的。将还原法和整合论结合起来才能对翻译学进行更加深入的研究。

此外,我们较为熟悉的宏观综合和微观分析相结合、定性判断和定量描述相结合、科学推理与哲学思辨相结合、理论认识与实践行动相结合等都是开展翻译学复杂性研究应秉持的原则。

三、复杂性科学与翻译学方法论创新

从复杂性科学视角认识翻译学,目的在于以新的思维方式推动翻译研究的方法论创新。首先，这要求翻译学研究者面向翻译作为一个复杂系统的整体性，走学科交叉与综合的研究之路。无论是在创建学科的过程中，还是在学科建立之后，翻译研究发展的基本趋势都是以学科分化为主，翻译研究的领域越分越细。一方面，学科分化有助于具体研究的深化，另一方面，也造成了学科间的阻隔。学科分化的内在逻辑是遵循科学研究的简单性原则，即把复杂的事物不断降解和分解，将局部的低层次的问题解决了，也就找到了对全局的高层次问题的答案。现代科学的发展除了学科内分化，还有学科间的跨越与融合。跨学科研究、交叉学科研究、横断学科研究、边缘学科研究、超学科研究、综合性学科研究等不断出现，伴随这些概念出现的是整个人文社会科学发展的去学科化趋势。这种趋势要求研究者打破学科壁垒、跨越学科边界、消除领域意识，在研究中自觉地将不同学科性质的研究方法和研究对象结合起来，以问题为导向，不问学科归属，不问领域界限，系统地看待问题、解决问题。

其次，这要求翻译学研究者面向翻译所属社会的历史发展性，对翻译作为社会性活动的规律进行有限描写。科学主义范式的翻译研究力图把自然科学的一些方法和原则运用到研究中，并把科学化视为翻译研究的发展之路。例如，实验心理学方法被引进翻译研究，通过控制额外变量、缩小实验者偏差、平衡实验顺序、选择合适样本、确定操作定义和选择统计分析方法对译员/译者的翻译工作过程进行研究，得出反映变量之间因果关系的结果，以此对译者的翻译行为做出预测。它是以受控状态下译者个体的经验反应为基础，以线性的因果分析为手段，从而解析复杂的翻译现象。从复杂性科学角度看，真实的翻译选择过程充满了种种偶然性的、不确定性的因素，科学主义范式的研究只能揭示盖然性，并不能反映必然性，因而无法对现实世界中译者的翻译行为做出精确的预测，这要求翻译研究者在研究中以多维度、发散性思维来认识翻译问题，以审慎的态度对待所发现的"规律"的普适性。

再次，这要求翻译学研究者面向研究主体与客体之间的互为、互动性，认识自己在研究中可能对考察对象产生的影响，发挥主观能动性。在科学主义范式的翻译研究中，推崇量化、实证化和自然科学化，研究以实证主义理论为依据，认为作为客体的翻译活动和翻译现象是客观存在的，不受主体知识结构和主观价值因素的影响，保持"价值中立"的主体通过使用一套自然科学的工具、方法，严格按照既定程序，即可获得对研究对象的真理性认识。但翻译问题具有复杂性和多样性，尤其是涉及翻译主体间、主客体间及客体之间精神的交往和思想的沟通时，翻译问题还呈现出个性化、多义性、价值多元化的特征，这些都难以量化，研究结果也难以作为客观真理呈现。在翻译的社会性研究中需要承认研究主体价值涉入的必然性和必要性，发挥而不是抑制研究者自身的主观能动性。例如，在翻译教育和教学研究中，作为翻译教师的研究者，往往要通过自己亲身的感受和经验，才能对作为翻译学习者的被研究者的学习行为做出解释。研究者往往参与到整个教与学的互动过程之中，翻译教师的行为对学生产生影响的同时，也会塑造和改造其自身，研究过程也是研究者和被研究者双方都发生变化、互相影响的过程。因而，这种承认教师自身知识和价值观在场性，而不是一味追求价值无涉的研究，有着多重现实意义。这既不是传统的人文主义研究，也不同于纯粹的科学主义的研究，研究者不必受到"价值无涉""客观"等科学规范的严格约束。研究者可以设定研究程序，但在研究过程中可以不断地调整研究思路，在取得研究结果的同时，也在探索着新的研究方法。研究结果更多具有启迪性，而不是预测性。研究结果只适用于特定的对象和情景，只为研究者和有限数量的被研究者改善自身的教学行为服务，研究重点是达成研究过程参与者的互相理解、改善自我的行为，而不是得出客观规律以预测类似情形下他人的行为。那么，这种研究既是实证性的，也是理解性的；既有经验数据的描写，也有基于自身感受的解释。

最后，这要求翻译学研究者面向价值取向的多元性，以非线性思维看待翻译研究问题。复杂性科学注重事物的统一性和多样性共存，在承认普遍性原则的同时，也认为普遍性原则有其不足，应在普遍性基础上增补局部特殊性和价值多元性。以复杂性思维开展翻译研究，会取得一些观念上的突破。例如，对文学外译的探讨，以往的研究多采用简单性的思维方式，想找到一种"放之四海而皆准"的文学外译模式，却忽略了文学外译是一个系统、复杂的工程这一现实。研究者多为"单兵作战"，跨学科、跨领域、跨行业合作开展研究的情况很少，协同创新、跨国合作更是鲜见，"以己度人"，想象着译入语读者对译文会有相同的感受，因而追求某种规定性的答案；针对的读者对象也较为笼统，未区分目的语受众的区域、阶层、教育状况、社会地位、收入状况、阅读习惯、文化立场、性别构成、审美取向等；对于受众的媒介使用习惯、使用评价和使用动机等信息均不了解。从复杂性科学角度看翻译，会发现文学外译问题并不是静态的、普遍存在的，而是具体的、发生着的。纯粹的逻辑分析和规则演绎不足以应对具体情形下多种主体价值观念多元的问题，而应将动态多元考察与静态结构分析结合，使两者形成互补。

正如复杂性研究本身一样，翻译研究也是复杂的。面对翻译这一复杂的巨系统，我们不能设想所有的问题都有标准答案，不能认为不同的人按照相同的程序设计、使用相同的方法就能对某种同类问题得出相同的答案。我们无法获取客观的绝对真理，只能获取客观的相对共识。相关研究只能从一个角度观照到复杂对象的一个侧面，做出暂时性的认识。翻译学作为研究由复杂性要素构成、动态非线性发展的翻译活动的一门学科，只能遵循复杂性科学的原则，不断研究和探索。

第二章 翻译研究的中西观照

据记载，西方翻译理论史肇始于公元前1世纪的古罗马修辞学家和翻译家西塞罗，我国的翻译理论史则起源于三国时期的翻译家支谦。追溯中西翻译理论的历史，我们不难发现，在这漫长的发展长河中，中西方的翻译理论与思想受制于各自翻译实践的此起彼伏，也经历了时起时伏、曲折向前的发展阶段。彼此的发展规律和历程有着许多相同之处，各自的理论和思想也都有着不少相似之点。

这些相同和相似究竟在哪里？除相同、相似外，中西翻译理论体系之间还存在哪些相异或相悖？两者之间有无高低优劣之分？彼此的特点和特色给今天的翻译学研究又能带来什么样的启示？如此这些，都不能凭想当然，或凭单纯地研究西方或中国任何一方的翻译理论历史来寻找答案。这是因为一方面，如果我们只看得见自己的翻译理论遗产，对他国译史充耳不闻，便难免会因为拥有支谦、道安、玄奘及严复、鲁迅、傅雷等对翻译精辟的论述而沾沾自喜，妄自尊大。另一方面，如果我们只注重西方译史，或者只欣赏西方翻译理论独特的一面，只看到西塞罗、贺拉斯、哲罗姆、奥古斯丁、德·阿布朗古尔、多雷、德莱顿、泰特勒、施莱尔马赫、歌德、奈达、卡特福德、霍姆斯等西方翻译理论大师，而视本民族翻译理论和思想为微不足道，同时又不深入挖掘淘炼，不从我国的翻译理论遗产中发扬光大，便会过于自惭形秽，陷入民族翻译理论虚无主义的泥坑。这两种倾向都是片面的，不利于翻译学的发展。对于以上种种问题，只有通过对中西翻译理论体系进行客观、全面的横向比较，才能找到正确的答案。

第一节 中西现代翻译学概评

进入20世纪后，西方翻译家借助现代语言学的理论与方法，把翻译研究推向科学研究的阶段，呈现了大量的翻译学研究成果。把翻译理论提高到翻译学，即翻译科学的高度来进行研究，代表了翻译理论研究的发展方向，在较长时间里，西方在这一方面的研究成果领先于我国。从1980年代起，我国的现代翻译学研究在很大程度上受到了西方的影响，因此，用学习和批评的眼光，回顾西方翻译学思想发展的历程，有助于我们更好地借鉴外来思想，认识我国翻译理论研究的优点与不足，更好地发展我国的翻译学理论。奈达认为，翻译不仅是一种艺术，一种技巧，还是一门科学。这是因为，翻译的问题，可以"采用处理语言结构的科学途径、语义分析的途径和信息理论来加以处理"，即采用语言学的、描写的方法来进行解释。之所以说翻译是科学，是因为翻译的过程有一定的客观规律可循，"对不同语言里相应信息间的关系进行任何描写和分析，都必须是语言学（语言科学）

的描写和分析"。毋庸置疑,奈达对于现代翻译理论所作出的贡献是巨大的。他的几个主要思想,如"动态对等""功能对等"的思想,"翻译即交际"的思想、"读者反映对等"的思想,"三性并重",即译品可懂性、可接受性和可读性并重的思想,在翻译和翻译理论界产生过强烈的反响,其影响不仅局限于西方,而且波及包括中国和苏联在内的其他地方。

然而,尽管奈达早在1940年代就把翻译研究纳入语言学门下,后又明确提出翻译是科学的主张,并因此而被西方学者尊为现代翻译科学的开山鼻祖,但纵览其主要著述,却未能见到他就翻译学作为一门独立学科而摇旗呐喊,慷慨陈词。虽然不可不承认奈达运用语言学、交际学、社会符号学及信息论的手段,给现代翻译理论研究带来的突破,以及他在翻译学研究领域的先导地位,但同时也不得不指出,在旗帜鲜明地把翻译学作为一门独立学科来加以建立并加以系统阐述方面,奈达并无重要贡献可言。

奈达如此,西方的其他翻译理论家又何尝不是如此。诚然,自第二次世界大战结束后,一直到世纪之交的今天,受蓬勃发展的语言学研究的牵动,西方的翻译研究也呈现出一派勃勃生机。形形色色的翻译模式不断被提出,各种各样的翻译理论相继问世。在不到半个世纪的时间里,西方各国出版的翻译研究专著和文集已不下千种。但理论家所提出和阐释的理论,大部分只是较为集中、系统地反映了某一个或某几个方面的研究成果,而没能真正地、系统地阐述作为独立学科的翻译学。例如,布拉格语言学派的创始人之一罗曼·雅各布森(Roman Jakobson)在其著名的《论翻译的语言学问题》一文中,从语言学的角度,对翻译中的语言信息问题做了精准的论述,首次把翻译明确区分为"语内翻译""语际翻译"和"符际翻译"。但他所阐述的只是翻译的一般问题,没有涉及翻译学,也没有提出系统的翻译学理论。

英国翻译理论家约翰·卡特福德(John C. Catford)在其论著《翻译的语言学理论》中则密切结合现代语言学的研究结果,围绕翻译的性质、类别、对等、转换、限度等课题,做了较为系统的论述,为翻译理论的研究开辟了新的途径,同时又自立一家之言,形成了标志十分明显的语言学翻译理论体系。然而,卡特福德的翻译理论体系始于语言学,也止于语言学。他没能更向前迈进一步,把翻译研究推向更高的层次,即作为独立学科的翻译学层次。

另一位翻译理论家乔治·斯坦纳(George Steiner)于1975年出版的《语言与翻译面面观》,是西方翻译理论界甚为推崇的一部具有较高理论价值的重要著作。书中旁征博引,见解独特,对翻译步骤的阐述尤具特色。斯坦纳认为,翻译过程分四步:①信赖(trust);②侵入(aggression);③吸收(incorporation);④补偿(restitution)。所谓"信赖",是指译者在着手翻译之前,"相信"原文是有意思的,因此必须透彻加以理解,否则不必翻译。所谓"侵入",是指译者"侵入"原文,对原文加以理解。这样,因为"信赖"和"侵入"原文而打破了译语与原语之间的平衡。然后,译者对原文意思进行索取,即"吸收",给译文注入新的生命、新的成分,从而又一次打破译语与原语之间的平衡。于是,必须对原作加以重组,做出"补偿",使失去的平衡得到恢复。必须承认,斯坦纳的这四个翻译步骤,是从理论的高度加以提出与阐述的,具有深奥的哲理性。然而,斯坦纳的论述是散点式的,书中也没有系统阐述翻译的目的、性质、实际操作过程等基本的翻译问题，没有提出任何完整的翻译理论。有人甚至评论说：斯坦纳在书中提出的问题很多，但这些问题都是无法回答的；书中许多段落没有把问题说清楚，反而使人更糊涂了。因此，虽然斯坦纳的论著中贯穿着深邃的哲理，其理论的广度与深度是许多其他西方翻译理论家所不能比拟的，但他始终没能提出完整而系统的翻译理论，对把翻译学作为独立学科来加以建设的贡献也就很受局限了。

德国的威尔斯是当今西方一位观点最为明确的翻译学论者，他批评奈达等不敢理直气壮地把翻译视为科学。他指出，翻译学"是一门认识性、解释性和联想性科学，它以灵活的方式处理言语问题，试图回答原文可译还是不可译及原文、译文效果是否等同的问题。在方法上，它没有控制系统的那种稳定性和绝对性。它只能在有限的程度上做到现代科学理论按照自然科学模式所要求的那种客观，并在程序方法上不受价值观念的影响"[①]。威尔斯把翻译学分为普通翻译学、描写翻译学和应用翻译学三个部分。普通翻译学研究翻译过程中的普遍规律，提出翻译的理论和模式；描写翻译学涉及具体两种语言，对原语与译语进行描写，检验传译过程中出现的具体问题；应用翻译学主要指把翻译学的原理应用于翻译教学。威尔斯的上述翻译学观有其比较系统的一面，无疑是对西方翻译学研究的重要贡献。但正如他在《翻译学》一书的前言中所指出的，这本书的写成是他从事"翻译教学与研究的产物"，书中明显带有翻译理论教科书的特点，因而对翻译学的学科性质等根本问题未能真正阐述明白。

至于其他翻译理论家，如法国的穆南、捷克的列维等，更是停留在语言学和文艺学的研究层面上。就连一向倡导用科学方法处理翻译问题的苏联翻译学术界，在翻译学的建设问题上也无甚大的突破性贡献可言。例如，费道罗夫于1950年代出版的《翻译理论概要》一书，从语言学的角度对翻译理论问题做了科学的阐述，认为翻译理论皆由翻译史、翻译总论和翻译分论三个部分组成。费道罗夫的这一观点，对苏联及西方翻译学术界均产生了一定影响。例如，上述德国翻译理论家威尔斯有关"普通翻译学""描写翻译学"和"应用翻译学"的区分法，无疑受益于费道罗夫的"翻译总论"与"翻译分论"观。然而，就翻译理论的学科属性而言，费道罗夫主要是把翻译理论当作语言学的一个分支，而并未把它作为独立学科，即翻译学的问题来加以阐述的。苏联另外几位重要的翻译理论家，如巴尔胡达罗夫和科米萨罗夫，也都把翻译理论纳入语言学的研究范围，科米萨罗夫则把这种研究称之为"翻译语言学"的研究。

虽然荷兰翻译理论界著名人物、美国人霍姆斯在《翻译学的名称与性质》中就翻译学的学科性质做了精辟阐述，但他对翻译学所应享有的独立地位仍有较多保留，他甚至不同意使用"翻译学"或"翻译科学"，而建议只用"翻译研究"来描述这一学科，因此他对翻译学作为独立学科建设和发展的贡献也是有限的。

---

① Wolfram Wilss. The Science of Translation: Problems and Methods. Tübingen: Gunter Narr Verlag, 1982, p. 13.

当然，以上各家之言，都从不同的侧面，不同的角度，对翻译学的建立与建设作出过各自的贡献。它们作为现代西方翻译研究领域中出现的重要思想与流派，以其鲜明的时代特征，构成了现代西方翻译理论体系的存在，同时也代表着这一体系的发展方向。所谓时代特征，是指现代语言在各个发展时期的特征。现代语言学研究领域出现的重要理论成果。例如，1950—1990年，先后出现的转换生成语法理论、阶和范畴语法理论、交际语法理论、社会语言学理论、符号学和社会符号学理论等，都在不同程度上影响了翻译理论的研究，使西方各个时期翻译理论和翻译观点的产生，或多或少地打上了各个时期语言学理论的烙印。翻译学理论受制于语言学理论，显然构成了近几十年现代西方翻译理论发展的主要特点。然而，正如前文指出的，迄今为止，现代西方翻译理论家大都热衷于把现代语言学的理论成果，运用于翻译理论的研究之中，而未能真正把翻译学作为一门独立或相对独立于语言学之外的学科来加以系统地研究与阐释。

现代西方翻译学的研究状况如此，中国翻译学研究的近况又如何呢？

早在1930年代，我国翻译学术界即已出现翻译学一说。然而，翻译学的含义为何却无人评说。例如，林语堂在他1933年发表的《论翻译》一文中，曾多次使用翻译学一词，却未曾对翻译学的所指加以阐释。从林语堂论文中的内容来看，可以得出这样的结论：当时翻译学论者心目中的翻译学，与我们现今所说的翻译学在含义上指的不是同一回事。前者中的学指学问，后者中的学则指学科。因此，我国现代翻译学在1930年代尚未起步。一直到1950年代，我国翻译学的建立才有了明显的标志。1951年，董秋斯先生在《翻译通报》上发表了一篇题为"论翻译理论的建设"的文章，第一个明确提出了建立翻译学的主张。他指出："从这一种文字译成另一种文字，在工作过程中，有一定的客观规律可循……这规律是客观存在的，不是某些人凭空想出来的。要发现它和通晓它，就得向与此有关的客观事物做一番调查研究的工作。那就是说，我们首先得考虑各种语文的构造、特点和发展法则，各学科的内容和表现方式，各时代和各国家的翻译经验。然后把这三样东西的调查研究所得结合起来，构成一个完整的理论体系。"他认为，翻译理论体系的建立，必须依靠正确的方法、广泛的调查和深入的研究，因为"建设在这样基础上的翻译理论，自身就是一种科学"。然后，董秋斯提出：经过一段时期的努力，"我们要完成两件具体的工作。写成这样两部大书：中国翻译史和中国翻译学。这两部大书的出现，表明我国的翻译工作已经由感性认识阶段，达到了理性认识的阶段，实践了'翻译是一种科学'这一命题"。

董秋斯的论文，在我国翻译理论史上具有十分重要的地位：①确认了"翻译是一种科学"的命题；②阐述了建设翻译理论的意义；③首次提出建立翻译学的观点。董秋斯在文章中阐发的这些思想，不仅在国内属于创先之见，即使在国外也是处于领先地位的。与奈达的思想相比，董秋斯的这一翻译学观点更为大胆，更为现代；与费道罗夫的思想相比，董秋斯的主张先于费道罗夫两年提出，且更强调把翻译科学放入一个理论体系来加以建设。由此说来，在1950年代，就翻译学的建设而言，我国所取得的成就并不比其他国家落后。假如董秋斯的主张得到翻译理论界广泛响应，同时也假定当时有着一个非常活跃的翻译理论界，或者有着一个自由发展的学术环境，那么，我国的翻译理论研究工作或许会领先于西方。

然而，从董秋斯1951年发表《论翻译理论的建设》，到1980年《翻译通讯》的复刊，其间将近30年，中国的翻译理论研究可以说一直处于低谷。虽然许多语言、文学与翻译大师，如茅盾、郭沫若、吕叔湘、钱锺书和傅雷等，都发表过不少关于翻译的真知灼见，但其关于翻译问题的论述，大多带着较强的文学家论翻译的印迹，所述观点也都具有印象性、感悟性与经验性等几种特征，很难体现系统性、客观性与科学性的特点。文学家论翻译，这本身并无不妥。但如果只局限于论文学翻译，而不把当今语言学研究的科学手段运用于翻译研究，那么就不可避免地使翻译理论产生片面性，缺乏科学性。正是在我国翻译研究界滞于低谷的这30年当中，西方翻译理论界的研究成果却是十分突出的，翻译理论的一些重要流派，如布拉格学派、莱比锡学派、伦敦学派和以奈达为代表的交际理论派，其基本成果大多产生于这一时期。

科学的发展，离不开社会的发展，而社会的发展，又离不开社会体制的改革。中国于1970年代末开始实行的改革开放政策，给神州大地带来了翻天覆地的变化，社会的开放也给学术的繁荣创造了良好的条件。《翻译通讯》于1980年复刊，给中国翻译理论界的百家争鸣提供了一个平台。随之而来的是更多的外语与翻译刊物的创刊或复刊，大量翻译论文的发表，众多翻译著作的问世，加上中国翻译工作者协会的成立，各类翻译研讨会的召开，大专院校翻译课程的开设，等等，所有这些，无不表明中国翻译学术界已经迎来了自己的春天。

回顾这一阶段我国翻译理论的研究历程，笔者发现这么一个发展模式：反省—借鉴—吸收—创新。这一发展模式与斯坦纳用以解释翻译步骤的四步式不无相通之处：反省即反省我国翻译理论研究的落后状况，意识到我们在这一领域曾经停滞不前；相信其他国家有先进的东西值得我们学习；于是有必要"侵入"他国文化，向外借鉴。由此引进的翻译著作主要有谭载喜编译的《奈达论翻译》（1984）和《跨语交际》（1993）、荣毅等编译的《语言与翻译》（1985）和《文艺翻译与文学交流》（1987）、庄绎传编译的《通天塔：文学翻译理论》（1987）、穆雷翻译的《翻译的语言学理论》（1991），以及中国对外翻译出版公司编辑出版的《外国翻译理论评介文集》（1983），另外还有谭载喜撰写的《西方翻译简史》（1991），许钧等撰写的《当代法国翻译理论》（1998），等等。这种较大规模的译介外国翻译理论的举动，是学界门户开放的产物，是社会发展的标志。

然后是第三步和第四步——吸收和创新，即对借译过来的东西加以甄别筛选，在此基础上发掘淘炼，创立新的思想、理论。我们通过反省，发觉自身不足，在对比之中失去平衡；于是把其他国家的东西借过来，试图恢复平衡；但因搬借有余消化不足而出现新的失控，于是加以爬梳调理达到新的平衡，才有可能迈出新的一步。

自1980年代初以来，翻译理论研究者在对我国的翻译理论遗产及外国，尤其是西方的翻译思想进行认真研究发掘之后，深深感到翻译理论研究的出路在于建立真正的翻译学。1987年，谭载喜发表了题为"必须建立翻译学"的论文，继董秋斯之后再次呼吁建立翻译学。1988年，黄龙出版了我国第一部以翻译学命名的专著。1989年，刘宓庆发表了题为"论中国翻译理论模式"的文章。这些都对中国翻译学的理论模式进行了富有创见的阐释。1990年，刘宓庆出版了他的翻译学专著《现代翻译理论》。著者在书中首先对翻译学的学科性质及其架构进行了概括，指出：①翻译学作为一个科学系统，与系统论有密切关系；②翻译学不是一种封闭型的内省性学科，而是一种开放型的综合性学科，对翻译学的本体研究必须与对翻译学的外部系统研究结合起来；③翻译学建设的核心是翻译的基本理论。然后，刘宓庆运用论理的方法，对翻译学的各个主要命题——进行认真严肃的探索，全面论证了翻译学的独立地位，从而把中国的翻译学研究推向高峰。如果说马祖毅1984年出版的《中国翻译简史》是完成了董秋斯所提出的两大著书任务之一，那么刘宓庆1990年出版的《现代翻译理论》，则是完成了董秋斯所说的第二大著述任务。它的问世，可视为我国翻译学研究史上一个重要里程碑，它标志着翻译学作为独立学科的地位在我国已经确立。在现代翻译学的研究领域里，在某种意义上可以说我国的研究成果已跻身于世界的先进行列。

然而，形成中国的翻译理论特色，不等于说我们无须学习外国的理论了。近几年来，我国译坛时常流传着这样的口号，说是要建立中国的翻译学，或建立具有中国特色的翻译学。对于这种提法，我们必须保持清醒的头脑，不可因其带有某种民族自强格调而盲目附和。所谓中国的翻译学或具有中国特色的翻译学，倘若指的是具体涉及中国语言文学的特殊翻译学，那么无可非议。但如果提出这类口号是受了某些非翻译学因素的影响，那么口号的科学性就值得质疑了。科学是不分国界，不分民族的。正如我们不宜提要建立具有中国特色的数学和化学，或具有美国特色的社会学和语言学之类的口号一样，我们也不宜提要建立具有中国特色的翻译学等口号，否则，我们的翻译学研究有可能陷入狭隘民族主义的泥坑，而不能产生科学的、具有广泛应用价值的现代翻译学理论。

第二节　翻译学必须重视中西译论比较研究

近30年，翻译研究在世界各国都有了长足的发展，尤其是进入20世纪80年代后，更是出现了前所未有的高潮。因此，英国现代翻译学家巴思内特与勒费维尔评论说："20世纪80年代的一项成果，是翻译学得以发展为独立学科"。然而，我们发现，在这一独立学科里，翻译理论的比较研究却未能引起人们的重视，中西之间的译论比较研究尤不例外。本文的目的，是要把中西之间的译论比较作为专题来加以研究，以期挖掘中西译论体系之间的异同，剖析译论比较对翻译学发展的意义，从而拓宽与充实翻译学领地，促进翻译学的发展。以下，笔者拟从三个方面来阐述上述主题。

一、中西译论比较研究的意义与作用

翻译理论的发展无论在中国或是在西方，都有着相当悠久的历史。对其重要性，我们可以做出以下几点阐述。

首先，通过比较，我们可以对中西方翻译理论的发展全貌，以及它们各自在整个人类

翻译史上所能占有的相对位置，有个较为客观的了解。罗新璋认为："我国的翻译理论自有特色，在世界译坛独树一帜。"[①]这一结论无疑是十分正确的。但做出这结论似乎已经隐含一个前提，即中国的翻译理论之所以"自有特色""独树一帜"，是因为"世界译坛"上尚有其他同样"自成体系"的翻译理论存在。只有拿中国的翻译理论体系与其他翻译理论体系进行了比较，我们才能正确地确定各个体系在整个世界译坛上的相对位置；而且，比较越细致全面，得出的结论就越中肯、越客观。

其次，通过对两个，乃至多个译论体系的横向比较，我们可以捕捉到翻译理论的共性与个性，普遍性与特殊性，以及抽象性与实用性。具体来说，我们可以通过比较，了解到中西译论体系在互无影响、彼此独立的情况下，在对翻译的原则、方法、程序、标准、操作规则等多个方面的认识上，有着不少互为相通的理论成果。例如，在西方译论肇始阶段，西塞罗、贺拉斯、哲罗姆等即提出"直译"与"意译"的区分，在我国译论肇始阶段，支谦、道安、鸠摩罗什等亦有"改'胡音'为汉意"与"案本而传""不加文饰"的翻译主张；后来西方又出现了法国多雷的翻译"五方法"和英国泰特勒的翻译"三原则"，我国则有了严复著名的"信、达、雅"。译论研究的共性规律，从中西译论间的此种相似之中，足可窥见一斑。

最后，通过比较，我们可以了解到中西翻译理论工作者能从彼此的译论体系中得到哪些启示，以便相互取长补短，促进译事译论的更好发展。

二、中西译论的具体比较

在中西译论两个体系之间进行具体比较，我们可以从宏观与微观两个层面入手，采取横向比较、纵向比较及主题比较三种方法。所谓横向比较即是一种"共时"比较，着眼点有二：一是比较中西译论体系中彼此对应或基本对应的两个发展时期；二是比较中西译论体系中在相同和相近时间里出现的人和事。所谓纵向比较即"历时"比较，着眼点在于比较不同时间和不对应时期出现的人和事。所谓主题比较则是指按照译论主题内容进行的比较，即根据某译论主题，如"翻译原则""翻译标准""翻译方法"等，在中西译论体系中进行挖掘，比较各自在历史上对这一主题有所贡献的理论成果。要获得最佳比较成果，对这三种比较方法不可截然分开使用，而是必须予以综合，灵活掌握。

对中西译论进行宏观层面的比较，可以了解到三个基本情况。

第一，就有文字记载的翻译而言，西方第一个主要的翻译实践和翻译理论的高潮都先于中国。不论是从成书于欧洲疆土以外的《七十子希腊文本》(*Septuagint*)算起，或是只从欧洲本土产生的第一部译作，即古罗马时期里维乌斯用拉丁语翻译的《荷马史诗》(《奥德赛》)，西方的大规模翻译实践都始于公元前3世纪中叶。到了公元前1世纪，西方的第一位翻译思想家出现了。古罗马著名学者西塞罗在《论最优秀的演说家》和《论善与恶之定义》

---

① 黄邦杰. 喜读罗新璋所编《翻译论集》[J]. 中国翻译，1985(12)：3.

这两部重要著作中,用一定篇幅阐述了翻译的有关问题,从而开了西方译论的先河。在我国,虽然《周礼》与《礼记》两部典籍关于朝廷翻译官职的记载,确实能够证明我国的翻译活动早已存在,最早的文学翻译也可追溯到大约公元前1世纪的《越人歌》,但我国第一个大规模的翻译高潮,一直到汉末即公元1至2世纪才出现。在翻译理论方面,我国第一位重要人物是三国时期的大师支谦。相比之下,无论是翻译实践,还是翻译理论,中西两大翻译体系之间第一个主要发展时期的起始时间,先后都相差大约300年。但必须指出,这一时间上的差距,并不意味着一个翻译体系因此就优胜,另一个翻译体系就落后。不同的翻译体系起始于不同的时间,这是十分自然的现象。

第二,中西译论的发展规律有一个基本共同点,就是两者都经历了一个从偏论、散论到主论、专论的发展过程。这里的所谓"偏论""散论",是指对于翻译问题的论述,不是作为有关文论的正题或主题,而是作为"偏题",即主要论题的附属话题而做出的,这些论述或分散于有关文论的各个章节之中,或以序言跋语形式附加于翻译作品之前或后。所谓"主论""专论",显而易见,指的是把翻译问题作为主题来加以专门论述。例如,西方译论体系由西塞罗、贺拉斯、哲罗姆、奥古斯丁、德·阿布朗库尔、德莱顿等的"偏论""散论",发展到多雷、于埃、泰特勒、施莱尔马赫、洪堡、巴托,以及奈达、穆南、卡特福德,霍姆斯、维尔斯、巴思内特、斯内尔霍恩比、贝尔曼等的"主论""专论"而来;我国译论体系则是由支谦、道安、鸠摩罗什、玄奘、徐光启、严复、林纾等的"偏论""散论"到梁启超、鲁迅、郭沫若、林语堂、傅雷、钱锺书、董秋斯、王佐良、刘重德、刘宓庆等的"主论""专论"发展而来的。

中西译论的发展也有个基本不同点,就是中国译论重理论对于实践的指导,西方译论则重实践到理论的升华。因此,中国的传统译论体系谈论翻译困难、翻译方法、翻译经验较多,是种趋向微观层次的译论体系。支谦、道安、鸠摩罗什、玄奘、徐光启乃至严复的翻译观,莫不如此。相反,西方的传统译论体系则谈论翻译原则、翻译种类、翻译属性较多,是一种趋向宏观层次的译论体系。代表人物多雷、泰特勒、于埃、施莱尔马赫。洪堡及巴托等的翻译观,尤其能说明这一点。

第三,对于中西译论各自的整体发展历程,我们可做两种不同角度的比较。一是从发展阶段的角度进行比较,二是从译论性质的角度进行比较。翻译理论的发展阶段与翻译实践的发展阶段息息相关,彼此不可截然分离。虽然翻译实践并不以翻译理论为发展前提,但翻译的实际工作总是在一定原则指导下完成的,因此,大规模的翻译实践往往能引发大规模的翻译反思和理论升华,翻译实践的主要发展阶段同时也就成了翻译理论发展的主要阶段。

从译论性质的角度看,我国译论体系中自远古至近世的翻译理论,主要可以视为语文学的、诠释学的翻译理论。虽然我国的传统翻译学术语中并不包括此类定义,但支谦也好,道安、鸠摩罗什、玄奘也好,其翻译理论的出发点无不在于释经诠典,主张"改梵为秦",或是"案本而传,不令有损言游字",或是不"失其藻蔚",以免"有似嚼饭与人","胡本(西域诸国文本)有误,用梵本校正,汉言有疑,用训诂来定字"。因此,把我国这一时期的翻译理论划归为语文学和诠释学性质的翻译理论，并非没有道理。另外，从严复到鲁迅，再到傅雷、钱锺书的现代翻译理论，似可冠以文艺学翻译理论之名。因为不论是严复的"信、达、雅"，或是鲁迅的"宁信而不顺"，或是傅雷的"神似"优于"形似"，或是钱锺书"投胎转世"似的"化境"，都是立足于译品的文学性。20世纪50年代以来，尤其是80年代以来，受现代语言学发展的影响，我国译论研究的主流开始向语言学倾斜，并逐渐转向发展为一门新兴的独立学科翻译学。与我国译论相比，西方译论的性质则有着更为明显的特点，体系中也有着更为丰富的翻译学术语。以西塞罗、贺拉斯、昆体良、斐洛、哲罗姆、阿尔弗烈德、德·阿布朗库尔、阿米欧、多雷、德莱顿、于埃、歌德、泰特勒、列维等为代表的是一条语文学和文艺学的翻译理论线；以奥古斯丁、伊拉斯谟、施莱尔马赫、洪堡、巴托、穆南、卡特福德等为代表的是一条诠释学和语言学的翻译理论线；以奈达、霍姆斯、维尔斯、巴思内特、斯内尔霍恩比、贝尔曼等为代表的是条跨文化交际翻译学的翻译理论。根据这种分析，我们似乎可以得出这么一个结论，即在宏观层面上，我国译论体系中语文学和诠释学的翻译理论较为发达，西方译论体系中则是文艺学和语言学的翻译理论较为发达。

中西译论微观比较的基本情况是，双方第一个主要发展阶段过去后，彼此都进入了较长时间的静寂期。中国的静寂期自北宋至明末共约400年；西方的静寂期自5世纪末罗马帝国消亡，至大约9世纪民族文字形成及民族语翻译兴起，先后约300年。静寂期的特点是，翻译活动基本处于停顿状态，既没有大规模的翻译实践，也缺乏大规模的理论研究。特别是在西方的这个静寂期，不要说翻译活动，一切文化活动都处于低潮。这也就是史学家眼中的"愚昧黑暗时代"。有一点必须着重指出：中西方这两个似乎相互对应的译论"黑暗期"，并非发生在历史上的同一时间里。当西方愚昧黑暗时代出现时，中国译论发展的第一次高潮仍未消退，而当西方于9世纪随着各民族国家先后建立、各民族文字先后形成而经历译论发展的第二阶段时，我国的译论发展却仍处静寂状况。中西译论体系这种发展阶段交替形成的现象，似乎贯穿了整个中西译论史，并足以说明中西翻译理论各自独立发展、自成体系的特征。

西方译论发展过程中，理论成果最为丰富的是第四发展阶段，即紧跟于文艺复兴时期之后的近代译论发展阶段。虽然文艺复兴时期亦有意大利布鲁尼、荷兰伊拉斯谟、德国路德法国多雷、英国查普曼等的重要翻译思想和理论，但西方译论的最大发展却出现在堪称"西方翻译理论黄金时代"的17—19世纪。在这一阶段，西方各国重要作家当中几乎没有不从事翻译的，而翻译家当中也几乎没有不谈论翻译理论的。法国的于埃、德·阿布朗库尔、巴托，英国的德莱顿、泰特勒、阿诺德、纽曼，以及德国的施莱尔马赫、洪堡、歌德、赫尔德、施莱格尔等，即为其中最突出的代表。与此相比，我国最有影响的译论发展阶段是译论体系发展的第三阶段，即鸦片战争至五四运动时期。虽然译论成果之丰尚比不上西方译论体系中的第四阶段，但其译论的影响在某些方面却是西方翻译理论的"黄金时代"所不能及的。最明显的例子，莫过于前面所提、广为人知的"信、达、雅"理论。由于严复的这一理论渊源有自，植根于我国悠久的文化历史，取诸古典文论和传统美……承袭古代修辞学和文艺学的成说而移用之于翻译，集中体现了我国传统翻译文论"语贵简要"的基本特点，因而被我国译坛广泛接受，并成为19世纪末以来我国译论体系的几乎唯一的标志。严复翻译理论在我国译论体系中享有的这一特殊地位，是西方任何一位翻译理论家在西方译论体系中所没有享有过的，古罗马的西塞罗和贺拉斯没有，文艺复兴时期法国的多雷没有，"译论黄金时代"英国的泰特勒或德国的施莱尔马赫也没有。

最后，让我们来简要地谈谈中西译论微观比较的另一个重要的基本情况。这就是，中西译论发展到现阶段，即我国译论体系的第四阶段、西方译论体系的第五阶段，双方已从以往的彼此独立发展、互无影响，逐步转向相互影响、相互融合的发展新阶段。当然，我们也无须讳言，由于种种原因，至今为止的影响，主要是由西向东，而非由东向西。但随着时间的推移，中国译论的振兴和发展，这一现象势必逐步扭转，而变为真正意义上的相互影响，以至最终可能发展成世界译论体系的大统一。不过此是后话。我们在这里要谈的，是这一基本情况在现阶段的具体表现。我们可以着重指出三点。第一，不论在我国，或在西方，翻译理论界似乎已经有了一个基本共识，即翻译研究（涵盖语际翻译、语内翻译、符际翻译的翻译研究）不应当被当作其他学科（如文艺学、语言学）的分支或附属品，而应当被当作具有独立地位的一门学科。说它是科学也罢，非科学也罢，总之，它应当享有独立或相对独立的地位。第二，现代翻译科学说的提出，在西方首先主要与奈达的名字联系在一起，在中国则主要与董秋斯的名字联系在一起。董秋斯于1951年在题为"论翻译理论的建设"一文中，明确地提出了建立翻译学的主张。第三，如上所述，翻译学应当享有独立学科的地位，这一点在中西翻译理论界已获得较为广泛的接受，但翻译学的内涵和外延是什么，人们似乎有不尽相同的思路。较典型的一点区别是，西方翻译学理论家（如奈达、霍姆斯、维尔斯、巴思内特、勒佛维尔、斯内尔霍恩比、贝尔曼等）趋于强调翻译学的多文化或跨文化性，我国翻译学理论家（如董秋斯、刘宓庆、金隄、刘重德等）则趋于强调翻译学应彰显民族特色，提倡要建立具有中国特色的翻译学。

三、中西译论比较的几点结论与分析

对中西译论体系加以比较，我们可以得出以下三点主要结论。

首先，"相通性"是翻译思想发展的主要特征，它不受不同语言文化的制约。毫无疑问，不同的语言文化在不同的历史时期，都产生过不同的翻译思想。但这种不同多为表象。例如，虽然中西翻译理论家各有各的译论术语，各有各的翻译经验，对待翻译问题也各有各的理论取向。但在认识论的深层，他们在对诸如翻译原则、方法、标准、操作规则、程序及类别等的基本问题上，却表达了惊人相似的看法。因此，严复的"信、达、雅"，与泰特勒的"译作应完全复写出原作的思想；译作的风格和手法应和原作属于同一性质；译作应具备原作所具有的通顺"，以及与多雷的译者"必须完全理解所译作品的内容；必须通晓所译语言和译入语言；必须避免字字对译，因为这样会有损原译的传达和语言的美感；必须采用通俗的语言形式；必须通过选词和调整词序使译文产生色调适当的效果"等之间，便出现了翻译原则的"共振"；支谦、道安、鸠摩罗什等主导的"文"质之争，与西塞罗、贺拉斯、昆体良、哲罗姆等思想中的"意译"媲美"直译""逐词译"之间，也同样反映出翻译思维模式中的内在共性。中西译论发展历史互相独立，彼此间却又存在如此"共振""共性"。这恰恰说明翻译是一项有规律可循的活动，这种规律是客观的，跨越不同语言文化的。而正是由于翻译规律的这种相通性，才产生了上述包括中西译论在内的世界翻译思想发展的相通性。

其次，中西不同的哲学思想，不同的价值体系，以及不同的语言文化，始终对中西译论体系有着重要的影响。中西翻译理论植根于不同的文化土壤，便无可避免地打上了不同的文化烙印。例如，西方哲学严格的方法论，讲究对客观世界观察、描写得精确、细腻，讲究由定量到定性的分析。这种严密的哲学方法论反映到译论传统中，便产生了16世纪法国的多雷，18世纪英国的泰特勒，以及19世纪德国的施莱尔马赫传统。相反，我国的哲学传统不以定性分析为必需，观察客观世界时重心灵感应，描写时不拘泥细节，因而在20世纪以前的译论传统上，也就没有产生多雷《论如何出色的翻译》和泰特勒《论翻译的原则》这类的翻译专论。

最后，中西哲学和思想体系对事物的命名传统，对各自译论术语的形成与发展起了至关重要的作用。这一点与上述哲学方法论不无关联。西方哲学继承亚里士多德的希腊传统，信奉哲论推理始于严格正名的理念，因而凡事都冠其名，推其理，久而久之就形成了较为发达的命名习惯和传统。反映到翻译理论上，也就出现了较为丰富的译论术语。我国的哲学传统固然也强调"名不正则言不顺"，但在对具体事物的解释上，更乐于取法其中，而不是依靠多少个标新立异的名词术语。因此，西方翻译理论动辄"文艺学的""诠释学的""语言学的""语义学的""符号学的""交际学的""社会符号学的""浪漫主义的""神秘主义的""结构主义的"后结构主义的"解构主义的""布拉格学派的""鹿特丹学派的"等。相形之下，我国译论在这方面就比较缺乏，因此，特别是在现代翻译学研究中，往往需要借鉴于西方。如何发展既切合自身特点，又能与国际接轨、易为外界理解与接受的一整套翻译学术语，便成了我国翻译学界需要解决的重要任务之一。

第三节 中国翻译与西方翻译

翻译理论的健全和发展，有赖于人们对翻译学研究的重视，有赖于翻译学研究领域的不断拓展。在全球经济一体化，信息大流通、各国译论交流日趋频繁的世纪之交，把比较翻译学引入翻译学研究领域，是翻译学发展的重要标志。

中西翻译传统是世界翻译史上特色鲜明的两大翻译体系，二者互相独立却产生了许多彼此相同或相似的翻译思想，但同时又因所属社会文化体系不同而无不打上相异的烙印。笔者认为，通过对属于不同文化体系的中西翻译传统进行系统的比较研究，可以对翻译和翻译学等方面的问题有更加本质的了解和认识。笔者根据这一理念，以往曾就比较翻译学和中西译论比较的意义、方法，以及中西现代翻译学的概貌等问题，做了一些初步探讨，为了把比较翻译学，特别是中西翻译学的比较研究推向前进，本文拟对中西译论展开更为具体而系统的比较。

我国有文字可考的翻译中最早可以追溯到公元前1世纪刘向《说苑·善说》里记载的《越人歌》，距今已2000余年。西方有文字可考的最早笔译活动则可追溯到公元前大约250年罗马人里维乌斯·安德罗尼柯用拉丁文翻译的《荷马史诗》(《奥德赛》)，距今更是有2200多年。可以说，不论是中国或是西方，翻译的历史都相当悠久。

然而，尽管我国的笔译传统可以说起始于《说苑·善说》里记载的《越人歌》，但《越人歌》只是一个孤立的翻译活动，它并没有触发一场大规模的翻译运动。而在西方，公元前3世纪中叶安德罗尼柯用拉丁文翻译的荷马史诗《奥德赛》，却成了西方翻译史上第一大高潮的先导。因为，自安德罗尼柯开创西方文学翻译的先河之后，大批与安德罗尼柯同时代或随后的罗马诗人、戏剧家、哲学家、修辞学家都投身到了翻译，如饥似渴地把大量希腊史诗、戏剧等文学典籍翻译介绍给罗马读者，从而在罗马掀起了一股巨大的希腊文化、文学热。这些早期翻译家中包括与安德罗尼柯齐名而被共同誉为"开创罗马文学三巨头"的涅维乌斯(前与恩尼乌斯，以及其他文学翻译大师，如普劳图斯、泰伦斯、西塞罗、卡图鲁斯等。在翻译理论方面，中国第一篇谈论翻译的文字是三国时期翻译大师支谦的《法句经序》；西方最早的翻译文论，首推罗马时期翻译家、修辞学家西塞罗的《论演说家》《论最优秀的演说家》和《论善与恶之定义》。中西相比，无论就翻译(笔译)实践或翻译理论而言，西方翻译传统的源起，都先于中国翻译传统200多年。当然，在翻译的历史长河中，200多年算不了什么，某个传统比另一个传统长200年或短200年，也并不等于某个传统就比另一个传统"先进"或"落后"。然而，它却能说明，在中西方各自文化的历史发展中，西方文化比华夏文化更早地得益于翻译文化的开发与发展。正如西方翻译史学家凯利所说，古罗马时期以来西方文化的发展，首先应当归功于翻译，因为没有翻译就没有古希腊文化在罗马土壤上的发扬光大，进而也就没有后世欧洲各独立民族文化的充实与发展。以上史实同时也表明，作为两大世界级体系，中西翻译传统有着互为独立的发展时间和路线。

在19世纪末、20世纪初之前的历史中，中西翻译传统之间的相互交流和影响实际上不存在，尽管中西方的整体文化交流可谓源远流长。特别是在翻译理论方面，一直到了19世纪末、20世纪初，中西之间才出现某种交流。而且其主要表现形式多为自西向东。例如，在19世纪末、20世纪初之前，中西对于彼此翻译传统，尤其是对各自翻译理论传统的知识，可以说，毫无了解。到了19世纪末和20世纪初，随着西学东渐声势的日趋强劲，随着新文化运动在中国的兴起，中国人对于西方文化的输入和学习，才从科学技术全面扩大到经济、文学等各个人文领域，其中也包括西方的翻译领域。人们不仅大量译介西方科技、文艺作品，而且也开始注意到西方的翻译传统，注意到翻译对于西方文明的起源和发展所发生的重要作用，并注意到西方独具一格的翻译理论。例如，马建忠在拟设翻译书院议和梁启超在《论译书》的文章中，分别评论到近代西方译介中国文化和在整个西方文明中，"(泰西)格致性理之学，源于希腊。欧洲诸国各以其国之今文，译希腊、罗马之古籍，译成各书"等方面的情况。至于对西方翻译思想和理论的了解，亦可追溯到20世纪较早的时候。例如，英国泰特勒《论翻译的原则》一书，我国在1920年代开始有了介绍；意大利克罗奇的"翻译即创作"之说，也于1930年代为我国翻译研究界所知晓。

如前所述，就整个翻译历史而言，中西翻译传统之间的这种相互了解与交流，只是到了现代发展阶段才开始出现。因为从现有记载看，历史上中西方各次较大的文化、商业、科技交流，如著名"丝绸之路"引发的交流、唐代景教的传入、马可·波罗的中国之旅，都没有伴随出现有重要标记的翻译活动，就是明末清初由耶稣会士主导的科技、典籍翻译，也只是局限于西语汉译或汉语西译，其性质纯粹属于翻译的范畴，而非本文所指不同翻译体系之间的交流。这就说明，至少在19世纪末、20世纪初之前，中西翻译传统沿着各自的路线发展，互为独立，互无交往，因而形成了特色鲜明的两大翻译体系。

从宏观上看，作为最具影响的两大世界级翻译体系，中西之间的区别之一，是"单一体系"与"多元体系"的区别。在理论上，中国翻译传统的涵盖面，不仅包括汉语言文化内的翻译，而且也包括中国境内其他民族语言文化内的翻译，如藏、蒙、维吾尔语言文化内的翻译。但由于在所有这些不同民族语言文化的翻译传统中，涉及汉语言文化的翻译传统占绝对重要的地位，因此它往往被当作了中国翻译传统的唯一代表，即狭义上的中国翻译传统。也就是在这个意义上，中国翻译传统是一个"单一的"翻译体系，因为它自古至今都发生在同一语言文化即汉语言文化的环境里。

西方翻译传统却与此不同，它起始于古罗马时期，经历了从同一"母"体系到不同"子"体系发展、演化的过程，即从古代拉丁语言文化体系，向后世欧洲各个民族语言文化体系发展、演化的过程。因此可以说，西方翻译传统是一个"多元的"翻译体系。

由于中国翻译传统是"单一"体系，集中发生在汉语言文化这一个体系内，而西方翻译传统是"多元"体系，分散发生在多个不同的"子"系，如德、法、英语言文化等"子"系内，因此中西两大翻译传统之间，不可避免地会出现发展上的不平衡。具体地说，特别是当西方翻译传统进入中世纪中叶以后，因为它已从"单一的"罗马"母"体系扩大、演化成了许多相对独立的不同民族体系，因此作为整体，它无论在翻译理论或翻译实践上，都留下了比中国翻译传统更为丰富的遗产。

当然，此种发展上的不平衡，并非始终以一面倒的形式出现，也就是说，虽然从总体看，西方翻译传统有着比中国翻译传统更为丰富的遗产，在许多阶段的发展比中国翻译传统都更为迅猛，但在特定的历史时期或历史阶段，中国翻译传统的发展却可能优于西方的翻译传统。例如，在公元前3至1世纪，当罗马人大兴翻译之风，西方翻译传统出现第一次高潮的时候，大规模的翻译活动在中国尚未真正开始，因此很明显，此时中国翻译传统的发展不及西方。但从公元3世纪起，翻译开始在中国形成高潮，其规模是同期西方翻译所不能比拟的。事实上，从公元3世纪至10世纪，在将近800年的漫长历史中，翻译在中国高潮迭起，长盛不衰，而在与此相应的许多世纪里，西方翻译传统却陷于"愚昧黑暗的"时代，无重大发展可言。到了文艺复兴时期，西方翻译出现了前所未有的"黄金时代"，其规模和影响都超出了中国翻译传统中与之对应的明末清初的宗教、科技翻译。然而，进入20世纪以后，中国的翻译又频频出现高潮，特别是自1970年代末以来，其来势之猛，规模之大，成果之丰，都在同期西方翻译发展之上。

然而，不论是就整体翻译遗产而言，或是就特定发展时期的翻译遗产而言，中西之间的差别主要是"量"的差别，而不是"质"的差别。就是说，所谓西方比中国有着更为丰富的翻译遗产，是指西方各国历史上的翻译总量、译品总数及投身于翻译的人数，比我国相对多一些。19世纪末、20世纪初之前，我国可以说没有出现过大规模的文学翻译，因此谈不上有很多文学翻译作品或文学翻译家的存在。而在西方，不论是在拉丁语时期的罗马，还是在后世民族语时期的欧洲各国，文学翻译始终是推动西方文化、文学向前发展的原动力。最早的拉丁文学作品是译自希腊的《荷马史诗》，最有影响的文学运动即文艺复兴运动皆离不开文学翻译的推动，各时期许多最伟大的文学家同时也都是伟大的翻译家或翻译评论家，如古代的泰伦斯、西塞罗、贺拉斯，中世纪意大利的但丁，文艺复兴时期以来法国的阿米欧、伏尔泰、雨果、夏多布里昂、波德莱尔，德国的施莱格尔、赫尔德、荷尔德林、洪堡、席勒、歌德，英国的查普曼、德莱顿、蒲柏、约翰逊、菲茨杰拉德、阿诺德等。因此，西方历史上翻译成果在数量上多于我国，这一史实不足为奇。但就翻译质量而言，中西翻译传统之间却不存在如此泾渭分明的差别。因为，特别是当人们把译品"有没有达到取悦读者或传递信息、沟通感情、发生影响等目的"作为检验翻译质量的标准时，中西方历史都各有各的翻译佳品、各有各的翻译大师。

以上是翻译的实践方面。在翻译的理论史上，中西之间的差别也同样地主要表现在"量"，而不在"质"的方面。也就是说，西方翻译理论遗产在数量上比我国多，但在中西翻译理论所阐述的问题及其对各自翻译实践所产生的指导作用上，彼此之间却并没有多大区别。例如，中西翻译理论对于诸如翻译原则、翻译标准、翻译程序、翻译方法等问题都进行过相似的探讨，各自的翻译理论和思想都对各自的翻译实践活动产生过重要的影响，如道安的"五失本""三不易"，玄奘的"五不翻""译经分工十一法"，严复的"信、达、雅"，傅雷的"神似"，钱锺书的"化境"，法国16世纪多雷的翻译五要素、17世纪法国德·阿布朗古尔的"美而不忠"的翻译观，英国17世纪德莱顿的翻译三分法、18世纪泰特勒的翻译三原则，德国19世纪施莱尔马赫"不是尊重作者就是尊重读者"的翻译观、歌德的翻译三分法，20世纪众多翻译理论家形形色色的现代翻译理论，等等。所有这些人的翻译观、翻译思想或翻译理论，都在各自所属的翻译体系里起到了十分重要的历史作用。

当然，关于中西翻译传统的比较，我们不能停留在只对它们做一般性的描述。作为本文的后续，我们对中西翻译比较的其他课题，如中西译论的相似性、中西译论的相异性，以及制约这种相似与相异的社会文化思想哲学因素等方面的课题，将展开进一步的研究。

第四节　中西译论的相似性

中西翻译传统尽管涉及不同的语言文化，不同的翻译材料，不同的思想背景，但两者之间却存在着许许多多的相似。实际上，我们可以说，中西间的彼此相似多于彼此相异，彼此相向多于彼此相背。本文拟从翻译实践与翻译理论的相互关系、翻译理论的发展模式，以及翻译思维、翻译原则、翻译方法的演进过程等多个方面，对存在于中西译论之间的这种相似性加以探讨。

对中西翻译传统进行具体比较，我们发现，不论在中国或西方，尽管翻译理论的发展速度与规模，始终无法与各自的翻译实践相比，但各自在各个时期的翻译实践却总是带动了各自翻译理论的发展，因而使翻译的实践与理论构成了各自传统中不可分割的整体。从某种意义上说，这一结论的得出，只不过是对翻译理论来源于翻译实践，又反过来指导翻译实践的辩证唯物观的一种佐证。

中西方翻译的历史都证明，翻译是一项有规律可循、实践性很强的活动。但它的发展却又离不开翻译理论的推动。当然，翻译实践并不以翻译理论的存在为先决条件，在最早期的翻译实践中，译者并没有明确的理论来指导和规范其翻译行为。但不论在中国或西方，翻译实践从一开始就是在一定的指导原则下进行的，尽管译者对这些原则未必有明确的表述。在西方，罗马人因征战胜利而视希腊文学为可以任意"宰割"的"战利品"，因此翻译希腊作品时自觉不自觉地遵循了"与原作媲美""超越原作"的翻译原则。后来，随着翻译实践的深入，译者开始明确地意识到翻译的内在规律和指导原则，并开始总结这些规律和原则，这就出现了从翻译实践向翻译理论的升华。

另外，由于内在的翻译原则和规律得到了理论的升华，人们对翻译的本质、目的、作用以至方法、技巧等问题开始有了明确的认识，因而翻译实践便开始脱离盲目状态，而有了明确的发展方向。可以说，西方由西塞罗、我国由支谦引发的对于"意译"和"直译"的思考，就是翻译实践开始步入明确发展轨道的标志。自西塞罗和支谦在各自翻译传统里开创理论先河之时起，翻译家一方面在翻译实践中开始有意识地采取或不采取某种翻译方法，以达到自己的翻译目的，另一方面开始纷纷谈论有关翻译的各种问题，从而把对于翻译的感性认识上升到理性认识。"直译"与"意译"作为两种基本的翻译方法，由此在翻译的漫长历史进程中，不仅主导了翻译的实践，而且成了翻译家热衷讨论的理论问题。从贺拉斯、哲罗姆、奥古斯丁到德·阿布朗古尔、路德、阿米欧、德莱顿、施莱格尔、歌德、菲茨杰拉德，从道安、鸠摩罗什、玄奘到徐光启、严复、林纾、鲁迅、傅雷，自古至今，莫不如此。

显然，翻译实践的发展，必然会带动翻译理论的发展。从这个意义上说，在中西方各自的翻译史上，只要翻译实践出现发展高潮，翻译理论就势必会随之出现发展高潮。

综观中西翻译理论的历史进程，不难发现一个共同的演进模式，即都是从对翻译问题的顺带式议论，到有意识点评，到系统性论述；从序言跋语，到零章散节，到专题专论。中国翻译理论和思想体系的构建从支谦、道安、鸠摩罗什、玄奘到严复、鲁迅、傅雷、钱锺书，再到董秋斯、金堤、刘宓庆，西方翻译理论和思想体系的构建从西塞罗、贺拉斯、昆体良、斐洛、哲罗姆、奥古斯丁到布鲁尼、路德、伊拉斯谟、多雷、于埃、德莱顿、歌德、洪堡、施莱尔马赫、巴托、泰特勒，再到奈达、穆南、奎恩、卡特福德、霍姆斯、斯坦纳、勒夫维尔、威尔斯、图尔里、伊文佐哈、巴思内特、哈提姆、维努提等，都充分反映出了这一发展模式。

涉及译论发展的具体内容，我们可从以下各方面来阐述中西译论的相似性。首先是思维方法的相似。自古至今，中西翻译理论家所考虑的问题，彼此不无相同，其中主要包括翻译原则、翻译目的、翻译过程、翻译步骤、翻译方法、翻译范畴、翻译中的各种关系，如作者、译者与读者之间的关系等。也就是说，中国翻译理论也好，西方翻译理论也罢，其发展的目的，无不在于回答这样的问题，即翻译是什么？翻译什么？为什么翻译？为谁翻译？怎么翻译？翻译的重点是什么，是内容还是形式？翻译必须重神似还是必须重形似？翻译的好坏由谁来判断？怎么判断？翻译究竟是艺术，还是技术，抑或科学？等等。

当然，所有这些问题的提出，不会是也不可能是某一个时候某一个或某几个人所为，而是整个翻译发展史上各个时期各个翻译家和翻译思想家的整体所为。而对诸如此类的问题，不仅中国人熟悉，西方人也同样耳熟能详。这一点足以证明，"认知相向"或"认知相似"是中西翻译思想的一个基本特性。

其次是基本翻译方法的相似。自古以来，中西方翻译理论都区分"直译"和"意译"，"死译"和"活译"。在表达方式上，中西之间自然有别。例如，古时西方翻译理论的代表人物西塞罗在谈论自己的翻译实践时，说他在翻译古希腊演讲作品的过程中，是以"演说家"，而不是以呆板"解释员"的身份来处理翻译问题的。

从表面看，西塞罗与支谦所谈互不相同，但透过表面看本质，两者之间在思想深处却是彼此相同或相似的，即两人都在各自的翻译理论传统中，率先提出了"直译"与"意译"的概念。西塞罗所谓"演说家式"的翻译，实际上是指"意译"与"活译"；所谓"解释员式"的翻译，是指"逐词翻译"，即"直译"。同样，文谦所谓的"质直"，实际上也是指包括音译、死译在内的"直译"；而所谓"文饰"，则是指讲究文丽修饰的"意译""活译"。

西塞罗与支谦对于"直译"与"意译"的区分，得到了同时代和后世翻译理论家的响应和发扬。自文艺复兴以来，随着各民族语翻译及翻译研究的不断发展，西方翻译理论更是不断提出了界定清楚的理论概念及与之相应的术语，如17世纪英国德莱顿提出的"拟译"（imitation，又译："模仿"）、"释译"（paraphrase，又译："意译"）和"词译"（metaphrase，又译："逐字译"）、19世纪德国歌德提出的"传递知识的翻译/改编式翻译"（informative translation/adaptation；parodistisch）和"逐行对照式翻译"（interlinear translation）、20世纪奈达提出的"动态对等"/"功能对等"（dynamic/functional equivalence）和"形式对应"（formal correspondence）、纽马克提出的"交际翻译"（communicative translation）和"语义翻译"（semantic translation）等。

在我国，虽然早期翻译的理论研究并未提出多少"西方式"的概念和术语，但人们关于翻译问题的讨论，却同样始终是围绕"意译"与"直译"这一对矛盾而展开的。并且，理论家对于翻译实际操作中出现的具体问题，自古以来就有深刻的认识和剖析。例如，道安所述翻译中的"五失本""三不易"，玄奘阐释的"五种不翻"，以及严复指出的"译事三难"，等等，无不通过对翻译困难的剖析，揭示出翻译的普遍规律，并确立了翻译必须遵循的原则与方法。这里翻译的普遍规律、原则和方法指的是，把某个信息从一种语言转移到另一种语言，由于言语各异，必然"传实不易"，在移译过程中，意义也就必然有所走失。而这种种"不易"和（意义）"走失"，是指由于"直译"原文信息所引起的"不易"和"走失"；为了克服

"不易",弥补"走失",翻译者就必须遵循"信"("忠实")的原则,采取"传神""达意"或者"不翻""案本而传"的方法,亦即"意译/活译"或"音译/死译/直译"的方法,来处理翻译中出现的问题。我国译论传统中对于翻译问题的此类认识与剖析,与西方译论传统中的相关议论相比,可以说具有异曲同工之妙。

中西译论传统的另一个共同之点是,翻译中"信"或"忠实"的问题,自古以来都是中西译论的核心议题。在西方,这个议题的提出最早可以追溯到贺拉斯的名篇《诗艺》。贺拉斯在谈论诗歌创作时,告诫人们不要"像忠实译者那样逐字翻译"。在我国,"信"的概念见于翻译文论,最早当推支谦的《法句经序》,即文中所引老子之言:"美言不信,信言不美。"十分巧合的是,不论是贺拉斯或是支谦,他们的所谓"忠实"或"信",实际上都是指字面的"忠实"、字面的"信",而非现代人一提"忠实"和"信"即首先想到的"意义上的忠实"或"意义上的信"。因为,在贺拉斯看来,"忠实的译者",必定是"逐字翻译"的译者;同样,在支谦看来,"信"的译文,也必定是"因循本旨,不加文饰"的译文。

当然,在表达"译文必须忠实于原文"这一基本概念时,无论是我国或西方都使用了各种不同的术语,其中主要包括:"信""忠""忠实""正确""准确""对等""对应""等值""fidelity""loyalty""faithfulness""accuracy""truth""equivalence""correspondence"等。但术语数量的多寡和名称的不同并不重要,重要的是,"忠实"或"信"的概念在中西方的翻译理论中,自古以来都占据中心位置。正如德莱顿所说,"作者的意思……是神圣而不可亵渎的""我们(译者)受作者意思的严格约束……",必须像奴隶一般"在他人的庄园耕作""被迫压抑自己的诗趣"而把他人的意蕴献给读者。用德莱顿的同时代译人罗斯康门的话说,就是:"原作总为上,原作落则译作落,原作升则译作升。"在我国的翻译传统里,从古代翻译到近现代西学翻译,"译文必须忠实于原文",这始终都是"译者的第一责任",因为"'信'可说是翻译的天经地义;'不信'的翻译不是翻译;不以'信'为理想的人可以不必翻译"。

然而,翻译中的"信"却可以是各种各样的,如我们可以有"词语(词、词组、短语)语义的'信',词语修辞色彩的'信',句法逻辑的'信',句法结构的'信',行文风格的'信',艺术形象的'信',等等"。同理,翻译中的"对等""对应""相似"等也可以各种各样,其中包括"意义对等""文本对等""形式对应"和"动态对等""功能对等""神似""形似""等效""等值"。而"对等""相似"也好,"等效""等值"也好,其实只不过都是"信""忠实"这个根本思想的外延。因此,所有这些都说明了"信"的问题是中西翻译理论所共同关心的核心问题,古时如此,现在亦然。

有趣的是,支谦在 3 世纪谈论翻译问题时关于"美言不信,信言不美"的言论,时隔一千多年,在 17 世纪法国的翻译实践中找到了令人惊叹的异域"知音"。自由派翻译大师德·阿布朗古尔坚持"古为今用、外为己用"的"薄古厚今"立场,采取任意发挥的手法进行翻译。其译笔精美华丽,但所译内容却往往与原文相去甚远,格格不入。虽然法国翻译中的"美而不忠",与中国翻译中的"美言不信,信言不美"或许会引发不同的联想,但两者在表述形式和基本所指上的惊人相似,却也是显而易见的。

中西翻译思想中还有一个有趣的共同点：自古以来，翻译家在谈论翻译理论问题的时候，都喜欢使用形象的比喻，而且所用形象或喻义有时十分相近。例如，中国译论比喻中有："嚼饭与人"（鸠摩罗什）、"葡萄酒之被水"（道安）、"乳之投水"（道朗）、"翻锦绮"（赞宁）、"塑像、画像、临摹古画"（陈西滢）、"写生画"（唐人）、"临画、神似"（傅雷）等；西方译论比喻有："美而不忠的女人"（梅纳日）、"译者是仆人"（法耶特夫人）、"译者是奴隶"（德莱顿）、"翻译如绘画，与原作有美的相似和丑的相似"（德莱顿）、"戴着脚镣在绳索上跳舞"（德莱顿）、"只可摹拟不得创新的临画"（田德）、"从反面看花毯"（塞万提斯）、"从宽颈瓶向狭颈瓶里灌水"（雨果）、"从刻板复制中睹原画色彩"（伏尔泰）、"人民的先知"（歌德）、"美化原作的译者如同在朋友面前为穷女婿遮遮掩掩的岳母"（无名氏）、"翻译者即叛逆者"（意大利谚语）等。所有这些比喻，都各有各的道理，并且不论中西，都易于理解。这在某种程度上说明，中西翻译家对于翻译问题的形象思维是彼此相似或相通的。

此外，中西译论的演进过程有一个显著的共同特点，就是在历史上都对翻译的原则和方法进行过系统的总结和归纳。在这一方面，西方的突出代表有16世纪法国多雷的"翻译五要素"、德国路德的"翻译修补七规则"、18世纪法国巴托的"句法调整十二法"和英国泰特勒的"翻译三原则"，我国的突出代表包括道安的"五失本""三不易"、玄奘的"五不翻"，以及严复的"信、达、雅"等。就具体的翻译方法和技巧而言，中西方彼此之间更是有着许多共同点。例如，作用于翻译操作的"增词法""减词法""改译法""倒译法""替代法""引申法""重复法""拆译法""合译法""切断法""推演法""解释法""音译法"等各种变通手法，既为我国译者，同时也为西方译者所熟悉、常用。

基于中西翻译理论之间存在的以上种种相同与相似，我们便能得出一个结论，即不同的翻译传统尽管翻译实践不同，但它们可以产生出彼此相同或相似的翻译思想和理论。这是因为，翻译是人类共同的一项有原则指导的活动，最深层、最根本的那些原则是具有普遍意义的，是跨语言文化的。翻译必须忠实于原作，翻译必须具有原作的通达，翻译必须像原作那样作用于读者，如此等等。所有这些，无一不是中西方，乃至所有人类翻译传统所熟悉的共同准则。

第五节　中西译论的相异性

不言而喻，中西翻译传统由于涉及不同的语言文化、不同的原语材料、不同的思想方法，因此彼此之间必然存在许多不同或差异。应该说，与中西译论间的相似性相比，中西翻译传统在翻译理论上表现出的相异性有时更具研究价值。对此，本文拟从以下五个方面具体来谈。

一、中西译论彼此相异

中西译论彼此的相异首先表现在立论的实用性与理论性这对命题上。中国翻译理论传统的侧重点，历来在于立论的实用性。对于任何一个翻译思想或理论的提出，人们首先关心的是：这个思想或理论能否用来指导翻译的实际操作？对翻译实践有没有可供使用、可供参考的价值？基于这样的指导思想，翻译理论的注意力便主要放在翻译方法和技巧的研究上。例如，支谦所谓"因循本旨，不加文饰"，说的就是直译的方法；道安所谓"五失本""三不易"，说的也是具体翻译操作中译者遇到的困难和可能采取的克服困难的方法，玄奘所谓"五不翻"及玄奘译经的十一种分工（译主、证义、证文、度语、笔受、缀文、参译、刊定、润文、梵呗、监护大使），则更是谈论具体的翻译方法和操作规程。就连一代译论宗师严复，他的著名三字原则"信、达、雅"原本也只是他用来描述翻译困难，并非作为翻译准则而提出来的，他所关心的同样是翻译的实践，而不是翻译的理论问题。

可以说，自古以来，中国翻译家和翻译理论家最为关切的，大都是翻译有何困难，以及如何处理这些困难等实用性、针对性很强的问题。尽管在中国整个翻译发展史上，翻译理论的发展无疑也占据了重要的位置。但同样不可否认的是，在20世纪以前中国一千多年的翻译演进中，对于翻译理论问题的专题、专门研究却几乎是一片空白。翻译理论上的真知灼见，大都散见于依附译著而存在的序文跋语中。即使是被人称为"我国最早的内部出版的翻译研究单篇专著"、写于乾隆五年（1740）的魏象乾的《翻清说》，实际上也仅为"外间极少流传"的内部"培训新的翻译人员所用的讲义"，因此其特点仍在于实用性，而不在于理论性。

由于中国的翻译理论传统注重翻译研究的实用性，而不注重翻译研究的理论性，因此对于超出（更不用说脱离）翻译实际问题来谈论抽象理论建设的倾向，即使是在现代语言学、现代翻译学研究蓬勃发展的今天，也并不能得到人们的广泛认同。例如，"建立翻译学"这个主张最初于1950年代提出，1980年代再度引起重视，但是反对强调翻译理论建设的声音也随之而起。1950年代也好，1980、1990年代也好，反对的意见都不外乎董秋斯在《论翻译理论的建设》一文中所批评的，"一种说：翻译是一种艺术，只能'神而明之，存乎其人'，不受任何理论的约束。另一种反对意见说：翻译是一种技术，类似油漆匠的工作。油漆匠学会了用颜色，就可以照样本画山水人物。翻译工作者只要看懂外国语，会写本国语，又了解一本书的内容，就可以翻译"。有些反对者认为，即使要谈翻译理论，也只要集中来谈"是采用直译，还是须用意译"等问题就已足够，何必提这个"学"那个"学"？还有些反对者则使用更为激进的语言，呼唤人们"丢掉幻想，联系实际"，以此去"揭破'翻译（科）学'的迷梦"。从负面看，这里的所谓"丢掉幻想"，实质上是"丢掉理想""丢掉理论"；从正面看，也可以认为这一口号反映的，是中国译论传统偏重实用价值而非理论价值的研究特点。

西方译论传统的特点与此有所不同。虽然我们不能说西方的翻译研究不重理论的实用价值，不重理论与实践的联系，或不重翻译的具体操作方法和手段，但与中国译论传统相比，西方似乎更为重视翻译理论的抽象性、条理性和系统性。例如，当哲罗姆等明确区分直译与意译，多雷与泰特勒等明确提出翻译的原则与规则，德莱顿、歌德、施莱尔马赫、雅可布逊等阐述翻译如何分类，以及奥古斯丁论述翻译中的语言学问题、文艺复兴以来众多翻译理论人物专题探讨翻译的理论问题时，他们都是在不同程度上把注意力从底层的翻译操作，提升到高层的理论分析和系统总结。特别是文艺复兴时期布鲁尼（Bruni）、维弗斯（Vives）、汉弗莱（Humphrey）、曼内狄（Maneti）、塞巴斯迪诺（Sebastino）、杜·倍雷（Du Bellay）、于埃（Huet）等率先就翻译问题展开专门研究以来，西方的翻译研究即开始进入一个新的发展时期，即一个不仅仅满足于就事论事，而是试图透过实际操作层面去挖掘抽象理论的新时期。

因此，特别是从文艺复兴时期到20世纪，与相应时期的中国译论研究相比，西方译论研究的理论倾向明显多于实用倾向。例如，早在文艺复兴时期，布鲁尼、维弗斯、汉弗莱、曼内狄、塞巴斯迪诺、杜贝利等就对翻译性质、翻译定义等问题进行了具有一定理论深度的、抽象的解释。后来于埃、巴托等又给翻译理论注入语言学的"血液"。到了20世纪，更是出现了从现代语言学角度，对翻译理论进行"更富理论性""有时更为抽象"研究的大量著述，如穆南的《翻译的理论问题》、奈达的《翻译科学探索》、卡特福德的《翻译的语言学理论》、霍姆斯的《翻译研究的名称与性质》、斯坦纳的《语言与翻译面面观》、图里的《翻译理论探寻》、巴思内特的《翻译研究》、威尔斯的《翻译学：问题与方法》、斯内尔亨比的《翻译研究》、伊文佐哈的《多元系统论研究》、哈提姆和梅森的《话语与翻译》、巴恩斯通的《翻译的诗学》、维努提的《论翻译者的隐形》等。

综观西方翻译理论自古至今的发展演化，便可得出这么一个结论：西方翻译研究传统的侧重点，与其说在于说明翻译实践究竟需不需要理论，以及如何指导和示范人们去进行实际的翻译操作，毋宁说是在于描述翻译实践后面存在什么样的理论，在于如何从理论角度去认识翻译、解释翻译。理论家主要关心的，是怎样对翻译实践的各个方面进行客观的描写，对翻译中的各种关系进行严密的分析，如作者、译者与读者之间的关系，翻译目的、翻译材料与翻译手段之间的关系，以及怎样通过这些描写和分析来推断出翻译的规则和原理，等等。

正因为西方翻译研究中的这种重"虚"多于重"实"、重抽象立论多于重经验总结、重描写多于重规范，西方的翻译传统才得以产生较多的较抽象的理论成果。也正因如此，特别是在当代西方翻译理论界，对于翻译方法、技巧、翻译难点等面向翻译操作的实用性研究，似乎较难产生广泛影响；而各种超翻译实践的、带有明显"纯理"特征的翻译学理论，如所谓的"翻译的语言学理论""翻译的交际学理论""翻译的（社会）符号学理论""翻译的解构主义理论""翻译的多元理论"等，却很容易引起共鸣，得到广泛的接受和认同。

二、中西译论互为区别的第二对命题

中西译论互为区别的第二对命题，是在翻译理论问题上的悟性思维与理性思维。其实，这对命题首先并不是中西翻译领域的命题，而是更大范畴的、中西思想哲学上的命题。也就是说，中西译论传统之间之所以有悟性思维与理性思维的区别，从根本上讲，是因为包孕各自译论传统的中西方思想哲学传统之间，存在着悟性思维与理性思维的区别。在教化人们如何认识世界、了解人生的过程中，强调人对事物的往往无法"言传"，只能"意会"；而起于柏拉图和亚里士多德的西方思想哲学传统，则强调人的理性思维，强调人对于世界的万事万物都应当，同时也能够做出理性的认识，并能予以形式上的解释。正因为中西思想哲学传统广这种悟性思维与理性思维的区别，才导致了中西翻译理论思想上的相应区别。从某种意义上说，对这对命题的此类阐释，最能印证我们将译文予以探讨的观点，即任何一个翻译传统的发展，都不可避免地会受到相关文化传统的影响与制约，不同的翻译传统必然会打上所属不同文化传统的烙印。

特别是在20世纪之前的发展进程中，中国译论传统中的悟性思维倾向是较为明显的。一个主要表现是，翻译理论家在谈论翻译问题时，往往凭兴趣所至，信步漫行，除道安、玄奘等少数人提出过"五失本""三不易"和"五不翻""十一步"等带有理性归纳印记的见解外，大都没有分门别类地、系统地阐述翻译问题的意识。

其次，翻译理论家往往把翻译质量的优劣好坏完全系于译者的个人天赋和语文才能，而不甚过问翻译过程中是否存在所有译者都必须遵循的共同规则。例如，北朝末年及隋代初年的彦琮在其译论名篇《辩正论》中说："余观道安法师，独禀神慧，高振天才，领袖先贤，开通后学。……详梵典之难易，诠译人之得失，可谓洞入幽微，能究深隐。"唐代僧人道宣在评论玄奘译场的翻译质量时也指出："今所翻传，都由奘旨，意思独断，出语成章。词人随写，即可披玩。"显然，不论彦琮或道宣，实际上都是在强调：翻译（也包括翻译理论）必须依靠译者和论者"出语成章"的"神慧""天才"也就是依靠他们对于"幽微""深隐"的原文意蕴能"神而明之"的"独禀"悟性。

相形之下，西方译论发展中则存在着较明显的理性思维，而非悟性思维的倾向。其主要表现为：一是注重对于翻译客体，即原文作者与文本进行客观、理性的分析，其中主要包括对作者意图、文本形式和内容的分析；二是重视对于译文受体即读者因素的考虑；三是注重对于翻译实践的抽象超越，注重对于翻译理论的系统总结和归纳。

西方翻译理论家在探讨翻译问题时，向来具有较强的"客体"和"受体"意识。例如，西塞罗在《论最优秀的演说家》一文中指出，任何用拉丁语翻译希腊雄辩大师德摩西尼的人，都必须能用德摩西尼语言和风格进行演说。由于西塞罗本人熟谙希腊雄辩家的演说风格，所以他着手把德摩西尼、埃斯其尼这两位著名希腊雄辩家的作品译成拉丁文，以作示范，"使（拉丁文）学生受益"。无疑，西塞罗一方面强调了翻译者必须首先弄清楚原作风格这个"客体"，同时也强调了"（拉丁文）学生"，即译文读者这个"受体"。

又如，哲罗姆翻译了优西比乌的《基督教教会史》，他在解释自己为什么不采用直译的方法时说："在翻译中，原文独特风格的美感很难得到保留，因为原文的每一个用词都具有它们各自的含义。对于原文中某些词，在译语中或许找不到对等的词，而如果为了达到目的有必要放开手脚时，译者或许需要进行长途跋涉去完成实际上近在咫尺的任务。"在关于翻译问题的其他论述中，哲罗姆以类似的方式强调原作者和原文文本的重要性，强调尊重原文独特风格的重要性，这些都说明他在从事翻译，以及谈论翻译的问题时，是有着强烈"客体"意识的。

再如，英国19世纪下半叶，翻译界著名学者兼翻译家纽曼、阿诺德在如何翻译荷马史诗的问题上，发生了一场激烈的大争论。争论的核心议题实际上可简单归纳为二：一是原作到底为何种风格;二是译品质量到底由谁来检验。纽曼认为,荷马史诗的风格是一个混合体,它既是直率的、通俗的、有力的、流畅的,又是怪僻的、饶舌的;风格的起落往往随主题摆动。主题平淡则风格平淡,主题低下则风格低下。对于纽曼所持的观点,阿诺德表示强烈反对。阿诺德指出,"怪僻""饶舌""平淡""低下"并不符合荷马史诗的特征;他认为,荷马史诗的特征是"轻快""清晰""质朴""崇高",谁掌握不了这些特征,谁就翻译不好荷马史诗。在对待译品质量应该由谁来检验的问题上,纽曼和阿诺德更是各持己见,莫衷一是。纽曼的观点是,对译品质量进行评价,应当看一般读者的反应,而不应看学者的反应,因为就作品的趣味和风格而言,"只有受过教育但无学识的公众才有权评判"。阿诺德的观点与此相反,他认为:译品质量的优劣,应当由那些"既懂希腊原语文字又能鉴赏诗文的学者"来评判,因为只有"他们才能说得出荷马史诗是怎么感染他们的"。在这里,不论纽曼或阿诺德,所谈的核心问题却是同一个,即"读者的反应"。其实,这个"读者反应论"早在16世纪的伊拉斯谟和17世纪的德莱顿即已提出过。到了20世纪,强调交际功能对等的翻译理论家,如奈达等,又一脉相承地把"读者反应"提到了翻译中必须予以高度重视的地位。

此外,西方翻译理论家除谈论翻译经验,探讨翻译中的具体问题,如上面所说的"客体""受体"分析外,还趋向于对这种"谈论"和"分析"作抽象的超越。正如我们在前面已经提到的,古罗马时期奥古斯丁关于翻译问题的语言学观,文艺复兴时期布鲁尼、维弗斯、汉弗莱、曼内狄、塞巴斯迪诺、杜·倍雷、于埃等关于翻译属性等理论性问题的讨论,17—19世纪多雷、德莱顿、泰特勒、施莱尔马赫等对于翻译原理和规则的系统总结和归纳,以及现当代西方各翻译学流派提出的各种理论等,都具有较强的抽象成分,是西方翻译理论传统中理性思维观点的具体体现。

三、中西译论互为区别的第三对命题

中西译论互为区别的第三对命题,是译论表述的含蓄性与明确性。在传统的中国翻译学文论中,译论家往往用词洗练、语意浓缩,因而给人们以较大的理解空间。笼统地说,对于翻译理论或翻译思想的表述,中国译论的特点是模糊、含蓄的。某个理论或思想的意义所在,往往不在于理论者自己给它做了何种界定,而在于他人对它做何种理解和解释,正所谓"一切尽在不言中"。例如,我们无论是对古代"质朴""文丽"概念的理解,或是对现当代"信、达、雅"概念的理解,都必须依赖我们例如对于先辈思想融会贯通的联想与领悟,因为最先提出这些概念的人并未就它们做过明确解释或详尽论证。

以"信、达、雅"为例。严复在《〈天演论〉译例言》中划时代地提出"信、达、雅"一说之后,除在该文的前半部分对此有所阐发外,在其他地方就再也没为此做任何进一步阐释或后续补充。"信、达、雅"这个三字原则中的"信"字到底是指什么?"达"和"雅"又是指什么?"信""达""雅"三者间的关系又如何?对于诸如此类的问题,严复几乎没做任何严密而明确的解释。由于汉语作为一种象形、表意文字,词义浓缩而用词洗练,因此这三个字的内涵和外延都极其丰富。"信"可以指"忠实""诚实""信用""信奉";"达"可以指"流畅""通达""到达";"雅"则可以指"文雅""典雅""雅观""不俗",而严复对其所指又未加严格界定,因此这种丰富的内涵和外延就显现了汉语"一词多义"的本来面目,亦即导致了"信、达、雅"在语义上的多面性、模糊性和含蓄性,进而引发人们对它们做出各种不同的理解和解释。此外,正如钱锺书所说,严复所标"信、达、雅"三字均可在文谦的《法句经序》中找到,其中的"信"源自老子的"美言不信,信言不美",因而"信、达、雅"三字又具有极其丰富的历史含义。

可以说,中国翻译理论和思想如此丰富而含蓄的内涵和外延,在西方翻译理论传统中是很难找到相同例子的。在西方翻译理论传统中,任何思想或理论的意思都取决于立论者对它所做的明白无误的解释和界定。过于简单或模糊、含蓄的表述,只会被认为是"定义不清、逻辑混乱"而遭排斥。西方的语言和翻译研究,受亚里士多德哲学思想影响,历来重视形式逻辑,重视推理、分析。因此,与中国译论相比,西方译论更为注重在语言形式上的表述,凡事都讲究"说个明白"。从积极意义上看,这种形式主义的、凡事"说个明白"的倾向导致了两大结果:一是使西方译论传统获得了大量的有形作品,即关于翻译问题的较多著述;二是使其获得了用来描述翻译理论得较多的翻译学术语。

如前所述,在译论遗产方面,西方各国历史上译论著述的总量,以及参与翻译研究、发表理论观点的人数,相对而言多于我国。这一点,从罗宾逊、里纳、凯利、贝克、艾莫斯、斯坦纳、勒夫维尔、维努提、贝尔曼、舒尔特等有关西方译论史料和马祖毅、罗新璋、陈福康、林煌天等有关中国译论史科的对比中,即可看出。

另外,由于西方译论重形式、重表述,惯于给特定思想、概念、方法及译论流派等冠以特定名称的传统,因而西方译论产生和积累了较多的翻译学术语。例如,人们在谈论西方自古至今的翻译理论时,可以谈论从泰伦斯到列维的"文艺学翻译理论",或从奥古斯丁到巴托、洪堡再到雅可布逊、卡特福德的"语言学翻译理论",也可谈论理性主义、浪漫主义时期施莱尔马赫、赫尔德、荷尔德林和歌德等的"阐释翻译理论";或现代翻译学研究中奈达、莱斯、弗米尔、诺德、纽马克等的"交际/功能学翻译理论",奈达、威尔斯等的"翻译科学论",维内和达贝尔内特的"跨语比较风格学",哈提姆和梅森的"篇章/话语语言学翻译理论",伊文佐哈的"多元系统论翻译理论",霍姆斯、勒夫维尔、图里、巴思内特、斯内尔亨比、维努提等的"跨文化学翻译理论""后现代派翻译理论";或"解构主义翻译理论""对比文本学翻译理论""思维记录法翻译理论""语义学""语用学""(社会)符号学""成分分析法""所指意义""联想意义""词汇意义""语法意义""修辞/风格意义"等,如此这般,不一而足。

当然,翻译理论究竟需不需要在名词术语上兜圈子,翻译学术语究竟需不需要经常更新换代,这可能是一个见仁见智的问题。对于同一所指,西方译论中可能使用多个含义不尽相同的术语来加以表达,而不管术语的创立或使用是出于理论上的真正需要,抑或是由于创立者或使用者的标新心态所致。所有术语只要有人提出并予以界定,它们在相关语言环境里就都不会被认为不自然。然而,如果把它们径直移入汉语,则不一定能被接受。举 target language 与 receptor language 为例。二者均为常见的、通用的现代西方翻译学术语，指"the language to be translated into"，即"译入语"。但在我国翻译学术语中，这二者的直译形式"目标语""接受语"，似乎至今尚未流行起来。有人曾建议用"归宿语"一说取而代之，以示"新意"。但"目标语""接受语"也罢，"归宿语"也罢，在译界均未得到广泛认同。汉语中使用频率更高、更广泛的，仍然是传统的"译文语言"或其简化形式"译语"。相反，如果在英语中不用 target language 与 receptor language，而专用字面意义相当于汉语"译入语""译文语言""译语"的"the language to be translated into"，那么很难想象这是"翻译学行家"在谈论翻译。或许，这个翻译学术语问题是西方译论需要"表述清楚、定性明确"、中国译论需要"表述含蓄、留有空间"的又一例证。

还需要指出一点：虽然从整体来说，西方的翻译学术语库似乎比中国的大，但这并不等于说中国的翻译学术语库就没有特点了。事实上，特别是涉及具体的翻译操作方法和技巧时，中国翻译学术语比西方翻译学术语多而形象。例如，"意译""活译""死译""硬译""乱译""胡译""对号入座"等汉语翻译学术语，就很难在西方语言中找到完全对等的形式，因为在这些汉语翻译学术语和常用来解释它们的西方对应术语之间，往往存在着"语义模糊而概括性强"与"语义狭窄而概括性弱"的区别。

四、中西译论互为区别的第四对命题

中西译论互为区别的第四对命题，是译论研究中的保守性与求新性。首先必须指出，对于这个问题，我们不能用绝对的尺度来衡量。也就是说，在中西这两个译论传统之间，如果绝对地认为其中一个惯于"保守"，另一个惯于"求新"，这是不符合事实的，是错误的，因为无论哪一个译论传统都既有保守的一面，也有求新的一面。然而，相对而言，说一个传统的保守性多一点，另一个传统的保守性少一点，或者说一个传统的求新性少一点，另一个传统的求新性多一点，却是不算为过的。

在传统思想上，中国人素有较强的崇古、崇权威的倾向，自古至今都不同程度地受着"凡是"哲学的影响，即凡是古人、圣人、权威说过的思想，凡是已经确立的理论，人们往往不假思索地接受，不轻易背离和改变。孔子的"三纲五常"之所以统治中国数千年，除封建统治阶级强加的制度因素外，中国人的上述崇尚权威、"接受"多于"挑战"的思想传统，无疑也是一个重要的制约因素。由于任何民族的翻译思想和理论传统，都不会也不可能会超脱该民族整个思想文化的影响，因此中国人的这一"接受"多于"挑战"，或"保守"多于"求新"的思想传统，也自然而然地反映到了中国人的翻译思想和理论传统中。这一点，在中国翻译界对严复"三难"说的长期崇拜中，足以得到证明。

其实，"信、达、雅"作为"译事三难"也好，作为"翻译三原则"也好，只不过是翻译理论所必须涉及的一个问题，即"翻译原则"的问题。翻译中的其他问题，如翻译的性质、翻译的过程、翻译的方法、翻译的目的、翻译的效果等，也同样是翻译理论所必须研究与说明的问题。然而，自从有了严复的"信、达、雅"，中国翻译理论对于"翻译原则"的讨论，在很长时期里就似乎成了译论研究的全部所在。虽然时至今日，中国翻译学领域已不再"言必信、达、雅"，对于"翻译原则"的讨论也早已不再是翻译研究的全部所在，但在很大程度上，即使是在世纪之交的今天，"信、达、雅"的权威，也依然未被中国译论中的其他思想所超越。

严复的《（天演论）译例言》问世已经整整一个世纪了。在这一百年当中，尽管不时有人提出诸如"信、达、切""信、达、化""忠实、通顺""准确、流畅""翻译的最高境界是'化'""翻译必须重神似而不重形似"之类的建议，以期修补或更新"信、达、雅"，但更新来更新去，"信、达、雅"理论却"至今还有其生命力"，其他种种修补与更新，没有一种能够完全取代它。要谈翻译的原则或标准，看来始终"还是信、达、雅好"。

必须承认，之所以信达雅"至今还有其生命力"，之所以始终"还是信、达、雅好"，这在很大程度上确应归功于"信、达、雅"本身的价值，因为"信、达、雅"三字，言简意赅，渊源有本，充分体现了既概括全面，又简短扼要的中国译论的特点。但从另一方面看，却也可以认为，至少在某种程度上，这是由于中国译论传统中的保守因素所致。人们在思想深处或多或少地认为，严复的"信、达、雅"，或者说"信、达、雅"所代表的译论模式，是完满的、权威的，是无法真正超越的。因此，也就没有谁真正试图提出既具中国特色，又不局限于严复思想框架，但影响力却能与之媲美的划时代的翻译新理论。

在西方译论传统中，崇尚权威而不甚求新的守旧思想倾向也自古有之，人们对于译论权威也从来都是比较迷信的。例如，自西塞罗、贺拉斯等提出要意译不要直译的主张以后，不少翻译家曾经把这种主张奉为"圣旨"，认为对所有语言材料都必须一概采用"意译"，而把一切"非意译"或"直译"的方法统统斥为不合格的、"翻译学徒"的行为。

然而，每一种教条主义的、保守的行为，都不会持续很久。虽然多雷在16世纪较为系统地总结出了"翻译的五要素"，但他并没有因此而支配西方翻译论坛，其他翻译家或译论家如阿米欧、查普曼、德莱顿等的翻译和翻译理论，也同样举足轻重。再如，泰特勒于18世纪发表的《论翻译的原则》更为系统地论述了翻译的原理和规则，因而在某种意义上为西方翻译研究带来了新的突破，但人们远远没有把泰特勒或他所阐述的原则视为不可超越的权威。从内容实质上看，他的"翻译三原则"与后他整整一个世纪的严复的"信、达、雅"如出一辙，然而，他在西方译论中所获得的地位，却远不及严复在中国译论中所具有的地位。特别在当代西方翻译理论界，甚至有人根本不把泰特勒看作译论权威，而只把他当作众多翻译理论家中普通的一分子，仅此而已。

第三章 翻译学的内容与属性

立足点不同，人们对翻译本质的认识可能就不同。尤其是在对作为核心概念的翻译"对等性"的认知上，人们往往意见不一。传统上，人们普遍认为，翻译必须忠实原文，译文必须对等于原文。然而，"不对等"却又是翻译中一个无可否认的现象。究竟如何看待这些现象，如何界定翻译，如何解释翻译本质的属性，这是翻译研究中至今仍未达成共识的根本问题，值得深入思考和讨论。

第一节 翻译学的建立

翻译活动由来已久，它的历史作用和现实价值不可低估。然而，对于这样一项古老、重要，与人类文化、思想交流密切相关的活动，人们至今没有一个全面的、本质的、科学的认识。翻译到底是什么？是艺术、技巧、技术还是科学？翻译的过程是什么？翻译的标准是什么？翻译的方法有哪些？译者的责任是什么？作者、译者、读者之间，以及原语与译语之间的关系又是怎样的？诸如此类的问题乃是翻译研究中的基本理论问题，但迄今未得到圆满的解决。换言之，尽管翻译实践由来已久，但翻译理论却至今仍不见得十分发达。

难道是我们的前人没有想到或根本不愿意考虑翻译的理论问题？不是。或者说，问题的所在，并不是这么简单。翻译理论的不健全、不发达，有着多方面的原因，有客观也有主观的。从客观方面看，可以着重指出两点。

第一，人们历来轻视翻译。虽然翻译对于人类文化、科学的发展起过和起着极其重要的作用，但人们对此往往熟视无睹，仿佛外来的科学文化是自己跑来的，根本无须借助于翻译。因此，翻译工作的社会地位历来较低。西方学者把这种现象称为"翻译者的隐形"（the translator's invisibility）。既然人们对翻译工作如此"视而不见"，翻译的地位如此不尽如人意，翻译理论的研究工作就自然会更加缺乏活动阵地。

第二，人们对语言和翻译的认识，始终与人类的知识水平和对整个世界的认识水平有关，某一个时期的翻译研究水平无疑会受到那个时期科学发展水平的制约。例如，在信息论、数控论和电子计算科学尚不存在的时代，发展机器翻译理论是难以想象的。翻译研究虽然不能被一般的语言研究所代替，但两者之间是有密切关系的，语言科学越发达，就越能促进翻译科学的发展。而现代语言学的建立也只有六七十年的历史，因此很难指望翻译学产生于更早的时候。当然，语言学本身也有其发展迟缓的问题。

然而，这些客观原因都不足以说明翻译理论为什么不健全、不发达。更重要的原因在于主观方面，在于翻译界的内部因素。这些因素主要是：①经验主义；②教条主义；③研究的片面性。

首先，关于经验主义。董秋斯曾经指出，直到现在还有不少人认为，翻译工作者只要能看懂外国语，会写本国语，又了解书的内容，就可以翻译，而无须什么理论。或者说，翻译是一门艺术，只能"神而明之，存乎其人"，不受任何理论的约束。这是两种不同的观点。实际上这些观点本身就各属一种理论，前者是经验主义的理论，后者或可视为翻译的不可知论。两者中前者更为常见。例如，11—13世纪之间西方大批译员集聚西班牙的托莱多，大规模翻译阿拉伯语作品，使翻译活动之地成为当时欧洲的学术中心。然而他们关心的只是翻译实践，对于翻译理论基本上无人问津，因而也就没给后世留下任何有价值的理论。16—17世纪英国的译事活动极为频繁，译者多而又多，但其中相当多的人只能称为翻译匠，因为他们既不研究翻译，也不严肃地对待翻译的理论问题。再如，我国翻译史上虽出现过几次高潮，但主要都是翻译实践的高潮。东汉至宋的翻译也好，明末清初的科技翻译也好，都没有伴随着出现特别让后人引以为豪的翻译理论高潮。因为正如文艺理论家少有兼做诗人或小说家，翻译理论家也少有能胜任翻译的实际工作，人们就得出这样的结论：翻译工作靠的是实践和经验，靠的是译者的天分。在这种思想的指导下，翻译理论就不可能得到健康的发展。在以前的翻译家中，只有少数人如西方的西塞罗、哲罗姆、德莱顿、歌德、普希金和我国的支谦、道安、彦琮、道宣、严复等对翻译的理论问题有较大的兴趣，但他们所谈论的也多限于翻译的方法和技巧，着眼点不免在于经验。诸如多雷、泰特勒、施莱尔马赫之类的翻译理论专家实在不多见。因此，特别是在我国，翻译理论是比较落后的，其成熟度远远比不上其他学科的理论，如文艺学、语言学、美学理论等。

其次，教条主义对翻译理论的发展也造成了一定的负面影响。其主要表现形式是，对权威人士提出的某些翻译原则和方法盲目地接受，并不加分析地把它运用于一切翻译。这样，本来只适用于某个时期、某种体裁的原则或方法，被僵化成可以到处生搬硬套的教条，结果束缚了人们的思想，使翻译理论不能得到持续不断的发展。

最后，我们还必须看到，翻译理论之所以不完善，是因为研究者往往站在狭隘的立场上，对翻译问题缺乏系统的、宏观的认识。人们大都凭着个人兴趣，津津乐道于翻译研究的个别方面，如翻译标准、方法和技巧问题，把树木当作森林，而不能运用科学方法，把分散的"树"连结成"林"，提出全面而系统的理论。一千多年来，人们一谈论翻译便少不了提出这个问题，但究竟是直译好还是意译好？究竟什么时候用直译，什么时候用意译？人们争论来争论去，总是没有结果。原因何在？当然，原因之一是，直译和意译本身是两个模糊概念，因为除靠近两个极限即逐字死译和任意发挥的极限外，很难就说什么样的译文就是直译，什么样的译文就是意译。但主要的原因是，人们没能把它们置于翻译理论的大的框架中，没能把翻译的方法、技巧问题同翻译的目的、效果等有机地连成一体，没有从理论上真正认识到，任何翻译方法的好坏、翻译标准的优劣，都不能用绝对的尺度去衡量。因此，在厘定某种翻译标准、提出某种翻译方法的时候，不仅要考虑各种各样的因素，如文体因素(译哪类作品)、读者因素(为谁而译)、实用因素(为了什么)等，同时还要正确认识所定标准、所提方法在整个翻译理论体系中所占的位置，说明它们和翻译理论中其他方面关系如何，并阐明所提出的某个理论是"放之四海而皆准"的通用理论，还是只适用于特定语言、特定场合、特定目标的特殊理论。

总而言之，从主观方面看，翻译理论要想完善起来，除不满足于经验、不死守教条外，还要克服翻译理论的片面性，增加系统性。它必须研究具体问题，但不能过分拘泥于枝节；可从多方入手，但不能零敲碎打。而要做到这些，就必须从本质上对翻译理论的研究有个清楚的认识。

要对翻译理论有个本质的认识，使翻译理论得到长足的发展，就必须把翻译理论纳入翻译学，确立翻译学独立的学科地位。这必须作为一切翻译理论工作者的共识，没有这种共识，不把翻译学作为一门独立或相对独立的学科来加以发展，翻译理论就永远也得不到充分发展。

为了推动翻译学作为独立学科的发展，我们必须对与之相关的一些基本概念有足够的认识。首先，我们必须严格区分"翻译"和"翻译学"。这是两个截然不同，但常被严重混淆的概念。第二次世界大战以来，有不少人如美国的奈达、英国的纽马克、法国的穆南、德国的威尔斯、苏联的费道罗夫等，都曾提出"翻译是一门科学"的观点，其论据是：①翻译是一项有客观规律可循的活动，并不完全靠天才或灵感；②可以像描写语言一样，对翻译程序和方法进行客观的、科学的描写，并使之公式化、模式化。持相反意见的也不乏其人，如捷克的列维、苏联的加切奇拉泽及我国相当多的翻译家和学者，他们认为翻译是艺术而不是科学，因为：①翻译过程中活的东西太多，不可能公式化；②翻译家的再创造才能是天赋的，不是后天习得的。有的翻译理论家在对待翻译究竟是艺术还是科学的问题上，观点则发生过变化，如奈达从20世纪40年代末到20世纪70年代一直认为翻译即科学，但到了20世纪80年代却一改过去的看法，强调翻译是一种艺术，并强调翻译才能的天赋性。另外，还有一些人对这个问题根本没有明朗的态度，别人说科学就科学，别人说艺术就艺术，反正无关大局。

为什么出现上述这种局面？归根结底，是许多人把"翻译"和"翻译学"混淆了。我们认为，"翻译"是把一种语言文字的意义用另一种语言文字表达出来的过程，它主要是一门技术，同时也具有许多艺术的特征，如它的创造性特征，但绝不是科学。所谓科学，指的是"关于自然、社会和思维的知识体系，……科学的任务是揭示事物发展的客观规律，探求客观真理，作为人们改造世界的指南"。在这个定义中，有两点值得特别注意：①科学是一个"知识体系"；②科学的任务是"揭示事物发展的客观规律"。有了这两点，便排除了翻译作为科学的可能性。翻译只是言语产物即话语的一种语际（或语内、符际）转换过程，而不是"知识体系"；它的任务只涉及双语理解和使用及与之相关的问题，而不是"揭示事物发展的客观规律"。因此，翻译本身不可能是科学，而只能是技术和艺术。然而，把翻译当作研究对象的那门学问则应视为科学，因为它是一个由各种理论构成的"知识体系"，其任务是"揭示"翻译过程的"客观规律""探求"关于翻译问题的"客观真理"，给实际的翻译工作提供行动"指南"。这就是翻译学。如果要下一个简明扼要的定义的话，那就是："翻译学（或称翻译学）是研究翻译的科学。"

尽管翻译是一项古老而蓬勃开展的活动，但翻译研究却受经验主义、教条主义、片面观点和某些客观因素的影响，长期发展缓慢。究其根本原因，就是翻译研究长期以来没能享受其作为独立学科的地位。特别是在第二次世界大战以前的漫长历史中，人们根本不把或很少把翻译研究看作一门有其自身特点、可以独立存在的学科。古代西方的西塞罗、贺拉斯、哲罗姆、奥古斯丁和中国的支谦、道安、鸠摩罗什、玄奘，中古世纪和近代西方的波伊提乌、伊拉斯谟、德莱顿、阿诺德、欧德、普希金和中国的林纾、严复和鲁迅等，虽然对翻译有过精辟的理论见解，但他们谁也没有把翻译研究当作一门独立的学科，谁也没有提出要建立翻译学。他们的观点大多散见于谈论其他内容的著作里，散见于译本的序言跋语中，或散见于各种译著的书评中。即使那些发表过重要翻译论著或论文的理论家，如法国 16 世纪的多雷、英国 18 世纪的泰特勒、德国 19 世纪的洪堡和施莱尔马赫、苏联十月革命后的丘科夫斯基和我国本世纪上半叶的吴曙天、杨镇华、林语堂等，也同样没有提出要建立翻译学。

当然，前人的理论见解或观点对翻译学的建立不能说没有贡献。恰恰相反，如果没有前人对翻译问题的开拓性研究，没有前人的翻译实践经验和理论成果的积累，要凭空创立一门翻译学是不可能的。西方自西塞罗，我国自支谦、道安的时代起，翻译理论研究的实际工作就开始了。到了 19 世纪，德国语言学家洪堡在其著作《依照语言发展的不同时期论语言的比较研究》和《论人类语言结构的差异及其对于人类精神发展的影响》中，从比较语言学的角度对语言的本质做了深入研究，促使西方的翻译研究向纵深发展。就连"翻译学"这个词也并非第二次世界大战后的创新。早在 20 世纪初，英语翻译理论界就出现了"the science of translation"（翻译科学）的提法；我国在 1930 年代，也有林语堂等学者多次使用"翻译学"这个词。然而，从古代到 20 世纪上半叶，不论是西方还是东方的翻译研究，研究者都不是有意识地把翻译学作为一门独立学科而加以系统研究的。还有的学者则把现代翻译学的起源同苏联翻译理论家费道罗夫的名字联系在一起，认为费道罗夫于 1953 年发表《翻译理论引论》一书开创了翻译研究的新纪元。持这种看法的主要是苏联和我国的许多学者，而西欧一些学者则认为费道罗夫的理论是处于传统理论和现代理论之间的一种过渡性理论，不足以当作现代翻译学的发源点。因此，可以说，现代翻译学的起源缺乏一个公认的明显标志，即缺乏一部全面论述翻译学的纲领性文献。就西方国家而言，应该承认，第二次世界大战结束以来问世的翻译专著不在少数。较突出的除上述奈达和费道罗夫的有关著作外，还有英国卡特福德 1965 年的《翻译的语言学理论》、斯坦纳 1975 年的《语言和翻译面面观》、纽马克 1982 年的《翻译问题探索》、法国穆南 1963 年的《翻译理论问题》、捷克斯洛伐克列维 1963 年的《翻译的艺术》和苏联加切奇拉泽 1970 年的《文艺翻译理论概论》、巴尔胡达罗夫 1975 年的《语言与翻译》、科米萨罗夫 1980 年的《翻译语言学》，以及英、俄、德、法等语言中一系列的翻译论文集。所有这些论著和论文从各个不同的角度探讨翻译的理论问题，提出了不少具有一定特色的理论和观点，使西方的翻译研究不断进步。但是也不能不看到，西方至今并没有一套十分完整的科学的翻译理论，也没有一部系统阐述翻译学研究的权威性著作。所提出的理论中，包括奈达的交际性翻译理论和社会符号学理论，费道罗夫的等值翻译理论，卡特福德、巴尔胡达罗夫、科米萨罗夫等的描写语言学翻译理论，列维、加切奇拉泽等的文艺学翻译理论，都只从某个侧面说明了翻译的某些问题，而未能从更高的层次上说明更多的问题。威尔斯从话语语言学角度对翻译学理论的概括性阐述，也没能真正解决什么是翻译学、什么是翻译的问题。正因如此，有的人甚至怀疑"翻译学"一说是否妥当。例如，美籍荷兰翻译理论家霍姆斯在第三届国际应用语言学会议上，曾经提出应当用"翻译研究"一说取代"翻译学"或"翻译科学"，因为"翻译科学"在方法论上永远无法具备真正的科学即自然科学所具备的那种说服力。

再看看我国的翻译研究现状。自19世纪70年代末80年代初以来，随着"闭关锁国"、禁锢学术发展政策的改变，翻译研究领域里呈现出了勃勃生机，出版了各种翻译研究的专著，其中包括编译引进的国外翻译理论著作和评介文集，以及《翻译理论与翻译技巧论文集》《翻译研究论文集》《翻译论集》等重要论文集。特别是1980年复刊的理论性刊物《翻译通讯》（现在的《中国翻译》）及其他各种外语与翻译研究刊物，更是为我国的翻译研究工作者提供了一块发表成果的宝贵园地，对我国翻译理论队伍的建设起到了极好的促进作用。但是，我国也清楚地看到，我们的研究工作远远跟不上时代的步伐，在许多方面落后于国外的翻译学研究，具体表现为：①翻译研究多经验介绍，少理论升华；②重技巧标准研究，轻理论体系探讨；③多守旧思想，少创新精神。因此缺乏系统的理论著作和具有特色的翻译理论。

要改变上述落后状况，加快翻译理论的发展步伐，就必须做好以下各项工作。

第一，确认建立翻译学的重要性。指出这一点，是因为对于翻译学作为一门科学的存在，至今有人怀疑。例如，上面提到的美籍荷兰翻译理论家霍姆斯就建议用"翻译研究"的说法代替"翻译科学"，加拿大翻译理论家凯利在其著作中也避而不用"翻译学"，只提"翻译理论"。我国反对翻译学的建立和发展的，则更是大有人在。翻译学到底要不要建立？我们的问答是肯定的。理由很简单：翻译是人类一项必不可少的交际活动，有其自身的规律可循，可以通过科学的方法加以归纳、总结和描写，使之更好地为人类交际服务。同时，我们也必看到翻译学的特殊性：①研究翻译必须涉及语言（或其他非语言的符号系统），而语言是人的一种社会行为，可变参数太多，因此，翻译学很难像数学、物理学一样在研究具体现象的基础上产生出严格的公式；②实际翻译涉及的不是作为系统的语言，而是在特定场合以特殊形式出现的言语，或者更准确地说是话语。不同类型的话题往往表现出它们的不同类型话语结构（如文学题材有文学话语结构、科技题材有科技话语结构），各种话语结构的表现形式又会因人而异、因时而异、因地而异，即会产生作品的个人风格、时代风格、地域风格等。对于这些千变万化的话语形式，翻译学只能提供一个宏观的描写，不可能也没必要面面俱到。

第二，正确认识翻译学与其他学科的关系。国外翻译理论家，如费道罗夫、巴尔胡达罗夫、奈达、卡特福德、纽马克、穆南、威尔斯等，一般把翻译研究视为语言学研究的一个分支，隶属于应用语言学。苏联学者科米萨罗夫干脆把翻译学叫作翻译语言学。我们认为，这种看法是片面的。不错，翻译与语言有关，因此翻译研究与语言研究有关，甚至可以说主要与语言研究有关。但是，翻译研究涉及的不是一般的语言问题。首先，它涉及的是两种而不是一种语言，因此必须进行不同语言和不同文化的对比研究。其次，由于涉及两种语言，就存在从一种语言到另一种语言的转换问题，在心理学上这是一个很难解释清楚的问题。假如像乔姆斯基所说的，人的大脑里存在一个控制语言能力的语言机制，那么可以推论：人的大脑里也同样应存在一个把甲语转换到乙语的转换机制。但是怎么证实这一点？无疑这就必须依靠心理学、医学（特别是解剖学）等科学的配合。此外，机器翻译的事实表明，还可以从信息论、数控论、电子计算科学等角度对翻译进行研究。至于广义上的翻译，因必须涉及非语言的符号系统，如把言语译成手势、把手势译成图画等，则更须从非语言的角度加以研究。因此，把翻译学归属于语言学未免太狭隘了。我们认为，翻译学是一门与符号学、文艺学、社会学、心理学、信息论、数控论，尤其是语言学等多种学科有着密切联系但又具有相对独立性的综合性科学。确认了翻译学的这一独立性，就必须真正把它作为一门独立的学科来做些扎实的、具体的工作。这些工作应当包括以下内容。

（1）编写全面、系统阐述翻译学的纲领性著作。

（2）鼓励产生并逐步完善各种翻译理论，如翻译的语言学理论、翻译的文艺学理论、翻译的美学理论、翻译的心理学理论、翻译的社会符号学理论、翻译的数控理论等。

（3）利用宣传媒介，为建立并完善翻译学大声疾呼，扩大翻译学的研究队伍及其影响范围。

（4）创办翻译学校、翻译学系和翻译研究机构，使翻译学像语言学、美学等学科一样，在学术研究领域享有其应有的地位。

总之，在各门现代科学高度发展的今天，对于翻译这项古老活动进行系统科学研究，再也不能不予以重视了。翻译学的真正建立必将极大地推动翻译理论研究的发展，并把翻译事业推向一个蓬勃发展的新阶段。

第二节　翻译学的途径

翻译和翻译研究的途径包括：①文艺学途径；②语言学途径；③交际学途径；④社会符号学途径；⑤翻译学途径。本文拟对这五种基本途径展开讨论。

一、文艺学途径

文艺学途径运用文艺学理论研究翻译、解释翻译中出现的问题。文艺学途径着眼于翻译的结果，特别是着眼于对原文和译文主题结构、风格特色和艺术效果进行比较。这种途径所关心的基本问题是：应当使作者靠近读者，还是使读者靠近作者？即应当改变原文形式以迁就译语习惯，还是保留原文形式以使读者对原语习惯有所认识？这一问题由来已久，直译与意译、死译与活译之争，就是由它引起的。具体地讲，文艺学途径的研究对象主要包括语言的使用域、作品的修辞手段和语言的创造力等方面的问题。

所谓语言的使用域(或称语域),是指适用于特定场合和范围的语言层次。可以从三个方面来看这个问题:①纵向审视;②横向审视;③交错审视。所谓纵向审视,就是从历史发展的角度来看语言表达的适用性,把语言形式分为今用语、过时语、陈旧语、古语、废语等层次。所谓横向审视,是指从同一个时间平面看语言表达的适用性,把语言形式分为专业语、书面语、通用语、粗俗语等。最后,还可从社会场合的角度来看语言表达的适用性,不同场合使用的语言可以构成不同的语言体裁,即语体。而语体的产生又往往与上述纵横两个层次的交错有关。例如,正式语体中交错着古语、过时语、专业语和书面语,非正式语体中交错着今用语、通用语和粗俗语。在研究文学翻译的过程中,可以通过译文和原文在语言、语体层次上的比较,指出译作所用语体或语言层次是否与原作保持一致,是否反映了作品的人物、时代、民族风格和作者的个人风格。

　　文艺学途径着重研究的第二方面是作品的修辞手段。把译文和原文加以比较,通过分析、描写译文和原文在修辞风格上的异同,揭示其中的规律,制定出某种规则或标准来指导翻译、评价译作。制定这些规则和标准的目的主要包括如下三点:①在最大范围内使原文修辞手段符合译语规范;②在最大范围内使译文再现原文修辞手段;③前两者的折衷。在第一种情况里,为了使译文合乎译语规范,就要求译文完全摆脱原文形式的约束,把一切不合译文读者口味的异样表达法统统改变成地道的译语表达法。译者根据需要,可以替换形象,转换修辞用法。在第二种情况里,译者的目标是把读者引向原作,使读者对原作的修辞手法有较直接的认识,因此往往把原文形象、原语结构搬进译文,只把它的语言外壳转换成译语形式。例如,有人在英译《暴风骤雨》时,把一处"男男女女都七嘴八舌地说出他们的惦记和盼念"译成"With seven mouths and eight tongues, all were talking together";还有人在英译《水浒传》时,把"你在家时,谁敢来放个屁?"译成"When you were at home, who dared to come near and pass his wind?"以帮助读者更了解原文表达上的"原味"。这即是人们常说的"异化"。最后,译者既想保留原文特殊的修辞手段,又想使新的表达法比较容易被读者接受,于是通常采用直译加注或半直半意的折衷译法。

　　文艺学途径还注重语言的创造力,即作品的独特风格和感染力。文学创作中,每一个作者、每一篇作品都会有其特殊风格,很难完全转移到译文中来。对此有两种截然不同的看法。一种认为,每一篇文学作品,特别是诗歌,都是独创的,因此是不可译的。另一种则认为文学作品包括诗歌作品都是可译的,因为每一种语言都有丰富的创造力,原语在翻译中失去的东西,译者可以创造出新的东西来加以补偿,使译文与原文在总的艺术效果上达到一致,或基本一致。

二、语言学途径

　　采用语言学途径研究和进行翻译,重点是比较原文与译文的语言成分。如何把这种途径运用于翻译研究,在一定程度上取决于采用哪种语言学的理论模式。但不管根据哪种模式,都必须研究不同语言在语音结构、句法结构和语义结构中的对比关系。这种途径对两方面的对应特别发生兴趣:①语法范畴的对应;②词汇范畴的对应。

语法范畴涉及词类、词性、单复数、时态、语态、语格、语序及语言结构上的形合、意合等。汉语和印欧语言之间在语法范畴上存在明显差别。汉语不用词形的变化来表示不同的词类、词性、单复数、时态和语格等。把印欧语言译成汉语，就必须通过词汇变化，来表达相应的语法关系。这从一个侧面说明，语言学途径的首要目的是研究如何"在不同的语言现象中寻求对等"。

在处理语态的问题上，不仅要研究主动变被动、被动变主动的表现形式，同时还要研究特定语态在不同语言里的使用频率、适用范围及其句法、语义功能等问题。例如，在英语科技文体里，被动语态用得特别广泛，因为在这种文体里，要具体说明的是受事或现象，而不是与之相关的施事。把这类文体译成汉语应当怎么处理？要不要使用相应的被动形式？用什么方式才能充分体现这个特定的体裁？这些也是必须解决的问题。

有的语言（如拉丁语）在语序上很灵活，句子成分无固定位置，彼此关系是由语格来表明的。另一些语言（如汉语和英语）则有相对固定的语序，"主语在前，谓语在后"的规则不可轻易打破。

此外，还必须研究形合和意合的矛盾。这是语言结构方面的一个重要问题。汉语遣词造句较少使用连接词，句中从属、并列关系往往通过词序或逻辑意义加以表现，是意合语言。印欧语言的从属、并列关系则多由连词、关系词表明，因此它们是形合语言。这两类不同语言互译时，要想使译文在句法上不过于"洋化"，就必须考虑各自的形合和意合特征。例如，英语说"We knew spring was coming as (because) we had seen a robin.""If winter comes, can spring be far behind?"等。汉语却趋向于不用连接词的说法："（因为）我们看见了一只知更鸟，（所以）知道春天快要到了。""（如果）冬天来了，（那么）春天还会远吗？"汉译文括号中的成分用上并不算错，但却会使译文显得不那么简练。

词汇范畴的对应是翻译研究中一个更基本的问题。不管是把词、词组、句子、还是语篇当作翻译单位，都离不开对语言词汇的研究。词的同义现象、多义现象和语义双关现象、模糊现象，以及词的偶合现象、对应现象、空缺现象、矛盾现象，等等，都是语言学途径所要研究的。在这里特别要指出的，是有关所指标记的问题。不同语言特指某个事物时，往往有着各种不同的表达方式。在有的语言里，人们喜欢用名词；在另一些语言里，人们又习惯于使用代词。就是在使用代词的问题上，也存在着各种差异。汉语和英语使用指示代词时，都是用一种二元对照系统，即都说"这"和"那"，"这个"和"那个"，"这里"和"那里"，"这些"和"那些"；西班牙语则采用一种三元对照系统，即 este（"这个"——指靠近说话人）、ese（"那个"——指靠近听话人）和 aquello（"那边的那个"——指离得更远或靠近被议论的人）。在有些语言里还有第四人称，指特定上下文里的第二个第三人称。

所指标记中最棘手的问题是尊称或敬语形式的使用。有的语言至少有三个层次的敬语形式：一层对上级或长辈说话时使用，一层对同级或同辈说话时使用，另一层对下级或晚辈说话时使用。有的语言（如汉语和日语）中，敬辞的使用不仅涉及话语活动中的对方和第三者，如汉语的"贵姓""大名""尊府""惠书""大函""高见""令尊""令堂""令郎""令亲"等，还涉及说话人自己。涉及自己的"敬语"，除少数词（如古代中国皇帝专指自己的"朕"）外，大多是谦辞。谦辞通过自我贬低的方式向对方表示敬意，基本功能与敬语相同。汉语的这类自谦式"敬语"表达法有"敝性""敝人""在下""寒舍""拙著""拙见"等。把这些敬语形式译成没有或少有敬语形式的语言时，往往出现欠额翻译；反之，把没有或少有敬语形式的原文译成敬语形式丰富的语言时，则很可能出现超额翻译。怎样在这种不同的语言现象中求得对等，便是翻译者和研究者的一个重要任务。

三、交际学途径

交际学途径运用交际理论和信息论，把翻译看作交流活动，看作两种语言之间传递信息和交流思想的一种方式，比较原文和译文在各自语言里的交际功能，并重点研究以下几方面的问题：①信息源点；②信息内容；③信息受体；④信息反馈；⑤信息噪声；⑥信息传递环境；⑦信息传递手段。

首先，采用交际学途径来研究和进行翻译，必须考虑两个不同的信息源发点。作者是第一源发点，译者是第二或代理源发点。两者所处地点、时间、环境不同，但发出的应当是同一信息。第一源点即作者只有一个责任，就是把自己的思想化为语言或文字；第二源点即译者却有双重责任：他必须准确地接收第一源点发出的信息，然后又准确地传给信息的最终受体，即译文读者。

其次，必须考虑信息的内容。在任何交际场合里，信息内容都会包括三个因素：言语因素(言语表达形式)、副语因素(非言语表现的语言相关因素)、超语因素(即非语言的文化和场合等方面的因素)。言语因素是构成信息的主体，这是不言而喻的，因为在语言翻译中离开了言语形式就无翻译可言。但言语因素只是信息的主体，而非全体。有时，副语因素和超语因素的重要性甚至超过言语因素，在口语交际中尤其如此。例如，说话人的音调、语气、口音、说话速度等副语因素，有时比言语形式更能说明说话人是高兴还是悲哀，是激动还是惊讶，是心情迫切还是心情烦躁，是有涵养的人还是粗俗的人。在书面语中，副语因素包括有无错别字、使用哪种字体、公文中有没有使用不标准的语言等。译文中如反复出现错别字，读者除怀疑是原作者或编辑者的差错外，主要会把它与译者的水平联系到一起，给译文质量蒙上一层阴影。另外，译文用什么字体刊出也常常影响读者的反应。例如，文中插用黑体字会引人注目、关于激光的论文用篆书排印会令人费解。还有正式文件，如国家宪法、法律文本的翻译中如果使用不标准或次标准的言语形式，则会有损于它们的威严乃至效力。

超语因素在口语交际中，主要指面部表情、手势、身势、说话人的紧张程度、说话人与听话人的相隔距离和对视程度。在书面语中，超语因素指的是出版物的版式、类型、装订、封面设计、纸张质量等。所有这些都会在读者身上产生某种效果，因此都是译者必须加以认真考虑的。

信息受体，即读者或听者，是交际学途径必须研究的第三个内容。为了对信息进行准确而有效的传递，译者在动笔之前应当弄清楚为谁而译。读者、听者各种各样，可以根据他们的知识水平和兴趣爱好分为多个层次，如专业读者、一般读者、高雅读者、通俗读者等，再根据各个不同的层次，提供不同难度和风格的译文，其中当然也包括雅俗共赏的译文。但不管是哪种译文，都应当为特定的读者而作。交际性翻译的特点是，必须使译文在译文读者身上产生出原文读者对原文所产生的那种反应，译者的服务对象是译文读者，因为必须把外来东西译成地道的译文，搬进译语文化，而不给读者造成理解上的困难。例如，把英语句子"It(something)is as significant(to me)as a game of cricket."（这事如同板球赛一样重要）译成法语，译文应为"C'est aussi significatif que de faire de la course de vélo"（这事如同自行车赛一样重要），译成汉语则应变为诸如"这事如同吃饭一样重要"之类的语句。

信息反馈问题。在口语交际中，听众的面部表情、身体姿势和一般听讲气氛等，往往能使说话人得到重要的信息反馈。如果发觉听众不理解或不欣赏所讲内容，说话人可以随时调整，以使谈话更能打动听众。在书面语中，信息反馈靠作者、译者的预测来获得。即是说，作者和译者可以站在读者的角度，充分估计哪些地方可能引起读者不理解甚至不赞成，事先做出必要的说明。

信息噪声问题。影响信息有效传递的噪声有物理噪声和心理噪声两种。物理噪声指听得见的噪声，在口语交际中可以严重干扰信息的准确传递。心理噪声是指听者、读者对某一交际活动产生的不良心理反应，如对话题不感兴趣、对某个说法不赞同、对说话人或作者、译者很反感，同时也指发出信息时干扰作者、译者思维的种种情绪和烦恼。要想顺利地进行交际，就必须排除这些噪声和干扰，如在口语交际中远离噪声或增大说话声音等，在书面语中克服交际时产生的不良情绪，并事先根据特定读者对象在可能的范围内做出调整，尽量减少心理上可能产生的"噪声"。

信息传递环境是必须考虑的另一因素。译者必须弄清原文是什么时候、在什么地方、在什么背景里、为什么人而作的，再根据这些条件调整译者与译文场合、译文读者的关系。例如，译者必须弄清楚，哪些话在原文背景里不加解释即可理解，而换一种语言背景必须增加解释读者才能理解。译者必须正确处理好这种关系，如果过多地把原文中的内隐关系明译出来，会使译文读者误以为原文读者对有关信息也同样不懂；而如果对该明说的不明说，便可能导致对译文信息的曲解、误解或根本不理解。

最后，还有个信息传递手段的问题。也就是说，有关信息是口头传达还是书面传达，是通过电台、电视还是面对面传达，等等，都是译者不可忽视的。一篇供舞台表演的戏剧作品可以译成专供阅读的剧本。如果把它译成一个舞台艺术品，译文遣词造句就需要配合动作，意思也必须能立即被观众理解；如果译成专供阅读的剧本，则可不必顾及措辞与动作的配合问题，或意思是否一听即懂的问题，因为读者关心的主要是作品的内容及其艺术价值，无须过多考虑作品的舞台效果，因而可较多地采用直译法和直译加注手法处理原作难点。此外，译者的知名度、出版者的声誉、译作的出版形式等多种超语因素都与信息传递手段紧密相关，都是交际学途径所必须研究的重要方面。

四、社会符号学途径

社会符号学途径是从社会学和符号学的角度看待翻译问题,着重研究和阐释特定符号在特定社会场合里所具有的意义,然后将这种意义同译文符号在相应译文场合里的意义加以比较。它既研究言语的所指意义,又十分重视言语的各种关联(联想)意义和实用意义,并强调言语内容和言语形式的辩证统一关系,指出不仅言语内容是构成意义的重要成分,而且言语的语法特征和修辞特征也是意义的重要组成部分。

社会符号学认为,任何一个意义都包含三个因素:符号、所指物和解释体。解释体指通过特定符号系统把符号和所指物联系在一起的手段。例如,"跑"这个字的意思不能单独理解,而必须参照一系列在语义上与之相关联的其他符号才能理解,如"走""跳""爬"等。同样,任何一个手势的意义必须与相关文化中的其他手势联系在一起才能理解。例如,在汉语文化里,"捶胸(顿足)"形容极度懊丧悲痛的样子,但在南非的某个土著文化里,"捶胸"却表示自信和勇敢,懊丧悲痛的意思则由"揪胡子"的动作来表达。

对于符号,特别是复杂的符组,可从人们对它的直接反应、分析、综合三个层次上来解释。举非洲谚语"首领儿子落水后架座桥"为例。直接反应层上的解释或理解是:这是一句形象、生动的谚语,意思很明显,相当于英语的"They locked the barn door after the horse was stolen."(马被盗以后给马棚的门上锁)和汉语成语"亡羊补牢"。在分析层上,主要可以分析这个谚语的结构和风格特征。例如,经过分析可以发现,该谚语由一个原因和结果构成,风格是朴素的。最后进行更高一层的综合性解释,可以指出,该谚语反映了许多非洲部落的社会结构及其含义,使人看到这种社会及许多其他社会普遍存在的一个现象,即只有在掌权者遇到危险或遭受损失时,才可能采取某个行动。不难看出,这种三层解释和理解法对于翻译是有重要的实用价值的。

我们知道,语言是一个符号系统,符号与真实世界之间存在着一种关系,这种关系就是符号的意义。采用社会符号学途径,可以把符号和真实世界间的关系分为三大类:①象形关系;②标示关系;③约定俗成关系。所谓象形关系,是指符号与所指物之间存在某种相似。例如,画图与所指物,即被画的客体之间有明显的相似,因此画图是较典型的象形符号。汉字中的一些象形字也是常见的象形符号。比喻用法同样是一种象形符号,因为在喻体和本体之间存在着某种相似。例如,说"某某人是狐狸",指的是这个人的性格行为与狐狸有相似之处。

标示符号与象形符号不同,基点不是两者之间的相似关系,而是它们的关联或联想关系。语言中标示符号相当丰富,例如,在英语中,特殊的发音,如把"It's a lovely day today"说成[its o luvli dai todai],不仅能标示出说话人来自哪个方言区域,还常常能标示出他的社会背景和文化教育背景。再如,语言中各种借代法都是典型的标示符号,如"白宫的烦恼"(用白宫代替美国总统)、"三碗不过冈"(用碗代替碗中的酒)、"三个臭皮匠,顶个诸葛亮"(用诸葛亮代替绝顶聪明的人),其中"白宫""碗""诸葛亮"都在某个方面与它们所替代的人或物相关联。

然而，特别是在拼音文字里，绝大部分单个的语言符号不是上述两种，而是约定俗成的符号。甚至在诸如汉字之类的象形文字里，真正的象形符号也并不很多。除语言符号外，还有许多非语言符号也是约定俗成的。例如，表示"当心！"的交通符号在中国是"！"，在美国则是"△"。

社会符号学途径的最大特点，是从各个不同的角度，把各种（语言的和非语言的）符号置于社会场合的大框架中，对其意义和功能进行科学的分析，从而为翻译对等关系的确立提供较坚实的基础。

五、翻译学途径

翻译学途径是一个综合性途径。它不仅综合上述各个途径的特点，同时还综合其他一切翻译研究途径的特点。翻译学途径明确区分翻译和翻译研究，认为翻译本身只能是一种技术，一门艺术，绝不是科学；而有关翻译的那门学问却是科学，并且是一门不隶属于任何其他学科（包括语言学）的相对独立的综合性学科。它的研究对象不仅包括语际翻译、语内翻译，而且也包括符际翻译，即不同符号系统之间的翻译。翻译学途径的主要特点，除高度的综合性外，还有高度的描写性、开放性和灵活性。

首先，翻译学途径运用科学的方法，对一切翻译行为加以客观的描写，其主要目的是揭示翻译的规律，提出翻译的理论，而不是提供硬性翻译规则，迫使人们照着去做，虽然任何翻译理论都具有某种程度的规范性。

其次，翻译学途径提供的理论是开放的，而不是封闭的。任何一门学科都是发展的，翻译学科也是如此，它一方面随着人类对整个客观世界认识的加深而进步，另一方面也会由于人们不断的翻译实践和探讨而不断达到新的水平。

所谓灵活性，则是针对翻译理论的实际运用而言的。当然，科学的翻译理论应能指导翻译实践，但这不能用绝对的尺度来衡量。翻译所涉及的语言是活生生的，充满新颖的，有时甚至是不合规范的东西，翻译时就无法死抠某一理论和方法，而应根据有关理论原则，灵活地、创造性地加以运用。把翻译科学的普遍原理同具体语言的翻译相结合，把具体的翻译理论同具体的翻译实际相结合，以及在翻译实际中具体问题解决，这就是翻译学途径所倡导的灵活性，同时也是它所遵循的辩证法。

翻译学途径是一个综合性途径。因此，要把它掌握好就必须对上述几种途径有充分认识，并对一切与翻译学有关的知识领域有所了解。这是翻译学途径总的要求。就方法论而言，翻译学途径着眼于以下三点：①进行多层面的对比；②提出多层次的标准；③建立多功能的模式。

翻译学途径强调对比研究必须在多个层面上进行，而不是局限于某个单独的层面。就语际翻译而言，可以首先分为语言和社会文化两个层面。在语言方面，可以分为语言系统和语言运用，即言语两个层面。在语言和言语之下，可有语素、字（或词素）、词、词组、句子、语篇六个层面。对所有这些层面的研究，则又可以在语音、语法、语义三个层面上进行。在社会文化方面，可从所属语言群体的宗教信仰、民情习俗、历史背景、地理条件、社会制度、生活经验的层面，对不同文化之间的异同及其在相关语言里的反映进行系统的对比。

翻译标准的厘定是翻译学研究的一个重要环节。对于这个问题，必须跳出单个翻译理论的狭隘范围，采用综合性的翻译学途径，从多个不同的层次加以研究，才能得到比较圆满的回答。有哪些不同层次呢？苏联学者科米萨罗夫提出的等值、体裁修辞、言语、实用、约定俗成等五个层次无疑具有重要的参考价值，但必须对它们做出调整和充实才有真正的说服力。而要进行这种调整和充实，以提供富有说服力的关于翻译标准的模式，乃是一个非常复杂的问题，这里只粗略地概括一下，把翻译标准的层次分为：①内容对等层次；②形式对等层次；③完全对等层次；④部分对等层次；⑤功能对等层次。

以上是翻译标准的几个基本层次，实际运用时还必须有：话语类型层次、言语风格层次、译文实用层次。话语类型层次：说明不同的话语类型必须制定不同的翻译标准。言语风格层次：说明译文措辞应有什么样的风格，是否允许翻译体作为一种正常的语体而存在？译文实用层次：指为了不同的实用目的采用不同的翻译标准，如编译、摘译等的标准就不同于全译的标准。除这几个层次外，还可从历时与共时两个层次来考虑翻译的标准。就是说，翻译标准的厘定有一定的时间局限性，特别是在言语风格方面，一个时期有一个时期的翻译标准。例如，文言文时期的翻译界提出的"雅"字，从共时角度看，这是合适的标准；但从历时角度看，再把原来意义上的"雅"字搬到今天的标准里，就显然不合适了。

最后，我们要谈一谈翻译的多功能理论模式问题。翻译学途径与语言学途径、文艺学途径、交际学途径、社会符号学途径的一个重要区别是，前者能提供多功能的理论模式，而后者均只能提供单功能的理论模式。翻译学途径综合其他各种途径的特点，建立普通翻译学、特殊（或具体）翻译学和应用翻译学，理论模式中包括翻译的普遍规律的总结、特殊规律的总结和具体方法的总结。普遍规律涉及一切人类语言和非语言的符号系统，解释翻译的一般原理，构成翻译理论的基本模式；特殊规律涉及具体的两种语言，解释具体双语的互译过程，检验基本模式的科学性，并不断使之完善；具体翻译方法是翻译学研究，特别是译者所关心的一个重要方面，它的产生主要有两个途径：一个根据已经上升为理论的翻译规律而提出，另一个是通过翻译实践，从经验中总结出来。而这些方法的具体运用，又在各个层次上受着翻译标准的制约。

总而言之，翻译学途径所要建立的理论模式，是一个综合性的、多功能的模式，它既具语言学模式的特征，又有文艺学、交际学、社会符号学及其他相关科学的特征，因此它的适用范围广，使用功效高，是翻译学研究的主要目标。

第三节 翻译学的任务和内容

翻译学应当享有独立学科的地位，这一点自然不应再怀疑。但是，它的任务究竟是什么？它的内容有哪些？如果对这些问题不做进一步解释，那么就不算是对翻译学有了正确的、具体的认识。本文拟从翻译学的基本任务和内容、基本任务的具体落实及翻译理论的具体构成等三个方面来探讨这些问题。

一、基本任务和内容

翻译学作为一门科学，其任务是对翻译过程及对这个过程中出现的问题，进行客观的描写，揭示翻译中具有共性的、带规律性的东西，然后加以整理，使之上升为能客观反映翻译实质的理论。同时，它又把通过描写和归纳而上升为理论的东西作为某种准则，用来指导具体的翻译工作。这就是翻译学理论的两个功能，即它的描写功能和规范功能，同时也是翻译学研究的基本任务所在。

从内容上看，翻译学主要包括三个组成部分：①普通翻译学；②特殊翻译学；③应用翻译学。普通翻译学主要研究人类语言、文化及其翻译的一般规律，研究翻译的一般过程和翻译在整个科学体系中的地位及其与其他学科的关系，从宏观上探讨翻译的性质、功能、标准及译者的一般职责和条件等问题，并从历时和共时翻译学的角度研究翻译的历史，其中不仅包括翻译的国别史、地域史，而且还应包括翻译的世界史。然后，在这个基础上提出涉及一般语言的普通翻译学理论。特殊翻译学主要研究两种具体语言的互译问题，涉及这两种语言和文化的对比，揭示出它们之间有规律的和无规律的、对应的和不对应的、彼此融合的和彼此冲突的东西，然后提出能指导两种具体语言的理论。应用翻译学主要研究如何把普通翻译学和特殊翻译学的成果运用于翻译实践、翻译教学、翻译批评、翻译工具书的编纂和机器翻译等，从微观上对翻译的目的、功能、标准、程序和方法等问题，以及它们之间的相互关系作出说明，以使普通翻译学理论和特殊翻译学理论在实际运用中得到检验。

同时我们也指出过，翻译学的这三个组成部分是不可截然分割开来的。一方面，研究普通翻译学的人必须有特殊翻译学知识（包括翻译实践经验）作为基础，研究特殊翻译学的人必须有普通翻译学的知识作为指导，而研究这两者的人则同时都应注意对应用翻译学的探讨，从理论的实际运用中获取反馈信息，不断使理论得到发展和完善。另一方面，也不能把翻译学研究的这三大内容和具体翻译理论的建立割裂开来。任何一套完整而系统的翻译理论都应当是普通翻译学、特殊翻译学和应用翻译学研究的综合，因为在这样的理论中，既应包含泛论翻译的成分，又应包含专论具体语言互译的成分；既应具有帮助人们认识翻译实质的理论价值，又应具有指导具体翻译操作的实用价值。正是从这个意义上说，翻译学的具体任务，就是要着眼于普通翻译学、特殊翻译学和应用翻译学三方面的研究，建立起多元的、既有理论价值又有实际意义的翻译理论。

二、基本任务的具体落实

翻译学任务的具体落实，即翻译理论的建立。由于研究翻译的主要角度无外乎语言学的、文艺学的（美学的）、交际学的、社会学的、符号学的、心理学的、信息论的和数控论的，因此，基本的翻译理论可以粗线条地分为翻译的语言学理论、翻译的文艺学理论（翻译的美学理论)、翻译的交际学理论、翻译的社会符号学理论、翻译的心理学理论、机器翻译的理论和集各种理论于一体的综合性翻译理论等。当然，各个基本(或主干)理论又可发展出若干个更具体的、更有特色的分支(或派生)理论。翻译的语言学理论可以包括描写语言学的、结构语言学的或转换生成的、话语语言学的翻译理论；文艺学的翻译理论则可包括"重神似不重形似"的、"艺术再创作"的或印象主义的、表现主义的、现实主义的翻译理论。翻译学的任务，也就是在不同历史时期，提出并具体完善以上各个方面的翻译理论，包括基本的和派生的理论。

任何性质的翻译理论，如要经得起科学的检验，都必须具备客观、系统、实用三个特征，即能客观地反映翻译的真实面目，系统地总结出翻译的内在规律，并有效地指导翻译的实际工作。但从哪些方面去体现这些特征呢？要回答这个问题，自然要涉及翻译理论的构成成分。换言之，要衡量某个翻译理论是否全面、是否有价值，就必须看这个理论说明了什么问题。这样一来，研究翻译理论的如何构成便成了翻译学的核心任务。

翻译理论的涉及面极其广泛，凡是翻译实践中出现的问题，或与翻译有关的问题，都是翻译理论的研究对象。但翻译理论的首要任务，并不是也不可能为每一个细小的翻译问题提供现成的解决办法。它只能从整体上对翻译的主要矛盾加以理论说明。但翻译的实际工作中除存在带规律的东西外，还有大量无规律的、非普通的东西，而如何处理这些无规律的东西便构成了翻译实践中的最大难点，同时也构成了翻译理论不可回避的问题。虽然翻译理论无法对那些枝节的，特别是无规律的现象都一一提供现成的解释，但它必须探索这些现象，并通过长期探索与累积，从理论上对这些无规律的、非普遍的东西进行归纳、总结，为它们在两种语言中建立起对应关系，以最终找出具有普遍指导意义的解决办法。这既是翻译活动的创造性所在，也是翻译理论的活力所在。

三、翻译理论的构件

翻译理论的主要组成部分，即它必须说明的主要问题到底有哪些，这是翻译学必须加以系统说明的一个基本问题。对于这个基本问题，我们曾经做过简要的概括：我们认为，一套完整的翻译理论应当包括五个组成部分：①阐明翻译的实质；②描述翻译的过程；③厘定翻译的标准，④描述翻译的方法；⑤说明翻译中的各类矛盾。其中，第一至第三是基本部分，第四和第五是辅助部分，因为翻译方法是受翻译目的、标准等支配的，对翻译中各类矛盾的说明也是为了更好地阐明翻译的性质。但不论从哪个角度看，这五个部分都是翻译理论的重要组成部分。各种不同的翻译理论之间的区别，只体现在它们对这五个部分的解释不同，立足点不同。如果只对其中的一两个部分做了阐述，而未对所有部分，特别是前三个基本部分进行系统说明，那么就不能称其为完整的理论，只能算是不完整的理论，甚至只能算作某种理论见解或观点。然而，对于以上五个部分，特别是第一、二、三部分，还必须做出更加具体的说明，才能使我们的讨论具有真正的意义。下面，我们就按照这一思路，对翻译理论的这五个组成部分进行具体阐释。

(一)阐明翻译的实质

这是翻译理论的第一要素,其内容包括阐明:翻译是什么?翻译的目的和作用又是什么?翻译的种类有哪些?千百年来,人们对这个问题,特别是"翻译是什么?"的问题,不能说毫无认识。毕竟,翻译实践要求译者首先明白自己是在做什么,为什么这么做。同时,自从有了翻译理论研究,人们对这个问题也相继提出了许许多多的解释。但也不能不指出,迄至今天,我们的翻译理论仍然缺乏一个全面的、科学的说明。因此,有必要运用翻译学的手段,总结翻译研究的历史,对翻译理论中的这个基本问题进行新的探索,提出新的解释模式。

历史上人们对翻译所做的解释可以说是形形色色,但视其性质,却主要可归纳为如下三类:①通俗的解释;②文艺学的解释,③语言学的解释。通俗的解释指一般人对于翻译的看法,常见于人们的一般性交谈和一般性词典、百科全书中。例如,一般词典都会把翻译解释为"把一种语言文字的意义用另一种语言文字表达出来""在保留意义的情况下从一种语言转变成另一种语言"或"从一种语言变成另一种语言"等。这样的解释通俗易懂,能为一般人普遍接受。但它有两个缺陷:第一,它只提语言的翻译,不涉及非言语符号系统的翻译,因此只能用来解释狭义上的翻译,即语际翻译,而不能用来泛指翻译。从广义上说,翻译不仅包括语际翻译,即不同语言之间的翻译,而且包括语内翻译,即同一语言之内的翻译,如古语今译、方言对译等,同时还包括符际翻译,即不同符号系统之间的翻译,如把言语译成手语、把手语译成旗语等。所谓把意义用另一种语言文字表达出来,就意味着译文和原文在"意义"上是完全相等或基本相等的,这种说法过于笼统:①翻译未必在任何情况下都要求译文和原文的意义对等,如属于翻译大范畴的编译文、摘译文等形式就不必在意义上与原文完全对等;②译文和原文很难在意义上完全对等。当然,关于"意义"本身,迄今未得到圆满的解释。"意义"到底是什么?"意义"和"形式"到底能不能分割?对于诸如此类的问题,仍然需要进一步研究。但有一点可以肯定,就是我们既不能脱离意义的各个层次,也不能脱离上下文来谈"意义"。某个词、词组、句子、句群、话语或结构之所以有意义,是因为它属于某个特定的语言系统和语言运用的上下文(或语言情境),离开了这个系统和上下文,便无从谈及它的意义。用语言学派翻译理论家卡特福德的话说,原文有原文的意义,译文有译文的意义。尽管原文可能有标准的或令人满意的译文对等形式,但这两者在意义上是不可能完全对等的。例如,英语的"a teenager"译成汉语通常是"一个十几岁的人",但"teenager"是指13~19岁的人,而汉语的"十几岁"则应从11岁算起。正因如此,许多现代翻译理论,如交际学翻译理论、社会符号学翻译理论和语言学翻译理论都提出,翻译的着眼点不是意义的对等,尤其不是狭义上的"意义"即"所指意义"的对等,而应是功能的对等,语用场合的对等,读者反应的对等。

关于翻译的第二大类解释,是从文艺学角度对翻译所做的解释。这种翻译的最大特点,是把翻译看作艺术创作的一种形式。它强调语言的创造功能,要求译者具有天赋的艺术才能,译文能产生原文所具有的那种艺术感染和效果。用茅盾的话说,"文学的翻译是用另一种语言,把原作的艺术意境传达出来,使读者在读译文的时候能够像原作时一样得到启发、感动和美的感受"。其他文学翻译理论家，如苏联的加切奇拉泽和捷克的列维，则从现实主义的立场出发，认为翻译就是"创造性地反映原作的艺术现实"。总之，文学翻译家大都强调一个"创"字，认为既然原作是创造而成的作品，译作也应经过译者的创造性劳动而得出。创造的目的，都是给读者提供具有美感的艺术品。但也有的文学翻译家并不赞成"翻译即创作"的观点，认为只有原作者才有权创作，译者必须绝对忠实于作者。因此，便出现了两种情况，一种是直译原文，认为只要照搬原文字眼，原文精神也就存于其中。主张或遵循这一做法的代表人物有德国的歌德、荷尔德林和我国的鲁迅。另一种情况是，由于深信"所有译者都注定会被两块绊脚石中的一块绊倒：他们不是和原作贴得太紧而牺牲本民族的风格和语言，就是和本民族特点贴得太紧而牺牲原作"，因此认为"所有翻译都只不过是试图完成一项无法完成的任务"。在洪堡之前，意大利的但丁也在其名著《飨食》中明确指出，文学作品，特别是诗歌作品是不可翻译的，因为每一篇文学作品都应当是独一无二的创作，无法移译成其他语言。如果一定要译，就必须进行加工。用17世纪英国诗人德南姆的话说："诗的意味非常微妙，把它从一种语言移入另一语言时，它会全部消失；如果在转移过程中不添加一种新的意味，那留下的就只有些无用的渣滓了。"这样，文学的不可译论又与文学翻译即再创作的观点合二为一了。

  翻译的语言学解释起步比较晚。当然，这里所说的语言学是指现代语言学。从某种意义上说，前面讨论的"通俗的解释"也是一种语言学的解释，不过那是传统语言学的解释。现代语言学解释翻译实质的一个主要特点，是区分语言和言语两个概念，认为翻译是具体言语而不是语言系统的转换。典型的两个有关翻译的定义是卡特福德的"把一种语言（源发语）的文本材料替换成另一种语言（目标语）中对等的文本材料"和巴尔胡达罗夫的"把一种语言的言语产物（话语）在保持内容方面，也就是意义不变的情况下，改变为另外一种语言的言语产物"。

  上述两个定义有个共同点，就是它们都认为翻译的直接对象是话语而不是语言。这一观点是基于索绪尔的语言理论上的，即把语言区分为语言（语言体系）和言语（语言的实际运用）。不容置疑，翻译中要处理的不可能是整个语言体系，而只能是具体的言语材料，因为人们所说的或所听的不会是整个语言，而只能是产生于特定场合、特定时间的具体的言语。指出这一点，就意味着说明了一个极其重要的问题，即任何一篇翻译都必须产生于特定的上下文里。也就是说，译者必须受特定的原文作者、译文读者及翻译目的等因素的制约。这一点，也是我们采用综合性手段研究翻译学所要说明的一个问题。

  以上定义中也有两个不同点。第一，卡特福德使用的是"文本材料"，巴尔胡达罗夫则使用"言语产物"（话语）。卡特福德指出，在一般情况下，译者所翻译的并不是整个话语，即并不是用对等的译文话语取代原文话语，而可能在某个或某几个语言层次上使用不对等的译文材料。例如，把英语句子"What time is it?"（什么时候了？）译成法语的"Quelle heure est—il?"译文的语法和词汇与原文完全对等，但译文的书写形式与原文却根本不对等。从这个意义上，卡特福德的"文本材料"一说比巴尔胡达罗夫的"言语产物"即整个"话语"的提法更具灵活性，因而似乎更经得起分析。第二，卡特福德的定义避而不谈"意义"，因为他认为译文话语和原文话语不可能"具有同一意义";而巴尔胡达罗夫却强调翻译中应当保持"意义不变",因为"不同的语言集团周围的实在现实本身的一致之处大大超过了它们的不同之处,所以不同语言中意义的一致之处大大超过了它们的不同之处"。也就是说,译文话语和原文话语是可以"具有同一意义"的。

如前所述,"意义"的问题是一个悬而未决的非常重要的问题,不论从哪个观点看,它都是翻译学的重要研究对象,因此必须另辟园地专题讨论,才能获得令人满意的结果。在这里只需强调一点,即"意义"是一个含义异常广泛的概念,应当从多个层次(如所指层次、实用层次、词汇层次、句法层次、修辞层次)上来加以考虑。在翻译中还必须把意义的问题同其他因素(如翻译的目的、对象、手段等)联系到一起。否则,便往往出现顾此失彼、立论片面的局面。

以上我们初步归纳了对于翻译的三种解释。必须说明一点,这三种类型的解释只能说是较常见的解释,具有一定的代表性,但我们决不能排除其他解释的存在。例如,美国翻译理论家奈达从"翻译即交际"的观点出发,把翻译解释为"从语义到风格在译语中用最切近的自然对等语再现原语信息",把衡量译文的标准解释为"译文读者对译文的反应是否类似于原文读者对原文的反应",以及"翻译得正确与否取决于一般读者能在何种程度上正确地理解原文"。这种交际学的解释无疑具有其特点,因此可与其他几种解释相提并论。但从整体看,奈达的交际学翻译理论与现代语言学又有着密切的联系,因而并非不能将其对于翻译实质的解释统归为广义上的语言学解释。

此外,对于翻译实质的讨论,也不仅仅是为了解决什么是翻译的问题。诸如翻译的目的和作用、翻译的种类和范围之类的问题,都与翻译实质有关。但由于什么是翻译的问题是一个最基本、最易引起争论的问题,因此是翻译理论必须着重阐明的。

(二)描述翻译的过程

笔者对翻译的心理过程特别感兴趣的是翻译的心理学理论,它的目的在于研究人脑究竟怎样接收信息,又怎么转换信息,以便发现人脑中可能存在的转语机制,帮助人们对翻译的操作过程有个最本质的认识。由于科学尚未发展到能对翻译的心理现象做出客观的描写,因此现阶段对翻译过程的描写主要处于一种设想阶段,大都通过语言学的方式用各种模式表现出来。例如,我国译界相当盛行"理解—翻译"的两步模式,这两个动作都在译者脑子里瞬间完成,好比脑子是一个"黑匣子",进去的是原文,出来的是译文,但究竟原文语码怎么被破解,又怎么转换成了译文语码,却很难做出科学解释。西方译界在传统上也流行类似的模式,不过他们强调的是从原文到意义,再从意义到译文,意义是原文和译文的共同点或枢纽,转换就在这一点上进行。但到底怎么转换,同样也是个谜,于是"意义"就成了他们的黑匣子。

由于两步模式对翻译过程不能做出客观的令人满意的翻译,人们便纷纷另辟蹊径,提出各式各样的其他模式,有三步、四步的,也有更多步的。比较有影响的,是奈达的"分析—转语—重组—检验"的四步模式。就是说,拿一篇原文,对它进行语义、语法、风格等层次的分析,把经过分析的材料转换成译文语言,然后对这些转换过来的东西进行重新组织，使其符合译文要求，最后拿这篇译文同原文进行对照检查，使其在最大限度上切近原文信息，同时又做到行文自然。很明显，这种四步模式较为具体，比较能说明翻译的操作过程，至少能使人对翻译过程感到不那么抽象、难以捉摸了。但它的弱点仍然是没能从心理学上解释清楚怎样进行转语。此外，它的第四步，即对译文进行检验的那步，在许多方面涉及超语言现象的实际调查。例如，通过朗读译文、解释内容等方式征求读者意见，收集读者反应，因而已超越了心理学研究的范畴，而最好被视为实际翻译时可能采取的操作手段。换言之，这类多步模式与其说反映了翻译的心理过程，毋宁说只是说明了翻译的实际操作过程。

就现阶段的翻译理论研究而言，我们首先需要的正是这种能解释实际翻译操作过程的模式。从拿到一篇原文到生出一篇译文，到底要不要经过一个由分析，到理解，到转换，到译文的过程？如果确认翻译是一个过程，那这个过程到底包括哪些步骤？什么样的理论模式最能客观地反映和解释这个过程？所有这些乃是翻译理论所必须解决的重要课题。

（三）厘定翻译的标准

这是翻译理论的关键任务所在。在厘定翻译标准时，必须说明：①翻译标准的含义和功能；②翻译标准的层次和类型；③所定标准的适用范围。翻译是一项有规律可循的活动，人们通过实践认识它们，并对它们加以总结，确定出具有普遍意义的原则，以指导翻译的实际操作，衡量翻译的结果。为了获得理想的翻译，译者在翻译过程中必须有明确的努力方向，在翻译完成后又必须有明确的尺度对译品进行衡量。因此，凡是翻译标准都应具备这双重功能。但不可孤立地谈论翻译标准。任何翻译标准的厘定，都不能脱离特定的上下文，特别包括翻译的目的、所译题材的内容、译品的服务对象等。这样便产生了在什么层次上厘定翻译标准和可以厘定多少翻译标准的问题。回顾一下翻译研究的历史和现状，不难发现翻译标准的多样性。例如，国外提出的翻译标准主要有泰特勒的"译文应完全复写出原作的思想、译文的风格和笔调应与原文的性质相同，译文必须具有原文的流畅"。17—19世纪流行西方各国的"译本应当读起来不像译本、而像地道的原本"，和21世纪语言学翻译理论的"等值"标准、"行文对等"标准、"场合对等"标准、交际性翻译理论的"动态对等"标准、"功能对等"标准、"读者反应对等"标准、文艺学翻译理论的"艺术效果对等"标准、"译本应当使读者产生错觉"（错把译作当原作）的标准等；国内提出的翻译标准主要有严复的"信、达、雅"标准、傅雷的"神似"标准、钱锺书的把原作"化"成地道译语的"化"的标准等。为什么会出现这样或那样的标准？原因在于，翻译是一个复杂的、具有多种目的和多面功能的活动，绝不可从一个平面加以研究。任何想把某一特定标准推为绝对意义上的最高标准，或以不变应万变、死守教条的做法，都是不符合翻译法则的，是不科学的。苏联学者科米萨罗夫在这个问题上所坚持的立场，无疑是正确的。他在《翻译语言学》一书中指出，厘定翻译标准不应限制在一个方面，而要从五个方面加以考虑，即翻译的等值标准、翻译的体裁标准、翻译的言语标准、翻译的实用标准和翻译的约定俗成标准。当然，这几个方面未必提得很全面，但我们必须分不同层次厘定不同的标准，这却是一个不容置疑的问题。是不是根本不存在可以普遍遵循的翻译标准呢？我们的回答是：肯定存在。因为不论是文艺翻译、宗教翻译、科技翻译，还是商业翻译、旅游翻译，终归是翻译，彼此之间不会没有共同的规律。我们的任务就是找出这些共同点，厘定各类翻译都必须依从的总标准。但这个总标准在各个低层次的具体标准中，可有不同程度和性质的体现。例如，假定我们的总标准是"一切译文都必须忠实于原文"，那么，在这个抽象的标跃下，可以产生"忠于原文内容""忠于原文形式""忠于原文效果""忠于原文功能"等一系列的为不同目的服务的具体标准。

（四）描述翻译的方法

这里的所谓方法，是指翻译实际操作过程中具体采用的方法和技巧，直接牵涉译者的遣词造句、译文的结构布局，因此是译者普遍关心，也是翻译理论不能忽视的部分。翻译实践中常用的译法各种各样，如增词法、省略法、重复法、转换法、变位法、分句合句法、长句切分法、从句的译法、习语的译法、外来词语吸收法及直译法、意译法、折衷法。对于这些译法，翻译理论必须加以科学的总结，使之系统化、条理化，以利于译者掌握和发挥。同时，翻译理论还必须把它们和翻译理论体系中的其他组成部分有机地联系到一起，使方法服务于目的。

（五）说明翻译中各类矛盾

这种说明，应当贯穿于翻译理论建设的整个过程。所说明的这些矛盾包括内容与形式的矛盾，目的与方法的矛盾，作者与译者的矛盾，等等。

对于翻译理论的上述五个组成部分，还要补充说明一点。我们在前面说过，凡是完整的翻译理论都必须包括这五个部分，然而，在衡量它们时却只有一个量的标准，而很难确定一个质的标准。也就是说，我们可以硬性要求完整的翻译理论至少要对其中两到三个主要部分做出理论说明，但说明到什么程度、能解决什么实际问题才算圆满，却无法做出完全客观的判断。也许正因如此，翻译理论的科学性是不能用自然科学的尺度来严格检查的。

第四节 翻译本质的绝对与相对属性

自古至今，翻译定义层出不穷，这对于我们认识翻译的真正面目很有帮助。在探讨翻译本质即它的基本属性的时候，我们不妨先来简单回顾人们对翻译的诸多定义。

首先，从传统定义入手。从词典解释来看，所谓翻译，是指：（a）"The action or process of turning from one language into another; also, the product of this; a version in a different language."（从一种语言到另一种语言的转换行为或过程；亦指译作；用另一种语言表述出来的文本）或"to turn from one language into another; to change into another language retaining the sense…"（把一种语言转换到另一种语言；把一种语言转换成另一种，保留原意……）(《牛津英语词典》)；（b）【翻译】把一种语言文字的意义用另一种语言文字表达出来（也指方言与民族共同语、方言与方言、古代语与现代语之间一种用另一种表达；把代表语言文字的符号或数码用语言文字表达出来）……做翻译工作的人"[《现代汉语词典(修订本)》]。

在上述传统定义里，有两点值得注意。

第一，在英语中，"翻译"这个概念须由两个单独条目，即名词和动词来表示，而在汉语中，"翻译"既是名词也是动词，同时还可以表示"翻译者"的意思。同时，定义(a)被严格限制在语际翻译中，而定义(b)则包括雅各布森翻译三分法的其中两项——语内翻译和符际翻译，它们被作为次要信息置于括号里。翻译定义中这些明显差异表明：各种语言之间（本文只探讨英汉两种语言），不同的事物在表述上可以有不同的对等物；进而间接接触到了本文将在后面着重讨论的关于翻译本质的两个基本点之一，即"翻译对等"概念的相对属性。

第二，对于"翻译"的基本解释来讲，(a)与(b)有一个共同点，就是都提到了翻译中的两个重要概念：(1)"从一种语言到另一种语言的转换"；(2)"保留或表达意义"。无疑，这与传统上对翻译的理解是一致的。事实上，英汉之间"翻译行为"和"翻译结果"的核心思想都涉及"转换"和"意义保留"。然而，"转换"与"意义保留"的含义如何，是指无条件的完全"转换"和"意义保留"，还是指非完全的、有条件的，对于这些问题，(a)和(b)所代表的传统定义均未言明。

其次，现代翻译研究领域出现的定义，其中主要包括以下几种解释：翻译是①"用其他语言来解释语言符号，并将翻译过程理解为将一种语言中的信息替换为另一种语言中的完整信息，而非替换为孤立的语码单位"；②"把一种语言（源语）的文本材料替换为另一种语言（目标语）中对等的文本材料"；③"从一套语言符号到另一套语言符号的'意义'转移"；④"从语义到文体，用贴近的自然对等语在接受语言中再现源语信息"；⑤"生成一种与特定原文本有关系的功能型目标文本，这个关系是根据目标文本应达到或需要达到的功能（翻译目的）来加以说明的"；等等。其中，最重要的思想是定义①的"解释"和"信息"；定义②的"对等的文本材料"；定义③的"'意义'转移"；定义④的"贴近的自然对等语"；以及定义⑤的"根据目标文本应达到或需要达到的功能"或"翻译功能"。将这些概念作一互文参照，我们就或多或少能对翻译学现况有个大致了解，基本知晓翻译学家对于翻译基本意义和功能的看法。对于多数翻译学家来说，翻译是"意义"的"转移"；是用"其他符号"或"其他语言"进行的"语言符号"的"解释"；是"源语信息"的"重现"；是原文本、目标文本与目标信息与原文信息之间的"对等"。然而，目标文本跟源语信息或功能的对等程度为多少，是完全对等还是部分对等，以及怎样从根本上来诠释所谓的"完全对等"和"部分对等"，对于这些问题，现有的当代翻译学定义也未能给予合理的阐释。

关于翻译的第三类定义来自一种完全不同的描述语言，即翻译比喻。严格来说，翻译比喻不是翻译定义，但使用翻译比喻的目的，是通过形象语言来解释翻译及相关事物的特征和意义，因而具有与"翻译定义"相同的功用，我们或可把它视为对于翻译的另类定义。

自古翻译比喻即已成为描述翻译语汇的组成部分。我们可根据各个翻译比喻的基本意义及其所用"喻体"的基本属性，将此类"翻译定义"粗略地归为如下几种：①把翻译比作绘画、音乐、戏剧等；②比作桥梁、启明星、中介、媒人、媒婆等；③比作脚戴镣铐跳舞，把译者比作奴隶、仆人等；④比作叛逆、投胎转世、灵魂再造等；⑤比作竞赛、游戏、各式"比喻"等。当然，古今中外的翻译比喻形形色色，并非只有以上五类。但我们可以说至少有这五类比喻涉及了对翻译本质的解释。这些比喻使我们以不同的视野，去观察翻译的本来面貌、它的行为规律及它的指导原则和操作方法等。尤其在文学翻译领域，在前翻译学时期，对于翻译的定义是什么、翻译是怎样进行的、翻译过程及翻译和翻译批评中有什么样的原则和规则在发挥作用等问题，往往都通过使用各种形象的比喻而得到诠释。而且，翻译比喻不仅是探索翻译本质和面貌的窗口，更是翻译意义及其社会文化价值的载体。

毋庸置疑，上述各类定义和解释，无论是传统的、现代语言学和翻译学的，还是比喻的，都有助于我们认识翻译的本质是什么。然而，传统的、词典的释义也好，专家的言论或形象生动的比喻也罢，虽然林林总总，门类繁多，却都没能把翻译的真正属性诠释清楚，尤其是没能把翻译本质中跨语"对等"这个基本概念诠释清楚。要真正认识和理解翻译的本质，根本问题就在于弄清楚这些概念，弄清楚这些概念的属性是什么。

从以上对翻译定义的讨论，以及从人们对翻译的一般认识中，我们可以得出这样一个结论，即不论在语际转换或是语际对等层面，翻译本质其实都具有两个基本属性，一是翻译的"绝对性"，二是翻译的"相对性"；二者在翻译过程和翻译结果这个整体中相辅相成，互为作用。也就是说，就翻译的本质而言，它有绝对的一面，也有相对的一面；有些东西是翻译的绝对成因，有的则是相对成因。我们只要认同并弄清了这两个基本属性、对涉及翻译的许多根本问题，包括目标文本与原文本应否对等、能否对等、在何种程度上对等，以及何为"翻译"、何为"非翻译"等问题，就有了合理的解释，对前面讨论到的各种翻译定义也会有了合理的解释。

我们在前面审视传统翻译定义时指出，（语际）翻译的重要概念之一是"转换"。这是"翻译"的第一"绝对成因"。就是说，如果在特定的两种语言之间发生了"转换"行为，那么也就发生了（语际）翻译；如果特定的两种语言之间没有任何互动或"转换"行为，两者互为孤立，那么也就没有（语际）翻译发生。这个简单公式说明了一个最基本的道理，即要发生翻译，就必须发生转换；没有转换，就无从谈翻译。换言之，构成翻译的最基本的"绝对"条件，就是"转换"。英文"translate"（翻译）一词的词源意义即"转换""转变"，实际上也蕴涵了这个条件。

举例来说，如果某个目标文本是由特定原文本转换而来，即使是两者之间的相似度少而又少，我们仍可认为这个目标文本是译自相关原文本的产物。但假定目标文本并非由原文本转换而来，而是目标语言中的原创，即使在两个相关文本之间存在很高的相似度，我们也不能认为目标文本是某个原文本的翻译品，最多也只能说它们彼此相似，或它们构成了一种"双文本"现象。在某种意义上，具有完全等同效力或作用的两个文本，是一种最典型的"双文本"，如香港特别行政区基本法的中英文版本。撇开基本法中英文两个文本的实际形成过程不谈，即撇开两个文本形成过程中孰先孰后、在语言学的层面是否互为译本的问题不谈,至少从社会和法律的角度看,这两个文本是意义"等同"的文本,谁也不是谁的目标文本,或者说谁都是原文本。

再如,在严复的"信、达、雅"三字原则与19世纪英国翻译理论家泰特勒的翻译三原则之间,的确存在着很大程度的相似,以至于有人曾经怀疑严复的"信、达、雅"是否"译自"泰特勒的三原则,但由于我们至今都没有真凭实据证明如此,因此,我们只能说严复的"信、达、雅"与泰特勒的翻译三原则是彼此相似的"双文本"现象,彼此均为各自语言体系中的原创"文本"。当然,特别就基本法中英文双语版本而言,或就作者自译作品或根据同一主题撰写的双语、多语文本(如英国文学之父乔叟在13世纪用英、法、拉三种语言撰写的同一题目的诗)而言,我们或许可以说,相关的"双文本"或"多语文本"其实都有一个共同的"原文本",那就是存在于"撰写者"脑中的"思想文本"。但由"思想"作为"原文本"的转换虽然也是一种宽泛意义上的"翻译",却不属于本文讨论的严格意义上的"语际转换"范畴,因而不被视作"翻译"。

近年来,国内出版市场出现了这样一种现象,即有些出版物出于某种商业目的,常予人以"译自名家""译自名著"的假象,而实际上却是没有倚重任何原文本的、由作者"自编"出来的作品。我们将此称之为"伪译本"。"伪译"即"假翻译",之所以是"伪造的""假的"翻译,正是因为它缺少了"从特定原文本转换而来"这个翻译的"必备条件"。

然而,虽然"转换"是构成"翻译"的"必备条件",即绝对条件,但认定什么叫"转换"、转换的"质"和"量"又如何衡量,却是一个因人而异的相对条件。例如,在正常情况下把某个英语原文本翻译成中文,或把某个汉语原文本翻译成英文,人们一般指望原文本的一切都会正确地转换成目标文本,但在实际翻译中"百分之百"的"转换",尤其是"百分之百"的"正确转换"并不存在。或许,我们可以把每一个英文单词转换成汉字,或把每一个汉字转换成英文单词或类英文单词(如汉字的拼音形式),但从绝对意义上看,一种语言中总是有些东西无法"转换"成另一种语言。形式转换了,音韵转换不了;音韵转换了,意义转换不了;意义转换了,形式又转换不了,如《红楼梦》的《好了歌》的各个英译本,包括大家甚为称颂的杨宪益、戴乃迭译本和霍克斯译本,虽然不能说它们没有把"好""了"转换成英文,但也很难说它们把"好""了"所包含的一切信息都转换成了英文。再如,广州、深圳等城市地铁列车播报站名时,英语译名统一采用音译,如把"下一站是科学馆""下一站是世界之窗"等分别译成"The next station is Kexueguan.""The next station is Shijie zhichuang."等。尽管我们通常也把音译界定为翻译,但它所涉及的"转换"只不过是一种"注音",而没有把原文本的意义转换过去,因此很难称得上是"百分之百"的"转换"。这就说明,在构成"翻译范畴"的"转换"里,无论在不同语言之间、同一语言内部,或在不同符号系统之间或之内,由于"百分之百"的"转换"并不存在,因此"百分之百"的"翻译"也不会存在。

但翻译本质中却又存在除"转换"外,必须"百分之百"发生的另一"绝对属性",就是目标文本与原文本之间的"对等性"。这是构成"翻译范畴"的一个必需因素。至少就什么是"标准的""合格的"或"合适的"翻译而言,目标文本和原文本必须(至少在某种程度上)"对等"。就像"转换"是构成"翻译"的先决条件一样,没有了"对等性",也就同样不存在了"翻译"。例如，假定某个目标文本号称是从另一种语言转换而来，但两者间不存在丝毫对等之处，那我们又凭什么去判定该目标是从另一种语言转换而来的？严格地说，完全脱离或完全不同于原文本的"改写本"不能算作"翻译"。例如，电影《夜宴》似乎带有莎剧《哈姆雷特》的某些痕迹，但由于它既未涉及真正意义上的"语际转换"，也不具备与莎剧人物、情节、场景真正"对等"的关系，因此即使有人认为它与《哈姆雷特》有相似之处，我们也不会把它当作"翻译"作品来评价。

或许，电影剧本《夜宴》本来就不是翻译，剧作者也未必要争做翻译者，因此评说它是不是译本也没有实际意义。但在翻译的实际过程中，可能的确存在完全脱离，甚至违背原文本意思的"语际转换"现象，不论脱离和违背原义的做法是出于"无意"还是"故意"，只要如此"转换"出来的产品与相关原文本之间没有任何"对等"关系，那它就应该被认为失去了作为译品而存在的资格。

不过，实际上问题并非如此简单。在评判"翻译对等"的问题上，我们只能说，目标文本和原文本之间的"对等"是判定目标文本是否属于翻译范畴的绝对因素和基本参数。但"对等"是模糊概念，而不是精确概念。根据《现代汉语词典》的解释，所谓"对等"，是指"（等级、地位等）相等"，如"（双方应派）对等员（进行会谈）""（大学之间的）对等文凭""（医药行业要求）利责对等""（不同民族之间的）对等性"。翻译中所表现出的"对等"，也正是这种非精确意义上的"对等"。

这样一来，在我们对翻译本质的认知中，"对等"作为"翻译"的二元"绝对成因"之一，其实际表象是在两个"百分之百"，即"百分之百的对等"与"百分之百的不对等"之间的任一表现形式。假定我们的命题是："译本即原文本在目标语言中的对等文本。"那么命题的含义是："目标文本既不是与原文本'绝对相同'的文本，也不是与原文本'绝对不同'的文本。"原因是：假如某个目标文本跟某个原文本"完全对等"或"一模一样"，那么它也就不可能是翻译，而是同一原作。按照一种看似荒谬，实则符合逻辑的推理，假如一个文本跟另一个文本一模一样，那么它怎么可能是用另一种语言所写？而如果两个文本是用两种完全不同的语言所写，那它们又怎么可能是"一模一样"的文本？同理，假如某个从源语"转换"而来的目标文本与相关原文本毫无"对等"之处，那它根本就不是翻译产品，或至少说根本不是合格的翻译产品。

在上述两个极端之间，却可以出现无限个与原文本"对等"的目标文本。假设可以用百分比来量度，那么我们可以将此简单地诠释为：最高的"对等度"仅低于百分之百，最低的"对等度"则必定大于零。这样，我们在理论上就把各种程度的"语际转换"，从"整个原文本被转换成目标语，对原文内容和形式都不加以改动"的"全译""绝对翻译"或直译、死译，到目标文本大大短于或不同于原文本的各种所谓"变译"，如"摘要翻译""摘译""选译""节译"，再到经由译者自由操纵的"编译"和"改写"等，都可以包括在"翻译"的范畴里面。

换一个角度来看，既然任何一个经由语际转换得来的目标文本都不可能绝对对等于原文本，那么可以说，所有翻译文本都是"部分对等于原文"的文本。因此，在任何翻译语境里，所谓"对等"即"部分对等"，亦即相对意义而非绝对意义上的对等。而这个"翻译对等"

所显现的"相对属性",我们还可以通过对"第三形态"概念的解释,来进一步加以印证。所谓"第三形态",是指产生于目标语言文化与源语言文化之间的一个形态,即传统意义上的翻译作品。但与传统意义不同的是,在"第三形态"的思想框架里,这个翻译作品不被看作是必须首先依阶另一作品(原文本)或另一语言(目标语言)的产品,而首先看作是具有自己独特身份的产品。这个翻译作品及由该种作品代表的文化身份,它们既不同于源语言,也不属于目标语言,而是一种介乎两者之间、相对独立的个体。

这个第三形态所蕴含的基本概念,在语言学和翻译学领域被广泛讨论过,如波波维奇的"中介语言"(mediating language),达夫的"第三语言"(third language),弗劳利的"第三语码"(third code),巴芭的"中介状况"(in-betweenness),艾柯的"第三对比项"(tertium comparationis),沃尔夫的"第三空间"(third space),以及形形色色的其他常见提法,如"翻译体"(translationese)、"翻译腔"(translatese)或"译者腔"(translatorese)等,而这种种说法又都可以追溯到沃尔特·本雅明的所谓"纯真语言"(pure language)。但以前人们对这些问题的讨论,主要都是围绕语言问题展开的。我们在探讨翻译本质基本属性时再提出这个概念,主要是要说明,翻译本质中的"相对性",或"翻译对等"这个翻译"绝对属性"所包含的"相对"意义,它不单涉及语言,而更多的是文化问题。

打个比方,翻译的结果就像混血儿或杂交繁育的后代一样,它不可能是另一个个体的"绝对替换物";虽然在外表和性情方面,它会传承其"父母"的种种特征,但其身份却是相对独立的。将比喻推进一步:在"翻译血统"的这个链条上,源语系统为母体,译作为该母体所生成的孩子,目标语系统是这孩子的父体,没有父体的参与,这新生儿也不可能成形。父母在生育过程中的相对角色和影响会决定这个新生儿(译作)到底长什么样儿,各种状况都有可能出现。如果受母体影响多,孩子会拥有较多的母体特征;受父体影响多,就更像父体。在极端情况下,一方面有逐词对译或词素对词素的死译,另一方面也有面目全非的改写。更多存在的,应当是在两极之间的种种其他可能,包括杨宪益、戴乃迭夫妇"异化式"翻译和霍克斯的"归化式"翻译。

从根本上说,两极之间的这无数可能的中间体——这个在文化身份上与原文本并不"完全对等",也无法完全对等;与目标语言并不"完全同化",也不应完全同化的第三形态,才是翻译者所应追寻的目标。大概,当这个"第三形态"以其最高"对等度"靠近原文本,即在形式、内容、意义、价值、神韵、词汇、语法、风格、功能、效果、读者反应等各个方面和层级都贴近原文本时,我们就得到了理想中的"对等"文本,也就是前面曾提到的"标准的""合格的"或"合适的"翻译文本。这或许就是存在于人们心目中的"翻译原型"。然而,在实际翻译工作中,所谓"最高对等度"和"最低对等度",乃至"对等度"本身,又都是无法从绝对意义上量度和控制的概念。于是,译者或译评者所能做的,就又回到了翻译"相对属性"的层面,即是在尽可能多的方面和层级,而非在一切方面和层级上要求目标文本对等于原文本。

翻译是一项具有"绝对"和"相对"两重属性的活动,这是一种翻译本质的辩证论。它的"绝对性"体现在传统和现代翻译定义所表述的"(语际)转换"和"意义保留"及意义保留过程所倚重的"对等"概念中；它的"相对性"则体现在实际"转换"和翻译"对等"的多方面、多层级特征上。"百分之百"的转换和对等不是翻译的本质要求，即使在可能作为抽象概念而存在的"翻译原型"或所谓"标准翻译"中，目标文本与原文本之间的对等也只能是一种"相对意义"的对等。

实际翻译操作如此，对译本的评判也同样如此。对于任何一部译作，我们都可以也应当从多个方面，而不是只从一个方面来考察。举目标文本的受众为例：对一般读者而言，他们的兴奋点主要在故事情节，因此以目标语言文化为本的"归化式"译文或许最能被接受。而对于专家、学者，特别是外语研究专家而言，他们可能有相反的喜好，着眼点不在读故事，而在研究原文的语言文化结构，因而更倾向于喜欢以源语言文化为本的"异化式"译文。这就是说，翻译家或翻译理论家没有也不可能给翻译规定统一的标准，任何以"翻译对等"的绝对标准来量度翻译的做法都是不符合翻译本质要求的。19世纪下半叶，英国在荷马史诗的翻译问题上出现过一场著名的论战。这场发生在弗朗西斯·纽曼（Francis Newman，1805—1897）和马修·阿诺德（Matthew Arnold，1822—1888）两位学者之间的论战，主要涉及荷马史诗的英译应由学者评判还是由一般读者评判的问题，它给翻译研究学者，包括文化研究学者，带来一个深刻的启示，就是不要把翻译问题绝对化、极端化。他们各自的论点都是合理的，但他们所采取的原则立场和方法各不相同，得出的结论就自然各不相同。对于这样的问题，只要采用翻译本质的辩证观，就不难得出最为合理的结论。

这既是我们诠释翻译本质中"绝对属性"和"相对同性"的翻译学理论意义所在，也是对于指导翻译和译评工作的实际意义之所在。

第五节　翻译学的新世界思索

20世纪之末，翻译学已经成为翻译界的热门话题。如果说谭载喜在1987年发出《必须建立翻译学》的一声呐喊只是唤起了翻译论者的学科意识，那么，此后关于翻译学愈演愈烈的论争则表明这种学科建设意识已经广泛地深入译界人心。这一方面标志着改革开放以来我国翻译事业取得的巨大进步，另一方面又显示了翻译研究量的积累已达到一个新的高度。虽然这场论争很难称得上是翻译界的一次革命，但它必定对翻译研究产生巨大的影响。从这个角度说，论争又具有划时代的积极意义。本文拟对有关翻译学论争的几个焦点问题做一简单梳理，目的是引发思考，弄清论争之因果，反思我们的译论研究。

正像"世界是什么"是最基本的哲学问题一样，"翻译是什么"是翻译学本体论中最基本的一个问题。似乎可以这样说，谁若回避这个问题，就无法涉足翻译学的论坛。自20世纪中叶起，中外学者纷纷"登台亮相"，阐述自己对翻译本质问题的看法。根据学者的不同观点，我们可大致将其分为三派，即科学派、艺术派和综合派。科学派认为翻译是一门或一种科学，其代表人物有美国的奈达、英国的卡特福德、法国的穆南、德国的威尔斯等，国内的董秋斯、黄龙、刘重德、谭载喜等；艺术派认为翻译是一门艺术，其代表人物有捷克的列维、苏联的加切奇拉泽等，国内的萧乾、许渊冲等；综合派认为翻译不仅是一门艺术，同时又是一门科学，其代表人物有纽马克"和国内的张今等。然而，上面的分类归纳又不够准确，因为有些学者的翻译观在不同时期又有所不同，如被西方尊为现代翻译科学开山鼻祖的奈达先生，20世纪70年代以前一直持翻译的科学观，而70年代以后却又持翻译的艺术观，并且强调译者才能的天赋性。无独有偶，译介西译论成绩斐然的谭载喜先生，80年代认为翻译绝不是科学，只能是艺术或技术，而90年代却又赞同"翻译是一门科学"的观点。这种现象使我们困惑不解。如果一个学者在创建某一学科时提出的理论纲领和体系不够完善和周密，我们非但不能苛求而且要表示完全谅解。但他所阐述的一些基本观点应该是明确一致的，不能似是而非，前后矛盾。大幅的摇摆使我们无所适从：翻译到底是科学，是艺术，还是二者兼备？

　　上述现象至少说明，由于我们的翻译研究不够完善和系统，一些论者对翻译本质问题的认识还不是十分清楚。古人说："当局者迷，旁观者清。"我们不妨看看"局外"学者的翻译观。先看一位哲学学者。金岳霖先生在其70万言巨著《知识论》中专设一章论述了语言和翻译问题。他说："翻译大致说来有两种，一种是译意，另一种是译味。这里所谓译味，是把句子所有的各种情感上的意味，用不同种的语言文字表达出来，而所谓译意，就是把字句的意念上的意义，用不同种的语言文字表示出来。……得一语言文字所表示的意义是比较容易的事，得一语言文字所表示的味是比较困难的事。……译意也许要艺术，译味则非有艺术不行。译意只要求达求信。这不是容易的事，有时非常之困难，但是这困难可以说是一种技术上的困难。译味则不同。译味也许要重新创作。"可以肯定，金先生所说的"译意"应是指层次偏低的科技翻译，而"译味"应是指层次偏高的文学翻译。科技语言是信息的语言，主要行使表事功能，表层意义和深层意义趋向一致，所以只有单一层次的意义，"译意"即可；而文学语言是抒情的语言，主要行使表情功能，表层意义和深层意义呈分离倾向，所以表达的意义层次丰富，单"译意"不够，还必须"译味"。岳霖先生虽没有刻意论述翻译的本质属性，但是，透过其字里行间我们又不难看出他的观点。他说"译意也许要艺术"，意即艺术是"译意翻译或科技翻译可有可无的东西，因为它主要是一种技术；"译味则非有艺术不行"，意即艺术是译味"翻译或文学翻译的本质属性。读这位哲学家四十多年前的文章，我们仍能感受到他的睿智明达。再看一位文体学者。王佐良先生在其专著《翻译：思考与试笔》(1989)的序中言："对于翻译，一个从事语言文学研究的人总不免有些想法。"在这本专著里，他曾两次表述其翻译思想：翻译"是一种老艺术，又是一门新学问""翻译无论是当作艺术也好，科学也好，甚至叫它技术也好，它是有无限广阔的前途的"。显而易见，佐良先生在论翻译时同样持一种开明的心态。尽管二位学者的翻译观都不是十分鲜明，但我们又不难发现他们与综合派的观点大致相同。这种对翻译充满开放心态的综合观，值得每一个关心翻译学的论者深长思之：我们为什么宁愿在翻译是科学/艺术的二元对立(binary oppositions)范畴上争得面红耳赤，却不愿怀疑我们潜意识下的学术心态是否具有公正性、客观性？有困惑就需要反思，有反思才能发现问题。如果我们用冷静的眼光看待科学与艺术之争，便不难发现这是科学界长期形成的两权对立逻辑思维模式的惯性使然。

任何科学领域从诞生到成熟都大致经历前学科—准学科—独立学科的演进过程，翻译学科的发展也不例外。在西方，翻译学历经语文学范式主导的前学科阶段、语言学范式下的准学科阶段、20世纪70年代后以詹姆斯·霍姆斯（James Holms）翻译研究框架为标志的独立学科阶段，和当下多元范式与"技术转向"并存的学科边界拓展期。中国翻译学虽早有萌芽，但其真正发展实则受益于西方理论的引入。在此过程中，西方学术话语与中国本土学术传统相互碰撞，产生许多术语。然而，中西学术传统的内在差异导致了中国翻译学界引介西方概念时频频发生"误读"。这些"误读"一方面，可解读为西方理论"中国化"的产物，或者说是基于中国翻译事实对西方理论的修正。另一方面，也可能因"误读"导致名实不符，进而产生消极影响。因此，在中西翻译学历时演进的脉络中考察西方术语译入汉语后引发的名实矛盾就极具元反思意义。在众多值得反思的术语中，"翻译研究"与"翻译学"是一对使用频率较高的概念，但学界对其区分关注甚少。两者之间的勾连也必须放置在中西学术传统对理论与实践关系的差异化认识的大语境中才能得到相对清晰的认识。故而，本节拟以名实关系为经，围绕以实出名、循名督实、名实相生三个维度，以考辨"翻译研究"和"翻译学"的异同为引子，系统回溯翻译学的学科演进及相关问题，以期在学科边界日渐模糊的当下，反思翻译学发展的整体脉络与走向。

翻译学理论框架的不断更新充分表明翻译学科演进的步伐正日益加快。翻译学从最初"寄身"语言学的门墙之下到如今已自立门户。各种翻译研究组织、学术期刊和团体在世界各地迅速涌现，翻译学学科边界拓展之快，理论范式更迭之频更是有目共睹。语言学转向、文化转向、伦理回归、社会学转向等应接不暇，俨然一副蓬勃发展的兴盛景象。然而，这些理论大多面向传统翻译业态。上述框架演进的梳理表明，应用翻译分支的迅速拓展在普通翻译领域尚未出现明显变化。职业化、产业化、信息化带来的翻译实践大变化使得越来越多的翻译从业者开始质疑理论的价值。Andrew & Wagner 曾抛出如下问题："翻译理论家创造的理论对翻译从业者或他们的客户有用吗？"中国学界也一直关注翻译理论的实践价值。在汉语学术传统中，理论研究与实践的关系更为紧密，"学以致用"或"文以载道"的观念几乎被奉为圭臬。早在二十世纪八九十年代，学界围绕"翻译是否需要理论""要不要建立翻译学"和"翻译理论能否指导实践"展开了大论辩即是明证。理论与实践之间的矛盾更是当下中国翻译学研究中凸显的几对矛盾之一（范武邱，白丹妮，2017），究竟应该如何看待两者关系同样值得学界深思。

对此，笔者认为应该以何为"理论"作为讨论的逻辑起点。"理论"的英语单词"theory"源自拉丁语"theoria"，指"概念和思维框架"，在希腊语中是指"思辨、观察、观点、思考等"，在亚里士多德的定义中"theory"与"practice"相对。在现代科学中，"理论"隐含着"科学""系统""真理""普适性"等衍生意义。尽管理论大都强调其普遍性，但实际上它们却大多是应特定问题在特定学术传统中产生。以语文学范式为例，大部分源生于宗教和文学翻译的话语经由研究者的选编和反复阐释，被赋予"经典理论"的身份。这种状况即使在标榜"科学性"的语言学范式和描写翻译研究中也一样存在。研究者和从业者在进行理论分析和应用时易于脱离理论发生的学术背景,甚至忽视其适用条件,将其移植或应用到任何具有偶然相似性的语境中。随后,经典文学翻译对"直译"的强调,延续了这一思想,译者被视为"原作者"的"仆人",似乎任何偏离都是"大逆不道"的"叛徒"行径,是对伦理关系的破坏。抛开这些理论背后预设的文本类型,将其视为普遍理论,显然会得出偏颇的结论。再如,施奈尔马赫在《论翻译的不同方法》中提出把读者引向作者或者是使作者靠近读者两种方法,并明确主张正确的做法是前者,前提是他区分了严格意义上的翻译(translation proper,主要指文艺作品的翻译)和一般意义上的翻译(mere interpretation,主要指商务、法律等实用型文本的口笔译)。除此之外,德莱顿的三分法(直译 metaphrase、意译 paraphrase、拟作 imitation)是针对诗歌翻译而言的,严复的"信、达、雅"是基于社科文艺作品翻译实践,傅雷的"神似"和钱锺书的"化境"也都是源自文学翻译经验的总结。如果实践者用上述理论来指导商务合同的翻译,自然会认为理论不能指导实践。因此,辩证看待理论的局限性与特殊性是正确认识理论与实践关系的前提。

不仅如此,理论自身也会随着学科的发展而呈现出阶段性特征,其功能和理性基础也会有所区别。同时,理论也有纯理论和应用理论的区分。不同类型的翻译理论功用不同,其与实践之间的关系也有差异。如果将哲学家关于语言和翻译本质的思考、本雅明关于翻译与纯语言关系的反思、德里达关于意义与差异的认识直接用于指导某些翻译实践活动显然也会出现问题。当然,目前翻译学研究的确一方面存在过度理论化的倾向,另一方面又忽视,甚至漠视业界的变化与发展。这是值得学界反思的客观问题。如果说翻译研究(translation studies)以实践问题为导向生产出理论知识,而翻译学(Translation Studies)是具体理论知识的系统化,那么实践就应该被视为理论的源头,并反过来能够解释、预测和指导实践。换言之,理论研究只有关注实践需求,才能推动自身发展,进而求得名实相生。

任何理论与学科的持续发展都有赖于元反思。研究者唯有在翻译研究疆域不断扩大的同时,适时反思学科的基础性概念及学科框架的演化,才能对学科的整体脉络有所了解。本研究通过词义和词源分析,并结合中西学术传统的大背景系统研究发现"T /translation S / studies"可分别对应汉语中的"翻译学"(对应于大写)和"翻译研究"(对应于小写)。与此同时,笔者在系统梳理翻译学框架的嬗变后发现翻译技术与翻译产业近年来的大发展推动了翻译学应用分支的拓展,但同时也带来了实践与理论之间的巨大鸿沟,引发了对理论功用的质疑。这种质疑尽管有其合理性,但也需要充分考虑到理论的生产背景、适用条件,以及理论的多样性和层次性等。

第四章 翻译学研究方法论

研究方法是把学科理论引向深入，准确揭示和把握对象的本质和规律的关键。西方语言中的"方法"一词来源于古希腊语，本意为"沿着"某种"道路"前行。那么，文学翻译学研究应该沿着什么样的道路走向深入呢？当前的翻译理论研究，正在经历着一场研究方法的变革。20世纪80年代以来，世界两大诗学思潮，标举"体验"性的人文主义诗学思潮与注重实证的科学主义诗学思潮，趋于融合。这种趋势开阔了我们的思维空间，唤醒了我们新的方法论意识。鉴于文学翻译学的主体性、实践性、科学性和接缘性，我们认为，它的研究方法应该是一个开放体系，即把人文性与科学性和谐统一起来，采取综合的、系统的研究方法。具体地说，就是力求综合吸收和运用相关学科如语言学、文艺学、美学、心理学、系统论等的理论与方法，把文学翻译活动作为一个完整的系统来研究，从不同的角度和层次探索文学翻译的本质和艺术规律。

第一节 翻译学方法论基本概念辨析

随着翻译学学科的发展，学界有关方法论的讨论逐渐趋多，这表明翻译学在获得独立学科的身份之后对学科内涵建设的关注，译界学人更重视检视和反省已有研究在途径和方法上的得失。进行翻译学方法论的讨论经常涉及翻译学本体概念，如翻译、翻译批评、翻译史、翻译教学、翻译能力、翻译标准等，还涉及理论流派术语，如文艺学派翻译理论、结构主义翻译理论、解构主义翻译理论、文化学派翻译理论、女性主义翻译理论、后殖民主义翻译理论等，还有研究方法论本身的概念和术语，如方法、方法论、范式、模式等。研究者往往较为重视对前两类概念的理解和把握，经常展开专门的研究，探讨这些概念的内涵和外延，而对第三类概念较为随意，使用方法论基本概念时并非界限分明，经常存在将"方法"和"方法论"，"翻译方法"和"翻译研究方法"，"范式"和"模式"，"途径"和"流派"混为一谈的情况。基本概念和基本关系是构成一门学科理论体系的基础，因而在进行翻译学方法论讨论时，有必要先对所涉的一些基本概念及概念之间的关系进行甄别和厘清。鉴于此，本章拟对翻译学方法论若干基本概念进行辨析，希望能对学界在方法论上的研究有所裨益，同时也希望学界同人参与讨论或批评指正。

一、方法与方法论

"方法"泛指人们为达到某种目的而采取的手段与行为方式，从哲学上讲，李可提出方法是"主体为接近和认识客体，并始终跟踪客体、与客体的发展保持同步的概念性工具和手段"。在科学领域，方法指观察现象获取知识所采用的视角或使用的技术。对于任何一门学科而言，方法问题都是关乎学科知识生产和社会实践的最根本的问题，拉伦茨提出因为"每种学问都运用一定的方法，或遵循特定的方式来答复自己提出的问题"，但方法并不能言说其自身的存在，不能确定方法可施用的对象或在何种情形下使用何种方法，也不能预示在某项具体活动中，某种方法的采用是否能获得主体预期的结果。这就产生了对方法进行逻辑抽象、科学说明、解释演示及分类综合的必要，而这些正是方法论的内容。方法论是关于方法的知识，是对方法的哲学认识，是回答欧阳康提出"认识的科学化为什么必要，又何以成为可能"的理论。

如果将方法比作工具，那么关于工具的用途、特点、分类、原理和使用程序的认识与说明就是方法论。工具的存在是自在客观的，但工具的价值在于使用，方法也只在使用中才获得意义。方法和工具一样，本身无所谓好坏，只有针对具体的任务和对象时才可言说其有效与否，因而方法总是具体的，是相对于一个个问题的需要而存在的。方法论以主观观念的形式存在，有了对问题性质和方法原理的理解，人们可以设计出方法，也可以改进原有的方法，方法因方法论的进步而完善。相对于方法而言，方法论具有先在性、理论性、抽象性的特点。方法为学科研究与实践所用，而方法论对学科研究与实践起"路线图"式的指导作用。

现实中人们经常将方法和方法论混为一谈，因为人们在实践活动中对方法的使用一般是基于对方法有一定程度上的了解。例如，我们用钳子拔出墙上的钉子，是因为我们知道钳子可用来干什么，也知道怎么用钳子；当面对不同的工具时，我们选择用钳子，是因为我们知道要完成拔钉子的任务用钳子更有效；而在没有钳子的情况下，我们需要知道怎样使用（或不使用）其他工具才能将钉子拔出来。因而说，方法的运用离不开方法论，有方法而缺乏对方法的了解，依然无法有效地运用方法解决问题，既有方法又掌握了方法论才能将方法化为己用。

人们在认识世界和改造世界的过程中，会不断地遇到新的问题，已知的工具与方法无法满足解决层出不穷的新问题的需要，因而需要不断地进行方法创新，改造旧方法，探索新方法，扩展已知方法的适用范围，或提高原有方法的有效性。方法的创新意味着方法论的创新，因为作为工具的方法之类型与功能的拓展必须基于对方法的理论认识的进步。设计出新的工具或者开发出某种工具的新功能就是方法的创新，当人们开发出新类型或具有新功能的工具之后，也就改变了对此类工具的认识。

方法研究也可称为方法论研究，但方法研究一般针对具体问题如何解决或项目如何完成，而方法论研究则既包括为解决具体问题的方法研究，还包括如何获取方法的元方法研究。一般情况下，具体方法的研究与讨论是课题研究中的一部分，是为了达到课题研究目标而做的基础性工作；而元方法研究是关于方法的哲学性理论研究，并不直接针对一般课题中的具体问题，是纯粹关于方法的讨论，它的作用是为人们寻找解决具体问题的适当方法提供理论指导（表4-1）。从某种意义上来说，所有的课题研究都有方法论研究的成分，课题研究的成果对其他后续研究的开展也起到方法论的作用，但一门学科只有有了关于方法的方法研究（元方法研究），才是其走向独立与成熟的标志。

表 4-1　方法研究与元方法研究对照

方法论研究	方法研究	针对具体问题	方法讨论是课题研究的一部分	找到解决具体问题的方法；对同类问题的解决起借鉴作用
	元方法研究	针对方法问题	方法讨论是课题研究的全部内容	建构关于方法的理论；对如何获得解决问题的方法起指导作用

方法和工具一样，不具有排他性。不管是多功能工具，还是单一功能的工具，都可为不同领域所共享共用。例如，钳子可为电工、木匠、外科医生使用，区别在于不同行业的人士用之解决的问题不同。同一方法也可适用不同的问题，可以为不同的学科或研究领域所用。遇到具体问题时，研究者可以借用其他领域的方法来完成自己学科的任务，不同领域或学科可能会采用相同的方法，但施用的对象不同，相同的方法在不同的学科领域中的重要性也不同。因而，不同的学科可能在一定程度上或某个层面上呈现方法论的相似性，但各学科的方法论却因学科间问题域的不同而不同。

学科的理论研究与社会实践涉及各个不同层面、不同领域和不同样态的问题，我们需要探讨既有针对单一问题的方法论，也有针对某一系列问题的方法论，还有针对整个学科发展问题的方法论，因而学科方法论具有自身的层次和结构。故而，认识学科的对象、廓清学科的问题域、发展出一整套针对自己研究对象和研究问题的方法论就成了学科建设的基础性工作。

"工欲善其事，必先利其器"。配备整齐和学会使用工具是工匠完成岗位工作任务的基础。同理，研究者了解和掌握必要的研究方法论才能完成相应的研究任务。方法论好比工匠的工具箱，学者掌握多种研究方法好比工匠掌握多种工具的使用，工匠的技艺可以从其工具箱的完备程度来判断，学者的研究能力也可以从其对方法论的掌握情况来判断。因而优秀的学者无不重视对其学科或研究领域的方法论的研究，既针对某一理论问题或实践问题进行方法研究，也根据学科内各具体方法的层级顺序和内在逻辑等特点，实现方法论的理论化和体系化，以推动学科的独立与内涵发展。

对于正在或准备进入学术殿堂的硕士生或博士生来说，研究方法的掌握和运用是一项基本功，好比从事一项需要工具辅助完成的任务，需要了解工具箱里有什么工具，分别可以用来完成什么任务，它们相互配合可以完成什么任务，这样才能准确有效地达到目的。因此，在体现研究生研究能力的学位论文里，对研究方法的讨论就显得非常必要而且见诸功力了。单纯讨论所用方法的来龙去脉及其功用当然不够，完全忽视研究方法的讨论也无法使读者了解研究设计及其结论的科学性。只有清晰地阐述所用方法的独特作用，以及怎样针对所提出的研究问题选择和搭配使用各种方法，如何设计各种方法的具体应用程序，然后再讨论数据的获得与分析，才能使研究结论令人信服。国内外不少高校对于学位论文提出关于方法论讨论的要求，有的甚至要求追溯至哲学本源，体现了研究生教育的理念，也体现了严谨的学风和扎实的基本功，理该受到应有的重视。

二、范式与模式

"范式"与"模式"都是方法论研究中重要的概念，因为这两者概念混杂，笔者拟分别解释"范式"与"模式"之后，再辨析两者的区别与联系。

（一）范式

"范式"一词的英文"paradigm"来自希腊文"Paradeiknunai"，其原意是"共同显示"，15世纪转为拉丁文"Paradeigma"，由此引申出范式、规范（norm）、模式（pattern）和范例（examplar）等涵义。作为方法论的概念，"范式"最初是由美国科学史家托马斯·库恩（Thomas S. Kuhn）在其《科学革命的结构》（1962）一书中提出来的。库恩认为科学革命就是"新范式"取代"旧范式"的过程。虽然库恩的"范式"最初指涉的是自然科学的理论基础和实践规范，是在对科学哲学史进行研究时提出来的，但近年来，西方社会科学界，尤其是社会学理论界对这一概念的借用十分广泛，除了将之用以评判一门学科的建立、发展和基本的研究方法等，还根据具体语境派生出其他意义。

关于人文社会科学研究范式，学界就提出过纷繁多样的观点。罗斯威尔（Rothwell，1998：321－328）提出元客观主义范式（the objectivist meta-paradigm）与元诠释主义范式（the hermeneutic meta-paradigm）两种方法论范式。前者包括现实主义（realism）范式、理性主义（rationalism）范式、实证主义（positivism）范式与逻辑实证主义（logical positivism）范式；后者包括现象学（phenomenology）范式、存在现象学（existential phenomenology）范式、解构主义（deconstructionism）范式、新实用主义（new pragmatism）范式与解释主义（interpretivist）范式，古芭于1990年划分出以下四种范式：实证主义范式、后实证主义（post-positivism）范式、批判理论（critical theory）范式及建构主义（constructivism）范式，瑞泽尔于1975年区分了三种不同的社会学范式：社会事实（social facts）范式、社会定义（social definition）范式和社会行为（social behavior）范式。周晓虹于2002年主张将"宏观—微观""自然主义—人文主义"视为两对既有一定的区隔，又互为过渡的"连续体"，进而获得四种理论范式：社会事实范式、社会行为范式、社会批判范式、社会释义范式。我国台湾学者陈伯璋于2000年将定性研究（qualitative study）分为现象学范式、解释主义范式、符号互动论范式与批判理论范式等[①]。

与整个人文社会科学一样，翻译学领域也有不少学者争相引入或使用"范式"这一概念，袁洪2009年于提出"翻译"本身就是一种"范式"，冯亚武、刘全福于2008年提出"文化翻译范式"，包通法2005年于提出"营销案本翻译范式"，李平于2000年提出"翻译学信息范式"，武光军于2008年提出"翻译研究的进化论范式"，曾文雄于2009年提出"认知语境转向"是翻译研究的新范式，等等。吕俊于2001年曾论述了逻辑学范式和现象学范式在翻译学当中的应用，之后吕俊于2006年又提出我国翻译学经历了语文学范式、结构主义范式和解构主义范式三次范式的演变，并提出建立建构主义翻译学范式①，顿官刚认为中国翻译研究的范式分为古典范式和现代范式两种。杨平于 2009 年将翻译研究范式分为语文学研究范式、语言学研究范式和文化研究范式，并呼吁建立翻译学的哲学研究范式。李惠红于 2010 年归纳了五种翻译研究范式：语文学/文学研究范式、语言学研究范式、文化研究范式、综合研究范式和实证研究范式②。喻锋平于 2010 年按时间发展顺序区分出三大研究范式：翻译学古典经验范式、近代语言学范式和当代后现代主义研究范式。翻译学界也可谓"范式"林立，意见纷纭，显然学者对"范式"的界定标准各不相同。

"范式"泛用的现象可以从该词的源头来究其原因。库恩在其《科学革命的结构》一书中，并没有对"范式"进行统一的描述，有关"范式"的解释至少有 21 种③，不少研究者便倾向于根据自己的需要引用其中一种或对"范式"的意义进行泛化处理，因而造成对"范式"的理解混乱，由于各人的理解不同，"范式"概念变得模糊不清，同一话题的研究者之间相互不知所云，难以达成有效的沟通。虽然当前翻译学界经常有人提及"范式"，却少有人深究这个看似熟悉的学术概念的内涵。

尽管库恩对"范式"的论述多种多样，有时甚至前后不一致，但综合观之，其对"范式"的定义可以概括为：科学共同体在某一专业、学科或研究领域中所共有的理论背景、框架和传统。这种知识背景规定了他们共同的基本理论、观点和方法，从而形成该学科的共同传统，并为该学科的发展规定共同方向和历史路径。④

我们知道，任何一门学科的研究者都是在一定的世界观指导下开展研究、发展知识的。对人们的研究与实践起总的指导作用的"基本理论"是哲学。按照相关学者的归纳，范式的本质内涵就是世界观，范式的基本原则可以在本体论、认识论和方法论三个层面表现出来，分别回答事物存在的真实性问题、知者与被知者之间的关系问题，以及研究方法的理论体系问题，因而区别范式的标准是哲学观，翻译学借用"范式"，将之作为一个具有普适性的范畴用以观照研究与实践活动的样态，不能离开其形而上的哲学实质。

范式作为建立在一定哲学基础之上的信念、理论和方法体系，容易与具体研究方法、某类研究对象或者研究的历史时期混淆起来。虽然在不同的历史时期，会出现具有代表性的研究潮流或形成所谓的研究"转向"，但这并不意味着同一个历史时期的研究都是在一种哲学观点的指导下进行的，同一历史时期可能有不同的哲学流派，因而也就可能有不同的范式存在。同样，人们对研究对象的认识会因不同的哲学本体论思想而出现差异，因而研

---

① 显然，吕俊在使用"范式"时，并非将之视为判断学科建立与否的标准，而只是将之视为一个研究领域主流的学术信仰、研究方法和理论样态的集合，因为无论是西方还是中国，翻译学是在"语文学范式"阶段之后才得以确立其作为一门学科的"合法"身份。
② 李惠红，《翻译学方法论》，北京：国防工业出版社，2010 年。很明显，该作者的此种分类标准并不统一，如语言学研究范式与实证研究范式就有重叠之处。前者指路向，而后者指方法。
③ 英国学者玛斯特曼(1970)曾对库恩的范式做了系统的观察，并将其概括为三种类型。
④ 这是综合了库恩(1981)的表述，具体参看托马斯·库恩著，纪树立等译《必要的张力》，福州：福建人民出版社，1981：292-294。

究对象也不是区分范式的标准。即使是按学科取向的研究途径也不能用以区分范式，因为语言学、社会学等学科自身也有着研究范式的差异。因而可以判断，将翻译学分为"古典范式"与"现代范式"，"语言学范式"与"语文学范式"，"信息范式"与"认知语境范式"等实际上脱离了"范式"的本质内涵——世界观。

如下是朱爱军（2007：49－52）对库恩的"范式"概念特征的归纳：①从本质内涵上讲"范式"是世界观；②从基本功能上讲"范式"是一种"眼光"的确立；③从总体倾向上讲"范式"是选择与预示的统一；④从最根本的特征上看"范式"之间具有"不可通约性"；⑤从实现的方式上讲"范式"的转换是一种"革命"；⑥从指向范围上讲"范式"的母体是"科学共同体"；⑦从构成要素上讲"范式"是层次性与整体性的统一。

从上面的引述还可以看出，"不可通约性"被认为是"科学范式"的另一根本特征。按照库恩的理论，科学发展分为"前科学""常规科学"和"科学革命"三个基本阶段，一个学科只有一个统一的范式，某一知识领域从"前科学"到"常规科学"转变的标志是该领域的科学研究者获得一种共同的范式。范式的更替即为科学的革命。然而，库恩在讨论"科学"问题的时候，将社会科学和人文科学置于"非科学"的范畴。事实上，库恩的范式的"不可通约性"自提出以来，也受到了强烈的批判，王守昌认为"科学发展是连续性和间断性、继承性和批判性的统一，科学发展前后两种范式虽有质的差别，但是新的范式并不是对旧的范式的简单否定，而是辩证扬弃"。在社会科学领域中，经常存在多重范式并行不悖的情况，① 因而在翻译学中，我们不宜生硬地套用范式的不可通约性，而应更多地关注范式的动态性和兼容性。在使用"范式"这个概念时必须将之和方法论的发展变化联系在一起。对于翻译学而言，范式不是库恩意义上革命性的替代，而是像其他人文社会科学领域一样，在共存中不断博弈与演变。

事实也正是如此。近半个世纪以来，无论是语言学、文学文化研究还是结构主义、解构主义，它们对于翻译研究的影响，都不是后一个兴起，前一个就自动消失了。后一个即使没有显著地推动前一个的发展，至少两者甚至多者都是并行不悖、共同发展的。这也验证了"范式的不可通约性"在人文社会科学领域不一定完全适用，或者说，翻译研究可能不宜套用"范式"的概念。总之，任何一种理论都有其发生发展的特殊背景和适用条件，不宜生搬硬套。从中也可看出，翻译研究领域里对于"范式"的讨论，各学者的出发点不同、对原概念的理解不同，其结论必然迥异。

（二）模式

模式，英文为 model，或 mode、pattern，日常生活中指的是"某种事物的标准形式或使人可以照着做的标准样式"。林记明和穆雷于 2009 年提出作为方法论的概念，模式是"一种概括化的构架，它比概念化的理论要具体，具有可操作性；它源于客观事物的原型，是经过人们思维加工制作出来的一种认识形式，也是一种可参照模仿的行为范型"。

---

① 认为社会科学多范式并存的代表性的人物有弗瑞德里希（R. W. Friedrichs）和瑞泽尔。

无论是在纯翻译研究，还是在应用翻译研究中，"模式"都常被作为一个重要的方法论概念论及，如威廉姆斯和切斯特曼 2004 年曾提出过三种翻译学研究的模式：比较模式、过程模式、因果模式。他们认为模式是非常有用的概念工具，就像一张路线图指示着研究对象最重要的特点，这些模式是研究者必须面对的，是一种前理论的准备。选择了哪一种模式，就意味着选择了哪一种研究方法，从而也影响着最终所形成的理论样态。

与"范式"一样，"模式"在翻译学研究中的使用也被过度泛化。各种内容的研究都提及模式，如翻译研究模式、翻译模式、翻译教学模式、翻译质量评估模式等。翻译研究模式又被分为文学研究模式、语言学研究模式、文化研究模式、哲学研究模式、心理学研究模式和翻译史研究模式；还有原文文本取向研究模式和目的语文本取向研究模式。语言学翻译研究又被分为转换生成模式、语义模式、语篇模式、语用模式等；翻译模式则形式更为多样，有合作翻译模式、具体文体的翻译模式、著名翻译学家的翻译模式，还有篇章翻译模式等。关于翻译批评，肖维青总结了赖斯模式、纽马克模式、威尔斯模式、休斯模式、奚永吉模式、黄国文/司显柱模式、吴新祥/李宏安模式、冯庆华模式、贝尔曼模式、王宏印模式、许钧模式和杨晓荣模式，然后按照分析方法的特征将翻译批评模式归纳为基于内部因素的模式、基于外部因素的模式及综合考虑的全局模式，将具体模式分为理论型模式、科学型模式和实验型模式，翻译质量评估模式也一直是应用翻译研究的一个热点，朱莉安·豪斯(Julian House)依据系统功能语言学、语篇分析等理论，提出了"国际翻译批评界第一个具有完整的理论和实证的翻译质量评估模式"；司显柱则从功能语言学视角建构出基于汉英互译文本的翻译质量评估模式。翻译教学研究方面，文军认为目前我国常见的翻译课程模式有三种：以翻译技巧(练习)为中心的模式、以翻译理论为中心的模式和理论/技巧(练习)的融合模式。这三种模式选择内容的依据不同，所适用的教学阶段也不同。

上述情况表明：①"模式"一词在翻译学研究中确实重要，它广泛出现在翻译学研究的各个领域；②学者对何为"模式"缺乏统一的认识，各自用法差异显著，不少学者在论述各种模式时根本没有对"模式"做任何界定。由此，有必要对"模式"的定义做一个了解。

相关文献显示，学界引用较多的是克里斯托弗·亚历山大(Christopher Alexander, 1977)所给出的经典解释："模式描述了我们环境中反复出现的问题，然后描述解决该问题的方案的核心；以此让人可以无数次使用已有的解决方案，而无须再次寻求方案。"

从上述定义可以看出，模式是对隐藏在重复出现事物中的形式上的规律(非实质上的规律)的归纳和抽象，表现为一种解决具体问题的思维方法，它包括三个要素：①特定的重复出现的问题；②被证实有效解决问题的设计方案；③适用的环境或领域。

其他相关学科对"模式"的界定也可为我们理解该词提供启示。教育学领域对教学模式探讨得较多。最先将模式引入教育学领域并加以系统研究的乔伊斯和韦尔(Joyce & Weil, 1972)在 *Model of Teaching*(《教学模式》)一书中以"教学模式"来指涉在一定的教学思想或理论指导下建立起来的各种类型的教学活动的基本结构或框架，此界定获得了教育学界较为广泛的接受。按照教育学理论，教学模式通常包括理论依据、教学目标、操作程序、实现条件和教学评价五个因素，这五个因素之间相互关联，形成了较为稳定的结构。

综观与借鉴之下，我们提出翻译学方法论中的"模式"定义：基于一定理论指导的有关翻译学研究和实践的稳定性结构框架和活动程序。作为结构框架，模式包括理论依据、活动目标、操作程序和适用条件等要素；作为活动程序，模式具有稳定性、可操作性、有序性和有效性的特点[①]。

因为"model"也译为"模型"，学界也经常将"模式"和"模型"混用。作为方法论概念，模式多用于方法，模型多用于理论。模式是一种观念性存在，既是结构框架，更是活动程序；模型则通常以造型实物的形式呈现要素间的结构关系，而不关注活动。模式的本质是抽象的，如研究模式、教学模式、评估模式和思维模式等，可以以语言和/或图像加以描述；模型是具体的，如飞机模型、建筑物模型等，理论模型一般不单纯以语言表述，而是以组织结构图的形式辅助语言展现。模式具有一定的稳定性，但它同时又完善于不断发展创新的过程或进程之中，因而也具有一定的动态变化性，而模型是基本固定不变的。

研究者在实践中以理论化的方式归纳出方法（或系列方法组合）的操作程序和实施条件，以解决反复出现的问题，这就是建构模式；在实践中考察所建构的模式的有效性，即为检验模式；经过实践检验之后，研究者对所建构的模式进行调整和修改，这就是调整模式。在建构—检验—调整的过程中，模式起着沟通实践与理论的桥梁作用。方法论中的模型一般指以框架图表现的基本概念之间的关系，一些课题的研究目标就是建构和/或检验理论模型，还有一些课题需要建构理论和操作框架来解释和分析数据，其实质也是建构理论模型，来为同类研究提供方法论参照。

（三）范式与模式关系

库恩于1962年曾指出："按既定的用法，范式就是一种公认的模型（model）或模式（pattern）。"可见"范式"与"模式"在概念上有重叠之处，学界在进行翻译学方法论讨论时也容易将这两者混淆使用。例如，吕俊在其著作《跨越文化障碍——巴比塔的重建》中将语文学翻译研究、语言学翻译研究和解构主义翻译研究归类为模式，而在其和侯向群合著的《翻译学——一个建构主义的视角》中，则将语文学翻译研究、语言学翻译研究和解构主义翻译研究归类为范式。那么，模式和范式有何区别与联系呢？

从内涵上来说，范式比模式更抽象，范式涵盖了模式。范式区别本体论和认识论，而在相同的本体论和认识论下会出现不同的模式，甚至相同的学派也采用不同的模式开展研究。例如，语料库翻译研究是典型的科学主义范式指导下的实证性翻译研究，可以分为双语平行语料库、多语平行语料库、单语类比语料库和双语对应语料库等具体的研究模式。

范式与模式都提供解决问题的方法，但范式不仅仅是处置事件的方法，还是认识事物的方式和评判事情的价值标准，它显现的是科学共同体的共有特征；模式仅指行为个体处置事件的方法，它显现的是适合特定问题、特定领域的行为特征。例如，科学主义翻译研

[①] 教育学中，教学模式还包括教学评价因素，但该因素并非在所有教学模式中都存在。我们认为，模式需获得积极评价才具有有效操作性和稳定性，因而未将评价因素纳入此定义中。

究范式既包含了各种实证性翻译研究方法,也包含了认为翻译现象与翻译规律是客观存在的本体论思想,对研究者价值中立、研究方法可证明性的追求,"假说—演绎"型研究模式等。又如,"治疗式"翻译质量评估模式[①]的特点是关注翻译能力,寻找错误原因,该模式无涉翻译质量评估者的本体论和认识论思想,只适用于某些特定的翻译评估情形。

范式的建构是科学共同体的目标,而模式的建构却不是。模式的建构是我们获得对现实问题的认识与解决方案的一种工具和手段。例如,商标翻译中的音译、意译、音意兼译等翻译模式,都是我们在对具体翻译行为的观察和分析的经验基础上,结合不同的翻译环境所确定的商标翻译行为的一般假设,是对商标翻译过程的简化与提炼。通过对翻译模式的确定,可以就翻译行为所产生的实际效果进行诠释和分析,从而为商标翻译提供有效的工具。

另外,范式需逻辑自洽、体系完整,同一范式仅属于同一科学共同体;而模式往往非自成系统,同一模式可适用于不同的科学共同体。例如,任务型翻译教学模式是建构主义翻译教学范式的典型代表,但任务型翻译教学模式在传统翻译教学范式中也受到过一定的重视。

翻译学使用"范式"和"模式"时还要区分两种样态:翻译研究活动与翻译实践活动。"翻译研究范式"是翻译学学术研究的范式,具有鲜明的理论逻辑特质,是由具有特定的研究价值观的翻译学研究者组成的"共同体"所创立的理论和方法体系;而"翻译范式"则是翻译活动的范式,具有明显的实践特点,是对"翻译"性质有着共同认识的译者/译员组成的"共同体"所践行的翻译方法体系。翻译研究范式与翻译范式两者之间具有双向建构、互为影响的关系。一定翻译研究范式的理论价值观昭示出该范式对翻译和翻译现象本质的理解,一定范式指导下的翻译活动也折射出该范式对翻译研究"应然"发展趋势的"预示"。

三、范式、方法与理论

方法论是与本体论、认识论等并行的哲学范畴,是关于研究方法的科学性、有效性和系统性的讨论,方法论探索哲学方法、研究途径及研究方法的一般结构,阐述它们的发展趋势和方向,以及研究中各种方法的相互关系等。一门具体学科的方法论又有自身的结构和层次,是由哲学方法、一般方法和具体操作方法等构成的完整体系。"范式"是方法论的一个重要概念,因为范式从形而上层面关注方法,是科学共同体所共同接受的从事某个学科领域研究活动的信念和思想,对人们的研究活动起到宏观指导作用,因而范式也被认为是最高层次的方法论,范式的发展与变化引领学科整体方法论的发展。

范式与方法的区别在于:前者包含着研究共同体对于研究观念的确立、研究对象的选

---

① Honig(1998)认为,翻译质量评估分为治疗性(therapeutic)与诊断性(diagnostic)两种模式,还分出了六种翻译评估情形:语言习得、翻译课程、译员测试、质量控制、译文使用者和译文批评者。语言习得情形应用治疗性模式;译员测试与质量控制情形应用诊断性模式;译文使用者与译文批评者既应用治疗性模式也应用诊断性模式,但以诊断性模式为主;翻译课程既应用治疗性模式也应用诊断性模式,但以治疗性模式为主。

取、研究前提性假设和研究方法体系的构建等一系列主观认知和价值判断；而后者只是纯粹的技术性手段。可以说，方法本身并不依附于活动主体的主观判断，但方法的选择却在很大的程度上取决于范式。某种具体的方法可能为某种范式所推崇，但也可以为另一种范式所用。

（一）范式与理论

范式与理论有着密切的关系。如前所述，人文社会科学领域并非简单地进行范式更替，而是呈现出多元范式并行的可能，不同的范式有着不同的逻辑结构、不同的理论（体系）。范式指导研究与实践，也指导具体的理论建构，因而理论观点是范式的反映。例如，严复的"信、达、雅"、钱锺书的"化境"论、傅雷的"神似"说等是人文主义范式翻译研究的理论成果；而雅各布森的翻译理论、卡特福德的翻译理论和纽马克的翻译理论等是科学主义范式指导下进行翻译研究的成果。

范式的更替以科学共同体的形成及代表性理论的建构为标志，而理论发展则以范式的演进为背景。范式提供评判理论的价值标准，规定理论的适用范围，指明理论的研究方向，为理论的合理性提供辩护。不同的范式指导下有不同的理论，而同一范式指导下的理论也不一定相同。因为范式意味着经典性的思想成果，能够吸引其他研究者，故在很多情况下，范式容易被看成是一定学科或研究领域内某种具有广泛影响力的理论或理论体系。然而，理论是由研究者根据经验现实概括出来的关于某一领域或某一类现象的概括性描述或解释，有着由命题和原理组成的经由一系列概念、判断和推理所论证和表述的具体内容。与单纯的理论或理论体系不同，范式本身不是对具体现象或规律的陈述和解释，其内涵是影响科学共同体进行科学实践的主观信仰。

就翻译学而言，翻译理论为人们认识某种翻译现象、解决具体翻译问题提供指导，原则上可以直接加以检验。例如，图里的翻译规范理论可用以从社会学角度解释翻译实践，我们可以通过对一定时期的翻译规范进行描写和重构来直接检验该理论的解释效度。范式的实质内涵是世界观，因而无法加以直观的科学检验，作为抽象的信念，范式不对具体的翻译问题或翻译现象进行解答或描述，而只对翻译研究与实践产生思维方面的影响（表 4-2）。

表 4-2　范式与理论对比

	范式	理论
存在方式	主观信仰、客观技术、理论（体系）	概念、判断、推理
主要功能	规范和指导思维活动	描述和解释具体现象；指导解决具体问题
可检验性	不可直接检验	可以直接检验

以具体理论代表人物为中心形成的学术派别即为理论流派/学派。翻译研究不同时期均有占据主流地位的翻译理论流派。奈达将翻译研究划分成语文学派、语言学派、交际学派和社会符号学派，此四种学派"不仅承前启后，在时间上有相随性，而且在理论假说、研究模式和研究方法上均有革新和超越"。根茨勒将当代翻译研究划分为五大流派：美国

翻译培训派、翻译科学派、早期翻译研究派、多元体系派和解构主义派。这清楚地勾画出翻译研究的发展轨迹，同时也揭示出翻译观念的嬗变。

理论流派对于开展学术争鸣和交流、促进科学研究的繁盛有着积极作用。理论流派之争可以推动范式的发展，可以说，没有理论流派之争，就没有范式的演变，也没有新范式的产生。虽然翻译学刚刚得以确立其学科身份，但无论是此前还是此后，翻译学理论流派的存在样态与竞争势态却都十分明显。例如，"文""质"之争、"直译""意译"之争就属于我国传统的语文学范式内的论争；"科学派""艺术派"之争、"传统派""西学派"之争则是我国翻译学"前学科"范式转型时期的论争。罗新璋、刘宓庆、张柏然等主张我国翻译学研究应以我国传统译论为主，建立有中国特色的翻译学；而谭载喜、谢天振等强调翻译研究的"共性"，认为翻译学作为一门科学应不区分国界。目前，文化翻译研究也引发了翻译学界的争论，赵彦春、曾文雄、李龙泉等认为翻译研究的"文化转向"脱离了翻译研究的本体；而谢天振、耿强等则对文化翻译研究的本体身份予以辩护。从中可以清楚地看出，不同的翻译本质观引发了这场关于文化翻译研究学科价值的辩论。这种本着强烈的学术责任感所进行的争论无疑将加深人们对翻译学学科的认识，从而推动学科的建设和发展。

(二) 理论与方法

作为与实践相对应的一个范畴，理论与实践的关系历来受到翻译界学者的重视。然而，作为方法论概念，理论与方法的关系却未曾获得足够的研究关注。

步哈诺夫提出理论与方法密切相关，因为"理论和方法是认识过程的两个互为中介、互相补充、互相修正、有机地联系在一起的方面"。一方面，在学科研究实践和社会实践过程中，人们必然采取一定的方法，也经常选取某种理论对实践加以指导，因而方法和理论都常被比作工具；另一方面，创立理论所需的方法背后都隐含着方法论的基础，而方法论又属于理论范畴，因而理论与方法相互交织，关系不易分辨。

关于理论与方法，美国社会学家赖特·米尔斯（Wright Mills，2001：121）曾有过这样的表述：对一流的社会科学家来说，方法和理论都不是独立的王国；方法是针对一定问题的方法；理论是针对一定现象的理论，它们好比是你所生活的国家的语言。你会说它，这并不值得夸耀，但要是你不会说，那么这是件丢人的事，还会带来很多不便。

上述这段话除表明理论与方法就如语言一样重要外，还简单总结了理论与方法的区别，即理论针对现象，而方法针对问题。

理论和方法反映不同的知识领域。无论是观点性理论，还是体系性理论，理论反映的都是关于被认识对象的知识（关于客体的知识）；而无论是行为方法，还是思维方法，方法反映的都是关于认识活动本身的知识。人们在获取对客体认识的过程中一定需要借助某种方法，方法的选择又在一定程度上决定了理论的内容。方法越科学，理论的真理性则越强。反之，理论越完善，则方法越有效。

理论和方法由不同的概念体系构成，具有不同的价值与功能。翻译学中的理论常由"翻译本体""翻译主体""翻译客体""原文""译文""原则""标准"等概念来表现，而方法则通过"分析""对比""归纳""演绎""抽象""综合"等概念来表现。就翻译学而言，理论的价值在于提供对学科研究客体（翻译过程与翻译现象）的界说与描述，以及对翻译诸要素之关系和翻译现象产生之原因的解释；方法则是为了取得认识成果的手段与程序，其价值主要在于获取关于翻译过程与翻译现象的数据，检验、运用和发展翻译学理论。

根据吕俊、侯向群的定义，理论是关于某一学科领域的概念、基本命题以及原则体系，是对该学科系统化了的理性认识[①]，具有认识、解释、预测性、方法论、批判和实践等功能。

首先，翻译学理论具有描述与解释翻译现象的作用，归纳和分类各种翻译现象和翻译问题，陈述其发生的背景、可观察的表征和可识别的特点，明晰其构成要素及各要素间的关系和互动方式，最终呈现出对"何为翻译"及"翻译为何如此"的认识。

其次，理论具有一定程度上的预见和推测作用。虽然翻译学的复杂性决定了翻译学理论所反映的并非全然是有关翻译的确定性或必然性的规律，但我们可以根据已有对翻译现象的观察，对相同或相似语境下的翻译发展趋势做出预判和估计，根据对翻译的认识确立和设计翻译工作的目标，寻找和选择实现理想目标的有效手段和路径，增强翻译实践和翻译研究实践的合理性和自觉性，避免盲目性和随意性。

最后，翻译学理论还具有行为和产品批判的作用。人们可以运用理论思维或借助理论视角分析翻译行为和翻译研究行为的效度，辨别翻译产品和翻译研究成果的优劣，考察翻译实践中的译者主体的动机、翻译策略的选择、文化因素的介入及译者风格的形成等，通过批判，明晰翻译在知识与意义的社会建构中的作用，厘清什么样的翻译及怎样翻译才是符合社会发展需要的，从而提高翻译研究与翻译实践的合理性。如果说翻译学理论的描述与解释作用在于说明"翻译是什么"和"翻译为何如此"，那么翻译学理论的批判作用则更多地体现在对"翻译应该是什么"和"应该怎样翻译"的价值追寻之上。

理论与方法有着不同的评价标准。人们评价理论通常看：①理论的真理性，即理论与经验事实的一致程度；②理论的自洽性，即理论的内在逻辑是否完备相容；③理论的简明性，即理论的概念是否明确，基本概念是否充足；④理论的抽象性，即理论概括现象的普适程度。人们对方法进行评价时则往往看：①方法的有效性；②方法的简单性；③方法的科学性等。

在以往的翻译学研究中，人们相对比较重视理论的作用而不那么重视方法。在理论运用比较普遍的学位论文中，翻译理论随处可见，翻译研究论文缺少翻译理论的支撑是不可想象的，而研究方法却似乎可有可无，或者对于研究方法的讨论不那么重视，要么详细描述使用方法的定义，要么语焉不详或草草带过，较少有论文详略得当地阐述清楚自己所用方法的针对性和使用理由。因此，洋洋洒洒的数万言甚至十几万言的学位论文，如果有现象、有理论、有结论，却没有方法，那么其研究的价值和结论就难以令人信服。

---

① 笔者认为，吕俊、侯向群的定义仅限于学科性理论。事实上，理论不必然是对整个学科的认识，如奈达的"功能对等理论"、辜正坤的"翻译多元标准论"、许渊冲的"译语优势竞赛论"等都只是观点性理论而不是学科性理论。笔者赞同他们对于理论功能的总结，因而引用。

第二节　翻译学方法论研究意义与现状

一、翻译学方法论研究的意义

1. 翻译学方法论与学科发展

孙绵涛于 2007 年提出"知识形态是学科的核心",一门独立的学科所辖范围的知识是有内在联系、彼此相关、形成体系的。朱红文和冯周卓于 2003 年提出学科知识体系中的基础理论和方法论是学科之为学科的重要依据,如果没有成熟而系统的方法论作为预设和前提,就表明这一学科和这一类知识对于自己的逻辑依据和研究程序、自己的视野和边界及自身的社会功能和社会作为,尚缺乏系统而清晰的认识。因而方法论研究属于学科基础性工作,对翻译学理论体系的构建与翻译事业的发展具有指导和促进作用。无论是潜学科寻求独立,还是学科独立之后的内涵建设,方法论都是学科建设的一大重点,值得特别关注并努力探索。

人们在实践中的方法探索推动着实践的进步,也促生了对该领域进行理论建构和人才培养的基本需要,继而推动着学科的创立和发展。缺乏适当的方法论作为基础与前提,人们也就无法清晰地界定自己研究对象的特质和范围,无以明确自身研究的性质与社会功能,无以保证研究的信度与效度,因而无法为学科的独立身份提供合理的辩护。学科是否被认可,除取决于其是否有相对独立的研究对象外,还取决于其是否有完整的理论体系和成熟的方法论体系,因而方法论的体系化和完备程度被视为衡量学科发展状态的重要标准。有关方法论的理论建设也就成了翻译学学科理论建设的重要组成部分,同时也是有效构建翻译学学科身份的保证。

较长时间以来,翻译研究被划为语言学或比较文学之下的次级学科,这在很大程度上或许就因为有关翻译的研究方法一直依赖着这些学科,而相对于上述学科来说,比较成熟的方法论未必能够有效地解决翻译问题。对于翻译活动这一古老的人类活动而言,对其研究却长期以来缺乏系统科学的认识,翻译研究或不被承认为独立的学科,或被划分在其他相关学科之下,造成这种现象的原因较多,但不可否认的是,人们对翻译活动的认识一直停留在实践经验总结阶段,没能在方法论的指导下对其开展科学探索和理性思考。翻译学是以人类翻译活动和翻译现象为研究对象的学科,探索范围包括翻译的语言转换、策略选择、社会功能、历史发展、人才培养、行业管理,以及其他与翻译有关的问题。方法论研究,不仅对于翻译研究规范的建立和学科内涵发展有着积极的作用,而且对于加强翻译作为社会实践活动的理论指导和翻译技术知识的普及,提高翻译从业者的职业素质,推进国际经济文化交流和民族身份确立都有重要的意义。

翻译学研究的终极目的是认识人类翻译活动,进而认识人类自身。然而翻译被认为"可能是宇宙进化过程中产生的人类最复杂的一类活动",这种复杂性对认识翻译构成了极大的挑战,杨自俭2008年提出"对翻译本质属性的认识是永远达不到终极的,只能是渐渐地靠近,其认识的方法就是不断地变换参照系",即意味着我们需要不断拓展和创新研究方法。在不同的哲学思想和世界观的指导下,人们在翻译学研究活动中所遵循的原则、程序和使用的技术手段有所不同,从而形成不同的翻译学理论。因而对于翻译学方法论的研究具有关涉翻译学理论发展的重要性,同时也具有认识和判断不同的翻译学理论体系价值的重要性。回顾翻译学研究走过的三十多年路程,我们不难发现,正是在借鉴、运用其他相关学科的研究方法之后,翻译研究逐渐认识到方法论的建设对于学科建设的重要性,从而逐步开展本学科适用的方法研究,进而推动翻译研究的理论发展,因此,学科建设与方法论建设是相互依存、互相促进的。

方法论源自实践,也高于实践。掌握了方法论,也就意味着获得了提升实践能力的基础。进行方法论研究既有助于提高我们的实践能力,更有助于提高我们的研究能力。巴甫洛夫曾说过:"初期研究的障碍乃在于缺乏研究方法。无怪乎人们常说,科学是随着研究方法所获得的成就而前进的。研究方法每前进一步,我们的认识就更提高一步,随之在我们面前也就开创了一个充满种种新鲜事物的、更辽阔的远景。因此,我们头等重要的大事是确定研究方法。"方法论的研究与学习之于研究本身而言,就像柴刀的准备之于砍柴一样,是实现工作目标与工作成效的保证。研究能力可以归结为发现问题、分析问题和解决问题的能力,这些能力都集中地体现在方法的运用上。研究问题不同于作为日常对话中可直接回答的问题,前者需要经过科学方法的实验、检验、推理或论证才能得到回答,而后者可能是显而易见的客观事实,也可能是暂时未被发现的事实。从确定研究主题到提出研究问题再到解答问题需要经历一个漫长的过程,需要有着明确的方法论指导,以避免研究陷入困境。科学研究是一个知识积累的过程,只有当学者都遵从相对一致的研究方法去探寻规律、陈述事实、推理论辩,才能沿着一致的方向去有效地推动知识的积累,保证知识有效地生产、传播和传递。

2. 翻译学方法论与学术规范

学术规范是指人们在学术活动中应遵守的各种行为规范的总和,它一直是学界最为关注的话题之一,对于翻译学这样的新生学科而言,学术规范显得尤为重要。翻译学研究中要做到严格遵守学术规范,不仅需要了解学术道德方面的准则,树立对学术视野的正确态度,更需要进行研究方法方面的学习。

学术规范是用准则以规约和惩处学术研究活动中的不端行为,在形式上,主要表现为研究成果发表时的文本体例和学术行为规范,前者包括文本结构、参考文献、引证出处、注释体例等,后者包括禁止抄袭、剽窃、伪注、篡改或捏造数据、重复发表、一稿多投等。实际上,学术规范的本质是对学术原创性的维护,使学术研究中的投入对研究领域的发展具有实质的推进意义,它通过学术规则的确立与学术传统的养成使学术活动制度化、标准化和专业化,从而彰显研究的价值,保障知识的传承和创新。因而学术创新被视为最高的学术规范。翻译学研究的学术创新是指翻译学的学术活动在既有研究成果的基础上,运用本学科理论、范畴和概念工具,通过完整的研究过程,提出新论点、新见解、新理论和新方法，从而达到深化对翻译的认识、丰富翻译学理论的目的。从这个意义上看，正确的研究方法就是学术规范的内容之一。

学术规范包括学术研究规范、学术编撰规范、学术批评规范和学术写作规范等方面。陈学飞将学术规范分为三个层次，即技术层次，包括各种符号的使用、成果的署名和引文的注释等；内容层次，包括理论、概念和研究方法的运用等；道德层次，包括对待学术事业的态度、学术责任等。陈通明、杨杰民认为，学术规范包括三个层面：①明确规定及可操作的政策法规和技术上的操作要求；②约定俗成并得到学术界认同和共同遵守的观念道德和价值取向；③学科研究的方法、自身的理论框架和概念范畴体系。从上述观点可以看出，研究方法本身就是学术规范的一部分。

一般来说，一项研究活动的全过程包括确定选题、文献综述、研究设计、实施研究、研究结果的分析与讨论等阶段，每一个阶段都要遵守一定的程序规范、语言规范和道德规范，以此体现学术创新（表4-3）。

表 4-3　各研究阶段的程序规范

研究阶段	程序规范
确定选题	了解研究领域—选定研究主题—描述现象与事实—明确研究目的—初步提出研究问题
文献综述	文献检索与获取—文献管理—文献阅读—文献数理—文献综述与评价
研究设计	陈述研究问题—选择研究对象—界定概念、明确操作定义—表述研究假设与推论命题—阐明理论基础与构建理论框架—选择论证方法—设计变量与选择指标—明确分析框架与研究步骤
实施研究	分类别、分阶段实施观测—数据记录、收集与整理—描述统计的各项指标—数据指标转换与分析—验证研究假设
结论	呈现研究发现—阐释研究结果的机理—形成或完善理论—评价研究效度与贡献—指出研究不足与进行研究展望

如表4-3所示，每一个研究阶段都有其自身程序上的要求。例如，确定研究问题是研究过程中至关重要的一环，当前很多"研究"的问题所在就是缺乏明确的研究问题。翻译研究者的问题意识对其研究具有不可或缺的方向指导作用，因为是否找到了明确的研究问题以及是否找到了有价值的研究问题，直接关系到之后研究各阶段的规划与实施，以及研究预期成果的价值。如果不阅读相关文献、不了解研究领域、不细致观察具有代表性的现象与事实，也就找不到需要解决而又未解决的矛盾，无从明确自己的研究目的。研究问题的提出不是一蹴而就的，研究者需要从了解的实际背景和理论背景出发，思考并将所发现的问题分类，初步提出拟研究的问题，进一步收集资料、阅读文献，从空间、时间和内容上缩小研究范围，最后明确有价值的研究问题。研究结论阶段也并非简单地陈述研究发现，重要的是对研究发现或结果进行充分的分析和机理阐释，从切合实际的学理解释中得出结论，进一步了解研究发现的适用范围及可靠性，由此推动理论的形成和完善，凸显研究的

价值与贡献;而对研究过程中的不足进行反思可以更好地为后续研究打下基础,从而构成研究的循环。由此可见,遵照与执行研究程序上的规范是研究目标得以实现的基本保证。

和其他类别的规范一样,研究中的语言规范是逐渐形成的,翻译学研究的语言规范具有所有学术研究语言的共性,也具有翻译学自身的语汇特点。作为一门新兴的学科,翻译学研究的语言规范虽已经基本稳定,但与成熟的学科相比,翻译学的术语体系还在不断发展之中,其语汇的变化更替速度也相对较快,因而研究中严守学术语言规范更有助于翻译学理论成果的积累和传播。如前所述,翻译学的复杂性决定了翻译学研究多元途径的融合,研究中的语言规范可以使不同途径的研究成果之间的交流和互享成为可能(表4-4)。

表4-4 各研究阶段的语言规范

研究阶段	语言规范
确定选题	简要概况研究的现实背景和理论背景,清晰表达研究目的,客观陈述研究选题的创新性
文献综述	交代研究现状,梳理理论发展线索,批评性回顾成就与观点,阐明研究起点
研究设计	界定概念,分类表明论证的路线,阐明论证基本问题、方法、过程效度与预期结论
实施研究	交代数据来源、观测方法、应用范围与时效、数据的效度与信度
结论	简洁清晰地概括研究成果及所得结论(包括研究过程、理论发现、实践意义、局限与展望)

翻译学研究经常借鉴其他学科的研究成果、移植其他领域的研究方法,这在一定程度上对翻译学语言规范的稳定造成了影响。研究中的语言规范和程序规范是密切联系的,如果对研究领域缺乏全面了解,对与研究主题相关的文献搜索或阅读不全面,就会导致不了解已有的术语或概念,从而频繁自创术语,自说自话。这种情况在翻译国外研究成果时尤为多见,从根本上来说,这既是研究者缺乏责任心、学风不踏实的表现,也是研究失去规范的表现。在文献综述阶段,如果没有认真阅读与选题相关的学术文献,筛选与研究主题关系紧密的重要文献进行综述,那么综述也就必然会语焉不详或主观臆断,如果没有对已有文献的分类梳理与批判,那么综述也就必然会成为文献堆砌或变得表述杂乱。从这个意义上来说,研究中语言规范问题的产生其实就源自研究方法论的问题。

如表4-4所示,从时间维度来看,翻译学每一项研究活动都经历一个由始至终的过程,在此过程中的每一个阶段都有着学科"共同体"所共有的学术道德规范,这些规范主要保障逻辑思维与创造性等方面的内容,包括交代学术缘起、问题意识、已有研究、个人独创和理论发展等,以确保在原有研究的基础上发现新问题,达到思想的深化和学理的创新(表4-5)。这些规范最终都落实到研究方法之上,用以调整研究路径与方法等,说明源流承启、哲学依托、理论基础、分析模型和方法创新等,包括确定研究边界,把所研究的问题进行理论提炼,定义重要的术语或概念,然后用之描述研究主题,最后应用概念框架发展理论,并用这些理论解释研究发现,等等。

表 4-5　各研究阶段的道德规范

研究阶段	道德规范
确定选题	尊重他人的创新思想，实事求是地对待研究选题的创新性
文献综述	尊重和标注研究文献，在引用过程中尊重知识产权
研究设计	尊重和标注同类设计与假设，明确设计与假设的创新内容
实施设计	实事求是地记录统计数据，保证数据的完整性、可靠性与时效性
结论	不夸大结论的创新意义，事实求是地做合理推论

学术规范是动态与静态的相对统一，学术写作中的注解引用格式方面的规范往往会较长时间内保持不变，应该严格遵守，而研究方法的创新却是学术创新的保证，也是学术规范的最高体现。我们在研究实践中应该既做到程序的严谨，又追求方法的创新。

此外，在过往的翻译研究中，常常混淆使用研究方法与研究路径等概念，研究方法本身又包含不同的层次，有哲学层面的认识，也有操作层面的手段。限于笔者的认识水平和篇幅等原因，《翻译研究方法概论》仅仅是翻译研究方法之探究的起步，非常粗浅；本书除探讨对翻译学方法论的进一步认识外，将集中讨论翻译研究的各种主要路径。

二、翻译学方法论研究的现状

鉴于理论与方法的紧密关系，理论常常被视为认识工具和方法工具，因而从广义上来说，进行翻译理论的探讨也是对翻译研究方法的探索，或者可以视为对人文社会科学各种研究方法在翻译研究领域的应用探索。不过，如果仅有宽泛的"方法"界定，评述时难免会将方法和理论混为一谈，也就失去了对方法论研究进行专题讨论的意义，因而本节仅从狭义的角度对翻译学方法论研究进行综述。

（一）翻译学元方法论研究

1. 国外翻译学元方法论研究论著

国际翻译学界关于翻译研究方法较为著名的论著有斯奈尔·霍恩比的《翻译研究——综合法》(Translation Studies: An Integrated Approach)、威廉姆斯和切斯特曼的《路线图——翻译研究方法入门》(The Map: A Beginner's Guide to Doing Research in Translation Studies)、皮姆(Anthony Pym)的《翻译史研究方法》(Method in Translation History)、奥洛罕的《翻译研究语料库入门》(Introducing Corpora in Translation Studies)、图里的《描写翻译学及其他》(Descriptive Translation Studies and Beyond)[①]、黑尔和纳丕尔的《口译研究方法：实用篇》(Research Methods in Interpreting: A Practical

---

[①] 上海外语教育出版社在引进出版 Descriptive Translation Studies and Beyond 时将该书译为《描写翻译学及其他》，申雨平在1999年为该书所写的书评中将之译为《描写性翻译研究内外》，另外还有译名如《描写翻译研究及展望》等，此处采用上海外语教育出版社的译名。

Resource)等。

《翻译研究——综合法》初版于 1988 年，由 John Benjamins 出版公司出版。该书全面考察了翻译研究的历史和现状，客观地分析了语言学、比较文学、心理学和哲学等对翻译研究的影响，对比研究了欧洲翻译研究的两个主要流派：莱比锡学派和操纵学派。进而以格式塔整体理论和原型学为基础，提出翻译研究的综合方法。该书倡导以多学科、多方法、多视角研究翻译的观点，反映了翻译学研究由单一范式向复合范式的转向。该观点在我国翻译学界产生了较为深远的影响。黄希玲和孙迎春相继指出"翻译学的成熟、翻译理论的创新须借重系统性、综合性研究方法，从社会学各相关学科乃至自然科学的发展及研究方法中汲取营养，得到启示"。

《翻译史研究方法》是一本系统地介绍翻译史研究方法的专著，由在翻译学界享有盛誉的英国 St. Jerome 公司于 1998 年出版[①]。郑贞于 2009 年提出该书"贯穿了从选定课题到采集数据，再对数据依据一定的标准进行筛选和分类，最后进行描写和解释这样一个科学流程"。

《路线图：翻译研究方法入门》由 St. Jerome 公司于 2002 年出版。该书绪论明确指出："由于翻译学具有跨学科的特性，其主题和方法常使缺乏经验的研究者感到困惑，因此全书的主旨即为提供按部就班从事研究的概论。"全书共分为十章，第一章列举了 12 个不同的翻译研究领域，并介绍了各领域可能的研究方向，提供了各领域重要的参考文献；第二章教导读者如何拟定研究计划；第三章强调了研究框架与模式的重要性，列举出 3 种研究模式：比较模式（comparative model）、过程模式（process model）和因果模式（causal model）；第四章介绍了实证性研究（empirical research）的特点和分类，区分了理论性研究（conceptual research）与实证性研究、定性研究（qualitative research）与定量研究（quantitative research）等概念，还论及应用研究（applied research）的目的；第五章讨论如何提出有效的研究问题并检验研究假设；第六章讨论实证研究中变量之间的关系；第七章涉及研究数据的分类、统计与分析，还介绍了语料库语言学中几种定量研究的基本方法；第八章和第九章讨论研究报告的撰写和学术报告的陈述与答辩；第十章是关于研究成果的学术价值评量。

《翻译研究语料库入门》由 Routledge 公司于 2004 年出版。该书重点探讨翻译研究语料库的应用，详细介绍并界定了不同类型的语料库（平行语料库和比较语料库）在翻译研究中的应用方法、应用情况和建库标准，探讨了语料库设计中的代表性、规模和取样等问题及语料库分析工具，结合个案回顾了语料库在翻译研究中应用的历史和现状，讨论了采用语料库研究译者风格、意识形态对译文的影响，还总结了语料库在译员培训和翻译实践中的作用。该书对于我们运用语料库从事翻译学研究具有重要的指导作用。

《描述翻译学及其他》由 John Benjamins 公司于 1995 年出版。该书集中体现了图里的

---

① St. Jerome Publishing 是一家专门出版翻译学论著的小型出版公司，其总策划是国际翻译学界著名人物贝克尔。该出版社出书的侧重点之一即为翻译研究的方法论。

主要翻译研究思想。作者希望建立与规定性翻译研究相对的实证研究体系，对翻译现状进行客观的描述和解释，并依此对其未来的发展加以预测；而不像纯理论学科那样提出假说，进行纯粹的抽象推理，作规定性的论述。这种观点实际上为目前的翻译研究提供了一个新的视角，对翻译科学的建立及具体的研究方法的采用都具有十分积极的意义。首先，描述翻译学的目的是建立实证的科学翻译学。图里指出"寻求普遍规律是任何学科的不变目标和首要追求，没有它们，则任何的所谓理论和科学活动都不可信"，认为一门实证学科如果没有一个描述性分支就不能称其为完整和相对独立的学科。另外，其研究的出发点为多元系统文化理论。描述翻译研究以译文为导向，最重要的是将翻译置于译入语文化的社会和文学系统之中，正是这一系统中的位置最终决定了译者的翻译策略。

《口译研究方法：实用篇》由 Bloomsbury 出版公司于 2013 年出版。该书标志着口译研究在方法论建构方面取得了一个开创性的研究成果，为学习者提供了口译研究的基本方法论框架和实用指南。全书共分为八章。第一章"何为研究与为何研究"讨论了研究的定义、目的和意义，介绍了几种不同的口译研究范式，通过对一些基本概念的界定和对研究程序的介绍以帮助学习者建立关于研究的基本认识；第二章"批判性阅读与写作"主要介绍启动研究数据收集和分析之前的关键程序：文献综述、撰写研究计划和获得伦理许可，明确了文献综述的意义和写作步骤，并强调了口译研究的伦理规范要求；第三章"口译研究中的调查问卷"主要讨论调查问卷在口译研究中的作用、适用条件、问题类型、问卷设计和实施过程的注意事项；第四章"口译的民族志研究"介绍了作为质性研究的民族志研究方法的起源和特点，解释了为何民族志方法可以应用于口译研究，并通过多种不同的实例讨论了民族志方法在口译研究中的具体运用；第五章"口译研究中的话语分析"界定了口译研究中话语分析和笔译研究中文本分析的异同，介绍了口译话语分析方法的特点、适用范围、分析角度、实施步骤、话语数据的类型和呈现方式，以及口译话语材料撰写的方法与程序等；第六章"口译研究中的实验方法"讨论了何种情况下及为何口译研究可以采取实验法，描写了不同类型的口译实验研究和具有代表性的实验研究设计，评述了一些口译实验研究的范例；第七章"口译教育与评估研究"介绍了教育研究的方法论特点，简述了西方口译教育研究的历史和主要成就，分述了口译教育和评估研究的各种不同方法，点评了会议口译和社区口译教学，以及口译与手语翻译教学研究及其评估研究的范例；第八章"口译研究的实施和成果发布"介绍了口译研究项目实施过程中的注意要点和成果发表的形式、结构、体例和成果应用。

2. 国内翻译学院方法论研究论著

在过去的数十年里，我国的翻译学学科建设取得了长足的发展，翻译学的学科地位得以基本确立。然而，翻译学新生伊始，有关本学科研究方法的系统性研究还有待进一步展开。根据许钧、穆雷的统计，从 1978 年到 2007 年的 30 年间，国内出版的翻译研究方法论方面的论著严重缺失。近年来方法论研究受到更多的重视，相继有冠名为"方法论"或"方法"的翻译学著作问世，如黄忠廉等的《翻译方法论》，李惠红的《翻译学方法论》，穆雷等的《翻译研究方法概论》，仲伟合等的《口译研究方法论》，刁克利的《翻译学研究方法导论》，姜秋霞、刘全国、张柏然的《翻译学方法论研究导引》，等等。

《翻译方法论》由中国社会科学出版社于2009年出版。如书名所示，该书主要总结翻译实践的方法。作者指出翻译观决定翻译方法论，从而决定翻译实践方法的选择。该书根据译作与原作的相似度，将翻译划分为全译与变译。翻译方法也相应分为全译方法和变译方法。全译方法包括对译、增译、减译、转译、换译、分译、合译；变译方法包括摘译、编译、译述、缩译、综述、述评、译评、译写、改译、阐译、参译、仿作。该书还初步总结了翻译研究方法，指出翻译研究方法论包括"三个充分"（观察充分、描写充分和解释充分）的研究要求、"两个三角"（"表—里—值"小三角和"语—思—文"大三角）的研究思路和"从方法到学科"的研究路径。

《翻译学方法论》由国防工业出版社于2010年出版。这是国内第一部以"翻译学方法论"命名的专著，试图构建一个翻译学的方法论体系。全书共分为八章。第一章从翻译学学科的架构构想谈起，讨论了翻译学体系中方法论的位置，简述了西方翻译学进展与方法论的演进；第二章辨析了方法与方法论的关系；第三章分别讨论了方法论与世界观、方法论与本体论、方法论与认识论的关系及方法论与价值论的关系；第四章讨论了哲学方法的研究与进展；第五章讨论了横断科学方法和经验科学方法；第六章分述了规定性翻译研究、描写性翻译研究和解释性翻译研究；第七章和第八章分别讨论了"学科范式"和"模式"，也许是急于"填补""翻译学方法论系统理论的空白"。该书存在下述缺陷：①所建构的方法论体系在结构上逻辑并不自洽；②一些内容未经深思熟虑即归入翻译学，如横断学科方法的讨论十分牵强；③对范式的分类标准混乱，如实证研究范式和语言学研究范式并不并列，语言学研究经常采用实证的方法；④对模式的探讨十分狭隘，仅限于对翻译过程研究的模式总结。

《翻译研究方法概论》由外语教学与研究出版社于2011年出版。该书定位为一本研究生教科书，旨在让学生了解一些跟研究相关的入门知识。第一章方法论概述初步介绍了人文社会科学研究的方法论，翻译研究的领域、范围与内容及翻译研究方法类别，勾勒出整个翻译研究的领域及研究类型，让学习者从整体上认识翻译研究方法；第二章至第十章以专题为主介绍研究方法，分别讨论形式逻辑、归纳法和演绎法、定性研究和定量研究、规定性翻译研究和描述性翻译研究、实证研究法、语料库与TAPs方法、证实与证伪、共时研究与历时研究、宏观研究和微观研究等的特点及其在翻译研究中的应用；第十一章至第十四章讨论选择研究课题、设计研究方案、收集文献资料、撰写文献综述、提出研究问题、制订研究计划、撰写学位论文、答辩等研究的过程与细节。另外，还附有翻译研究方法案例，分析包括精要摘述、分析论证过程和方法论分析等，使读者在宏观把握文章整体框架的同时，又重点突出研究者微观的方法论思路。有学者认为，书中介绍的研究方法对学术规范、研究标准、学风建设都具有十分重要的作用，具有如下特点：①理论与实践相结合，实操性强；②注重基本概念和方法；③注重实训，便于自学。但是，由于定位为教科书，考虑到教学的实际需要，一些理论思辨未能系统展开，特别是一些基本的研究方法与操作方法之间的关联，以及各其他相关学科的理论方法对翻译研究的影响等，都未及阐述，这也就留给本书讨论的空间，也为更多的后续研究奠定了基础，提出了方向。

《翻译学研究方法导论》是由南开大学出版社于 2012 年出版的一本针对外国语学院或翻译院系的本科生或翻译方向研究生的教材。该书力图将翻译理论和翻译实践融合起来，以求做到理论的讲解由浅入深，自成体系，既有理论深度，又兼顾翻译的实践，从分析翻译实践引出对基础理论的讲解，并提出需要进一步探讨的问题。该书分为上、中、下三编，上编为翻译与理论研究，论及翻译与译者的角色、翻译与翻译者的任务、翻译与翻译理论流派、翻译与翻译本体论、翻译与翻译实证研究、翻译与翻译规范；中编为翻译与跨学科研究，论及翻译与译者生态研究、翻译与语篇分析、翻译与语用学、翻译与法律英语、翻译与自主学习、翻译与"词块"理论、翻译与心理学、翻译与诗歌研究；下编为翻译与文化研究，论及翻译与西方名著汉译、翻译与中国典籍传播、翻译与中国古典小说英译、翻译与英诗译作接受、翻译与宗教文化、翻译与译文审订等。从该书实际讨论的内容来看，与其说这是一部翻译研究方法论著作，不如说这是一部与翻译相关的主题研究的散论汇编。

《口译研究方法论》由外语教学与研究出版社于 2012 年出版。该书共分三部分（十章）。第一部分"历史与现状"两章分别对国内和国外口译研究的历史概况与发展现状进行考察，指出了我国口译研究的发展趋势、存在的问题和提升的路径，总结了国外口译研究的发展呈现出研究主题多样、多范式并存及研究出现"社会性转向"等特点；第二部分"学科理论与方法论"两章分别对口译研究的学科理论和方法论进行探讨，明确了口译研究的对象，介绍了口译研究的主要视角，构建了口译研究的方法论体系，介绍了实证主义和人文主义两种研究立场下的口译研究具体方法，还讨论了口译研究的设计与实施，以及研究信度与效度的保障等；第三部分"选题与方法"六个章节从口译过程、口译产品、口译质量评估、口译职业活动、口译教学和语料库等方面分述口译研究的选题与具体研究方法。该书具有的特点是：①脉络清晰，信息丰富；②概念明确，学理性强；③基于实践，重在理论。作为国内外第一部专门探讨口译研究方法论的专著，该书对于我国初创不久的口译研究来说有着特殊的意义，学术价值明显：①明确了对口译研究的学科定位；②扩展与深化了对口译性质的认识；③建构了口译研究方法论体系；④提供了口译研究发展的路径。

《翻译学方法论研究导引》是由南京大学出版社于 2012 年出版的大学翻译学研究型系列教材之一。该书介绍了对翻译学研究的理论方法、实证方法与准实证方法论范式的相关方法的论述与研究。该书共分为十章，每章包括导论、选文、延伸阅读及问题与思考四个部分。导论部分主要介绍翻译研究方法的概念、特点、主要流派及技术路线等，其余每章选介两篇具有代表性的用英语撰写的翻译研究方法论选文和一篇用汉语撰写的方法论选文，力求引导读者从多维视角了解各种翻译研究方法。英语选文首先对选文的主要观点和方法论思想进行导读，继而呈现选文，而汉语选文以摘要加选文的形式进行呈现；延伸阅读部分提供该方法的主要经典文献，以供读者阅读研习之用；问题与思考部分基于该翻译研究方法的核心概念、主要思想及其评价等维度设问，引导读者对该方法进行深入了解和思考。

上述各种著述出发点不同，切入点不同，编排思路也不同，但是有一个共同点，就是作者都希望从方法论入手，进行系统研究，为翻译研究梳理出条分缕析的研究途径和研究方法，为翻译学学科的内涵建设"添砖加瓦"。这从侧面体现了翻译研究者对于本学科的学科建设和理论认识逐渐进入了理性阶段，对翻译现象、翻译活动和翻译产品的研究越来越需要方法论的支撑，方法论的研究成果也推动了翻译学学科的内涵建设。然而，方法论的建设本身也有不同层面的讨论和认识，上述作者及其著述正是从不同层面入手展开研究的，这也类似于"盲人摸象"，需要汇总各个层面的认识，形成一个完整的画面。

（二）哲学层次的翻译学方法论研究

从哲学与方法论的关系看，哲学的世界观与翻译学的方法论之间存在内在的、深刻的一致性，一定的哲学世界观运用于翻译学研究过程时即表现为方法论，一定的翻译学研究方法论则总是以一定的哲学世界观为内在依据和理论前提。关于一门学科研究范式的哲学性研究决定了该学科的基本原理、理论内核和发展方向，因而翻译学的哲学方法论研究属于翻译学研究方法研究的最高层次[①]，具有翻译学理论发展的活水源头的作用，同时也引领和指导着翻译学的一般研究方法和具体研究方法的研究发展。为了进一步推动翻译学的发展，并及时将翻译学理论研究成果付诸学科实践，我们有必要对翻译学研究方法进行系统全面的哲学探索。

范守义是我国翻译学界较早论及"翻译哲学"的代表人物之一，他于1985年发表了《关于翻译哲学的断想——论翻译界五十年(1894—1948)之争》一文。该文综述了自严复提出"译事三难：信、达、雅"至1949年以来中国译界在翻译的标准、方法以及风格问题上的争论，并提出了自己的看法。显然，该文讨论的内容依然属于语文学翻译研究范式的范畴，并没有范式论的突破。值得一提的是，该文提出了以数学公式的形式表达"信、达、雅"之间的关系，这在一定程度上体现了语文学范式下研究者寻求思维方式的创新和改变。

蓝峰于1988年发表了《科学与艺术之争——翻译研究方法论思考》一文。蓝峰认为，翻译理论中科学派与艺术派的冲突主要围绕客体性与主体性、客观性与主观性、描述性与规范性等涉及方法论问题的三个不同层面；翻译研究中科学派和艺术派的方法论冲突实质上是现代所有社会科学具体学科中科学主义和人本主义两大思潮冲突的反映，这种冲突为翻译研究的发展提供了内部动力。在这种冲突之下翻译研究的发展不是以一种方法取代另一种方法，也不是各自为政求得自身完善，而是各取所长，通过相互跨越来达到综合。可以说，该文对翻译学进行了科学主义和人文主义研究范式的分类，并指出了这两种范式走向融合的趋势。

黄振定于1998年推出了其代表性论著《翻译学——艺术论与科学论的统一》[②]。如书名所示，黄振定认为，翻译学的理论本质是艺术论和科学论的矛盾统一，他所倡导的哲学层

[①] 笔者认为，研究的层次并非我们衡量研究终极价值的标准，不同层次的研究均具有学科发展的应有价值。

[②] 本书1998年由湖南教育出版社出版。该书出版后引起了翻译学界较多的关注，张后尘(1999)、刘重德(2000)、劳陇(2000)、蒋洪新(2000)分别撰文对该书进行了评介。

次的翻译学研究方法论即为马克思主义的辩证法。

刘宓庆2001年在其著作《翻译与语言哲学》中提出了"语言意义的人文性"之观点,他认为意义是一个非常复杂的多维实体,涉及概念、语境、意向、文化背景和审美等,意义拒斥定量分析和定性分析,而翻译从一开始就进入了一个主客体动能的交感过程,因而这决定我们必须用人文科学方法论来研究语言,但这种科学方法论并不排斥某些自然科学方法和手段。此外,他还提出了翻译理论科学化,即翻译学的理论发展需符合本学科的历史发展实际、现实发展实际和未来发展所需。

与刘宓庆主张以人文科学方法论研究翻译不同,吴义诚于2001年提出了翻译研究的科学范式。吴义诚认为"翻译研究也应该有两个目标,一是对语言转换现象的描写,二是对语言转换现象的解释",希望以此来构建系统的翻译知识体系即翻译理论,进而达到改革翻译研究方法论的目标。

蔡新乐于2002年提出,翻译哲学的形而上之维是翻译学研究的一个盲点。他认为,翻译理论一向注意对方法论(也就是翻译的统一的方法)的追求,但因此忘记了人的主体的个体性及其创造性。这意味着,翻译理论在人的本体论地位方面是匮乏的,在人之为人的存在意义上没有把握人的认识能力及其自身存在的文化或跨文化作用。如果要纠正这一偏差,海德格尔的现象学是一个可以遵循的思路,而钱锺书"不隔"的有关思想为这一思路设立了一个可以模仿的样板。

姜秋霞和杨平于2004年发表了《翻译研究理论方法的哲学范式——翻译学方法论之一》一文,从哲学层面分析了不同阶段翻译研究理论方法的内在结构特点与认识范式。姜秋霞和杨平认为,前理论期的研究,无论是文艺学还是语文学翻译思想,大体具有两种思想范式:一是"形而上"范式,二是主题观照范式。语言学理论期翻译研究采用的是"二元论分析",体现了"逻各斯"中心主义思想,其关注的不是现实的翻译,而是可能的翻译,在认识论上采用逻辑学范式,即通过浓缩将内容概括为最简约的共同形式,最后归结为形而上的绝对精神;而多元理论期的翻译研究在哲学认识上更具开放性,融入了结构主义、形式主义思想之外的系统论思想、解构主义思想,以及客观主义、自然主义思想,该时期的翻译理论方法可分为五类:整合范式、空范畴范式、假设范式、相对论范式及新"形而上"范式。

赵彦春于2005年出版了著作《翻译学归结论》,该书从形而上的角度对翻译学研究方法进行了探索,提出了翻译学的归结主义方法的取向,试图"以归结主义方法建构包含人文科学成分的正题法则的翻译学","探求翻译本体论问题并建立起相应的学术体系"。在赵彦春眼中,"归结主义方法是以宇宙论为参照系的本体论。它的着眼点是翻译这一本体,但却可以反观翻译中包含的宇宙中的一切因素"。赵彦春认为,归结主义方法论实质是"向心智哲学、心理学、生物学、语言学,乃至宇宙论中去寻找理论根据和研究方法,以追求翻译理论的概括力和解释力,同时兼顾理论的可操作性"。

侯向群、吕俊于2006年也从哲学层面对翻译学研究方法进行了较为深入的探索,他们的专著《翻译学——一个建构主义的视角》对已有的几种翻译研究范式进行了反思与批评,并提出了建构主义翻译学的知识基础。侯向群、吕俊认为,建构主义翻译学的哲学基础是实践哲学;其认识论基础是以多极主体的对话关系为核心的广义认识论;其理性基础是交往理性;其真理观是共识性真理观;其语言学基础则是言语行为理论。

到了2010年之后,翻译学界对"范式"一词变得更为熟悉,相关讨论也多了起来。喻锋平探讨了翻译研究古典经验范式、近代语言学范式和当代后现代研究范式中的理性观,指出不同时期的各种翻译学范式中都存在理性基础:翻译学古典经验范式的理性表现为既有演绎推理的特征,又以个人的经验感受为基础,也表现出追求经验事实的实践性;近代语言学范式以概念理性和实证理性为基础,其哲学基础结构主义沿袭了西方形而上学的传统;后现代主义研究范式的哲学基础是对主客二分的颠覆、对理性至上的批判,但理性并没有被解构主义完全消解,我们应该在翻译研究中保持辩证发展的哲学观。

除对翻译研究范式进行类别划分外,李德超、唐芳对西方翻译研究范式与口译研究范式的发展与流变进行了比较;陈伟、廖美珍从意义的(实在性、意向性、社会规则、历史和语用等)维度、意义的基本单位和意义是否具有确定性等三大方面,考察了语言哲学中的意义理论的嬗变对翻译研究范式变迁所产生的影响;魏清光以时代的发展变迁为主线,以哲学的发展为参照,考察了翻译研究范式的变迁,认为时代主题的变化决定了翻译研究范式的发展;刘性峰、王宏在界定翻译学研究范式的基础上对其历史发展做了总体的阶段划分,并针对其当下存在的问题提出了应对策略。

随着翻译学界对"范式"的重视,该词的意义也逐渐泛化开来,如司显柱将系统功能语言学理论视为建构新的翻译研究范式的基础,很明显,这反映了我们的学者认为"范式"不限于哲学层次,可以基于某一学科的分支学科理论而建构;卢卫中、王福祥认为认知翻译学在过去的发展中,"经历了从研究途径到方法论,再到一种新研究范式的发展过程,取得了可观的成绩";肖开容则认为大数据和新技术的发展,催生了新的翻译现象,产生了新的研究领域,带动了翻译研究新范式的出现。

笔者无意在此简单评价上述各家观点,因为翻译研究这门学科太年轻了,人们还来不及从纷繁复杂的翻译现象中走出来,对前人的经验总结和理论研究进行沉淀过滤,辨别优劣,去粗取精,去伪存真,系统地探讨关于这一复杂人文社会现象的理论,从而摸索出有效的方法论,更遑论从哲学层面阐述这些研究方法背后的理念及其相互关联。上述每一种观点都可以展开详细讨论,限于篇幅等故,以上综述只想展示上述学者都在努力进行研究,推动学科的理论建设发展。

(三)一般研究方法层次的翻译学方法论研究

翻译学一般研究方法是哲学方法论的实际体现或应用。我国翻译学界关注翻译学一般研究方法大致是从20世纪90年代才开始,而90年代所发表的此类研究论文仅有三篇。

王立弟的《综合性翻译研究》评介了斯奈尔·霍恩比的《翻译研究的综合法》,虽然该文篇幅短小、介绍简单,但该文引入的观点"用各学科(包括语言学、心理学、文化人类学等)的新理论、概念和方法对翻译进行多角度的研究"可谓对传统单一的文艺学角度研究翻译的一种颠覆。该文所介绍的综合法也引起了我国翻译研究者的兴趣和思考。

丁振祺在其《翻译研究的途径和方法》一文中指出我国翻译研究发展迟缓的主要原因是翻译研究的方法和角度单一。该文对翻译研究以标准和技巧为主，且囿于词汇、句子和词性的圈子等问题提出了批评，同时明确提出社会的发展要求我们开发翻译研究的新领域，探索翻译研究的方法。

陈胜、黄忠廉发表了《翻译学确立之理据及其研究方法》一文。他们认为，有关翻译学理论的探讨，无论是研究方法还是研究成果，都还处在探索时代。仅有定性分析的手段，难以企及作为反映翻译过程内有规律的翻译学研究目的。他们提倡翻译学研究中采用定性与定量相结合的综合分析法。

进入21世纪之后，有关翻译学研究方法的讨论引起了更多的学术关注。学者们分别对《路线图——翻译研究方法入门》《翻译研究的综合方法》和《翻译史研究方法》三部国外翻译学研究方法论著作进行评介，另外以翻译研究方法为主题的期刊论文也已达到了前所未有的数量，分别论及语言学翻译研究方法、实证性翻译研究方法、描写翻译研究方法等方面。

《外语研究》年刊出了莫娜·贝克尔的一篇专门论述语言学翻译研究模式与方法的文章。该文回顾了从50年代到90年代语言学途径的发展历程，指出今日的翻译研究以多元化为主要特点，一是引起学者关注的课题多元，二是用来研究的视角与方法多元。翻译研究的语言学途径与非语言学途径之间已经不再像过去那样泾渭分明了。语言学途径仍然是翻译研究最富有成效的理论途径之一。

姜秋霞、杨平专门撰文论述了翻译研究实证方法的主要应用形态、内在逻辑、发展空间等相关问题，文章将翻译实证研究分为两大类型：描述性研究与实验研究。前者体现为归纳分析、个案研究和动态描述。文章指出了描述方法与实验方法在研究过程与方式、哲学基础等方面的不同之处，也指出了描述方法与理论方法的内在区别：实证性描述方法以客观现象为依据，对实际经验进行论证，客观性强；而理论研究以理论假设为前提、主观思辨为手段，客观性弱。在研究过程上，实证性描述通过对所选定范围研究对象的分析归纳出相应的规律；而理论性描述则在理论的指导下寻找相应的数据说明，理论性思辨或描述是对翻译问题或现象的反思、判断或辩护，所用资料的功能在于例证而不是检验某一结论，难以提供关于某一现象的普遍规律。实证性研究中的描述则是以对有关某一方面经验资料的系统考察为基础的。

范祥涛探讨了描述翻译学的描述对象和描述方式，指出描述翻译学的描述对象应包括翻译活动的全部选择过程及与其相关的各种因素：制约翻译的目的文化、翻译的目的、译本的细节、翻译批评、翻译的社会功能及目的语文化的变迁；描述的方式则包括共时的对比描述、以统计为基础的共时和历时描述、历时的对比描述、历时的译史描述、共时和历时的翻译批评描述等。

王鹏也对描述翻译学的研究方法进行了探讨，认为描述翻译研究有四个显著的特征：对方法论的重视、强调上下文在翻译中的重要性、以目标文本为取向及语料库特点。描述翻译研究主要是后瞻式研究，它以译文为出发点，建立原文和译文间某个特征的比较，而

WordSmith 软件是进行此种比较的有力工具之一。

　　翻译研究发展至今，研究途径逐步从单一走向了多元。翻译学界也对翻译学研究途径进行了总结和评述。谭载喜、奈达指出了翻译学研究的五种途径：文艺学途径、语言学途径、交际学途径、社会符号学途径和综合性途径。近年来，翻译学界不断探索新的翻译研究途径。例如，胡庚申从生态学途径研究翻译，于 2004 年提出"翻译适应选择论"，并于 2008 年提出"生态翻译学"概念；许建忠在 2009 年也从生态学视角提出"翻译生态学"概念，之后又结合地理学提出"翻译地理学"的概念。相信随着现代科技及其他学科的发展，翻译研究的途径还会不断得以拓展。我们认为，并非简单地套用人文社会科学其他学科的概念、术语、立场观点或理论表述，就意味着××途径的翻译研究（有些人喜欢用翻译学）或翻译研究的××途径是科学有效的，这一方面要看引进的××学科与翻译研究之间的内在关联是否合理密切，另一方面也要看引进运用的方法是否具有逻辑性和科学性。研究途径多元化并不意味着随意抓取其他学科的术语或概念，套用在翻译研究上。翻译研究模式随着时代的发展而历经变化，在个体研究模式保持本身稳定性的同时，整体研究模式逐步呈现多样化的特点。学者们由此先后提出了多种翻译研究模式的分类，如：吕俊提出了翻译研究的语文学模式、结构主义模式和解构主义模式；司显柱区分了翻译学的结构主义语言学模式与系统功能语言学模式；威廉姆斯和切斯特曼提出了翻译研究比较模式、过程模式和因果模式。

　　21 世纪以来，翻译学界对于翻译研究的"途径"发表了多种不同的意见。柯飞明确提出"语料库"是"翻译研究的新途径"；黄希玲、孙迎春对翻译研究的各种研究途径进行了追根溯源，重点剖析了西方与中国学者所倡导的综合法，指出翻译理论的创新需要借助综合性的研究方法，从社会学各相关学科乃至自然科学的研究方法中汲取营养；黄国文则对翻译研究的功能语言学途径进行了介绍，他通过举例说明，对翻译问题的学术探讨，可以采用不同的途径，文学研究和文学批评的路向与功能语言学的路向是不同的，既不能仅对两者做简单的比较，更不能用甲的标准来衡量乙的做法；李红满在评介米凯拉·沃尔夫（Michaela Wolf）与亚历山德拉·福卡雷（Alexandra Fukari）的《建构翻译社会学》时也对翻译研究的社会学途径进行了介绍，她指出，从社会学角度对各种翻译现象及其社会机制进行跨学科的综合性研究，可以为翻译学开拓新的研究领域，提供更为开阔的理论视野；刘军平则探讨了翻译研究的哲学途径，他认为作为一门新兴学科的翻译学必然需要哲学的理性思维和理论建构，通过利用语言哲学的成果，翻译学极大地拓展了其研究疆域；张美芳等对翻译研究语篇分析途径进行了回顾、总结和展望，另外张美芳还就后霍姆斯时期翻译学在所涉范畴及研究途径方面的发展进行了回顾与梳理，她指出对从相关学科引进的理论与方法或是新提出的理论也需要进行进一步验证，才能有助于翻译研究朝着健康的方向平衡地发展。

　　从学者们对翻译研究的"途径"探讨中，我们可以看到，翻译学界越来越认识到翻译的复杂性，因而也越来越重视翻译研究的跨学科、综合性研究。

（四）具体研究方法层次的翻译学方法论研究

翻译学研究方法论除研究哲学层面的方法外，更要研究和发展本学科具体研究方法。具体研究方法是一般研究方法论的进一步具体化，如翻译社会学研究具体采用的研究方法有：问卷调查法、访谈法、自然观察法、实验法和文献研究法等。一般来说，对于使用得比较广泛和发展得较为成熟的研究方法，不需要过多的论述，只需讨论其与翻译具体问题之间的关联及其解决翻译问题的可靠性，而那些属于学科独有的研究方法和具有学科创新性的研究方法才是翻译学方法论研究的重点。

文学翻译是翻译的重要组成部分，也是中外翻译学传统的研究对象。传统的文学翻译研究方法多为思辨性的理论探讨和个案性的描述，但这些研究方法有着主观性程度较大、客观性不足的缺点，因而进行文学翻译研究方法的创新性探索具有重要的意义。姜秋霞在其专著《文学翻译与社会文化的相互作用关系研究》中有专门章节讨论文学翻译的文化研究的具体科学方法，包括比较研究方法、理论思辨、理论描述、实证描述—调查法、实证描述—个案研究，其中比较研究方法又表现为：单项比较与综合比较、横向比较与纵向比较、求同比较与求异比较、定性比较与定量比较。姜秋霞指出，认识文学翻译文化学的多层面复杂性能有效认识方法论的多样性；反之，充分认识研究方法的多样性和多重性，才能够有效认识文学翻译文化系统的复杂性。

我国学者于20世纪80年代开始进行翻译心理研究，翻译心理研究的具体研究方法逐渐引起学者的关注。武景全认为可以以三种方式对翻译心理进行研究：一是利用各种现代心理学的理论成果和研究方法对现有的翻译作品、译者、译论、译评、译史等文献资料进行推理性研究，以探索某个历史时期、某个民族或某个译者的翻译心理轨迹；二是调查性研究，即设计一些内容广泛而合理的问卷式调查表，对译者、译论者和读者就翻译心理问题的各方面进行调查，并对调查结果进行统计学分析，既定量又定性，从中得出某些带规律性的结论；三是实验性研究，即通过各种实验对处于翻译过程中的译者进行生理心理学与高级神经生理学研究，以求得译者译前、译期及译后心理状态和变化的科学依据。刘绍龙通过对心理学研究方法体系的分析讨论构建了翻译心理学的方法论框架及其研究方法体系，他将翻译心理学研究及其方法分为三大类：定性研究及其方法、描述性研究及其方法和实验研究及其方法。颜林海指出PET和fMRI技术只能为翻译认知心理研究提供神经心理学的证据而非认知心理研究的全部，翻译认知心理研究方法还包括有声思维法、影像观察法、计算机日志监控记录法、鼠标屏幕录像法、追溯式观察法等具体研究方法。王柳琪发表了系列文章对翻译信息加工的神经网络模型、词语翻译心理模型和翻译信息转换模型进行了探讨。李德超指出了有声思维（TAPs）翻译研究在操作层面和方法论层面上存在的漏洞和不足。他认为，TAPs翻译研究在操作层面的不足主要表现在未能将TAPs数据分类，忽视受试者数量和外部干扰因素可能对实验结果产生的影响；方法论层面的漏洞则主要表现在我们至今尚不明白TAPs能否真正反映翻译过程或思维过程、会不会影响正在进行的思维过程，以及TAPs翻译实验中两种不同的翻译模式是否会互相干扰。此外，李德超还就在翻译教学中如何应用TAPs开展实践和研究进行了探讨。

基于语料库的翻译研究(Corpus-Based Translation Studies，简称 CBTS)已成为当今翻译学研究领域之一。国内部分学者对语料库翻译研究产生了浓厚兴趣，北京外国语大学中国外语研究中心已研制"汉英平行语料库"(Chinese English Parallel Corpus)、"汉日翻译语料库"(Chinese Japanese Translation Corpus)，还有不少其他院校和研究机构建设了各种小型的语料库以从事翻译研究和教学。于连江探讨了语料库应用于翻译教学研究的情况。张翼荟、罗选民对奥洛汗的《翻译研究语料库入门》进行了评介。刘敬国指出了人们对于语料库翻译研究方法的两种错误认识。第一，认为语料库翻译研究仅仅是借助现代化研究手段对翻译进行研究的一个方法或工具。而事实上，随着研究的发展，语料库翻译研究已经具有了独立的研究领域和存在价值。第二，认为语料库研究是基于语言系统的，因而是一种语言学的研究方法。其实语料库翻译研究并没有囿于语言学的范畴，而是将研究范围扩展到了社会文化因素。刘敬国还讨论了相比于其他研究方法，语料库翻译研究所具有的优势：将最初直觉的、有些模糊的普遍性概念发展成了清楚、详细、可操作的理论假设；将小规模、手工操作、局限于语言对和文本类型的研究发展成了大规模、系统性、可比性强、目标语导向的研究；将先前研究零散的、不太完整的发现结果发展为更有一贯性、更丰富的成果，既预测了趋势，也考虑到了例外；先前对普遍性的理论阐述主要基于语言传统，语料库研究开始考虑更多的因素，包括社会文化因素，如语言的相对地位、文学创作多元系统中某文学类型的地位等。此外，刘敬国还指出了语料库翻译研究的不足：①语料库翻译研究具有明显的实证主义和唯科学主义倾向，过分强调理论的客观性，容易压抑个人的主观创造性，容易使翻译研究进入一种无生气的僵滞局面；②翻译语料库依据的是大量存储在计算机上的数据，利用具体的事实进行抽象概括，因此本质上是一种"自下而上"的方法，这与格式塔心理学家证实的"翻译研究必须采用'自上而下'的方式"相悖。孙广范等对中英可比语料库中翻译等价对抽取方法进行了研究。周小玲、蒋坚松对语料库翻译研究方法进行了评析，他们认为，作为一种实证研究方法，语料库翻译研究方法被广泛运用于研究翻译普遍性、翻译规范、译者文体等方面，但目前该研究方法存在一定的局限：①分析工具的词语索引有时不能提供足够的语境，从而妨碍对整篇文本或语义现象进行分析；②平行语料库在设计时，针对一个原文文本通常只收录一个译文文本，这样就会遮盖翻译现象的一个重要方面，即同一原文的不同译文之间的差异；③语料库可能会忽视文本的宏观结构特征；④对文本的研究可能会不够充分。

综上所述，我国翻译学界对于研究方法的研究与我国翻译学的学科建设情况基本一致。学界从哲学层面对于翻译学的学科性质和研究对象进行了较多的思考，为翻译学学科地位的确立奠定了理论基础，也在不同的哲学思想指导下确立了翻译学的一般研究途径和分析框架。在具体研究方法方面，学者们借鉴其他学科的发展进行了一些"嫁接性"尝试，但总体而言，研究视域比较单一，多以对国外最新研究方法的评介居多，开创性地研究较少；用新的译例去"验证"国外研究的理论与方法"正确性"的多，接着说或反着说，即证伪、修正、批评、推进的少。现有的研究成果显示，翻译学的哲学方法论、一般方法论和具体研究方法论之间互相渗透、互相影响，很少有单一层面的方法研究。在进行一般研究方法讨论的时候往往既涉及哲学观，也涉及具体研究方法，在进行具体研究方法探讨的时候，也总离不开哲学世界观的指导。

在学界前辈的呼吁下，翻译学博硕点对于研究方法论的教学予以了更多的重视，如四川大学翻译学博士生导师朱徽曾专门撰文讨论翻译学博士生应掌握的研究方法，因而青年研究者对于方法论的重视程度已进一步加强，"方法论"甚至已经成为翻译学研究的一个热点词汇。虽然我们已经取得了一定的成绩，但相较于其他成熟的学科而言，有关翻译学研究方法论的研究还处于初始阶段，目前国内还缺乏严格意义上系统研究翻译学方法论的著作。既然方法论本身就是多层面的结构，因而关于翻译学方法论的研究很难是面面俱到的，只能是逐个层面进行探讨，逐步建立起一个体系。

第三节 翻译学方法论的体系建构

学科方法论的建构是指该学科研究者根据学科目标和学科实践的特点进行方法创新，按照各种具体方法的内在逻辑结构及其对应的问题种类，将其理论化和系统化的过程。学科在不同的发展阶段，其方法论的体系建构会呈现不同的特点，一般来说，学科越成熟，其方法论的体系性和稳定性程度也就越高，新生的学科则更需要注重对其方法论的总结、研究和评价。

近年来，翻译学在学科制度体系、理论基础方面已经取得了显著的进展，但在本学科方法论建构方面所积累的成果还远没有法学、历史学、社会学等其他传统学科那样丰富。此种情况无疑会妨碍人们对于翻译学的学科身份及其社会功能作出合理的评价与认同，会影响翻译学研究质量的可靠性及不同学科读者对翻译学研究成果的接收性，会影响翻译学的学科建设。

一、翻译学方法论的特点

（一）翻译学方法论与其他学科方法论的共性

学科的存在是以其研究对象为基础的，翻译学的研究对象具有复杂性和发展性，这从根本上决定了翻译学这门学科在方法论上具有诸多综合性学科的多元性、开放性和动态性等共性特点。

首先，翻译学方法论是由多元成分构成的，其中既有自然科学的研究方法，也有社会科学的研究方法，还有人文科学的研究方法。人类的翻译活动已经发生，并还在继续发生着诸多的变化，致使各种翻译现象产生的原因复杂，翻译由一种"书斋式"的个人活动演变为"生产线式"的集约生产活动，其社会功能日益凸显，翻译学研究的范围还在逐步扩大，从翻译的原则、标准、方法和技巧到翻译的过程和译者心理，从翻译的客体到译者主体和主体间性，从翻译文本内语言结构到文本外文化及社会因素，从文学翻译到科技翻译，从翻译教学到翻译批评，从译作受众到翻译工具，从单一的翻译服务到综合性的语言服务，等等，翻译学研究领域内的现实和理论问题复杂多样，解决这些问题需要多种方式并举，不同研究主体秉持的价值标准不同，所衍生出的研究模式和研究方法也各不相同，翻译学这种多途径、多向度研究的需要也就决定了其研究方法的多样性。

其次，翻译学方法论的建设是一个动态的过程。一门学科的方法论不会自然而然形成，也非固定不变，历史上任何学科的方法论都必然经历一个从无到有、从局部到整体、从零散到系统的发展过程。从某种意义上而言，学科理论发展史也就是学科方法论的发展史，而学科方法论的发展必然带来学科理论的进步。学科建设的重大发展无一不伴随着研究方法论的发展，方法论的创新总是推动着研究内容的变化，以及对研究对象认识的深化。在传统的研究中，研究方法以直觉主义古典美学方法为主，强调研究主体的经验和感悟，研究内容主要集中于翻译方法、翻译风格、可译性、翻译标准等问题上，人们对研究对象——翻译——的认识更多的是其艺术创造性。随着结构主义语言学研究方法的引入，翻译研究的内容开始由翻译主体转向翻译客体——翻译文本，寻求对翻译中语言转换的等值，人们更多地了解到翻译的规则性和科学性。方法论的进步一方面推动着翻译学研究不断深入，另一方面以因其自身的创新彰显了学科的发展。

最后，翻译学方法论体系是一个开放的系统。作为新生的学科，翻译学需向各相关学科吸取营养和借鉴方法，正如迪尔凯姆所说："当一门学科正在产生的时候，要想取得进步，必须借鉴所有现成的科学，将这些学科中宝贵的经验弃之不用，显然是很不明智的。"各种学科方法论的发展过程中也都有一个普遍现象：吸收和移植其他学科的研究方法。翻译学涉及诸多学科，如语言学、文学、符号学、传播学、心理学、美学、历史学、社会学、人类学等，这些相关学科的研究方法自然构成了翻译学研究方法的组成部分。在翻译学研究实践中，一旦证明某种方法适用于翻译学研究，它就可以也应当是翻译学研究的一种方法，成为翻译学研究方法体系中的有机组成部分。根据其他学科的发展规律，我们可以推测，当翻译学的研究方法渐趋成熟，它不仅对翻译学学科建设本身具有较强的推动作用，同时也有可能对与翻译学相关的其他学科产生一定的影响，其他学科在方法论方面的进步也不断对翻译学的学科建设发挥影响作用，这是一个交互影响的过程。

（二）翻译学方法论的独特性

翻译学方法论是以翻译方法和翻译学研究方法为研究对象，并将研究结果和研究内容进行科学组织而形成的认知体系。翻译方法与翻译学研究方法往往被混为一谈，尤其在翻译教学中，较少有教师向学生清晰地解释两者的区别，本科阶段的翻译教学必然是以翻译方法为起点，而研究生阶段的翻译教学需要增加翻译学研究方法的内容。

"翻译方法"是翻译者思考、分析和解决翻译问题的方式、技术和手段的统称。在很多情况下，"翻译方法"经常换称为"翻译技巧"，主要是人们在翻译实践中总结出来的。翻译方法很多，可以按照翻译方向来划分为英汉翻译方法、汉日翻译方法等；还可以按照翻译文本的语言结构层次来划分为词的翻译方法、句子的翻译方法和篇章的翻译方法；或者按照翻译的题材来分为科技文体翻译方法、文学翻译方法和法律文体翻译方法。词的翻译方法又可分为直译法、意译法、音译法、音译意译结合法、直译加注法；句子的翻译方法也可分为拆句译法、合句译法、结构调整法等。翻译方法的形成，主要来自人们对翻译经验的思考和总结，把丰富的观察和零星的感悟进行归纳，上升到语言学（或文学等其他相关学科）层面进行梳理，从词语、语法、句子结构和篇章文体等层面做出规定，即遇到什么样的情况可以用什么样的方法去应对。翻译方法论体系是基于翻译实践而建构的，也是翻译学区别于其他学科所特有的方法论体系。

翻译学研究方法是人们对翻译和翻译现象进行研究时的思维方式、分析角度，以及解决问题的工具、手段和途径。翻译学研究方法应用领域侧重于翻译学的理论探索，是对翻译规律和翻译现象的描述和理解，为翻译学理论提供价值判断和理论预设。从翻译学研究的基本方法来看，如定性研究（qualitative study）与定量研究（quantitative study）、宏观研究（macroscopic study）与微观研究（microscopic study）、概念性研究（conceptual study）与实证性研究（empirical study）等并不具有学科独特性，然而这不能成为否认翻译学学科身份的理由。虽然说翻译学借鉴和移植了许多其他学科的研究方法，但这并不意味着翻译学研究方法不存在。我们知道，物理学的研究方法有数学方法、计算机方法、实验方法和模型方法等，而上述的研究方法也并非物理学所独有，但这些方法所应用的对象为物理学所独有，且这些方法所构成的体系只适用于物理学研究。与此同理，翻译学研究方法论的独特性在于翻译学研究方法所应用的研究对象之特殊性，也在于这些方法所构成的体系之独特性。例如，定性研究和定量研究，几乎所有的人文社会科学研究都会用到这两种基本的研究方法，但并不因此而抹煞本科学特有的学科属性。这就跟钳子用于骨伤外科、牙医、钳工等不同的行业，可以发挥不同的作用是一个道理。同一种工具/研究方法在不同的学科里，其使用方法和作用也不一定完全相同。

翻译学研究从其他学科移植来的研究方法也可以逐渐发展成为自己特有的研究方法。例如，语料库是语言学研究开发出的新的研究手段，翻译学研究借鉴了语料库语言学的基本方法，包括语料的整理、标注、检索、统计等，将之用以探究两种语言及其转换的过程、特征和规律，逐渐发展出具有翻译学特色的语料库研究方法。首先是开发出有别于语言学研究的语料库。语料库语言学一般依据单语语料库，语料库翻译学依据的是双语语料库，主要有翻译语料库、对应语料库和类比语料库。其次是用于翻译学研究的语料库需要进行更为复杂的标注，如：翻译语料库需要对翻译、译者等要素加以详细标注；对应语料库需要对两种语料进行句子或某种层级上的对齐处理；类比语料库需要对文体、主题、作者、译者等要素加以标注[①]。

二、翻译学方法论的体系

（一）翻译学方法论的体系结构

建构翻译学方法论体系的途径主要有历时观照、学科互鉴和中外比较。马克思、恩格

---

① 王克非（2006）对语料库翻译学和语料库语言学的区别进行了归纳和总结。

斯曾说过:"一切划时代的体系的真正内容都是由于产生这些体系的那个时期需要而形成起来的。"因而翻译学方法论的体系建构需要考察体系内容的历时变化及其历史条件,通过研究翻译学方法论在不同历史时期的发展,特别是哲学思潮发生重大变化时对翻译学方法论所产生的影响,以及翻译学方法论的时代特色和未来发展趋势,从而以古鉴今、古为今用。学科互鉴就是将翻译学的方法论体系与其他学科(如语言学、文学、心理学、社会学、历史学、文化研究等)的方法论体系进行比较,研究它们之间的联系与区别,以探求翻译学方法论的学科特色,同时研讨翻译学从其他学科移植、转换和借鉴研究方法的问题。进行跨学科的方法论体系比较研究可以明确学科自身的特点,更好地实现其他学科研究方法论的本学科化,从而做到本学科研究方法论的创新和发展。中外比较是通过对本国与外国翻译学研究方法论体系的对比,深入地了解翻译学发展的规律,为认识和解决本国翻译学面临的问题提供参考。毫无疑问,我国翻译学研究与西方翻译学研究的发展状况存在差异,但毋庸讳言,我国目前翻译学研究在一定程度上或在某些领域某些方面落后于西方。通过中外比较,借鉴他国翻译研究方法论,做到洋为中用,扩大研究视野,促进我国的翻译学研究发展。

作为学科,翻译学的存在呈现出知识与活动两种基本形态。如果只有活动的实践而没有知识的建构,翻译不可能成为一门学问;而如果翻译学知识的建构脱离了翻译活动,翻译学则成了无本之木、无源之水。翻译学既包括针对理论的研究,也包括针对实践的研究,这两方面的研究既互相独立又密切联系,其目的都是进一步认识翻译的本质,促进翻译质量与工作效率的提高和翻译事业的发展。因而,翻译学方法论研究可分为针对翻译实践方法的探讨和针对翻译理论研究方法的研究,这两方面的研究都不可或缺,也不能互为替代。但实际上,学界对此认识尚有不足,将实践方法论与研究方法论混为一谈的情况并不鲜见,如华东师范大学出版社 2008 年出版的《翻译基础》在讨论翻译学方法论时这样表述:"翻译学中的方法论是翻译学中最重要的应用理论研究,其基本任务是探索双语转换的各种具体手段,阐明这些手段的基本作用和理据。"很明显,该书作者忽略了研究方法论。任何一门学科,如果只有经验总结和实践研究而缺失理论建构,恐怕其学科性质也会受到质疑。另外,区分两者的差别并不意味着两者的研究价值有高下之分,区分的目的是让研究者和学习者"各司其职",明确自己的研究对象。

翻译方法虽然在翻译学的学科建设中占有必不可少的一席之地,其作用却不能以偏概全,不能代替翻译研究的方法,而是两者各司其职。翻译方法主要面向翻译操作层面,以形而下的归纳总结为主;翻译研究方法则主要面向学理探索层面,以形而上的理论思辨为主。两者相辅相成,缺一不可。

由此,我们提出,翻译学方法论的完整体系应包括两个大的组成部分:翻译方法论和翻译学研究方法论(表 4-6)。

表 4-6　翻译学方法论构成

翻译学方法论	翻译学实践方法论（广义上的翻译方法论）	翻译（笔译、口译）方法论
		翻译批评方法论
		翻译教学方法论
		翻译管理方法论
	翻译学认识方法论（翻译学研究方法论或广义上的翻译研究方法论）	翻译研究方法论
		翻译批评研究方法论
		翻译教学研究方法论
		翻译管理研究方法论

（二）翻译方法论体系

黄忠廉对翻译方法论的体系结构进行了专门的探讨，他认为翻译方法论包括全译方法论和变译方法论。其中，全译方法包括对译、增译、减译、转译、换译、分译、合译 7 种；变译方法包括摘译、编译、译述、缩译、综述、述评、译评、译写、改译、阐译、参译、仿作 12 种。

黄忠廉对翻译方法论的划分涉及翻译方法的种类，而不涉及翻译方法的结构层次。尽管笔者对"全译"和"变译"这两个基本概念的命名与划分标准持保留看法①，但不影响引用上述体系说明问题。笔者认为，根据前述对方法论层次的认识，可将翻译方法论分为三个层次。

第一个层次是翻译观，即对翻译的过程（步骤）、技巧（技术）、方法、方式（模式）、环节（层次）、原理（原则）、价值、本质、心理、道德等一系列问题的一般性的总的看法，如：可译性/不可译性；翻译是科学/翻译是艺术；翻译是复制/翻译是创作；翻译即阐释/翻译是改写；译者是入侵者/译者是奴仆；原文—译文是主从关系/原文—译文是共生关系；等等。武景全对这一层次的问题进行了讨论，他认为翻译方法论中翻译观主要包括历史唯物主义观、辩证的对立统一观、翻译主体观、读者对象观、文体对应观、文本整体观、民族文化观、基本单位观、译文语言规范化观和约定俗成观，译者只有树立并坚持这些基本观念才能正确对待和使用各种翻译方法，翻译出好的译品，客观而科学地评价各种译品。

第二个层次是翻译策略，即从跨语言交际的角度思考、分析和解决翻译问题的原则和思维方式，如：中国古代翻译史上的"文"与"质"；豪斯（House，1977）提出的"显性翻译"（overt translation）与"隐性翻译"（covert translation）；格特（Gutt，1991）的"直接翻译"

---

① 笔者认为，根据黄忠廉的解释，"全译"是根据译者对翻译对象的处理量而划分的（且只能依此划分，因为如果根据翻译的结果划分的话，一来无法与其他"变译"的划分标准相统一，二来也无法衡量）；而"变译"的划分标准却变成了翻译结果是否完整地呈现出原文的结果。如何用两种不同的划分标准去进行统一的划分？如果使用"变通翻译"（最好不要简称变译）或"翻译变体"，大概不会引起误解。具体的辨析请参阅穆雷、傅琳凌（2018）。

(direct translation)与"间接翻译"(indirect translation);纽马克(Newmark,1981,1988)的"语义翻译"(semantic translation)与"交际翻译"(communicative translation);韦努蒂(Venuti,1995)的"异化翻译"(foreignizing translation)与"归化翻译"(domesticating translation);等等。这些都是基于对翻译活动的思想认识,希望达到某种跨语言交际目的而采用的一般性翻译方法。21世纪初,我国翻译学界关于翻译异化/归化的讨论即是在一定的民族文化观指导下关于如何处理翻译中文化冲突问题的基本原则的讨论。"顺应""硬译"等都是有关翻译原文内容处理和译文整体语言风格的指导性原则。

第三个层次是具体的翻译方法,如翻译中的音译、音义结合译法、结构调整、拆句/合句翻译、增词/减词翻译等,它们是一般翻译方法的具体操作方式。各类翻译教材对这一层次的讨论可谓十分充分。例如,张培基的《英汉翻译教程》中主要讲述的就是常用的翻译方法,包括:词义的选择、引申和褒贬;词类转译法;增词法;重复法;省略法;正反、反正表达法;分句、合句法;被动语态的译法;名词从句的译法;定语从句的译法;状语从句的译法;长句的译法;习语、拟声词、外来词语等特别语词的译法;等等。

(三)翻译学研究方法论的体系结构

翻译学研究方法论体系是由众多的研究方法按照特定的方式和顺序组合而成的具有整体功能的系统。和其他学科的方法论体系一样,它并非自然存在的,而需要研究者有意识地去悉心建构。方法论体系的建构是翻译学的一项基础性工作,也是翻译学作为一门学科的方法论研究的重要内容。

翻译学研究涉及诸多不同的方法,这些研究方法都有着各自的背景、功能、优劣和适用范围。了解各种研究方法的性质,厘清它们之间的关系,可以更好地发挥这些方法的系统功能,为翻译研究提供规律性的思维工具和技术手段。不过,由于人们认识翻译研究问题的角度不同,翻译研究对象又复杂多样,加之翻译研究方法本身处于一个不断相互影响、相互结合、相互转化的发展过程中,因而目前翻译学界对于翻译研究方法的分类很难有一个统一的认识。

姜秋霞曾对文学翻译的文化研究方法进行了体系建构,她将该体系分为三个层面:哲学方法论层面、一般科学方法论层面和具体科学方法论层面。虽然该体系名为"文学翻译的文化研究方法体系",但她在对该方法体系进行解释时明确指出:①哲学方法论是翻译学方法论的抽象层面,对一般科学方法和具体科学方法具有指导作用,并有助于各层次方法论特点的形成;②一般科学方法是各门具体学科研究中带有一定普遍意义的方法,是各门具体科学通用的,介于抽象的哲学思维方法和各种具体科学方法技术之间,是现代科学共同适用的方法;③具体科学方法是研究某一具体学科,涉及某一具体领域的方法,主要体现为"数据收集方法"和"数据分析方法"。

翻译学研究方法论并不是各种翻译学理论的机械集合,而是学科研究者的主观心理与研究客体的某种特点相结合的产物。人们可以从各种视角、依据不同的标准来划分翻译学研究方法论的内在组成要素。我们认为,和众多其他学科一样,翻译学研究方法论由哲学方法、一般研究方法和具体研究方法三个层次构成,这样的划分能比较准确地体现翻译学研究方法论的体系层次性和综合性特点。

　　哲学层次的问题就是翻译学研究的最根本的问题，涉及研究者的世界观和研究者关于研究客体和研究对象的最基本的认识，也就是关于翻译学的本体论、认识论和价值论等哲学性问题的认识。一方面，哲学是指导一切科学的最普遍的方法论，毫无例外，哲学也为翻译学研究提供最根本的指导原则；另一方面，翻译学的学科身份才刚刚得以确立，作为一门新兴的综合性学科，其理论边界和研究范围尚未十分明确，一些最基本的理论概念和范畴的厘定需要以一定的哲学方法论为基础。难怪国际上有些大学要求博士论文在方法论讨论的章节，不仅要论述使用的具体方法，也要追溯这些方法的哲学理据，因为只有明确的哲学理据，才能有效地展示选择具体方法的理由，由此说明研究者选择某些研究方法，既有哲学理据的支撑，也有解决问题的针对性。

　　就翻译学学科而言，翻译学研究方法论的独特性往往并不体现在研究者的世界观，而更多地体现在研究者对于翻译学的本质和翻译学的学科属性等问题的认识上。有学者认为"翻译学是科学"[①]，有学者则否认"翻译学是科学"[②]；黄振定于1998年认为"翻译学是艺术论与科学论的统一"，韩彩英在2003年对于"翻译学是艺术论与科学论的统一"的观点提出明确的批评。否认"翻译学是科学"的学者实际上是以人文主义的哲学视角看待翻译研究的，而主张"翻译学是科学"的学者则更多是以科学主义的视角来观照翻译研究。研究者对于翻译学性质的认知会从根本上影响研究者对于研究方法的选取，显而易见，持人文主义观的翻译研究者采取的研究方法与持科学主义观的翻译研究者采取的研究方法必定大相径庭。将翻译学定位于语言科学的学者往往采用语言学的研究方法来研究翻译，许钧和穆雷将翻译学定位于一门交叉性、综合性的边缘学科会认同各学科综合性的研究方法在翻译研究中的应用。

　　第二层次是一般研究方法，姜秋霞和李慧红在讨论该层次的研究方法构成时，主要论及作为横断科学方法的信息论、控制论、系统论、耗散结构论、突变论、博弈论等"新三论"和"老三论"。这种观点值得商榷，原因是：首先，就目前情况而言，上述横断科学方法在翻译学研究中的应用并不广泛，更谈不上深入；其次，翻译学的研究方法有不同的来源，这种划分只看到了翻译学研究方法来源中的一个。翻译学的一般研究方法不仅包括横断学科方法，还包括借鉴自然科学、社会科学和人文学科的研究方法和翻译学专门研究方法，后者才是目前翻译学所采用的主体研究方法。

　　我们认为，翻译学一般研究方法层次属于学科本体方法，它的独特性除了反映在翻译学具体的研究分支领域（如翻译理论、翻译史、翻译教学、翻译批评、口译等）、研究性质

---

　　① 谭载喜是认为"翻译学是科学"的代表性人物之一，他（2000）认为："翻译学是研究翻译的科学，是一门介于语言学、文艺学、社会学、心理学、信息论、计算机科学等学科之间的综合性科学，或称'多边交叉性科学'。""翻译学是科学"与"翻译是科学"是两个完全不同的概念。翻译学作为一门学科，应该有其科学性；而"翻译"在汉语里有多重含义，包括"翻译过程""翻译结果"和"从事翻译工作的人"，这三个含义哪一个都不能说是"科学"。

　　② 20世纪与21世纪之交，中国翻译界发起了一场关于"翻译学是否是科学"的大讨论，以劳陇（1996）、张经浩（1999）、李田心（2000）为代表的学者否认翻译学作为一门学科的存在。

(定性研究、定量研究)、研究目的(规定性研究、描写性研究、解释性研究)、研究逻辑(归纳研究、演绎研究)、研究视野(微观研究、宏观研究)、研究的时间视角(历时研究、共时研究)、研究用途(基础/理论研究、应用研究、行动研究)等,还体现在研究对象、研究途径和研究模式等方面(表4-7)。研究对象、研究途径与研究模式三者的有机结合才能形成对翻译和翻译现象独特的科学认识,才能保证翻译学独立的学科价值。

表 4-7 翻译学研究方法的来源结构

翻译学研究方法	跨学科方法	自然科学方法	数学方法、计算机科学方法、生态学方法……
		社会科学方法	经济学方法、心理学方法、社会学方法、法学方法……
		人文学科方法	语言学方法、文学方法、史学方法、哲学方法、伦理学方法、管理学方法、传播学方法……
	横断学科方法		控制论、信息论、系统论(新三论)耗散结构论、协同论、突变论(老三论)
	翻译学专门研究方法		

研究对象指研究观察或思考的客体,也指研究行动的目标。毛泽东在其著作《矛盾论》中说:"科学研究的区分,就是根据科学对象所具有的特殊的矛盾性。因此,对于某一现象的领域所特有的某一种矛盾的研究,就构成某一门学科的对象。"任何离开或回避对翻译活动对象主体的本体论认识,而谈论对翻译活动——翻译行为和翻译过程——以至翻译活动结果进行研究的认识论和方法论,显然只能是空谈,不可能谈出什么有价值的理论结论,更不可能得出符合辩证法的科学结论。

研究方法必须适用于研究对象,研究对象在很大程度上规定和制约着研究方法的性质和特点。翻译学的研究对象是复杂的,是多层次、多元化和动态的,同时又具有系统性和整体性。我们不仅需要对个别翻译问题进行深入细致的微观分析,而且更需要对所有翻译现象进行整体的、系统的、动态的宏观综合,归纳总结出各种翻译活动规律及影响翻译的各因素之间的相互关系和相互作用。

第三层次是具体研究方法,属于学科技术方法,包括研究资料的获取、研究数据的收集与整理的方法和程序,也包括研究资料和研究数据的描述、分析和解释等。前者有文献法、比较法、观察法、调查法、实验法、访谈法、其他技术(包括计算机技术);后者有统计法、关系分析法、因素分析法、数理分析法、科学抽象法、历史法、分类法、归纳法、演绎法、综合法等。在学位论文阐述的一些方法中,还需要讨论获得数据的方法和数据分析的方法等更加具体的细节。上述三个层次,以及具体研究方法中选择样本、获取数据和分析数据等细节,往往被研究初学者混为一谈,放在一起讨论,显得陈述逻辑混乱,其原因大概就是对这些方法的分层分类并不清楚。

翻译学研究的这些具体方法都是与其他学科所共有的,但是,由于研究对象的特点及由学科本体方法论所规定的认识特点的影响,这些方法的具体运用总会显示其特殊性。例如,实验法是自然科学和社会科学各门学科所广泛采用的方法,杨榕采用实验法对科技与文学语篇英译汉翻译单位进行了实证研究，该研究数据获取运用的是 TAPs[①]、问卷采访和文本对比分析相结合的三元数据分析模式，无论是 TAPs，还是问卷采访，或是文本对比分析，都并非翻译学科所独有，但该实验的设计部分对翻译方向进行了选择，问卷、数据统计和数据分析等部分也紧密围绕"翻译单位"进行，从而使得这些方法充分体现出翻译研究的特殊性。

上述三个层次的研究方法构成了翻译学研究较为完整的方法论体系。研究者在哲学方法的指导下确定研究的性质，重视横断学科研究方法和从其他学科借鉴而来的研究方法的综合运用，发展翻译学专门研究方法，从各种角度和途径对翻译各分支领域的具体课题进行研究，运用文献法了解课题的历史研究进展，运用分析与综合法界定相关概念，运用观察法、调查法、实验法等搜集相关的数据信息，形成感性认识，并以此为基础，运用比较法、分类法、类比法、归纳法和演绎法等寻找翻译活动的规律，进行下一个过程和下一个层次的逻辑思维分析，透过各种翻译现象深刻认识翻译学研究对象的本质。

翻译学研究方法与翻译方法并非互不相干，而是构成循环互动的有机整体。研究者通过采用各种研究方法，以方法适用对象为标准，分层次、分阶段开展研究，达到对翻译与翻译现象本质及对翻译活动规律的认识，然后加以内化、吸收并转换为相应的翻译技巧和技能，指导译者开展翻译实践，同时在实践中又可以总结和抽象出经验和技巧，并使之依次上升成为相应的研究层次和过程，从而去充实和完善翻译学研究方法体系，使之更具动态性、开放性和整体功能性。在此基础之上，又开始新一轮的翻译和翻译研究实践，如此循环往复，翻译研究实践和翻译实践互动不停，翻译学方法论体系各部分和各层次也互动不停。

---

① TAPs 即有声思维法，该方法原是心理学测试中的"自述"实验法之一，后来被广泛应用于语言学研究、文学阅读研究和翻译过程研究。以 TAPs 开展翻译研究进行介绍和探索的有：蔡寒松(2000)；姜秋霞，杨平(2005)；李德超(2005)；苗菊(2005)；宋志平，程力(2006)；文军，孙三军(2006)；郑寒冰，谭慧敏(2007)等。

第五章 认知翻译学

随着 21 世纪认知语言学渐成主流，国外翻译界和认知语言学界迅速做出反应，"向世界贡献出了原本没有的东西"——认知翻译学研究，这既为翻译理论大家族增添了新成员，也为认知语言学提供了新的发展思路。

第一节 理解认知翻译学

翻译界曾借助语言学建构了很多理论，随着 21 世纪认知语言学逐步成为主流学派，并对该学科产生了重大影响，形成了一门新的边缘学科——认知翻译学。卢卫中和王福祥指出发轫于西方的认知翻译学研究是在"翻译心理学（或认知心理学）和基于认知语言学的认知翻译研究等跨学科理论的基础上逐步建立起来的"。Martin 基于近年来的这类研究，正式提出了建构认知翻译学的设想，主张在该学科中尽快建立理论与实证紧密结合的方法，将人文主义与科学主义两大思潮嫁接起来，尝试在后现代理论框架中创建具有"科学——人文性"的认知翻译学，将传统的定性＋定量研究取向推向一个新阶段。但她认为当前该学科尚处于起步阶段，极不成熟，属于前范式（pre-paradigm）阶段。

这缕西风东渐至中国，为我国翻译研究提供了新的视角，注入了新的活力。翻译界认为翻译首先是一种认知活动，据此可弥补将其仅视为语言转换这一传统观点的缺陷。认知语言学认为语言具有体认性，其所倡导的统一分析语言的十数种认知方式（互动体验、范畴化与概念化、原型理论、认知模型、事件域认知模型、概念整合、隐喻与转喻、参照点、突显、相似性、识解、基于用法的模型等）同样适用于翻译理论研究。据此，认知翻译学可权且定义为：将这十数种认知方式统一运用于译论建构，强调翻译是一种以体认为基础的、特殊的、多重互动的认知活动，译者在透彻理解译出语（包括古汉语）语篇所表达的有关现实世界和认知世界中各类意义的基础上，将其映射进译入语，再用创造性模仿机制将其转述出来。从理论上讲，"体"侧重于模仿，可用来纠正激进派译论（爱怎么翻译就怎么翻译），"认"用来解释翻译的主观性和创造性，这或许能为翻译研究提供坚实的理论基础和全新的研究策略。

一、认知翻译学的定义

西班牙翻译家 Martin 虽提出了认知翻译学（Cognitive Translatology）这一学科名称，但她认为当前该学科尚处于起步阶段，极不成熟，属于前范式（pre-paradigm）阶段。王寅教授受其启发，尝试在其论述（2005，2008）的基础上，再次运用体验哲学和认知语言学的基本观点论述认知翻译研究的具体原则和方法。

王寅将认知翻译学描写为如何在译入语中识解原作者在原作品中的原意图，且运用认知语言学所提出的用以解释语言表达主观性的识解机制（包括五个要素：详略度、辖域、背景、视角、突显），从认知角度来简析翻译中的常见方法，以期能为翻译过程研究提供一个更为具体的新思路，为认知翻译学进一步深入研究奠定坚实的理论基础。

二、认知翻译学的本质

王寅认为，经验论、唯理论和解释派哲学分别聚焦于交际的三个环节：作者、文本、读者。同时，还产生了与之相对应的翻译观。这些理论过于偏重某一环节，似有以偏概全之不足。Lakoff&Johnson所倡导的体验哲学正好可以弥补这些理论的不足，而且也能对翻译做出较为全面的解释。他们根据体验哲学和认知语言学的基本观点，拟构了翻译的认知语言学模式：翻译是以对现实世界体验为背景的认知主体所参与的多重互动为认知基础的，译者在透彻理解源语言语篇所表达出的各类意义的基础上，尽量将其在目标语中映射转述出来，在译文中着力勾画出原作者所欲描写的现实世界和认知世界，并兼顾作者、文本、读者三个要素，倡导和谐翻译。

此模式特征如下：①翻译具有体验性；②翻译具有互动性；③翻译具有一定的创造性；④翻译具有语篇性；⑤翻译具有和谐性；⑥翻译具有"两个世界"。

体验性是人类认知活动的根本特性，对客观世界的体验认知是语言产生的前提，这是体验哲学和认知语言学的根本观点。

语言事实及心理实验都证明存在三个并行的世界：物理世界、心理世界和语言世界。人对客观世界体验认知的结果是人形成了自己的认知世界和语言世界。

语言的形成是以体验认知为基础的，操不同语言的民族对客观世界的体验使得不同语言间的互译成为可能，而其认知方式的差异也使得这种互译存在着困难。翻译涉及译者对现实世界的体验性认知和以这种体验认知为基础而进行的复杂的语言世界和多重认知世界的分析及整合运作。因此，翻译研究离不开对翻译中涉及的客观世界（物质世界）、认知世界（心理世界）和语言世界的宏观和微观分析。

2009年，中国认知翻译学领域的首部专著《跨越语言的识解——翻译的认知语言学探索》诞生了。该书作者谭业升从认知语言学视角对翻译现象进行了系统研究，他吸收了关联翻译理论和翻译图式研究的成果，结合认知语言学的基本理论假设，创建了翻译中意义建构的认知模式。该书以识解作为文本对比分析的终极概念，刻画了具体翻译过程中涉及的多样化认知运作，并对若干翻译案例在系统描述的基础上结合三个认知原则进行了解释，架构了翻译认知文体分析的框架。

第二节 认知翻译学理论取向

一、认知翻译学与语用学理论

(一) 关联理论

林克难最早引进 Gutt 的关联翻译理论。他介绍了关联翻译理论的一些主要观点。他认为关联翻译理论的立论基础是：翻译是一个推理过程。翻译的研究对象是人的大脑机制。其基本论点是最佳关联性：处理努力/语境效果。最佳关联性是译者力求达到的目标，也是翻译研究的原则标准。译者的责任是努力做到使原文作者的意图与读者的期待相吻合。之后，赵彦春认为关联理论是一个强有力的理论，它的使命虽然不是解释翻译，却能有效地解释翻译这一"宇宙历史上最为复杂的现象"，它给翻译提供了一个统一的理论框架，奠定了翻译本体论和方法论的理论基础。赵彦春阐述了关联理论与翻译的关系，讨论了关联理论与其他翻译理论的本质区别：在关联理论的框架内，翻译是一个对源语（语内或语外）进行阐释的明示—推理过程，译者要根据交际者的意图和受体的期待进行取舍，译文的质量取决于相关因素间的趋同度。赵彦春以关联理论为工具，证伪了翻译理论界的两个"超级酵母"：不可译性和对等原则。由此佐证了关联理论的合理性和解释力。该文章初步建构了能解释翻译现象，并能指导翻译实践的理论模式，同时对关联翻译现存的局限性进行了简要评论。

赵彦春认为，交际本身不是完美的，人类的一切解读都不是完美的，自然也不能要求翻译完美。该文章还指出，若以对等作为翻译的指导原则，就无法翻译一些特定语境的句子，也就无法评价相对应的译品，更无法去解释这种翻译现象。而在关联理论下不需要对等原则。因为，翻译是交际的下位概念，交际中话语的输出和理解不可能对等，翻译中跨语言的二次输出和理解更不可能对等。

王斌指出，关联理论作为语言交际理论，尤其是单元文化的语言交际理论，揭示了人类语言交际的某些本质，其理论基础是相同的文化认知心理因式，对最佳关联赖以存在的缺省模式之文化缺省模式是如何传递到另一个文化认知心理图式中去的，关联理论无法做出令人满意的解释。若文化缺省如何传递得不到解决，则对跨文化的翻译交际也难以做出全面的解释。关联理论能够解释的翻译现象至多包括同化翻译、可译性与重译，而这些绝非翻译的全部。同样，孟志刚和陈晦、钟勇依据关联理论认为，等值翻译只能是相对的、近似的，不等值才是绝对的；译文的质量取决于相关因素间的趋同度。

另外，芮敏总结道：关联理论认为，对话语的理解应依靠语境来寻求信息的关联，然后再根据话语与语境的关联情况进行推理，求得语境效果。通常情况下，关联性强，推理所付出的努力就小，语境效果就好；关联性弱，推理所付出的努力就大，语境效果就差。按照这一理论，口译人员提高话语理解的速度和质量的策略在于尽量建立或寻找与话语信息密切关联的语境假设。王建国首先对关联理论语境观和系统功能语境观进行了简要介绍和对比，然后从与翻译研究相关的两个角度，即译文连贯和翻译单位，进行了对比研究，认为这两种语境观应用到翻译研究当中各有优缺点，并指出这两种语境观在描述和解释翻译现象时可以进行互补。

（二）顺应论

比利时语用学家维索尔伦（Verschueren）1999年出版的专著 *Understanding Pragmatics*（《语用学新解》）标志着顺应论趋向成熟和完善。顺应论认为，人在交际中对语言的使用是"一个经常不断的、有意无意的、受语言内或语言外因素左右的语言选择过程"。

根据顺应论，人们在使用语言时就是对语言不断进行选择的过程，语言产出时会根据特定的交际情景和交际伙伴选择相应的词汇、语句和表达方式，而在理解过程中同样也是根据所处的情景对交际伙伴的言谈做出相应的选择和理解。也就是说，人在交际时会有一种语言顺应的趋势，并且不断顺应不同的交际意图、交际伙伴和交际语境。语言顺应包括语境因素的顺应（contextual correlates of adaptability）、语言结构的顺应（structural objects of adaptability）、顺应的动态性（dynamics of adaptability）、顺应的意识性（salience of adaptability），这四个方面构成了顺应论的四个主要分析维度。

语境因素的顺应是指语言的使用和选择要与语境互相顺应，而语境包括交际语境（communicative context，由物质世界、社交世界、心理世界和交际双方构成）和语言语境（linguistic context），其中交际双方（话语发出者和话语解释者）是语境中最重要的因素。语言结构的顺应是指在语言使用过程中对包括语音、词汇、句法、语码、语体、语篇等在内的语言因素各个层面做出顺应性选择。顺应的动态性是指语言的顺应性选择是一个动态过程。顺应的意识性是指人们在语言选择和顺应时会呈现不同的意识凸显程度，而说话人在不同意识凸显程度支配下会有不同的语言表现。可见，顺应论既从微观角度关注语言结构因素，也从宏观角度重视语境和文化，既重视顺应的动态性，也强调顺应的意识性，是可以从认知、社会、文化、语言、语用等综合角度全方位考察语言现象及其运用的语用综观。

顺应论为翻译和翻译研究提供了新的视角和可能。国内很多学者从21世纪初开始关注翻译研究的顺应论视角。戈玲玲、张美芳、何自然、王颖频等从顺应论的角度出发，旨在探索翻译的顺应论解释及顺应论对翻译研究的启示。学者们对翻译策略和方法进行基于实例的分析，探究顺应论对翻译活动的启示和指导意义。在顺应论的框架内，翻译是一个对源语的语境和语言结构之间做出动态顺应的过程。

从顺应论的视角看，语言使用的过程就是语言选择的过程。人们使用语言的过程是一个基于语言内部与外部的原因，在不同的意识程度下不断做出语言选择的过程。语言具有变异性、商讨性和顺应性。

顺应性是语言使用过程的核心。任何语言在使用过程中都要做出动态顺应。在顺应论的框架内，翻译是一个对源语的语境和语言结构之间做出动态顺应的过程。由于人的认知结构和认知环境都是动态的，译者只能根据语言结构和语境去识别源语交际者的意图，并把它传达给译语接受者。译语文本是语言结构和语境之间动态顺应的结果，译语接受者的解读过程也是语言顺应的过程。源语文本与译语文本不可能完全等值，而只能是在"信、达、雅"标准中的语用等值。

由此可见，用顺应论来指导翻译实践突出了译者这个主体，强调了译者作为翻译交际行为主体的主体性和意识性。也就是说，译者在翻译活动中不是被动的，而是可以大有所为的，从这个意义上来说，顺应论给予了译者发挥主体性和能动性的自由。但这并不是意味着译者可以无限制地自由发挥其主体性。事实上，顺应论通过动态顺应这个环节，要求译者在翻译过程中对语言结构、文本特点、社会文化语境、认知水平等方面进行动态顺应，这就等于对译者的行为及其主体性地位发挥从语言、社会、文化、认知等角度进行了规范。也就是说，一方面，译者通过动态顺应发挥其主体性；另一方面，译者主体性发挥又同时受到动态顺应的制约。译者的翻译决策建立在考量和顺应语言、语境等各方面因素的基础上，其翻译的自由度也因此得到了合理的限制。

二、认知翻译与认知语言学

乔姆斯基于20世纪中叶开辟了从认知角度研究语言的先河，但他坚守天赋观、普遍观、自治观、模块观、形式观等客观主义哲学立场来建构语言理论。20世纪80年代所形成的认知语言学是对乔氏革命的又一场革命，针锋相对地提出了语言的体验观、差异论、非自治观、单层论、非形式化的研究路径，开辟了从认知角度研究语言的新理论框架。

王晏提出我们曾将认知语言学的核心原则归结为"现实—认知—语言"，即语言是在人们对现实世界进行互动体验和认知加工的基础上形成的，这就是我们所大力倡导的语言的体认观，其中既有客观因素（互动体验），又有主观因素（认知加工），且有十数种基本认知方式，如互动体验、意向图式、范畴化、概念化、认知模型、心智整合、识解、隐转喻、关联等，尝试运用它们统一分析语言各层面。我们认为，运用认知语言学的核心原则来对比两语言之间的异同，发现其背后的认知机制，这将有利于我们从认知角度进行语言对比研究，也能更加深刻地认识翻译过程，这也是认知翻译研究的一项主要内容。

人们会同意"翻译是一种认知能力"的说法，因为翻译过程充分体现了译者兼作者的认知方式，而认知语言学意在提示人类的基本认识能力和方式，这对于解读翻译过程，无疑是一剂妙方，必将有助于深刻认识翻译的本质。因此，可以说，对认知能力和方式的研究在认知翻译研究中最为重要。

师琳认为，翻译不但是双语交际，更是一种跨文化交际。在输入过程中，因为读者及译者认知的差异，译者发挥主观能动性，不可避免地在翻译过程中对作品进行若干改写：大到文化心理、意识形态，小到字、词、句。以此来迎合异文化的认知和认同。同样，王德丽认为，按照认知语用学的观点，在翻译过程中，译者受到其认知心理、知识结构和思维方式的制约。译语语境与源语语境的最佳关联产生于译者与作者对认知环境的共同心理感应，即在具体语境中的思维耦合。这是认知推理再现源语信息和意境的最佳途径。

我们知道，体验哲学是认知语言学的基石，因此，认知翻译中有关体验性的讨论与探索颇多。宋德生提出，人以体验认知方式认识世界，心智离不开身体经验。语言作为心智的表征和对世界进行范畴化的工具具有体验性。语言结构反映着人类的经验结构。人的生理结构及所处环境的相似性决定了经验结构的相似性，并使翻译成为可能，这是语言互译的认知基础。经验结构是一个丰富的意象图式网络。意象图式是人在认识世界的主客观互动中，把外部世界的物理能量转换而成的心理事件，是我们经验和知识的抽象模式。因此，思维带有具象性，这决定了信息的意码和形码的双重编码结构。翻译的过程即以意象图式为媒介的、源语与译语文化意向之间的辨认和匹配，翻译中的等值只不过是经验结构的相似性。

我国学者，如王寅，基于体验哲学的基本原理，将 Langacker 的"意义概念化"修补为"体验性概念化"，并尝试以此为理论基础论述翻译中的客观性和主观性。有了体验性，就可限定读者中心论、译者自主性；有了概念化（识解），就可解释翻译的主观性。王寅通过体验性概念化分析了 40 篇《枫桥夜泊》的英语译文，详解翻译中的体验性和客观性，同时揭示主观性在翻译认知中的体现，尝试为翻译的主观性研究提供理论框架。

（一）认知语义

1. 隐喻的认知翻译

一直以来，隐喻被人们视为思维领域的一个复杂的谜题。自古希腊以来，隐喻一直属于修辞学和诗学的研究对象，传统研究者通常认为其最大的作用在于辅助语言表达。而在哲学领域，自柏拉图把诗人逐出理想国以来，隐喻便一直处于被排斥的地位。语言哲学家威廉·莱肯（William Lycan）在其著作《语言哲学》（*Philosophy of Language*）一书中坦言，在哲学中，隐喻处于"阴暗的那一面"（"The Dark Side"）。作为一种修辞形式，隐喻一直被划分为修辞学的研究范畴，间或有哲学家提及隐喻，但究其内容，大多对隐喻做出了否定性的评价，认为其暧昧多义的特点妨碍了哲学对真理的探究。倘若站在诗学、修辞学的角度来看，隐喻是一种对文采的修饰，能够为文本增添表达效果；然而站在哲学的立场上看，正是这种对于文采的修饰妨碍了正确的理解。这种传统观点产生了深远的影响，一直延续至 20 世纪。

进入 20 世纪中期，随着语言学转向趋势在分析哲学领域的兴起，分析哲学家们开始试图从语言结构与其所传达的意义层面重新理解隐喻。也就是说，对于一个隐喻，无论人们是否能够理解它的意思，至少隐喻本身都传递出了让人类执行理解过程的内容，而对于这个内容的分析则是隐喻研究的关键。而后，语言哲学家们就隐喻的意义问题与使用问题进行了深入的探讨。与传统的隐喻研究相比，这样的方式虽然拓展了隐喻的研究范畴，但终究还是无法满足研究者对隐喻作用机制的好奇。必须要承认的是，若是人类社会从此禁止使用隐喻，那我们将无法想象生活会变成什么样，人们将如何进行交流沟通。隐喻对于人类思维和交流的全方位参与使得人类社会的存在本身已经与其交织在一起，无法分离。因此，对于一个如此重要的人类社会现象，做出更为综合性、更有说服力的研究就显得尤为重要，隐喻与人类思维间的关系问题成为研究的重点。当20世纪下半叶哲学的焦点从认识论转向语言研究之后，语言与思维的关系问题逐渐浮出水面。正如法国哲学家保罗·利科（Paul Ricoeur）所言："当今各种哲学研究，都涉及一个共同的研究领域，这个领域就是语言。"这样的转向催生了更多综合性的隐喻研究出世，如 George Lakoff 与 Mark Johnson 开创了隐喻认知功能探索。而 Jacques Derrida 与 Paul Ricoeur 则分别从解构主义角度与阐释学角度批判了传统观点对于隐喻问题的理解。

隐喻与神话间的关系带出了隐喻与人类认识原始世界的方式间的关系问题，并且最终指向了隐喻与人类认知思维的关系问题。因此，研究者们试图从人类认知方式与认知结果的角度重新审视隐喻，试图建立一个概念结构，以推导意义的生成与语言的形式。认知学派研究者从人类的原始认知经验出发，指出人类具有把体验世界的方式进行抽象化的能力，而这样的抽象化经验能够进一步抽象，形成复杂的概念结构。Lakoff 与 Tunner 是认知隐喻学的代表人物。

1980 年，Lakoff 和 Johnson 出版了《我们赖以生存的隐喻》(*Metaphors We Live By*)。该书被认为是隐喻研究的经典著作，开启了隐喻研究的时代，把对隐喻的认识提高到了认知的高度，摆脱了传统隐喻观对隐喻的束缚，并把隐喻研究纳入认知科学的领域。概念隐喻从此成为隐喻研究的核心。Lakoff 明确指出，隐喻是人类的一种认知现象，是构成人类思想体系不可缺少的工具。1987 年，Lakoff 出版的《女人、火和危险的事物——范畴揭示了思维的什么》(*Women，Fire，and Dangerous Things：What Categories Reveal about the Mind*)奠定了隐喻在认知研究中的地位。

认知语言学的研究者使用的"隐喻"一词与一般意义上的"隐喻"有所区别。认知语言学认为，隐喻是从始源域到目标域的跨域映射。认知语言学强调经验和认知对语言产生的重要作用，认为语言是客观现实、社会文化、生理基础和认知能力的产物，包括隐喻语言在内的任何语言现象都是有理据的，可以从人们的心理和认知的角度加以分析和解释。从认知语言学的角度来看，隐喻的产生是有生理基础的，并有心理上的运作机制，即从一个概念域向另一个概念域的结构映射。隐喻的本质是用一种事物理解和体验另一种事物。

认知语言学将隐喻定义为：用一者（始源域）来理解或表示另一者（目标域）。隐喻的典型结构是"X 是 Y"，而 X 和 Y 属于两个完全不同的范畴类别，因此，隐喻的一个显著特征是将两种本不等同的事物等同起来，从而形成语义上的不相容。实际上，在语言使用过程中，许多隐喻的出现并没有明确的信号或标志。在某一种语言表达中，隐喻的运用基本包含以下要素：首先，从语用角度或语境角度看，它必须是异常的，不论是词、短语还是句子，从其字面意义来理解，明显与语境不相符；其次，这种语义异常或语义冲突原则上是不可消除的；最后，隐喻性的理解要符合说话者的意图及对其意图识别的期盼。

从宏观上来讲，语言表达本身就是一个隐喻，用声音系统或文字符号为始源域来表示现实世界或思想内容的目标域，这也是在用一者来言说另一者。

Newmark 指出，所有语符都是事物的隐喻或转喻，一切词语都具有隐喻性。

认知语言学认为，人们通过身体和空间进行互动体验之后便形成了若干基本概念，然后通过隐喻和转喻机制将其扩展到其他概念域(特别是抽象概念域),从而形成了当今人类复杂的概念系统。语言中大多数单词和构式(词层面以上)都可根据这一思路建构出历史进化的语义链。也就是说,认知语言学指的隐喻并非"朱丽叶是太阳""人是会思考的芦苇"等具体的隐喻表达,认知语言学所指的隐喻是一种概念联想机制。

总之,认知理论对于隐喻研究作出了极大的贡献。研究者们主张,隐喻不再是人类语言学的一个分支,它已经超越了学科分类的壁垒,涉及人类生活的方方面面,是构成人类精神生活的必要条件。

依此可见,翻译本身也是一种隐喻,用一国语言去表示另一国的语言,或用新的隐喻来适配原来的隐喻。译者阅读的是源语文本,通过隐喻化活动产生译入语文本。译者要在进行隐喻化的过程中产出译本,这种活动具有解释性和创新性。翻译具备隐喻的基本功能。隐喻的基本功能是通过某一经历来理解另一经历,它可以是通过原有的孤立的相似性,也可以是通过创新的相似性。

Martin 指出,概念隐喻对于翻译学的理论发展具有关键作用。这就是说,在进行跨语言翻译时,隐喻、转喻机制也是不可避免的。例如,英语中常用"He eats no fish."表示"忠诚",这其中就运用了"以具体事件喻指抽象概念"的隐喻机制;在汉译时,因汉语无此文化背景,须再次将这一"具体事件(不吃鱼)"隐喻性表述为"抽象概念(忠诚)"。可见,表述和翻译这一概念的过程经历了两次隐喻过程。若在汉译时未运用隐喻机制,直接处理为"他不吃鱼",则不能有效地表达原义。

Evans 也持相同的观点:"有时译文本身就可视为外国原文的隐喻,正如乔治·拉巴莎所辩说的那样,一个词就是一个物体或另一个词的隐喻,翻译就是一种适应形式,使用新的隐喻适配原文隐喻。"这正是 Lakoff&Johnson 所说的"… metaphor is pervasive in everyday life(隐喻渗透进日常生活的每一处)"的翻版。

刘明东认为,语言与文化密不可分,文化需要通过语言表达和传承;反之,语言也受到文化的影响。因此,翻译不仅是语言的翻译,更是文化的翻译。文化图式具有可译性,可以通过 A—A、A—B、A—zero 三种对应方法实现。文化图式的翻译有助于引进外来文化,促进不同民族间的文化交流。

同样,赵登明、丁瑶把比喻式复合词分为明喻式和暗喻式,并且从构词法的角度讨论了比喻式复合词翻译的几种可能性,目的主要在于呼吁我国的翻译工作者在翻译时,尤其是把中文翻译成外文时,要尽量把我国文化中特有的内容向外介绍,而不应该一味迁就译文读者,尤其是欧美读者。正因为文化差异的存在,我们在翻译过程中应该尽量平等地介绍文化的方方面面,逐步使译文读者了解原文的文化背景。这种了解有助于对不同文化的理解、接受和认同,同时也是我们从经济强国走向文化强国的重要一步。

冯建华认为社会文化不同,语言类型有别,因而取譬设喻,有同有异。有鉴于此,在英语和汉语的互译中,若要传达原文的喻义,必须把握原文的喻底,要把握原文的喻底,必须立足原文的喻体。翻译以"信"为本,力求"形神兼备"。涉及譬喻,亦无例外。同时,社会文化不同,语言类型有别,翻译并非"相行比制",译文不能"貌合神离",具体情况必须具体分析，若不能"形神兼备"，则不妨"得意忘形"——离形而得似，以意为工；不能"辞不达意"，更不能"以辞害意"。

例如：The saying "Forgive and forget" may roll of the tongue, but it's as shallow as it is short. For one thing, it's totally impossible. For another, it misses the whole point of forgiveness. The things we most need to forgive in life are the things we can't forget. Rather than sweeping them under the carpet, we need to draw a line under them, deliberately choosing not to count them against the person who did them, and moving on. ("宽恕并忘记"这句俗话谁都会脱口而出，但实际上既简单又肤浅。一则这是绝对不可能的，二则它完全偏离了宽恕的真正含义。生活中最需要宽恕的事正是那些无法忘记的事。我们不应把这些事掩饰起来，而须记住它们，并有意不因此对做过这些事的人怀有成见，这样继续着我们的生活。)

此例首句就让读者在认知框架中构建起 WORDS ARE OBJECTS 这一概念隐喻，始源域中物体的运动情状映射到（roll off）语言域上，形象地表现出意欲表达的情状，使此句的意义可及性得以实现，即可解读为：People may find it easy and natural to say "Forgive and forget", but when they utter this short saying, they never give serious thought to what it actually means. 借助隐喻思维，读者就不难理解 sweeping them under the carpet 喻指掩盖、掩饰，draw a line under them 喻指特别注意或关注。整句就可解读为：Instead of simply hiding the unpleasant things in our hearts and leaving them there, we should pay special attention to them, consciously trying not to relate such unpleasant things to the person who caused them, and getting on with our usual way of life. 这些修辞语言的运用延长了读者对文本的解读过程，让读者从原有的概念认知进入修辞认知，亦即从审美的角度去感悟修辞性语句乃至文本的艺术魅力，从而对文本的艺术性具有更深刻的认知。

认知隐喻理论提供了一个全新的隐喻研究角度，使得人们对于隐喻的理解拓展到了基础意识，即概念层面，极大地推动了隐喻理论的发展。但是，仍然有不少研究者对此提出异议，尤其是认知隐喻理论的提出，大部分的概念都是由隐喻构成的。

2. 转喻的认知翻译

关于转喻翻译的研究。国外已发表一些论文和专著，另外还有其他专著简要讨论过转喻的翻译。国内早期以"借代"为题，讨论借代的理解、翻译方法等。近年来，随着认知语言学研究的发展，国内有更多的研究者开始关注转喻翻译，从认知视角探讨转喻翻译的方法、策略、认知过程等。传统修辞学研究一直把转喻看作一种发生在语言层面的修辞格。因此，在传统对等理论和传统修辞学框架下探讨转喻翻译，其所能得到的认识非常有限，不能全面体现转喻翻译的特殊性和转喻翻译的独特研究价值，更无法反映转喻在翻译认知过程中扮演的复杂和动态作用。

认知语言学研究成果表明，转喻是人类思维概念化的基础。认知语言学家认为转喻是指在同一个认知域中用较易感知的部分来理解整体或者整体的另一部分。

自 20 世纪 80 年代以来，认知语言学家将转喻看作一种心理机制，认为它不仅仅是一种修辞手段，更是人类的一种基本认知方式，它构成了人类许多概念形成的基础。作为人类重要的认知和识解方式，转喻有其重要的认知原则。

认知语言学认为，转喻不仅是一种修辞，更是一种基于人们生活经验的思维方式，通常用一个事物的名称代替与其存在附属或关联的另一个事物的名称。与传统语言学不同，转喻作为一种认知模式，除在词语层面有替代本体和喻体之间的关系外，它还能用易突显、易感知、易记忆、易辨认的部分代替整体或其他部分，或用具有完形感知的整体代替部分自发的、无意识的认知过程。其中，关联性和突显性是转喻最基本的认知属性。这种认知属性影响并构成了人们的意识和行为，同时也指导着人们的翻译实践，即为翻译转喻。

正如上文所述，英语、汉语的词汇大多具有交集特征，意义仅部分等同，这就是造成"部分代整体、部分代部分、整体代部分"转喻机制的认知基础。例如，英语词语 bird flu，聚焦于流感的过程，通过 bird 传染，将其译为"禽流感"时，则突显了流感的结果——家禽得了流感。从过程到结果，这是一个连续性整体动作的两个相连的部分，用一个部分代替另一个部分的翻译所体现的正是转喻机制。

又如在《枫桥夜泊》40 篇译文中，翻译"月落"大致有两类：①过程，如 moving down (westwards)；②结果，如 at moonset。

两者都反映了"月落"这一整体运动的局部情况，前者突显过程，后者突显结果。至于"对愁眠"中的"眠"，40 位译者更是五花八门：①聚焦于开始阶段，有人译为 feel asleep；②聚焦于中间过程，有人译为 lie 或 fall into sleep；③聚焦于结果，有人用 at sad dream 来表述这一信息。

它们分别突显了"眠"这一整体动作的不同阶段。

此外，"夜半钟声到客船"中的"到"，在译为英语时：①突显过程，有人译为 come to；②突显结果，有人译为 reach 或 arrive。

可见，在翻译运动动词时，译者可有多种选择，或聚焦于起始点，或聚焦于过程，或聚焦于终点，这完全取决于译者的理解和偏向，无对错之分，仅有突显之别。

谭业升和王寅提出在认知翻译学框架下，翻译与转喻之间是相辅相成的。再如：

许年华："咱们吃大宾馆还是吃小饭店？"

金全礼："我听你的！"

许年华："好，咱们吃小饭店。" （刘震云《官场》）

"Shall we go to a big guesthouse or to some small restaurant?"

"Whichever you like," said Jin。

"All right, let's try a small place," said Xu。 （Paul White 译）

此例中，"'吃大宾馆'这种异常搭配是转喻认知机制在语法上的体现，是以同属一个理想认知模型中的处所代受事对象，从而形成了特殊的修辞效果"，即陌生化修辞效果。但由于认知上的这种异常搭配不为英语文化修辞所认同，故译者将其处理为规范化的语言表达，即 go to a big guesthouse or to some small restaurant，以此来完成转喻思维的转换。

谭业升认为,在传统对等理论框架下,转喻被当作一种偏离性的语言来使用,其所得到有关翻译的认识非常有限,无法反映转喻翻译中体现的人类认知的复杂性和动态性。他在认知语言学框架下探讨了在翻译过程中以语境为基础并受规约限制的转喻图式的例示,阐释了基于多样性邻接关系的转喻图式——例示级阶与翻译转换、翻译变体的关联,以及它为译者提供的认知创造空间,并提出了对今后开展转喻与翻译关系研究的建议。

Tymoczko & Gentzler 认为翻译是一个转喻过程,因为源语文本包含翻译过程中涉及的一系列可能意义,而译者只是选取自己期望表征的意义。换言之,翻译过程中译者用译入语的部分意义去表征源语文本的全部意义,使翻译成为一个转喻运作过程。Denroche指出源语与译入语之间的关系既不是字面的,也不是隐喻的,而应是转喻的。由此推知,翻译能力与转喻能力之间存在一定关联。玉树槐、王若维认为,翻译能力包括思维能力等6种能力。作为一种思维能力,转喻能力与翻译能力也有一定交叉。Neubert 将翻译能力界定为"译者应对翻译过程中各种具有变易性任务"的能力,具体包括语言能力、主题能力和转换能力。吴赟提出了涵盖语言技能、百科知识、转换能力等方面的翻译能力概念。转喻能力也包含转喻转换能力,因此与翻译能力存在一定重叠。傅敬民指出,"水涨船高"对于翻译能力的培养同样适用,因为翻译能力包含多方面能力,翻译认知能力等某些能力的提高必然会带动翻译能力的整体提高。

3. 范畴化

Labov 认为语言学所涵盖的各类研究本质上都是在研究"范畴"。Taylor 也肯定了语言与范畴的密切联系,指出范畴是人类思维、行动和语言的起点。

认知语言学认为,范畴化(categorization)是人类最基本的认知方式,一个物种要能生存于世,就必须掌握范畴化能力,区分出周边环境中适宜或不适宜居住之处,有用与有害之物,这一认知原则同样适用于语言和翻译研究。因此,许多认知语言学的教材和专著都是从"范畴和范畴化"开始的。

范畴化属于认知阶段,不同民族对于相同外界可能有相同分类,也可能有不同分类,若是后者就会造成理解和翻译中的困难。范畴化是人类对客观世界中具体或抽象事物(含语言本身)进行分类的认知活动,不同语言族群因文化或环境差异,其范畴化过程也不同。范畴是翻译中第一个要解决的问题。我们都知道,在英汉两种语言中很难找到完全对应的范畴和词语,这就涉及范畴的变通问题,这在翻译过程中屡见不鲜。

如,在澳大利亚 Dyirbal 土著语言中将"女人""火""危险事物"同置于一个范畴之中,用一个单词 balan 来表示,而在英语、汉语中它们分属三个不同的范畴,要用三个不同的词来表示。英汉两种语言中词语完全对等者十分稀少,大多是概念部分交叉,如汉语中"打""吃"等与英语的 strike、eat 仅有部分概念重叠;有时是英语词语概括化程度高,如 hair 相当于汉语的"头发,毛";有时是汉语词语概括化程度高,如"空"包括英语的 hollow、empty、sky、in vain、free 等。这些都是我们在翻译时要特别注意的地方,一不小心,就可能跌入"陷阱"。例如,听到有些学生将"今天你有空吗?"译为"Are you hollow today?"不禁令人啼笑皆非,似乎在说人家没心没肺。又如一个十分简单的 again 还常有人译错,该词的意思是"将做过的动作再做一次",如"你再吃点!"被误译为:"Please eat it again."难道要将吃进去的东西吐出来再吃进去?这些细微之处值得我们下点功夫。

(二)认知语法

1. 识解

Langacker 不仅指出了语言具有主观性,还提出了分析主观性的具体方案,即识解(construal)。

"识解"的概念最早由语言学家 Moore 与 Carling 提出,心理学领域也对其进行了相关概念的平行研究。后来,随着认知语言学的发展,认知语言学家对"识解"进行了更为深入的研究并加以应用。

识解,既用来指称人们对外界事件感知体验过程中所形成的抽象表征,也用于描述人们为达到表达及其构成因素的目的从而选择不同的方法观察语境并解释内容的一种认知能力。它是说话人心理形成和建构一个表达式语义内容的方式。

从内涵来看,识解在 Langacker 的定义里主要用来表达认知语法中认知视角的内涵,也就是说话者或语法主语作为观察者或参加者的作用,这种作用通常在被表达的事件或者情境中显现出来。

从范畴发展看,识解的研究经历结构主义语言学阶段、认知识解阶段、动态识解阶段。其中,识解的核心定义从普遍的认知基础与能力发展到认知能力可用于主体体验范畴,进一步发展到不同的识解行为代表对不同体验的基本认知能力。

从构成因素来看,文化语言学家 Palmer 将识解的构成因素分为图形—背景、详略度、视角和辖域。Langacker 将识解的构成因素分为详略度、辖域、背景、视角和突显。Croft 和 Cruse 则将识解的构成因素分为突显、比较、视角和整合。这些构成因素的划分虽然在具体细节上有所不同,但在核心构成因素上都突出描述事物的认知参照点、注意力方向和焦点的确定等内容。在这三种分类中,Palmer 的因素分析更倾向于文化语言学的视角;Croft & Cruse(2004)更为突出动态"识解",特别是具有概念整合的意义;Langacker 的认知识解构成因素分析最为全面地描述整个认知识解过程。

如 Langacker 描述的那样,识解主要包括五项:详略度、辖域、背景、视角和突显。人们对客观现实的认知和经验知识的组织主要是从识解的这五个方面进行的,人的认知操作因此得到进一步细化。

因辖域和背景内容上有重合,本书将两者合为一项,即辖域/背景。

(1)辖域/背景。辖域/背景通常指认知域,是理解一个语言表达式意义的认知基础,具有百科性。当人们要想对某一场景成功识解时,该场景必然要激活认知中与之相关联的经验知识和概念内容的配置,如隐喻中的源域通常充当目标语的辖域/背景,人们以源域的知识经验为基础背景来实现对目标域的认识。例如,要了解什么是手指(finger),我们首先需要知道手(hand)的概念,手的概念为手指提供认知范围。这里,手的概念作为知识背景充当手指的认知域基础。

(2)视角。视角指人们对情景描述的角度，体现观察者与情景之间的一种相对关系。不同的视角反映出认知主体的识解方式差异。根据认知语言学的观点，由于文化、历史、环境和个体的认知能力或认知方式等方面存在差异，当人们面对同一情景时，可能会选择不同的视角。不同的视角体现出不同的概念化方式，反映到语言上就会有不同的语言表达形式。例如：

a. The school is in the right of the commercial building.

b. The commercial building is in left of the school.

此例中，a、b句描述的是同一情景，即客观现实中school和commercial building之间的某种空间方位关系。a句与b句分别以"The school"和"The commercial building"作为主语，体现了观察者两种不同的视角选择。其中，a句以学校为视角，b句以商业建筑为视角。视角上的差异产生了a、b两种不同形式的语言表达式，导致两句之间的意义也不尽相同：a句侧重学校的空间方位；b句侧重商业建筑的空间方位。

(3)突显。人们在观察某一情景时，具有确定注意力方向和焦点的认知能力，可以注意整个事件或情景，也可集中注意力关注整体中的某一部分。从认知语言学的角度看，人们侧重突出的那一部分侧显为主体，次突出的部分消显为背景。对于同一事件或情景，人们突出的方面不同，其映射的语言表达形式也会不同，导致语言表达的意义有所差异。例如，杯子中盛有半杯水这个场景，不同的人可能将注意力投掷到不同的部分，使场景中的不同方面得到突显。这会引起不同的概念化方式，产生以下四种语言表达式：

a. the glass with water in it

b. the water in the glass

c. The glass is half-full.

d. The glass is half-empty.

其中，a突出的部分为整个杯子；b突出的部分为水；C突出的是杯子中有水的下半部分；d突出的是杯子中无水的上半部分。

(4)详略度。详略度指人们可以用不同的精确或详略程度去认识或描述一个事件，它可以出现在词汇层面，也可以出现在句子层面。详略度在词汇层面上，其"详"和"略"通常分别用词的下位范畴和上位范畴来表示，如thing > object > book > literature book > the book on American literature。详略度在句子层面上，则表现为详略程度有别、精细层级各异的小句，如Someone is doing something. > Someone is eating something. > Someone is eating a sandwich. > Someone is slowly eating a sandwich without speaking. 此例中句子的详细程度依次增加。

再如，人们面对相同的场景选用不同的词、不同的句子，皆因为人这一主体具有这种识解能力。例如，同样面对一个大男人打小女人的场景，有人会用主动态(突显施事者)，有人会用被动态(同情女人)，这取决于讲话人的视角。又如，汉语中有人说"孵蛋"，有人说"孵小鸡"实际上它们是指同一件事。前者突显动作的过程。后者突显动作的结果。

我们还可将这里的同一场景视为一个外文语篇,不同的译者面对同样的场景会有不同的理解和翻译,也可用上述观点来解释其间的各种差异。又如上文关于转喻所举的"月落""眠""到"的英译差异例子,皆因突显整体的不同部分而产生了转喻机制所致。王寅(2008a)曾将同一首《枫桥夜泊》的 40 篇不同英语译文制成个封闭语料库,尝试用识解加以分析,且对各种差异的频率进行了统计。令人惊喜的是,这些差异大多能用识解的五个方面做出合理的解释。王寅的这一研究结果为认知翻译学研究译者主体性提供了一个新思路,同时也开拓了认知语言学应用性研究的一个新方向。

认知语言学诞生之后,人们逐渐从认知角度研究翻译,形成认知翻译学这门边缘学科。然而,认知还是因为太抽象、太笼统而很难落实到翻译实践中去。识解及其五个维度的产生使得认知翻译研究得到进一步细化,识解与翻译之间能够建立起联系。据此,我们不妨将认知翻译研究的策略定位于如何在译入语中识解原作者在原作品中的原意图。

2. 突显原则与原型理论

Baker 通过比较若干原作、译文、母语作品,提出了"翻译普遍特征"(Translation Universals)这一术语,且运用可对比语料(Comparable Corpus)加以验证,如用译自不同语言的语篇(如译自不同语言的中译本)来说明这一现象。她认为,在原语篇中没有,但出现于译文语篇中的若干典型的语言特征(既不是来自译入语,也与母语作品的特征不同)具有一定的普遍性,主要包括:①简单化,译者会潜意识地简化语言或信息,或简化两者;②明细化,译文倾向于将有关信息做详细说明,常会增添背景信息;③常规化,倾向于用译入语的典型句型或方法翻译原文,甚至译入语特征达到了十分夸张的地步;④中庸化,译文倾向采取"取中"原则,舍弃边缘,移向连续体的中心。

Halverson 也发现了译文语篇中的一些普遍特征,且提出了"引力假设"(Gravitational Pull Hypothesis),认为 Baker 等指出的上述现象可用突显原则和原型理论做出合理解释。我们认为,Baker 这里所说的诸如简单化、明细化、常规化、中庸化等译文的语篇特征,虽与母语写作特点有所不同,但也不无关联,如常规化就受到了译入语特征的影响,且取决于译文读者对象。如英译汉时,译者常在翻译过程中突显受众对象,尽量让译文能被中国读者读懂,且能读得流畅,这就烙上了"读者中心论"的印记。又如简单化的语篇特征也是如此。通过化繁为简,复杂表述或难以理解的信息变得通俗可读,免得译文拗口。至于明细化的语篇特征,也是为了使受众能读懂原作,而增添了一些缺省的背景信息,特别是相关的文化背景,以保证读者能明白其义。如英语、汉语分属两个语系,且文化差异较大,一不小心就可能产生误解,译者可采用很多方法,如在正文中适当添加词语,或用脚注,来填补"信息空缺值"。中庸化的语篇特征正是原型范畴理论在译界的翻版,指尽量选用典型的词语和句型,而不必用过于生僻词句或古语表达,它们属范畴的边缘用法。因此,我们认为 Halverson 将 Baker 的研究结果归结为突显和原型是可取的。

3. 认知参照点

Langacker 指出,在日常生活中,人们要选择特定的概念作为建立心智联系的认知参照点,它无处不在,但由于它太普通了,我们经常想当然地忽视它的存在和它所发挥的关键作用。认知心理学已经通过大量的试验证明,选取和运用参照点是人类的基本认知能力之一。

认知参照点这一理念最初是由心理学家 Rosch 提出的。Rosch 认为,"在众多的知觉刺激中,有一些类型在知觉过程中是可以发挥理想的锚定点(anchoring point)作用的"。因此,她进而提出了语义原型(prototype)概念。之后,她又通过一系列有关原型的实验,在颜色、长度及数字等领域,检验了认知参照点的作用,证明了原型"可以作为判定范畴内其他成员的认知参照点"。

表征过分(常规化)或表征不足这两种体现译入语特征的情况在译文中都有,这实际上与译界常说的归化或异化问题基本相同。前者相当于意译,即将外国语言信息和文化因素归入本族体系之中,充分彰显本土语言文化价值观,并常以其为参照点对原文做一定或较大的改写。如在外译汉中指外国作品的中国化,即过多体现出本族语言和文化特征。林纾便是一个典型案例,他虽不懂外语,但他通过懂外语合作者的口述实施了对原文归化式的语言暴力,将多姿多彩的原文风格一律变为林纾风格。后者相当于直译,将译出语及其文化内涵以近乎本来面目的方式呈现在译入语中,使得本族语言和文化表征不足。

这一现象可用认知语言学中的参照点理论做出合理解释,即翻译时究竟参照了哪种翻译理论、语言体系和文化标准。如若参照读者中心论,就应当充分考虑读者对于译文的感受,让他们更好地理解原作者的意图,上文述及的简单化和明细化都出自此。若将参照点置于反映原作风格、引介异国风味上,当译出语与译入语在用词和句型上发生冲突时,就会以牺牲译入语特征为代价而突显一些译出语特征,这也无可非议。

因此,认知语言学中参照点理论同样适用于翻译理论研究。表征过分与表征不足、归化与异化、意译与直译等问题就是典型的参照点问题。

(三)构式语法

认知语言学认为,语言是建立在人们的经验和体验之上的,词的意义及词的组合使用都依赖于对真实世界的感知和概念化,并认为句法规则是学习者在终生使用和理解语言的过程中自然发生的,语言认知和语义不能与认知的其他部分割裂开来。构式语法在认知语言学的框架中研究句法,反对生成语法成分分析的原子论模型,将语言定义为"规约语言单位的结构化清单";主张语言符号的象征性,强调构式形式与功能的统一表征,语言符号在感知意义或交际意图与音系形式二者之间构成映射关系。构式语法侧重探讨母语的能产性(productivity)和习语性(idiomaticity)。

认知语言学认为,构式(construction)为语言在心智中的基本表征单位,它可大可小,还有简单和复杂之别,囊括了从单词、词组、分句、句子、语篇的各个层面。作为自然语言的建筑材料,构式受句法、语义、语用和语调等因素制约。

我们之所以提出构式单位,正是看中其可调变性,也就是说在翻译过程中,不宜将翻译单位固定在某层级上,而当因人而异,因文而变。"一刀切"断不可取,因为不同的人有不同的翻译习惯,不必强求。

构式语法理论是在语言学研究由形式到功能转向的大背景下,在对乔姆斯基转换生成语法的批判基础上诞生的。Croft & Cruse(2004)把构式语法划分为4个流派[有的学者称其为变体(variants)]：Fillmore和Kay等的构式语法[Construction Grammar(首字母大写)]，Lakoff和Goldberg的构式语法(construction grammar)，Langacker的认知语法(Cognitive Grammar)，以及Croft的激进构式语法(Radical Construction Grammar)。

虽有派别之分，然而构式语法的不同流派在语法构式、表层结构、构式网络、跨语言的变化性和概括性及基于使用的语法模型这五个方面的研究却持有相同或相近的观点。各家理论基本主张一致，即"句法结构的基本形式是构式，即复杂结构与其意义的配对"，而且都认为构式是以网络结构形式组织起来的。正是这些语言研究的构式路径"所共同倡导的五大主旨使得它们与生成语法区别开来"，同时体验哲学的兴起又为构式语法理论的深化和发展奠定了深厚的哲学基础。王寅指出正如Lakoff和Johnson反复强调的那样，"从最根本意义上说，心智是基于身体经验的，意义是基于身体经验的，思维也是基于身体经验的。这是体验实在论的实质"。

构式语法是以用法事件(usage events)为基础的语言模型，认为构式是语法表征的唯一单位，语法知识是以习语的方式来进行表征的，那些大量被传统生成语法归入"次要"或"边缘"的非习语结构与习语结构一样，都具有系统性和概括性，均为构式并应同等对待。这就成为构式理论产生和发展的基础。

Goldberg在Hoffmann与Trousdale主编的《牛津构式语法手册》中撰写了第二章(马文津、施春宏译)，Goldberg提出了如下观点。生成语法不同，体现在以下方面。

①语法构式(grammatical construction)：短语构式，跟传统的词项(lexical)一样，都是学得的形式与功能对。

②表层结构(surface structure)：语法并不涉及任何转换或者派生成分。语义直接与表层形式相联系。

③构式网络(a network of constructions)：短语构式、词、语素处于彼此关联的网络系统中；该网络中的各节点由承继性相连接(inheritance link)相联系。

④跨语言的变异与概括(crosslinguistic variability and generalization)：语言之间存在广泛的变异，跨语言的概括也确实存在着，这种概括可以通过领域一般性(domain-general)的认知过程或相关构式的功能来进行解释。

⑤基于用法(usage-based)：语言知识既包括具体的项目(item)，也包括语言概括(generalization)。它们的详略度(specificity)层级有别。

采用上述所有这些原则并非逻辑上所必需，而且也并非所有研究者都对每个原则同等重视(Gonzálvez-Garíca & Butler 2006)。然而，这些基本原则确实具有重要的一贯性。

多数构式主义研究路径还深受如下几条原则的影响，这些原则传统上与认知语言学相关联。①语义是基于说话人对情境的识解(construal)，而非基于客观的真实条件。②语义、信息结构和语用是相互关联的，它们都在语言功能中起作用。这些功能是整体概念系统的组成部分，而非离散的模块构件。③范畴化并非基于充分必要条件，而是更多地基于范例的概括，尤其是基于原型范例及其规约化扩展形式的概括。④语言的首要功能是传递信息。因此，形式的差别是用来传达语义或语用（包括信息理论）上的差别程度的。⑤社会认知和身体经验的作用被视为解释语言学习和语言意义的基本方面。

不同的文章就应当有不同的翻译方法，不必非要统一落脚于某一点之上。例如，有些译者对翻译某类文体（如科技、说明书等）十分熟悉，且也很熟悉该专业。对于他来说，不必先通读原文再动手翻译，即语篇单位为次要，仅以意群和分句为单位就可译好原文。倘若译者对某一文体不熟悉，内容又很生疏，在翻译时所采用的策略就与上述方法不同了，不通读全文就难以驾驭全文要旨，此时翻译的语篇单位规则更具重要性。即使同一译者在翻译同一文章时，也不必完全固定于一个翻译单位，一竿子贯穿到底，当内容和用词熟悉时就以意群和分句为单位，若不熟悉就可能要考虑句群、段落乃至语篇了。翻译实践者对于这一点都有切身体会。

因此，我们认为翻译的构式单位可适合于这种情况，构式囊括了语言的各个层面，并不固定于一者。译者可根据具体情况择用自己的翻译单位，让其具有一定的调变性。这才符合具体情况具体分析的辩证观。我国在汉语研究中曾出现过"字本位、词本位、词组本位、分句本位、句本位"等本位大讨论，主张将汉语的研究单位定为"构式本位"便可有效避免这类争论，且可根据具体情况确定自己的研究单位。翻译单位的研究与其道理相通。

认知语法与构式语法同属于认知语言学框架内的语法分支，两种语法研究范式自然有交集，更有差异，Langacker 在第一届国际构式语法会议上提交的一篇论文中专门进行了论述。该文指出，构式语法与认知语法的相同之处主要包括两者的非转换性、词汇句法构成的连续统筹；但是，两者之间依然存在一些关键的差异，主要体现在构式语法对认知语义学中广为研究的意象图式、范畴化等认知机制重视不够，以及构式语法相对忽略了认知语法中非常重要的各种释义机制，尤其是普遍认知能力中的显影化能力（profiling）。

认知语言学中的激进构式语法认为：两语言找不到一个完全相同的构式，相关构式常常相互交叉，错综复杂，足以可见学得地道外语之艰巨性。激进构式语法对于翻译的启示是：翻译时不可能对号入座，需要做必要的变通，这也有利于我们更好地理解上文述及的观点：翻译具有创造性。

1. 构式语法的体验哲学基础

构式语法是针对乔姆斯基语法理论的不足而发展起来的。乔氏的语言理论基于先验哲学，是从笛卡尔的二元哲学观和形式主义哲学汲取哲学养料遵而建构起来的形式语言学；构式语法理论体系的拓展与完善则受益于体验哲学，属于功能语言学范畴。在严厉批判西方客观主义传统哲学和乔氏转换生成语法的基础上，Lakoff & Johnson 摒弃传统的经验主义和理性主义的二元论调，创造性地提出了第三条哲学路径，即新经验主义（experientialism），后被称为体验现实主义（embodied realism），进而树起了体验哲学的大旗。体验哲学强调心智的体验性、认知的无意识性和思维的隐喻性，从而形成"一种全新的非客观主义哲学思潮"。他们认为体验现实主义的本质就是主张"心智基于身体经验，意义基于身体经验，思维也基于身体经验"。体验是一种互动过程，是具有遗传结构的个体与世界的交互，即"人和外部物质世界之间、人和由人组成的社会世界之间以及人和自身的内心世界之间的互动"。构式语法理论秉承意义的体验互动观,认为"意义的产生不应单纯归功于认知主体的'内部'生理机构,也并非仅仅依赖于客体对象的'外部'输入"。相反,意义的构建应源于认知主体与世界的动态交互。认知主体在与世界互动体验的过程中,对由其自身的运动感知系统所获得经验进行认知加工,进而形成概念结构,"概念结构由构式的意义来体现,构式的形式体现意义"。形式和意义如同硬币的两面,不能割裂。构式语法强调构式是形式和意义/功能的匹配体,要通过习得的方式来获取,是具有概括性本质的语言在人的心智中的表征方式。构式语法的这一主张恰恰体现了人类概括和组织所获得的经验的认知活动,是建立在其与世界互动体验基础之上的。

2. 构式语法的基本观点

构式语法中关于构式的定义,当数 Goldberg 的最为人所接受。Goldberg 提出,"当且仅当 C 是一个形式和意义的匹配体(Fi,Si),其形式或意义的某些特征都不能依据 C 的组成部分或先前已存在的其他构式得到完全的推知时,C 被视为构式";后来她又进一步完善这一定义,认为构式是"可被习得的形式和意义/功能的匹配"。在上面提到的不能"完全推知"(strictly predictable)的前提下,任何语言形式(linguistic pattern),包括词素、词等相对较小的语言单位及习语、篇章等,都可被视为构式。构式的形式部分涵盖语言符号的"音系特征、形态特征和句法特征";意义方面不仅包含"语义特征",还扩展至"语用特征和语篇功能特征"。所有的构式研究路径都视语法为一个整体的多维框架,各个层面的信息在这个框架中同等重要,"没有哪一个层级是自治的或处于核心地位。相反,在一个构式中,语义、句法形态、语音系统和语用因素共同运作",发挥作用。这就告诉我们在进行不同语言间转换的时候,要兼顾构式的形式和意义,厘清源语和目的语在构式的音系、形态、句法、语义、语用、功能特征等方面表现出的共性和差异;这也预示着翻译中的对等肯定是多维度的。

构式被同一文化社团的人所共有,表现出其规约性的一面;同时又因为构式可外化为语言符号,是形式和意义在一定程度上的任意匹配,因此,构式具有象征功能。人们正是依据形式和意义/功能的匹配原则来构建不同的语言表达式,即语式(construct),亦可称为构式实例。不同语言中的构式实例通过不同语符呈现,毫无疑问会产生差异性,正如 Goldberg 所言,"在两种不同的语言中,找到两个在形式、功能及频率分布方面完全一致的构式,几乎不可能"。同时,因为地理环境、社会文化发展的多样性等语言外部因素的存在,加之"在语言中,不仅存在世界(现实)因素,而且存在人的因素",也就是说人的认知能力、认知水平等方面存在很大不同,不可避免地会导致"不同民族或种族的语言对同一命题意义的表述可能存在一定的差异性",这种差异性主要体现在不同语言之间构式的形式存在差异,所以帮助实现语际交流的翻译行为存在一定的必要性。

人们面对的世界具有相同或相似的规律,加之人的身体结构和器官功能相同,因而形成部分普遍的认知方式,这使得世界上不同的语言具有一定的普遍性。语言间的普遍性主要体现在它们的语义来源路径相同,这样就为两种语言的互译提供了一定的可能性。

源语作者和译者在生理结构、认知结构、认知方式及他们赖以生存的外部世界等方面都存在共性。在与外部世界互动体验的过程中，他们都通过感觉运动系统获得相似的感知经验，然后形成相似的认知意象，这些认知意象经过大脑的加工又形成一些基本相似的概念结构。这些概念结构分别通过源语构式的语义和译语构式的语义来呈现。关键之处就在于尽管源语构式和译语构式的形式有异，但是语义相通，即语义间存在共性。离开这种语义共性，不同语言间的语言形式就不会有语义关联，不同语言之间就无法沟通和交流。

3. 构式语法的研究现状和前景

侯国金对构式语法的研究现状和前景做了非常详细的分析。撇开早期的研究，Fillmore 和 Kay 的教材《构式语法教程》长期在美国加州使用，虽然尚未出版，其"伯克利构式语法"模式影响极大。De Beule & Steels 的一篇《动态构式语法的层级性》和二人于 2006 年发表的《动态构式语法简介》是对动态构式语法（Fluid Construction Grammar）或语言意义的起源和发展的研究的新尝试。它是以 Fillmore 和 Kay 的统构式语法和计算语言学为基础，以电脑实验和形式化为手段，探讨实际语境对话的一种构式语法模式。Steels 于 2011 年和 2012 年出版了两本论文集，也是动态构式语法方面的论著。构式具有双向性（bidirectional），构式加工具有动态或能动性（flexible），能够处理省略句、破句和病句。之所以叫"动态构式语法"，是因为研究者看到了构式的动态性（fluid, fluidity），语言使用者常常变更和刷新（update）自己的语法。Bergen 和 Chang 的体验构式语法（embodied construction grammar）是美国伯克利的 ICSI 团队以统一构式语法为基础的语言神经理论（Neural Theory of Language），其构式观强调构式的语义成分和体验，尤其是感觉运动或动感（sensorimotor experience）的关系。体验构式语法声称，语符内容都涉及精神模拟（mental simulation），而且依赖基本的意象图式（image schema）。Goldberg 等还进行了构式语法的儿童二语习得研究。

Sag（2012）的《基于语符的构式语法》（Sign-based Construction Grammar）一文论述了运用构式语法的新成就，传统语义学和句法学的概念和方法。Sag 提出过普遍语法原则，称为"语符原则"（sign principle）：每个语符在词汇层和构式层都必须是（被）特许的。①只要满足某个词条的需要就会在词汇层得到特许；②只要孕育了某个构式/语式（construct）就会在构式层得到特许。他的论文借用了多方语言学知识来发展或修饰语核驱动的短语结构语法。武装以上述理论的构式语法使人"更清楚、更全面地看到概念与语词、句法与词汇、语内机制与语外使用的各种互动关联"。这一思想在 Boas & Sag 主编的 Sign-based Construction Grammar 这本论文集（尤其是 Sag 所贡献的论文）中论述得较为成熟。这本论文集不仅有他们二人的相关论述，还有 Michaelis、Webelhuth、Kay、Barddal、Eythórsson 和 Fillmore 等的辅助性论述。

我国的研究者早就注意到构式，只是没有使用这个术语。据陆俭明介绍，早在 20 世纪 40 年代，王力将"把"字句称为"处置式"。后来，朱德熙提出"高层次语法意义"，所指实为句式构式的意义。随着 Fillmore 等，尤其是 Goldberg 的构式语法论著被引介到中国后，我国汉语界和外语界出现了大批汉语构式语法研究者。如何爱晶、陆敏所云，"构式语法的实践性和操作性较强，符合中国人的认知心理特征，因此这一理论很快在国内流行起来"。我国的构式语法研究者把外国的四大流派研究成果介绍到中国来，如董燕萍、梁君英、严辰松、王寅、梁君英、刘国辉、刘玉梅等。

有的学者还撰文探究一些汉语构式的认知机制。最早是朱德熙，后来，越来越多的认知语言学研究者加入了构式语法的研究行列。值得介绍的是认知语言学之外的构式语法研究者，即几位从乔姆斯基语言学的视角讨论构式的学者，虽然他们研究的未必属于构式语法，但他们的研究对构式语法大有裨益，如黄正德、徐杰、李宝伦、潘海华、徐烈炯等。大多数研究者从汉语词汇学、语义学、传统语法、传统语言学、认知语言学等视角研究具体的汉语构式，如王还、牛秀兰、王惠、熊学亮、刘国辉、刘晓林、严辰松、刘玉梅等，最为突出的是陆俭明、徐盛桓、沈家煊、石毓智、王寅等，这里无法陈列全部构式研究者的全部作品。

4. 不同的声音

构式语法仍然有一些尚未成熟的地方，甚至有不可克服的弱点，虽然在西方语法学界声誉日隆，总体影响也越来越大，但是，对此仍一直存在不同的声音。

乔姆斯基作为形式语法最重要的代表人物，并不接受构式主义的方法。他坚持自己的观点：语法的任意性和特异性方面（arbitrary and idiosyncratic aspects）应该限制在词库，没有必要从语法构式的角度进行解释。他在最初发表于1993年的《语言理论的最简方案》中说："普遍语法（UG）提供固定的原则系统和一定配价的限定性模式（a finite array）。特定语言的规则简化为对这些参数配价的选择。语法构式的概念被摒弃了，特定构式的规则也随之被摒弃。"就是说，乔姆斯基坚持简化主义，抵制构式主义。

其他学者对构式语法理论也有保留意见或不赞同。Keith Brown 主编的《语言及语言学大百科》（*Encyclopedia of Language and Linguistics*，2006年出版）专门设立了 construction grammar 词条，并邀请写过构式语法重要论文的 Michaelis 撰写此词条，篇幅多达12页。而另一部由 P. Strazny 主编的《语言学大百科》（*Encyclopedia of Linguistics*）中，有 empty morpheme（空语素）、configuratinalty（构型性）等词条，却不单独介绍构式语法，这不可能是编者的疏忽，而应该是体现了编者的取舍和评判的态度。有些学者对构式语法的一些具体思想也提出了不同意见，如 Newmeyer 发表《语法是语法，使用是使用》（"Grammar is grammar and usage is usage"），对基于使用的语法模式（a usage-based model of grammar）提出了疑问，Newmeyer 认为，认知语法和优选论等异类理论（disparate approach）所提出的基于使用的模式是反索绪尔的（anti-Sausurrean）的，他要维护索绪尔关于语言知识和语言运用的关系的经典思想。虽然这篇论文并不是直接针对构式理论的，但是，我们知道，Langacker、Goldberg 和 Croft 等推崇基于使用的语法模式。因此，Newmeyer 的论文对构式语法（至少对其中大部分流派的构式语法）的理论基础是一种挑战。

毋庸置疑，构式语法理论被借鉴过来后，得到了广泛的拥护。同时，我国学者也开始关注构式语法可能存在的局限。石毓智在充分肯定了构式语法优势的同时，对该理论提出了一些疑问。譬如，他认为，构式的定义"扩大""不合理"（该质疑又见于邓云华、石毓智),"烦琐而不反映语言使用者的理解过程""尚未解决语法结构的多义性问题"等。

徐盛桓、陆俭明等学者在评价构式语法时表现出了很慎重的态度,他们对构式语法的评价或批评是建立在对所批评的内容比较有把握的基础之上的。尽管学者持有不尽相同的学术观点,如果能把不同意见或疑问提出来,这会有利于推动学术的发展。总而言之,构式语法前景诱人,若要进一步发展,可谓任重而道远。

(四)构式语法视域中翻译研究的话题透视

1. 翻译是什么

"翻译是什么"这一追问实际在唤起人们对翻译本质的思考。

现代翻译研究领域出现的定义主要包括以下几种解释:①Jakobson 指出翻译是指"用其他语言来解释语言符号,并将翻译过程理解为将一种语言中的信息替换为另一种语言中的完整信息,而非替换为孤立的语码单位";②Catford 指出翻译是"把一种语言(源语)的文本材料替换为另一种语言(目标语)中对等的文本材料";③Lawendowski 指出翻译是"从一套语言符号到另一套语言符号的'意义'转移";④Nida&Taber 指出翻译是指"从语义到文体,用贴近的自然对等语在接受语言中再现源语信息";⑤Nord 指出翻译指"生成一种与特定原文本有关系的功能型目标文本,这个关系是根据目标文本应达到或需要达到的功能(翻译目的)来加以说明的";等等。

认知翻译学认为,翻译是一种行为、一种活动,表面看来是译者在不同语符间进行转码的行为和活动,但这只是翻译活动在我们面前呈现出的表象,是翻译的认知冰山浮出水面的一角。认知翻译学家认为翻译过程本质上有着认知的属性,翻译是一种以现实体验为背景的认知主体(译者)所进行的认知活动。根据体验哲学与认知语言学的观点,人是基于对客观外界的感知和经验来概念化外部世界的,语言是人认知世界的产物,这说明在现实和语言之间有个中间层次,即人的认知;同时也体现出现实—认知—语言的三元关系,即现实先于认知和语言,人的认知源于对现实的互动体验,而语言则是现实和认知互渗的结果。

由此观之,翻译也是一种以互动体验为特征的认知活动。首先,译者对源语文本的解构有着一定的认知依赖性。表面看来,译者对源语作品的解构是通过与源语作品在字、句、段、篇层面的互动实现的,是对源话语式的具体操作,实则不然。译者还要透过源语作品来解析原作者对世界的认知,也就是剖析原作者通过与其所处的客观自然世界、社会世界及其自身心理世界的互动后形成的概念化意义。其次,译者对译语文本的建构也有着一定的认知依赖性。译者建构译语文本时,肯定要依据目的语语式的组配规约进行,但是,译者也会更多地考虑译文读者的认知状况、认知水平和认知能力等相关认知要素。基于以上论述,无论是解构还是建构,翻译这一复杂过程都深深打上人类认知的烙印。通过解构与建构,译者在两种语言间、在与源语作者间、与译文读者间、与外部世界间进行一系列互动体验,其结果是生成具有可读性、通顺性、创造性的译文。因此,我们必须基于体验和认知,认清翻译行为的认知属性,抓住翻译是以现实体验为背景的认知主体(译者)

所进行的认知活动这一本质,才有可能对翻译活动做出始源性的理论解释。

2. 译什么

"译什么"通常是指对源语作品的选择,此处主要讨论的是译者通过源语作品译出什么。译者翻译的是传统语法规约下的编码意义,还是传递超越字面意义的其他东西。我们主张翻译绝不是发生在真空中的两种语言文字之间的转换。译者翻译活动的显性特征是在两种语式间进行转换操作,似乎只要按照目的语所允准的构式组合方式进行即可,但是,翻译活动绝非如此简单,译者也绝不想浅尝辄止,只译出字面间意义。我们认为在翻译过程中,译者要翻译的是原文作者通过与外部世界的互动体验后建构于源语文本中的概念化意义,并期望译语读者能够对这种意义进行识解。

3. 如何译

"如何译"这一发问本质上是在宏观层面对翻译原则的审视,也是在微观层面对翻译策略的思考。对于辖制翻译活动的翻译原则,我们基于 Langacker 认知语法理论的识解观提出了认知等效的观点。识解指人们用不同的方法认知同一事态的能力,主要是一系列"认知操作,能帮助人们从不同的选择中确定恰当结构的可能性"(Radden & Dirven 2007:21)。认知等效指译者作为翻译活动中的认知主体,"在充分识解源语作者在原文中表达的概念化意义的基础上,结合对译文读者识解能力和识解方式的考察,将识解的意义'复制'到译文当中",即通过目的语语式间的操作,"将识解义明示给译文读者,使其达到充分体验性的效果,也就是和源语读者最大相似的体验性效果"(金胜昔,林正军 2015b)。实现认知等效的操作路径有二,即寻求译文中识解维度(包括详略度、辖域、突显、视角)与原文中识解维度的最大关联或最佳关联。(金胜昔,林正军 2015b)认知等效的原则并不否定或排斥译文与原文在形式或功能上的近似对等,只不过要基于认知等效原则的辖制,因为认知等效是最核心的原则。说"近似对等",是因为从构式语法的角度审视,构式具有跨文化差异性的特质,源语构式和译语构式在字、句、段、篇各层级都存在一定的差异,我们不能盲目地用目的语语言的构式去应对源语语言的构式;从体验哲学和认知语言学的视角来看,译者需要同时兼顾源语和目的语背后的认知状况及其他社会文化要素,而这些状况和要素有别,甚至泾渭分明。负载这些要素功能的译文和原文在形式和功能上必然不能实现完全等值,这也就说明对等只能是近似的和多维度的。

在认知等效原则的辖制下,译者可以采取归化策略或是异化策略,采用直译或是意译等手段来构建译文语篇,这正彰显出译者的创造性,也体现出译者主体性的建构。但是译者的创造性翻译绝不是天马行空,而要"创而有度"。

第三节 认知翻译学的范式与方法

翻译学借助语言学、文论、哲学理论等不断丰富自身,建构了多种翻译理论,特别是近几十年来取得了长足进步。仅就语言学理论而言,翻译学就根据结构主义、功能主义、转换生成等理论提出了一个又一个新理论。Toury 曾指出:"Theory formation within

Translation Studies has never been an end in itself."（翻译研究中的理论建构永无终结。）近年来，认知科学和认知语言学的迅猛发展也辐射到了翻译研究之中。

西班牙翻译家 Martin 提出了认知翻译学（Cognitive Translatology）这一术语，但她认为当前该学科尚处于起步阶段，极不成熟，属于"前范式（pre-paradigm）"阶段。也就是说，将认知科学＋认知语言学与翻译学有机地整合起来，形成一门较为完善并被普遍接受的研究大脑黑匣子中翻译过程的学科，还有漫长而艰辛的路要走。1995 年召开的口笔译认知过程国际研讨会，1997 年出版的同名论文集，标志着翻译与认知的跨学科研究正式开始，推动了翻译理论建设，也为认知科学开拓了新领地。

Shreve & Angelone 认为，翻译的未来方向是从认知角度研究翻译，且在近期将会硕果累累。Halverson 指出，我们必须明确地沿着认知理论向前发展翻译学。Martin 也持相同观点。Martin 在前人研究的基础上，直接提出了认知翻译学（Cognitive Translatology）这一术语，主张在该学科中尽快建立理论与实践之间的互动研究。与该术语类似的表达还有：Cognitive Translation Theory, Cognitive Theory of Translation, Cognitive Translation Studies, Cognitive Approaches to the Study of Translation, 等等。他在文中论述了体验性认知（Embodied Cognition）、情景性认知（Situated Cognition）和分布性认知（Distributed Cognition）之间的关系，这与国内学者王寅等近来所论述的体验认知观（简称"体认观"）颇为相同。

我们知道，翻译的文化派划分了人文方法与科学方法，且将翻译定位于前者，而 Martin 则倡导科学－人文视野（Scientific－humanistic Spectrum），即将这两大类方法结合起来研究翻译，既可用定性的方法，也可用定量的方法。

王寅教授曾根据 Lakoff、Johnson、Langacker 等所倡导的认知语言学基本原理，于 2005 年在《中国翻译》上首先论述了认知翻译观，初步阐述了从认知语言学角度建构翻译理论的思路。王寅还运用认知语言学中的体验观和识解观分析了同一首唐诗《枫桥夜泊》的 40 篇译文。他发现，这些译文之所以有共通之处，是因为这些译者与汉民族其他成员一样，与张继享有大致共通的体验和认知，这就是体验普遍观；而这些译文之所以有差异，是因为这 40 位译者各自有不同的认知方式，因而择用了不同词句，体现了人文主观精神。

一、认知翻译学研究范式

所谓定量、定性研究，通常指在样本选择、数据采集与分析等具体方法层面上的两种设计类型，其背后存在系统的哲学假设，即研究范式（paradigm）理论。研究范式是数据驱动型研究之灵魂。作为一套无须论证的哲学信念体系，研究范式是常规学科赖以运作的基本公理与实践规范，包括本体论（ontology）、认识论（epistemology）、方法论（methodology）三方面的理论视角与概念假设。本体论回答"什么是现实（reality）的形式与本质"等存有问题；认识论是关于知识的理论，解释知者与被知物之间的关系属性；方法论关注如何发现知识，但方法论并非研究方法本身，而是对具体方法的分析与辨明。本体论决定着对认识论与方法论问题的解答，进而引导具体研究方法的选择。

1. 实证主义范式

"实证主义"一词代表着 400 多年来自然与社会科学领域的通用理论,以朴素实在论(naive realism)为存有观基础,认为现实是绝对的,外在于观察者,受不可变的自然法则所驱动。实证主义认识论的核心是二元论(dualism)与客观主义(objectivism),即知识与意义存在于意识之外;现实是稳定的、可观察的、可发现的;研究者与被研究对象是相对独立的实体,二者之间的相互影响应加以严格控制;只有可复制的研究发现才是真实的。正是基于存在一个客观世界的本体论前提,实证主义试图获知、发现或尽量接近这个客观的世界,在方法论上强调研究手段的科学性、实验性、可操纵性及研究假说的可验证性。关于客观世界的陈述,如果不是源自客观观察,如果无法通过经验证实或证伪,则是毫无意义的。

实证主义认识论指导下的社会科学研究的核心环节是使用经验材料对理论进行检验,反映在研究设计中就是假设检验。

2. 自然主义范式

金炳华提出自然主义既是指一种特殊的研究方法,也是指对客观世界的一种理解方式或信念。自然主义是随着近代科学的产生及人们对自然的进一步认知而日益被人们认可和明确使用的一个概念。据《哲学大词典》所载,自然主义"泛指主张用自然原因或自然原理来解释一切现象的哲学思想、观念"。哲学家内格尔(Nagel)认为,"自然主义既包括一种探究的逻辑,也包括对宇宙结构和人在其中的地位的普遍阐述,是对在实践中和在批判性的思考中接触到的世界所做的正确的概括性的论述,是对人类社会的合理展望"。

自然主义的核心理念是坚持从自然的立场出发来理解和阐释自然界、社会和人。而作为一种特殊的研究方法,当代美国自然主义哲学家萨缪尔(Samuel)认为,自然主义的方法是不带任何先人之见来研究我们的先人之见。这实际上是强调在人文社会科学的研究过程中采取与自然科学研究相一致的研究立场,对研究的对象与问题进行不偏不倚的描述与分析,即用自然的方式去自然而然地发现自然存在物的本源,从而避免任何先入为主的价值观念的影响与束缚。

二、认知翻译学研究方法

如上所述,Martin 虽提出了认知翻译学,但认为当前该学科尚处于前范式阶段,还未建成普遍接受的理论框架,呼吁学者们继续努力。王寅受其启发,尝试在其论述的基础上,再次运用体验哲学和认知语言学的基本观点论述认知翻译研究的具体原则和方法。

过往翻译研究大多落在译文结果上,注重分析、对比、评价译文,而忽视了译文产生的过程,这一缺陷近年来得到了扭转。20 世纪 80 年代,Krings、Gerloff、Lörscher 等在认知科学,特别是认知心理学、认知语言学、现代实验设备和计算机软件的影响下,提出用实证的方法来研究翻译过程(translation process),这个过程实际上就是人们在翻译活动中的思维过程。显然,这一研究新范式跳出了传统思路,具有明显的后现代意识。正如上文所述，翻译的认知过程和习得能力的研究大多还停留在理论思索的层面，尚未见具体的、大规模的实验数据。近年来，一批翻译学家为弥补这一缺陷，成立了跨学科研究小组，运用(后)现代科技设备和软件从事了一系列实证研究，将论点与论据、理论与方法、人文主义与科学主义结合一起将翻译学研究推向了一个新阶段。

王寅将近年来国外发展起来的研究翻译过程和能力的实证方法分别进行了介绍。笔者认为可以将其具体分为量化研究和质性研究两个方面。本书暂将翻译所涉及的语言设定为英语和汉语，包括英译汉和汉译英，以便于叙述。

1. 量化研究方法

量化研究是指运用心理测量、心理实验、心理调查等方法获得数量化的研究资料，并运用数学、统计等方法对资料进行分析，以获得研究结论的方法，即上文提到的实证主义范式。具体的量化研究方法有以下 7 种。

(1) TAPs。TAPs 是"Think-aloud Protocols(出声思维法)"的缩略语，即将执行某任务或解决某问题时心智中所思所想用词语大声说出来(verbalization)。Bühler 早在 20 世纪初就提出了这一方法，Ericsson 和 Simon 将其引入研究翻译过程，要求译者在执行某项翻译任务时，将具体的转写过程用口头表达出来。李德超也对其做出了论述。该方法又可细分为两种：一是边转写边表达，叫"共时法(Concurrent Protocol)"；二是转写后再重述，叫"反省法(Retrospective Protocol)"。

我国学者蒋素华(1998)最早介绍、引进这一实证方法，此方法优点十分明显：成本投入较小(耳机和录音机)，不需要添置其他复杂和昂贵的设备。此方法是首先选好几篇待译英语段落，邀请几位被试者在一特定场地即可实验。然后将他们译好的汉语书面文字与他们口头叙述的录音内容进行比对，考察译者心中所思所想与实际书面文字之间的"同"和"异"，调查它们的分布比例，分析差异的原因，同时还可发现口头表达与书面文字之间的差异，这也有助于研究口译和笔译的翻译认知过程。

但该方法的缺陷也很明显：书面翻译时的心智运作过程都能被意识到吗？每个被试者的表述能力都相同吗？他们都能将心智中所思所想用词语表述出来吗？若不能，该实验又将如何进行下去？口头表达的速度和词汇空缺也是必须考虑的因素。人们能在多大程度上做到口手的一致性？动了口就会影响动手，连翻译这一主要任务都进行不下去了，还谈何研究翻译过程？倘若这些基本前提得不到保障，TAPs 实证研究的有效性和可靠性就很难得以保证。

(2) TPP。TPP 为奥地利翻译能力研究小组(Trans Comp Research Group)所用术语"Translation Process Protocol(翻译过程法)"的缩略语。此方法是对 TAPs 的发展。此方法在转写过程中不仅要记录他说的内容，还要考察他的相关行为，如查阅词典、调整耳机等动作。Göpferich 对其有较为详细的论述。

这一方法的优缺点基本同 TAPs，添置摄像机成本不高，但最大的疑问是：相关行为与翻译过程究竟有多大关系？查阅词典可能是译者不认识原文中词语，或一时找不到合适词语；调整耳机可能是因为戴着不舒适，不一定与理解有多大关系。

(3)Keyboard Logging。Keyboard Logging(键盘记录)，又叫 Keystroke Logging。采用此方法时，可用一特殊设计的软件来记录人们翻译时敲击键盘、使用鼠标的情况(包括键盘输入、删除、翻页、粘贴、暂停、频率和速度等)，然后可以 AVI 文件形式回放，以此来考察使用了哪些键和它们的使用频率。用此法可发现翻译单位(两次暂停之间的单位)。此种方法常用的工具软件是丹麦哥本哈根商学院的 Jakobson 和 Schou 于 1999 年为研究翻译过程设计出的翻译记录软件(Translog)。该软件还具有屏幕记录(screen recording)的功能，可将所有键盘输入的动作及其对应的屏幕显示记录下来，能以任何需要的速度回放或静态播放，可获得译者所思所想和所译所写之间互动关系的详细数据，观察到译者在翻译过程中的细微之处。这一工具可有效弥补键盘记录法和出声思维法的不足。

屏幕记录法可弥补问卷调查法和反省口述法所遗留下来的部分问题，因为问卷调查法和反省口述法获得的常是一堆结果材料，无法知晓回答问题的过程。倘若缺失了回答问题或口述心理活动的过程，这对于研究翻译过程可谓一个致命伤。而屏幕记录法可记录译者如何将所思所想转写为具体文字的细节过程，供研究人员深入分析。这有利于人们发现翻译过程中的有关规律，揭示翻译时的实际心理活动过程。从 2006 年设计出的键盘屏幕记录软件 1.0 版本，到目前为止的最新版本，它们能够将计算机用户的键盘输入全部记录下来，还可广泛用于家长对孩子的管教和企业对员工的监督，以及计算机教室、网吧的监控与管理，如 QQ 聊天、MSN 聊天、发送邮件等。此法实属创新之举，但是人们不免还是要发出疑问：键盘和鼠标的运作情况与翻译的认知过程究竟有多大的关联性？西方人因为从小学就开始学打字，所以对键盘的熟悉程度较高。而中国普及计算机的时间并不长，不熟悉键盘的人数恐怕不在少数，且打字速度相差较大，这从中能找出多少有价值的规律？再者，各种文体所使用的词汇域有一定甚至较大的差异，这些词汇所用到的字母在键盘上就会有不同的分布，而且个人用鼠标的习惯也不尽相同，所以仅凭键盘和鼠标的使用情况来考量翻译过程，似乎会带有不少"胎里疾"。

(4)Eye-tracking Systems。Eye-tracking Systems(眼动系统)指依靠基于红外线、摄像机、计算机等技术制造出的眼动仪(eye tracker)，来记录人们在处理视觉信息时的眼动轨迹等特征，据此来探索人们在各种不同条件下如何加工视觉信息，因为眼睛运动与心理活动之间存在直接或间接的关系。

俗话说，"眼睛是心灵的窗户"。心理学家早就发现人们在执行诸如阅读、翻译、观察等不同任务时，眼球是在不断运动的，他们通过研究眼动情况来揭示心智活动规律。该技术被广泛用于研究注意、视知觉、阅读、翻译等领域。

翻译过程实证研究收集的眼动数据主要有以下几种。①固视(fixation)。固视指"视线接近静止，定格在一个兴趣区(area of interest)内"；②扫视(saccades)。阅读中有 85%～95% 的眼动是固视，剩下的 5%～15% 是扫视；③瞳孔扩张。瞳孔扩张(直径在 1mm～9mm)是认知努力的另一个常用指标。相关研究如 O'Brien 通过比较瞳孔大小和翻译记忆系统匹配来研究认知努力和匹配类型之间的关联。

Just&Carpenter 提出了"眼睛—心智假设(Eye-mind Assumption)",即在被注视和被加工之间没有明显的滞后(appreciable lag),被注视的时间长短可表明潜在的认知加工复杂度。Rayner & Sereno、Jakobson & Jensen 等发现,注视的时间越长,所需付出的认知努力就越多。因此,这常作为眼动实验的一条基本原理。

眼动可揭示句法加工和意义建构的过程,它也有助于研究翻译过程。因为译者在阅读文字时,眼动轨迹会出现一系列的变化,主要有注视的时间和次数、眼跳的距离、追随运动的路径、注视点轨迹图、眼动时间、眼跳方向的平均速度和距离、瞳孔大小和眨眼等,它们可反映出视觉信息的选择模式,据此可揭示个体的内在认知过程,解释译者在翻译具体语句时的心理活动情况。爱尔兰都柏林城市大学的 O'Brien 在这方面取得了较大成就。Sjørup 还运用这项技术研究了隐喻的翻译问题。译者在加工隐喻表达时,注视的时间较长,所付出的认知加工程度比加工非隐喻表达要高,因其会涉及数种认知加工和翻译策略,如意象图式转换等问题。

王娟提出眼动跟踪技术在国外翻译实证研究过程中的运用和积极探索,至少给我们以下 4 点启示。

①实验条件应更加接近译者真实条件下的工作状态。现有实证过程研究中的很多实验条件与译者的真实工作状态不一致。其主要原因是技术上的限制。就实验所用的文本来说,大多是短文本。因为要运用眼动跟踪技术,就必须使原文和译文同时出现在屏幕上,否则还要把屏幕往下拉,收集的眼动数据就不完全与研究问题有关。如果研究人员感兴趣的是译者对单词的注视情况,那么还必须设置成大字体,这些都限制了文本的长度。

②要多开展历时性实验。严格意义上的历时实验要满足 3 个条件:同样的被试、有规律的间隔和较长的时间跨度。相对于共时性研究来说,历时性研究尤其能揭示对翻译过程、翻译能力的构成及发展。现有的历时性研究并非没有,如 Trans Comp、Capturing Translation Processes project 等,但不够多。因此,应进一步加强历时性研究。

③要有更多的大规模研究。国外目前的相关实证研究多数规模较小,限制了结论的有效性。例如,TransComp 的实验对象只有 12 位。这样的实验结论很难具有普遍性。又如 Jakobsen 和 Jensen、Sharmin 等的研究内容都差不多,都是探索翻译认知努力在原文和译文加工上的差异,二者的结论一致,但是后者的结论效度更高。其原因是前者的被试太少(12 位),而后者则要多一些(18 位)。这说明没有足够的被试,结论的普遍性意义就较小。

④要进一步规范术语及概念的界定。例如,研究人员对于以翻译为职业的人或尚在学习翻译的人冠以不同的名称。(O'Brien2009:260)前者通常被称为职业译者,后者被称为半职业者、新手或学生等。不同的人使用第一类职业译者这一称呼有不同的意义,涉及的译者的经验也可能不同,应该加以统一。

(5)EEG。EEG 为"Electroencephalography(脑电图)"的缩略语。人体组织细胞总会自发地、连续地产生微弱的生物电,若在头皮上安放电极便可将其引导出来,经过脑电图记录仪放大后可得到有一定波形、波幅、频率和位相的图形和曲线,这就是常说的脑电图。人们在不同刺激下可作出不同的反应,所产生的脑电情况也不相同,据此可用于诊断疾病，揭示心智运作规律。近年来，语言学家（含翻译学家）尝试运用 EEG 来解释语言输入和脑电产出的关系，以此来揭示语言习得和翻译过程中的有关规律。例如，对被试者输入不同词类，大脑的不同部位会发生明显的生物电活动变化。研究表明，大脑加工动词和名词的区域不同，这说明大脑对语言有功能区分工。该技术还可用于记录认知加工负载的变化情况，以能说明处理不同难度的翻译任务。

(6) FMRI。FMRI 为"Functional Magnetic Resonance Imaging（功能磁共振成像）"的缩略语。该设备可通过磁共振成像技术来记录和测量大脑中神经元出现功能性活动时需要增加局部血流量或加速充氧的具体情况，此方法不仅可用于诊断与大脑有关的病灶和医治状况，还可记录头脑中哪一部位在特定条件下被充血和激活的具体情况。这些资料可用来深入研究大脑中的记忆、注意、决定等心智活动，甚至还能识别出被试者所见到的图像或阅读的词语。该技术自 20 世纪 90 年代问世至 2007 年年底已出现在 12,000 多篇科技论文中，且目前还以每周 30～40 篇的速度增加，因为它在观察大脑活动时具有更高的时间和空间分辨率，且精确度更高（可达到毫米水平）。目前用来检测大脑神经系统的主要技术有以下 3 种。

①PET，为"Positron Emission Tomograph（正电子发射断层扫描）"的缩略语，通过向脑内注射少量液态物质以测量局部脑血流，可检测大脑活动的情况，用于定位功能区，但缺点是不够精确，且对人体有损害。

②MEG，为"Magnetoencephalography（脑磁图）"的缩略语，是集低温超导、生物工程、电子工程、医学工程等 21 世纪尖端科学技术于一体，无创伤性地探测大脑电磁生理信号的一种脑功能检测技术。除临床医学外，MEG 还广泛用于如皮质下神经元活动、同步神经元分析、语言学习研究、学习记忆研究等领域的基础研究，可直接探测大脑中神经系统的复杂性功能活动。

③ERP，为"Event-related Potentials（事件相关电位）"的缩略语。借助该设备可获得一种特殊的脑诱发电位图，该方法通常用来研究注意或记忆方面的生理机制，用以确定空间定位。由于大脑神经系统对于各种刺激做出的反应非常快，上述这些技术难以精确记录，定位不准，效果不佳，满足不了实验的要求。而 fMRI 具有非常好的时间和空间上的分辨率，这为研究大脑神经系统提供了更为有利的条件，可用于研究视感知过程和中文识别的中枢定位等问题。借助 fMRI 可更准确地获得翻译过程中大脑神经系统的运作过程和结果，有效弥补上述技术的不足，但缺点是使用和维护的成本太高。

(7) Physiological Measures。Physiological Measures（生理测量）包括上文述及的 EEG 和 fMRI，此外还有皮电反应（galvanic skin response）、血流量和血压（blood volume and pressure）等技术。皮电反应可测量到人在紧张（如出汗）时皮电流量增大，血流量和血压升高表明人的情绪焦虑。这两项技术与 EEG 和 fMRI 一样，也可用于测量人们在翻译（特别是口译）时的生理反应情况。Moser—Mercer(2000：86)认为，通过这类技术研究口译所获得的数据不一定完全可靠，如口译者虽可连续讲话，但不一定译得准确，即技术本身不能判断口译的质量。

2. 质性研究方法

质性研究方法是指运用历史回顾、文献分析、访问、观察、参与经验等方法获得研究资料，并用非量化的方法，主要是个人的经验，对资料进行分析，以获得研究结论的方法。质性研究采取自然主义的研究范式，重视在自然情境下研究人的心理生活经验，因而研究的结果更切合人们的生活实际，更具有针对性。

该研究方法往往着眼于研究特殊的个体，旨在揭示个体的独特心理和行为特征，从而描述和解释特定研究情境中人们的经验，理解社会及人们日常生活的意义。具体的质性研究方法有以下 4 种。

(1) 专家—学生对比。通过对比学生译者和专家译者的翻译过程和成果，收集差异，整理数据，从中发现有关学习过程和翻译能力的具体情况。Jakobson 认为，专家译者的一般情况是：草译时所花的时间较少，修改时所花的时间较多。Chesterman 的研究结果表明，学生译者的线性发展也不一定能保证会逐步接近专家译者的水平，甚至在某些阶段，这一发展可能会走入反方向，在草译阶段所花的时间更长。这表明在不同阶段应发展不同的翻译能力。

若是将这一方法与上述几种实验方法结合起来使用，我们或许会有更多的发现，对于如何培养学生的翻译能力更具指导意义。

(2) 反应时和提示法。反应时(Response Latencies，又称 Reaction Time)是指从发出刺激到开始反应之间的时间长度，它因人、因时、因地、因事而异。其间的过程可大致描述如下：先是刺激引起感官注意，经由神经系统传递至大脑，经过系列加工，再由大脑传给相关反应部位。反应时主要由感觉神经传递的时间、大脑加工的时间、做出反应的时间这三部分组成。心理学家常用该技术来分析人的知觉、注意、学习、记忆、思维、动机和个性等各种心理活动。亦有学者将其运用于语言学习和翻译过程中，如由计算机屏幕给出一个物体(或简单事件，或汉语词句)，以某一固定速度再给出一个英语词句，由被试者判断其是否正确；或由被试者自己直接输入对应的英语单词(或句子)；也可用多项选择法来做这类实验。测量并比较不同人在翻译过程中所做出的反应时间，以说明个体对词句的熟悉程度或翻译能力。

提示法(Prompting)为心理学常用方法，如以固定速度向被试者提供一个或多个词语，以检测他的记忆或联想能力。该方法也可用于研究翻译过程，如上文所提及的通过屏幕向被试者提供某汉语信息，检测其翻译成英语所需要的时间。对由若干人组成的一组人提供相同的提示内容，可调查出不同个体所做出的反应时间，并据此排列顺序，可为量化他们的翻译能力提供一定的参考。若再求出该顺序与这组人其他成绩顺序的相关系数，还能达到互相参验的目的。当今的研究人员还设计出一种翻译或写作软件，这种软件可根据屏幕上亦已出现的词句向译者或作者自动弹出可供选择的词语，从而提高翻译或写作的速度，使用这种软件可望减轻大脑认知加工的负担和时间，发挥搭配词典所起到的功效。

(3) 问卷调查。问卷调查(Questionaire)是国内学者都已十分熟悉的方法，自 20 世纪 80 年代引入国内后亦已成为应用语言学(包括二语习得)研究方向的常用方法。该方法也同样适用于翻译过程的研究。通过设计某一特定类型的翻译问题（如英译汉、汉译英等），该方法有助于了解受试者的某种翻译能力，以便发现问题，从而对症下药。该方法对于翻译教学和研究十分有效。

质性研究重视研究者与被研究者之间的互动过程，重视在互动中建构理论和知识体系，可避免教条主义和机械主义，但也有一定的主观性、人为性、经验性和情境性。

此外，研究者们还把量化研究和质性研究的方法结合起来，数量证据补充质性分析，质性研究为数量研究指明方向。二者相互包含，相互补充。

(4)数法并用。数法并用(Combined Methods，又称 Integrative Research，Multiple Methodologies，Methodological Integration)，可有效解决上述单用某一方法的缺陷，更好地揭示翻译过程中心智加工的机制。由于在口笔译过程中人们不可能是单一器官在活动，而总是多通道在活动，既要用到眼、口、耳、手，更要用到大脑。Dragsted、Shreve & Angelone、Lachaud 提出了将眼动技术与键盘记录结合起来研究翻译过程的观点。Jensen 也用此方法来研究译者在译出语和译入语上注意力分布及转移的具体情况，即在屏幕上安排两栏，如左边为英语，右边为汉语(用键盘输入)，根据译者在每栏上注意力分布和转移的情况，来揭示英译汉过程中的具体细节和相关规律。欧洲学者还提出了 EYE-TO-IT 方案[①]，将此方法与脑电图技术结合起来，以期能获得更有价值的数据。

数法并用可更好地解释翻译过程中的串联—并联活动(Serial-parallel Activity)。串联是指理解了译入语之后才开始翻译；并联是指译出语理解与译入语生成同时或交错发生。另外，这种方法还可用于调查专家译者和学生译者在翻译相同文本时注意力分布和转移的数据，以获得有价值的资料。学者们对翻译过程中理解与生成是串联还是并联主要有以下三种不同看法：①垂直翻译观持串联立场；②水平翻译观持并联立场；③混合翻译观持双重立场，即翻译过程中既有串联也有并联。笔者认为，这三种观点都有存在的理由和可能，这取决于译者的语言水平、翻译能力、智商、情绪、年龄，以及对译出语文本的熟悉情况。Jensen(2011)通过实验发现，不管是专家译者还是学生译者，他们的注意力大多分布在译入语上。学生译者花在译出语上的时间比专家译者要长。在这两组译者群中都发现了一定程度的并联活动。

UCM 是"Uncertainty Management(处理不定性)"的缩略语，即在翻译过程中常会遇到拿不准的现象，此时可单用或组合运用几种方法来研究。Trans Comp 团队组合使用 TAPs、键盘输入、屏幕记录、反省法和问卷法等来研究翻译次能力，发现人们的创造力与翻译能力呈正相关。

认知翻译研究涉及很多学科，如认知科学、认知心理学、神经生理学、人机对话、认知语言学、心理语言学、二语习得、对比语言学、语料库语言学、逻辑学、语义学、后现代哲学等。认知翻译研究可将翻译学与认知语言学、语料库语言学结合起来，还可将翻译

---

① EYE-TO-IT 为一项欧洲研究项目，包括与挪威奥斯陆大学及医院的合作，将 EEG，Eye Tracking，Keystroke Logging 三项技术结合起来研究翻译背后的认知机制，Lachaud(2011：131—154)对其做出了论述。

学与心理语言学、二语习得、双语对比研究等结合起来。在数据调查上也不一定仅依靠语料库数据，还可将其与实验性数据(experimental data，又称 elicitation data)结合起来共同支撑某一论点。这就是认知翻译学所倡导的数法并用。

　　正如上文所说，语料库数据不一定完全可靠。为弥补其不足，认知翻译研究还大力提倡语料库兼实验数据的研究方法，因为语料库所提供的数据往往是针对总体性一般现象的，而要能对某翻译专题做出更为周全的解释，还需要借用诸如问卷调查、控制实验、等级排列、分类对比、有声思维、跟读和释义等实验性数据，具体操作时可主动掌握实验范围，明确实验具体目标，严格控制干扰变量，统计和分析所得数据。Alves 提出的三角测量法(Triangulation)借用了几何学和 GPS 卫星定位概念，取三点即可确认一个对象的准确位置，在实验中可从不同角度(两个或以上)对同一对象进行测量以便获得准确定位数据。这样，通过交叉对比两种(或以上)不同数据，便可保障实验结果的有效性和可信度。正如 Halverson 所指出的，认知语言学理论要能得到可靠论证，仅用语料库数据是不充分的，还需要借助其他数据。这实际上就是认知语言学所倡导的趋同证据(convergent evidence)的方法，如 Lakoff 等认知语言学家分别以多种学科(如日常语言、文学、社会学、经济学、哲学、数学、宗教等)为语料来论证概念隐喻的普遍性。这种方法同样适用于翻译的实证性研究，可用从不同渠道获得的证据来集中证明同一个论点或假设，以确保论证的充分性。Tummers, Heylen & Geeraerts 对此做出了较为详细的讨论。还有很多学者，如 Arppe & Järvikivi, Divjak & Gries, Nordquist, Gries, Beate & Doris, 等等也在这方面做出了贡献。Halverson 于 2009 年用了六组数据(四个语料库、两组实验数据)来解释他的引力假设。因此，认知翻译研究主张将各种语料和实验方法结合起来做综合性研究，这将更有利于说明相关理论和论点，同时对于认知语言学研究也很有启发意义。

　　王寅(2012)论述了数法并用，建议将翻译过程与结果，翻译学与认知语言学及语料库语言学结合起来，将翻译学与心理语言学、二语习得、双语对比研究等结合起来，将语料库数据与实验数据结合起来共同支撑某一论点。Alves 也给学者们提供了广阔的研究空间，用多种研究途径，就大脑如何建立两种或多种语言之间的对应连接关系这一难题，从生理学和神经学等角度做出更为科学的解释，这对于提高外语教学质量和翻译能力具有重要意义。

　　上文列述了国外(主要是欧洲)研究翻译过程和翻译能力所常见的几种实验方法，论述了单独使用的弊端，此弊端可由数法并用得到弥补。为了论证同一专题，可将数种方法结合起来，即认知语言学中趋同证明的方法，可使得论证更有说服力。此外，还考察了这一领域的发展趋势、研究热点和发展动向，指出存在的问题和解决的方法。学者普遍认为，认知翻译学应当将理论与实验紧密结合起来，将各种语料库和实验方法融通运用，这必将更有利于说明相关理论和论点，同时会对认知语言学和认知翻译学产生重大的启发意义。

第六章 生态翻译学

　　生态系统是指在一定空间内，生物与环境构成的自然、开放的生态学基本单位，在生态系统中，各种生命现象之间在生存过程中相互竞争、相互作用、相互依存，形成健康有序的状态。每个生物单位都处于一定的生态位下，在某种特定的条件下通过"自然选择"和"优胜劣汰"等方式，实现生态系统的自我控制、自我调节和自我发展，实现生态系统的动态平衡。这些重要的生态学概念被广泛运用于生态研究和交叉学科领域，包括翻译学研究。

　　生态翻译学是翻译学和生态学的结合，提倡从生态学的视角研究翻译、解读翻译过程。翻译的实质就是一种跨文化交际活动。如何通过翻译文化的生态平衡来实现文化的多样性，以达到文化的可持续发展是翻译界学者一直在思考的问题。翻译的存在离不开周围的环境，翻译同人类发展、社会进步关系密切。翻译活动的开展处于地球的整个生物圈中，需要社会基础，也需要生物基础。翻译的发展离不开翻译的生态环境，两者之间存在协同发展的关系。翻译的生态环境包括对翻译的产生、存在和发展起着制约和调节作用的多维空间和多元环境系统。

第一节 生态翻译学的起源与发展

　　生态翻译学在翻译理论研究的整体推进中显示出越来越明显的贯通融会性。它以生态学作为翻译学理论研究的基础和前提，确立了生态思维与翻译活动之间的有效契合，并通过生态取向的整体主义方法，为翻译活动提供一种新思路，它所独有的生态范式和生态结构赋予了翻译活动整体的研究视野，这使它与传统翻译学形成鲜明对比，为当代翻译学的理论建构提供了可借鉴的方法和路线。

一、生态学的内涵与发展

　　生态学中的重要概念包括生态平衡、生态系统、生态位。生态平衡是指在一定时间内，生态系统中的生物和环境之间、生物各个种群之间，通过能量流动、物质循环和信息传递，使它们相互之间达到高度适应、协调和统一的状态。

（一）生态学的内涵

　　生态学是研究生物与环境之间相互作用的一门学科，包括生物个体之间、群落之间、生物和非生物之间的相互作用。该词是由自然学家亨利·索端于1858年提出的，但他没有给生态学以明确的定义。德国著名博物学家艾伦斯·海克尔在其所著的《普通生物形态学》中,初次把生态学定义为"研究动物与其有机或无机环境之间相互关系的科学",特别是动物与其他生物之间的相生相克关系。该词由希腊语"oikos"和"logos"发展形成。"oikos"表示住所,"logos"代表知识,因此对生物"居住"的研究是生态学的本义。

在这之后,作为现代科学体系中的一个关键学科——生态学,得到了确立并慢慢发展起来。一般情况下,研究环境系统是生态学的范畴。"环境"是指相对于人类创造的世界而言的自然世界。生态学研究自然界的各要素及各要素之间的互动,包括生存、生命、生产之间的密切关系,体现了整体性、总体性和全面性的特征。

(二)生态学的发展

生态学的发展是一个循序渐进的过程,大致经历萌芽期、形成期、发展期三个阶段,每一段都有各自的特征。

1. 萌芽期

17世纪之前,是生态学的萌芽期。人类在长期务农、游牧、捕捞和狩猎过程中不断总结经验,不断积累简单的生态学知识。例如,季节气候、土壤水分对作物生长的影响和常见动物的物候习性等。这个阶段为生态学的创建奠定了知识和思想上的基础。

2. 形成期

17世纪到20世纪50年代,是生态学的形成期。这个时期的生态学家提出了许多有价值的生态学理论,研究方法从个体生态观察研究,过渡到生态系统研究。达尔文提出了自然选择理论,由于环境与生物进化的相互作用,人们高度重视环境和生物的关系,这也促使生态学得到进一步发展。

3. 发展期

20世纪60年代以后,是生态学的发展期,主要表现出以下几方面的特点。

第一,学科自身发展条件和趋势方面。在发展过程中,化学工程技术科学、物理、数学等学科的研究成果融入生态学种。举例来说,地理信息、高精度和分析测定技术等为生态学提供了朝精确、定量方向发展的条件。

第二,生态学的理论发展方面。将生物生态学、种群生态学、生态系统生态学和群落生态学等要点分为宏观、中观和微观三个层面,更为详细具体。

二、生态翻译学的起源与发展

生态翻译学研究和发展经历是一个循序渐进的过程。在生态翻译学的构建过程中,如果将本书最终所构建的理论话语系统当作该"过程"的输出结果,这种输出必然会有其输入,即必然会有生态翻译学发生、发展的基础、前提和条件,等等。同时,过去是未来的前奏,知晓生态翻译学发展的历史,也就把握了生态翻译学发展的未来。

(一)生态翻译学产生的背景

很多理念都是在深刻的时代背景和社会思潮影响下提出的。在现代社会和学术发展的引导下，生态翻译学也在逐渐产生和发展，它是在翻译学研究的影响下经济社会进行的转型。众所周知，人类社会自20世纪60年代以来，由工业文明向生态文明进行了转型。20世纪70年代以后，中国逐渐开始重视生态环境问题。此后，提出了科学发展观和可持续发展政策的理念，同时提出"人类文明处于从工业文明向生态文明过渡"的观点。为了适应社会的发展，在不同的翻译研究领域，将会引入"生态"维度。

从认识论到本体论，从人类中心到生态整合转型，这是当代哲学必须面对的。不难看出，这使翻译研究人员从"翻译生态学"的角度跨越思想领域，扩大了翻译活动的视角，形成了生态翻译的研究路径。翻译适应选择的理论基础是从生物与生态环境的关系入手，从本质上讲是生态学路径的，这一点从2001年研究起步时就已定位，此后按照该路径的其他研究也是这样发展起来的。但2003—2004年之间的翻译适应选择论研究中的"适者生存"理论及"自然选择"理论之间的梳理明显缺乏，依赖两个学科（生态学和生物学）关系的研究也没有深入进行。这在一定程度上是根据翻译理论的适应性选择的延伸而产生的影响，这会使未来生态翻译在建设过程中遇到困难。通过对相关文献进行研究，进而发现最早的生态学是从植物生态学开始的，相应的动物生态学是伴随着植物生态学的发展才得以发展。众所周知，生物学的研究对象既包括动物又包括植物，生态学不是孤立地研究环境和生物有机体，而是研究生物有机体和环境，以及互为环境的生物之间的辩证关系。

作为系统的翻译理论研究，从生态学的发展角度来看，前期的翻译适应选择论和后期的生态翻译学，两者是"同源"的，是一种继承的关系，本质上是一致的。

前期的翻译适应选择论研究定位在系统的翻译理论，但翻译理论研究本身与翻译学研究是不在一个层面上的。换句话说，翻译适应选择论研究相对于整体的翻译学来说，只属于"中低端"的研究。随着生态学视角翻译研究的深化和拓展，现在有了宏观生态理念之下的整体翻译生态体系研究，而这种宏观的、整体的翻译生态体系研究，实际上就涉及翻译学研究的层面了。由此看出，在整体的生态理念的观照之下，很有可能的是，前期翻译适应选择论的"中观"和"微观研究"与宏观的整体翻译生态体系研究相关联。也就是说，这将有可能使翻译研究的"翻译学架构""翻译论体系""译本形成"的三个层次研究有机地"打通"，使微观的翻译文本操作研究、中观的翻译本体理论研究、宏观的翻译生态体系研究实现统一，其产生的结果是三效合一的、"三位一体化"的生态翻译学的理论体系构建便有可能顺理成章了。生态翻译学起步于2001年，立论奠基于2003年，倡学整合于2006年，全面拓展于2009年，可谓"三年一小步""十年一大步"，显示出它艰难的研究历程对于生态翻译学的产生和发展的影响，其中不仅有中国因素，还有全球因素；不仅有内部因素，还有外部因素；不仅有人为因素，还有客观因素。同时，生态翻译的起源和发展也是种社会需要、文化需要和学术需要，促进翻译学习领域的视野需要进步发展。因此，在21世纪初期，翻译学就开始发展了。

生态翻译学的三个立论基础可以概括为生态翻译学的可持续性、存在性和客观性。生态翻译学逻辑思路得益于"关联序链"的指向和启发，进而进行翻译活动（翻译生态）和思考自然界（自然生态）的相互关联问题；正是由于对自然界（自然生态）和翻译活动（翻译生态）

相互关联问题的深层次的研究,从而能够在翻译学中适度地引用适用于自然界的"适应/选择"学说;正是由于将"适应/选择"学说引入了翻译学研究,翻译适应选择论的理论体系才得以建立;正是由于翻译适应选择论的理论体系的建立,以此为基础,才得以进行生态翻译学"三层次"的研究。此"三层次"研究分别是宏观翻译生态体系、中观翻译本体理论、微观翻译文本转换的研究。最终由于生态翻译学"三层次"的研究,实现了相对完整的生态翻译学理论体系的构建。这是一个循序渐进、由局部到整体、由小到大、逐渐归为系统化的发展过程。

经过21世纪第一个10年的研究和积累,生态翻译学的研究成果不断累积,研究思路和发展取向日益明确,生态翻译学的宏观翻译学、中观翻译论、微观译本的"三层次"研究格局已形成。同时,随着理论应用和实证研究范围的逐步扩大和学术影响力的逐步提升,研究队伍呈现壮大之势,国际、国内的交流与合作计划均在实施之中。总之,生态翻译学正在一步一个脚印地稳步发展。

(二)持续不断地发展

没有生命力的理论行之不远,而理论的生命和活力在于人们持续不断地进行关注与应用。这种判断和追求,可以说对任何领域的研究或任何学科的发展都是一样的。对于生态翻译学来说,学界的关注和应用是多方面的,除发表论文、出版著作、进行相关研究或列入会议议题,以及安排大会主旨发言外,主要还体现在当生态翻译学的研究成果和著作面世以后,海内外翻译学界开始了多方面的评论。与此同时,为使翻译适应选择论及生态翻译学进一步完善和发展,相继出现了对相关理论视点的描述或异议,这些都从一个侧面表现出翻译研究学者对生态翻译学发展的关注、鞭策和促进。

走过10多年风雨历程的生态翻译学,其发生与发展已成为一个事实,一个客观存在,并日益引起国内外广泛的关注和兴趣。就目前来说,经过了10年的发展,整合"倡学"、探索"立论"、拓展"创派"是生态翻译学三个发展阶段。生态翻译学研究者近年来一直在刻苦努力,不断拓宽自己的视野,以更加广阔的见识为基础,推进生态翻译学发展的脚步,使生态翻译学在科研开发、理论建设、国际交流、基地建设和队伍整合等各个方向,呈现出良好的发展态势。

发展进入第二个10年的生态翻译学研究,将在生态翻译学观点相同的学者提出的"先国内、后国际"的发展战略下,慢慢地在国内进行发展,直至发展到国外。一方面,学者将于近几年内出版几部拟订的专题著作;另一方面,针对国际生态翻译学研究会的性质,学者要不断努力,建立和健全工作机制,对"国际生态翻译学"网站进行良好的利用。在今后几年内,最主要的是人才战略储备,但这种人才战略储备是可持续的,我们会采用多种形式集中培养生态翻译学研究方向的博士、博士后研究员,从而提高生态翻译学的"续航力",促使"生态翻译学学派"得到良好的发展,进而在国际翻译学界占据一定的地位。

第二节 生态翻译学的理论基础与体系

一、生态学理论梳理

西方生态学理论的实质是关于科学治理人与自然之间生态关系的理论。总体而言，西方生态学理论自20世纪中叶形成时代潮流以来，已经经历了三个重要的历史发展阶段，即生存主义理论阶段、可持续发展理论阶段、生态现代化理论阶段。

（一）生存主义理论阶段

生存主义理论阶段是西方发达国家生态文明的觉醒时期，环境保护的意识及理论开始逐步成为全社会关注的目标。这一阶段的理论成果以蕾切尔·卡森的《寂静的春天》和罗马俱乐部的《增长的极限》为主要标志。他们第一次把环境问题理解为总体性的生态危机，推动以生态环境问题为研究对象的大量著述随之涌现出来。与之相应，西方社会的生态环境运动风起云涌，开始形成了较大的声势。这些研究成果，主要阐发现代工业社会面临的严重生存危机，全面批判资本主义工业文明的生产生活方式，深刻提出现代经济生活假定增长和扩张可以没有限制地继续。但实际上，地球是由受到威胁的有限资源和因我们过度使用而处在危险之中的承载能力系统组成的。自此，环境问题由一个经济发展领域的边缘问题，逐渐转变为全球经济发展的中心课题。伴随着公害问题的加剧和能源危机的出现，人们逐渐认识到把经济、社会和环境割裂开来谋求发展，只能给地球和人类社会带来毁灭性的灾难。激进环境主义支持者认为，除非发生根本性变革，否则现代类型的发展与增长将不可避免地导致生态崩溃。

生存主义理论批判了既有经济增长模式的前提假定——自然资源是可以无限利用和扩张的，又提出了经济发展存在"生态门槛"，地球资源和环境容量是有限的，等等问题。在生存主义理论渲染生态危机论的影响下，西方社会开始探寻在人类、自然和技术大系统内一种全新的经济发展模式。这种模式关注资源投入、企业生产、产品消费及其废弃的全过程，这就是美国经济学家鲍尔丁的"宇宙飞船理论"。他认为，地球就像在太空中飞行的宇宙飞船，靠不断消耗自身有限的资源生存。如果人们继续不合理地开发资源和破坏环境，超过了地球承载力，就会像宇宙飞船那样走向毁灭。人们必须在经济过程中思考环境问题产生的根源，从效法以线性为特征的机械论规律，转向服从以反馈为特征的生态学规律。这就是循环经济思想的源头，即把传统的依赖资源消耗的单向线性增长经济方式，转变为依靠生态资源的闭合循环发展经济方式。这一时期，人类在剖析自身生存方式和发展方式的道路上迈出了可喜的一步，为可持续发展理念的形成奠定了坚实的理论基础。

（二）可持续发展理论阶段

自20世纪80年代中后期以来，全面系统的可持续发展理论逐步形成并发展。这一阶段，以1987年联合国世界环境与发展委员会报告《我们共同的未来》和1992年在里约热内卢举办的联合国环境与发展大会为主要标志。1987年，《我们共同的未来》第一次正式提出了"可持续发展"的概念和模式，称"可持续发展是既满足当代人的需要，又不损害后代人满足其需要的能力的发展"。20世纪90年代以来，国际社会对可持续发展的概念又进行了丰富和发展。例如，1993年，对上述定义做出重要补充，即一部分人的发展不应损害另一部分人的发展。实际上，可持续发展的科学内涵不局限于生态学的范畴，它将自然、经济、社会纳入一个大系统中，追求人类与自然之间、人与人之间的公平、可持续发展。在"自然—社会、经济"复合系统内部，可持续发展要求在生态环境的承载能力下，维持资源的可用性，促进经济的不断提高，提高人们的生活水平，保持社会的稳定发展，以保持生态、经济、社会三方面的可持续发展。"可持续发展"理念逐渐成为一种普遍共识，成为指导全人类迈向21世纪的共同发展战略并逐步完善为系统的理论。

可持续发展的原则主要包括公平性原则、可持续原则、共同性原则、整体协调性原则。可持续发展是"自然—社会—经济"大系统动态发展的过程，其发展水平要用资源的承载能力、区域的生产能力、环境的缓冲能力、进程的稳定能力、管理的调节能力五个要素来衡量。具体而言，第一，生态环境的可持续发展。它主要包括自然资源的可持续利用与生态系统的平衡发展。对于自然资源的利用，尤其是不可再生资源的利用，不仅要考虑满足当代人的需求，还要考虑子孙后代的需求；不仅要考虑发达国家的发展需求，还要考虑不发达国家的发展需求。同时，生态环境的可承载能力也是可持续发展考虑的范畴。对生态系统进行保护，将人类的发展控制在维护生态系统平衡发展的范围内，为人类经济社会的发展提供生态保障。第二，经济的可持续发展。经济发展不仅满足了人们生存发展的需要，还为环境保护提供了经济支持。经济的可持续发展不仅追求数量上的增长，还追求质量上的提高。追求从粗放型生产消费模式转向集约型经济发展模式，从"唯经济至上"的观念转向"人的可持续全面发展"的观念。第三，社会的可持续发展。它主要强调社会稳定与和谐发展，追求人类生活质量的提高和改善。

总之，可持续发展要求在"自然—社会—经济"的系统中，以自然资源的永续利用和生态环境的可承载力为基础，以经济的持续增长为条件，以社会的和谐发展为目的，强调三者协调统一发展。

（三）生态现代化理论阶段

20世纪末，在一些西方发达国家产生了生态现代化理论。该理论反映了这些国家在社会经济体制、经济发展政策和社会思想意识形态等方面的生态化转向。在这一阶段，以2002年在南非约翰内斯堡召开的联合国可持续发展世界首脑会议为标志。

作为一种现代化理论与可持续发展理论的结合体，西方生态现代化理论逐渐发展成为一个理论基础稳定、发展方向明确的学术体系和社会思潮。它起源于对资本主义现代生产工业设计的重新审视，寻求并力证资本主义生态化与现代化的兼容。生态现代化理论主要立足于资本主义的自我完善功能、环境保护的"正和博弈"性质、社会主体的科学文化意识等基本假设。从整体上看，西方生态现代化理论表明，现代化进程中所产生的问题，只能在现代化进程中加以解决。为此，生态现代化理论提出了以下基本主张。

1. 推动技术创新

技术创新在生态现代化理论中的地位十分关键。以约瑟夫·休伯为代表的学者十分强调技术创新在社会发展中的作用，认为这是产生生态转型的根本所在。有学者进一步指出，社会和制度的转型才是生态现代化理论的核心，科学和技术的变革性作用只是这种转型的重要内容之一。

2. 重视市场主体

"市场以及经济行为主体被看作是生态重建与环境变革的承载者，在生态现代化的理论和实践中具有重要的地位"。生态现代化理论表明，在环境变革阶段，经济行为主体和市场动力发挥着建设性作用。但是，出于经济利益最大化原则，市场主体主动参与生态现代化进程时需要满足一定的前提条件。值得一提的是，"生态现代化理论所强调的成熟市场，并非一种纯粹的自由主义的市场，而是一个以环境关怀为基础、以环境政策为导向的规范性市场。但这并不意味着要抹杀市场的个性与活力，只是指明经济生态化目标的一种发展方向"。

3. 强调政府作用

随着可持续发展理论的兴起及其与现代化进程结合得日益紧密，主张生态现代化理论的学者逐渐认识到，应该重新审视政府在环境保护中的作用。有学者认为，政府干预的协商形式可以在环境保护中发挥重要作用。生态现代化理论认为，积极的政府在生态现代化进程中具有非常重要的作用。政府的干预可以引导有效的环境政策的制定，政府能严格地治理环境并激励创新。这是生态现代化的一个重要原则。

4. 突出市民社会

生态现代化理论重视市民社会在生态现代化进程中的作用，认为这是实现整个社会生态转型必不可少的要素。就市民社会在生态现代化进程中的具体作用而言，其是联结政府和市场行为主体的纽带，其对经济创新、技术创新的认可与压力是推动生态现代化发展的重要动力。因此，市民社会的发达与否，既是考察和衡量生态现代化发展水平的一个重要参考值，又是促进其发展的要素之一。

5. 关注生态理性

西方生态现代化理论充分利用和发展了生态理性。生态理性在生态现代化理论中的主要作用如下：①在生态理性的支配下，环境活动与经济活动可以被平等地评估；②在自反性现代化中，生态理性逐渐以一系列独立的生态标准和生态原则的形式出现，开始引导并支配人与自然的复杂关系；③生态理性可以被用来评价经济行为主体、新技术及生活方式的环保成效；④生态理性的运用并不局限于西欧、北欧的这些国家，也以运用于全球范围。在实践中，生态理性在生态现代化理论的推行中也被广泛运用。

综上所述，生态现代化理论的最终目的是实现整个社会的生态转型，或者说是追求一种经济和社会的彻底的环境变革。这是一项复杂的系统工程。其中，生态理性是主线，技术创新是手段，市场主体是载体，政府作用是支撑，市民社会是动力。这些具体的主张共同促进了环境变革这一系统工程的发展。

综观整个西方生态学理论的发展阶段，它的历史演进主要呈现出以下特点。其一，从实践层面上看，由以个别学者为主体发展到以国际组织、机构为主体。具体而言，在早期，西方生态学理论对人与自然生态关系的关注，大多由学者著书立说或演讲宣传来推进；后期的生态文明探讨，则大多以国际组织、机构来进行组织并推动。其二，就思想层面来讲，由"深绿"发展到"浅绿"。具体而言，早期西方的绿色生态运动的主导思想是"深绿"的，即"深生态学"，它大多批判工业革命对自然界的掠夺、对生态环境的破坏，进而反对人类中心主义，批判技术中心主义。后期的绿色生态运动的主导思想是"浅绿"的，它以生态中心主义为指导，既拒绝狂妄的、以技术中心主义为特征的早期粗糙的人类中心主义，又远离极端的生物中心主义、生态中心主义。

（四）有机马克思主义——一种最新的生态学思潮

近年来，美国兴起了一种新的生态学思潮——有机马克思主义。它以探讨生态危机根源，寻求解决当代生态危机的途径为目的，将马克思主义、中国传统智慧、过程哲学有机融合，进而形成了一种新形态的马克思主义。有机马克思主义最早是由美国学者菲利普·克莱顿、贾斯廷·海因泽克在《有机马克思主义：生态灾难与资本主义的替代选择》一书中提出的。这本书的作者通过深入分析当代资本主义的内在缺陷，指出资本主义的生产方式是导致生态灾难的根本原因（但不是唯一原因）。资本主义面临着它自身根本无法解决的危机，因此"有机马克思主义"作为资本主义的替代选择被提了出来。这是一种开放的新马克思主义，是使整个人类社会免遭资本主义破坏的主要希望所在。这一学说的核心原则主要是为了共同福祉、有机的生态思维、关注阶级不平等问题及长远的整体视野。在此基础上，它提出了走向社会主义生态文明的发展道路，以及一系列原则纲领和政策思路，并对包括生态文明建设在内的中国特色社会主义道路给予了高度评价，认为在地球上的所有国家当中，中国最有可能引领其他国家走向可持续发展的生态文明。随后，柯布在《论有机马克思主义》一文中对有机马克思主义进行了更为全面的阐释。

有机马克思主义在理论主张上不同于生态马克思主义，它没有将生态危机的根源完全归结在资本主义制度上，而是主张多种因素导致现代生态危机的出现，将理论重点放在分析现代性即西方现代世界观和现代思维方式上。有机马克思主义的提出，若简单地判定社会制度是生态危机的根源，那么一些包括中国在内的社会主义国家存在的生态危机则无从解释。此外，有机马克思主义还特别强调自身与中华优秀传统文化的内在契合性，认为中华优秀传统文化强调流变、系统和整体性，是一种社会整体取向的思维方式，这与有机马克思主义可以说是异曲同工。

有机马克思主义者对于我国生态文明建设给予了较高评价。克莱顿等认为，环境问题不是轻而易举能解决的，主要在于文明的转变，因此必须走向生态文明；中国的生态文明建设既不同于资本主义，又区别于传统社会主义的"第三条道路"，是强调社会和谐与生态文明的中国特色社会主义道路。柯布明确提出，"中国是当今世界最有可能实现生态文明的地方"。作为一种新的思潮，有机马克思主义还在不断生成和发展中，需要逐渐完善，但它提出的一些思想和主张，对于推进马克思主义研究和我国生态文明建设是有益的。

二、生态翻译学的理论体系

（一）宏观视角的生态翻译体系

1. 复杂思维

复杂思维是一种联络人文科学和自然科学、消除人文科学和自然科学之间差距的方法，这是复杂系统的探究方法。但是，复杂性思维系统的研究方法一般是以整体思维、非线性思维、过程思维关系思维作为主要特点的，研究事物运动规律的方法。复杂思维方式包括如下八个特点。

（1）当这种方法具有复杂性的时候，才可能发挥作用。

（2）可操作性质理是这种方法要提供的，这对自在思考有所帮助。

（3）方法是一种行动策略，并不是一种规划，逐渐地在现实的反馈中进行修整。

（4）时间具有不可逆性的特点，承认这一特性，有助于将历史过程当作对现有事件进行解释的关键条件之一。

（5）注重事物的相互关联性和整体系统的认知。这个过程包括反馈、互为因果性、随机性、干扰、滞后、紊乱、叠加、协同作用、重新定向和分叉突变等。

（6）注重认知对象和其所在的环境之间的联系。

（7）强调观察对象和观察主体二者之间的关联性原则。

（8）在复杂系统中，承认形式逻辑具有一定的局限性，将观察中发现的逻辑困境和矛盾当作未知的现实领域。复杂的推理原则涵盖着竞争、对立和互补概念的共时性。这种翻译研究综合了文化学、语言学、交际学、传播学、人类学方法论知识、哲学、学科发展理论、思维学及心理学等文社科知识。这其中包括多种要素，如采取的渠道、原文作者、译者主体、原语要传递的内容、译者采用的语言符号系统、译语要传递的内容、译文的接受者、原文的接受者等。所以，可以使用复杂性思维范式系统地进行研究。

2. 复杂系统

复杂性科学给我们提供了一种崭新的世界观。

在复杂科学中，复杂系统的描述性定义是，复杂系统是基于主体的本地信息的二次系统的智能自适应数量。基于以上定义，可以这样理解复杂系统。

（1）它不是简单系统，也不是随机系统。

（2）它是一个复合的系统，而不是纷繁的系统。

（3）复杂系统是个非线性系统。

（4）在复杂系统之间，有许多子系统，这些子系统相互依赖，子系统之间还有协同作用，可以一起演化。在复杂系统中，子系统分为很多层次，大小也各不相同。

由于生态系统多维度、多层次的内嵌性，同时又具有层次关系，因此在大系统之下会有子系统，子系统之下还会有子系统，但无论是从翻译生态体系到不同生态子系统，还是从不同生态子系统的内部结构和内在联系,到各生态子系统之间的"关联互动"关系,这里的系统设计和描述,总体的指导思想是遵循基本生态原理,符合生态理性特征。

3. 翻译研究的"跨学科性"

20世纪20年代,"跨学科"一词最早出现在纽约。"跨学科"最初的含义和"合作研究"相类似。"交叉科学大会"于1985年在中国召开。自此,"交叉科学"的概念在科学界广为传播。在早期阶段,人们对跨学科和交叉科学这两个概念不做细致的区别。从20世纪90年代后,"交叉学科"逐渐被"跨学科"一词所代替。到目前为止,交叉学科研究仍然属于跨学科研究的最初阶段,原因是这样的研究仍然局限在已有的学科中,而学科都是人为设置的。所以,要想研究取得进一步发展,就一定要打破学科划分所产生的界限,进行更高境界和更大范围的跨学科性的探索。通过超越过去的条分缕析的探究方式,进而实现对问题进行整合性探索,这是跨学科的主要目的。目前来看,在国际上具有一定发展前景的新兴学科大都具有跨学科性质。

大部分的传统翻译探究还停留在二元对立的思维模式上,基本就是围绕翻译四元素——译者、作者、译本和原本进行展开。同时,解构主义的产生和发展促使翻译探究打破了二元对立的屏障,丰富和完善了翻译学的学科体系。从翻译论发展史全局来看,翻译学学科要想建立和不断完善,翻译学研究要想发展,就必须要向跨学科综合发展。西方翻译学研究从20世纪50年代末至今,最终发展到了跨学科研究的新阶段。不难看出,到目前为止,翻译学研究已经变成多门学科研究范式的集合体。

通过对"自然界、翻译、文化、语言、人类"的"关联序链"的探索,生态翻译学发现了生物自然界和翻译活动之间的关系,还有和人类社会系统相互关联,与自然生态系统的类似同构的规律和特点。这不仅为翻译研究的"跨学科"研究寻找到了理论依据,还为深入翻译研究开辟了新的方向。

(二)翻译本体生态系统的"科际"整合

1. 科际研究的"关联互动"

以"关联序链"为线索,"按图索骥"地展开相关研究,采用相互照应和分项研究,基本就可以对生态系统进行各相关学科探究的纵观和系统的整合。

从一个角度来看,研究生物体和生物体所在环境之间相互作用的科学是"生态学"。所以,翻译研究从生态学视角展开,翻译研究的内容会涵盖对翻译自然生态系统和生态系统之间的类似性、同构性和关联性的探索;译者与翻译生态环境二者之间关系的探究;作者、读者、出版者、出资者、译评者等与翻译生态环境两个角度之间关系的探索;翻译实质、翻译过程、翻译原则、翻译方法、翻译标准等之间相互关系研究;翻译生态系统的内部结构的探索;在自然生态系统中,翻译的作用和地位的探索;翻译和其他学科之间的相互关联的探索,还有从生态学维度着眼其他的和翻译生态系统有关联的相关探究。从另一个角度看,基于整体主义的科学,"生态学"的研究方法注重相互关联、相互作用的整体性。因此,生态翻译学研究将采用分析例证和综合论证二者结合的方式展开探究,注重整体研究的互动关联和协调梳理分项专题探究。

在翻译本体生态系统中,具体的"跨科际"研究内容包括从语言学视角的研究出发,在翻译本体生态系统中,"因为语言的转换是翻译",所以对语篇进行"生态取向"的功能语用学认知分析探究,语言与翻译生态的关系探究,生态语汇的翻译探究,还有以语言学维度为出发点的其他和翻译生态系统相关的探究。这些是语言学视角的研究应当包含的。

从文化学视角的研究出发,在翻译本体生态系统中,"因为语言的转换是翻译,文化所包含的部分是语言"。所以,"生态取向"的跨文化差异/契合/冲突/制约研究,翻译生态系统的文化语境研究,翻译生态环境和文化多样性的探究,还有其他从文化学角度出发的和翻译生态系统有关的相关研究,这些是文化学视角的研究应当包括的。

从人类学视角的研究出发,在翻译本体生态系统中,"因为语言的转换是翻译,文化的一部分是语言;通过人类活动的不断升华总结而形成文化,而人类又是自然界的分子"。所以,人类学视角的研究应当包括翻译与人类认知演变研究,人类记忆与翻译(尤其是口译)研究,译者的需要/情感/欲望/能力研究,译者的生存境遇/译者能力发展研究,译者的人类交际研究,翻译使命与人类文明研究,生态翻译与生态文明的关系研究,翻译与全球化研究,以及与翻译生态系统有关的从人类学维度着眼的相关研究。从生态学视角的研究出发,生态学视角的研究应当包括译者与翻译生态环境的相互关系研究,作者/读者/出资者/出版者/译评者等读者即翻译与翻译生态环境的相互关系研究,翻译生态群落系统的内部结构及其相互关系研究,翻译实质/翻译过程/翻译原则/翻译方法/翻译标准等之间相互关系研究,翻译在整个自然生态系统中的地位和作用研究,翻译对其他学科的相互关系和依赖关系研究,以及其他与翻译生态系统有关的从生态学维度着眼的相关研究。

2. 以生态为视角的综观整合

就其他各学科来说,生态学具有概括、包含的意义。生态学是一门综合学科,是一门"元学科"。因此,这使得生态翻译学对与翻译相关学科的综观整合可以实施。或者说,以生态视角为基础,进行翻译研究的整合,或是成为具有关键意义的转折、节点在"关联序链"的基础上具备的互动性、共通性和递进性的特征,在生态学的观照和统领之下,生态翻译学将从与翻译活动紧密相关的人类交际、语言、文化等视角进行描述、开展研究,最后进行从翻译学视角出发的研究。

从生态视角出发,对翻译本体生态系统进行"整合",这样的整合是一种"多元一体式"的整合。它不仅仅体现了研究视角的交集和思维方式的整合,同时表现为"科际"探索的汇通。从生态视角出发,这里对翻译本体生态系统进行整合,也符合"多元一体"和"多样统一"的生态审美原则与生态理念。因为生态学本身就是"一种方法论和世界观"。所以,从这个角度上来看,这一整合将会具有整体主义的方法论意义。

第三节 生态翻译学核心术语体系

在全球性的生态理论热潮中,国际翻译界从"生态""环境""生存""适应""选择"等生态视角进行相关研究，或运用生态学术语描述翻译活动的大有人在；相关研究在翻译文献里日渐增多。

彼得·纽马克(Peter Newmark)在1988年，将翻译过程中的文化介入分为五大类，其中第一大类就是借用了"生态学"的翻译特征。戴维·卡坦(David Katan)于1999年对翻译生态文化的分类进一步明确和细化，提出了翻译的生态环境还包括物理环境、环境气候、空间及临时场景等。米歇尔·克罗尼恩(Michelle Cronin)在《翻译与全球化》(*Translation and Globalization*)一书中提出要关注语种"翻译的生态"(ecology of translation)的问题，呼吁在同语种的翻译之间要保持"健康平衡"。

乔治·斯坦纳(George Steiner)曾将翻译理论分成"普适"(universalist)理论和"局部"(relativist)理论两大类，并认为这种分法类似于人类的两种基本的处理方式，即"整体环境适应与局部环境适应问题"。罗森纳·沃伦(Rosanna Warren)在1989年提出，翻译"是一种认知和生存模式。当把文学作品从一种语言移植到另一种语言的时候，就像把植物或动物从一个地方迁移到另一个地方，它们必须像个人或民族的'适应'和成长那样，只有适应新环境而有所改变才能生存下来"。安德烈·勒菲弗尔(Andre Lefevere)与苏珊·巴斯内特(Susan Bassne)于1990年提出了著名的"文化转向"命题，多次将翻译的语境描述为"文化环境"；并使用"发现树木生存之地""描述植物生长之状"等生态类比翻译研究中语言学家的探索行为。1996年沃尔夫拉姆·威尔斯(Wolfram Wilss)把翻译过程视为两个高度复杂的阶段：第一个阶段是对"由环境决定的文本输入"的分析；第二个阶段是在复杂的回馈处理机制框架内对输入文本的操纵——这种操纵行为通常是多层次的，需参照译语读者的各项"环境特征"，从而在最后形成目标语的文本输出。他还呼吁翻译界对翻译决策过程的研究应当"集中关注各种环境因素，如翻译任务的特征、客户的需求、翻译者及其决策能力等"。

在国内，生态视角的翻译研究和论述虽不多，但近年来，不断有人在借用"翻译生态"的术语来谈论翻译质量、翻译理论及翻译行业发展问题。中国三峡出版社还出版了《翻译生态学》一书，尽管该书关于生态学的研究内容罗列较多，并且作者本人把"翻译生态学"归类为生态学的一个分支研究，但在一定程度上也说明关注生态视角研究的学者在不断增多。在此之前，也有学者提出了"人类文化演变九大规律"，其中的第一规律即"生态环境横向决定律"。

上述翻译学者在其研究和描述中大都采用"喻指"或"实指"的方式，使用了典型的生态学意义上的"生态""环境""生存""适应"乃至"翻译的生态"等术语和概念，从一个侧面表明了运用"生态取向"的翻译研究已被译界不少学者所接受。可以看出，上述这些研究尽管还只是运用了生态学方面的相关术语，并且停留在表层，但依然为生态翻译学研究铺平了道路，为进一步的相关研究奠定了基础。

第四节　生态翻译学的核心理念与视角

生态翻译学是从一个与以往研究有很大不同的新视角对翻译所做的系统综观和探讨，其中还有不少新的术语和概念。生态翻译学从无到有究竟"生"出了一些什么样的东西？生态翻译学自己到底又"说"出了一些什么样的话语？生态翻译学的理论基础和研究对象是什么？有哪些核心理念？又有哪些理性特征和伦理原则？

一、生态翻译学的"生态范式"

（一）科学研究的"范式"

范式（paradigm）的概念和理论是美国著名科学哲学家托马斯·库恩（Thomas Kuhn）提出并在《科学革命的结构》（*The Structure of Scientific Evolutions*）中系统阐述的，它指的是一个共同体成员所共享的信仰、价值、技术等的集合。指常规科学所赖以运作的理论基础和实践规范，是从事某一科学的研究者群体所共同遵从的世界观和行为方式。

范式概念是库恩范式理论的核心，而范式从本质上讲是一种理论体系。范式是个大概念。它涉及的是特定领域研究里大的"方向"和大的"原则"，是一种研究途径或研究模式的总体理念、价值判断和研究方法的集中体现。

在著名的《科学革命的结构》一书中，托马斯·库恩认为，哥白尼、牛顿、达尔文、庞加莱、爱因斯坦等所进行的研究，都改变了当时的研究范式，故引发了科学史上的革命。他指出，"科学不是事实、理论和方法的简单堆砌，科学的发展也不是知识的简单积累，而是通过范式的不断转换所进行的不断革命的进程"。西奥·赫曼斯也指出，"范式"为翻译研究制定"指导原则"，是"研究特定问题的手段"和"问题的方法"。可见，范式实际上包括了学科共同体所共有的理论假设、研究模式解决研究方法、价值标准和形而上学的原则，是某一学科共同体成员的世界观、价值观和方法论的"总和"。

范式不仅是科学研究的必要条件，还是学科成熟的一个重要标志：只有当一门学科的研究者（至少是一部分研究者）形成了共同的范式，该学科才从前科学（pre-scientific）时期进入科学时期。西方翻译研究的发展就生动地体现了新旧研究范式的演进与交替。

科学研究的发展是怀疑、批判和超越传统的范式的过程。研究者对范式的选择，一方面依赖理论的精确性、一致性、广泛性、简单性、有效性等基本准则，另一方面在于科学共同遵循的理论传统、研究方法和文化价值观念。

（二）翻译研究的范式

自20世纪50年代末以来，西方翻译学研究最终逐渐发展到了跨学科研究的新阶段，可以断言，翻译学研究目前已成为多门学科研究范式之集大成者。

苏珊·巴斯内特在埃德温·根茨勒所著的《当代翻译理论》之"总编序言"中亦言道："翻译学研究实现了语言学、文学、历史学、人类学和经济学等多种学科领域研究工作的融合。"

后来,戈雷(L. Gorlee)在题为"翻译研究方法及概念多元性"的学术报告中,又以务实的态度重温了该观点。戈雷指出:"……翻译学是一门'交叉学科'(或'跨学科的学科'),将普通语言学和应用语言学的研究范式与普通文学和比较文学的研究范式合二为一。此外,还借鉴了信息论、逻辑学和数学的理科研究范式,还进一步借鉴了社会人类学、社会学和神学等文科探究范式。"

研究范式的演进最明显地反映在翻译理论家划分翻译史的观念上。纽马克以语言学翻译论的兴起作为翻译前语言学模式时期与语言学模式时期的分界,认为前语言学模式时期的翻译研究"忽视了翻译与意义、思维以及语言普遍性的关系",讨论往往局限于原文与译文、直译与意译、优美与忠实之争,理论上没有多大发展。20世纪50年代以来,卡特福德、奈达、费道罗夫、穆南、威尔斯等将系统功能语法、转换生成语法、语言结构、文本功能等引入翻译研究,分析和制定翻译活动中语言转换的规律,成绩卓著,翻译研究局面为之一新。

尤金·奈达将翻译研究划分成语文学派、语言学派、交际学派和社会符号学派。这些翻译研究范式不仅承前启后,在时间上具有相随性,而且在理论假说、研究模式和研究方法上均有革新和超越:语言学派克服了语文学派将文本孤立于整个语境和情景之外的缺陷;交际学派又克服了语言学派过分倚重语言结构而无视语言交际功能的倾向;而社会符号学派则力图克服交际学无法充分考虑翻译中各种符号交互作用的不足。根茨勒将当代翻译研究分为美国翻译培训班派、翻译科学派、早期翻译研究派、多元体系派和解构派主义派,同样体现出翻译研究范式的历时嬗变。而范式的更新与嬗替现象下面蕴藏着研究者学术理念的更新和世界观、科学观的整体性变化。

总体来看,西方翻译研究范式的基本格局这些年没有太大的变化。不同理论体系和研究范式"并存共进"表明现阶段依然处于"多元主义"模式的发展过程之中。在中国,长期以来学术界提倡的是百花齐放、百家争鸣,强调的是中西合璧、古今贯通,追求的是多样统一、整合一体。"综合比较百家之长,乃能自出新意,自创新派。""多样"体现了理论的个性和差别;"统一"体现了理论的共性和整体联系。因此,在这种"多样统一"的传统文化思想指导下所形成的世界观、价值观和方法论必然会影响到中国的翻译理论研究。而不同翻译理念在形成和发展过程中的相互借鉴、嫁接、适应、渗透、交锋、替代、演变,经过古今中外的比较与综合,又必然朝"各具特色的趋同"方向发展,并最终从"大同小异"走向"多元一体"。

基于上述发展,我们的判断是,从研究范式转型的角度来看,翻译研究在经历了"直觉主义"和"结构主义"之后,目前正处于"多元主义"的发展阶段,并最终向"整体主义"演变。

翻译理论家从不同的角度对翻译所做的概括清楚地勾画出了翻译研究的发展轨迹,同时又深刻地揭示出研究范式的交锋与替代。其中,有研究视野的扩展,也有研究视角的转换;有对传统翻译观念的扬弃,也有研究重心的转移;有新的研究思路的引进,也有研究手法的更新。

应当指出的是，翻译研究的"范式转换"应当完全不像科学、哲学那样学科内部不同范式间是"不可通约"的；而是不同范式可以相互补充、相互融合，"共生共存"于学科领域之中。了解范式在翻译研究中的积极意义和范式转型的特征对探索翻译学新的研究范式无疑具有重要意义。

(三) 生态翻译学的"生态范式"

在生态翻译学研究领域里，从生态视角综观翻译、探讨翻译理论的"生态范式"正在逐步形成，并受到越来越多的关注和认同。其主要标志是，不少学者在研究相关问题时的基本观念、价值判断、研究方法，以及所采用的术语和结论的指向等都基本上纳入了翻译理论的生态学研究范式。这些聚集在生态翻译学"学术共同体"里的研究者认同生态翻译学对翻译的基本描述，接受生态翻译学对翻译研究的指导原则，遵循生态翻译学科学交叉、类比移植和系统综观的研究方法，而他们在进行特定问题研究时，也采用了生态翻译学共同的价值标准。这些发展的"总和"表明，一些不同类型、不同题目的系列研究已经不是孤立的、单一的个案研究，而可以看作是约定在生态翻译学理论"范式"之下的共同研究。生态翻译学曾多次对其译论"范式"做出定位。例如，在谈到生态翻译学的基础理论"翻译适应选择论"的研究目时，指出："在于试图找到一种既具有普适的哲学理据，又符合翻译基本规律的译论范式"；该理论"致力揭示和复现翻译之本来面目，并试图找到一种既有普适的哲学理据，又符合翻译基本规律的译论范式"。作为一个具有跨学科性质的生态学翻译研究途径，生态翻译学是运用生态理性，从生态视角对翻译进行综观审视的整体性研究，是一个"翻译即适应与选择"的生态范式和研究领域。

这种由生态翻译学的"生态范式"所导向的相关研究，又可以具体体现在不同研究课题名称或研究论文的标题中，如"译者中心论与翻译文本的选择——析林语堂英译《浮生六记》""从'翻译适应选择论'翻译原则和翻译方法看广告语的翻译""从翻译适应选择论看译者主体性""翻译适应选择论观照下的辜鸿铭儒经英译""从生态翻译学视角看中医术语英译""生态翻译学视角下的《论语》英译研究""生态翻译学视角下的公示语翻译——以上海世博会主题标语为例""生态翻译学视野下的当代翻译研究""生态翻译学整体观视域下的翻译教学反思""生态翻译学视角下的广告妙语翻译探析""论翻译生态环境""生态文学与生态翻译学：解构与建构""生态翻译学视域下的文学译者批评"等。由此可见，随着生态翻译学研究队伍的不断壮大，生态翻译学研究"范式"在其第二个十年里的发展之势当会更为可观；其"整合与超越"的范式特征也会越来越显著。

二、生态翻译学的研究对象

(一) 翻译生态("译境")

生态环境，即由生态关系组成的环境，是指"影响人类与生物生存和发展的一切外界条件的总和"(《辞海》)，而翻译生态指翻译主体之间及其与外界环境之间的相互联系、相互作用的状态。也就是说,翻译生态是翻译主体在其周围环境的生存和工作状态。

参照字典解释和类比生态学解释,翻译生态环境可定义为影响翻译主体生存和发展的一切外界条件的总和。这里的主体是广义的,即参与翻译活动的一切生命体,包括原文作者、译者、读者、翻译发起人、赞助人、出版商、营销商、编辑等,即"翻译群落"。而外界环境可包括与翻译活动有关的自然经济环境、语言文化环境等。翻译生态环境由各要素交织而成,是翻译活动发生、存在、发展的各种自然的、人文的因素的总和。

当谈到翻译生态环境的时候,我们指的是与翻译相关的多种外界因素的"集合",在这一点上,翻译生态环境与翻译生态有同义、通用之处;但区别在于,翻译生态所指重在"整体""整合"的状态,而翻译生态环境则重在"众多""具体"的环境元素。

翻译生态和翻译环境以一个整体的形态存在。译者在特定的生态环境中起作用,受其他翻译主体的牵制。译文必须遵守译入语文化规范的制约。翻译生态环境对任何翻译主体都是一个统一体,不可超脱,不可逾越,只能顺应。人为破坏翻译生态环境的序列和翻译环境的秩序,如片面追求个人或小集团利益,雇用"枪手",大肆"改写"、抄摘名著名翻译,漠视严格的审校制度,违背翻译伦理,就破坏了翻译生态环境的整体要求。

翻译的生态环境是有层次的:可初分为宏观、中观和微观。以上讨论的主要是宏观的"大环境",或是一般环境。从宏观上看,不同国家有不同的社会制度和语言政策,不同语言集团有不同的翻译政策。从中观上看,即使在同一国家,从事文学翻译的与从事应用翻译的翻译生态环境也不完全相同。从微观上看,翻译研究本身的内部结构,如理论、应用、批评、历史等也具有差异。再往细说,不同个体的翻译生态环境又包含种种差异。

笔者在这里还想特别说明的是,翻译生态环境与语境在基本概念、所指、范围及视角等方面均有不同。"语境,就是使用语言的环境"。语境是以使用语言为参照,不包含语言本身或语言使用。而构成翻译生态环境的要素包含了原语、原文和译语系统,是译者和译文生存状态的总体环境,它既是制约译者最佳适应和优化选择的多种因素的集合,又是译者多维度适应与适应性选择的前提和依据。特别是根据"自然选择"的基本原理,译者在翻译过程中的第二个操作阶段里是在接受了翻译生态环境选择的前提下,又转过来以翻译生态环境的"身份"实施对最终行文的选择,而"语境"则无此特定的功能。因此,"翻译生态环境"的概念的内涵和外延都要比翻译的"语境"更拓展一些、更宽泛一些。可以说,翻译生态环境是把翻译看作整体的"翻译生态系统",并以此为视角对翻译行为进行综观和解读。这也是为什么我们将翻译生态环境简称为生态"译境"的理据。

翻译生态环境是生态翻译学的一个关键术语。由于生态翻译学的早期研究将翻译描述为译者为适应翻译生态环境而对文本进行移植的选择活动,翻译过程即译者的适应与译者的选择。因此,这里的"翻译生态环境",指的是原文、原语和译语所呈现的"世界"即语言、交际、文化、社会,以及作者、读者、委托者等("翻译群落")互联互动的"整体"。翻译生态环境是制约译者最佳适应和优化选择的多种因素的"集合"。这里的"世界""整体""集合"等指的就是与翻译有关的生态环境的"总和"。因此,翻译生态环境既有大环境、中环境、小环境的不同,又有外部环境与内部环境的区别;既包括客体环境(如原文本、译本、文体功能、翻译策略、翻译规约等)与主体环境(译者、作者、读者、出版商、洽谈商、审稿人等),又包括物质环境与精神环境等。

可以这么说,对于翻译而言,译者以外的一切都可以看作是翻译的生态环境;同时,每个译者又都是"他者"翻译生态环境的组成部分。生态系统的复杂性体现在生态系统多维度、多层次的内嵌性,即整体的大系统之下有子系统,子系统之下又有子系统,从而形成纵向无限可分、横向互为环境的翻译生态体系。

(二)文本生态("译本")

所谓文本生态,即文本的生态环境与文本的生命状态。

用生态翻译学的术语来说,原语是一个文本生态系统,译语是另一个文本生态系统。原语的文本生态系统涉及原语系统里的语言生态、文化生态、交际生态等;译语的文本生态系统涉及译语系统里的语言生态、文化生态、交际生态等。语言生态、文化生态和交际生态均有大小之分。大的语言生态可以指大语种和小语种及濒临灭绝的语种的和谐共存,小的语言生态可以指一个翻译文本内各语言要素之间的关系;大的文化生态可以指优势文化和弱势文化及濒临灭绝的文化的和谐共存,小的文化生态可以指一个翻译文本内多种文化要素之间的和谐关系;大的交际生态可以指国际间交往和区域交流及个体间交际的关联与交集;小的交际生态可以指一个翻译文内交际意图和交际行为的互动关系。生态翻译学以"文本生态"为研究对象,探讨原语文本生态系统与译语文本生态系统的特征与差异,考察原语生态与译语生态在移植、转换过程中的规律和机制,研究译本的生存的状态、"短命"或长存的原因,以及寻求译本生存和长存之道,从而为翻译策略选择和解读文本的"可译性"或"不可译性"提供新的生态视角和理论依据,最大限度地发挥翻译的效能和发掘译本的价值。

(三)"翻译群落"生态("译者")

所谓"翻译群落"(translation community),指的是与特定翻译活动的发生、发展、操作、结果、功能、效果等彼此影响相互作用的,与翻译活动相关的"诸者"的集合体。换句话说,指的就是翻译活动中涉及的"诸者",即"人",包括原文作者、译文读者、译品评论者、译文审查者、译著出版者、营销者、译事赞助者或委托者等,当然是以译者为代表。

从生态翻译学的视角来看,只有以译者为代表的"翻译群落",只有译者,才能够具体负责统筹协调"翻译环境"(译境)、"翻译文本"(译本)、"翻译群落"(译者)三者之间的相互关系,从而通过"译者责任"来体现"境、本、人"关联互动、平衡和谐的翻译生态整体观。换句话说,在"翻译群落"生态系统中,译者有责任协调各方关系,有责任践行生态理性,有责任保持生态平衡,有责任维护生态和谐。也可以这么说,译者只有通过对包括文本、"翻译群落"和翻译生态环境在内的一切"他者"承担责任,从生态整体主义和生态理性的视角审视自己与一切"他者"的关系,才能将一种更大的责任意识融入翻译活动之中。

(四)"三生"主题及其相互关系

由以上可知,所谓"三生",即翻译生态、译本生命和译者生存,讲的是以"生"字为线索展开研究和论证阐述,表明"生"是生态翻译学发展之基石。

所谓"三者",顾名思义,讲的是"译境""译本""译者"三者之间的关系问题,它以"关系"为线索展开研究和论证阐述,表明生态翻译学是探讨此三者关系的"关系学"。尽管立论线索不同、观察视角各异、研究指向有别,但上述"三生"和"三者"都基于"译境""译本"和"译者";而这些又都是共通的和一致的,都是生态翻译学的研究对象与核心内容。

一方面,译者适则生存、发展;译本适则生存、长效。译者的生存、发展,即译者的"生存"状态;译本的生存、长效,即译本的"生命"状态。译者、译本的生存、生命状态的环境,即翻译的"生态"。译者的生存状态取决于译本的生命状态;而译者的生存状态与译本的生命状态,既是翻译生态的一部分,同时又依赖翻译生态。这样一来,译者"生存"、译品"生命"、翻译"生态"("三生"主题)便形成了一种关联互动、相互依存、动态平衡的"人事"关系("三者"关系)。

另一方面,前面阐述的"境、本、人"排序,以"境"为限,以"本"为据,以"人"为本,可以体现出较强的逻辑性、科学性和实践性。因为,它符合"关联序链"的指向(语言、文化社会/交际等);符合翻译过程的实际(译者通常要先适应环"境"、理解原"本"而后再要适应环"境"、选定表达译"本"的);符合翻译研究"转向"的现状(经由"翻译自转"到"语言转向"再到"文化转向");同时也符合生态翻译学的研究对象和核心内容(探讨翻译生态、文本生态、"翻译群落"生态)。

三、生态翻译学的研究方法

矛盾法则告诉我们,矛盾的共性具有普遍意义;但矛盾的共性又包含于矛盾的个性之中。生态翻译学作为一项从生态学视角对翻译进行综观审视的整体性研究,相对于普通翻译学来说,可谓一种"特殊性的"或"个性的"研究。因此,从方法论的角度来看,可以说,凡是适用于一般翻译研究的常规的、通用的"共性的"方法,对于生态翻译学的"个性的"或"特殊性的"研究而言都是适合的。然而同时,生态翻译学又是一个与以往研究有很大不同的研究。因此,它自身又有一些相对独特的研究方法,体现出生态翻译学研究方法的"个性"和特色。

(一)学科交叉

由于生态翻译学是翻译学与生态学的跨界研究,因此,这一特征使以学科交叉的方法开展生态翻译学研究既是独特的,又是必然的。这种学科交叉的研究方法,也可称之为跨学科的研究方法。而运用跨学科的方法研究生态翻译学不但符合现代科学研究的学术规范和趋势,而且也符合翻译研究本身"跨学科性"的基本特征。

总体上讲,翻译研究的生态学视角研究,就是借鉴和利用生态学的科学原理、生态理念、研究成果、研究方法等从生态视角对翻译活动进行整体性的综观和描述。事实上,本书关于生态翻译学理论话语体系的建构和诠释,既可以视作将翻译学与生态学进行科学交叉、有机融合的一种跨学科研究的具体实践,又可以视为实现"文理交汇"、运用跨学科方法进行翻译学研究的一个具体例证。

（二）相似类比

"相似类比"是生态翻译学研究的重要研究方法之一。运用相似类比方法的可行性在于翻译生态与自然生态之间必然存在着某种程度的关联、类似和同构。研究表明，翻译生态与自然生态在许多方面的类似性相当显著。

第一，生态学强调生态环境与生物体相互影响、相互作用，而翻译生态也是这样。翻译生态系统内各相关利益者之间都存在着内在的双向互动联系和重叠交叉现象，这使翻译生态系统构成了一个极其复杂的整体，并使不同翻译生态系统之间能够相互影响和互动。第二，在自然界中，生物与生物之间、生物与生存环境之间通过相互作用而形成一定的生态平衡；翻译生态也是如此。第三，互利共生是一种生物间的互惠关系，通常存在于不同种类的两个个体之间。在自然生态中，人类有意识的、有目的的活动可以对自然环境中的生态关系起着促进、抑制、改造和重建的作用。在翻译生态中，以译者为代表的"翻译群落"的有意识的、有目的的活动也同样可以对翻译生态环境发挥着促进、抑制、改造和重建的作用。第四，两个生态体系中都有类似的适用原则。例如，在自然生态中，竞争排斥原则是适用的；当两个物种对同一种资源和空间的利用越相似，其生态重叠越多，竞争就越激烈；在翻译学界也有类似的情形，如不同题材译品的评价标准也有不同，相互之间的可比度较小，但同类题材译品的可比度就会增大，竞争也自然会加剧。近年来，翻译服务行业愈趋职业化、商品化，翻译同行间的竞争亦愈加激烈就是一个证明。第五，两个生态体系存在着类似的现象，又有着类似的运作方式。例如，在自然生态中有着"无数而美妙的相互适应""生物变异是因环境的影响而发生的"。而在翻译生态里，翻译过程中也存在大量"适应""选择""生存""淘汰"的现象。翻译过程中，译者的适应性优化选择可以说已经是一种有意识的或无意识的译者行为。翻译是一连串优化选择的决定，译文则是译者适应翻译生态环境的选择结果。第六，两个生态体系中都涉及"人"，都涉及"人"的行为，其中的类似性和共性更是不言而喻了。

综上所述，翻译生态与自然生态之间的类似性是显而易见的。这些既表明自然生态与翻译生态之间必然有相似的规律可循；反过来也表明，适用于自然生态的某些规律也同样会适用于翻译生态；同时，自然生态与翻译生态之间的类似性也为运用相似类比的方法开展翻译生态研究提供了基础和理论依据。

（三）概念移植

既然在生态翻译学研究中运用"相似类比"的方法是可行的、有理论依据的，那么生态翻译学研究的另一个重要研究方面"概念移植"也就顺理成章了。

这里的生态概念移植可以包括多个层面，既可以是生态概念的移植，又可以是生态原理的移植，还可以是生态术语的移植，等等。

生态翻译学研究中的生态概念移植包括自然生态概念的移植、生态环境概念的移植、生态平衡概念的移植、生态美学概念的移植、生态和谐概念的移植等。

生态翻译学研究中的生态原理移植包括系统性原理的移植、动态性原理的移植、多样性原理的移植、中尺度原理的移植、"反馈"原理的移植等。

生态翻译学研究中的生态术语移植包括"生态环境"（翻译生态环境）、"生态链"（翻译链）、"生态群落"（翻译群落）、"生物生存"（译者生存）、"自然选择"（译者的选择性适应与适应性选择）等。

以上所述的相似类比和概念移植从方法论的角度来看，可以说也都是学科交叉或跨学科的具体体现。

（四）系统综观

生态翻译学的系统综观的研究方法是由"生态翻译学以生态整体主义为理念"的总体理论指导所决定的。

由于生态学是奠基于整体主义的科学，其研究方法强调相互关联、相互作用的整体性，生态学的整体观又是当代生态理论的核心观念，所以不论把生态翻译学理解为一种生态学途径的翻译研究，还是生态学视角的翻译研究，以生态学的整体观为方法论而进行系统性、整体性的综观研究既是生态翻译学的主要研究内容，又是生态翻译学的主要研究方法。

例如，在进行"翻译生态体系"研究时，生态翻译学就不能只是关注"翻译本体生态系统"（在过往的"经院式"研究中较多地局限于这个方面），而要综合兼顾"翻译教育生态系统""翻译市场生态系统""翻译管理生态系统"及共同依托的"翻译环境生态系统"等，从而进行系统的综观审视。

又如，在讨论"翻译史"研究时，生态翻译学提出以"关联序链"为线索，从翻译生态、语言生态、文化生态、社会生态、自然生态等视角，对翻译活动进行历时的和共时的系统研究和综观。如果只是单一地从某个视角、某个侧面、某个维度来研究，那么，就很难观其全貌，对于如此之大的研究课题而言，偏颇便在所难免了。

这里，还值得指出两点。一是关注整体性、系统性，这是华夏文化的精髓之一；这种"整体思维"的哲学理念必然会作为方法论反映在中国学者的研究行为之中。二是就翻译研究而言，其他不同的研究途径也可能会不同程度地关注"整体"，也会不同程度地关注"系统平衡"，但它们与生态翻译学对翻译生态整体的关注有所不同——前者是由人的认知和能力决定的，是"人为的"，因人而异；而后者则是由生态系统的本质特性所决定的，是"自然的"、必然的。换句话说，只要是从生态系统、生态理性的视角审视翻译，那就自然地、必然地要思考系统的关联互动、平衡协调与整体和谐；否则，那就不是生态视角的翻译研究了。究其原因，生态系统的整体性、系统性是由生态系统本身的"生存需要"所决定的，是机理性的、体制性的。

第五节　生态翻译学的发展走向与启迪

一、生态翻译学的发展走向

作为从生态学视角对翻译进行的整体性研究，生态翻译学在 21 世纪第一个十年里，探索性地从"翻译学""译论""译本"三个层面，初步构建了生态翻译学宏观翻译学架构、中观译论体系、微观文本转换的"三位一体化"的研究格局。

（二）宏观/中观/微观"三层次"的研究格局

1."翻译学"层次研究

宏观上，生态翻译学关注的是整体视野，讲求的是生态理性，致力于翻译生态系统的整体、关联、平衡、和谐。作为整体的翻译生态系统，其中的大多数元素形成了互利共存共生的关系，构成了一个互动共进、平衡稳定、富有活力的和谐整体。

从生态翻译学的视角观察，整体的翻译生态体系由"4＋1"的主要生态子系统构成：翻译管理生态系统、翻译市场生态系统、翻译教育生态系统、翻译本体生态系统，并融入外围的生态环境之中。

翻译本体生态系统是整体的翻译生态体系得以维持或发展的核心；翻译教育生态系统是整体的翻译生态体系得以维持或发展的基础；翻译市场生态系统是整体的翻译生态体系得以维持或发展的平台；翻译管理生态系统则是整体的翻译生态体系得以维持或发展的保障；每个单一的生态系统，又都无一例外地依托着外围的生态环境。从翻译本质和文化价值层面分析，除外围的翻译生态环境系统外，其余的线性排序由低到高为翻译管理生态系统、翻译市场生态系统、翻译教育生态系统、翻译本体生态系统。"4＋1"生态子系统相互作用、相互影响，构成了翻译生态的有机整体。

此外，从翻译→语言→文化→人类社会/自然界的关联序链可以看出翻译活动与生物自然界之间的互联关系及自然生态系统与人类社会系统互动互补的特征，也体现了人类认知视野扩展和理性进步的基本路径。以关联序链为线索，按图索骥地展开相关研究，并通过分项研究和相互照应，便有可能采用生态翻译学的研究路径对翻译本体生态系统乃至对整体的翻译学研究进行综观与整合。因此，从宏观角度看，生态翻译学是一个综观透视和整合一体的翻译研究范式。鉴于翻译生态是一个复杂的体系，为了保障和促进整个翻译生态体系健康、平稳地发展，生态翻译学关注各个子生态系统的协调与整合，以实现翻译生态资源的最大价值，促进翻译生态资源的优势互补，发挥翻译生态资源整体功效。

总之，生态翻译学的宏观研究侧重整体视野。视野源于高度，高度导致层级，层级形成系统，系统构成整体。生态翻译学理论体系的宏观生态理性特征贯穿于生态翻译学理论体系的上层、中层和下层，统领生态翻译学的宏观研究、中观研究和微观研究。因此，对于生态翻译学的中观和微观研究而言，其宏观定位就是旗帜和标志，也是生态翻译学研究的重要依据。

2."译论"层次研究

中观上,生态翻译学研究的侧重点在于本体认知,即翻译本体的系统理论。

生态翻译学将翻译活动视为一个由"译境+译本+译者"构成的翻译生态"共同体"。与这个共同体对应的翻译理论取向为"翻译即生态平衡""翻译即文本移植""翻译即适应/选择"。

翻译被定义为以译者为主导、以文本为依托、以跨文化信息转换为宗旨的译者适应翻译生态环境而对文本进行移植的选择活动。

翻译过程被理解为译者适应翻译生态环境和译者选择最终文本的交替循环过程,翻译过程是以译者为中心的。同时,译者和译品也回归了"适者生存"/"强者长存"特别是"译有所为"的原始动机。这表明,生态翻译学的中观研究基于并进一步完善了翻译适应选择论的本体认知。

生态翻译学是一个自成体系的翻译学说。它在生态整体主义指导下,隐喻人类普遍接受的"适者生存""优胜劣汰"的基本原理,又以中国古代哲学中的"天人合一""道法自然""以人为本""适中尚和"的经典智慧为依归,构建了整体的翻译生态体系,揭示了翻译生态理性,提出了生态翻译伦理,在此基础上,回答了翻译本体研究中"何为译"——翻译是译者适应翻译生态环境而对文本进行移植的选择活动,"谁在译"——译者中心、译者责任,"怎样译"——"汰弱留强/求存择优、选择性适应/适应性选择",以及"为何译"——"译有所为"等翻译学的根本问题。同时,生态翻译学还从生态理性视角对翻译原理、翻译过程、翻译标准、翻译策略、翻译方法和其他翻译现象,以及整体翻译生态体系等做出了新的阐述。

总之,从功能角度看,中观研究既侧重生态翻译学对翻译本体的认识,又承上启下,它是沟通宏观研究与微观研究的纽带。对于生态翻译学的整体研究而言,中观研究以翻译适应选择论为核心,形成生态翻译学的"中坚"。

3."译本"层次研究

微观上,生态翻译学侧重于生态翻译学的基本理念对翻译文本的形成和译事实践的影响。翻译实践能够折射出翻译理念。译者选择什么样的翻译策略,采用什么样的翻译方法,也能反映出其对翻译本质和翻译标准的认识和理解。因此,对微观文本转换的研究、对生态翻译操作行为的解析也有助于对生态翻译学理论功能的认识和理解。生态翻译学的微观研究重在文本操作,既有翻译原则,又有翻译方法,还有译评标准,它是翻译理论的具体实施和体现。因此,从翻译理论的适用性和可操作性的角度看,微观研究的文本转换和译事实施也可以说是生态翻译学生存和发展的根基。

(二)中西/古今/文理交叉融汇的"三大"学术追求

"中西合璧""古今贯通""文理交汇"可以说是任何领域的研究者都致力于追求的目标和境界,当然也是生态翻译学研究的学术追求。事实上,在翻译适应选择论基础上发展起来的生态翻译学一直力求和坚持具有"中西合璧""古今贯通""文理交汇"的理论特征,致力于成为"文化转向"之后翻译学研究的一个新的研究范式。

1."中西合璧"的学术追求

"中西合璧"是中西文化交融的产物。中西交流的密切程度使"我中有你"和"你中有我"成为一种必然。这种情形在全球化和国际化的今天更是如此。在这样的情势下,就学术研究而言,一方面,各领域研究中纯粹西方的或纯粹中国的已很难严格地区分;另一方面,许多领域研究中也越来越提倡和推崇中西兼容的研究视角和研究结果。例如,翻译理论研究就是这样。北京大学辜正坤教授在评述翻译理论著作时,曾将"以民族性为立足点的中西合璧性"作为翻译理论至少必须具备的"三大特征"之一(另外两个特征是"高度理论性"和"有机系统性"),并认为当务之急是要发挥中西译论优势互补的作用。西南大学孟凡君教授曾指出:"中国现代翻译学的发展趋势,必定是与中西文化全面合流的大潮相伴随的……既东西兼容,又阴阳同体。"

在生态翻译学研究的过程中,中西合璧可以说是其始终如一的学术追求。

一方面,生态翻译学的命题是由中国学者首先提出的,生态翻译学也是首先使用中国话语的叙事方式书写的,因此可以说,生态翻译学显示了浓重的中国情结。显而易见,尽管理论的抽象性和普遍性使其不具备明显的国别特征和特定的文化指向,但是理论家却有着他们各自的国籍和成长的文化环境。如同不少人文社科理论("后殖民主义""女性主义"等)都会不同程度地折射出各自文化背景和研究者主观印记一样,由中国学者创导的生态翻译学也必然会打上中国文化的烙印,体现着中国话语和思维方式。

另一方面,尽管生态翻译学显示了浓重的中国情结,但这并不表明它忽视或排斥西方学术思想和翻译理论。事实上,生态翻译学借鉴和吸收了西方现代翻译理论研究的精神和方法,该理论重要的哲学基础、当代生态学的理论,特别是生态整体主义均来自西方的科学思想。因此,生态翻译学研究在理论基础、研究方法等方面的"中外互见"和"东西交融"显得很自然。

此外,生态翻译学的奠基性研究翻译适应选择论始于中国香港,香港是"中西交汇"之地;生态翻译学全面展开于中国澳门,澳门是"华洋融合"之城。这些并非巧合的现实促进了生态翻译学的产生和发展。

生态翻译学的提出和构建在一定意义上体现了"中西合璧"的特征。由此,我们也希望在翻译学研究领域里,生态翻译学研究能够成为中国话语与西方话语平等对话交流的话题和契机。

2."古今贯通"的学术追求

生态翻译学的产生和发展不是孤立的,它将中国传统生态智慧置于当代翻译理论研究的时空坐标中,追求传统哲学文化思想与现代翻译理念的联结。这种联结有着多方面的体现。

其一,生态翻译学研究体现了"现代性",因为它是一种后现代语境下的翻译理论形态。生态翻译学既是一种跨学科的、多学科交叉的产物,又是当代翻译学理论研究的延伸与转型，反映了翻译学由传统单一学科视域转向当代跨学科整合一体的发展趋势。同时，生态翻译学又具有一定的"传统性"，因为华夏传统文化是生态翻译学的理论支点和思想依归。

其二，中国传统翻译中的"适应"思想与当代翻译适应选择论中"适应""选择"理念一脉相承。研究表明，翻译讲求适应，自古有之。到了近代，马建忠有"译成之文适如其所译而止"之说。严复的翻译更是体现了适应与选择的思想。他适应当时当地的翻译生态环境，在翻译过程中运用了与翻译生态环境相适应的变通策略。中国自古以来翻译中的"适应"与"选择"与生态翻译学的奠基性研究翻译适应选择论的基本理念一致。

其三，生态翻译学与西方古代的生态整体思想也颇为一致。在翻译适应选择论基础上发展起来的生态翻译学是从生态学视角对翻译进行的综合性研究。生态翻译学关注和强调的是翻译生态系统的整体性。这种生态整体观古已有之。古希腊的"万物是一""存在的东西整个连续不断"等可谓生态整体主义的最早发端。近现代学者关于整体、关联的研究和论述也从未间断，如法国著名科学家拉普拉斯指出天地间万事万物都有关联，自然界里的普遍规律好像一条长链，将貌似无关的现象联系在一起。美国生态学家巴里·康芒纳提出了四条生态学法则。

可以看出，古今中外关于适应、选择、生命、生态、生态系统等的思想具有一致性和继承性，体现了包括翻译学者在内的当代学人对古今贯通的学术追求。

3."文理交汇"的学术追求

众所周知，翻译学属于人文学科。生态翻译学是从生态学视角研究翻译的，因此尽管它具有交叉研究或跨学科研究的性质，但总体上属于人文科学研究。生态翻译学研究中"文"的部分就不在此赘述了。下面重点分析生态翻译学研究中"理"的特征。

第一，生态翻译学的翻译适应选择论借用了达尔文的"适应/选择"学说。达尔文认为生物进化的原因是生物与环境之间的适应性的演进，因而他被称为"生态学的创导者"。他的《物种起源》被认为是"生态学的先驱著作"。而"翻译适应选择论"借用了人类普遍接受的"适者生存"的基本原理，以《物种起源》中的相关论述为例证，以生态翻译学的叙事方式，对翻译的本质、过程、标准、原则和方法及翻译现象等做出新的描述和解释。

第二，归属于自然科学范畴的生态学又是生态翻译学的理论基础之一。生态学是奠基于整体主义的科学，其研究方法强调相互关联、相互作用的整体性。由于翻译过程中各种元素关联的重要性、各种知识交集的多样性及多元化思维的整体性，所以我们可以依据整体、关联、平衡的生态学原理和机制考察翻译系统内部不同结构与周围翻译环境的相互关系。

事实上，几乎每个时代都有占有主导地位的自然科学理论，其作为新的方法论支配着普遍的社会思维方式。在当代，生态科学正是这样一门对社会产生广泛影响的学科，也是一门对人类生存、发展具有终极意义的学科。从这个意义上说，生态翻译学研究有着扎实的哲学基础和广阔的发展前景。

第三，上述自然科学的理念和方法又决定了生态翻译学研究中必然具有某种程度"理"

的思维方式、研究方法及其语言描述。

在文学翻译批评中，综合人文学科与自然科学各种方法的综合性批评研究也是很常见的。在具体的翻译评论中，任何一种方法都不可能单独地、有效地使用，而是必然体现为人文科学研究方法与自然科学研究方法的某种形态或程度的结合。在"后现代"之后学术研究中，自然科学与人文社会科学沟通一致的趋势，已成为当代科学研究的重要特征之一。翻译学界早就有人呼吁进行跨学科研究，生态翻译学研究是"文理交汇"的，或许其可以为翻译学内的跨学科研究提供方法上的参照和借鉴。

综上所述，生态翻译学研究在"中西合璧""古今贯通""文理交汇"的实践方面做了一些尝试。这些尝试对中国翻译界和西方翻译界学术研究的沟通，贯通传统翻译思想和现当代翻译思想，突破人文社科与自然科学的研究界限，具有一定的促进意义和示范作用。生态翻译学研究在坚持"中西合璧""古今贯通""文理交汇"的学术追求方面或许能成为学术研究领域里可圈可点的案例之一。

（三）实践性、开放性、普适性的"三性"范式特征

从生态视角对翻译进行综观审视的生态翻译学具有实践性、开放性和普适性的基本范式特征。生态翻译学在学术上追求理论与实践相结合，因此生态翻译学具有鲜明的实践性。从它的前身翻译适应选择论在中国的扩散传播视角来看，实践性是它的精华所在。21世纪，它所宣扬的生态视角的翻译观、翻译生态环境的界定、翻译即适应与选择的理念、选择性适应与适应性选择的翻译方法，以及整合适应选择度的翻译批评标准等得到越来越多的认同和接受，得到翻译界学人的关注和应用。生态翻译学的吸引力和生命力，不仅在于生态理念的先进性，还在于它的实践应用的效力。它是宏观的理论学说，正从理论走向实践，逐渐渗透到翻译研究的各个领域，成为越来越多的翻译学人的研究方向和研究选题。生态翻译学理论发展的方向是强化它的实践性的特点，加强它的实践应用，并在实践应用中推动生态翻译理论的不断发展和完善。

我们构建的是一种开放性的、整合性的生态翻译学。所谓开放，是指事物的"我方"与"他方"进行物质、能量、信息交换，以不断地壮大自己。这是生存规律，也是生态原则。我们把这个原则用于生态翻译学研究时，它是指虽然生态翻译学有自己的范式，但这个范式不是固定的，而是开放的，在吸收和包容外来文化和"他者"翻译理论过程中不断完善自己的范式。西方各种翻译理论派别的理论有许多精彩和合理之处，但是由于受时空、地域、文化、视野的限制，也都有不足或不能整体适用之处。因此，在阐释生态翻译学的基本理论时，我们一直把扬弃、整合与超越、传承与发展的基本原则作为构建生态翻译话语体系的指导原则。我们努力吸收各个翻译流派合理的思想内核，舍弃其偏颇部分；整合生态翻译学的理论共识，力求超越不同流派的局限；传承中西翻译学传统的智慧，把翻译研究作为发展生态翻译学的出发点和归宿。这是进行各种学派的理论整合，建构多元统一的理论范式。生态学是"元"科学，生态取向是一种综合学科取向，生态学作为一种方法论支配着普遍的社会思维方式，既是一门对社会产生广泛影响的学科，也是一门对人类生存、发展具有终极意义的学科。生态视角的翻译研究是生态理性关照下的翻译研究，或者说是

运用生态哲学(如整体平衡原理、共生共存法则、多样统一规律等)进行的翻译研究,是一种具有哲学意义和方法论意义的翻译研究。作为从生态视角审视翻译的普通理论,生态翻译学又是一种涉及"翻译学""译论""译本"的整合性研究,因此它的普适性将会越来越明显地呈现出来。

(四)立论、倡学、创派的"三阶段"发展历程

生态翻译学在21世纪初应运而生。从总体研究发展的视角来看,生态翻译学的探索研究可分为三个阶段。

第一阶段(2001—2004年)可谓探索"立论"阶段,以2001年在国际译联第三届亚洲翻译家论坛上发表《翻译适应选择论初探》和2004年正式出版《翻译适应选择论》为标志。该阶段界定为一种构建生态翻译学的"中观"及"微观"研究。

第二阶段(2005—2009年)可谓整合"倡学"阶段,以2006年在"翻译全球文化:走向跨学科的理论构建"国际会议上诠释生态翻译学和2008年发表《生态翻译学解读》专题论文为标志。该阶段的前期界定为一种生态视角下的翻译途径研究,后期试图展开翻译学的分支学科研究。

第三阶段(2010年以来)可谓拓展"创派"阶段,以2010年创立"国际生态翻译学研究会"、2011年创办《生态翻译学学刊》、连年召开"国际生态翻译学研讨会",以及2013年《生态翻译学:建构与诠释》出版为标志。该阶段在经历了在生态视角下的翻译途径研究和翻译学的分支学科研究之间徘徊之后,界定为一种生态翻译研究范式或翻译研究的生态范式、生态范式的翻译学研究。

二、生态翻译学研究的趋势与启示

由于生态翻译学强调环境(译境)、文本(译本)、翻译群落(译者)的有机整体,主张翻译生态系统的互动、平衡与和谐,追求生态美学和多样统一,所以生态翻译学的发展将有助于促动并引导翻译学研究多方面的嬗变。由于生态翻译学遵循生态理性,注重整体关联,讲求动态平衡,体现生态美学,观照翻译群落,倡导多样统一,所以翻译研究在以下几个方面的发展演变将成为一种趋势。

(一)演变哲学理据

哲学是关于世界观、价值观、方法论的学说,是人们对自然知识和社会知识的概括和总结。它是在具体各门科学知识的基础上形成的,具有抽象性、反思性、普遍性的特点。

译论研究的历史表明,翻译理论总是构建在哲学思潮的基础上;译论的发展总是贯穿着哲学思想的影响和渗透。由于翻译哲学是从哲学的角度研究翻译的一般性质和状态,是用哲学思想研究人类翻译活动本质属性的翻译学高层理论,所以从哲学理据的视角解读翻译理论的嬗变和发展应该是一个有意义的切入点。

整个20世纪的哲学都得益于"语言学转向",这种转向为我们从总体上把握西方哲学,在新的层面上实现东西方哲学对话与融合提供了思路。翻译理论的研究和发展与哲学的语

言学转向关系十分密切。

20世纪中叶以来，国际翻译界产生了基于语文学、结构主义、解构主义、文化人类学及生态整体主义的译论研究和译论体系。在译论研究和译论体系的各个发展阶段背后，都会有对翻译学理论研究具有认识论和方法论意义的哲学思想和理论基础。

以哲学认知的术语来表述，可以说翻译理论研究从自觉主义演变到结构主义，又从结构主义演变到多元主义。依据"关联序链"认知发展的道路，翻译理论研究将从多元主义演变到整体主义。上述判断还基于这样的发展：20世纪以来，在西方生态哲学与文学生态批评的影响下，在思想和哲学领域发生了由主客二分到主体间性转向、由人类中心到生态整体的转型。哲学理念的这种转向无疑会影响到翻译理论哲学基础的选择和取向。因此，从哲学理据的角度来看，翻译理论的哲学基础正由局部适用向普遍适用过渡，由单一取向向整体取向演变。生态翻译学的产生和发展承载并昭示着上述理念，践行并引领着上述转变。

（二）衍展研究视域

就译论研究而言，哲学理据的演变必然会导致研究视域、研究趋向的变化。

翻译研究趋向的变化，尤其是翻译研究视域的拓展，大体上体现在"温故"和"知新"两个方向上。所谓"温故"，是以译论发展史为依据看现在；所谓"知新"，是以"关联序链"为线索看未来。

对于"温故"，翻译界已有基本共识，即从"翻译自转"到"语言转向"，再从"语言转向"到"文化转向"。对于"知新"，即以"关联序链"为线索看未来，或许人们较为关注。译论发展史已经证明了"翻译→语言→文化"的视角转向，"翻译→语言→文化→人类社会→自然界"这样一个人类认知视野的逻辑序列也有可能预测其发展走向。依照"关联序链"所揭示的路径推演，翻译学研究视野衍展的"生态转向"将是一种可能的选择。翻译研究实践也表明，每一次转向都为我们全面理解翻译、认识翻译提供了一种新的可能。

总之，基于"关联序链"上各个组成部分的交叉涵盖、关联互动、递进衍展的关系，我们需要强调指出的是，研究视域的每一次新的拓展与原来的视域应当是一种"蕴含"和"超越"的关系，而不是割裂与抛离，更不是颠覆和取代。这一点对翻译研究的"转向"之说而言尤为重要。

由于生态学是奠基于整体主义的科学，对其他各学科具有包容、统领的意义，是"元学科"，同时生态取向又是一种综合学科取向，其研究方法强调相互作用的整体性，所以从研究视域的角度来看，译论研究的视野与人类认知视野总体上是一致的，生态翻译学研究的视域超越了单一维度与工具理性，正在经历着由单一学科向跨学科整合一体衍展。

（三）转变研究范式

研究范式与理论体系密不可分，但前者概念的外延大于后者。鉴于翻译研究将从一个更为一体化的话语中大大获益，要使所有研究人员都认为，这个话语即使不是自己研究的中心，也是密切相关的，近年来，国内外翻译界已在更为一体化的话语研究方面做出努力。不少学者的研究涉及翻译研究多学科性、多元性、综合性、整体性，这些研究将不同模式、不同理论整合在一起，为翻译理论工作者提供了很好的理论参照系。

在中国，长期以来学术界提倡的是百花齐放、百家争鸣，强调的是中西合璧、古今贯通，追求的是多样统一、整合一体。综合比较百家之长，才能自出新意，自创新派。"多样"体现了理论的个性和差别。"统一"体现了理论的共性和整体联系。在这种"多样统一"的传统文化思想指导下形成的世界观、价值观和方法论必然会影响到中国的翻译理论研究。不同译论理念在形成和发展过程中相互借鉴、嫁接、适应、渗透、交锋、替代、演变，经过古今中外的比较与综合，又必然会朝各具特色的趋同方向发展，并最终从大同小异走向整合一体，最终达到"天下大同"。

事实上，实现翻译学理论的整合，也成为中国翻译界学者的思考与实践。

作为翻译适应选择论的继续和发展，生态翻译学是从生态学视角对翻译进行整合的研究范式。该生态翻译范式对翻译研究进行的整合可以说是一种"多元一体式"的整合。生态翻译学提出了从翻译学、语言学、文化学、人类学和生态学等不同学科视角展开相关研究，指出了不同学科视角的科际整合，并最终融入它们共同依托的生态系统，从而构成翻译生态系统的有机整体。此外，曾利沙进行了关于翻译理论体系的系统整合性研究。他认为，从国内外应用翻译理论现状看，亟须从多角度进行系统整合性研究，而系统整合性研究的关键在于建构出宏观—中观—微观层次上下贯通的应用逻辑范畴。王克非提出，翻译是跨语言、跨文化的整合，是内在、外在因素的整合，是宏观、中观、微观思维的整合，是原文、译者、译文的整合。

中外译论研究的发展表明，译论研究从语言学内的"自转"向跨学科"他者"的"公转"流变之后，正从纵向的自成体系走向横向的拓展融会，并出现"分化"与"综合"并存互进的态势。而从研究范式转型的角度来看，翻译研究经历了"直觉主义"和"结构主义"之后，目前正处于"多元主义"的发展阶段，并通过"整体主义"理念的传播与实践，最终向"多元一体"演变。生态翻译学作为一种翻译学研究的生态范式，正在引领着这一发展趋势。

（四）跨越学科界限

20世纪杰出的科学家爱因斯坦曾指出："只是在产生问题的架构内部进行思考，问题则不能得以解决。"这对自然科学研究和人文社会科学研究都是适用的。事实上，在"后现代"之后的学术研究中，自然科学与人文社会科学沟通一致的趋势已成为当代科学研究的重要特征。这一发展动向在翻译研究领域里亦然。范守义从数学领域内借用Meta理论分析翻译学中的问题，提出了自己的翻译学设想。"张力"这一概念来自物理学，指受到牵拉的物体中任一接口两侧存在的相互作用的拉力。李运兴提出了现代翻译研究中的"张力"问题，用"非线性"思想看待事物发展的复杂性。基于此，宋志平论述了翻译选择过程的非线性问题。孟凡君指出，西方文化时代的分野、文化思潮的勃兴、翻译研究的转向都与物理学的发展阶段存在着奇妙的对应。首先，传统物理学研究时期"不可再分的物质实体"的原子观既与实体主义的文化思潮相通，也与"就译论译"的翻译本体论研究相通。其次，现代物理学研究时期的亚原子理论和统一场理论既与结构主义的文化思潮相契，也与语言学转向后的翻译研究相合。最后，当代物理学研究时期的非统一场理论既与解构主义的文化思潮相应，也与文化转向后的翻译研究相关。可见，翻译研究道路的转向既是科学认知倾向在翻译研究领域中的必然反映，也是文化思潮的波荡在译道流变中的必然显现。

在文学翻译批评中，综合人文科学与自然科学各种方法的综合性批评研究也是很常见的。在具体的翻译评论中，任何一种方法都不可能单独地有效地使用，而是必然体现为人文科学研究方法与自然科学研究方法的某种形态或程度的结合。

从科际研究的趋势来看，翻译研究正跨越人文社会科学与自然科学刻板的疆界，走向人文社会科学与自然科学的沟通、科学与艺术的融会。翻译活动是跨学科的，是各种人文的和自然的因素的综合。因此，翻译研究尤其需要打破学科的界限，才能真正回归翻译学研究和发展的"原貌"。这种发展正如美国科学主义与人文主义相结合的先驱、著名科学史家 G. 萨顿所说："只有自然科学与社会科学、科学精神与人文精神相互协调才具有普遍意义。"这也恰如科学理论家布迪厄所言："哪里突破学科的界限，哪里就有科学的发展。"

(五)催生翻译学流派

自古罗马的西塞罗(Cicero)、贺拉斯(Horatius)以来，翻译研究经历了漫长的发展过程，出现了众多的理论学说和研究途径。随着西方翻译理论研究的长足发展，翻译研究不再仅仅被视为语言学的分支，而是逐渐被当作一门独立的学科。同时，翻译活动的本质及其复杂性促使翻译研究呈现出多元化、跨学科的特征，不同模式、不同理论之间相互借鉴、交流、交锋、渗透，为翻译学科地位的确立与发展奠定了基础，为翻译理论研究开拓了新的视野，提供了新的途径。

实践表明，翻译研究的深入与翻译学科的发展必须依赖理论与实践的互动，依赖继承与创新的结合。这既是学科发展的必经之路，也是由翻译研究的特性决定的。新的理论模式与新的研究途径不断酝酿、产生和发展，既丰富了翻译研究的内涵，促使翻译研究迈向新的高度，也为学术交流与学术争鸣提供了新空间、新动力，推动翻译学向更系统、更深入、更开放的层次发展。

近年来，中国的翻译理论界也呈现出百家争鸣的态势，生态翻译学研究可谓异军突起。已有翻译界学者指出，翻译研究生态范式的形成与发展为中国乃至国际翻译学理论研究开创了新视角，是对国际翻译理论研究的丰富、创新与超越，它所体现出的理论探索与开拓精神将对翻译学的发展具有激励与导向作用。

生态翻译学派日渐成型，其中既有国际翻译学派的激发，又有中国翻译学派的研发，还有生态翻译学派的"自发"。

多年来，生态翻译学经过自由发展阶段、市场适应阶段、目的促进阶段的发展，逐步聚集了一批有志于生态翻译学研究的志同道合者，其中既有创导该研究领域的学术领军人物，又有年富力强、硕果累累的学术骨干队伍，还有一整套系统的生态翻译学的理论观点、研究模式和理论话语体系，并通过各种形式的合作与交流，集结在国际生态翻译学研究会的旗帜下，连年召开国际学术研究会，连续出版专著、论文并开通官方网站，逐渐形成一个具有一致的信念和观点、共同的思维方式和研究方法的学科共同体。富有活力的生态翻译学派正在一步步走向成熟。

(六)回馈相关学科

现代翻译研究的发展主要得益于不同学科的发展,从其他学科中接受有益的理论模式、概念及研究方法和思路。随着翻译学的研究和发展,翻译研究特别是生态翻译学的研究范式将来也应该可以反过来回馈相关学科,为涉及翻译活动的相关学科提供某些理论模式和研究方法,激发新的思考,成为理论供体,如对语用学、跨文化交际学、传播学、文化学、语言学等不同学科的回馈。

清华大学王宁教授曾指出:"对于我们专门从事翻译学研究和理论建构的学者来说,我们的任务不仅是要为本学科的建设做出应有的贡献,还要以自己的理论创新和建构对整个人文学科的建设做出自己的贡献。既然翻译理论从其他学科借鉴了不少现成的理论,为什么翻译学研究不能向这些学科提供我们自己的理论或新的范式呢?"他又指出:"过去,我们的翻译学研究者一味地跟踪其他相关学科的前沿,试图引进一些能够为我们所用的新理论和新的研究方法。今天,当我们站在全球化这一共同平台进行平等交流和对话时,难道我们不能考虑建构自己的学科理论,以便也能够向其他学科输出我们的理论吗?"南京大学许钧教授指出:"长期以来,我们的翻译学学科发展都在学习、借鉴和应用其他学科的理论、方法和研究成果;长期以来,我们又大都是西方翻译理论的'追随者''译介者''求证者''实践者'等。但是,当我们翻译界有了自己的话语体系并通过我们的努力使之更加完善、更加丰富的时候,或者当中国翻译界拥有了自己的话语体系并通过我们的努力使之更加科学、更加有用的时候,这是否就为中西翻译理论研究的真正平等对话提供了一种可能?同时,这是否也使翻译学研究反过来回馈其他学科成为一种可能?我想,经过我们大家的共同努力,这个问题的答案应该是肯定的。"

就生态翻译学研究而言,从现有发表的论文中,特别是从连续几届国际生态翻译学研讨会的会议论文中,可以看到一些语言学、文化学、文学、语用学、跨文化交际学、传播学、外交学、术语学、编辑学乃至医学、生态学、计算机科学等领域的学者也开始借鉴和运用生态翻译学的术语、成果和视角研究各自的问题。翻译学理论研究的这种回馈将会越来越多。而怎样使翻译学具体地回馈相关学科的问题也正促使我们进一步思考,激励着我们进一步行动,需要我们交出令人满意的答卷。

第七章　文学翻译学

在我国翻译理论界，人们也没有说清楚翻译是一门什么样的艺术。受尤金·奈达等的影响，一些学者把翻译活动笼统地称为科学或者艺术，没有区分文学翻译和非文学翻译，表现出类似国外的语言学派的倾向；还有的学者主观地夸大了文学翻译的创造性，提倡译者要追求自己的风格。在当前的文学翻译研究中，学者们还没有注意到，西方语言学美学的理论观念，恰恰是对语言学派与文艺学派的偏颇的弥补和修正。以"神似说"和"化境说"为中心的文学翻译的艺术理论，在我国学术界有一定影响，但这些理论的科学性和审美价值还没有揭示出来，也还有一些问题没有说清楚，因而距离翻译实践显得远一些。就文学翻译的艺术而言，人们往往出于对译者的劳动的赞誉和尊重，称之为艺术，而学者们对翻译艺术的研究则有待于深化。就是在这样的学术背景下，我们提出"文学翻译学"这一课题，试图对文学翻译的本质和艺术规律做比较深入的研究，为建构文学翻译的艺术理论体系打下基础。

第一节　文学翻译概述

一、文学翻译学概念

首先，文学翻译学是一门相对独立的学科，它以文学翻译和文学翻译的发展规律为研究对象。文学翻译学是文艺学的一个分支，属于人文科学，它涉及译者与原作者、译者与原作、译者与读者及译作与读者之间的关系，还涉及社会文化氛围和译者的审美心理及语言文化水平、审美能力、艺术表现力等诸多因素。文学翻译学从审美心理的角度研究文学翻译的艺术生成，是有关文学翻译艺术的理论。

文学翻译学与文学翻译是两个不同的概念。文学翻译从狭义上说是指文学翻译活动本身，如把一部外国小说或诗歌翻译成汉语。文学翻译的主体是译者，他的任务是按照翻译标准把外国文学作品译成汉语。而文学翻译学则是对文学翻译活动的实践经验的理论总结和概括，是对文学翻译活动的本质特征和一般规律的系统把握。文学翻译是一项实践活动，注重实际效果，而文学翻译学则是对这项活动的研究，侧重科学性。

文学翻译学既是一门学问，那么，科学性就是它的灵魂。所谓科学性，就是要求它的原理的客观性，概念的确定性，表达的明晰性，意义的可证实性。我们研究文学翻译的艺术，探索它的奥秘，就是要在前人研究的基础上，建构适合于我国文学翻译实践的学科理论体系。为此，我们要规范文学翻译学的基本概念和理论范畴，溯源探流，辨析疑义，争取把前人没有说清楚的问题说清楚,并提出新的见解。同时,我们还要考虑到,文学翻译学是一门人文学科,文学翻译活动本身具有较强的主体性,研究者注重考察译者的体验、感性和直觉,需要通过对译者的审美心理的考察来探索文学翻译的本质和基本规律。所以,文学翻译学的科学性所要求的实证性只能是相对的。此外,文学翻译学是一门实践性很强的学科,它的研究直接取材于翻译实践。它的理论与方法来自翻译实践,反过来要能够真正为实践服务。

其次,文学翻译学是一门接缘性学科。接缘性本来是各门学科所固有的属性,只是在科学和信息不发达的古代,人们没有发现和重视它。在刘勰写《文心雕龙》的时代,不同学科之间"各照隅隙,鲜观衢路"的现象十分正常。即便是在近代,许多学科之间仍旧坚守壁垒,井水不犯河水。进入20世纪之后,东西方文化开始碰撞和融合,科学思想与人文精神由冲突走向沟通,各学科之间的交叉与渗透逐渐显露出来,形成一种新的学术文化氛围。文学翻译学出现在这样的学术文化氛围里,它的接缘性往往比其他学科表现得更为鲜明,以至于人们对它的学科归属问题产生疑问,使它几乎丧失了自己的家园。在很长一段时间里,文学翻译学被当作语言学来研究,因为它与语言学的关系密不可分;同时它也被当作文艺学来研究,因为翻译理论界的文艺学派认为,文学翻译就是文学创作。这些现象说明文学翻译具有较强的接缘性,人们在探索它的奥秘时往往从不同的角度来窥视它。实际上,文学翻译学处在文艺学、美学、语言学、心理学等诸多学科的交叉点上,在艺术与非艺术的交合圆通中生存与发展,属于一门典型的艺术边缘学科。我们要把握文学翻译的本质和规律,不可仅仅就翻译论翻译,把它限定在某个狭窄的范围内做单向推进。

文学翻译学作为一门人文学科,有它特定的研究对象。文学翻译学的研究对象与广义的翻译学不同。广义的翻译学涉及面很宽,包括各种专业的翻译研究,是一切翻译研究的总汇,如它可以包括语言翻译学、翻译语言学、比较翻译学、翻译修辞学、口译理论,科技翻译技巧,等等。而文学翻译学仅仅是广义的翻译学的一个分支,它的研究对象只限于文学翻译活动本身,它研究的是翻译的艺术,揭示文学翻译活动的本质特征和一般规律,其研究范围大致包括以下几个方面。

第一,文学翻译的本体论。研究文学翻译的理论观念和翻译过程,探讨文学翻译的性质、特点,揭示我国传统翻译理论的审美观念,探索文学翻译的审美理想、审美标准,研究文学翻译活动的结构模式、译语的形态、翻译过程中的再创造和创造心理等问题。

第二,文学翻译的主体论。研究文学翻译的主体和译者的"自我"表现,包括译者的素质和修养、译者"自我"表现的类型等问题。

第三,文学翻译的风格论。探索原作风格的可译性、风格的翻译与流失及译者的风格问题。

第四,文学翻译的方法论。辨析中外翻译史上有关的翻译倾向,探索文学翻译的具体程序,揭示翻译过程中带有规律性的东西,为译者提供切实可行的科学的方法原则。

第五,翻译批评。探讨翻译批评的基本理论,包括翻译批评的性质、对象、任务、翻译批评的方法、批评者的修养等问题。

二、文学翻译的本质特征

文学翻译自诞生以来就在文学边上伺候，时而充当驿马[①]，时而充当媒人，兢兢业业地交流文化和缔结文学因缘，却不像文学创作那样风光，受人重视。译者的名字与外国大文豪的名字并列在译著上，但译者总被忽视，或者被视为次要角色，与创作者相比，恰如一对孪生姊妹，一个当小姐，一个当丫鬟。译者地位的尴尬透露出世俗的偏见或者行外人的弱视，也说明人们对文学翻译的性质与特点不甚了解。在我国学术界，翻译及其理论的地位并不算低，大学问家梁启超、严复、郭沫若、鲁迅、钱锺书等，都有不少翻译实践，并潜心钻研过翻译理论，提出过有关的理论见解。当然，翻译及其理论也是一个充满着疑难与问题的领域。多少专家、学者发出"译事难"的慨叹，郁达夫、鲁迅都曾指出"翻译比创作难"，傅雷先生称自己的翻译"还没有脱离学徒阶段"。可见文学翻译及其理论并不像人们所想象的那样简单。

钱锺书先生早在1934年就明确地使用过"翻译学"和"艺术化的翻译"这两个概念，似乎没有引起学术界足够的重视，以至于人们至今还对文学翻译的本质特征存有模糊的认识。在翻译理论领域里，长期以来，人们不善于把研究对象分门别类，往往把文学翻译和非文学翻译放在一起讨论，没有认真区分不同类别的翻译所具有的性质和特点。我国传统的翻译理论，并没有单独提出文学翻译的概念，尽管大诗人谢灵运、李白都曾涉足翻译活动，刘禹锡也曾有过为译者鸣不平的诗句。只是当时（在古代和近代）的文学翻译活动尚未形成一个独立的翻译门类，人们对它的认识还很肤浅。也许先辈们要寻找一种能涵盖一切的翻译原则，而忽略了翻译的对象。在当代西方翻译理论界，学者们也不大重视翻译活动的分类。例如，美国翻译理论家尤金·奈达、英国翻译理论家纽马克、德国翻译理论家沃尔夫拉姆·威尔斯，都没有明确区分文学翻译与非文学翻译的概念，而把它们同等对待。俄罗斯的翻译理论家们似乎明智一些，在20世纪40年代中期之后就分成语言学派和文艺学派，森严壁垒地相互对峙，但他们强调的是研究方法，并不重视文学翻译与非文学翻译的差别，对文学翻译的本质特征也不曾做出令人信服的清晰的描述。

第二节 文学翻译的主体与"自我"表现

中西方翻译家都喜欢把翻译比作绘画。翻译与绘画的确有相似和相通之处，但在艺术法则上也有差异。中国古代画论中的"意在笔先"和西方现代绘画艺术的"自我表现"，都涉及艺术主体在作品中的感情投入问题，而文学翻译是隐性的艺术，译者不能像画家和诗人那样随心所欲地表现"自我"，但又不可能完全把"自我"隐藏起来。那么，我们应该如何看待译者的"自我"表现呢？

[①] 普希金把翻译称作"文化交流的驿马"。

一、文学翻译的主题

文学翻译是一种个体行为，是译者独立进行的精神活动。译者作为翻译活动的主体，他的审美能力、气质、个性在翻译中起着统帅一切的作用，他的艺术追求和创作个性必然在他的译作中显露出来。笔者在这一章里将着重研究翻译的主体和译者的"自我"表现问题，考察"自我"对文学翻译的艺术生成的积极作用和消极影响。

人们对翻译艺术的忽视及对译者的轻视，形成了一个习惯的偏见，即认为翻译是一件很容易的事情，懂外语者皆可为之。这种偏见一方面来自人们对翻译活动的隔膜与无知，另一方面来自译本质量的平庸和低下。在翻译活动中，起决定作用的是译者本人，译者的素质直接影响翻译的质量。作为文学翻译活动的主体，译者需要具备什么样的素质呢？

(一)严肃认真的翻译态度

我们以往不大重视译者的翻译态度问题，以为翻译中的差错是因为译者的翻译水平不高所造成的。实际上翻译态度是决定翻译活动成败的关键因素之一。如果翻译态度不端正，即便是具有丰富的翻译经验的成熟的译者，也会在翻译中出现偏差。

传统翻译理论中的"信"，就包含着译者的翻译态度。沈苏儒先生的《论信达雅》一书，对"信"的解释是"忠实于原著"。所谓"忠实"，包含着两层意思，一是翻译态度上的忠实，二是在思想内容与语言形式上与原著保持一致。我们还要强调一点，就是忠实于读者。接受美学的倡导者们把读者的反应看成作品的生命构成中的组成部分，读者的阅读效应，是对译作质量的最终检验，也是翻译过程的最后完成。我们所说的忠实于读者，就是要求译者在翻译过程中时时处处想到读者，向读者负责。具体地说，就是自觉遵守翻译的"和谐"原则，在翻译中注意把握分寸，使译作符合本国读者的欣赏习惯，同时让读者看见原作的真面目，得到美的享受。

(二)严谨细致的译风

严谨细致的翻译作风，是一个合格的译者所必备的素质。译者的文风是在翻译实践中养成的，与译者的性格、翻译态度、心理素质有一定关系。严谨细致是指译者在翻译中紧贴原文，克制自己的表现欲，处处谨慎小心，一丝不苟。粗心人是不适合做翻译工作的。有的译者中外文水平相当高，但粗枝大叶，望文生义，或者丢三落四，结果造成误译，影响了整体的和谐。还有的译者喜欢在翻译中放纵自己，表现自我，随便添加东西。

(三)科学的翻译观

翻译观是一个译者对翻译活动的总的认识和看法。译者的翻译态度不端正，或者译风不严谨，往往是因为缺少科学的翻译观。众所周知，无论从事哪一门类的艺术活动，都要有一定的艺术观，或者至少要懂得那一门艺术的基本道理。例如：绘画要懂得绘画的技法，所谓"意在笔先""气韵生动"；演戏要熟悉演戏的路子，所谓"先学无情后学戏"；写小说要懂得小说的章法结构；等等。可是搞翻译的偏偏例外，有的译者对翻译上的道理懵然无知，却凭着一本词典一支笔，勤勤恳恳地译出砖头般厚重的作品。这种现象并不能说明译者可以没有翻译观。任何译者都会有自己的翻译观，不论译者是否意识到，他都不可避免地在其翻译工作中以某种翻译观作为指导。翻译观有正误之别。有的译者把文学翻译等同于创作，以为译者可以借原作之体寄生自己的情志，可以无中生有，妙笔生花；还有一些忽视理论修养的译者，往往把翻译看得比较简单，以为翻译是世上最省心省力的事，无非是照着词典上的意思把外文翻过来。这些认识和看法都是译者的翻译观的反映。科学的翻译观以马克思主义的辩证唯物论和美学原理为基础，以实事求是的态度和敏锐的审美洞察力去认识和看待文学翻译活动中的矛盾和问题，以严谨、正确的思想方法去对待翻译活动。

科学的翻译观是一个成熟的译者的认知结构的重要组成部分，主要包括他对文学翻译活动的本质特征的认识、他的审美观念和思想方法等方面。

（四）文学解读能力

对文学作品的译者来说，解读能力至关重要。翻译过程中的理解阶段，就是译者对原作的解读。解读是一门专门学问，有专门的艺术法则。在具体的翻译实践中，并不是每个懂外语的人都懂得解读的法则，有的人读外文书只见一个个熟悉的词句，而不懂书中的含义。解读能力与译者的外文水平有关，同时包含译者的审美感受能力，也就是译者的艺术眼光。译者要对原作进行艺术解读，就必须具有敏锐的审美感受力，对原作所描写的事物及原作的情绪、气氛、色彩、韵味能够心领神会，对原作里的形象能够做细微的体察。总之，译者要能够透过原作的字句声色领会原文之精妙，感受原作的"言外之意，弦外之响"，捕捉原作的"无言之美"。

译者对原作进行解读，需要有一定的批评理论知识和相关学科如文艺学、美学、语言学、心理学、系统科学的基本知识。夏仲翼先生的《文学翻译与批评理论》一文强调译者的解读的重要性，他指出，"文学翻译本身就是一种文学研究""文学翻译是一种阅读，是接受，是某种文学视角的再现，是通过译者主体的比较阐释，或者说得形象一点，翻译的文本是固化了的阅读，是读者接受的凝固形式"。夏先生在强调译者的解读的重要性的基础上，进一步指出作为文学解读者的译者所应具备的"文学鉴赏力"，认为一个不懂文学理论与批评、不会运用批评视角的译者，不可能是一个称职的译者。这就是说，从事文学翻译的人，应该是文学上的内行。正如朱光潜先生所说的："只有文学家才能胜任翻译文学作品。"

（五）艺术表现力

文学作品的译者要传达原作的思想内容和艺术形式，传达他对原作的审美感受，就必须具有相当的艺术表现力。可以说，从感受原作的艺术美到传达原作的艺术美是有距离的，这种距离就是我们在前几章里所说的艺术传达上的"隔"。换句话说，不是每个感受到原作艺术美的译者都能很好地传达它。如前所述，文学翻译，绝不是对原作的语言材料的机械复制，而是译者对原作的一种创造性的、敏锐的、审美的把握。这种把握既需要译者具有审美感受能力，同时也需要他的艺术表现能力。当然，译者的艺术表现力还应当包括译者的翻译技巧，也就是译者的表现手法的巧妙运用和译者的独具匠心。艺术表现力还包括译者的文笔和学识，不少前辈翻译家的经验证明，翻译文学作品，需要译者具有流畅的文笔和广博的学识。译者的文笔虽然并不等于译笔，但译者的文笔和驾驭文学语言的能力是译笔的基础。学识是指译者的知识面，文学作品的译者，知识面要广。

综上所述，我们可以得出这样的结论：文学作品的译者既要有烛照万物的敏锐眼光，又要随时在被动中求主动，他不但要具有作家的审美能力和艺术表现力，而且要具有学者的丰富和渊博学识。因此，就文化构成而言，译者是学者与艺术家的融合。

二、译者"自我"表现的类型

译者作为文学翻译活动的主体，在翻译实践中养成一种"双重性格"。一方面，文学翻译在艺术创造上的局限性，给译者身上套上一条锁链，使他不能像画家和诗人那样独立自主地发挥艺术创造，只能充当原作的仆人，为原作做嫁衣裳；另一方面，文学翻译的审美性和创造性又使他可以在翻译过程中充当主人的角色，发挥译者的再创造，自觉或不自觉地表现"自我"。译者在翻译过程中的"自我"表现，具有积极的创造性，但是，"自我"表现失度，又往往给译作的整体和谐带来消极的影响。根据"自我"在译作中显露的程度，我们可以把它分为显性与隐性两种类型。

1. 显性

显性是译者"自我"表现的形式之一，译者受文艺学派"创作论"的影响，表现出较强的"自我"意识，追求译文的形式美，在翻译过程中加入自己的夸张、想象，并且在表达上放纵自己，以发挥自己的创造力。我国早期的翻译如郭沫若、傅东华的翻译就带有这种倾向。这种翻译作风的长处是，译文具有可读性，符合中国读者的审美趣味，不足之处是同原作之间有"隔"，使读者看不见原作的真面目。

2. 隐性

译者在翻译过程中尽量把"自我"隐藏起来，使读者感觉不到译者的存在。如果对照原文来阅读，我们可以感觉到译文与原作之间的和谐一致，可以欣赏译者在翻译过程中所创造的和谐之美。只有在对比两种不同的译文时，才能感觉到译者"自我"的存在。

三、译者"自我"的构成

构成译者"自我"的因素是多方面的，主要有译者的前理解、审美能力、艺术表现力及和谐意识等因素。

在翻译作品中，译者的"自我"或直露，或隐蔽，或变异，表现形式不同，但"自我"是客观存在的，任何译者都不可能完全消除"自我"。"自我"是译者的再创造在其译作中留下的印记。"自我"不论显与隐，都是翻译艺术生成的标志。但是，"自我"过于显现，便化作一种烟雾，罩在原文与译作之间，影响了译作与原作之间的和谐，使读者欣赏不到原作的韵味与风格。

译者"自我"的过分显现，说明译者缺少"和谐"意识，在把握主观与客观的遇合与对话时片面强调了主观的感受，而忽视了原作的内容和形式的束缚。因此，笔者在上一节里所讨论的"显性",是译者在再创造的过程中"走偏"的结果,说明译者的再创造尚处于较浅的层次。而"隐性"自我则在层次上提高了一步,基本达到译者的主观与客观的和谐一致。

译者的双重性格决定了"自我"的双重结构。译者在原作面前是忠实的仆人,而在翻译过程中是主人,而这种主人又总是受制于原作,终究不能自作主张、自行其是。因此,译者的"自我"带有双重性,既是显性的,又是隐性的。译者作为翻译主体,在翻译中充当多重角色,既要体会原作者的思想、感情,模仿其神情、语气,让"自我"与原作者融为一体,又要充当译者的角色,在解读原作和艺术传达上发挥再创造,同时还要充当译文读者的角色(潜在的读者),考虑"自我"能否被读者接受。这就是说,译者"自我"的构成中包含着原作者、译者和读者。翻译的艺术就在于这三者的高度和谐。

第三节 文学翻译的风格与审美

风格翻译问题,是文学翻译学里的难题,也是文学翻译的艺术生成的关键问题。我国古代翻译家所说的"依实出华",鲁迅先生提出的"保存着原作的风姿",傅雷的"神似说"和钱锺书的"化境"理论,都涉及传达原作的风格问题。一部译作,如果没有传达出原作的风格,那么人们一定会认为它是一部失败的译作。李文俊《译人自语》一文写道,"听说作家中流行着一种说法:你所领略到的某位大师的风格其实仅仅是某个译者的风格。他们感到自己受了愚弄"。李先生接着补了一句:"这未免抬举了翻译家,他们哪有那么大能耐!"李先生的意思,大概是说译者不可能以自己的作风取代原作者的风格。那么,文学作品的风格究竟可不可译?译作的风格与原作的风格到底是什么关系?风格翻译的关键是什么?这是我们需要探讨的问题。

一、风格是什么

为了探讨风格可不可译的问题,首先要弄清楚什么是文学作品的风格,它包括哪些要素。一方面,在文艺学领域里,对风格问题的研究形成一门专门的学问(风格学)。但是,由于风格的复杂性、不稳定性和不确定性,也有人对有没有风格、风格能不能认识的问题表示怀疑。另一方面,学者们从不同的视角研究风格,对风格概念的界定很不一致。黑格尔认为,"风格就是服从所用材料的各种条件的一种表达方式,而且它还要适应一定艺术种类的要求和从主题概念生出的规律"。[1] 布封则认为风格就是作家本人,他提出"风格即人";福楼拜的说法比布封更进一步,他认为风格不但就是作家其人,"而且还是一个具体的、活生生的、有血有肉的人"。我们且不论这些说法是否科学[2],仅就翻译研究而言,这

---

[1] 见黑格尔《美学》第1卷,第372页,商务印书馆1979年版。
[2] 钱锺书先生在《谈艺录》中对"文如其人"提出质疑,表明"词章不足征人品"的思想;在《管锥编》里进一步指出,"立意行文与立身行世,通而不同,向背倚伏,乍即乍离,作者人人殊","作者修词成章之为人",与"作者营生处世之为人",不宜混为一谈。

些定义过于抽象、空洞,对译者没有什么实际的帮助。文学翻译是具体的语言行为,译者需要具体地认识构成作品风格的要素,才能谈得上传达风格。

我国1979年版《辞海》对风格的解释是:"作家、艺术家在创作中所表现出来的艺术特色和创作个性。作家、艺术家由于生活经历、立场观点、艺术素养、个性特征的不同,在处理题材、驾驭体裁、描绘形象、表现手法和运用语言等方面都各有特色,这就形成作品的风格。风格体现在文艺作品内容和形式的各要素中。"我们从这一界定中可以看出,风格即作家、艺术家的艺术特色和创作个性,它体现在作品的内容和形式的各要素中。作家们在选择题材、刻画人物、创造气氛、表现手法和运用语言上有很大差异,所以彼此之间的风格也就不同。同一作家的作品,可能在总体面貌和情致上相似,但他的这一部作品与另一部的风格也可能不同。作家、艺术家的风格是发之于内而形之于外的,是由内容的本质里自然而然地产生出来的,同时又是作家、艺术家艺术追求的结晶,是作家、艺术家运用独创性的思想、情感,融化和深化生活素材,表达自己独特的审美认识的产物。我们理解文学作品的风格,首先要认识风格的完整性。风格是一个完整的不可分割的统一体,一方面,它是贯穿于作家的所有作品中的鲜明的、具有一定稳定性的个性特征,就一部作品来说,这种个性特征表现于作品的内容与形式的统一之中;另一方面,风格体现在组成这个完整的统一体的每个具体的单位之中,忽视了对每个具体单位的认识和理解,会直接影响对风格这个统一体的正确理解。

对译者来说,作家的艺术特色和创作个性依然是抽象的,难于把握的。译者需要把抽象的风格具体化。

白春仁先生的《文学修辞学》对风格概念的新见解,有助于我们认识和把握文学作品的风格。白先生指出:成熟的语言艺术家在自己的创作中,总要组织一个独特的表达体系。表达什么呢?首先是艺术世界的人物事件环境,其次是主题思想和深层的人生哲理。用什么表达呢?语言和言语、章法、赋比兴(艺术手法);为了表达深层蕴涵,还须利用意象和意境。优秀作家呕心沥血地经营这个表达体系。他调动这一切可供驱遣的材料和手段,形成不同于他人的一套艺术原则和方法,用高尔基的话说就是找到自己的形式。

从结构上说,风格实际是作品里包孕的一个修辞体系,他贯通文学篇章的所有四个层次。在辞章层上,风格综合词法、句法、章法和语调,形成独特的语言表达体系。在形象层上,风格选择辞象、意象、意境的创作原则和方法,形成独有的艺术表现体系。在含义层,风格同样面临抉择,在如何处理形象与涵义的关系问题上,必须坚定自己的主见。最后到了作者层,风格根据作者对艺术世界的评价态度,根据作者的情志,为自己整个的表达体系定下基调,确定艺术表现的基本原则,并据此把以上三个层次焊接到一起。于是作品中便生成一个个性鲜明的修辞体系。①

白先生揭示了风格的艺术表达本质。在艺术风格的表达体系中,最主要的、起统帅作用的因素是语言,不论是艺术世界的人物、事件、环境,还是作品的主题思想和深层的人

---

① 引自白春仁著《文学修辞学》第153页,吉林教育出版社1993年版。

生哲理，都是通过语言来表现的，作家的艺术手法诸如言语、章法、赋比兴，以及作品的神韵和意境，都离不开语言的表达。苏联著名作家费定曾指出："组成风格的成分是很多的。把握这些成分之所以困难，是因为它们没有绝对的存在形态。节奏、音韵、词汇、布局，都不能独立地生存。它们互相联系着，犹如象棋盘上的棋子。走一步卒，就要牵一发而动全局。所以在文学作品中，只要动一动节奏，动一动词汇，就不可能不影响风格的其他因素。只要我划掉一个词，那我就改变了句子的结构，改变了句子的音乐性，它的节拍，它同周围的关系。""不过风格的基础，它的灵魂是语言。这是风格棋盘上的老帅。没了老帅，棋就没法下了。没有语言，也就没有作家。"[①]费定强调了语言在风格的诸因素中的重要作用，也为我们研究风格的翻译指出了具体的途径：从作品的语言着手。

二、风格的可译性问题

风格的可译性问题与文学作品的不可译因素或抗译性密切相关。人们往往由文化的不可传译和神韵、意境的抗译性联想到风格翻译的困难。从文化的角度来看，文学作品的风格与原作者的文化背景及作品中所包含的文化因素融为一体，文化因素的抗译性造成风格传译上的"隔"。例如，苏东坡的《念奴娇》："大江东去，浪淘尽千古风流人物；故垒西边，人道是三国周郎赤壁。"若译成外语，就很难传达出原作的雄伟与豪放。神韵与意境的传达也让译者搔首、煞费苦心，所谓的"言外之意，弦外之响"总给人以玄妙之感，令人摸不着头脑，所以，我国翻译界在风格的可译性问题上一直存在分歧。"风格不可译论"的主要代表是周煦良先生。周先生是我国著名翻译家，他以自己的切身体会阐明原作风格的抗译性，指出风格的不可译。

"在通常情形下，它（指风格）好像只是在无形中使译者受到感染，而且译者也是在无形中把这种风格通过他的译文去感染读者的，所以既然是这样的情形，我看，就让风格自己去照顾自己好了，翻译工作者大可不必为它多伤脑筋。[②]"

周先生认为"原文风格是无法转译的"，理由是"风格离不开语言，不同的语言无法表达同样的风格"。周先生的文章曾在翻译界引起争论，主张风格可译的人认为，风格翻译犹如一个人模仿他人走路，不但可以模仿，而且可以模仿得像。主张风格不可译的人认为，风格翻译与模仿人走路不同，人都有身体四肢，甲模仿乙的走路动作是容易的。但翻译的媒介是语言，风格翻译等于用铅笔或钢笔临摹水墨画，无法反映原作的风格。两种观点的争论不了了之，谁也没有足够的论据来说服对方。到了20世纪80年代，周先生在一篇论翻译的文章里重提风格翻译，仍坚持风格不可译的观点。

今天，我们重新考察风格可不可译的问题，不难发现，在当年的争论中，学者们对风格的内容的理解有些狭隘，把文学作品中的不可译因素当成风格本身。例如，有一位持风

[①] 见白春仁著《文学修辞学》第206页。
[②] 见《外语教学与翻译》1959年第7期。

格不可译观点的学者对风格的理解是这样的。风格的具体内容不外乎四点：题材(Subject Matter)、用字(Choice of Words)、表达(Mode of Expression)、色彩(Color)。题材有正有反，用字有难有易，表达有繁有简，色彩有浓有淡。这是内容的要素。①

以题材、用字、表达和色彩这四点来概括风格的具体内容未免有些片面。假如风格的具体内容真的就是这四点，那么风格的确是不可译的。因为外国作家用字的难易程度、表达的简繁程度、色彩的浓淡都是不可如实传达的。

从克罗齐的"直觉论"美学的观点来看，周煦良先生所说的"不同的语言无法表达同样的风格"确有道理。克罗齐认为，语言凭直觉产生，言语行为随着潜在的思维出现，并对思维加以扩展和修改。因此，每一个言语行为都是无先例的、创新的。根据这种理论，译语与原语之间毫无关系，译语完全是一种新语言。风格在言语的转换中完全流失。

以上两种论点对风格的含义理解不够全面，片面强调了风格中的不可译因素，忽视了风格的可译因素。

我们认为，文学作品的风格是可译的，但这种可译性有一个幅度，百分之百地再现原作的风格是不可实现的理想。风格可译性的依据有以下几点。

(1)风格作为优秀作家的独特的表达体系，它所表达的主要内容如人物形象、故事情节和环境是可以翻译的。严格来说，文学作品(这里主要指小说)的风格，并不包括它的人物形象、故事情节和环境，但它们是风格所表达的主要内容。内容与形式是一个不可分割的统一体，离开了内容，风格(形式)也就不可能存在。这就是说，风格是附丽于人物形象、故事情节等成分之上的。实际上，读者往往是通过作家所创造的独特的人物画廊和他所营造的艺术氛围感受该作家的风格的。人物形象、故事情节等成分的可译性，自然决定了风格的可译性。

(2)作家独特的表现手法是可以翻译的。就一部文学作品来说，独特的表现手法，是构成其风格的要素。也有学者认为，风格本身就是作家的表现方法或特有的语言表现手段。苏联文艺学家赫拉普钦科曾指出："如果采用一个简明的公式，风格应该说是形象地把握生活的表现方法，是说服和感染读者的方法。"②苏联语言学家维诺格拉多夫指出："作家的个人风格，是对文学发展的某一阶段上特有的语言表现手段进行独特地审美运用的体系。"③把抽象的风格简化为表现方法，有助于译者具体地认识和把握它。

(3)文学作品的语言具有可译性。风格不可译论者认为风格不可传译，但他们并不否认语言的可译性，也不反对文学翻译活动。既然语言是可以翻译的，那么用语言表达的作品的风格也应该是可译的。

---

① 见张中楹先生文章《关于翻译中的风格问题》，载《学术月刊》1961年7月号。
② 转引自白春仁先生著《文学修辞学》第154页。
③ 同上。

三、风格的传达与流失

在翻译实践中,风格的传达可分为两种情形,一种是无意传达,一种是刻意传达。无意传达就是我们在上一节里所说的那种情形,让风格自己去照顾自己,译者并没有注意到它,或者注意到它的存在,并不对它多动脑筋,在无意中传达了原作的风格。我国翻译界的多数译者属于这种情形。无意传达的可能性是由风格的可译性决定的。我们在揭示风格的可译性时曾指出,就其本质而言,作品的风格就是由它的语言形式构成的表达体系。因此,译者在翻译时虽然没有注意原作的风格,但他把原作的内容与语言形式构成的表达体系翻译成汉语,在无意中传达了原作的风格。既然风格在无意中就可以传达,那么我们为什么还要刻意传达它,为它去多动脑筋呢?刻意传达是为了更好地传达。无意传达往往会出现偏离,与原作的风格差距较远,刻意传达是译者自觉地传达,在传达中遵循一定的艺术规则,尽量完美地传达原作的风格。

风格传达的总的原则是和谐,译者要自觉遵循和谐性原则,在具体的翻译过程中要注意以下几个方面。

(1)注意风格的整体性。风格翻译的关键之一,在于译者对原作风格的整体把握。文学作品的风格是一个完整的统一体。译者要传达原作的风格,首先要从整体上理解和把握原作的精神实质。怎样才能把握住原作的精神实质呢?翻译家钱诚先生的经验可供我们借鉴。他指出:"要想把握住原作的思想和精神,当然必须通过原作思想和精神借以体现的语言外形,必须通过原文的每个词、句、段落、章节。但是,假如我们最初就把注意力集中在词句的推敲上,那么就会像钻进森林中一样,只看到一棵棵树,而看不到森林全貌。因此,把握原作精神要靠整体观察,靠反复通读,要从各个角度对原作进行观察思考。[①]"

把握原作的精神实质,除反复通读原作,从不同的角度对原作进行观察思考外,译者还要注意体会原作的语言特色,因为原作的语言形式是构成原作风格的要素,并且与原作的精神实质不可剥离。

译者对原作风格的整体把握,就是要正确处理整体与局部的关系。就一部文学作品来说,译者通过原作的语言外形,深入理解原作的思想内蕴、情节脉络、人物形象、艺术手法及语言特点,同时从整体的角度理解和体会原作的局部因素,如修辞特色、语法结构及每一个词句的含义。

(2)注意保持原作的句法结构。许多翻译家的经验表明,能够较好地传达原作风格的译文,往往在语言形式上与原作十分贴近。一位造诣颇深的法国文学翻译家,曾对照原文阅读杨绛先生的译作《吉尔·布拉斯》,他惊奇地发现,杨绛译作中的许多段落几乎是句句照原文直译,形式上与原文一致,内容上也找不到与原文不一致的地方,在风格上与原著保持一致。傅雷先生在谈到风格翻译时也说过,"风格的传达,除了句法以外,就没有别

[①] 见钱诚先生文章《翻译的实质与任务》,载《中国翻译》1987年第2期。

的方法可以传达"。他主张最大限度地保持原作的句法。在翻译实践中，保持原作的句法形式，往往会造成译语的句子太长、累赘，这就出现了新的问题：译文如何做到既保持原文的句法形式，又符合汉语的语文习惯，正如钱锺书先生所说，既不露出生硬牵强的痕迹，又保持原作的风味。这就需要译者具有自觉的和谐意识，在领会原文语言特点的基础上，寻找一种能够适合原文语言特点的最佳的表达方式。

（3）注意保持异域情调，正确处理"归化"与"欧化"之间的矛盾。异域情调是体现原作风格的重要因素，是外国文学作品中流露出来的独特的格调。异域情调由原文中的文化因素如风俗习惯、语言特色、民族色彩等构成，它弥漫于原作的字里行间，呈现出一种与我国文学作品不同的风味，即洋风洋味。我国翻译家对待异域情调有两种态度，一种是尽量"归化"，即把异域情调汉化，傅东华先生翻译《飘》就是采取这种办法，他在译本序言中说，"即如人名、地名，我现在都把它中国化了，无非要替读者省些力气，对话方面也力求译得像中国话，有许多幽默的、尖刻的、下流的成语，都用我们自己的成语代替进去……还有一些冗长的描写和心理的分析……老实不客气地将它整段删节了"。傅译《飘》是"归化"的典范，在我国读者中受到广泛的赞誉，但从翻译学的角度来看，"归化"毕竟人为地造成艺术传达上的"隔"，译者的作风化作一团烟雾罩在译文上面，使读者看不见原作的真面目，损害了原作的风格。另一种态度是"欧化"，即尽量保持异域情调，鲁迅先生是这种译法的倡导者，他指出："凡是翻译必须兼顾两面，一当力求其易解，一则保存着原作的风姿。但是这保存又常常和易懂相矛盾，看不惯了。不过他原是洋鬼子，当然谁也看不惯，为比较顺眼起见，只能改换他的衣服，却不该削低他的鼻子，剜掉他的眼睛。"[①]鲁迅先生反对"归化"，走了另一个极端，宁信而不顺，也不是保持原作风格的理想方法。笔者认为，异域情调与本民族的欣赏趣味是一对矛盾，译者在翻译过程中要遵循"和谐"原则，把握适度，在选择表达方式时，既要适中，又要协调，一方面，译语要注意断句，以免句子过于"欧化"，另一方面，使用四字词组和成语要慎重，因为我国现代汉语从文言文中脱胎不久，不少地方还带有半文半白的痕迹，特别是汉语中的四字词组和成语，一般都带有浓厚的中国文化色彩，有一定的固定性，在翻译中使用要格外小心。在翻译外国成语俗语时，要在确切地表达原文思想内容的基础上，尽量保持外国的说法，切忌不加区别地用汉语成语直接套用。

四、如何看待译者的风格

在我国翻译界，有的学者主张翻译家要有自己的翻译风格，认为"没有风格的文学翻译作品是永远不可能列入本民族的文学宝库的"。那么，译者到底有没有风格，有没有可能形成自己的风格？这是一个值得研究的问题。

我们认为，关于"译者风格"的说法是一种误解，而被人们误认为"译者风格"的东西，

---

① 见《鲁迅全集》第 350 页，人民文学出版社 1982 年版。

是译者"自我"的显露,充其量只能算是译者的某种个性特点(或者叫作"类似于个性的东西"),或者是译者的某种表达习惯,而不是真正的风格。人们之所以产生这种误解,主要有两方面的原因。①对文学翻译的本质特征的模糊认识,受"创作论"的影响。自二十世纪二三十年代以来,就有学者把文学翻译视为创作[①]。这种观点虽然没有在我国翻译界形成主流,但它对翻译学研究的干扰是不容低估的。按照这种观点,假如文学翻译真的就是创作,假如译者可以像创作者那样随心所欲地表现自我,不受到原作的种种限制,那么译者是有可能形成自己的风格的。②对风格的概念有误解,忽视了风格是作家的表达体系、修辞体系。下面结合具体的译例分析译者的"自我"与风格的差别。

首先,风格是优秀作家在长期的创作实践中形成的独特的表达体系,这个体系在词语、句型、修辞手法等方面都具有独特性。而这个表达体系具有可译性,译者在翻译过程中虽有个人的创造,但并没有把原作者的表达体系变成译者的表达体系。译者在翻译中要保持原作者的风格,就不可能把原作者的表达体系化为己有。

其次,作家、艺术家在创作活动中形成的风格具有一致性、稳定性,代表着创作者的艺术特征和整体面貌,俄罗斯语言学家维诺格拉多夫称之为"作者形象"。而优秀的译者(平庸的译者流露的"自我"有时带有一致性)在翻译中流露的"自我"则是不一致的、不稳定的,译者不可能在翻译活动中形成自己的稳定的面貌和形象。译者的任务是传达原作的风格,翻译托卡列娃,需要传达托卡列娃的风格,翻译果戈理,必须传达果戈理的风格。他在翻译不同作家的作品时,其译文的整体面貌是不同的,不可能形成一个稳定不变的"译者形象"。

作家、艺术家的风格是标志作品成功的积极的因素,往往是作家、艺术家刻意追求的结果,而译者的个性(译者的"自我")是译作中的消极因素,是译者竭力要摆脱和避免的东西。

风格是作家、艺术家成熟的标志,一般来说,只有大作家和真正的艺术家才有自己的独特风格,也有的艺术家刻意追求某种风格。而译者没有风格,也不可能去追求某种翻译风格,因为译者在翻译中充当一个模仿者的角色,他刻意模仿原作者的神情、语气,模仿原作者的艺术表达体系,而不可能脱离开原文去单独表现自我。当然,译者在翻译过程中不可避免地流露出自己的形迹,会形成某种表达习惯,在大量的翻译实践中养成某种作风,但是,不论是形迹,还是表达习惯或者作风,都不是真正的风格,而只是译者的"自我"显现。因为风格是积极的、正面的东西,而"自我"则是消极的、负面的东西。"自我"流露得过于鲜明,就会遮蔽原作者的风格。我们在上文里不止一次涉及这方面的译例,如苏曼殊翻译的拜伦的《赞大海》。钱锺书先生奉劝译者要有"克己功夫",以免"自我"不适当的显现,破坏了原作的风格。

从读者反应的角度来看,译者的"自我"往往比较容易为读者接受,尤其是"归化"的译语,读起来流畅,很能迎合中国读者的口味,符合中国人的欣赏习惯,如林译小说、傅东

[①] 郭沫若先生主张译者要多发挥艺术创造,认为"好的翻译等于创作"。详见《中国翻译词典》第257页,湖北教育出版社1997年版。

华先生的译作，至今还受到部分读者的喜爱。这说明读者喜欢富有创造性的译文，而富有创造性的译文往往带有译者"自我"的鲜明的印记，被人误认为译者的风格。可以想象，原作者的风格被遮蔽了，译者的"自我"显现出来，形成了译者的风格，那么我国读者如何分别高尔基与果戈理的风格呢？

既然译者没有风格可言，那么译者的"自我"与原作的风格之间有没有关系呢？

我们认为，译者的作风是文学翻译的艺术生成的要素之一，它的过分显现会影响原作风格的传达，甚至遮蔽原作的风格。为了正确地传达原作的风格，译者必须尽量克服和牺牲"自我"，小心翼翼，全身心地体验原作里的情景与角色，细致入微地再现原作的风格。但是，不管译者怎样努力地发挥"克己功夫"，"自我"总是藏不住的，译者所传达的原作的风格，总是不可避免地带有译者"自我"的痕迹。在一部译作里，原作的风格与译者的"自我"是一个不可分割的统一体。译者用心良苦，目的在于把"自我"统一于原作的风格里，保持有我与无我的和谐。

第四节　文学翻译批评学思想

翻译批评是文学翻译学研究的范畴之一。翻译批评是以翻译艺术的欣赏为基础，对译本或者翻译理论问题做出科学的分析和评价，以便指导翻译实践和翻译艺术的欣赏活动。严格来说，翻译批评是一种学术活动，它涉及批评的主体、批评的标准、批评的方法等范畴。

翻译批评与文学批评有相似之处，但又有所不同。在某种意义上说，一部文学作品的读者，实质上就是它的批评家。20世纪60年代兴起的"接受美学"和"读者反应批评"，都强调读者在批评活动中的重要作用。可是对于外国文学的译本来说，一般读者可以通过译本欣赏外国作家所营造的艺术世界，却因为不懂外文而无法判断该译本翻译质量的优劣。因此，一般读者对译本的评价，往往带有误解的成分。有的译本也许译得并不很好，但译者是个名学者或者名作家，读者可能就会无意识地屈服于名人的感召力，自觉地为名人的译本叫好。即便是懂外文的读者，也不见得具有批评意识和鉴别能力，所以译本常常可以鱼目混珠，译者队伍也可以鱼龙混杂。与文学批评相比，我国的翻译批评还很薄弱。从我国当前翻译批评的现状来看，人们对翻译批评的性质、批评的标准、方法及批评者应具备的修养等问题，还存在不同的认识。有的学者对翻译批评的概念理解得较为狭窄，误认为翻译"批评"就是专门对付低劣译品和不良译风；有的批评者缺乏应有的理论素养，往往跟着自己的感觉走，其批评的目光仅仅停留在挑错上，把翻译批评简单化了。可见，有必要对翻译批评的基本理论问题做一番澄清。

一、翻译批评的性质

什么是翻译批评？这是一个看似简单却又容易引起误解的问题。有的学者对"批评"一词产生了误解，仅仅把它理解为对错误的思想、言论及行为的否定，或者专门对缺点错误提出意见。其实,"翻译批评"是文学翻译学里的一个概念。翻译批评的核心是"批评",而"批评"一词是从文艺学里借用的,在我国传统文论里称为"品""评""点"。

"批评"作为一个专门术语来自西方,在古希腊文里是"判断"的意思。因此,从广义上说,批评就是一种"判断"。这个词汇进入文艺学之后,又被赋予特定的含义,有了各种不同的理解和界说。《不列颠百科全书》里"文学批评"条目解释说:"广义而论,文学批评是对文学作品和文艺问题的理论思考。作为一个术语,它对于任何有关文学的论证,不论它们是否分析了作品,都同样适用……严格说来,这个术语只包括所谓'实用主义的文学批评',即对意义的解释以及对质量的评价。"美国当代文艺学家艾略特的定义是:"我说的批评,意思当然指的是用文字所表达的对于艺术作品的评价和解释。"我们使用的"翻译批评"这个概念,其含义与文学批评十分相似。翻译批评是一种具有一定的实践手段和理论目标的精神活动,是从一定的价值观念出发,对具体的翻译现象(包括译作和译论)进行分析和评价的学术活动,是审美评价与科学判断的有机统一。概括地说,翻译批评是按照文学翻译的审美理想,根据一定的批评标准,对具体的翻译现象(译本或者译论)进行的科学的评价活动。从广义上说,翻译批评是一门科学,是文学翻译学的分支学科。从狭义上说,翻译批评是指对具体的翻译作品和翻译理论问题的批评实践活动。我们可以从以下三个方面来认识翻译批评的性质。

首先,翻译批评是一种审美评价活动,是批评者对翻译现象的审美理解,具有审美性。就一部译作来说,批评者不论从哪一个角度去评价它,也不论采取什么方法去评价它,其评价活动本身是摆脱不了审美活动的客观规律的。以审美的态度来对待产品,是人类劳动的一个基本特征。即便是简单化的翻译批评,也离不开批评者的审美心理活动。批评者见小忘大,以个别的误译来判断译作的质量,当然不可能得出正确的结论,但批评者心中也自有审美的尺度,尽管他的尺度实际上只是对翻译批评标准的误解。这就是说,翻译批评的审美性是客观存在的。

其次,翻译批评是一种较为完整的、系统的学术研究活动,具有科学性。翻译批评是按照一定的标准和方法进行的,是根据文学翻译活动的艺术规律,对译本进行有序的解析和还原,从中判断译者的审美追求和艺术上达到的高度。就翻译批评活动本身而言,科学性主要表现在逻辑的谨严性、判断的正确性和结论的客观性。从这一观点来看,简单化的批评、随意的、主观片面的批评,都不能算是真正的翻译批评。

最后,翻译批评是批评者的个体行为,不可避免地带有批评者的主观色彩,因而具有主体性。我们在揭示文学翻译的本质特征时,曾经指出译者在翻译过程中的主观参与行为。翻译批评过程中也存在批评者的主观参与行为。翻译批评既然是一种审美评价活动,批评者在对译本的优劣做出判断时,就难免加入个人主观的因素,即所谓仁者见仁,智者见智。翻译批评的主体性也恰恰体现在这里。对于同一个译本,不同的批评者会有不同的理解,不同的评价。

除上述特性外,翻译批评还具有时代性和民族性。不同的时代和民族,对文学翻译提出不同的要求,具有不同的审美观念和批评标准。

从翻译实践的角度来看,翻译批评是翻译活动的最后完成。传统观念认为,翻译批评是批评家的事,是读者的事,与译者仅仅是批评与被批评的关系。以往译者按照与出版社签订的合同,交了稿出了书就算完成了翻译的任务。译者仅对出版社负责,忽视了对批评负责,对读者负责这一环节。从接受美学的观点来看,一部文学作品(包括外国文学译本)的出版,还不能说是一部作品的完成,因为它还不是一部完整的充分体现了自身价值的作品。一部没有经过读者阅读的书,同作者压箱底的手稿无异。它的价值是无人知晓的。一部文学作品只有通过读者的阅读才能获得生命。译本不同于本国作家用母语创作的作品,一般读者隔着语言障碍无法判断译本质量的优劣,所以译本的批评与接受这一环节只能靠翻译批评来完成。具有批评意识的译者,自觉地把自己的翻译活动与翻译批评联系起来,把翻译批评看作自己的翻译活动的延续,看作译本的审美价值的最终体现。

二、翻译批评的对象和任务

翻译批评的对象是什么?这也是一个存在着争议的问题。简单化的翻译批评,往往把译本中的讹错当成批评对象,往往一叶障目,不见整体,拿字句的误译来否定一个译本乃至一个译者。我国著名翻译家李文俊先生曾指出:"有些批评文章的作者把这方面的问题看得高于一切,以致在他们看来,名译中只要出现一些这样的问题,便'余俱无足论'矣。"这类批评者多半不懂得翻译家是画家而不是摄影师这个道理,有时把翻译家为艺术表现而采取的变通手法当成了误译。当然,对于译本中的讹错,不是不可以批评,关键是采取什么样的态度,要达到什么样的目的。笔者认为,挑错是一件好事情。从文学翻译的艺术规律来看,译本中的误译是难以避免的,即便是举世公认的大翻译家也免不了要出个别误译(误译是一个较为复杂的翻译现象,需要从审美心理的角度加以认真的分析和研究)。一般的译者,出错更是难免的。细心的读者,如果有时间、有耐心,把译本对照原文细读,就会多少发现一些问题。读者或者译界同行发现译本中的错误,最好能直接向译者本人指出来。如果译者觉得意见提得对,在译本再版时改过来就行了,不必为了几个误译而诉讼纷纭,因为字句的误译并不具有理论上的指导意义和学术价值。而对于那些粗制滥造的译文或者抄袭的译文,应该敢于揭露,决不姑息,必要时还可以诉诸法律,但这些毕竟不是翻译批评的对象。以往的翻译批评,有时把挑错、打击伪劣假冒的译文和正常的翻译批评混为一谈,造成批评理论上的混乱和批评实践上的失误。这也是翻译批评长期开展不起来的原因之一。笔者认为,要开展健康的、有益的翻译批评,就必须明确翻译批评的对象和任务。为此,首先要明确"译本"这个概念。译本是严肃的译者的艺术再创造的成果,是译者的审美追求的具体体现,是译者的作品。在确定翻译批评的对象时,首先要弄清楚它是译本,还是伪劣假冒的东西。前者属于翻译批评的范畴,而后者则属于揭露和打击的对象。

广义而言,翻译批评的对象是翻译现象,即外国文学的译本或翻译理论问题。具体到一个译本,那么翻译批评的对象是什么呢?早在20世纪50年代,著名作家兼翻译家茅盾就指出,翻译批评不应该停留在"指摘字句的误译"上,而应该"从译文本质的问题上,从译者对原作的理解上,从译本传达原作的精神、风格的正确性上,译本的语言的运用上,以及从译者劳动态度与修养水平上，来做全面的深入的批评"。笔者认为，就一个译本来说，翻译批评的具体对象是译本的艺术价值和不足。这里所说的艺术价值，是就翻译艺术而言的，是指译者在翻译过程中的艺术再创造的程度。批评者批评一个译本，就需要对该译本进行解读和分析。他要深入译者和原作者共同创造的艺术世界中去，透视译者的艺术技巧，并且对译者的再创造所达到的艺术高度和不足做出评价。

明确了翻译批评的性质与对象，我们才可以对翻译批评的任务加以规定。概括地说，翻译批评的任务是以科学的方法对译本（或者翻译理论问题）的艺术价值和不足进行理论上的鉴别和判断，从中探索译者的艺术技巧和审美境界，以引导和提高读者的鉴别能力。

三、翻译批评的标准和方法

任何批评都离不开一定的原则和标准作为依据和支撑。如上文所述，翻译批评具有时代性和民族性，不同的时代具有不同的翻译审美观念，也就有不同的翻译批评标准。

对于不同体裁的译作来说，批评的标准也有一定的差别。例如，诗歌具有较强的抗译性，译作与原作之间往往有较大的差距，按照传统的翻译批评标准，很难衡量译作是否达到了"信、达、雅"的要求。从审美心理的角度来看，翻译的批评与欣赏在某种程度上有认同性，也就是我们常说的"先入为主"。例如，鲁迅引用过的殷夫翻译的裴多菲的小诗："生命诚可贵，爱情价更高，若为自由故，两者皆可抛。"从翻译学的角度来看，这首译诗在形式上与原作差别较大，原作是六行的自由体，译作是四行的五言诗，原作的语气和修辞色彩在译作里丧失殆尽[①]，原诗的韵味在译文里也有所流失。然而，这首不甚成功的译诗，却因为充满革命情调，在形式上符合中国人的审美趣味，易于上口，一度在进步青年中流传甚广甚至至今有人认为它是"离形得神"的优秀译作。

翻译批评的标准与文学翻译的审美标准是一致的。我们在第四章里提出的"和谐"标准，完全适用于翻译批评。和谐性是文学翻译活动中客观存在的艺术规律。"和谐"作为翻译批评的标准，与传统的"信达雅""神似"等标准并不矛盾。辜正坤教授提倡翻译标准的"多元互补论"，对于翻译批评具有指导意义。批评者可以从不同的角度和侧面去把握译本的艺术价值，当然可以采取不同的翻译标准去衡量译本的优劣。从以往的翻译批评实践来看，批评者往往忽视文学翻译的审美本质，把文学翻译混同于非文学翻译，把批评的视点集中在字句的对应上，铢称寸量而见小忘大。"和谐"作为翻译批评的标准，恰恰可以弥补这方面的不足。

我们可以从以下几个方面来看待"和谐"标准。首先，"和谐"标准是从审美的角度来把握一个译本，批评者关注的是译本的"隔"与"不隔"，是译者的审美追求和艺术技巧。"和谐"以适中与得当（翻译的正确性和准确度）为核心精神，注重的是译者在理解和表达上把

[①] 裴多菲原诗为匈牙利文，夏仲翼先生译为：自由，爱情我的全部憧憬！作为爱情的代价我不惜付出生命，但为了自由啊，我甘愿付出爱情。

握分寸的能力。平庸的译者往往在"过"与"不及"两个极端之间摇摆，高明的译者以其敏锐的分寸感把握适中，在"隔"与"不隔"、"过"与"不及"的矛盾对立中保持平衡，即为"和谐"。批评者衡量一部译作的价值，要看译者在不可译与再创造、保持异国情调和归化、传达原作的风格与译者的自我流露之间保持平衡的能力。

其次，"和谐"标准强调翻译的整体性原则。从实践的角度来看，翻译是一种选择，一种把握，即选择最佳表达方式和把握分寸。译者的选择和把握离不开整体，他需要在整体中选择，在整体中把握分寸。批评者在批评一个译本时，同样需要从整体着眼，考察译本的每一句话是不是最佳表达方式，译者的表达是否适中，是否把握了分寸。批评者要做出判断，就离不开整体。成功的艺术品必须是一个和谐的有机体。我们判断一部译作的艺术价值和不足，要看它在整体上与原作是否有"隔"，包括语言上的"隔"，文化上的"隔"，风格上的"隔"，艺术传达上的"隔"，等等，看它自身是不是一个和谐的有机整体。整体和谐性原则是指导翻译批评的普遍原则，离开了整体，批评者就寸步难行。批评者衡量一部译作的审美价值，要看译者对原作艺术整体的把握能力，看他在把握内容和形式的和谐方面所做的努力。

再次，"和谐"标准强调译者的创造性。一个译本的生成，不是原作的复制，而是一个新的文本的创生。译本的价值，在于译者与原作者的共同创造，也可以说，是译者在原作基础上的"再创造"。文学翻译是在矛盾的对立和统一中发展的，原作的抗译性往往给译者设置许多天然的"隔"，译者须发挥艺术的再创造，去突破这些"隔"，化"隔"为"透"。批评者在批评一个译本时，主要看译者化"隔"为"透"的能力和技巧，也就是看那些抗译性较强的地方译得怎么样，因为这些地方是最见译者功力的，译本的艺术价值也体现在这些地方。艺术的本质在于创造，我们衡量一部译作的审美价值，首先看它在多大程度上传达了原作的艺术美，具体地说，就是考察译者对原作的艺术内涵的理解以及他发挥艺术创造的能力，即艺术表现力。

最后，"和谐"作为翻译批评的标准，讲究辩证法。批评者应清醒地意识到，和谐只是相对的，不和谐才是绝对的。从翻译的实际效果来看，完全彻底的"不隔"是不可能做到的。拿译作与原作相对照，人们不难发现，译作只能是原作的近似。另外，译者的再创造也是有限的，译者不能像诗人和作家那样随心所欲地表现"自我"。批评者在评价一个译本时，须意识到，译本的质量只有较好，而没有最好，说一部译作达到了"化境"是不切实际的。一部译作可能整体上很和谐，但难免在细节上有一些不和谐。对于翻译批评来说，批评标准是很重要的，但更为重要的是批评者对标准的适度的把握。批评者的把握适度，一方面取决于自身的素质，另一方面取决于批评标准是否具有科学性和可操作性。在具体的翻译批评实践中，批评者可以鉴别和选择较为适用的批评标准。翻译批评是一项多角度、多层次的审美评价活动。

翻译批评的方法应该是一个综合的体系，大致可分为以下几种。

（1）解读还原。这是翻译批评活动中运用得较为广泛的方法。这一方法是运用解读学的有关原理，对译本的整体和局部进行全面的解析，在此基础上对其艺术价值做出科学的评价。解读就其实质而言是一种审美的透视，是对译本的艺术价值的理解。乔治·布莱在其《批评意识》一书中指出,"将眼光投入文学(文本)的肌体,通过自己的解读语言深入作家所创造的世界中去,像作家一样'全面地融入事物'"。翻译批评者正是和文学批评家一样,全面地融入译本中去,透视译作的艺术生成所构成的内部机制和营造系统。所谓"还原",是指翻译批评活动是对照原作对译本的审美价值做合乎逻辑的还原。作为批评对象的译本是一个艺术整体,批评者从译者的语言、艺术创造的手段和它所产生的审美效果等方面对译本做整体的把握,从而对译本的艺术价值和译者的审美能力与艺术表现力做出评价。翻译批评所使用的解读还原法,不同于一般的文本解读。文艺学里的文本解读要求读者融入文本之中,其过程是以自身体验在对象的感悟,注重对作品本体的理解、解释和建构;而翻译批评则是通过对译本和原作的对照解读,达到对译本的审美价值的认知,这时起主导作用的是超越译本的审美感受和审美观念,注重对译本进行审美判断和评价,是理性化的思辨活动。

(2)语言分析。我们这里所指的语言分析,并不是以往那种抠语法句法的简单化的批评,而是以20世纪以来西方兴起的语言论美学为依据的翻译批评方法。20世纪以来,西方人文科学领域里出现了一个新的诗学现象:语言学的若干认知模式和方法论,导致了文学、哲学、人类学等学科的研究方法的重大变革,形成一股强大的诗学潮流,统称为语言论美学。这一诗学流派以语言为中心,以探索语言为理想途径,基本上抛弃了语言是传达意义的工具这一传统观念,转向语言创造并构成意义的新立场。从这种观点来看,文学翻译的语言既是构成译作的艺术美和意义美的唯一手段,也是我们开展翻译批评的理想途径。这就是说,翻译批评要以语言的艺术结构为基础,对译本进行多层次、多角度的解析活动。

(3)文化批评。我国传统译论和当代的"神似说""化境说",都是从文艺学和美学的角度来揭示文学翻译的本质特征。20世纪80年代中期以后,学术界兴起的"文化热",为翻译研究提供了新的视角。文化批评作为翻译批评的主要方法之一,关注的焦点是翻译过程中文化信息的传达。文学翻译活动是不同民族的文化之间的对话,而文化本身具有很强的抗译性和免译力,所以文化差异为这种对话设置了无形的障碍。从文化批评的角度来看,译本的审美价值在于正确地最大限度地传达原作所包含的文化信息,正确处理文化对话中的种种关系,令人信服地解决文化差异所造成的种种困难,巧妙地表达异国的成语俗语和风俗。文化信息的传达,是文学翻译过程中的关键问题之一,直接关系着原作的风格和意境的传达。批评家从文化对话的角度来考察一个译本,对它的审美价值做出判断和评价,有助于提高译文质量和促进翻译事业的发展。

(4)译本比较。比较研究是人文科学领域里常见的方法之一,国内外的比较文学理论和比较语言学理论给我们提供了很好的借鉴。在我国,外国文学名著一般都具有两个以上的译本,旧译本的更新,大量的重译本的出现,翻译质量的参差不齐,都需要翻译批评的介入和干预。所以译本的比较批评具有现实意义。鲁迅先生提倡复译,认为译本的更新会促进翻译质量的提高。从目前译本批评的现状看来,不少新译本缺乏创新精神,译者没有发挥应有的艺术创造。译本比较可分为平行比较和复译比较。平行比较是把同时出现的两个以上的译本,放在一起进行对比研究,分析不同译者的审美境界与成败得失。

第八章 语料库翻译学

　　语料库翻译学是指采用语料库方法，在观察大量翻译事实或翻译现象并进行相关数据统计的基础上，系统分析翻译本质和翻译过程的研究。语料库翻译学研究滥觞于 Mona Baker 教授 1993 年的论文 "Corpus linguistics and translation studies: Implications and applications"。该文指出语料库可用于描写和分析大量客观存在的翻译语料，揭示翻译的本质。1996 年，她将 corpus-based translation studies 作为全新的翻译学研究领域正式提出，强调该领域研究的目的在于揭示翻译语言的规律性特征及其内在动因。之后，Tymoczko（1998）将这一领域的研究命名为 "corpus translation studies"。

　　近年来，语料库翻译学研究发展相当迅速。许多翻译语料库、平行语料库和可比语料库先后建成并投入使用，如翻译英语语料库（Translational English Corpus）、德英文学平行语料库（German-English Parallel Corpus of Literary Texts）、欧洲议会口译语料库（European Parliament Interpreting Corpus）、通用汉英对应语料库和汉英会议口译语料库等。此外，为数众多的语料库翻译学论著相继发表、出版。与国外相比，国内语料库翻译学研究起步较迟，但发展形势同样喜人。一方面，相当数量的论著先后发表、出版。另一方面，许多语料库翻译学研究项目得到国家社会科学基金和教育部人文社科基金资助。据不完全统计，自 2005—2011 年，被国家社科基金批准立项的语料库翻译学研究项目就达 20 项。仅 2010 年，就有 5 个项目立项为教育部人文社科基金项目。

　　然而，学界对于语料库翻译学的内涵与意义存在一些疑虑。一些学者认为语料库翻译学研究只是证明显而易见或已有定论的观点，充其量只是给翻译学研究提供一种方法而已。其他学者则质疑语料库翻译学研究的科学性和客观性。他们认为"语料库的设计反映了研究人员的直觉和主观判断""语料库的设计是一种解释行为的产物"。而语料库所收录的语料也很难达到理想的代表性要求。有鉴于此，本章将阐述语料库翻译学的学科属性、特征、研究领域和意义等，以期廓清学界关于语料库翻译学内涵和意义的模糊认识。

第一节 语料库翻译学的学科属性

　　与翻译学的其他分支学科不同，语料库翻译学不是根据其研究对象界定的，因为语料库翻译学的研究对象并非语料库。语料库翻译学以语料库为手段研究翻译现象或翻译活动。"在基于语料库的翻译学研究中，人们利用语料库，采用语料库语言学的方法和工具研究翻译，必要时对这些方法和工具进行适当调整。"从这个意义上讲，语料库翻译学不是一种翻译理论，而是一种全新的翻译学研究方法论，即语料库方法。

长期以来，翻译学研究主要采用内省式和诱导式研究方法。内省式方法是指研究者根据直觉和主观判断，提出关于翻译本质或翻译过程的假设，然后选择少量例证或运用杜撰的例证进行论证。该方法的应用以个人直觉和判断为基础，所得出的研究结论难免会主观、片面。诱导式研究方法是指运用实地调查或实验的方法开展研究时，创设一定条件或控制相关变量，诱导受试对象产生一定的反映，并在数据分析的基础上分析翻译过程或翻译规律。运用诱导式方法能够在一定程度上保证研究的客观性和科学性，但仍然存在两方面的缺陷：①由于实验条件或其他相关因素的限制，采用诱导式方法的研究只能针对数量有限的受试者进行，这些受试者往往不能代表他们所代表的群体；②诱导式研究所依据的数据源自受试者的判断，研究结论的科学性受到一定程度的影响。

自20世纪90年代以来，语料库方法开始应用于翻译学研究之中，直接催生了语料库翻译学。Laviosa指出："语料库翻译研究的问世主要受两个研究领域的影响，一个是语料库语言学，另一个是描写性翻译学研究。"语料库方法是指以语料库为研究平台，基于语料分析和数据统计，提出有关理论假设，证实或证伪现有假设的研究方法。语料库方法是一种实证研究方法，其特征主要表现为以大量自然文本的观察和分析为基础，数据分析和定性研究相结合。与内省式和诱导式方法相比，语料库方法在研究的客观性和科学性方面更胜一筹。而且，采用语料库方法，可以"系统分析大量文本，有可能发现以前从未有机会发现的一些语言事实"。

然而，语料库翻译学所反映的并不仅仅是一种方法论，更是一种翻译学研究范式。根据Kuhn的观点，范式是指"具体科学共同体从事科学活动所必须遵循的公认的模式，包括共有的世界观、基本理论、范例、方法、手段和标准等与科学研究有关的所有东西。"语料库翻译学不仅仅意味着语料库方法在翻译学研究中的应用，而且意味着该领域的研究者都接受翻译文本作为目的语文化事实并具有独特属性这一理论前提。此外，语料库翻译学具有自己特有的研究领域，如翻译语言特征和译者风格研究等，并拥有相对稳定的学术研究群体。有鉴于此，语料库翻译学具有研究范式的地位。Laviosa指出：语料库翻译学是一种综合性的、内容丰富且自成体系的研究范式。该范式涵盖翻译现象的不同方面，旨在通过理论建构和假设、各种数据、全新的描写范畴，以及既严密又变通的方法等因素之间的相互作用，揭示翻译的普遍性特征和具体特征。语料库翻译学的研究方法既适用于产品导向和过程导向的研究，也适用于归纳和演绎研究。

纵观翻译学研究历史，翻译学研究范式经历了四次重要转变，即语文学范式、语言学范式、文化范式和语料库翻译学范式。

语文学范式始自人类翻译实践的开端，止于20世纪50年代。语文学范式以主观体验和感悟为主要特征，重视翻译技巧的研究；强调翻译是一门艺术，译作应不折不扣地再现原文内容，传递原文作者的意图。该范式研究的主要代表人物Cicero、Jerome、Schleiermacher、Tytler。Cicero主张翻译传达的是原文的意义和精神，并非语言形式；文学翻译是再创作，译者必须具备文学天赋和素质。Schleiermacher提出翻译分为译作向原作靠拢和向译作读者靠拢，即我们通常所说的异化策略和归化策略。Tytler强调译者应通晓原作语言和题材，完全再现原作思想；译作的风格和手法应与原作等同，应与原作同样通顺。

语言学范式发端于20世纪50年代，最早可追溯至Vinay和Darbelnet围绕英法文体比较分析如何应用于翻译所展开的研究，在20世纪60年代至80年代迎来了鼎盛时期，逐渐发展成为重要的翻译学研究范式。语言学范式认为作为语言学研究的重要组成部分，翻译研究应描述如何实现翻译文本与源语文本在词汇、句法、语篇和语用等层面的语义对等。该范式研究运用Chomsky的转换生成语法、Saussure的结构主义语言学、Halliday的系统功能语法、语用学和认知语言学等语言学理论，力求科学地阐述翻译本质和翻译过程。Nida依据转换生成语法关于核心句、非核心句和转化等理论，提出逆转换翻译理论。Catford根据结构主义语言学和系统语法相关理论，分析目的语和源语之间的转换关系。Hatim和Mason从话语分析角度分析了制约译者及其翻译活动的不同因素，如语境、语用和符号三个层面的因素，以及文本类型和文本结构等，构建了话语分析翻译理论。Wilss指出翻译研究是一门科学，翻译学可分为普通翻译学、描写翻译学和应用翻译学。Vermeer强调翻译应实现篇内连贯和篇际连贯。篇内连贯是指目的语文本对于目的语文化的读者必须有意义，篇际连贯指目的语文本和源语文本存在某种对应关系，即忠实。篇际连贯从属于篇内连贯。

文化范式形成于20世纪70年代。当时，语言学范式的翻译学研究因忽略译者的主体性和翻译中的文化因素，追求"根本不可能实现的等值的迷梦"而被Bassnet、Lefevere等学者质疑。他们提出翻译是一种文化现象，翻译研究应"放置到更广泛的语境、历史和常规背景中"，应关注翻译背后所蕴含的意识形态、译者的主体性及制约翻译活动的各种外在因素。文化范式的翻译学研究强调翻译研究应客观描述从翻译行为的发起到译作问世并产生影响的整个过程如何受到社会文化因素的操纵，如何影响目的语文化。该范式的研究选取多元系统理论、翻译规范、文化理论和哲学等视角，分析翻译文本在具体社会历史文化语境中的生产和接受，探讨翻译与语言和文化之间的权力关系。Even-Zohar提出多元系统理论，认为作为多元系统的组成部分，翻译文学"在特定文学的共时和历时的演进中都具有重要影响和作用"。Toury明确指出"翻译是由历史、社会、文化决定。简言之，翻译是受规范制约的"。并将翻译规范分为前期规范、初始规范和操作规范。该范式较具代表性的理论还有女性主义翻译理论、后殖民主义翻译理论和解构主义翻译理论等。这些理论分别阐述了翻译与意识形态的关系，以及翻译是创造意义和延伸意义的过程等理论问题。总体而言，文化范式将翻译作为独立的文化存在进行探讨，分析翻译在目的语文化体系中的作用，探讨翻译与目的语社会文化规范或思潮的互动关系。

语料库翻译学范式脱胎于语料库语言学和以多元系统理论和翻译规范理论为代表的描写性翻译学之间的有机融合。语料库翻译学范式采用数据统计和定性研究的方法，分析翻译语言特征、翻译规范、译者风格、翻译文本的影响及双语转换规律。该范式较有影响的研究成果有Baker、Olohan、Laviosa和Kenny等所做的研究。Baker对英国翻译家Peter Bush和Peter Clark的翻译风格进行比较分析。研究表明前者的译文比后者更为简洁明了，其原因在于源语文本的难易度、译者对于目的语文本读者的态度、各自的经历和翻译目的等方面的差异。Olohan 和 Baker 对翻译英语文本中可选择性连接词 that 的应用进行分析，发现该词在翻译文本中的使用频率高于英语原创文本，翻译文本表现出较为显著的显化趋势。

语料库翻译学范式认为翻译是一种社会现象，翻译文本是具有独特属性的目的语文化事实，不仅受制于目的语文化系统，而且也对目的语文化产生影响。该范式既关注翻译语言特征或有关翻译事实的语言学分析，也重视这些特征或事实与社会文化因素互动关系的研究，故而可视为语言学范式和文化范式的有机结合。Tymoczko 指出语料库翻译学"将翻译学研究的语言学方法和文化研究方法有机地结合起来"，并且"研究意识形态如何影响翻译"。一般来说，语料库翻译学研究分为描写和解释两个步骤。在描写阶段，研究者采用语料分析和数据统计的方法，对翻译文本的词汇、句法或语篇特征进行客观描写。在解释阶段，译者常常需要依据语言学理论、文化理论或翻译理论对这些特征或有关翻译事实的内在成因进行分析。相比较而言，语料库翻译学范式具有三方面的优势：①语料库翻译学研究以大量翻译语料或双语语料的数据统计和分析为基础，归纳翻译语言和翻译过程的规律性特征，具有较强的客观性和科学性；②语料库翻译学研究不仅重视翻译语言和翻译规范等方面的共性研究，而且关注翻译的创造性、具体语言对翻译语言特征和译者风格等个性特征分析；③语料库翻译学研究继承描写性翻译学研究的衣钵，接受文化范式的基本理念和研究方法，但不排斥语言学范式。该范式既从社会文化视域研究翻译，也借鉴和吸收语料库语言学方法，依据对比语言学、篇章语言学、语用学和认知语言学等理论对所观察到的翻译事实的内在成因进行解释。

第二节 语料库翻译学的特征

一、语料库翻译学与描写性翻译学

翻译文本一直被视为非自然的、偏离语言常规的语言变体，故而未曾作为语料库收录的对象。20 世纪 90 年代，随着描写性翻译学的兴起，翻译文本作为目的语文化事实的地位才得到承认。在这一历史语境下，语料库在翻译学研究中的应用逐渐得到学界的关注，并汲取描写性翻译学理论的营养，最终形成语料库翻译学。显然，描写性翻译学是语料库翻译学得以形成的重要前提。没有描写性翻译学，就没有语料库翻译学。

描写性翻译学研究起源于 J. McFarlane 于 1953 年发表的论文"Modes of Translation"。他指出翻译研究应采用诊断式而非劝告式研究方法，不应要求目的语文本与源语文本的对等，应根据翻译的实际现状研究翻译本质和翻译过程。1972 年，Holmes 正式提出描写性翻译学这一概念。之后，Bassnett、Hermans、Snell-Hornby 和 Lefevere 等学者相继发表、出版论著，描写性翻译学研究得以快速发展。描写性翻译学理论的主要观点有三点。①翻译文本是目的语文化事实，具有自己独特的属性和特征，并非其他文本的派生物。翻译文本记录真实的交际事件,这一交际事件并不比其他交际事件逊色。②胡开宝指出"翻译不是在真空状态下进行的语言转换,而是受到各种语言文化因素制约的社会行为或文化与历史现象"。③Holmes指出翻译研究应"描写经验世界客观存在的翻译现象,确定可以解释和预测这些现象的普遍原则";胡开宝指出"翻译研究应采取还原语境的方法,即将某一具体翻译现象放回到其所处的社会文化语境和历史背景之中,研究制约翻译现象的各种因素"。

前文述及,语料库翻译学起源于描写性翻译学与语料库语言学的融合。作为学科渊源之一,描写性翻译学与语料库翻译学之间存在共性。其一,描写性翻译学和语料库翻译学都认为翻译活动是具有自身特征并且实实在在发挥作用的特殊语言交际活动,在目的语文化中发挥着重要作用。其二,两者均推崇实证方法的应用,强调应观察和分析真实存在的翻译语料或双语语料,分析翻译文本中反复出现的模式及其成因,归纳关于翻译本质的认识,论证相关理论假设。其三,两者都强调大规模语料分析的重要性,认为依据经验证据所做的归纳只有建立在大量文本语料分析的基础之上方才有效。不过,两者也存在三方面的差异。首先,从借鉴的理论角度看,描写性翻译学研究选取文化视角,依据有关文化理论对翻译事实进行解释,而对语言学理论持排斥态度。然而,语料库翻译学所依据的理论既有文学和文化理论,也有语言学理论。其次,从研究对象上看,语料库翻译学的研究范围要比描写性翻译学广泛。前者关注的对象既有翻译共性和翻译规范等共性层面的课题,也包括具体语言对语言特征和译者风格等个性层面的问题;既有理论层面的研究,如翻译规范研究,又有应用层面的研究,如翻译教学和翻译实践研究等。后者一般侧重于翻译语言规律性特征和翻译规范的研究,更为关注共性层面的问题。最后,从研究方法上看,语料库翻译学利用语料库观察和分析大量语料,采用定量和定性研究相结合的方法。描写性翻译学研究由于缺乏必要的技术手段,很难在统计和分析大量语料的基础上进行归纳,其研究的科学性要逊色于语料库翻译学。

二、语料库翻译学与语料库语言学

语料库语言学是指利用语料库观察和分析语言事实,并依据这些事实证实或证伪现有语言学理论,或提出新的观点、理论。不言而喻,就研究方法而言,语料库翻译学和语料库语言学是一致的。不仅如此,语料库翻译学和语料库语言学还拥有共同的理论基础,即以 J. R. Firth 和 M. A. K. Halliday 为代表的英国语言传统思想。该学派认为语言研究应以言语事实或真实文本为主要研究对象,应将文本整体作为研究的基本单位。语言具有社会属性,语言研究应关注语言行为而非语言能力,应分析语言的社会功能。两者均认同以下假设:①语料库作为语言运用的样本能够代表实际运用的语言,因此研究语料库就等同于研究语言;②语言运用具有概率性特征。通过对语料库的统计和分析,可以描述语言运用的概率性特征,从而描述和解释语言现象。

然而,语料库翻译学的研究对象和研究内容不同于语料库语言学。前者以翻译语料或双语语料为研究对象,研究翻译文本的规律性特征和翻译的本质。后者以原创单语语料为研究对象，探讨不同语言变体的特征和语言应用的规律。长期以来，语料库语言学家一直拒绝将翻译语料或双语语料作为语料库语言学的研究对象。语料库翻译学和语料库语言学都必须研究语料库的设计与研制，如语料的取样和代表性问题，以及语料的标注等。不过，前者侧重于平行语料库和可比语料库的研究，如语料的平行对齐和语料可比性等问题是该领域研究无法回避的课题。语料库语言学一般不需要研究双语语料的平行对齐问题。较之于单语语料库，平行语料库或可比语料库的建设要面临更多的困难。此外，语料库翻译学对语言事实进行解释，既选取语言学视角，也有文化理论视角。语料库语言学则通常从语言学视域进行解释。

三、语料库翻译学特征

本质上，语料库翻译学是以语料库应用为基础的实证性、描写性的翻译学研究范式。

（一）实证性研究

实证性研究是指研究者通过对研究对象进行大范围的观察或调查，或采用实验方法获取相关证据或数据，并以此为依据归纳出事物的本质属性和发展规律。实证性研究是受实证主义思潮影响发展起来的一种研究思路。实证主义推崇研究结论的客观性和科学性，强调研究应建立在观察和实验的经验事实基础之上，通过现象观察和分析、数据统计和实验研究等手段，提出某一理论假设或验证现有理论假设，并要求研究结论在同一条件下具有可证性。语料库翻译学凭借语料库的技术优势，在对大量翻译语料或双语语料进行数据统计和定性分析的基础上，由个别到一般，总结或论证翻译本质和翻译活动的规律性特征。作为一种新型的语言资源和知识平台，语料库能够提供大量的翻译事实或翻译例证，使研究者很方便地提取研究所需的数据，从而为翻译规律或原则的描写、解释和预测提供远远超过研究者个人认知范围和能力的巨大空间与可能性。这些优势使得语料库翻译学研究具有较强的客观性和科学性。从这个意义上讲，语料库翻译学是一种实证性的翻译学研究。

（二）自下而上与自上而下方法的结合

语料库翻译学研究一般分为基于语料库的翻译学研究和语料库驱动的翻译学研究两大类。前者指研究者依据相关理论提出某一假设，确定具体考察对象，然后观察和分析事先根据某一理论框架进行标注的语料，利用语料库提取的翻译例证和数据，归纳出关于具体翻译事实或现象的一般结论。后者表现为在不预设任何理论或假设的前提下，使用原始文本或不做任何标注处理的文本，提取高频使用的词汇或句法结构，或者其他特定翻译事实，归纳出某一理论或建构某一理论框架。从研究路径上看，基于语料库的翻译学研究表现为自上而下和自下而上方法相结合的特征，而语料库驱动的翻译学研究主要采用自下而上的方法。自下而上方法是指在分析真实语料和数据统计的基础上，归纳出关于研究的一般结论或抽象理论。自上而下方法与自下而上方法相反，具体表现为首先提出某一理论框架或理论假设，然后根据这一框架或假设确定研究的步骤与方法，依据适当的证据支持或反驳某一理论或假设。具体而言，基于语料库的翻译学研究通常划分为四个步骤。①依据某一理论确定利用语料库的切入点,即具体词汇、句法结构或搭配等。在此之前,根据相关理论和研究目的,对语料进行相关标注;②提取研究所需的语料和数据,进行数据统计和分析;③描写数据所反映的总体特征和趋势,归纳出关于某一翻译事实或翻译现象的结论;④解释有关翻译事实的成因。在以上四个步骤当中,第一个步骤所反映的是自上而下方法的应用,而第二至第四个步骤采用了自下而上的方法。语料库驱动的翻译学研究所采取的步骤与基于语料库的翻译学研究大体相同,不过没有后者的第一个研究步骤。

(三)多层次的描写与多视角的解释并重

语料库翻译学与描写性翻译学一脉相承,注重翻译事实及其制衡因素的观察与客观描写,因而具有鲜明的描写性特征。对于语料库翻译学研究而言,描写十分重要。第一,要想揭示隐藏在纷繁、复杂的翻译事实背后的翻译规律性特征,构建翻译理论,就需要经过观察、描写、判断和推理等步骤。描写是这些步骤当中不可缺少的环节。第二,要想建立并加强翻译学的独立学科地位,就应当对大量翻译事实进行客观描写。只有如此,才能获得关于翻译活动、翻译语言及译者等翻译本体的正确认识,而这些认识是建立翻译学科不可或缺的前提条件。语料库翻译学对翻译事实所做的描写涉及翻译文本的词汇、句法、搭配、语义韵和语篇等不同层面,具有全面性和客观性。

此外,语料库翻译学研究还注重在描写的基础上对翻译事实或数据体现的规律性特征进行解释,探索这些规律的前因后果。该领域选取的视角既有语言学视角,也有文化视角和翻译学视角,力求不但让人知其然,而且让人知其所以然,以构建某一理论体系。"任何研究的价值或魅力不仅仅在于它可以回答'什么'和'如何'的问题,而且在于能够解答'为什么'的问题。后者比前者重要得多,它是任何学科研究的核心价值所在。"(胡开宝等,2007:64-69)不言而喻,解释要比描写重要,因为解释能够回答"为什么"的问题,而描写不能。因而,解释在语料库翻译学研究中占有非常重要的地位。

(四)定量研究方法的应用

定量研究方法是指提取关于研究对象的数据,并对数据进行检验和分析,以测定关于研究对象特征的数值或求出因素间量的变化规律,以获取有意义的结论。定量研究方法通常使用数据、图表或模型等。在语料库翻译学研究中,研究者常常需要提取翻译语料的词汇密度、搭配显著性,以及具体词汇或句法结构的频数等数据,并进行统计和分析,以归纳翻译语言的总体趋势和特征。一般来说,定量方法在语料库翻译学研究中的应用具体表现为以下数据的统计和分析。①反映翻译文本词汇应用特征和分布的数据:类符/形符比、标准类符/形符比、词汇密度、词表所列的词频、特定词汇的频数和使用频率。②体现翻译文本句法特征的数据:平均句长、平均句段长、结构容量、具体句式结构的频数和使用频率。③体现搭配显著性的数据,搭配序列频数与节点词频数之比、搭配词的相对频数、Z值、T值和相互信息值或MI值。④用于检验相互比较的数据之间差异是否具有显著性的数据:卡方检验和对数似然比。这些数据的统计和分析在较大程度上提高了语料库翻译学研究的科学性,并且常常能够揭示仅凭直觉和内省无法归纳的翻译规律。

第三节　语料库翻译学的研究领域

根据研究课题的来源，语料库翻译学的研究领域分为三类。第一类源自传统翻译学研究，包括基于语料库的文学翻译、翻译史、翻译教学、翻译实践、机器翻译和口译等领域的研究。基于语料库的文学翻译研究以文学翻译作品的文本分析为基础，研究文学翻译理论与实践的相关课题。这些课题具体为：①意象和人物形象的再现与变形；②文学风格的再现与重构；③文学翻译的创造性；④译者风格；⑤文学作品空白和未定性的翻译；⑥文化负载词的翻译；⑦误译和漏译研究。

基于语料库的翻译史研究利用历时性平行语料库对名家译作进行文本分析，揭示翻译家在翻译策略应用、翻译风格和翻译语言等方面所表现出的个性特征及其所遵循的翻译规范。目前，翻译史研究大多将翻译家的观点或言论视为客观现实，满足于翻译事实的罗列，对于翻译规范和历史语境关注较多。事实上，翻译家的所做与所言往往不一致，翻译家所言并不能反映其翻译作品的特征。此外，翻译是一种特殊的社会文化行为，受特定规范的制约。这些规范因时代或文化的差异而不同。利用语料库分析翻译文本的具体特征，归纳不同历史时期的翻译规范，可以阐明翻译家的所作所为，还原历史的真实面貌。另外，该领域的研究还通过提取语料库的篇头信息，对于具体某一历史时期的翻译活动进行客观描述。这些信息包括出版商、出版时间、作品主题、译者姓名和性别等内容。应当指出，语料库翻译学与翻译史均强调对研究对象进行客观描写，重视还原语境方法（recontextualization）的应用。这些共性为语料库在翻译史研究中的应用提供了作为空间。

以上研究均属语料库翻译学理论层面的研究，而基于语料库的翻译教学、翻译实践和机器翻译研究都是应用层面的研究。基于语料库的翻译教学研究侧重于探讨语料库在翻译评估、翻译教材编写和翻译教学模式中的应用，基于语料库的翻译实践研究主要关注双语词汇和句式之间的对应关系、翻译策略和方法的应用等问题。基于语料库的机器翻译研究是指利用语料库的核心技术，建设具有海量信息的知识库，以满足机器翻译或自动翻译的需求。

基于语料库的口译研究侧重于分析口译语料词汇、句法和语篇等层面的特征，研究口译语言特征、口译规范、口译策略和方法等。该领域研究是综合性研究，既有理论层面的探讨，也有实践层面的分析。

第二类研究领域源自描写性翻译学研究，涵盖翻译共性、翻译规范和批评翻译学等领域的研究。翻译共性是指由于翻译过程而形成的翻译文本所具有的区别于原创文本的特征，与源语和目的语之间的差异无关。翻译共性具体表现为显化、隐化、简化和泛化等。翻译规范是"译者在具体时间或社会文化环境中所做出的规律性或习惯性选择""翻译规范是关于翻译作品和翻译过程正确性的规范，体现了具体某一社会或历史时期关于翻译的价值观和行为原则"。翻译规范可分为前期规范、初始规范和操作规范。前期规范决定待译文本的选择。初始规范要求译者在翻译文本的充分性和可接受性之间做出选择。操作规范是指译者在翻译策略和方法应用方面所表现出的规律性特征。20世纪80年代以来，学界开始关注翻译共性和翻译规范。对这些领域开展研究,可以深化人们对于翻译本质和翻译活动规律的认识。不过,由于技术条件的限制,这些研究所用的语料规模小,其结论的科学性不太令人满意。然而,语料库翻译学的问世使得以上翻译共性和翻译规范的研究实现了向描写性实证研究的转型,取得了可喜的进展。

批评翻译学研究源自批评话语分析理论和描写性翻译学理论的结合。根据 Laviosa 的观点,批评翻译学研究形成于描写性翻译学研究框架下的意识形态研究。意识形态是指影响人类行为的规范、习俗、信仰和世界观的集合。学界普遍认为,翻译并非真空状态下进行的语言转换活动,而是一种特殊的社会文化活动。翻译文本的生成、传播与接受均渗透着意识形态的影响,并且对意识形态产生强化或削弱的作用。批评翻译学研究旨在通过对源语文本的选择、翻译文本的接受、翻译文本语言特征及翻译策略和方法运用的分析,揭示意识形态对翻译的影响及翻译对意识形态的反作用。基于语料库的批评翻译学研究关注翻译文本语言特征及翻译策略和技巧应用所蕴含的规范、信念和价值观等意识形态因素,试图阐明翻译与意识形态和权力之间的互动关系。Laviosa 利用收录 *The Guardian* 和 *The European* 两份报纸语料的可比语料库,比较分析了翻译文本和原创文本中与"欧洲"相关的关键词差异,揭示了英国文化身份在原创英语和翻译英语中的具体表现。Kemppanen 以收录译自俄语的翻译芬兰语和原创芬兰语组成的历史文献可比语料库(Comparable Corpus of History Texts)为研究平台,分析了 20 世纪 70 年代芬兰历史研究文献中的 50 个关键词,以揭示当时芬兰与苏联关系友好这一历史语境对翻译的影响。研究发现,"友谊"在翻译文本中呈现出非常显著的积极语义韵,而在原创芬兰语中却表现出消极语义韵。基于语料库的批评翻译学研究一般分为两个步骤:①利用语料库描写翻译文本的语言特征尤其是具体词汇或句法结构的应用,如语气的选择、情态动词、名物化和被动语态等,并与源语文本进行对照;②分析具体语言特征或翻译策略和方法背后的意识形态因素及其社会功能。

第三类则为语料库翻译学特有的研究领域,包括翻译学研究语料库的建设、具体语言对翻译语言特征和译者风格等领域的研究。

翻译学研究语料库包括平行语料库、翻译语料库、可比语料库和口译语料库等。翻译学研究语料库建设的研究主要涉及语料的代表性和可比性,以及语料之间的平行对齐等问题。语料的代表性是指语料库所收录的语料在多大程度上代表具体某一语言的种类。可比性指对不同语料进行比较和描述所采用的框架和出发点,是"语言或语言变体共同具有的某种属性或范畴"。就翻译学研究语料库而言,要确保语料的代表性和可比性,需要考虑语料库的库容、译自不同语言语料之间的平衡、语料的翻译方向和翻译方式等问题,所面临的困难较大。Zanettin 提醒人们,由于源语和目的语文本在各自文化中的地位存在差异,依据语料代表性选择平行语料库语料,往往会使得源语和目的语语料之间失去可比性。Kenny 分析了实现双语语料平衡方面所面临的困难。她强调若以性别作为平行语料库语料选择的标准,很难实现双语语料之间的平衡,因为源语文本男性和女性作者之间的比例不可能与目的语文本男性和女性译者之间的比例等同。毕竟,许多女性作者的作品往往是由男性翻译。双语语料的平行对齐是指某一语言的文本单位与另一语言的文本单位形成翻译关系或对应关系,具体表现为篇章、段落、语句和词汇等四个层面。双语语料的平行对齐研究主要是针对对齐方法的研究。具体方法有基于语句长度和语句对应关系两种方法。后来,鉴于这两种方法的缺陷,Holfland和Johansson提出兼具以上两种方法特点的混合型方法,即同时利用语句长度和双语锚点词表建立语句之间的对应关系。

具体语言对翻译语言特征研究涵盖翻译文本词汇、句法和语篇总体特征、具体词汇或句式结构应用特征、翻译语言搭配和语义韵等领域的研究。该领域的研究是"跨学科翻译学研究的立足点和根本所在。无论是从对比语言学、语用学和认知语言学角度研究翻译,还是从阐释学、后殖民主义、女性主义和解构主义等文化理论视域开展翻译学研究,都无法回避对翻译文本语言特征的研究。"翻译语言搭配研究是指翻译语言词汇和语篇搭配的研究。翻译语言语义韵的研究分析翻译文本中具体词汇浸染上其搭配词激发的意义氛围或语义特征。这些领域的研究可以深化翻译语言特征和译者风格等领域的研究,促进翻译对目的语语言搭配、语义特征和语义韵影响的研究。

译者风格研究旨在研究译者在词汇和句式结构选择,以及语篇结构安排等方面所表现出的规律及其成因。翻译文本曾长期被视为对原文的模仿,译者风格只是原文作者风格的再现,因而译者风格研究一直被学界忽略。后来随着描写性翻译学的兴起,译者风格研究才进入学界的视线。目前,基于语料库的译者风格研究大多选用同一源语文本的两个或两个以上的目的语文本作为研究对象,从词汇和句法总体特征、具体词汇或句式应用的频率、具体翻译策略和方法的运用等角度分析不同译者风格的差异,并依据语言学、文化理论和翻译学理论解释译者风格形成的原因。一般来说,译者风格形成的原因表现为三个方面:①译者的个性、译者的翻译目的及其翻译策略和方法的应用等;②目的语文化的社会文化规范、诗学传统及意识形态;③源语和目的语语言文化之间的差异。

第四节　语料库翻译学研究的意义

综上所述,语料库翻译学对于翻译学研究而言不仅仅意味着翻译学研究方法的变革,而且还意味着由于语料库方法与翻译学研究相结合,传统翻译学研究内容得到拓展和深化,全新的翻译学研究领域得以产生。

(一)语料库翻译学促使翻译学研究方法发生重要变革

如前所述,语料库方法的应用是语料库翻译学区别于传统翻译学研究的显著特征。由于语料库方法的运用,具体课题的研究建立在大规模语料观察和相关数据的统计与分析的基础之上。翻译学研究方法因而发生重要变革,翻译学研究从此突破了内省式或规定式研究方法的桎梏,走上了以定量和定性研究相结合、自下而上和自上而下相结合等为主要特征的实证研究的发展道路。尤为重要的是,语料库翻译学不仅强调翻译文本语言特征的分析,而且也重视翻译文本产生的历史语境的还原,以阐明影响翻译实践的包括意识形态在内的各种制约因素。这些研究方法的运用使得语料库翻译学具有传统翻译学研究所不具备的优势,研究结论更加客观,研究内容更加丰富。

(二)语料库翻译学拓展和深化了翻译学研究

描写性翻译学试图揭示影响或制约翻译行为的翻译规范,而翻译规范的研究以大规模翻译语料的分析为前提。由于缺乏相应技术条件,翻译规范的研究曾一度停滞不前。不过,语料库方法在翻译学研究中的应用为大规模语料的分析创造了客观条件,翻译规范的研究因而获得快速发展。从这个意义上讲,如果没有语料库翻译学,翻译规范的研究不可能像今天这样深入,甚至有可能逐渐退出翻译学研究的历史舞台。

双语词汇之间对应关系的研究一直是翻译学研究关注的焦点。无论是语文学范式,还是语言学范式,都试图建立双语词汇之间的对应关系,并以规范的形式确定下来,要求译者遵守。但是,这些对应关系基本上建立在翻译作品的个案研究或少量语料分析的基础之上,往往带有很强的随意性或主观性。与之不同,语料库翻译学基于众多翻译作品或双语语料的考察和分析,借助于定量研究的方法,描写双语词汇之间的对应关系,以揭示双语转换规律。

此外,机器翻译一直以规则为基础,试图揭示双语转换的规则以实现机器自动翻译,但成效不够理想。后来,学界另辟蹊径,转而以平行语料库为基础研究机算计辅助翻译,该领域研究取得较快发展。

(三)语料库翻译学催生了全新的翻译学研究领域

与传统翻译学研究相比,语料库翻译学的显著优势在于利用语料库技术对大规模翻译语料或双语语料的总体特征,以及具体词汇、句法结构或搭配的应用特征进行客观描写和定量分析。以这些描写和分析为基础,逐渐形成具体语言对翻译语言特征、译者风格、翻译语言搭配和语义韵等领域的研究。这些研究领域的形成与发展源自语料库方法与翻译学研究的联姻,均为传统翻译学研究所不曾涉足的领域。它们既是语料库翻译学之所以被视为研究范式的原因所在,也是语料库翻译学的安身立命之本。值得一提的是,译者风格研究曾一度得到学界的关注(Hermans, 1999),但这些研究大多局限于单个词语或人物形象的分析,研究结论较为片面,不能反映译者风格的整体面貌。然而,语料库翻译学研究可以从译文词汇、句式和语篇层面对译者风格进行多维度描写,获取对译者风格的全面认识。而且,语料库翻译学还从社会文化和认知等视角探讨译者风格的成因,深化了译者风格研究的内涵。

第五节 基于语料库的翻译教学实践

语料库具有内容广、语料新、语境丰富及电子文本化的特点,可以帮助教学内容中如词表、教材等的制定,可以不断更新教学材料,提供大量真实的教学例证,促进翻译教学效果和翻译质量的提高。所以,基于语料库的翻译教学打破了传统教学的时空观念与束缚,为翻译教学注入了新的活力,使翻译教学更具开放性、针对性和科学性,不仅可以增强师生间的互动,而且很容易激发学生的兴趣,使学生养成积极自主的探索发现式学习,有利于真正实现"以学生为主,教师为辅"的教学模式。我们应该善于利用语料库特有的检索、存储、对比等功能,来达到优化组合、因材施教,进行现代化教学。秦洪武、王克非探讨了对应语料库、翻译教学和自主学习之间存在的内在联系,揭示了语料库用于翻译教学的理论依据,着重从理论上提出了对应库运用于翻译教学时要遵循"观察先于归纳,呈现先于讲解,学生自导先于教师指导"的原则。所以,利用语料库进行翻译教学,要贯穿以下理念。第一,必须传输给学生自觉主动使用语料库的意识。也就是说,教师不能仅仅想着怎么教,首先要让学生学会怎么用,什么时候用,在什么语料库里能找到翻译过程中要用的信息或路径。因此,要对学生进行语料库知识普及,至少让他们知道目前可用的语料库有哪些,它们的主要功能是什么,在何种程度上可以为翻译所用。第二,要教给学生判断和识别语料的能力,创造性地使用语料库。语料库的内容很丰富,有时查找会出现太多相关信息,会干扰译员的判断。所以,要告诉学生,语料库不是万能的,面对纷繁复杂的查询结果或例证,要依靠人脑的判别才能为己所用,才能真正获得需要的信息,而且要看具体语境,创造性地选用。第三,教会学生自己在阅读和翻译过程中,学会有意识地积累优质语料,自建语料库,随时备用。语料库是一个团队积累起来的,所以每一个利用语料库的人都有责任和义务为该语料库作出自己的贡献。当学生会自己建库、用库,并推荐给别人共享时,翻译教学就成功了。

在翻译教学实践中,使用语料库的真实语料进行翻译策略和技巧的讲解,主要体现在三个方面:教会学生利用语料库进行自主学习;带领学生创建学习者语料库;教会学生自建英汉平行语料库。

一、使用语料库自主学习

在教学中使用语料库,师生可以非常便利地获得丰富的语料和经验数据,学生可以利用这些便利进行自主学习、发挥潜能,提升学习效率和效果。所以,学生主动学习在语料库翻译教学中占据重要地位。

首先,要教会学生了解语料库的类型和功能,以平行语料库为平台,其检索功能和提取功能可以让学生有机会参与教学内容和翻译材料的取舍,或提供课堂讨论和小组活动内容,以激发学生的参与意识。此外,平行语料库还有助于培养学生严谨的工作作风和批判性思维的能力,不拘泥于特定的译法或译者。其次,在语料库翻译教学过程中,学生可分成小组进行互动式学习,共同寻找解决问题的途径。针对每次课程,教师应该设计一些开放性的问题。例如:观察语料后你有什么心得或发现?语料库在你完成学习任务过程中起到了哪些关键作用?让受试者回答上面的开放性问题有两个目的:一是考查学生对语料呈现的态度;二是观察学生在浏览语料时关注了哪些对翻译教学有意义的问题。让学生在驱动式翻译教学中不断受益,教师可以在得到反馈后不断改进教学方法。已经建成并可供网上检索的双语平行语料库有:北京外国语大学中国外语研究中心研制的"汉英平行语料库";北京大学汉语语言学研究中心研制的CCL汉英双语语料库;上海交通大学外语学院胡开宝教授主持构建的"莎士比亚戏剧英汉平行语料库";燕山大学刘泽权教授主持构建的"红楼梦双语平行语料库";香港教育学院的王立勋博士建立的英汉翻译语料库;《红楼梦》汉英平行语料库;新加坡报纸广告汉英平行语料库；等等。此外，还有北京大学计算语言学研究所双语语料库、东北大学英汉双语语段库、外研社英汉文学作品语料库、冯友兰《中国哲学史》汉英对照语料库和李约瑟《中国科学技术史》英汉对照语料库、国家语委语言文字所英汉双语语料库、中科院软件所英汉双语语料库和中科院自动化所英汉双语语料库等。还有一些可供在线检索的双语平行语料库，如洪化清的在线"红楼梦汉英平行语料库"，绍兴文理学院孙鸿仁主持研制的双语平行语料库系列，具体包括"中国法律法规汉英平行语料库""《毛泽东选集》汉英平行语料库""《邓小平文集》汉英平行语料库""鲁迅小说汉英平行语料库""《红楼梦》汉英平行语料库"等。还有一些学者探讨在翻译教学中自建小型语料库(中医英语翻译语料库、英汉科技平行翻译语料库等)为翻译教学提供教学资源上的方便。

充分利用单语语料库，也能改变传统翻译教学模式，为翻译教学的改革提供借鉴。朱晓敏以在课堂上使用可以免费获取的美国杨百翰大学的英语单语语料库(COCA 语料库)和北京大学汉语语言学研究中心的汉语单语语料库(CCL 语料库)为例，说明了单语语料库内容丰富，为翻译教学提供翔实的语言范例；单语语料库分类专业，为翻译教学提供快捷的类似文本搜索，使学生在做翻译练习时利用单语语料库了解术语、格式及文体特征，解决翻译过程中碰到的专业词汇问题，使译文更加符合目的语的习惯。Bowker&Pearson 在总结单语语料库作用时，认为单语语料库可以用来帮助使用者在同义词之间做出选择，识别用法信息，决定哪一种风格更加适合翻译。这很好地总结了单语语料库在提高翻译语言准确性和翻译效率方面可以发挥的作用。

二、创建学习者语料库

李德凤和胡枚指出对翻译学习者而言，翻译学习过程就是通过学习成为翻译工作者的过程。简单来说，这个过程是通过学习学会制作翻译产品。Bernardini 等指出，使用语料库进行翻译教学最大的教育价值在于能够唤起译者思考，而非仅仅提供现成答案。所以，带领学生自建学习者译文语料库，是一种非常有效的教学方法，就是把学习者的译文电子版收集起来，经过分类整理，建成可被语料库检索工具检索的学习者译文单语语料库和学习者译文平行语料库，可以按照中译英、英译中两个翻译方向，翻译练习任务类型、学生译员班级等存库。这里只谈如何建立学校学习者翻译语料库，主要包括如下四个步骤。

(1)进行翻译职场调研，收集翻译素材并分类，大体分为文学类和应用类(如新闻文稿、法律文书、商务材料等)。

(2)将这些原文让本科三四年级学生翻译后存为电子文档，形成学习者译文单语语料库，即教师修改前的学生译文和学生撰写的"译者注"。

(3)对学生译文进行修改和批注，形成学习者译文平行语料库，包括原文、同学修改后的译文、教师修改后的译文。

(4)教师提供参考译文，形成教师译文平行语料库，包括原文和附有翻译策略标注的教师参考译文，同时附有教师的教学反思或教学日志。

这些语料库建成以后，可以发挥如下功能。①学生个人译文，可以做成学生作业档案库，通过观察和比较分析自己的译文及所犯的错误，包括自己的初始译文、同学修改译文和教师修改后的译文，体验个人翻译成长轨迹。②学习个体通过观察和分析比较同学的译文，琢磨同一翻译难点不同的处理方法和策略，增加自己的翻译感悟。③教师通过观察和分析比较全体学生的译文库，对共性的地方进行讲解，如发现学生都犯了某个同样的典型错误，一起分析原因，从根源上改正；同时发现一些同学不同的翻译处理方法，进行纠正或认可，增强学生的信心，也让他们知其然知其所以然。④教师通过带领学生观察和分析教师译文库，可以使学生发现教师对某些经典问题和难点的处理策略，从而学习正确的翻译方法，领略高超的翻译技巧和魅力，完成自己翻译能力的转换。如果经常比较和分析高手的译文，久而久之，高手的技巧也就会内化成学习者的学习习惯和能力的一部分了，所谓"名师出高徒"。

三、学生自建英汉平行语料库

平行语料库在课堂环境下使用的主要方式是"呈现数据，让学习者面对充足、易筛选的双语数据，使翻译技巧和特定语言项目翻译的讲授相对集中，重点突出"。王惠提出对平行语料库进行"精加工"后，可以用于翻译教学。例如：语料库可以作为教学内容的有机组成部分参与教学过程；语料库中的习题及答案设计，与利用语料库设计的课后练习相配合，对于加深和巩固知识点的理解和掌握大有裨益。语料库中的"学习历史"和"练习成绩"栏还可以帮助教师随时了解学习者的学习状况，以设定下一个教学步骤。在翻译教学中使用双语平行语料库有以下优点：①有助于学生发现语言使用的复杂性和句子的结构；②学生审读真实篇章中的例证，比依赖语法书和教科书中那些孤零零的范例更可取；③对应语料库可以用作专家系统，把学习者的注意力转向成熟译者或专家译者所发现的典型问题的典型（或非典型）处理方法。

如果在教学过程中，教师一边带学生做翻译，一边教会他们自己建立英汉平行语料库，让他们身体力行，学生更能领会语言特点和翻译技巧的应用与标注。自建英汉平行语料库因语料选择更有针对性，并能不断更新。"通过关键词检索（关键词可为连续性或非连续性表达），可查询双语转换中的疑难对等词，尤其是流行表达、文化特色浓厚的成语和习语等。由于语例和语境丰富，还有助于揭示和归纳双语转换中词语乃至句子结构复杂而丰富的对应关系，揭示翻译规律，提高学习者翻译的灵活性和得体性；也能用于多个译本的对比鉴赏和研究。"例如，建立旅游翻译语料库，并不是要收集所有旅游文本，而是"要整理出一些旅游文本标志性词、句子结构、篇章结构，总结出翻译的模式，供译者参考。旅游文本比较特殊，它蕴涵了不同的文化气息，其中又包括自然景观、历史事件、典故传奇等，因此在旅游语料库建立时还应分门别类，提供各种文本模式以及提取出各种文本模式下的标志词语、句式等，为译员提供迅速的、准确的匹配，既省时、省力，又规范译本"。最简单的做法就是让学生收集高质量的双语材料，然后进行对齐，保存为自己的小型平行语料库，做成翻译记忆库，供翻译同类题材材料时参考。

第六节　语料库翻译研究现状及未来走向

语料库翻译学是指以语料库为基础，以真实的双语语料或翻译语料为研究对象，以数据统计和理论分析为研究方法，依据语言学、文学和文化理论及翻译学理论，分析翻译本质、翻译过程和翻译现象的翻译学分支学科。语料库翻译学的诞生直接受益于语料库语言学和描写性翻译学研究。

语料库翻译学研究发轫于 Baker 教授于 1993 年发表的一篇论文。该文题为"Corpus linguistics and translation studies: Implications and applications"。该文详细阐述了语料库在翻译学研究中的理论价值、实际意义和具体路径，被誉为语料库翻译学的滥觞之作。自 1995 年起，Baker 和她领导的团队开始建设世界上第一个翻译语料库即翻译英语语料库（Translational English Corpus，简称为 TEC），并应用该语料库开展了一系列语料库翻译学课题的研究，如翻译共性研究（Baker，1995，1996；Laviosa：1998a，1998b；Kenny，1998，2001；Olohan & Baker，2000）、译者风格研究（Baker，1999，2000；Olohan，2004）和翻译规范研究（Kenny，2001）等。从此，翻译学发展史掀开了新的一页。经过短短十几年的发展，国内外语料库翻译学异军突起，发展成为重要的翻译学分支学科，并在翻译学研究语料库的建设、翻译语言特征、译者风格、翻译规范、翻译教学和口译等领域取得了令人瞩目的成绩。

翻译学研究语料库是为翻译研究目的而专门建设的语料库，如翻译语料库、平行语料库和单语可比语料库等。根据 Baker 的观点，翻译语料库和单语可比语料库可用于翻译文本的语言特征和译者风格的分析，而平行语料库的应用可以揭示译者的翻译策略及具体翻译语言特征形成的原因。

翻译学研究语料库是语料库翻译学研究的重要物质前提，其建设的研究不仅涵盖语料选择、语料代表性及语料标注等语料库建设的共性问题，而且还包括语料的可比性和语料之间平行对齐等自身特有的问题。

一、语料选择与语料的代表性

语料的选择及其代表性直接关系到语料库质量的高低，是任何语料库建设者都必须考虑的问题。与其他语料库相比，翻译学研究语料库的建设在语料选择和确保语料代表性方面面临更多的挑战，因为语料库建设者不仅需要考虑两种语言语料的选择标准，还需要考虑翻译语料的翻译方向及译自不同语言的翻译语料之间的平衡问题等。

根据 Maia 的观点，四类语料不宜收入翻译学研究语料库：①源语文本本身是翻译作品或由源语语言能力有限的作者所写的语料；②匆忙翻译而成，错误较多的翻译作品或者过分拘泥于源语文本的句法和篇章结构的翻译作品；③由目的语并非母语的译者所译的作品或者由目的语为母语但未受翻译训练的译者所译的作品；④源语文本和目的语文本都经过编辑处理的语料。Zanettin（2009：331－332）认为平行语料库的语料选择应依照以下标准。①语料的介质。凡是出版书籍的电子版本均可收入，而报纸、杂志、网页和电子邮件均不收入。②语料是否有译文或原文。凡是没有原文或译文的语料自然不能收入平行语料库。另外，原文和译文均出自同一人的语料，或转译自第三种语言的均不收入。③出版时间。④根据出版商、作者和译者的影响力。这些标准均具有一定的可操作性，不过，Maia 所提出的第三个标准人为地缩小了翻译语料的选择范围，即只有那些目的语为本族语且受过翻译训练的译者的翻译作品才能收入语料库。这一标准显然不太切合翻译活动的实际现状。纵观翻译活动的发展历史，众多翻译作品虽然不是出自目的语为母语的译者或受过翻译训练的译者之手，却较好地履行了翻译的使命，其中不乏经典译作。事实上，不管译者的背景如何，只要译作质量较高，而且不是原文的编译或节译，均可收入翻译学研究语料库。在 Zanettin 提出的标准中，报纸、杂志、网页和电子邮件均不收入。电子邮件多与个人隐私有关，因而通常不作为语料库语料，这是无可非议的。然而，报纸、杂志和一些重要网站登载的双语语料质量较高，完全可以作为语料的来源。因而，这一标准不够科学。

此外，学界还注意到翻译学研究语料库在语料代表性及语料均衡性方面所存在的局限性。Zanettin 提醒人们，由于源语和目的语文本在各自文化中的地位存在差异，依据语料代表性选择平行语料库语料，往往会使得源语和目的语语料之间失去可比性。Crisafulli 对语料库代表某一翻译行为或翻译现象这一观点提出疑问，认为"语料库的设计本身是一种阐释"。尽管基于语料所做的分析或许能够解释一些译者的行为，但这种解释是研究人员通过观察与自己观点有关的原始数据所做的分析，故而带有明显的主观性。

二、基于语料库的译者风格研究

语料库翻译学研究发轫于 MonaBaker。1995 年，自从 MonaBaker 建立了世界上第一个翻译语料库后，学者便做了翻译共性研究（Baker，1995、1996；Laviosa，1998a、1998b；Kenny，1998、2015；Olohan&Baker，2000）、译者风格研究（Baker1999）和翻译规范研究（Kenny，2015）。国外许多学者首先开展了基于语料库验证译者风格存在的研究（Olohan，2003；Bosseuax，2005；Marco，2004；Callaghan，F.，2005；Stubbs，2005；Winters，2007；Kamenicka，2008）。有学者通过译本中词汇（Kruger，2004）、句法结构（MaeveOlohan，2003）、叙事特征（Rouhiainen，2000；Bosseaux，2005、2006）、翻译策略和方法的应用（Bosseaux，2006）来探讨译者风格。Mikhailov、Villikka(2001)使用对比库和平行库，用计量风格学中判定译者身份的方法进行译者风格研究。Stubbs(2005)利用语料库研究康拉德的小说《黑暗之心》中某些特色词的词频和分布及反复出现的个性化语言。Marco(2004)通过研究同一原作、不同译者的多个译本，发现译作中体现出来的典型的风格特征，是由原作带来的，或是原作/原语与目标语语言/文化相调和的产物。相比之下，国内译者风格研究起步较晚，有学者采用原文本型研究方法，有学者采用目标文本型研究方法，黎昌抱则对短篇小说《桂花蒸阿小悲秋》及其自译本和他译本进行了语际对比研究。黄伟、刘海涛和陈芯莹等曾通过对不同作家作品中语言结构特征的统计得出语言风格的一致性或区别性特征，利用语言结构的分布数据测量作家语言风格的计量特征，并且用以判断陌生文本的作者。同理，语言单位在译作中的分布数据成为体现译者语言风格的语言计量特征。詹菊红、蒋跃将语言计量特征应用于语言风格对比及译者身份判断。霍跃红用语料库方法分析典籍英译译者的文体并进行文本译者识别的实验。

根据 Baker(1995)的观点，翻译语料库和单语可比语料库可用于翻译文本的语言特征和译者风格的分析，而平行语料库的应用可以揭示译者的翻译策略及具体翻译语言特征形成的原因。Saldanha(2011)对译者风格研究提出了两种不同的诠释方式，即"原文本型译者风格"研究和"目标文本型译者风格"研究。前者主要关注译者如何在翻译文本中表现原文中的某些语言特征，而后者则主要关注译者特有的表达方式。

虽然国内语料库翻译研究的时间不长，但发展迅速，不论是理论研究还是翻译实践都取得了丰硕的成果。虽然成果喜人，但国内的语料库翻译研究还需在以下几个方面进行提升。

首先，引入新的研究视角。国内的语料库翻译学研究，包括翻译共性、译者风格和翻译教学等研究，大多是从语言学视角开展，很少从文学理论或文化理论视角进行探究。因此，未来语料库翻译研究应引入文学理论或文化理论对翻译现象和翻译本质展开研究，丰富研究的成果。

其次，深入拓展研究内容。目前，语料库翻译研究关注的是语言特征、翻译共性，而翻译共性中又以显化研究居多。对共性的过多关注势必会忽视个性，因而国内在翻译语言和翻译活动的个性研究方面成果缺乏。在译者风格研究方面，研究者选取的语料规模较小，且多基于文学文本采用描写的手法对译者风格的成因进行考察，很少从文化和意识形态进行分析，因而得出的结论不够全面。现有的语料库翻译教学研究以理论探讨居多，实证研究成果少。此外，对语料库在翻译教学大纲设计及其在翻译教材编写中应用的途径和方法的探究还应进一步加强，而语料库翻译教学平台的建设也是一个有待解决的问题，现有的语料库更多的是出于研究的需要而建设，不利于课程教学。由于采样难度、版权等问题，国内口译语料库建设困难重重，建成的口译语料库屈指可数，口译研究进展缓慢。因此，未来需要加大对译者风格、语料库翻译教学及语料库口译研究的力度，推动语料库翻译在新领域的发展。

再次，要加强语料库应用文体翻译的研究。现有的语料库翻译研究大多以文学翻译为主要研究对象，所建语料库多为文学类语料库或收录所有文体语料的通用语料库，收录应用文体的语料库尚不多见，相关的研究成果也寥寥无几。虽然一些学者开始关注文本的研究，并建成相应的语料库，如政府工作报告语料库，但其他文体的研究还比较缺乏。

如今市场上应用文本翻译的需求远远大于文学翻译，可以说语料库翻译研究与翻译市场需求不相匹配，因此应加强语料库应用文体翻译的研究，并将研究成果用于指导翻译实践，提高应用文翻译的质量。

最后，语料库翻译的研究方法还有待进一步提升。随着技术的发展，现有的语料库翻译研究软件在数据提取和分析方面有了很大的提升。但研究者大多还只是基于语料库软件提供的诸如类符数、型符数、类符比/型符比、词频、词汇密度和平均句长等基础的统计数据展开研究，定量分析仍处于较简单的描写阶段。今后的研究可以借鉴统计学的相关方法和原理进行更为复杂的定量分析，将因子分析、方差分析、回归分析等统计方法引入语料库翻译研究，以更加客观、科学的方式对翻译现象和语言转换规律进行研究，得出更有深度的结论。

第九章 语用翻译学

人类发展到21世纪的今天，经济呈现全球化、文化呈现多元化的态势，这一切都要求世界各国之间进行更加密切的交流与合作。正是这种密切的交流与合作，蕴含着人类对翻译的极度依赖与巨大需求。正是因为翻译对于促进人类文明与发展的积极作用，翻译受到了各国学界前所未有的重视。在此背景下，我国的翻译事业更是得到了前所未有的繁荣与发展，翻译已经从一项单纯的双语交际活动发展成为一门专业、一个学科，人们对翻译的研究更是从多个维度、多种视角来进行。从语言学、符号学、文艺学、文化学、社会学、心理学、传播学到美学等，人们运用各种理论来研究翻译与其他学科的交叉性、交融性，以不断揭示出翻译的运作机制和内在规律。人们不断研究笔译，也研究口译，不断对翻译过程进行研究，也对翻译教学进行研究，还对翻译所涉及的社会文化及文化语境等进行研究。从翻译的学科发展来看，自2004年中国第一个独立的"翻译学"硕士点、博士点在上海外国语大学设立，到2006年广东外语外贸大学等三所高校申报的"翻译"本科专业得到教育部批准，中华大地从此便形成了本科生、硕士研究生及博士研究生梯级培养的完整的翻译专业教育体系。翻译终于成为拥有各级学位授予权的独立学科，终于赢得了自己应有的位置。

第一节 语用翻译学的建立

一、国外典型的语用学翻译观

语用学最早见于美国哲学家莫里斯的《符号理论基础》，它主要研究的对象是语言的使用与语言使用者的关系。1977年《语用学杂志》(*Journal of Pragmatics*)的开始发行，给这个领域正式的命名。语用学逐步与其他学科如翻译学、应用语言学等相互渗透与研究。语用学翻译观认为，翻译是信息交流活动，它重视语言交流中的语用意义，强调译文读者获得与原文的同等语用效果。语用学对翻译有很强的解释力，将语用学引入翻译学领域，我们能从新的角度解释翻译中的诸多矛盾重重的现象，翻译研究与语用学的融合研究将为翻译研究提供新的翻译理论范式。随着语用学的发展和其对翻译领域的层层渗透，语用学翻译研究得到国内外学者的日益重视，形成了自己的发展轨迹，也为翻译学的建构提供了理论与方法上的指导。

纽马克在其《翻译探索》中提出了语义翻译与交际翻译，并对它们进行了区别。他认为，语义翻译是一门艺术，只能由一个人承担，不能有不准确的翻译，但造成了认知意和语用意义的走失,以语义翻译的方式得出的译文一般不及原文;他强调交际翻译的语用等值。费道罗夫、科米萨罗夫及莱比锡学派注意情景中的信息,关注语用因素。哈蒂姆与梅森在其《话语与翻译》中特别强调用语用学来研究翻译。支撑哈蒂姆与梅森翻译理论的三大理论是功能语言学、语用学和语篇语言学,这构成了其语境研究的三个维度:交际活动维度、语用行为维度和符号互动维度。交际维度包括语言使用者和语言使用两个方面:前者指交际者在地域、时间、社会、标准化、个人特点方面的变化,后者指具体使用的语域因素,即语场、语旨、语式;语用维度包括言语行为、语用蕴涵、预设、语篇行为等;而符号维度则体现在作为符号的语篇、话语、体裁与其他对应符号的互文活动。在这三个维度之外的影响因素是文化和意识形态。所有的影响因素最终都反映在语篇上:形成语篇的结构,构成语篇的脉络,最终服务于语篇特定的修辞目的。哈蒂姆从语境的视野探讨语用学翻译,并讨论了言语行为与翻译、合作原则与翻译。同时他认为,译者要根据语境对原语的语义进行推理,综合考虑译者和读者的不同文化语境、原语与译语的关联、译文与读者的关联程度,挖掘原文的意图,最后把原文的意图在译语中充分传达出来。但该理论涉及较少实际的翻译操作。

英国语言学家贝尔在其《翻译与翻译行为》一书中从认知的角度描述两种语言间的翻译行为。他认为,翻译的动态过程要经过视觉词汇识别系统及书写系统、句法处理器、语义处理器、语用处理器、思维组织器及计划器。他指出,翻译过程可分为分析和综合两个阶段,每个阶段包含了不同的操作领域,即句法、语义及语用三个方面。从原语到译语的过程要经过语用分析器及语用综合器的过滤和分析。语用分析器主要执行两大任务:一是分离通过语义分析器的信息的主位结构,二是对此信息进行语域分析。语域分析时译者要分析以下的风格参数,即语篇基调、语篇范围、语篇方式。语用综合器主要执行以下工作:处理原文意图、处理原文的主位结构、处理原文的风格。语用分析与语用合成的过程要求译者要根据语境和语义表征提供的命题内容和其他语用信息选择合适的主位结构和语域,并处理好原文的目的、原文的文体,以及原文的言外之力与言语行为。

威尔逊的学生格特(Gutt)在《翻译与关联:认知与语境》中提出了关联论翻译观。关联论翻译观强调的是,辖制翻译的基本原则就是关联;翻译被看作一个涉及大脑机制的推理过程;是一个对原语进行阐释的明示推理活动;是一种语言交际行为;是一个寻找关联链和最佳关联的认知过程。翻译的全过程实际上是两个明示推理过程,译者的责任是在具体的语境下和不同的读者的情况下传达出原语作者的预设和意图,努力做到使原文作者的意图与译文读者的期盼相吻合;译文应该是同原文释义相似的译语语段。格特还首次提出了"直接翻译"与"间接翻译"的概念。直接翻译意在保留原文"语言特征的相似性";间接翻译则旨在保留"认知效果的相似性"。关联论是利用认知科学对翻译现象做出的一种"解释",而不是对翻译活动提出任何规定或具体方法的"理论",但它给翻译提供了新的启示。他的关联翻译观在中国影响较大。

奥·希奇(Leo Hickey)汇编的《语用学与翻译》则从多方面探讨了语用学对翻译实践的制约与影响,如合作原则与文学翻译、言语行为的各种语境和方式、语义前提和语用前提、礼貌原则、关联论、新信息与旧信息、前提与指示、时间指示与空间提示、模糊限制语、话语连接词等制约翻译的因素。希奇指出，语用学有助于"获得译文同原文之间的语用等值，从而最大限度地使译文的读者获得与原文读者等同的理解和感受；语用学翻译研究试图从原文本和原作者所持的观点，从作为对原语的反映的译文翻译以及在具体语境中的具体操作来解释翻译的程序、翻译的过程和翻译成品"。

俄罗斯的语言翻译学派中，语用学翻译研究成为其研究的重点之一。杨仕章对俄罗斯的语用学翻译思想做了回顾，并指出，俄罗斯学者对语用学翻译研究做过积极的探索。这些学者主要从语义对应的角度来分析语用意义的传达和翻译的语用意义。语用学翻译研究包含两个方面的内容：一是再现原作的语用潜力，二是努力保障译文接受者产生应有的反应。其重点是研究语用意义的传达、翻译行为本身的语用任务和语用适应的问题。另有一些学者从翻译中的语用关系、原语出发者的交际意图和译文接受者的接受能力等方面论述了翻译中的语用问题，指出了语用转换的动因、类型与方法。

钱多秀指出，以上国外的研究论著从语用学的新角度探讨翻译研究，但没有一本论著明确形成翻译语用学研究所需的基本概念，也没有探讨该领域内这些概念的相对重要性，对翻译技巧、翻译标准、翻译策略等也没有明确的概念。整体而言，西方语用学翻译研究没有形成合理的研究框架。

二、国内典型的语用学翻译观

旅美学者赵元任于1969年在《哈佛亚洲研究杂志》上发表题为"Dimensions of Fidelity in Translation, with Special Reference to Chinese"的文章，1982年6月由王宗炎先生根据英文翻译为"译文忠实面面观"发表在《翻译通讯》上。赵先生提出语义要根据语境决定，强调功能和语用对等；"语用对等"要高于"语义对等"。例如，wet paint 应译为"油漆未干"而不应是"湿漆"。国内语用学翻译理论研究兴起于20世纪80年代。张亚非讨论了等值的问题，指出，双语之间的翻译要注意原语与译语的语言结构等值、语义等值和语用等值。曾宪才提出与张亚非相似的语用学翻译观，结合语义、语用和翻译阐释了语用学翻译观。他认为，翻译最根本、最重要的任务是再现原文的意义。翻译意义就是翻译语义意义和语用意义，语用意义包括表征意义、表达意义、社交意义、祈使意义、联想意义、比喻性意义，以及形合、意合语用意义中的风格意义、主题意义、突显意义和时代意义。语用意义是翻译的难点，我们可以采用字面法、变通法和改换法。何自然教授借助奈达的动态对等翻译论，把语用学翻译看作一种等效翻译观，语用等效翻译分为语用语言等效翻译和社交语用等效翻译。语用语言等效翻译就是在词汇、语法、语义等语言学的不同层次上，不拘泥于原文的形式，只求保存原作的内容，用原文最贴近而又最自然的对等语将这个内容表达出来，以求等效。社交语用等效则指跨语言、跨文化的双语交际服务的等效翻译。他提出"译事是一种包括原语作者、译者、译文读者的三元关系"。译者要重视原文的语境，寻找最佳关联，并灵活地运用各种语用策略处理原语与译语的文化差异，达成语用等效。何自然教授引用了相关的例子进行说明。

宝钗独自行来，顺路进了怡红院……不想步入院中，鸦雀无闻。（曹雪芹：《红楼梦》）就这句话，Hakes 的译文是：[... The courtyard was silent as she entered it.]Not a bird's cheep was to be heard. 从译文推断，院子里是有鸟儿的，只是听不到它们的声音罢了。而杨宪益夫妇是这样译的：[... To her surprise, his courtyard was]utterly quiet. 这里没有提到鸟儿，但译文恰好地表达了原作的思想：周围一片寂静。这是翻译中的语用语言等效。

钱冠连把语用学在翻译中的体现简括为"语用学翻译观"，并通过《红楼梦》的有关例子进行论证。钱教授认为，翻译活动中语言使用人被视为"翻译者"，而翻译者研究如何在混合符号束、语境和智力干涉的参与和干涉之下对多于话语字面的含义做处理。原语作者叙述语言与话语中的隐含意图必须保留在译文中；隐含意图的处理必须依靠语境、附着于人的符号束、智力干涉的帮助与实证，并在忠实原著或话语的前提下进行翻译创造；而且要注意"文化亏损"，以获得翻译的可译性与等值的完美性。

三、语用学翻译研究发展方向

国内外学者运用语用学理论结合翻译理论进行研究，或者借助语用学理论对翻译的现象进行解释等方面取得喜人的成绩。这些理论的运用主要体现在传统语用学理论或原理的使用上，包括讨论会话原则与翻译的关系，指称、前提与翻译的关系，礼貌原则与翻译的关系，关联论与翻译的关系。国内学者近年来还运用了语用学领域的新理论——顺应理论解释翻译的现象，甚至形成了语用学翻译研究方面的专著，包括胡庚申的《翻译适应选择论》。相关的专著还有赵彦春的《翻译学归结论》，侯国金的《语用标记理论与应用——翻译评估的新方法》，等等。他们强调的是运用某一语用原则进行翻译研究或建构翻译理论。

此外，语用学翻译研究还包括跨文化的语用学翻译研究。许钧把翻译定义为"以符号转换为手段，意义再生为任务的一项跨文化的交际活动"。在跨文化语用学翻译方面，哈蒂姆和梅森讨论了跨文化交际中的辩论风格与翻译，中国学者金惠康在其《跨文化翻译》中较全面地分析了跨文化交际翻译。还有不少学者从各个角度探讨了跨文化的语用学翻译，如翻译中文化转换的语用等值、英汉称谓的语用学翻译、动物比喻的语用含义及翻译、英语习语的语用意义对比及其翻译、英汉颜色词的语用意义对比及其翻译、英汉委婉语的语用学翻译、跨文化语用失误、语用学翻译及等效翻译、英汉文化差异与广告、商标的语用学翻译等。

语用学翻译研究的领域还涉及跨文化环境下的礼貌语用学翻译与语用学视野下的文本礼貌翻译、语用学翻译策略的研究、模糊限制语的翻译、被动语态的语用学翻译、话语标记/连接词的语用学翻译、语用学与翻译教学的关系、语用理论对翻译对等的解释、语境视野下的语用学翻译、语用语境中的翻译等。

钱冠连教授经过对国内外语用学选题对比研究，认为，在深层次上我们还没有生产出理论体系与重大的学说，我国的理论创造尚未形成力量，也远未形成气候，更没有形成主流，我国的语用学理论依傍外国；在鲜明学术原创性上，在作者群体的宽广的学术视野和多样化的研究方法上，在选题非常普遍、深入地将语用学视角射向一切现实生活领域与职业领域上,在语料的利用上,在撰写语用学史五个方面,我们与国际学术主流之间存在比较大的差距。面对这样的现状,他提出中国语用学的发展应处理好理论引进与创造的关系;明白缺乏理论原创性的原因,关注非功利理论和超验理论;提高理论意识,扩大学术视野;在方法论上、研究语种选择上应具多样性等。

那么,综观语用学翻译研究的发展轨迹,我们发现,中国语用学理论与翻译理论的结合研究呈现以下的发展趋势。

首先,语用学翻译研究经历从理论研究到应用研究再到实证研究。语用学翻译研究结合本国语言的特征,从原来的引进开始转向应用研究。我国学者也注重运用外国语用学理论分析外、汉语言的转译,并结合汉语的特征与翻译实践,试图建立起自己的语用学翻译模式,逐渐形成有特色的语用学翻译理论,以解释翻译的语言选择。从实践上看,这些理论对翻译具有很强的解释力。更可喜的是,国内外的学者开始尝试开展语用学翻译的实证性研究,为语用学翻译的研究提供范例,也将促进学者们尊重语言事实,努力研究语料,用语料说话。

其次,语用学翻译研究从多角度、多维度研究翻译的过程。研究者在语用学综观框架下,从认知的、社会的、文化的、语境的、语言哲学的等方面,多角度、多维度地分析语用学对翻译的解释力、局限性。语用学翻译研究领域不断拓宽,范围涉及口译与笔译,渗透文学乃至诗歌的翻译、跨文化交际的语用学翻译、科技翻译、语篇翻译、机器翻译、修辞的翻译、语用学翻译哲学等各领域。

最后,语用学翻译研究体现兼容并蓄,敢于创新的发展趋势。研究者不囿于引进国外的语用学翻译理论,而是大胆吸收其他理论的长处,走综合互补之路,不断创新,而且在拓宽研究领域的同时不断深化理论与实践,并注意到理论思维的创新性与前瞻性,运用语用学新理论探讨翻译,如探讨顺应理论对翻译的解释力等。我国学者吕俊教授等运用哈贝马斯的普遍语用学观点探索了翻译的哲学渊源,认为普遍语用学的翻译观是一种交往理论的翻译观。

语用学翻译研究强调动态的翻译过程。言语交际与意义生成是一个动态的过程,翻译活动是一个不断做出适应选择的动态过程。国内学者应用赋予了新内涵的语用学中的理论或原则,从语境、认知推理、顺应语言使用的选择等视角研究翻译活动,而这些研究体现了动态的翻译过程与翻译理论的实质。

总体而言,语用学与语用学翻译研究正走向跨学科的探索。我们发现,国内外语用学翻译研究主要是围绕某一语用理论(主要是传统语用学)运用于文学领域的适用性和对文本阐释与意义的单一层面的研究,较少进行系统性比较与理论综合的建构和整合的研究;描述性研究较多,解释性研究较少;侧重文本分析的研究较多,认知推理的研究较少;注重微观层面的语用理论分析,缺乏宏观发展研究;笔译研究较多,口译研究较少;语用学翻译研究面窄,缺乏系统性;而且较少探讨语用学翻译哲学。语用学翻译理论作为翻译学中的一种新说,近十年来取得了长足的发展。但我们认为还应在以下方面加倍努力:继续引进外国的语用与翻译理论和方法,注意理论的前瞻性;结合外国的语用学翻译研究成果与汉语翻译研究成果，逐步建立起自己的理论体系；进一步拓宽原创性的实证性研究，加强科技语用翻译研究，不断拓宽语用翻译的研究领域，继续从宏观、微观、中观的层面建构语用学翻译研究理论。随着语用学的最新发展和不断深入的研究，语用翻译将赋予更新的内容，语用学翻译研究将走出其独特的轨迹，也将为翻译学的建构提供更合理的理据。

第二节　语用翻译学的基本译观

一、语用学翻译研究的哲学渊源

哲学家对语言的关注发端很早。翻译学与哲学的结合也绝不是什么偶然的现象，也不是翻译理论家的主观意向，它是客观规律发展的必然趋势。解构主义的代表法国的德里达一直认为，哲学的中心问题是翻译的概念问题。哲学起源是翻译或者是意义传译的可译性这一基本命题。根茨勒认为，德里达的著作都是围绕着可译性和不可译性的问题展开的。刘宓庆在其《翻译与语言哲学》指出，"用语言哲学作为科学手段研究翻译理论，是深化翻译理论、扩大并展现现代翻译语言学深层理论的维度和论证手段的必由之路"。刘先生在翻译语言学或语言学哲学的视角下讨论了：翻译研究的认识论和方法论，主张"本位关照、外位参照"的原则；建立翻译语言学的意义理论观和文本理解理论；对翻译思维的复杂性、特征和运作进行探索；从哲学的高度比较广泛地探讨翻译中的语言逻辑；对翻译的价值观进行比较深入的研究。

哲学语用学思想本质在于把语言、知识和科学置于人类生活实践的语境中来理解和认识。这一转向潮流的始发者正是维特根斯坦。前期的维氏沿用了弗雷格—罗素的人工语言学即形式化语言学发展轨迹，其后期转向了日常语言学，提出"意义即使用"，其后有奥斯汀、赖尔、塞尔、斯特劳森、格赖斯等领军人物对语用意义进行探索。他们关心意义和语言使用的关系，或者说意义和话语者意图的关系。正如维特根斯坦所言："一个语词的意义就是它在语言中的使用。"语用学研究中对语用原则的遵守是相对的，可以同时使用；是调节性的，也具有文化相对性、带有动机的特征，受制于交际目的。语用原则的功能主要是解释性的，其研究应注重结合语境考察交际双方遵守或违反语用原则的内在动机与终极原因，属于一种动态性研究。西方的现代语言哲学的人工语言研究与日常语言研究为语用学奠定了哲学基础，形成了语用学研究两个大流派，即形式化方法与形式语用学和社会文化方法。西方语言哲学的语用学转向促使了语言哲学开始由客观性转向公共性，由主体性转向主体间性，使主体之间的可理解性、可沟通性成为现代和后现代哲学的中心问题。刘宓庆在《翻译与语言哲学》中从语言哲学的角度探讨了其对翻译学的启示。例如，从英国语言哲学家米尔的意义关系系统"名称—符号—指称—命题"关系了解到翻译意义的关系；罗素的"专名的所指由摹状词决定论"对翻译研究起指导的作用；洛克关于语言意义来源于对事物做理性审视的经验，这一观点可以用来说明翻译中观念、词语、指谓和语用之间的关系；斯特劳森的意义观可以指导翻译中词语的使用、规则、约定性、语境对决定词语和句子的意义等问题；赖尔的心智哲学启发我们应对翻译思维开展研究；奥斯汀的言语行为理论要求我们应把翻译看作一种言语行为。美国的语言哲学理论中，克里普克的指称论提到，摹状词的作用只是固定指称，这指导我们如何确定翻译过程中的指称意义；亨普尔"认识经验观"提出，通过主体认知在语段的整体中获得意义，这要求翻译不能断章取义；奎因的"感觉经验"要求翻译学必须重视翻译主体的体验；普特南认为历时和共时性要结合起来，这为翻译研究提供借鉴，翻译与翻译研究同样要注重历时和共时的探索；路易斯意义理论指出翻译学必须恰如其分强调内涵逻辑；格赖斯的意义论强调翻译学必须将意向纳入意义的结构中，密切关注意向、目的与社会的关系；塞尔的言语行为理论让我们认识翻译中意义与行为的关系。其他哲学思想同样表现出与翻译学密切的关联，折射出哲学的翻译观与翻译的哲学观念。

哲学语用学转向促使翻译由语言学的逻辑性与文化学派的阐释性时代进入语用学解释性的、理性的交往的建构时代，由二元分析进入哲学和诗学相结合的人文和文化及价值的透视。语用学翻译研究重点探索影响理性交往的语言使用意图的表达和理解的语言、语境和语用因素，关注认知和社会文化因素、说话者和听话者及其相互作用，因为语用意义的建构过程是由交际双方在特定的社会文化语境中和在交际动态过程中共同完成的。语用学不是对句法和语义的排斥，而是融合三元关系的各要素。同时，哲学语用学思想导致了新的科学解释模型，从科学逻辑语言学转向了科学语用学。语用学以语言使用者为取向，形成认识论—语用分析，兼顾语形、语义和语用整合分析的方法来处理传统哲学难题、语言使用、翻译的语言使用本质，并进行新的解释。尤其是哈贝马斯交往行为理论，强调人际关系和言语行为主体间的客观性、一致性和意向性。随着哲学、语言学和认知科学等领域中"语用学转向"的逐步形成，可以运用语用学思想，以及语形、语义和语用整合分析的方法来对传统哲学难题进行新的求解。语用思想构成了当代思维的基本平台，各种流派、思潮均可在这一界面上进行有效的交流，寻求合理交往的场所。当然，翻译学也可以在这个平台上得到解释和发展。

吕俊、侯向群在《翻译学》中提出建构主义翻译学视角，视翻译为一种特殊的社会交往实践，这对推动翻译实践发展具有重要意义。这种翻译学观是以普遍语用学的交往论为哲学基础的。这种哲学基础发展起来的翻译学强调对"言语"的研究，这必然引起译者的语言观和文本观的转变。这种观念下，文本不再被看作静止的语言成品，而是译者和原文本创作者、译者和目的文本读者群的"言语"。动态的交往的文本观必然会引导译者去研究言语者、言语的语境、言语的方式、言语的意图等因素；研究语言的构成性规则和协调性规则是如何在言语交往中相互作用，共同促成成功的交往。在这种交往翻译观的支配下，译者不仅会去关注语言的表达层面，更会去关注语言的语用层面，进行深层次的翻译，从而把翻译实践引向深入。建构的翻译学包括两大板块：对现有研究范式的批判与反思和对新的建构范式的构建。无论是对前者的批判、反思，还是对后者的设想，建构都是从哲学基础、理性基础、认识论基础、语言学基础、真理观等五个纬度展开的，以区别于现有的研究范式。建构的翻译学以实践哲学即交往论为哲学基础，其认识论基础是广义的认识论，语言学基础是言语行为理论，真理观是共识性真理，理性基础是交往理性。这五个方面共同构成了建构的翻译学理论体系，在这个体系内，翻译具有了新的内涵。翻译不再被界定为语言转换活动或者跨文化交流活动，而是被看作一种特殊的人类交往实践。在以言语行为理论交往观作为主导的翻译学框架下，翻译研究将实现一次新的转向。那么这种翻译学建构具有以下特点：它是一种理性的重建；使翻译研究走向真正的开放；使翻译研究从传统的语义、句法研究模式转变为语义——语用模式的转变；引入了交往伦理学的观念。吕俊教授认为，在建构主义的视角下的翻译学是以言语行为理论和交往论为哲学基础的，这一理论的翻译观强调翻译活动是一种跨文化行为，是一种言语行为，包含着两个层面的交往，即实现文本中的交往——作者与译者的交往层面，另一层面是观念文本中的交往层面，即书中主人公间的交往关系，使得翻译活动通过交流、论辩、协调达成一种共识，克服"意义"的绝对主义和相对主义的倾向。这些建构的翻译学观念实质上是一种语用学翻译观，充分注意到语形、语义和语用三者的功能意义，在动态的翻译过程中实现合理平等的交往。

二、语用学翻译过程论

自从莫里斯的符号学把语用学看作研究符号与符号解释者之间的关系，就赋予了语用学的动态性、解释性的特征。就翻译思维学而言，语用学说明翻译过程研究从语义学的表层结构转入深层结构的研究，体现符号与符号之间、符号与人之间的阐释过程。翻译可以看作原语符号与译语符号之间的动态转换，译者对其中的转换过程的意图阐释起着非常重要的作用，也就是说，译者的认知思维是翻译过程的关键。翻译学属于应用语言学，思维是语言学的研究对象，因此，翻译理论与翻译研究必须研究思维问题。翻译语言学家R. T. 贝尔(R. T. Bell, 1991)在其著作《翻译与翻译过程：理解与实践》中阐述了翻译过程的两大要素：理解与表达。贝尔借助心理学与语言学试图用一个系统的语言模式来描写翻译过程。这一模式被置于人类交际行为的这一大领域。贝尔建构了一个复杂而宏大的翻译过程的框架，他对翻译过程的每一个阶段和步骤都进行了科学的、详尽的、可验证的分析。就翻译过程，他把人的交际与翻译过程分为九个步骤，并提出了六点设想，据此将两种语言的翻译过程分为"分析"和"综合"两大阶段，每个阶段又包含"句法、语义和语用"三个层面。

(1)翻译是更为普遍的人类信息处理现象的一个特例。

(2)翻译过程模式应属于翻译信息处理的心理领域。

(3)在对原语文本的解码和对译语文本的编码过程中，进行了与特定语言无关的意义再现，其中既要有短期记忆，又要有长期记忆。

(4)不论是在对输入的信号分析过程中，还是在对输出信号的合成过程中，翻译过程都是在从句这一语言层次上进行的。

(5)处理文本方式有自下而上和自上而下两种方式，并通过串联的操作方式将两种方式结合起来，一个阶段里的分析或综合必须在下一个阶段被激活、修正和允许之后才能完成。

（6）翻译过程需要两种语言，其中包括：①一个视觉词汇识别系统和一个书写系统；②一个句法处理器，以便处理情态系统的选择；③一个常用的词汇存储集，一个词汇搜索机制，一个常用结构集和一个语法分析器来传递信息；④语义处理器，以便处理及物系统中可能的选择，并交换信息；⑤语用处理器，以便处理主位系统中可能的选择；⑥思维组织器，遵循并组织文本中的言语行为；⑦计划器，用以生成达到各种目标的计划。

孙艺风（2004）先生认为，贝尔的翻译处理模式可以表述为：编码—解码—重编码。纽马克也曾提出一个简单的翻译过程模式：原语文本—理解—形成—译语文本。法国释意派代表人物勒代雷对翻译过程做过高度的概括：翻译过程是"理解原文、脱离语言形式、用另一种语言表达理解了的内容和领悟到的情感"。威廉斯与切斯特曼提出一个翻译任务处理模式"具体—准备—翻译—评估"，以及心理翻译模式"输入—黑箱—输出"，显然这里的"黑箱"指译者的大脑。哈蒂姆和梅森在他们的代表作《话语与译者》中以话语为中心，认为译者在动态的翻译过程中，在原文作者与译文读者之间起协调者的作用，同时要考虑语境（交际层面、语用层面和符号层面），挖掘出原文的修辞意图、语用意图，最后在译文的成分中表达出来。阐释学认为，翻译是对意义的理解和阐释，翻译是对意义的翻译。译者在翻译的过程中要与原作者的视野达成融合，以达成翻译交际过程的融合与协调。阐释学理论家乔治·斯坦纳（George Steiner）提出了阐释学分析的四个翻译步骤：信赖（trust）、侵入（aggression）、吸收（import）和补偿（compensation）。这四个翻译步骤强调译者的能动性，要求译者在三元关系中处在中心地位，平衡双语的关系，既要合理把握原语的意义，又要在理解和表达这种意义时，灵活采用策略对译语做出优化选择。

著名学者余光中在《余光中谈翻译》中，从翻译和创作的关系探讨翻译过程与创作过程的心智活动，认为"翻译的心智活动过程之中无法完全免于创作"。许渊冲先生在《译诗六论》中提出，利用"一""依""异""术""怡""易"的相关因素可以理解翻译过程中各种因素所起的作用。张泽乾在其《翻译经纬》中则从语言学、信息学、心理学和美学等角度，分别对翻译活动的语言转换过程、信息传递的"编码、换码和解码"过程及信息转换效果与质量监督、控制与检验过程、翻译主体的心理转换过程、翻译的审美过程等进行了探索。柯平也提出了翻译过程：理解、传达和校改。对语用学翻译过程的理解就是要弄清原文的意义，包括内涵意义和外延意义（由语境和文化因素决定的）；表达则涉及译者的记忆，也就是译者对自己知识储存中关于语言知识和百科知识的搜索与应用。理解首先要处理的是对意义的理解，意义存在于一定的语境中。从认知的角度来看，信息的加工表现在对意义（语义和语用）进行识别、记忆和重构。维特根斯坦认为，词语的意义在于语言的使用。他认为，意义受制于语境和意向性。根据人类学家马林诺斯基的观点，语境可以分为三类：文化语境、情景语境和话语语境。而语用学翻译本质上是一种意义的研究，将语言置于广大的语境中研究语言使用的本质。翻译涉及语境中的诸多因素或者变量，包括原语变量，如文体、格式、结构与语义、篇章类型、文本语言等；译语变量，包括语言的具体结构与修辞等；任务变量包括产出的因素，如翻译的目的与文体、参考材料、交稿日期、与委托人的关系；译者变量，包括其翻译经验、态度、性别和翻译用语的选择；社会文化变量则有规范、文化价值观、意识形态、所用语言的地位等和接受性变量中的委托人的反应、批评家的评论、读者反应和质量评估等。当然，对语用学翻译思维与过程而言，译者必须把握原作者或原作的意向，这是透彻理解原作的关键。在翻译的思维过程中，必须采用不同的分析方法，由内向外，从语言语义到语言的字面意义，再结合语境推导出原语的含义与原作者的意图，逐层对分析的结果做出整体的综合，这样才能用译语形式将原语的思维内容正确地再现。因此，语用学翻译不仅仅是关注语言的转换，更关注意向性、文化、心理及社会等因素的转换。奥斯汀提出的言语行为理论真正关注行事行为，构建指称、意义和意向的关联。龚光明提出在语用与表达的阶段，翻译是语言的转换，也是文化的移植，是两种语言之间的跨文化交际。语言是思维信息的载体，文化是思维信息流通的规则，它可以促进信息交流，也可以阻碍交流，跨文化理解是翻译的前提之一。语用学翻译思维与过程的基本出发点就是要把语言、文化和社会相互联系在一起，因为在特定的社会和文化语境中语言才有真正的意义。在信息与文化的转换过程中，翻译学同样必须关注语言形式、文化及其运作思维，整体处理好它们之间的关系。这些过程涉及认知和智力的干涉。从认知的视野探索，语言使用的解读可以通过直接的方式理解其意义，更重要的是，应通过推理，借助认知语境，对翻译过程中所涉及的因素进行推理而获得最佳的认知效果，完全理解和表达原语的语用、社会、文化等信息。作为跨文化交际的翻译活动，影响跨文化交际的因素包括：交际环境，如价值观、文化观、社会心理等因素，情景因素和语言环境等问题。信息转换的过程中涉及文化规范下的语言规则、语用规则、语篇规则等，最后获得表达的过程涉及认知阶段，包括信息源、编码、信息、信道、信息接受者、解码、译者反应、反馈等。

  翻译过程是一个非常复杂的动态过程。对翻译过程的研究还有不少精彩的论述。中国特色派学者刘宓庆从翻译思维的角度探索了换码的思维过程，认为翻译思维的第一阶段是理解阶段，第二阶段是对已经理解的概念加以表达。翻译思维活动过程的解码—换码机制表现为以下的分析和综合：词语形态分析、语法层次分析、文体修辞分析、词义色彩分析、文化历史分析及机制综合中的句子和语段。他认为，分析主要指对原语的层次组合进行结构分解，语言层次结构分解的目的是从结构上把握意义，以构筑语义结构。综合主要指对译语语句的语义结构模态进行宏观的调节、整理、定型工作，其特点是思维活动的连贯性、反复性。最终的目的是对原语语义系统进行整合。不少的学者把翻译分为不同层面，并探讨这些层面的转换。这些层面包括语音层、语义层、形式层、风格层、思维层、语用层、文化层等。也有不少学者就翻译过程提出不同的模式。这些模式让我们看到，学者们试图以系统的语言模式描写翻译过程和译员应掌握的知识和技巧，再结合心理学和信息论模式等描述在翻译过程中大脑的工作过程。无论如何，我们认为，翻译过程即交际过程，交际即语用。语用学翻译思维的过程是一个通过关联顺应理解—关联顺应编码—关联顺应表达的交际过程。这个过程使译者以关联顺应为手段，以交往为目的，结合认知语境、交际语境和语言语境等，以及干涉这个理性动态过程的各个变量，顺利达成交际的目的。

三、语用学翻译语境论

"语境"这个术语是由英国的人类学家马林诺夫斯基于 1923 年提出来的。马林诺夫斯基是人类学功能学派的代表人物,他在人类学的研究中涉及了语言问题。传统的"语境"几乎是包罗万象的范畴。胡壮麟先生将语境分为"上下文""情景语境"和"文化语境"。伦敦学派语言学家马林诺夫斯基和弗斯的语境理论认为语境只包括"上下文"和"情景语境"。继弗斯之后,韩礼德更加重视语言与社会的联系,他认为语言是随语境的变化而变化的。语境是一种符号结构,是产生所构成文化的符号系统的意义聚集体。这是一种逐步把语境看成动态变化的观点。这一符号结构包括三个因素:语场,即语言所能描写的整个事件,讲话者有意图的活动、话题等;语旨,指话语活动的参与者的相互关系及讲话者的讲话意图等;语式,即话语交际的媒介。韩礼德提出作为语境组成部分的场景应包括主题;方式包括说写,语言风格,修辞手段的叙述、劝说、应酬等。美国社会语言学家海姆斯在他的《社会和社会背景的相互作用的例子》一书中对语境所下的定义实际谈论的就是语境研究的范围和对象,他认为语境就是"话语的形式和内容,背景,参与者,意图和效果,音调,交际工具,风格和相互作用的规范等"。赵毅衡从符号学的角度把语境分为:历史语境、文化语境、场合语境及意图语境和接受者的心理语境。根据《辞海》,语境就是"说话的现实情景,即运用语言进行交际的具体场合"。郑诗鼎提出,从语言学的角度语境可以分为言辞语境和社会语境;从社会学的观点看,语境可以分为主观和客观语境。客观语境是指社会、文化、习俗、思维方式、风土人情、地理环境等;而主观语境是指参与者的各种情况,包括知识结构、意识积淀、经历、心境、风格等因素。从文学研究的角度看,语境分为上下文语境、情景语境和文化语境。刘伯奎把语境分为"人境、心境、情景、物境",而且这些语境是一个有机的结合,并随着时代特点、社会性质、文化习俗、观念意识的不同,以及使用人的文化层次、生活经历、个性气质等发生演变。冯广艺的《语境适应论》进一步发展了陈望道的语境理论,从语言表达方面对语境进行宏观和微观的分析,强调语言因素分析与非语言因素分析的结合,深入探讨了语境适应规律,对语境的变化规律、语境和语言运用之间的互动规律进行了阐释。据日本学者西稍光正的研究,语境可以有 8 种功能:绝对功能、制约功能、解释功能、设计功能、滤补功能、生成功能、转化功能、习得功能。但普遍认为语境最主要的功能是制约功能和解释功能。这些语境给翻译带来了许多的困难,也是做好翻译的基础与条件。

翻译研究无论在理论上或实践中都离不开语境和对语境的研究。在翻译日常会话时,是绝对离不开语境的。例如:"Coffee or tea?"如果是妻子和丈夫在家里的对话,则应译成"喝茶还是喝咖啡?"但如果是在商店进行的对话,则译成"买茶还是买咖啡?"同时,在翻译书面语时,特别是在文艺作品的翻译中更是离不开语境的。它们是靠严密的逻辑,靠上下文,靠语意的连贯、衔接,靠言内语境和言外语境聚会成的整体。翻译时,我们必须从语篇整体功能来考虑,包括形式和内容的关系、灵活变动和准确的关系、词句含义与上下文、语境的关系等,实际上语境在里面关系中起着关键性作用。翻译活动中的语境可以是文化语境,即语篇外的文化背景;情景语境,即原语读者和目的语读者作为共享的语境知识;文本语境,即语篇内的信息内容。语用学中的关联论提出了不同于传统意义的语境观。在关联理论中,语境被称为"语境假设",在交际过程中双方互明的共知环境称为"相互认知环境"。认知语境包括语言使用涉及的情景知识、语言上下文知识和背景知识三个语用范畴。语言顺应论把语境分为交际语境和语言语境,而且语境不是静态存在的,而是一个动态生成的概念。交际语境包括语言使用者、心理世界、社交世界、物理世界等因素。语言语境主要包括三个方面的内容:篇内衔接、篇际制约和线性序列。篇内衔接(cohesion)指利用连词、前指、自指、逻辑关系、省略、数目、对比、重复、代替和结构相似等方式实现语篇语义相关。篇际制约(inter-textuality)指语篇要受其谈论的主题、使用的文体类型等语用风格或是情景因素的影响和制约。线性序列(sequencing)指顺应性选择语言时要注意语篇上下文的逻辑—语义关系,按次序对话语做出先后安排。同时还要考虑到社会因素,如意识形态等因素的变化,做出不同的选择。语境会顺应着交际过程的发展而不断变化,而不是在交际发生前就给定的;同时强调了交际者在言语交际中的能动作用,强调参与者不仅能够能动地顺应语境,根据语境选择恰当的语言,同时也可以根据交际意图有目的地建构和操纵语境。语境的成分包括作者所处的环境、社会、文化、心理、交际对象等。在翻译中,语境不仅制约着理解,还制约着表达。在翻译过程中,语言的意义通常是根据语境来确定的,同一个语言单位在不同的语境中有不同的意义。语用学的宏观语境包括语言使用的自然世界、社会世界和人文世界。

译者是整个翻译语境中原作与译作、原语文化与译语文化的中介。译者的主体性是指作为翻译主体的译者在尊重翻译对象的前提下,为实现翻译目的而在翻译活动中表现出的主观能动性,即译者的自觉文化意识、人文品格及文化和审美创造性;同时译者主观能动性的发挥受制于其所处的时代、自身的文化、语言能力和审美取向,反之亦然。不同的翻译流派对译者的主体性有不同的观点,译者的文化角色在各流派中也各不相同。功能翻译理论代表人物费米尔(Vermeer)认为,翻译是一种有目的的交际行为,译者的任务是要让不同文化群体成员之间的交流得以进行。为了使信息发送者与接受者之间能进行有效的文化沟通,译者根据其自身的翻译目的、文化取向和审美意识,采用一定的翻译策略。孙艺风在讨论翻译规范的问题时指出,译者要发挥主体意识,面对语言文化的差异,需要调动必要的手段进行翻译;出于意识形态的考虑,对文本进行相应的操控,既可能迎合也可能打破译语的规范。

语用学综观下的译者处在原文作者、译者与译文读者之间三元关系的核心地位,是连接原文作者与译文读者的认知语境的重要因素。语用学翻译观的语境论中的各要素要起作用,必须发挥译者的主体性作用,而且更注重主体间性在其中的作用。因为语境中的主体包括作者、译者和读者甚至包括出版者、赞助人等在内的复杂群体主体系统,关注作者、译者与读者之间的主体间性关系,以及各自的主体性表现,我们才能透视语言使用的过程及其本质。为使交际成功,译者需要考虑的是原文作者与译文读者的认知环境在多大程度上共享。语用学的翻译观要求译者要对原作的交际意图进行推理，然后结合译文读者的认知语境，平衡两者的关系，对译语的选择不断做出关联顺应与优化选择，使译文获得最佳语境效果，完成翻译的任务。翻译是一种语言使用和交际活动，是一种跨文化的意义转换。我们把语用学翻译观建立在认知环境之上的明示—推理过程关联顺应理论上的交际关联顺应翻译模式，把交际看作是个明示—推理过程、一个不断做出顺应与选择的过程。译者在翻译过程中必须对原作的认知语境进行推理，做出语境假设，寻找最佳关联的文化信息，弄清原作的交际意图，再结合接受者的认知语境，做出最具语境效应的明示，同时译者要顺应语境中的物理世界、心理世界、社交世界、语言结构、动态过程，把握好原语与译语的文化取向，选择最佳的译语。翻译涉及原文作者、译者及译文读者不同的语系与社会、文化背景，以及不同的认知环境与认知能力等差异。这就要求译者不仅要有双语能力，且还要有双文化乃至多文化的知识，特别是对两种语言的民族心理意识、文化形成过程、历史风俗传统、宗教文化等一系列互变因素均有一定的了解。只有这样，译者才能找出最佳关联，正确理解原文的信息意图和交际意图，对译文读者的阅读期待及认知环境有较准确的了解，以符合译文读者的文化背景和满足他们的阅读期待为目的，做出具有最佳语境效果的翻译，将原文作者的意图传达给译文读者。成功的译文是原交际者的目的或意图和译文接受者的要求或阅读期待在认知环境相关的方面相吻合，体现原语的语用文化意义。

　　在整个以译者为中心的翻译活动中，语用学翻译观关注语境中的主体间性、文本间性、文化间性等多元关系，对原语的语言、文化、交际、社会等层面的内容进行转译。译者在整个翻译过程中总是尽量顺应翻译的语境，努力表现自己的顺应能力，主动优化多维的选择，不断追求最佳的整合顺应选择度。译语的功能是给读者提供信息的，译语不仅要符合其语言表达的规律，而且要符合读者的社会心理和社会文化背景。译语作为文化的传递的载体，对译语的社会语言和文化产生影响。因此，译者要在翻译过程中注重译者与读者的关系，原语与译语之间的文化关系，充分发挥文化顺应性的功能，即准确的文化意义把握；良好的读者接受；合适的审美判断；等等。译者也应充分发挥其主体的认知能力，认识原语文本与译语文本的意义关联，将这一关联纳入社会的、历史的、文化的、心理的动态变化的翻译语境中，使译者与文本的主客体之间建立认知的、价值的、审美的等关系。在对文本语言和文化因素等进行各层次的分析之后，我们应回到具体如何顺应地运用策略对原语的文化内涵进行透视，在新的语境下重构概念，优化选择合适的译语，使之获得最合适恰当的意义。

第三节　语用意图翻译的理论基础

一、言语行为：意义观概述

（一）言语行为理论溯源

　　言语行为理论创立于20世纪50年代，但就语用思维而言，则是自古有之，源远流长,早在古希腊哲学、逻辑学和修辞学研究中就已涉及言语表达式的行为性特征。被称为西方"逻辑之父"的亚里士多德认为:推理是以某种陈述为基础的,通过已做出的陈述,必然得出在这些陈述之外,作为这些陈述的结果的关于事物的判断。

如若没有动词,那就既不会有肯定命题,也不会有否定命题。因为"现在是""将来是""过去是""生成"等用语,都符合动词的定义,而且,它们除具有自身的独特意义外,还与时间有关。

在亚里士多德看来,具体的命题如果要有确切的内容与所指,就必须将命题置于一定的时间语境中,语词意义与时间性有着关联性;而且,人们可以通过语用推理得出其陈述之外的意义,即言外之意。之后很长一段时间,直至符号学家皮尔斯提出实用主义的意义理论,把"真理"归结为"有用""效用"或"行动的成功",以及日常语言学派维特根斯坦提出"词语就是行动"和"语言的述说乃是一种活动,是一种生活形式的一部分",才开启了言语行为理论的先河。尽管皮尔斯与维特根斯坦的研究道路大相径庭,思维方式相去甚远,但我们感兴趣的是,他们在语言与现实关系上的基本取向是很接近的:语词就是行动,语言和人类生活形式密不可分。其间,萨克雷贝科曾提出"动词陈述式效果"(praesens effectivum):不仅给行为命名,而且还通过该动词在发话的同时实施了该行为。马林诺夫斯基也在1923年出版的《原始言语中的意义问题》中从人类学的角度提到了"言"与"行"的关系:"语言的原始功能是作为一种行动,而不是思想的对应物。""在最初的使用中,语言作为人类行动,是连接人类一致行动的纽带。它是一种行动,而不是思考的工具。"

(二)言语行为理论的萌芽

1. 皮尔斯的"意义在于效果"

在皮尔斯看来,"一切思想都是符号"。一个有效符号包括代表者(representment)、对象(object)、解释项(interpretant)三者构成的不可分割的符号过程(semiosis)。这说明如何有效地解释符号意义最终决定于生活在客观社会文化世界中的"符号的动物"——人,他对"符号过程"的阐释,预示了言语行为的开放势态:"我用符号过程表示一种行动或作用。它可能是涉及符号、对象、解释这样三种主体间的合作。这三项作用是不能以任何方式分解成两项行动的。"在皮尔斯看来,符号活动的结果是人类认知活动的效果,即意指效果(significate effect),符号意义就是"符号对符号阐释者所产生的效果",因此符号从本质上说是有目的性的。

后期皮尔斯的符号意义理论关注符号在理性行为(主要指意图行为 purposive behaviour)过程中的意义。他强调"意义在于效果",认为"情感意义"是"符号所产生的唯一一种恰当的意义效果"。这和后期维特根斯坦的"意义即用法"的观点有些相似,明显带有言语行为思维的色彩。正如戈林·彻里在《论人类交际》中指出的,"一种符号的'含义',只能与符号使用者联系起来考虑;同一符号对不同的人可能会有不同的含义(引起不同的反应)"。这是因为"表征""对象"及"解释"本就是三位一体的,在存在内容和形式表达间有"解释"的环节,即作为"符号的动物"的人的"解释"环节。因此,人类的交际是在符号使用者之间的交际，其意图只为特定的语言符号接受者所领会，而不为别的符号接受者所理解。语言符号不仅是一种实践，也是一个社会文化事件。对于皮尔斯符号学的影响，符号学权威著作《语义学手册》的编写者威弗雷德这样写道：按照语用学，意义是符号产生者的意图和符号对解释者所起的作用之间的关系。皮尔斯的著名语用学原理是这样说明意义的：为了确定一个知识概念的意义，我们应该考虑那个概念表达的真理必然产生的效果；这些效果的总体将构成这个概念的全部意义。从符号产生者的角度看，意义接近意图。长期以来，皮尔斯对语用学的贡献未被人发觉。远在奥斯汀和塞尔之前，皮尔斯就研究了言语行为及其对说话人和听话人产生的效果。他说明，在什么程度上"发誓不仅仅是说话，而是在做事"；肯定一个命题就是使自己对它负责；而常规话语，如"我非常高兴见到你"则是一种虚假性不受任何惩罚的言语行为。说谎、否认、裁决、提问策略、命令、小说语用特征、对话交流策略，都是皮尔斯研究的、有关言语行为的、值得密切关注的题目。

皮尔斯的"意义在于效果"后来促进了实用主义的产生：注重"生活""行动"和"效果"，把"经验"和"实在"归结为"行动的效果"，把"知识"归结为"行动的工具"，把"真理"归结为"有用""效用"或"行动的成功"。关于皮尔斯的实用主义"效果论"后世译论颇多，下面引用一段论述：

> 如果皮尔斯仅仅停留于符号关系，那他无法使其符号具有与其所指对象相适应的意义。为了使意义或者说逻辑解释基于实际内容，必须提出一种实际的意义标准。皮尔斯说这种标准简单说来就是它们所引起的实际效果的总和。为了获得概念的意义，"人们就要考虑从这一概念的真理必然得出什么样的可以设想的实际效果。这些实际效果的总和将构成这个概念的全部意义"。……总之，可感觉的实际效果是一切名称之是否具有意义的根本标准。

皮尔斯在此的错误是把对象所产生的实际效果与对象本身混淆起来，没有把在认识论上对象相对于主体和存在于本体论上对象之不依赖于主体而存在区分开来。他一再宣称关于效果的概念是对象的完整概念。引起效果的对象是不以人的感觉、意识为转移的，而效果则是由人所感知和体验到的，具有很强的主观性。把对象本身等同于其所引起的效果，就会对对象做出主观主义的解释，抹煞对象的客观性。

这段论述较为客观地分析了皮尔斯的"意义在于效果"。但无论如何，《现代西方哲学教程新编》中有一段话仍充分肯定皮尔斯的"意义在于效果"和维特根斯坦的"意义在于用法"：后期维特根斯坦的"主体间论"，以及私人语言的"不可能论"，皮尔斯的"语言的意义在于效果"的理论，以及他的"符号（指号）解释共同体"的观念，为语用学发展指出了方向。

2. 维特根斯坦的"意义在于用法"

前期维特根斯坦提出"不可言说"的命题思想排斥言说者的主体性，如意图、目的等，也排除引起意义变化的语境因素，而后期维特根斯坦意识到哲学的任务应该是对日常语言的语法规则，即对"我们现存语言的使用"进行研究。他明确指出，"一个语词的意义就是它在语言里的用法"，日常语言是"完全恰当的"。当哲学家使用一个语词——"知识""存在""“对象”"我""命题""名称"——并试图抓住该语词的本质时，他们必须不断地自问：这个语词在作为语词家园的语言里真的就是这样用的吗？

我们所做的就是将语词从形而上学的使用中带回到日常用语中。

在维氏看来，语言的意义不再是它们现实的图像，而是语言的性质或功能。因此，他在《哲学研究》的开篇就引用奥古斯丁关于语言本质的代表性言论："听到别人指称一件东西，或看到别人随着某一个声音做某一个动作，我便记下来：我记住了这东西叫什么，要指那件东西时，便发出那种声音。又从别人的动作了解别人的意愿，这就是各民族的自然语言：用面上的表情、用目光和其他肢体的顾盼动作、用声音表达内心的情感、或为要求、或为保留、或是拒绝、或是逃避。这样再听到那些语言，按各种语句中的先后次序，我逐渐通解它们的意义，便勉强鼓动唇舌，借以表达我的意愿。"

维特根斯坦对奥古斯丁语言观进行的批判，使我们找到了"语言中的语词是对象名称"这一误解的根源。"玫瑰花是红的""二加二是四"中的"是"的不同用法表明："是"在两个句子中具有不同含义的规则正是允许我们在第二个句子中用等号代替"是"字而不能在第一个句子中这样代替的规则。人们在两种不同含义上使用"是"这个词，却不愿说它的含义就是它的用法。"他感到一阵心痛"与"他感到一阵心痛，趴在她的肩上哭了"这两个话语中"心痛"的归属问题，与其说是一个关于语言的问题，不如说是一个关于言语的问题。显然，维特根斯坦清楚地意识到，话语的意义指向问题不是语法学和语义学所能解释的，而只能通过语用学来解决。对于意义的约定，维氏认为"不是意见一致，而是生活形式一致"。语词不仅是社会现实的言语表征，而且是一种"生活方式"，期望、意向、理解甚至感觉的心理活动都可被视为生活形式。维氏这一"由语言和行动（指与语言交织在一起的那些行动）交织所组成的整体"的"语言游戏说"销蚀了语义唯一性，为语义生成的丰富性提出语用学上的解释，使我们对语言分析从语形和语义层面转向语用层面。

哲学的逻辑分析学派批评日常语言学派"无休止地讨论愚蠢之人说愚蠢之事时的意指"，日常语言的语法形式模糊或掩盖了反映语言本质的逻辑形式，面对这一诘问，维氏早已表明：语言模糊性是由于"语言掩饰着思想，而且达到这种程度，就像不能根据衣服的外形来推断出它所掩盖的思想的形式一样；因为衣服外形的设计不是为了揭示身体的外形，而是为了全然不同的目的"。

显然，抛弃或否定日常语言就是脱离生活实际的抽象。如果说理解语言规则是某种过程的心理表征的话，后期维氏在考虑生存世界本源性时赋予了人的主体性，即检验语言理解和使用语言规则的正确性要以日常生活世界作为科学经验世界的基础。也就是说，如果游戏离开了人类生活的共同体，离开了具体特定的语言实践，那么讨论语言规则是没有多大意义的。

无论语词还是语句，其功能都不在于指称外部的对象和事实，而是在于编织并在生活场景中起作用。学会一个表达式就是能用它来指挥、请求、描述、传达，能听懂一个表达式就是能服从、援助、寻找对象、理解事物。理解一个表达式就是理解它在各种语境中发挥何种作用。

其实，维氏将语言游戏化的目的是要说明：任何表达式意义决定于它在语言游戏中的作用，而该作用又决定于该游戏在生活方式中的社会行为。下列语言游戏莫不如此：许诺、恭维、批评、任命、降级、解雇、命名、保证、签约、承担、道歉、致谢、悔恨、抱怨、欢迎、挑战、证实、否认、告知、询问、证明、同意、争辩、陈述、通知、提醒、指使、吩咐、忠告、恳求、命令、敦促、宣誓、拒绝、威胁、夸耀、祝贺、祝福、洗礼、推选、辞职、邀请、声言、报告、宣布、传授、指控、诅咒、责骂、问候等。因此，"意义在于用法"的目的就是要"使意义语境化并涵盖意向，而不仅仅是指称的观念化"，只不过维氏的语言游戏多样性对"语句描述事实"这一观念冲击不明显，直至奥斯汀提出施行话语，言语行为概念才得以彰显。

或许正由于受到皮尔斯和维特根斯坦的影响，奥斯汀将日常交际活动中实际使用的语言或言语视为社会行为的一部分，研究人们说话的"语力"，语言研究从而回归现实世界。塞尔在接受麦基采访时指出："我们必须强调后期维氏在语言哲学发展中的作用，因为对语言运用者意图的关注是随着后期维氏以研究语言的实际运用为任务的后期著作才真正开始的。我自己至少部分地受了维氏的影响。"

下面我们用一个语言规则不断生成的"游戏"对话来总结。

Men：You are MBA？（Master of Business Administration）（你是工商管理硕士？）

Women：Def! MBA，but now divorced.（Married by Accident）（当然，阴差阳错成家了，不过已经离了。）

Men：Really? I'm MBA. Can I be your friend？（Married but Available）（真的？我是留守男士，可以交个朋友吗？）

Women：You are too MBA.（Must Be Aspiring）（想得美！）

这个例子使我们想起伽达默尔的一段话："游戏的魅力，游戏所表现的迷惑力，正在于游戏超越游戏者而成为主宰。"游戏的真正主体不是游戏者，而是游戏本身，游戏之所以吸引和束缚游戏者，是因为游戏使游戏者在游戏过程中得到自我表现或自我表演。但是，游戏是"为观看者而表现"，游戏只有在观赏者那里才赢得其自身的完全意义，唯一能够为"游戏"概念提供同一性依据的是主体间的语言游戏。或许正是语言游戏的主体间性启发了奥斯汀，吸引着他去寻找"以言行事"的魅力。

（三）言语行为理论的创立与发展

皮尔斯的"意义在于效果"，以及维特根斯坦的"意义在于用法"的观点促使奥斯汀和塞尔进一步把语言看作行为方式，创立并发展了"言语行为理论"（Speech Act Theory）。在哈佛大学发表的"怎样用词做事"系列讲座中，奥斯汀提出"说话就是做事"。例如，某位校长说"我宣布运动会现在开幕！"时，这句话具有"宣布"语力：他不仅在说这句话而且做了"宣布"这个施为行为。这完全超脱了人们长期以来或多或少地认为"言"与"行"、"说话"与"做事"是分离或对立的思维。同时，奥斯汀引入适切条件（felicity condition）来评价话语行事的潜在性和合适性。"以言行事"这一生活中最常用到的语言功能，它所带来的"言"就是"行"的思想立刻受到普遍关注，对语言学等学科发展产生了巨大的影响。塞尔继承并发展了奥斯汀"言语三分说"理论,引入"命题"和"语力"概念,把语境、意向性、惯例、规则等因素融入言语行为理论研究,为现代语用学的形成和发展奠定了坚实的理论基础,把语用学推向哲学的中心舞台。

言语行为理论提出:说话是一种受规则支配的行为形式,语言交际的基本单位是被完成了的言语行为,而不是简单的符号、词语或语句,特定条件中使用的语句(话语)就是以"言"行"事"的行为。"我爱你"这句话的行为意图可能是断定式的"我是爱你的"、宣告式的"我已经爱上你了"、表情式的"我真爱你"或承诺式的"我一定爱你"。这就是一句简单的话语在言语行为理论关照下所蕴含的基本意义。言语行为理论强调言语的行为性、实践性和社会性,既体现语言和现实世界的关系,又体现认识活动。陈嘉映在《语言与哲学》中充分评价了言语行为理论的影响:尽管现代逻辑这种强有力的技术帮助哲学家看到语言造成的哲学问题,但人们凭着对语言的敏锐感觉和精细分析,在语言哲学领域开辟出另一番天地。作为现代语用学的核心理论,言语行为理论已牢固确立了地位,任何语用范畴的研究都毫不例外地以"言必行"的语言哲学思想为基础。致力于社会批判理论研究的哈贝马斯和致力于人文科学研究的保罗·利科不约而同地从言语行为理论中寻找理论结构的支撑点,这是令人深思的。言语行为作为一个前沿的学术课题,正发挥越来越广泛的影响。在国外,鉴于米勒、巴巴拉被运用于修辞批评,德里达、费尔曼被运用于后结构主义批评,以及近年来被广泛运用于人类学研究和诗学研究,等等,一些西方文学界学者甚至建议当前的学术潮流应从后结构(时代)的"世界文本化"口号转为后表演(时代)的"世界施为化"。1995年,文学言语行为理论作为当代唯一代表英美分析哲学传统的文学批评理论被《剑桥文学批评》收入,这也充分表明将言语行为理论运用于文学话语分析已得到国际文论界的普遍认可。

(四)言语行为理论的意义观

1. 施为性

逻辑实证主义强调语词真假值,认为如果一个陈述之言(statement)描述或陈述正确,则该语句为真,反之为假。然而,奥斯汀注意到意义真假值这一观点存在着缺陷,不能对现实交际中某些话语的非陈述功能进行解说。例如,"我保证下次不再犯这种错误了"和"我现在宣判×××监禁十天"都不是描述/陈述信息,而是说话者在"行事",在实施某一行为(的一部分)。奥斯汀明确地指出:"语词让我们失望(Words fail us.)",如果日常语言像理想语言,我们就会"歪曲事实(mispresent the facts)"。这是因为,"语言的逻辑语义等于真值"最多只能对付"言之所述(locution)",而不能解决言语交际中普遍的"言之所为"(illocution)和"言之后果(perlocution)"。奥斯汀发现:任何一次思想描述其实都只在努力实现某种意图、获得某种效果的过程中完成,而任何一次语言行为的实现也都有赖于某思想的表达。

奥斯汀的言语行为理论源于表述句(constatives)和施为句(performatives)的"区分说"。表述句是可验证的、或真或假的陈述之言(如"中国在亚洲");施为句是用来实施某行为的话语，无所谓真实或谬误（如"我发誓……"），可分为显性施为句（如"我命名！"）和隐性施为句（如"开火！"）(explicit and implicit performatives)。施为句显示如下特征：①施为句不是在描写、汇报或表述任何事，不真也不假；②说出某一话语就是在实施某一行为的一部分。

施为句虽没有真假值，但有适切与不适切（felicity and infelicity）的问题。例如，如果"I name this ship the Queen Elizabeth."不是由指定的合适人员在合适的场合说出是不会奏效的。随着研究的深入，奥斯汀发现表述句和施为句之间的界限越来越模糊，有些施事句也有真假值，有些叙述句也有适切与不适切的问题。例如"我陈说2012年奥运会在伦敦举行"，只要有合适条件（felicity condition），"陈说（state）"这样典型的描述性/叙述性动词也可实施某种行为。于是，他干脆放弃了叙述句和施事句的区别，明确指出所有的话语都是施事话语："我们在陈述、描写或报道某件事情时就是在实施某种行为。"

同时，奥斯汀从一个完整的言语行为中抽象出三种行为："说话行为"（locutionary act）、"施事行为"（illocutionary act）和"取效行为"（perlocutionary act）。"说话行为"是说出合乎语言习惯的有意义的话语；"施事行为"是在特定语境中赋予有意义话语的一种"言语行为力量"，即语力；"取效行为"指说话行为或施事行为对听者产生的某种效果。奥斯汀感兴趣的是话语的"施事行为"，即"说话是有意图的，我们总是在做说话外的事情，或对世界中的事件进行陈述或报道，或做些另外的事情，如结婚、打赌、命名、致歉、许诺等社会活动，我们说话时总是在做诸如此类的事"。这是因为经由这种说话行为，"我们会对自己或他人的思想、感情或行为施加影响，从而获得使相信、使惊奇、使喜欢、使厌恶等言后之果"。同时，他把"说话行为"抽象为"发音行为""出语行为""表意行为"，被抽象出来的行为之间是单向的（unilateral implication）蕴含关系，这种内含关系具有传递性（transitivity）。举例说明：

①说话行为：他对我说"向他射击！"
②施事行为：他敦促（建议、命令）我向他射击。
③取效行为：他说服我向他射击；他让我向他射击。

按照奥斯汀的理论，"向他射击！"这一"说话行为"包括"发音行为""出语行为""表意行为"，但发音行为不一定有表意行为，表意行为则必定蕴含发音行为，其与施事行为的区别就在于"意义"（meaning）与"语旨力"（force）之间的区别。在奥斯汀看来，话语意义是独立于语旨力的："我希望把语力跟意义区别开，这里意义只等于含义和指称，对意义和力量的区分就像含义和指称的区分一样已成不可或缺了。"在这里，奥斯汀力求把意义和语力区别开，赋予意义以言表意行为，赋予力量以言行事行为。换言之，意义不会穷尽语力，如"Is it raining?"和"I ask whether it is raining."的语力可随说话人意图而变，可以是反问、询问、追问等。但就大多数情况而言，抽不出与以言行事行为不相关的以言表意行为，每当力量包含在意义中时，抽取出意义必然要抽出一种以言行事的力量。

"言语行为三分说"取代"区分说"无疑具有深远的哲学意义。但塞尔在继承和批判"言语行为三分说"的基础上使之进一步系统化：每一种以言表意行为都是以言行事行为，当某种力量是意义的一部分时,意义会唯一地决定一种特殊力量,也就是说没有两种不同的行为,只有针对同一行为的两种不同的标签。因此,塞尔力图保存施事行为和言语行为力量,摒弃表意行为和说话行为概念,引入"命题行为"概念把一个完整的言语行为抽象为四种行为:"发话行为"(utterance act)、"命题行为"(propositional act)、"施事行为"(illocutionary act)、"取效行为"(perlocutionary act)。塞尔认为,一个发话行为(说出某些语词、词组或语句的行为,utterance act)可能不是一个命题行为(通过语句命题做出指称与述谓的行为,propositional act)或一个施事行为,但是一个施事行为必定同时实施了命题行为和发话行为。命题行为和施事行为指在一定的情境下以一定的意向说出这些语词或语句,而且不同的施事行为可以包含同一命题。举例说明:

①约翰,请你离开这个房间。(John, leave the room.)
②约翰将离开这个房间吗?(Will John leave the room?)
③约翰将离开这个房间。(John will leave the room.)
④但愿约翰离开这个房间。(Would that John left the room.)
⑤如果约翰离开这个房间,我就离开。(If John leaves the room, I will leave also.)

上述5个句子具有共同的命题内容即"约翰将离开这个房间",却实施了不同的施事行为:①发出请求或命令;②提出疑问;③作出断言;④表达愿望;⑤表达意向假设。可以看出,一个完整的言语行为是由两个不可割裂的基本因素,即由以言行事行为内容和以言行事行为所具有的力量构成,其典型的逻辑形式可表示为F(P),其中F代表"语力","P"代表命题内容。显然,相同的命题内容被说话人施加了不同语力会显示出不同意义。从广义上讲,意义不仅包括话语的语义意义,也应把说话人意义和语用力量纳入。"语力"的介入,使言语的意义远远超出了语句字面意义的范围,使言语有可能突破传统的结构主义抽象意义观,突破只抓住言语的命题内容和形式的抽象层面,而深入话语的实际影响和作用的实践层面。

2. 意向性

为了深入界定言语行为概念,塞尔引入"意向性"概念:说出的话和写出的文字,"它们的表征能力不是内在的,而是源自心灵的意向性"。通常情况下,施事行为须通过意向性执行,如果你不是意图做出许诺,那么你就没有做出许诺,但取效行为不一定通过意向性执行,这一事实表明:"施事"行为本质上是意向性的。

塞尔的言语行为理论强调"意义是意向性的派生形式",产生于内在心灵意向与外在言语行为规则的统一,从而将言语行为及其构成规则、言语交际者意向同表达式意义及说话者意义有机结合起来,形成一种多维度、全方位的意义观。这种意义观同维特根斯坦的"意义在于用法"的功用意义论(Use Theory)有相似之处,但无疑更深刻系统,表现出更强的解释力。

"意向性"一词源于拉丁文"intendere",意为"指向"或"旨在"。虽然中世纪哲学中有对意向(intention)问题的最初讨论,但是关于意向性的真正研究始于德国哲学家布伦塔诺的实证心理学论述及胡塞尔的现象学建构。布伦塔诺认为,意识的最根本特征就是其意向性，意向性是意识有意向地涉及、指向对象的固有方式，内知觉（inner perception，内在意向行为的知觉）是认识心理现象的基础。

心理学的资源主要是在对我们自己的心理现象的内知觉中被发现的。如果我们不通过对自己心理现象的内知觉获知它们是什么，我们就无法知道思想是什么，判断是什么，快乐或痛苦是什么，欲望或厌恶是什么，希望或恐惧是什么，决定和自愿的意图是什么。

每一心理现象的特征都可以通过中世纪的经院学者称为意向的（或心理的）对象的内在存在的那种性质来刻画。我们也可以把那种性质称为对内容的指涉、对对象的指向，或称为内在的对象性。每一心理现象都在它自身内包含作为它的对象的东西，尽管它们不是以同样的方式来包含的。在表象中，是某种被表象的东西，在判断中是某种被肯定或否定的东西，在欲望中是某种被欲望的东西，等等。这种意向的内在存在是专属于心理现象的。

的确，意向性是一切心理现象的最根本特征，但意向性并非心理现象所独有的特征，布伦塔诺由于"所有的心理现象都具有意向性，且只有心理现象才具有意向性"的论断过于强势而受到强烈的批评。胡塞尔反对"布伦塔诺论断"（Brentano's Thesis）关于所有心理现象都具有意向性这一命题，如疼痛、眩晕之类的内心感受就不具体地指向某种特定事物，无所谓意向性。在布伦塔诺心理现象三分（表象、判断和情感活动）的基础上，胡塞尔用"客体化行为"与"非客体化行为"的区分进行意识体验分析。如此一来，引文中布伦塔诺关于"心理现象或本身是表象，或以表象为基础"的命题，就被胡塞尔改造为"任何一个意向体验或者是一个客体化行为，或者以这样一个行为为基础"的表述。他提出意义—意向理论，认为意向性是一种纯粹的意识的特性结构，当人们有目的地使用表达式表达思想时，就有一定的理智活动赋予表达式以一定的意义，即所谓的"意义给予"，它表现为"在每一次的我思中，一种从纯粹自我放射出的目光指向该意识相关物的'对象'，指向物体，指向事态等等"。在胡塞尔看来，意向性的本质结构就是"意向主体—意向活动—意向对象（指向对象的意向活动的结果）"，意向活动是一个体验统一体，意向主体存在于每一次意向体验中，每一次意向体验都是朝向意向对象的活动。这意味着，意向性是所有意识的本己特征。胡塞尔用"意义—意向"说明：意义的意向不仅说明表达式能有多种用法，而且有实现的可能，但他还明确指出意向活动既不存在其内在体验，也不存在关于其对象的外部体验。显然，胡塞尔的意向性只局限于在先验主体的"纯粹意识"领域中讨论意向性问题，割裂了意向性活动与现实的联系，从而否定了意义对客观现实的依赖性和相对性。

对此，塞尔明确指出：意向性不同于意识，有些意向状态不是有意识的，而有些意识状态也不是意向性的，应该说真正把意向性和语言使用相结合的是塞尔的"意向性"理论。大致而言，布伦塔诺和胡塞尔通过意向分析，确立了表象和判断在意向活动或心理活动中的首要地位；塞尔则通过意向分析，得出价值感受活动在精神生活中是第一性的结论。

那么，什么是"意向性"（intentionality）呢？在塞尔看来，"意向性"是表示心灵能够以各种形式指向、关于、涉及世界上的物体和事态的一般性名称，即"心理状态和事件指向、关于、涉及或表现世界上某些客体和事态的特征"。意向性，作为心灵借以内在变现世界上物体和事态的特征，在指向性意义上总与"意图""想要"有某种联系。说出一个语句表示：①意图使听话者知道(或理解)某些规定的事态；②意图通过使听话人理解上述意图而使听话者知道(认识或理解)这些事态；③意图借助于听话者所具有的关于支配所说的话的那些规则知识使听话者理解上述意图。例如，"我感到疼痛"这一话语并不是指向内部对象的事实陈述，而是一种向外期待回应的语言交流，无论听话者是接受还是拒绝，都被召唤对这一表述做出反应。因此，理解意义的关键在于：意义是派生的意向性被转换成语词、语句、记号、符号等。这些语词、语句、记号和符号如果被有意义地说出来，它们就有了从说话人的思想中所派生出来的意向性。它们不仅具有传统的语言学的意义，而且也具有有意图的说话人的意义。一种语言的语词和语句的传统的意向性可以被说话人用来执行某个言语行为。当一个说话人执行一种言语行为时，便将他的意向性赋予这些符号。

那么，意向状态和言语行为存在相似性吗？塞尔认为意向状态和言语行为在相同意义上表征对象和事态，两者间存在四个联结点。首先，两者结构相似。言语行为结构可分析为命题内容(P)和语旨力(F)，其逻辑形式是F(P)；同样，意向状态结构可分析为表征内容(r)和心理模式(S)，其逻辑形式是S(r)。可见，言语行为语句中F与P的区别类似于意向语句中S与r的区别。其次，两者都具有某种适应方向，即从自身到世界或从世界到自身的适应方向。言语行为在语词与世界之间适应指向上的区别也被用来解释意向性状态。例如，陈述、断定、描述等言语行为有真假之分，具有从"心灵到世界"的适应指向，而命令、请求、允许等意图行为则没有真假，只存在是否被完成或实施的问题，具有从"世界到心灵"的适应指向。再次，完成每一个带有命题内容的施事行为都必然表达出某种相应的意向状态，而这种意向状态就是那种言语行为的真诚条件(sincerity condition)。例如，如果我许诺去做某事，我就表达了做这件事的意愿。最后，两者有相同的满足条件，满足条件是世界以某种意向状态所表示方式存在所需的条件。每一种具有适应指向的言语行为能否被满足或成功实施，当且仅当它所表达的意向状态能否得到满足。"满足条件"(condition of satisfaction)普遍适用于具有适应指向的言语行为和意向状态。

塞尔进一步分析了意向结构，将意向分为"表征意向(the intention to represent)"和"交际意向(the intention to communicate)"，明确指出表征意向先于交际意向。人们可以没有交际意向而打算表征事态，但却不能没有表征意向而有交际意向。例如，当我说"天在下雨"时，我既表达了天在下雨这个信念，又做出了陈述天在下雨的一种意向。前者是"真诚条件"，后者是"意义意向"，即表征意向和交际意向。事实上，在日常活动中，这两种意向是同时存在于话语中的。传达是一种独特的人类行为，这种独特之处在于：我们之所以成功地产生我们意图中的效果是因为我们使听话人承认恰好产生那种效果的意向。当我意图向人们传达这种行为时，我的意图是要产生理解，但理解就在于领会我的意义。因此，传达意向就是要使听话人认识我的意义的意向，也就是理解我的意向。

简单地说，施事行为的完成过程中存在两个层次的意向性：一个是完成行为过程中所表达出的意向状态(intentional state expressed)，这一在先的意向是言语及其意义的真诚性条件；另一个是完成言语行为的意向，是施事行为中的(意义)意向。同时，意图在因果关系上是自我涉及的(self-referential)，仅当意图本身成为引起它的其余满足条件的原因，意图才得到满足，仅当：①我确实举起了手臂；②我的关于举起手臂的意图成为我举起手臂的原因，我才成功地实现了我举起手臂的原因。维特根斯坦在《哲学研究》中曾提出一个众所周知的问题：在我举起手臂的行动中，若抽掉我手臂向上去了这一事实，那剩下的是什么？答案很简单：剩下的是举起手臂的心理意向。因为我们通过内知觉知道的东西与外在的判据之间存在密切关系，如果"我想举起我的手臂"这一意愿离开了外在判据，就无从知道我们通过内知觉究竟知道了什么，甚至连是否知觉到自己的意愿都谈不上。显然，人的主体意识活动是通过意图实现的，诚如塞尔所说，不存在没有意向的行动，甚至不存在没有意向的无意向行动，可见，行动的意义就在于它是特定行动意向的表现和满足。

同时，塞尔还指出：意义不仅同意向性有关而且同规则或惯例（语言规则和惯例及各种文化规则和规约）相关，因为说话就是完成一种受规则支配的言语行为。语句之所以具有某种意义是因为它受相应的语旨行为规则的支配，人们总是在一定的"背景"（background）下依照一定的构成性规则（constitutive rules），选择适当的语言表达式表达意向，或理解某个语言表达式意义。由于"背景"的前意向性（pre-intentional），"背景"从文化和生物的整个关系群中派生出来，从具有生物性和社会性的整个关系群中派生出来，因此，语言因其意义源于意向性就不可避免地具有社会性。在塞尔看来，人类本身所拥有的非表征的实践背景能力是一切意向状态的根源，也是人类知识的根源，知识是人类心智意向建构的结果：心智的意向性使心智活动自然与外在对象关联，当这种活动具有心到世界的适合方向并得到满足时，这一意向状态成为知识并被储存于心智中；只有从意向性层面返回到更具体全面的生活实践层面，综合考虑语言的实在性、主体性、社会性这三个维度，才能全面把握语言的问题。意向性理论深刻地揭示了意向活动的标准：可交流的意向性。意向的这种"互惠话语"揭示了：言语是一个"公共"的经验事件，由心理转变为意向，转变为话语中的逻各斯。

透过分析，我们认为：意义意向性具有典型的语用理据，即意向性的充分实现体现为心理世界的表征意向和社会文化世界中交际意向的对接。意向性是语用层面上的语言属性，表征意向在社会文化世界中最终要通过语言手段传递所衍生的交际意向。从本质上说，交际行为的意义建构是以意向为取向的，是为传递特定的、基于表征意向的交际意向。意向性所体现的交际意向具有如下语用特征。①意向的语境性。社会文化世界中交际意向的传递必然受到诸多因素的制约，这些因素最终构成语言使用的语用环境。由于构成语境的最关键因素是参与交际行为过程的社会文化人（socialized being），因此语境最终体现为交际主体使用语言传情达意、实现意图或目的的环境。②交际意向的功能性。虽然语词在表达行为中进行不同层面和语境的意向重构，但每一层面的交往行为都离不开意向的调节，交际意向在交际过程中最终体现为某种特定的交际功能，以传递交际意向为核心的话语构建本质上是实施某种功能的言语行为（如命令、允许、威胁、警告、邀请、请求、建议等）。概而言之，交际意向是交际主体在交际过程中意欲达到的、最终通过言语行为实现的某种意图或目的，它在本质上具有功能性。

3. "言外之意"

在言语行为"三分说"的理论基础上，塞尔提出了"间接言语行为理论"。在日常的语言交际活动中，充当行事作用标记手段的主要句型，都有一个具有象征性联系的字面力量与之相对：宣告句对断言力量，疑问句对疑问力量，祈使句配指令力量。但是，当说话者的表达意义（utterance meaning）和语句意义（sentence meaning）分离时，这一对应模式就出现了错位，这类现象就称为间接言语行为。语言的间接性是语言的形式和功能之间的不一致所带来的结果。塞尔是这样理解与阐述的：在间接言语行为中，说者依赖他们彼此分享的语言的和非语言的背景信息，加上听者一方的一般推理和推断能力，说者与听者交流的要比说者实际说出得多。说话人实施间接言语行为（策略）的依据可以归纳为以下三个方面：共享信息（包括语言的和非语言的）、听话人的知识构成和推断能力、言语行为和会话的合作原则。

间接言语行为现象实际上是"通过实施一种言语行为而间接地实施另一种言语行为"，是以间接的方式来实现说话意图的，它可分为规约性（conventional）间接言语行为和非规约性（unconventional）间接言语行为两种。规约性间接言语行为，指的是通过对"字面语力"的一般推断而得出的间接言语行为，即根据句子的语法形式，按语言使用习惯可立即推断出的用意。例如"Could you tell me the truth?"和"I'd rather you told me the truth."这两句话里的"询问"和"陈述"直接行为，变成了"请求"的间接行为（话语的施为用意）。非规约性的间接言语行为则必须依靠语境和交际双方共有的背景知识通过推理来判断说话者真实的交际意图，是一种典型的"言在此，意在彼"的现象。例如，下面一段对话："A: Let's go to the movie. B: I have to study for the exam."，必须通过一系列推理步骤才能判断出交际者 B 间接言语行为的真实意图：婉言谢绝 A 的好意邀请。可以看出，间接言语行为是一种礼貌的话语行为，这种字面礼貌只是一种行为手段，只是语言形式的间接度及言语行为的修饰力度不同而已（这是因为社会文化特征影响着言语行为的礼貌程度），是说话者施为力度弱化或强化的具体体现，最终目的是将其运用于一定语境而产生说话者意欲达到的效果，从而在交际双方之间建立一种意图和效果的互动关系，以实现得体的交际。

间接言语行为"为认识言外之力的本质，解释言外之力和句子形式或规约用法之间的关系，以及言外之力和说话双方共有知识、会话原则之间的关系提供了独到的解释"，其理论价值在于以下两点。(1)使得人们认识到句子结构和句子的施为用意之间并不存在一对一的关系。一定的句子结构并不表达相应的施为用意；同理，一定的施为用意也不由固定的句子结构表达。(2)由于句子结构和句子的施为用意之间并不存在一对一的关系，因此无论是对话语的产生还是理解，语境都起着十分重要的作用。间接言语行为理论的提出，再次验证了：说话者在完成一种言语行为时，不仅使用了语言符号，而且还表达了说话者的意向，即总是力图通过听话人认同他想产生某种效果的意向来产生某种效果。有此意向，语言交际才有可能。

总而言之，言语行为意义观是对整个实际语言使用过程的把握，受到语言自身、语境和主体意向等多个因素的影响和作用：以言表意行为涉及语言的字面意义，受到语言自身规则的制约；以言行事行为涉及"施为意义"，受到说话人交往意向的制约；以言取效行为则受到语境的影响和制约，同一话语在不同语境可能产生不同的效果（这种效果可能与说者的交往意义不一致）。概括表述见表9-1。

表9-1 言语行为的意向功能

语意行为（对话语表层意义的理解，设计概念问题）	意指（significant）
语旨行为（对话语意向的理解，涉及态度与目的）	语势（force）
语效行为（对话语表达的感应，涉及表达形式与效果）	效果（effect）

言语行为意义观将言语行为看作意义的基本单位，无论是奥斯汀的"言语行为三分说"，还是塞尔的"意向性理论"和"间接言语行为理论"，言语行为这一概念的提出使得人们认识到：只进行语言结构的逻辑语义分析是远远不够的，因为话语本身可以是一种言语行为，在特定的语境中它具有语用取效的功能。这种言语行为不仅可以"言有所述"，而且还可以"言有所为"，甚至可以"言后有效"；特定条件中的语句（话语）不仅可以传达思想，还可以反映说话者对所述思想的态度。也就是说，每一个完成行为式话语既建立一种说话者和听话者之间的人际关系，又表现了他们彼此之间的一种交往关系，因为说话者有一种强烈的意欲让听话者产生某一特定反应，不仅如此，听话者之所以有说话者意欲的反应，正是因为他意识到说话者有此意图并进行合作的结果。

第四节 语用意图翻译的理解与解释

一、翻译中的语用意图：理解与解释

（一）理解、解释与翻译

翻译无论如何也离不开译者对原文本的理解与解释。从这个角度来说，翻译与诠释学有着相似之处，因为诠释学的本质就是理解。诚如伽达默尔所说：翻译者必须把所要理解的意义置入另一个谈话者所生活的语境中。这当然不是说，翻译者可以任意曲解讲话人所指的意义。相反，讲话人所指的意义应当被保持下来，但由于这种意义应当在一种新的语言世界中被人理解，所以这种意义必须在新的语言世界中以一种新的方式发生作用，因此一切翻译就已经是解释，甚至可以说，翻译始终是解释过程，是翻译者对先给予他的语词所进行的解释过程。

尽管语言、文化、思维和语境差异的存在造成了翻译的解释性，但译者是对"先给予他的语词"（对既定的思想内容）所进行的解释，加之公共视域的存在，这决定了翻译是有限度的解释。纽马克在谈到"解释性翻译"（interpretative translation）时指出："倘若文本某一部分对作者意图很重要却无法在语义上充分决定，这时译者不得不进行解释。"可见，翻

译无论如何理解与解释也离不开作者语用意图这一轴心,翻译中理解和解释的目的就是重构作者意图。探讨"翻译中的理解与解释"这一问题,得从诠释学中的理解与解释谈起。

关于理解与解释,德国诠释学理论代表威廉·狄尔泰把理解看作一种"在外部世界的物质符号基础上理解'内在的东西'的活动",认为理解就是从外在的东西去把握内在的东西,也就是说,理解是一个在表现中去把握体验的过程,是人以心灵力量的整体去认识自己,以及自己所创造的精神世界的一种能力。

伽达默尔肯定了施莱尔马赫对于理解的见解:理解是通过读者对原作者的"心理重建"来实现的,"心理重建"舍语言别无他途。理解是第一性的,所有的解释其实都是对理解的解释,是一种理解行为的活动形式,因此可以说解释是理解的应用:解释总是能在语言归纳层面实现,理解则是在(非)语言的心理层面实现;解释以意义的社会应用为特征,理解则以对意义的自我领悟为特征。能"被理解"和能"用于解释"都主要通过语言,因此理解与解释是不同平台的语言应用。

贝蒂认为:理解是一个心理上重构的过程,解释的对象是从过去到现在的文本原意,即作者当初的意向。重构实际上就是沟通过去和现在、文本和解释者、作者和读者,沟通的可能性在于作者与读者有共同的人性,解释者因而得以与作者心交神会,把握作者的意向。解释一个过程的目的和结果是理解,理解始终不只是知道说出或写出的语词的意义或含义。听/读者还需要在想象中参与说/写者同样的"生活形式",以便能理解所用的语词,分享提供给他的思想。

利科认为,文本不仅仅是话语作品,也是书写出的作品,因此理解依据精神生命用以表现它自己的各种符号,去辨认一个外来者所意指或意图的是什么,解释则意指某种较具体的东西。"解释是理解的一种特殊情况,解释应用于对活生生的文本的表述就是理解。"

哈贝马斯认为,理解是交往活动的本质,其目标就是导向某种认同。认同归属于相互理解,共享知识,彼此信任,两相符合的主体间相互依存。"理解"最宽泛的意义是表示在与彼此认可的规范性背景相关话语的正确性上,两个主体间存在着对某种东西达成理解,且彼此能使自己的意向为对方所理解。

从上面的援引可以看出,理解与解释同"意图"和"意向"有着密切的关系。尽管诠释学各派关于理解与解释的观点不尽相同,但却有着共同的焦点,即克服理解中的相对主义。如果把他们的观点加以互补用来理解翻译,那么,翻译中理解的过程就是语言表达在特定的语境中内化为意向状态的过程,而解释的过程就是特定的意向状态在特定的语境中外化为语言表达的过程。因此,翻译过程不仅仅是对原文的理解与解释,还是原文文本话语"施为"触发和译文文本话语不断构建走向"施为"的过程。从翻译的言语行为来看,凡是以最佳方式、最高时效、最强效果,出于有助施为用意的考量而完成的翻译的理解与解释行为都是合理的。

笔者赞同哈蒂姆和梅森在《话语与译者》中所指出的:当前翻译研究的趋势是意图与理解。田翻译中解释的唯一标准就是作品的意蕴,即作品所"意指"的东西;翻译中一切理解的最后依据应该是一种同质性的、依据于话语之间的先在联系的预感行为,而这种行为的可能性在于文本的历史存在的表达乃是与我们同质的,即处于本质的相同性和相互性之中。这是因为,话语是一个携带信息、具有实践性和历史性及现实性的语言事件,结构主义所说的永恒共时的"语言结构"与解构主义的话语的"转瞬即逝",实际上始终是以话语的信息载体给予语言以实在的存在,并能被转译为其他语言而保持含义的同一性。或许伽达默尔关于翻译的理解与解释活动的论述可给予我们启迪:任何一种译文都不可能像原文那样容易理解。因为所说话中涉及的许多意义——意义总是一种意向,因此,翻译者的任务绝不能仅仅照搬所说的话,而是把自身置于所说的话的意向即意义中,这样才能把要说的东西转换进自己陈述的意向中。

在这里伽达默尔告诉我们,翻译中理解与解释的活动过程中译者必须化原文"所说的话的意向"为"自己的东西",犹如斯坦纳的比喻——"译者侵入、提炼而后满载而归"。以口译实践为例,如果一个口译者仅仅把说话者的字面意义转化成另一种语言的字和句,那么他就会使谈话变得不可理解。他必须做的是把说话者的意向翻译出来,也就是说,借助于语用意图的传递与表达才可能使翻译的有限性获得空间。以庭审话语为例,一旦法庭上有一种以上的语言,那么口译人员就必须确保自己实现合宜的言语行为,倘若将一种要求转换后被人理解成一个命令,那么其后果或许是十分严重的。因此在记录证词时应当考虑到这一点,即在重复证人的实际证词时要尽可能正确评判对证人意向的记录。

的确,我们所理解的文本中的陈述都是一种有动机驱使的陈述,每一个陈述都有未曾说出的前提,翻译重要的是找到这个"动机",尔后把这个"动机"又融入新的文本陈述中。因此,"如果我们理解了某个命题的意义,即重构了该命题所实际回答的问题,那么我们一定可能追问提问者及其用意"。

由此可见,翻译中解释的目标是译者实现对"追问提问者及其用意"问题的理解,这一解释过程是随着译者达到对"追问提问者及其用意"问题的满意理解而完成的,因而翻译中的理解是这一解释过程的关键环节,把握这一解释的关键是要揭示理解的实现过程。从言语行为模式来看,翻译过程中的理解就是构建新的意向对象使之融合于意向网络、进入主体视域,这一实现过程并非任意而是在意向网络与诸多语境要素融合与整合的过程中实现的,因为"追问提问者及其用意"的本质就是要寻找两个或多个语境要素之间的理解性关联,而这一关联是建立在不断地把相关信息因素引入语境中(以达到一定的话语信息量)实现的:这些新要素不断地语境化,并在语境化的过程中不断地生成新要素和新意义进入求释者的意向网络中,使其意向网络发生整合、调配,构建新的意向关系并实现"追问提问者及其用意"这一问题要素关联的意向状态,最终实现对"提问者用意"的理解。

如此"译是有所为",但"译又有何为"?翻译既然是以"词"做事来构建现实世界,又是以"言"行事来改造和影响现实世界,那么作者话语所做的就是通过其话语意图引导和邀请译者以读者的身份去理解与解释翻译构建的言语行为世界。"翻译中意向应该得到传递,这是一个不争的观点。"为实现源话语的施为功能,译者就必须直捣翻译的"根"与"源"——话语意图,对源语的语用意图进行理解与解释活动。这是因为:"语言构成物的结构并不能简单地从单个表述的一致以及可替换性得到描述。等效的运用当然存在,但这种等效关系却并非不可改变的配列关系,而是有如时代精神随着年代更替发生语义变换那样不断进行的产生和死灭。"

杨自俭在赵彦春的《翻译学归结论》序言中说,"翻译的本质是忠实和趋同于原文"。如果说忠实和趋同为"常态",如果承认翻译应该有标准,那么作为翻译的解释就应该是有限度的,我们该如何去理解这种"解释"的特征呢?或许《译者的任务》最深刻的阐释者德曼先生的一段话会给予我们一点启示:原文和译文都是"纯语言"的碎片,翻译过程如同将这些碎片粘合起来,那样我们就可以恢复花瓶的原貌。要把碎片黏合起来,恢复成一个花瓶,关键并不是要找到相同和类似的碎片,而是要找到能相互结合的碎片。也就是说,译者要做的,不是要复制和再现原文的意义和内容,而是要找到连接原文的意指方式(碎片结合处)。这样译文就将原来的意指方式拼接了起来,从而再现了原文。客观地说,如果原文潜在地做了什么或传递了什么,那么译文也应该同样做到这一点,即译文是可以传递原文的某个东西,不然世界真有可能"巴别"了。既然语式转换的对等性不存在,成事性效果的不确定性也确实存在,那么正是"施为用意"这个"强力黏合剂"把原文"碎片"和译文"碎片"黏合起来,完成了从源语文本的生成至目的语文本的生产和接受,完成一轮完整的翻译言语行为。虽然同一个命题的内容可以有不同的施为表达方式,受话者反应也会基本一致,但这不等于说译者可以随心所欲地挑选任何一种表达方式,毕竟他面对的是"定量信息",一种围绕既定目标来表达的文字或口头材料,因此译者的任务就是去寻找"施为用意"这个黏合剂"在另一种语言中进行拼贴,好让那唯一的语言得以浮现"。从这个角度来说,翻译中所有的理解与解释活动都是原文话语意图的表象和再现行为。

(二)翻译中语用意图的理解与解释

在翻译实践中,译者可能要担当这样一个角色:首先他要识别作者意欲在读者中引起反响的种种意图;然后他要借助一个新媒介将这些意图传递给原作者可能从未设想过的读者群。要做到这一点必然会涉及语用意图的理解问题,究竟如何理解语用意图,或许伽达默尔的几段话语可以给予启迪。

> 关于某物的相互理解——这是谈话所想取得的目的——必然意味着:在谈话中首先有一种共同的语言被构造出来了……确切地说,在成功的谈话中谈话伙伴都处于事物的真理之下,从而彼此结合成一个新的共同体。谈话中的相互理解不是某种单纯的自我表现和自己观点的贯彻执行,而是一种使我们进入那种使我们自身也有所改变的公共性中的转换。

> 对翻译所提出的"信"的要求不可能消除语言所具有的根本区别。尽管我们在翻译中力求"信",我们还是会面临困难的选择。如果在翻译时想从原文中突出一种对我们很重要的性质,那么我们只有让这同一原文中的其他性质不显现出来或者完全压制下去才能实现。这种行为恰好就是我们成为解释的行为。正如所有的解释一样,翻译也是一种突出重点的活动,谁要翻译,谁就必须进行这种重点突出活动。

游戏者的行为不能被理解为一种主观性的行为,因为游戏就是进行游戏的东西,它把游戏者纳入自身之中并从而使自己成为游戏活动的真正主体。与此相应,我们在此并不说用语言进行的游戏或用向我们诉说的世界经验或传统的内容进行的游戏,相反,我们说的是语言游戏本身,这种游戏向我们诉说、建议、沉默、询问,并在回答中使自身得到完成。

仔细思考伽达默尔的话语,至少可以得到如下启示。

(1)语用意图的理解意味着对表达者语言有效性要求的证明,以及接受者对有效性要求的认可。因为意向性具有语境指向性的作用,只有在一个使用语言的诠释者和被诠释者所组成的共同体中,所有的理解和解释活动才得以合理和有效地表达出来。因此,我们不应把理解设想为似乎是个人的主观行为,翻译始终是对"先给予他的语词"所进行的理解与解释,倘若把理解视为译者个人的主观行为,那么传统翻译论所强调的以客观(理解的客观性)为基础的忠实就无可保证。然而,"翻译这个职业总有着某种'自由'",因为翻译的任务恰好在于把一种用陌生的或不可理解的语言表达的东西译成可理解的语言,谁想成为翻译者,谁就必须把他人意指的东西重新用语言表达出来。因此,翻译是以理解为交往的交际活动,理解过去就意味着倾听过去曾作为有效的而说给我们听的东西。

(2)翻译的理解是一个复杂的认知过程。这种复杂性表现在言语交际受制于交际场合和社会、文化因素,也表现在说话者的话语组织依赖于听话者在特定交际语境中的话语推理能力。在语言使用过程中语用者总是不断自觉地运用推理机制,因此语言交际是纯语言符号和认知机制断断续续合力作用的过程,"如果意图在一定的场合里可以通过语言直接表达,即语言量足以完成交际任务,推理不必介入;如果意图在特殊的场合里必须用委婉的方式来表示,或者说语言量不足,那么语言的质和量便和交际意图产生差异,此时推理自动介入,以补足差异"。大体上说,翻译中的理解包含推理与解释。

(3)人类的理解具有历史性特点,其本身以历史性方式存在:意义的稳定性体现为解释者在不同历史语境中对意义进行历史性的解释。理解本质上是一种效果历史的关系,理解意味着通过解释活动消解理解者与理解对象之间的陌生感和疏远性,这一过程是过去与现在、可能性与现实性统一的过程,因此理解文本就是与历史文本的对话过程,无论是翻译主体还是赖以翻译原文都是历史性的存在,都处于历史发展变化之中。译者对于原文的理解是暂时的、相对的,不同的翻译主体与原文视界的结合产生了不同的译文,即使是同一作者在不同时空对作品的理解也有可能不同。这种情况并不少见,同一译者在不同时期可能给出两个不同的译文。

原文:晓镜但愁云鬓改,夜吟应觉月光寒。

译文1:At dawn she'd be afraid to see mirrored hair gray; At night she would feel cold while I croon by moonlight.

译文2:At dawn I'm grieved to think your mirrored hair turns grey; At night you would feel cold while I croon by moonlight.

以上两种译文中"但愁"与"夜吟"的主角恰好颠倒了,显然译者的理解发生了变化,从不同的语境出发进入原文视域,从而形成了不同于原作的变体,但必须指出,它们都是以原作意向意义为旨归,不同的译文是翻译主体创造性叛逆的结果。

(4)文本的解读会产生一种"选择性理解"(selective perception)。"选择性理解"意味着不同的人对相同信息可能产生非常不同的反应。理解可描述为人们选择、组织和解释感官刺激,使其成为一种有意义的、与世界相联系的图像的复杂过程。诚如内贝特、霍夫曼和普莱卡什所指出:理解包含更新视角、解释所观察到的现象等许多活动。同时,语用意图的理解过程中要注意整体和部分的不同层次的理解,如语句在语境中,一段文字(话语)在整个作品中,一部作品的整个言语行为在整体社会文化语境中的理解等。理解和解释的过程是不断从整体到部分,又从部分到整体的循环过程,翻译中恰当的理解和解释应达到部分对整体的一致。

(5)对作者意图的准确把握和理解是理解原文和译出原文精髓的基础。如果说有两种或更多可能的翻译策略,译者的选择必定由某种意图决定,即原作者的语用意图决定。语用意图是意义建构的核心,话语意义的"建构"就是交际主体的"选择",是在说听双方为实现其语用意图而进行的这种选择中生成的。主体对话语意义的认知加工(选择)不是简单的符号转换,而体现为一种创造性的建构,而且"意图只有在总体的交互作用中才能得到充分的理解"。

在我们看来,语用意图的理解必须先解构原文的"生产语境",然后在一个书写施为意义的空白间,以其自身解释活动进行文本世界的重构。语用意图的理解具有不同等级的"能产性",可分为结构式理解与施为式理解(表9-2)。

表9-2 语用意图理解的能产性

	结构式理解	表层翻译	表层双语对应对的努力;力求把握文本如何运筹施为力和其效果
语用意图理解	施为式理解	深层翻译	发挥译者主体性;调和双语对的读者接受,力求实现意义与意向的整合;注意译文话语表达效果与译文文本实际效果

(三)翻译中语用意图的理解问题

翻译中语用意图的理解问题大致可归纳为如下几点。

(1)理解与语境。语言本身所具有的意义和形式构造并不等于人们使用语言就一定能实现自己的交际意图。从语用的角度看,要成功实现交际意图,无论是发话者还是受话者,除了要谙熟如何使用合适的语言形式表达所要传递的意义,还要掌握并理解语境如何对意义建构和形式选择发生作用。从语境对语言使用影响的角度看,不同语域中语篇的选词、造句、结构和修辞等都会存在一些差异,语言编码上措辞因语场、语旨和语式而有别。对作者交际意图的理解,是译者以翻译言语行为语境视野与源语文本的谋议过程,跨文化交际中源语文本中的语境被暂时搁置有时会导致由现时交际参与者加以填充、调整的"空间",倘若译者认为源语文本意向与自己的翻译意图一致或相结合能产生一种有效的人际意义时,他就会倾向于充分再现、强化、增益所领悟的作者意图。以海明威的《永别了,武器》中的一段话语翻译为例:There was much traffic at night and many mules on the road with boxes of ammunition on each side of their pack-saddles and gray motor trucks that carries men, and other trucks with roads covered with canvas that moved slower in the traffic.

译文1:晚上交通甚繁,有许多骡子走过,鞍子驮着军火箱子,灰色的摩托车、货车装着人,此外,还有一些装货的货车,上面帆布盖着,走起来慢一点。

译文2:夜间,这里运输繁忙,路上有许多骡子,鞍的两侧驮着弹药箱,灰色的卡车上装满了士兵,还有一些负重车辆,用帆布盖着,在路上缓慢地行驶着。

显然,译文1没有考虑到原文对情景的定向作用,即战争的背景,把traffic、men、loads等词翻译为"交通""人""货",这是明显的误读。根据上下文,这里是军队向前方输送"辎重"的车辆的"运输"车队,车上也不是一般的"人"而是"士兵"。译文2显然注意到语境的这一定向性,对作者所指的东西不仅正确地理解与解释,而且也确实地表达出来:把traffic、men、loads译成对应于战争氛围的词语"运输""士兵""辎重"。相信读者受众阅读译文2一定能感受到战争的氛围。

从以上实例分析看出,语境具有翻译理解和解释活动中的一种引导和导向作用。语境的根本特征在于它本然地内蕴了分析和解决问题是在某个语言思想的基底上进行的这一本质,使翻译中的理解与解释不会流变为一般的语言行为问题,而是演变为一种言语行为问题。言语行为语境这个立体架构必须突出和强调文本意向因素,这是因为,不仅解释(explaining)活动本身与文本意向密切相关,而且与解释活动直接相关的理解(understanding)本质上都以文本意向为前提。也就是说,原文中既定的语用意图正是构成包括理解和解释活动在内的任何特定语言行为的根由。翻译时如果以牺牲原文意向性为代价,一味发挥译文优势,结果可能得不偿失。因为原文遣词造句并非作者的随心所欲,而是怀着一定的目的或意图,既定的语用意图使译者跳出孤立句子的局限,放眼话语进行宏观分析,为译文表达提供了技术上的保证。正是语境的"绝对功能、解释功能、设计功能、滤补功能、转化功能、习得功能"为翻译中语用意图的理解与解释、表达与接受提供了重要参数。这是因为:语用意图的理解与表达,是一个语境因素作用的综合调节过程,可能经历特定语境下的语义分析与调节、语体功能分析与调节、语序分析与调节、审美分析与调节、文化分析与调节等语境化过程。"语用意图的理解←→语境化←→语用意图的表达"的过程是一个双向运动:语境可以调整语义选择、语序安排、语体的裁定,而表达式的适当选择反过来可分析调节语境、实现语用意图的理解与解释和表达与接受。

翻译言语行为语境是一个立体架构。在这个架构中,文本意向也被视为语境构成要素之一,语形、语义和语用及诸多言语行为因素都能被有机统一起来。但在诸多语境构成要素中,社会历史背景、指称和意义的背景关联等因素都是外在的、显像的,只有意向性因素是一种内在的、能动的和驾驭性的因素,其他因素都由主体意向性引入,它们如何发挥作用都处于心理意向性因素的能动支配下。正是主体心理意向性使诸语境因素具有了即时的、在场的意义,从而为语境中语用意图的理解与解释展开空间。因此,对语用意图的理解与解释从一定程度上意味着是对语境建构(contextualization)与重构(recontextualization)的过程。

(2)理解与解释。首先,理解是对文本言说的理解,肯定文本是言说就是承认言说有原意,也就必然肯定理解有正确性问题。既然理解是把握言说的内容,理解正确性的标准就只能是作者的言说自身或言说的意向性,而不能依据社会实践来评判理解的正确性。社会实践是认识真理性的标准,不是理解"真理性"的标准。理解不是解决作者思想的真理性问题,而只解决作者思想是什么的问题。

其次,翻译过程中理解不等于解释,把握翻译中解释的关键就是要揭示理解的实现过程。施为意义既是解释的前提条件,也是解释结果的客观性保证。翻译的解释过程总是以语言为媒介,这种媒介既要把文本这一对象表述出来,同时又是译者自己的语言。据此,翻译与理解一般的文本之间只存在着量的差别而不存在质的差别。同理,翻译对话中须把文本意向译进译者视域中才能把握,译者视域乃是一种受到原文文本"内在根据"或"原始决定"的诱发而发挥作用的媒介,以此帮助我们真正理解文本所说的内容。要达到作者、译者、读者之间的视域融合须借助于"意向性",因为"每一个视域都处在一个语言形态或是零形态的意向动词的控制中"。

最后,无论是物理世界、心智世界或社交世界,都只有在意识主体的意向活动中才能呈现出来,主体意识到的具体事务及其联结成的事件会组成一个意向域,在这个意向域中意识活动可以以不同意向方式发生,可以是事实性的、感知性的、理智性的,也可能是有一定情感性的,如至今为止关于黄岩岛的所有事件可组成一个庞大的意向域,只要交际参与者在交际活动中能把握住这些事件。显然,意向域可看作视域作为一个隐喻所要说明的本体,任何一个意向域都须通过一定的意向方式才能进入意向活动。视域之所以会具有语言形态是因为交际者通过意向活动为言说提供了言说的内容,因此,译者在翻译的理解和解释过程中要把作者视域中的意向性融入译语文本,才能驱使读者获得原文本的意向内容。举个例子说明,原文:Thus man is by Nature directed to correct in some measure that distribution of things which she herself would otherwise have made. The rules which for this purpose she prompts him to follow are different from those which she herself observes.

译文1:这样,人就在造物主的指引之下,对物的分配进行造物主本来自己会做出的某种程度的改正。造物主促使人们为了达到这一目的而遵循的各种准则与造物主自己所遵循的那些准则不同。

译文2:人类是受自然的指导,在某种程度上修正了对事物的分配,要不然自然本身是不会做出这样的分配的。自然为此目的而促使人类遵守的规则与它自己遵守的准则是不同的。

原文是亚当·斯密在《道德情操论》中讨论道德影响和权威问题时说的一段话，两段译文对斯密自由理念的本质产生全然不同的理解：根据译文1，分配正义内生于自然进程之中，即使人类对物的分配不做修正，自然本来也会做出修正，这样人类的纠正似乎是多余的，由此理解，斯密是彻头彻尾的自由放任主义者；根据译文2，分配正义并不是内生于自然进程之中的，人类对物的分配虽受到自然的指导，若不对其加以调整自然本身就不会做出这个分配的调整，由此理解，斯密是坚定的国家干预主义者。紧接着原文，斯密指出，自然自己进行调整的规则和自然提示人类进行调整应该遵守的规则，两者目的是完全一致的。由此判断，斯密并没有对自由主义理念和干预主义理念有明显的倾向性，而是给出了一个提示。这个提示具有很大的解释空间，但从整个章节来理解，原文只是对事物实际状态做陈述，斯密这样论证的目的实际上是要说明"信仰是人类情感的必然产物"这一观点，因此译者理解过程中要牢牢把握住作者的意向性，在这一意向域范围内做出合理的解释，也就是说，这一解释空间的判定标准在于遵循原文的暗示，符合作者原意，否则有可能造成类似译文2的误解与误译。现将这段话改译如下：

这样，人类受自然的指引，对物的分配进行某种程度的修正，即便人类不做此纠正，自然自己终究也会做出。自然为此而提示人类进行调整应遵守的规则与自然自己进行调整应遵守的规则是不同的。

概而言之，解释不是也不可能是脱离理解的句法和语义程序，而必定是在语境中完成特定的语言行为、取得特定的语言效果。解释过程是主体在特定语境中通过心理意向来建立新的语境性关联的过程。翻译中的解释本质上是以特定的言语行为来实现特定的语言目的的，即实现以言取效行为，而这种以言取效行为是围绕施为性对等的问题展开的。

第五节　语用意图翻译的表达与接受

一、翻译表达：语用与修辞的互动

"表达"这个词相应于拉丁文"expression·exprimere"——它们被用于描述言语和书写的心理根源。表达是对内心某种东西即对体验的一种表达，这种主观主义成分还不见其踪迹，其主要方面还在于传达和可传达性。然而寻求表达意味着寻求那种旨在产生印象的表达，而不是一种对体验的表达意义上的表述。也就是说，情感不会被主要地理解为一个人自己情感的一种表达，而是被主要理解为一个会被激发出情感的表达。根据这一解释，话语表达所追求的就不仅仅是语词达意的自我抒写效果，还包括针对接受对象与语用意图的话语效果的实现。

如果说"译作的语言能够——事实上必须——让自己解脱出来，如此就可以再现原作的意图"的话，如果说"这不是复制，而是与原作的和谐共处，是一种对自身语言表达方式的补充，是对自身意图的实现"的话，那么译者在翻译实践中如何有效地表达呢？表达追求接受，接受意味着有效的"接收"，修辞学家围绕效果问题所做的研究很值得翻译学参考。有效的修辞表达效果可以提供和保证有效的接受。修辞的话语与表达策略,能有效地调动接受者的经验库存,激活审美创造。从接受修辞理论上说,接受者总是在不断变化的审美体验和审美视野中接受同一对象,接受者透过言语形式,跟表达者进行超越时空的交谈。在这种交谈中,接受者总是自觉或不自觉地以自己的方式,参与对接受对象的重构。在言语行为语境中,言语修辞表达过程首先是语用意图的确立过程,它直接导致内容和形式的融合,其得体性主要表现为表达者的言语内容与言语形式对语用意图和语境的适应程度。

翻译是一场"对话"游戏,这个"对话使表达者面向一个他者",而面向他者的表达则带来一系列的相关问题:表达动机,表达预期、表达效果等。因此,对话不仅需要表达策略参与运作,而且隐含着对接受者的呼唤。毕竟,"话语的语用成功往往不是取决于语法性(句法标准)或可解释性(语义标准),而是它在特定场合中的得体性或合适性"。任何言语行为都是语用者运用自认为合适的话语得体地表述语用意图的语用行为。因此,任何言语行为实际上就是表述和解释语用意图的语用行为,都是言语行为者为追求言语交际效果,即为达到某种语用意图的一种努力。从一定程度上说,语用学侧重于解释人们是如何使用和理解语言,修辞学侧重于研究人们怎样使用和理解语言才是最有效的,语用学和修辞学从表达效果到交际效果的殊途同归,为翻译实践提供了理解与表达的平台,"对言语效果的关注"使得翻译研究与语用学、修辞学与翻译产生互动(表9-3)。

表9-3 语用学、修辞学、翻译言语行为互动表

语用学	修辞学	翻译
指事行为	修辞行为	交际行为
行事行为	修辞目的	交际意图
成事行为	修辞效果	交际效果

译者以理解原作者的语用意图为认知标准,但不是认知的终极目标,其终极目标是建立关于语用意图的另一语言符号化表达即译文,以促成理解的社交性成功,从而获得应有的"言之效"。虽然翻译表达与接受的核心是交际效果,即译文话语的感染力和说服力,但这不等于支持只顾目的语文化而不顾原语意义和意向的"目的论"或"唯目的论"。纽马克针对文学文本的翻译曾说过:"一个文本的语言越重要,就越应该采取更贴近该文本的翻译,其文化成分就越要贴近地传递。"为此,他又申明:"我绝不会取消原文的王位,去掉它的语言,排斥它、蒸发它、改造它、无视它;相反,我会仔细地看它。如果它好,我要通过翻译准确地传达;如果它有缺陷,我要通过翻译暴露它。"那么,在翻译的跨文化交际过程中,人们如何敢于说出一句话或是"隐藏在胸中",如何在他人口中引出一句话并从他口中得到回答,如何自己做出回答,每一句话又是如何在被说出和被理解的某种关系中"进行游戏"的呢?

应该说,每一类话语都有它特定的用意系统和交际反应要素,故而必然要为此进行话语表达的有效调控和针对性的策略实施。

这种模式中的取效动机以原文的话语意图为出发点，直接调控和制约具体话语行为的顺应与调适的表达动机，调控依据包括预期的交际、交际者特点、言语行为语境成分、接受心理等。话语行为的有效发出包括话语的表意效果和完成任务内容的各种适切性要求。话语效果是话语意图的表达与接受过程中控效行为所追求的最终效果体现，它为译者提供连续控效的反馈信息，灵活选择与顺应译语语境，与交际意图产生双向运动，最终促成交际意图的实施。该模式倡导话语整体策略的调控行为，紧紧把握话语的行事功能和话语活动的人际性质，充分发挥语境因素的交际潜能，着眼于实现交际用意而形成的综合性话语策略（包括具体语词的适切性调整和针对性的意图策略的运用等）。

二、语用预设：语用意图表达与接受的前提

语用预设的概念于1974年由斯坦纳克提出。所谓"预设"（presupposition），就是预先设定，是话语中预先隐藏在某一语言形式背后而没有直接明确表达的命题。语用预设与语义预设、逻辑预设不同，不是从真值方面讨论命题及其预设的关系，也不是从句中某些中心词的语义特征上去预见潜在的预设，它主要研究说话人与语境之间的关系，即"说话人在一定语境中使用的句子是否得当"。从语用学的角度看，预设是一种特殊的语用推理，是交际双方对语境的假定（包括共知的事实，会话的目的、意图及有关的社会文化等因素），为表达者和接受者的双向认知创造了条件，其语用性特点折射着它的语篇功能和社会功能。在言语交际中，语用预设对话语的表达和接受起到了一种隐形的连贯作用。预设作为隐匿在话语深层的无形力量，既规定了表达者的话语权，也规定了接受者的解释权。

何自然曾经把语用预设定义为对语境敏感的、直接关系到说话者意图与假设的前提关系；莱维森认为语用预设包含"适切性和交际双方的共有知识"；奥斯汀认为语用预设是执行言语行为的适切条件（如发话者是否有权执行该言语行为或是否真诚执行等）。纵观言之，语用预设不仅是语义、语用层面的语言现象，更是依靠语境和话语参与者对对方的心理、认知状态的相互假定，而被掌握并运用到话语的理解与生成之中的一种修辞现象，它具有语境适切性、信息共知性、背景隐含性、主观假设性等特征。语用预设有着"是"的作用，起着指向语境的作用，成为话语理解的先决条件；在言语交际中，人们通过不断调整各自的意向之"是"或了解对方的意向之"是"来达到相互理解，语用预设的过程就是一个形成假设、检验假设、做出选择（如将某些信息设定为双方共享的已知信息的选择等）的过程。语用预设形式各异、手段不一：可以是直接预设、间接预设（如隐喻）、混合预设，也可以是语言预设、文化预设、情景预设、功能预设等，语用预设在文本中可起到或显形或隐形连贯的作用。当表达者（译者）和接受者（读者）依据预设作为同一个价值坐标评价对象时，达成共识才有可能。翻译实践中，要成功地进行语用预设，译者必须试图进入原文作者的意向视域，倘若译者脱身而出，以自己的视角来观察文本，必然造成预设的源语文本"意义"与译语文本语境的错位。

话语标记作为语用预设的一种特殊形式，在文本解读时起着语境性的作用。一般地说，话语的标记越强，解释就可以越少；反之，标记越弱，需要对文化进行更多的解释。

例如，专业翻译(包括法律、财经、新闻等)要求强化的表达、弱化的解释；幽默作品的翻译，标记和解释应该淡化，宜采用重构语境化的解释，即用目的语中具有同等逗乐效果的幽默文本取代源语文本，以达到成事性效果(逗乐)的对等翻译。文学翻译中宜采用弱化的标记和弱化的解释，以保持文学作品的含蓄性与想象性，达到一种异国情调的审美效应，增强译文的表达与接受效果。钱冠连就坚决反对文学作品的解释性翻译，主张文学作品的理解性翻译："译家把语用隐含变成明示，译变对了，便堵塞了读者的想象，译变一处堵塞一处，译变全部堵塞全部，结果是整个译品虽然可读但毫无趣味，这是取消了文学；译家把语用隐含变成明示时，译变错了，便无异于毁灭了原来的创造。"也就是说，明示的意图一般在译语文本也要明示，但是隐含的意图就未必要明朗化。勒德尔也说道："隐含意图属于发话者的意图范畴，它激发了话语的生成。这些意图可被理解或至少有所察觉，但并不是翻译要加以逢译的那部分意义。"

库勒曾解释说，文本"文学性"在于将某种注意力引向该话语行为或文本事件本身，对一个文本"文学的"关注，就是要关注"所说的"与"怎么说"之间的各种关系。因此语用预设要实现对言说方式的语言的关注，而吸引这种注意应该是文本的"可说性"(tellability)，亦即文本传递信息的方式所具有的引人入胜之处。因此无论如何，作为表达与接受认知前提的语用预设，必须有利于最大限度地诱发读者相应的心理情景，使读者能够在新的语境中体味到作者的意图。语用预设作为语言特有的伴随现象，它暗含着表达者的话语意图，将语用意图或寓于隐喻，或与心理素质、意境、潜在意识形成叠区，同时它还建构着人类话语从表达到接受的双向认知。虽然文本自身的"未定点"和"空白"可能导致同一源语文本在不同时代，甚至在同一时代拥有不同的或多个同样有效的译本，但无论译者如何预设，译文中的哈姆雷特必须还是莎士比亚戏剧中的哈姆雷特而绝不会成为安东尼奥，最起码它要与原剧中的哈姆雷特有着互文性的关系。

三、选择与顺应：语用意图表达与接受的修辞化

维索尔伦认为，语言使用的过程就是不断选择语言的过程，是在不同的意识程度下对语言结构与语境(交际语境和语言语境)相关成分之间相互顺应的过程。语言的选择和语言的顺应是辩证统一的关系，语言的选择是手段，而语言的顺应是目的和结果。语言使用者之所以能够在语言的使用过程中做出种种恰当的选择，是因为语言具有变异性(variability)、商讨性(negotiability)和顺应性(adaptability)。这三种特性互为关联，变异性和商讨性是基础，顺应性是核心。变异性即"语言具有一系列可选择的可能性"；商讨性即"所有的选择都不是机械的，或严格按照形式一功能关系做出，而是在高度灵活的原则和策略的基础上完成的"；变异性和商讨行为语言的选择分别提供了多种可能性和方式，而语言的顺应性使"语言使用者能从可供选择的不同语言项目中做出灵活的选择，从而尽量满足交际的需要"。

在任何语境里，为了实现某个语用意图，可能需要经过策划、选择、顺应和洽商的过程。"策划"指"对即将发生的言语行为所采取的对策"，具体表现为一定的遣词造句和选择

适宜的语用策略；它其实是对选择和顺应的有意识的、有目的的言语思维活动，服务于交际和认知需要，策划的方式随着交际意图的不同，可能是显性策划，也可能是隐性策划。

翻译本身是一种决策过程(decision-making process)，从译语词汇句式的运用到语篇体裁的择定，翻译行为的每一个阶段无不涉及对多种选择的确定。然而，选择过程本身意味着译者的主体性是一个不可规避的现实存在，但是译者不可任意地或过度地诠释，译者必须注意话语对语境的顺应性和得体性，在解读原文和生成译文的过程中，以语用意图的翻译为基点，有意识地选择翻译策略，顺应具体的语言内外环境，完成动态的翻译过程。在一定程度上，语用意图生成的过程是促使语用意图产生的言语行为各语境要素之间动态的选择与顺应的过程。实际上，翻译的语篇本身就是有动因的选择(motivated choice)的结果：语篇产出者有其自己的交际目的，而且为达到这样的目的而择用词汇和句子，而且选择一个特定的体裁实际上就是体现某一社会文化活动的交际意图，即语言使用者的意图。

因此，语用意图翻译的理解与解释、表达与接受，具有认知语用、社会语用和文化语用的规则和要求的共性，在翻译的过程中不仅要使译文符合一般翻译规则的制约，同时更要考虑语词的意向意义及其超语言特征。语用意图翻译的整体性、主体间性和动态性告诉我们：一方面，要顺应时间、语境、语言结构和意识程度，在动态的翻译过程中根据认知语境，因人因时因地，顺应性地选择策略，用合适的言语表达其隐含的语用意图，对原语的语用用意进行策略性的灵活性的翻译；另一方面，言外要顺应不同文化的社会制度、时代背景、经济方式、历史渊源、审美情趣、宗教信仰、思维方式等，言内要顺应语言结构的多维层次，如语码、语篇风格、语言构建成分、语篇结构等。

1. 翻译策略的选择：话语施为形式

无论是口译或笔译，在理解中把握语言形式是必要的。语言形式是物质化(materialized)的意向，在实际的交际交往中，不重视这个作用于我们的经验感官的意向媒介和物质化的意向载体，是不可思议的。在言语交际中，正是人际交往使语言形式这个意向媒介和意向载体被激活(activated)而施为的，交往交际使语言形式发生变异，体现出不同的意向，译者正是通过不同的施为形式来把握意向，以意义和意向赋形于译文表达，并以交际效果来操控和调节译语的施为形式。

I am driving in a lane that has no turning.（陈述）译文：我走进了一条有进无回的死路。

I am driving in a lane that has no turning!（惊恐）译文：我走进了一条有进无回的死路了！

Am I driving in a lane that has no turning?（疑惑）译文：这是往有进无回的死路里走吗？

Am I driving in a lane that has no turning?（自责）译文：我这不是往有进无回的死路里走吗？

从语言哲学上看，说话人在众多的语言潜势中究竟采用哪一种说法，这一选择本身就是意义，言语施为形式本身潜藏着一套关于主体经验的破译密码，这种表达者观物运思的形式逆向地暗示了表达者的编码原则。在翻译实践中，施为策略不是单一的，而是多元的，正由于存在多元化的策略，译者选择实现言语意图时才具有选择空间与回旋余地，可以"直言不讳"，可以"委婉含蓄"，也可以"含混模糊"。

在话语交际这一层面上，翻译交际的失败原因或许在于未曾恰当地表现言语行为。假如一名说话者的言外之力没有得到反映，这就会引起这名说话者感觉不到对某个提议、要求抑或许诺需要做出回应。譬如说，在翻译公函话语时，言外之力的对等常常取决于各种文化标准的差异。从一种习惯于直截了当表达的语言翻译而来的商务信件，可能根本意想不到会冒犯他人，如用"敬请速告贵方意见……"或"我们正在向贵方寄送说明书……"，而不是借用诸如"若贵方能告知我们……，我们将不胜感激"或"我们冒昧建议……"等请求帮助的英语习惯表达方法。再如，告示牌"Wet Floor"如果被直译为"潮湿的地板"，就会扭曲了原语的言外之意，中国读者的反应很可能是将它视为一种描写性的陈述，如果按照原语的语用意图将原文译为"地面潮湿，注意防滑"，相信读者的反应肯定与源语读者的反应一致。

(1)"施为"功能形式：通过语言结构。说话人的施事行为与语言结构也有着密切的关系，主要体现在词汇、语音、语调、语法语序、韵律、节奏，甚至标点符号等方面。

例1：His learning I admire, but his character I despise.

译文1：我佩服他的学识，但鄙视他的人格。

译文2：他的学识我佩服，但他的人格我鄙视。

例2：All the books I'll give to my brother.

译文1：我将这些书全部送给我弟弟。

译文2：所有这些书我都将送给我兄弟。

以上两例中原句的强调意图很明显。两句的译文1均没有体现这种意图，译文2则反映出了原作意图，因此两句的译文2质量高出一等。由此可见，作者有时故意违反语言常规，从词汇、结构甚至语音上造成殊异现象，以同常规的语言现象产生对照。作者之所以这样做是因为有其自己的意图和目的。

(2)"施为"功能形式：通过语境暗示。语境对话语的施事功能有很大的影响，同一话语在不同的语境(交际者的社会文化背景等)中可能会产生不同的施事功能甚至相反，也就是说，在语境的作用下，话语的施事功能往往在字面意义和反语意义之间产生。

例3：Coffee keeps me awake.

译文1：咖啡会提神。

译文2：咖啡使人睡不着。

在不同的语境中，例3可能会产生"I want a cup of coffee."（请求）和"I don't want a cup of coffee."（拒绝），乃至更多的施事功能。这些语境因素不仅包括交际者的身份地位、社会关系、性别、年龄、教育背景等，还包括文本创作中的场景氛围、人物身份及文本的文体、风格、类别等文本规约。这些规约反映了社会文化规约的意蕴，对判断"施为力"起到了不可或缺的关键作用。

(3)"施为"功能形式：通过情感意义。由于受个人情感的驱使，说话者往往会使用话语标记语（marking）或修辞格手段来实施其言语行为，以期望对听话人施加某种影响、产生某种效果。

例：I really disliked that man you introduced to me.

B1：Actually, he's your new boss.（警告）译文：说话慎重点，他可是你的新老板。

B2：Anyway, he's your new boss.（耐心说服）译文：别那样，他是你的新老板。

B3：After all, he's your new boss.（建议）译文：他毕竟是你的新老板。

B4：Still, he's your new boss.（好意劝告）译文：你还是算了吧，他是你的新老板啊！

B5：Well, he's your new boss.（安慰）译文：好自为之吧，他是你的新老板。

(4)"施为"功能形式：通过文化背景。"知识"是理性构成中任何被认为是真理的话语，一些被某种文化认可的言语行为成为理性行为后，可以进而成为知识为人们所接受。以《红楼梦》中的例子来解释。

原文：巧媳妇做不出没米的饭菜，叫我怎么样呢？（曹雪芹，《红楼梦》）

译文1：Even the cleverest housewife can't make bread without flour.

译文2：Even the cleverest house wife can't cook a meal without rice.

这两个译文无所谓优劣，关键在于译者的信念和如何对待文化差异。杨译着重表现原文的中国文化，而霍克斯则是为方便西方读者的理解。米饭之于中国人犹如面包之于西方人，这类文化现象也许并非作者意欲传达给读者的主要意图，这时译者就可以有较大的自由度，具体的表述可视译者的信念而定。当然，文化语境是文本解构和生成的本源。在解释讯息及翻译活动整个过程中起着至关重要的作用，因为文化语境吸纳了包括仪式到日常存在的最为实际的诸方面等林林总总的因素。译者应根据原语文化特色词语所隐含的文化因素，目标语文化因素的可兼容性，以及其他因素选择正确的方法进行词语的翻译。与目标语文化规范相兼容的文化因素，构成了语际翻译的基础，相互兼容的文化积淀的信息，容易在目标语文化中找到对等的表达法，而包含较多独特文化积淀的信息则必须先经过一个修正的过程，才能使得目标语读者易于接受。

2. 翻译策略的选择：视角转换

一般来说，在口语或书面文本中，作者/说话者都是按从字→词→句→段→章的线性思维，按照自然顺序和某个视点（perspective）来组织话语的。如果作者对某个事件的描述不遵守时间先后顺序，则表明话语的发出者想借此产生某种特殊的效果，如悬念、惊奇等；对状态的描述不遵守常用感知的顺序，则表明话语发出者另有意图以产生某种特殊的效果，如强调、提问等。翻译过程中译者可根据视角来调节自己的思维方向，转换分析角度，以达到实现语用意图的转换目的。翻译是一个"复调的对话"，"相互对话不是各谈各的。毋宁说在相互对话中构造了话题的共同视角。人类交往真正的现实性就在于，谈话并不是以自己的意见反对他人的意见，或把自己的意见作为对他人意见的添补，谈话改变着谈话双方。一种成功的谈话就在于，人们不再会重新回到引起谈话的不一致状态，而是达到了共同体。这种共同体是如此的共同，以致它不再是我的意见或你的意见，而是对世界的共同解释"。

译文话语的形成不仅是词语选择的问题，更是一种思维取向，是对某一社会生活领域的认识和态度。每一个文本都可被看作是有动因的选择（motivated choice）的结果：语用意图的表达是有其交际目的的，而且为达到这样的目的而择用词汇与句子。以王维的《班婕妤》的译文为例。

原文：怪来妆阁闭，朝下不相引；总向春园里，花间笑语声。

译文：Dost wonder if my toilet room be shut?
If in the regal halls we meet no more?
I ever haunt the Garden of the Spring;
From smiling flowers to learn their whispered lore.

钱锺书评道："原来为汉帝告婕妤，译诗改为婕妤告汉帝，观点恰相反，而译诗似较胜。"译诗的视角的转换带来的是话语的转换：强势话语变为了弱势话语。译诗之所以"较胜"显然是因为弱势话语所表达出的哀怨凄婉的态度。话语特征体现着作者对事物的态度，而这会引发读者的相应反映和回馈，导致某种交际关系的建立。翻译作为一种跨文化、跨言语的交际活动，原则上要再现作者的话语特征，但是也常常会出现作者的思想意识干扰源语话语特征的例子，上例译文中视角转换不仅增强了译语受众的感受，而且使得语言表述更加丰富。话语所反映的是社会文化等诸因素的制约下，作者的"言语施为"在交往对话中得以体现。

原文：她自卸了妆，悄悄地进来。（《红楼梦》第3回）

译文：She tiptoed in there in her night clothes.

译文中"tiptoed"把声音小、蹑手蹑脚的样子形象地表现出来，尤其是"卸妆"的翻译，译文根本不从"脱、卸"入手，反倒从"穿"入手，以"in her night clothes"行"事"，视角地转换把女儿家穿着贴身小衣薄衬的娇柔可爱表达得淋漓尽致，译文似比原文更胜一筹。翻译的创造是以忠于原文、不改变作者叙述语言与文学作品中人物话语的隐含意图为前提的。也就是说，翻译的创造是不涉及语用意图的语言符号范畴之内的创造。

3. 翻译策略的顺应：语用移情

所谓"移情"，指"在聚精会神地观赏一个孤立绝缘的意向时，我们常由物我两忘走到物我同一，由物我同一走到物我交往，于无意之中以我的情趣移注于物，以物的姿态移注于我"。也就是说，它是指在一种凝神关照、全神贯注的审美态度下，主体将自己的情感、人格移至被关照对象身上，使被关照对象获得生命和意义并带来美的享受。移情作用使移情的主体感觉到自由伸展的心理空间，接受心理空间引发的大转换使译者主体性得以自如发挥。在跨文化言语交际活动中，双方之间的移情（empathy）心理可能使另一方本族人容忍语言音译的"离格"现象，可能使另一方本族人允许译者的零度解释，甚至会欣然接受，从而达到交际的成功。语用移情导致的语言交际活动可以使读者领略到语言所带来的异国情调、意蕴和效果。

语用移情要求交际参与者具备一定的元语用意识。言语行为的实施受制于语境条件与交际目的，因而具有顺应性特征。语言游戏或博弈中，交际双方的一切言行无不意味着审时度势、察言观色。"人们会根据自己的交际目的提供合适的语句。"在翻译过程中，译者就是审词度句的人(judicious)，译者要选择(言语、策略、结构等)并顺应语境和受众的言语等，以便有效地实现其语用意图。这与交际者的元语用意识有关。例如，交际者在选择语言和作出顺应时表现出来的自我意识反应、语言意识转化成一定的语用手段的运用和策划等。如果译者的元语用意识(或元语用能力)程度较高，那么顺应过程就是一种对译文话语做出调整和洽商的自我监控过程，交际就更能达到预期的语效。在跨文化言语交际中，人们的元语用意识或多或少能对自己使用的言语进行(元)言语的修饰、限制、补充、美化等。元语用话语的使用是交际者在语境因素制约下，受意图和目的支配，有意识对交际信息、行为、过程等进行自我调节的结果。元语用意识凸显程度在语用层面留下的语言痕迹的程度不同，通过从交际者选择的语言形式(元语用标记、话语连贯性等)分析其语言使用的自我调控意识，可了解选择背后的运作机制及其语用意图。举例分析如下：

Believe me，the party will be boring.

If you wouldn't mind，I would say the party will be boring.

例子中不同的元语用话语在认知上或建立或扩大交际参与者之间的共有基础，为理解交际信息、交际行为和交际过程提供了认知的框架，"Believe me"强化了施事语力，"If you wouldn't mind"则弱化了施事语力，这类意图性元语用话语的使用体现了说话者对所实施言语行为的施事力度的调节意识。这类元语用标记语的内在指向是一种带有言后功能的以言施事行为，它表达了说话者试图影响听话人将来行为的意愿，其形式与施为以一种动态张力的方式共存，是选择与顺应的结果。

翻译是与选择相涉的事情，但选择始终是有动机的。省略、增添及其他选择唯有与意向意义相联系才能达到真正的有根有据。所谓人"选择"他的词，只是为交往造出的现象或效果。从生存论的角度，解释植根于领会，是要把领会中所策划的可能性整理出来，而领会介入可能性的方式就是策划。策划实际上是一种选择，选择某一种可能性，存在是在策划中被领会的。从本质上对在世进行策划是此在这种存在者的存在方式。这种存在者具有存在之领悟作为它的存在的建构。

4. 翻译策略的顺应：文体转换

离散性综合意图的转换在我国翻译家朱生豪翻译的莎士比亚戏剧中体现得淋漓尽致。朱生豪倾其毕生精力翻译的莎士比亚戏剧素以准确、畅达、优美和传神而著称于世，凭借对莎剧原文较为透彻的理解及灵活的翻译策略，译文经受住了岁月流逝的考验，成为中国莎剧译文中的精品。尽管朱生豪以散文形式翻译莎士比亚戏剧，但大多数读过朱生豪译本的读者都认为，与现在的诗体译本比较，朱译本仍然散发着浓郁的吮英咀华诗意。……这种诗意感来源于译文中的音乐感，即韵律。按照中国读者的阅读习惯，诗歌中的音韵能够在读者和文本之间建立起特殊的诗歌效果，可以充分调动汉语读者的审美感觉。相对于印欧语系，汉语有较多同音字，中国诗人在创作诗歌时，无须经常换韵就能够产生长久的声音效果，读者阅读时内心就很容易滋生出层层诗意，感觉自然顺畅。朱氏译文以各种方式追求着译文的节奏感，让韵母或者其他音色特征有规律地交替，在听觉效果上产生了独立的声音节奏，使不分行的散文也产生了类似诗歌分行的节奏效果。况且戏剧演出在舞台上是以对话形式出现的，在形式上就造成了自然的分行，而这样的分行给读者留下的印象就犹如诗歌的分行一样。例如，罗密欧与朱丽叶的阳台会面中，他那段著名的独白，加上排比的修辞手法配合着译文的押韵，使声音节奏显得抑扬顿挫，有很强的诗意。

  要指出的是，在严复的《天演论》和林纾翻译的小说中，有意的修改和忠实的表达常常共存于译文中，由于译文中夹杂着过多的思想意识形态，它们并不能算是忠实的翻译，不属于本节讨论的范畴，虽然这样的改写和译述也构成了一种新的文体的诞生：翻译文学文体。

第十章　应用翻译学

通常认为，现象研究是何；应用研究如何；理论研究为何。事实表明，对"应用研究"究竟"如何"又有不同的认识。"如何"即怎么（样），并非仅限于"方式"的意思，还应有"性质""状况"等义。由此观"应用翻译"和"应用翻译学"，前者可究"方式"，后者则在方式之外，还要究其"性质"与"状况"之类，即探讨应用翻译的理论问题和理论在翻译中的应用问题。因此"应用"在此非一般意义的应用，它本身蕴含理论、原则和方法等，能否构建应用翻译学，值得思考。

第一节　应用翻译学的建立

一、"应"与"应用"

"应"，字义本为"满足要求；接受；允许"，可构成字组（词）"应邀、应急、应募、应聘、应招"等；还可组成"顺应""适应"等，意即"随着条件变化不断做出相应的改变，使之适合"。据此"应用"可通解为"满足使用或运用之需"。

细究"应用"，据各种现代汉语词典"应用"的义项可详解为：①使用，运用，具有动词性；②具有实用价值的，具有形容词性，如"应用化学"等；③直接用于生活或生产的，具有形容词性，如"应用价值"等。"应用"多具实用性，要求实践性，如历史上重文学写作，20世纪80年代后期才重视"应用文"写作，还曾将"应用文"称作"实用文"。

二、"应用翻译"与"应用翻译学"

依据"应用"上述之义，"应用"可与其他字词构成短语及术语"应用X"，其语义理解模式有两种。第一种"应用X"指在生活、生产中经常使用的某事物，如"应用文"，指日常生活或工作中经常使用的文体，如公文、书信、广告、收据等。依照本模式"应用翻译"可理解为：常在生活和生产领域进行的翻译，包括经贸、军事、外事、科学、技术、工程、会议等领域的翻译活动。据此，贾文波提出应用翻译"是一种以传递信息为主要目的，又注重信息传递效果的实用型翻译"；"包括人们日常接触和实际应用的各类文字，涉及对外宣传、社会生活、生产领域、经营活动等方方面面，但不包括文学及纯理论文本"；方梦之和韩子满指出"包括所有以信息传递为主要目的的非文学文本翻译"，同时强调"应用性的文本不一定都是应用文，应用翻译也不仅限于应用文的翻译"。

第二种"应用X"指直接用于生活、生产的某事物,如"应用科学",简言之是与人类生产和生活直接相关的科学,具言之是应用自然科学基本理论,为解决生产和生活中所产生的问题提供理论指导与技术、实验说明的各个学科,如农学指研究农业生产的科学。

"应用翻译"是单义的,一旦与"理论(学)"组合,便有三种切分。

第一切分法:应用翻译/理论(学),可图示为:应用翻译→理论(学)。即由应用翻译出应用翻译理论/学,换言之,指研究各类应用翻译活动的学问,与"应用X"第一种理解相对应。

第二切分法:应用/翻译理论(学),可图示为:翻译理论(学)→应用。即由翻译理论(学)演绎出应用翻译理论(学)。这一图示又有两解:其一,指翻译学基本理论用于翻译实践的学问,属于翻译学科内应用,如翻译学基本理论用于科技、旅游、军事等领域,可以形成科技翻译学、旅游翻译学、军事翻译学等,如贾文波将功能翻译理论用于应用翻译,提出了"应用翻译功能论";其二,指翻译学基本理论用于翻译学之外其他领域的学问,属于翻译学科外应用,如译介学、双语词典学、翻译语言学、对比语言学、跨文化交际学等。

第三切分法:应用/翻译/理论(学),可图示为:应用→翻译理论(学)→学。即其他学科理论用于翻译理论(学)嫁接出应用翻译理论(学)。这已接近翻译学与其他科学的交叉研究或综合研究,如翻译心理学、翻译生态学、翻译地理学、文化翻译学等。

三、应用翻译学的建立条件

能否创立应用翻译学,要考察其是否可能,是否可行,迄今为止的研究是否可观,将来的研究是否可持续。

(一)可能性

一门学科能否成立,关键看有无独特的研究对象。

第二次世界大战以来,与人类生活和生产密切相关的翻译活动越来越多,文学翻译的霸主地位逐步为应用翻译所取代,当下的翻译90%以上是应用翻译;21世纪初MTI发展如荼如火,将更加力促应用翻译发展"脚踏实地不尚空谈,认真做好白纸黑字的翻译,永远应该是学习翻译的人和从事翻译的人念兹在兹的第一要务"。翻译实践既然是译事的第一要务,就应成为翻译学的主要研究对象;翻译学是经验科学,应用性应成其首要特征。

20世纪80年代以来,科技翻译、经贸翻译、旅游翻译、口译、网络翻译等在中国相继弄潮,翻译事业日新月异,显出勃勃生机。翻译人才培养日益转向应用型,应用翻译教学越发受到重视,应用翻译所产生的问题亟须理论回答。作为发展中国家,我们要虚心向全世界学习,对翻译需求的量远甚于发达国家,我们更迫切需要应用翻译理论,面广量大的应用翻译的系统研究正可以催生应用翻译学。

(二)可行性

应用翻译学的建立也是应了翻译学研究之需,国内外的研究事实表明该学科创立切实可行。分类日益细致是科学研究的进步,翻译研究也是如此。

国际上重视应用翻译也是不远的事,第一届国际科技翻译理论和实践讨论会于1985年12月在莫斯科召开。举目西方,更多的翻译是在印欧语系内进行,基于此的翻译实践因语言的亲属关系而比较容易,更宏观(如文化视角等)和更微观(如思维学视角等)的研究比较容易成为其选题。国外应用翻译研究成果主要见于德国翻译目的—功能派。该派重文本类型与功能、翻译行为与目的等宏观理论立说,重解释,轻微观理论建构和可操作性研究。西方译论迭出,不太注重what、how和why三个层面一以贯之的研究,失去了形成系统的应用翻译理论,进而失去建立应用翻译学的机会。东西方研究的材料不同,视角有别,方法有异,甚至是同一时期研究的重点也不同步,我们要关注国外同行的研究,但不能唯其马首是瞻。1972年Holmes将翻译学分为"纯翻译学"和"应用翻译学",后期未见深化。

再看国内,我们对应用翻译的认识也是逐步明晰的,20世纪80年代我国迫切需要国外先进文化,文学翻译与科技翻译并驾齐驱,90年代科贸翻译超过文学,21世纪的翻译扩及一切应用领域;谭载喜将翻译学一分为三:普通翻译学、特殊翻译学和应用翻译学。2003年首开"全国应用翻译研讨会";2005年《上海科技翻译》将视域扩至应用翻译;辜正坤则将翻译学一分为五:玄翻译学、元翻译学、应用翻译学、翻译批评、泛翻译学。他们虽与国外一样对应用翻译学未做深究,但对应用翻译的内涵逐渐认清,对其性质与外延逐步廓清。"应用翻译(学)"之"名"晚出,并不否定其"实"存在。各种应用翻译得以研究,微观研究渐成规模,完全可以进入宏观思考和学科架构了,这也符合研究从应用翻译到应用翻译学的拓展规律。

(三)可观性

相关领域的研究文献也是学科独立的标准之一,是学科建立的前提和基础。

仅从机检来看,研究的书文数量大体依时递增,尤其是进入21世纪后,文章逐渐增多,仅以"应用翻译"为主题检索,国内的研究论文为229篇,若以篇名中含"应用翻译"为检索词检索,则有58篇,经人工排除,真正的研究论文近50篇。学术论文多是小题大做,将应用翻译各侧面的大小问题逐一研究,为应用翻译理论的建立奠定了基础,如曾利沙从翻译学逻辑范畴入手尝试建立应用翻译(学)宏—中—微观理论范畴体系,2008年又为其添加了可描写性、可阐释性、可操作性、可证性等概念等。

据中国知网调查和其他工具书的不完全统计,1949年以来,国内以应用翻译具体领域为对象的著作或教材近300部;各类与应用翻译相关的论著开始问世,如贾文波《应用翻译功能论》、黄忠廉等《翻译方法论》、叶苗《应用翻译语用观研究》、张沉香《功能目的理论与应用翻译研究》等;专门训练应用翻译能力的教程有:方梦之和毛忠明主编的《英汉汉英应用翻译教程》及其新增修本《英汉—汉英应用翻译综合教程》,张全和黄琼英主编的《简明应用翻译教程》,等等。学术著作对应用翻译的某个侧面作了比较深入系统的探讨,不断走向理论化,为学科创建打下了良好的基础。

(四)可持续性

独特的研究对象是决定学科存在的根本性前提，它决定了队伍的培育、机构的设立、组织的创建、方法的形成、理论的创立，乃至学科的创建。每年召开的国际性或全国性学术会议，每两年召开一次的全国科技翻译研讨会均有应用翻译研究参与其间。更为可喜的是，全国应用翻译研讨会定期召开，首届会议于2003年在上海召开，第二届于2006年在广州召开，第三届于2009年在北京召开，第四届于2011年又回到其发源地上海召开。在此期间，上海、北京、广州、长沙、哈尔滨等地逐渐建立了相应的研究机构，团聚了一批应用翻译研究队伍。这都是可持续研究的保障与体现。

随着研究队伍的增大，有望建立"全国应用翻译研究会"的全国性学术组织，以便有组织地促进应用翻译研究，方梦之指出："我国的应用翻译研究只是在改革开放后才有起色，基础相对薄弱：起步晚，讨论微观技巧多，选题重复，无系统理论，学术底气不足。"近年来经国内学者努力虽有所改观，但仍需有序地对下列领域展开系列研究：第一，商务、科技、新闻、法律、时政、旅游、公示语等部门翻译学；第二，应用翻译学的分支学科；第三，应用翻译学内部的对象、范围、分类、规律、原理、体系等基本范畴；第四，应用翻译学外部与理论翻译学的关系；第五，应用翻译学与翻译实践的关系；第六，哪些学科理论可应用于翻译（学）；第七，哪些译论可应用于哪些学科；等等。

第二节　应用学建立的意义

一、提升译艺，研究基础

庖丁尖刀解牛，卖油翁油丝灌壶，都是高超的技艺。罗进德认为"'技能意识'恰恰是翻译理论中一个很重要、很宝贵的命题"，我们则认为是翻译学基本选题之一。一个既精于译技译艺，又通于译道的翻译学者最有发言权，殊不知技通于艺，艺通于道。所以，建立应用翻译学旨在提升并解释译艺。

一段时间以来，理论翻译学忙于引进国外日新月异的新理论，这在开放后的中国是必要的，今后仍需学习。学习之后更要自创。应用翻译研究此前和当下较多地成了西方翻译理论的应用，下一步则应返身应用翻译，发掘其自身的理论、规律和方法。因此，研究的重点不在仿用国外翻译理论，不在套用其他学科理论，而在应用翻译研究本身，这才是应用翻译学的基石。偏重前二者，必然忽视后者，这无异于自我毁灭。中国学者更要审视汉外应用翻译的实际与实践及其背后的社会与文化，唯其如此，应用翻译学才有现实根基，才能在中国安身立命，才能真正为普通翻译学输送养分。

二、立于中观，顶天立地

应用理论位居基本理论与翻译实践之间的过渡层。翻译经验要一步登天进入纯理论，不容易，甚至不可能，得经过应用理论的提炼和抽象化，才可进入。反之，多数基本理论研究成果不能直接进入翻译实践领域，要经改造浅化，才可落地。因此，应用翻译学分立研究，其目标非常明确：顶天立地。顶天就是在解决翻译问题中探讨应用翻译的特殊性，并促其走向普遍性，在原则、方法和理论上予以概括，直至能走向基本理论的高度，为理论翻译学作出贡献。立地就是联系实际，联系翻译实践，联系翻译学研究实际，既是对实践的指导，更是对实践的提升。

与基本翻译理论研究相比，应用翻译理论研究更有待成熟，既具普遍意义又能切实解决问题的应用翻译理论暂时不多，诸多应用理论还未提出，可暂时寄居基本理论，完全属于应用理论者可大胆研究，二者纠结时不必分出泾渭，可以共同研究，待到研究结果丰富时，归属自然见分晓。例如，《外语学刊》开辟了"语料库：深化翻译学研究的有效工具"和"变译：文化翻译之极致"专栏，就是如此处理的。

三、突出问题，孕育创新

翻译学研究一般遵循两种路径：范式路径和问题路径。前者从某种理论出发解释问题，为西方学者所看重；后者从问题入手提出解决问题的理论，为中国学者所擅长。原则上讲，二者不可偏废，但就应用翻译而言，问题研究应是主体，尤其是在学科建立之初，应该站在问题的起跑线上，以解决现实问题为指归。如果说理论翻译学旨在寻求翻译共性，应用翻译学则多一份特性。汉外互译所涉的应用翻译领域明显地不同于亲属语言之间（如英法、英俄等语种之间）应用翻译所得出的认识，由此观之，本土的应用翻译学研究将为翻译学作出独特的贡献。

应用往往是发现问题的试验场，常常是本体研究的突破口。每当本体研究进入沉寂期，多半是应用研究率先冲破迷茫。因为应用领域总会提出各种问题，总需要做出理论解释，这种逼迫会促动创新。

四、分立深究，旨趣高远

曾几何时，纯理研究才是学问，应用研究不登大雅之堂的观点流行，现在虽有所改变，但需强有力的学科建设去匡谬正俗。21世纪的翻译学发展应贴近现实，应时代和实践之需，才能获取生命。纯理研究需要少数人做，而应用研究要占主流。那么，对应用翻译的分立式系统研究是一次理论觉醒。

应用翻译独立研究旨在发展翻译学。进入21世纪，研究科技翻译达二十年之久的《上海科技翻译》更名为《上海翻译》，旗帜鲜明地锁定应用翻译研究，对其开疆拓宇，实乃洞察译事发展的科学之举。翻译学虽说正在建立，分科研究将促使各分支学科从中分立，翻译学研究领域因此明晰起来，回读2000年出版的几本《翻译学》，不难发现分支学科的研究已是迫在眉睫。分科研究将廓清翻译学的内部边界，会反助翻译学的整体建构，只有独自建立并探清各分支学科，才可达至翻译学的高度综合。

第三节　应用翻译的特点与原则

一、应用翻译的特点

应用文体翻译都有现实的，甚至功利的目的，要求译文达到预期的功能。目的和功能是应用文体翻译的依据和依归。翻译的功能目的论认为，原文和译文是两种独立的具有不同价值的文本，各有不同的目的和功能，作者通过源语文本提供信息，译者则将源语的语言和文化信息有条件地传递给目的语的接受者。至于译者对源语文本信息的选择、翻译策略的运用及译文的表现形式，则取决于翻译委托人和译本接受者的需要和愿望。功能目的论的理论核心在于翻译的目的和译文的功能。

应用文体包罗广泛，不同的次语域具有不同的特点。信息性、劝导性、匿名性和时效性是绝大多数应用语篇具有的主要特点。根据不同的文体特点及翻译委托人的要求，应采用不同的翻译策略。

（一）信息性

信息性（infomativity）是指译本对目的语读者提供所需的原文的信息。语篇中有的信息对原语读者来说很重要，而对目的语读者来说却不然；有的信息对原语读者来说用处不大，而对目的语读者来说非常有用。要维持语篇信息性的合理程度，在翻译过程中对信息做陈述，不仅要考虑语言本身，还要考虑专业因素及语言产生的种种变数。要根据目的语的阅读经验和期待视野对语篇中的信息进行适当调节、取舍，使之适合于目的语读者的需求。

（二）劝导性

应用翻译的劝导性（persuasiveness）表现在译文内容对读者的启示和引导。劝导人们做什么或不做什么。新闻报道劝导人们相信什么或不相信什么，说明书指导人们该做什么或不该做什么，广告诱导人们购物，旅游指南吸引人们参观景点，科普读物劝导人们辨别真伪，就连有的科技论文也带有劝导性。

（三）匿名性

匿名性（anonymity）包括两方面的内容。一是大多数应用翻译语篇应业务交往或工作之需，仅在有限的范围内交流，译者对委托人负责，有时委托人可能就是读者本人，没有必要署名。对于公开出版物，译者有署名的，也有不署名的，这由出版单位与译者协商决定。二是大部分应用翻译缺乏译者个性和风格，文本的互文性强，有的文本，特别是部分技术文本和商务文本具有固定的格式，有的甚至有刻板的现成句式，语句的复现率大，遵循大致相同的程式（经常与原文的形式相应），译者无须署名。

匿名并非推脱责任。如果译文有严重的质量问题，委托人一般向受托人（如翻译公司）追究责任。

(四) 时效性

时效性(timeliness)指两个方面。一是译文本身的时效。应用翻译的主要功能是传递信息。信息在一定的时空中产生效益。无论新闻、产品推介、可行性报告、招标书，或是广告、商务协议、技术报告等，都有一定的时间性。超过时间，就意味着失效。二是译本的时效性经常转化为"翻译时限"。翻译时限即指委托人对译者完成译文的时间要求。翻译时限是翻译服务质量要求的重要指标之一，也是翻译报价的依据之一。

世界已进入网络时代。信息量越来越大，传递的速度越来越快。与之相适应的是翻译量与日俱增，翻译速度成倍增长，翻译的无纸化程度急速提高。译者要利用网络与委托人沟通，通过网络了解委托人的翻译要求，接受原文、传递译文。电子化和网络化是保证翻译时效性的工具，译者必须努力掌握。

信息性、劝导性、匿名性、时效性是应用翻译通常具有的共性。除此之外，不同类型的语篇翻译还有其特殊性。例如，广告语篇或企业推介有功利性，公共告示、政府文件有说教性，等等。

二、应用翻译的目的性原则

应用文体翻译要求译文达到预期的目的和功能。翻译一则广告是为了向受众宣传或推销产品，翻译科技文本是为了传达科技信息，翻译商贸文件是为了业务交往……目的性还表现在译前有明确读者对象——可能是个人、多人或群体。

(一) 翻译的目的准则

德国功能目的论(Skopos Theory)奠基人之一 H. J. 弗米尔(H. J. Vermeer)是这样表述她的目的性原则的：Each text is produced for a given purpose and should serve this purpose. The Skopos rule thus reads as follows: translate / interpret / speak / write in a way that enables your text / translation to function in the situation in which it is used and with the people who want to use it and precisely in the way they want it to function.

每种语篇的产生都有一定的目的，并服务于这一目的。目的性原则是这样表述的：无论笔译、口译、讲话或写作所生成的语篇/译文，都要能在对方的语境中对想要使用该语篇/译文的人确切地发挥它的功能。

在弗米尔等的目的论中，翻译的目的和功能被强调到至高无上的地位。翻译工作的具体目标往往跟翻译的发起人或委托人的特定目的联系在一起，也就是译文要满足委托人的要求，为受众或使用者所接受，达到译文应该达到的功能。因此，翻译目的因翻译委托人(如出版商、译文使用单位或任何个人)的不同而不同，也因为文本接受者的不同而变化。原语文本只视为作者向接受者提供信息，翻译就是有目的地将原语的文化信息传递给目的语接受者。至于原语文本或信息的选择及译文的形式并非决定于译者或原语的形式，而主要决定于翻译委托人、译本接受者的需要和期望。翻译的最终目的是要使读者/听者接受，译文的功能就是在译语语境中发挥预期的作用。

根据目的论，无论何种翻译，其最高法则都是"目的准则"。根据目的准则，一种翻译行为由行为的目的决定，即"目的决定手段"。在目的论的理论框架中，决定翻译目的的最重要因素之一便是受众——译者心目中的接受者，他们有自己的文化背景知识、对译文的期待及交际需求。每一种翻译都指向一定的受众，因此翻译是在"目标语情景中为某种目的及目的受众而生产的文本"。为此，翻译时必须考虑文本的接受者，了解其文化背景、知识结构、期待和感受性等。目的性原则并非仅仅基于译者对原本形式和内容的简单认同与取舍，它还涉及受众诸多特征的反作用，译者因此也具有翻译过程中的主体性地位，要求充分发挥其主观能动性，对文本信息的量与质的综合传递给予相应的控制和调节。

目的论把原文只是看作"提供信息的源泉"(offer of information)。翻译的目的是通过发起人指派的"任务"(commission)确定的，必要时译者也可以调整目的。目的论还有另外两个准则：一致准则(coherence rule)和忠信准则(fidelity rule)。前者指译文须符合篇内一致(intratextual coherence)的要求，是针对译文语篇内部及其与译入语文化之间的关系而言的；后者指译文与原文之间应符合篇际一致(intertextual coherence)的要求，是针对译文语篇与原文语篇之间的关系而言的，译文须与原文逻辑一致，"忠信准则"必须首先服从"目的准则"和"一致准则"。

由上可知，翻译目的往往不是单一的。翻译目的确定后，译者根据目的行事。例如，采用归化法(domestication)，用具有译语文化色彩的词语来翻译原语的词语，目的是译文地道生动，读起来流畅。如果采用异化法(alienation)，则迁就外来文化的语言特点，吸纳外语表达方式，目的是译文保持原文的文化风貌，让读者熟悉原语文化。可见，没有哪一种原文只有一种正确的或理想的译文。

翻译的目的决定原语信息的取舍，决定翻译策略及文本的形式和风格。

（二）原文信息的取舍

从翻译的性质而言，应用翻译是按社会或个人认知需要，在不同符号系统之间所做的文化信息的传递过程。从职业而言，应用翻译旨在提供信息，属于第三产业中的语言服务业。既然是服务业，应以满足顾客或委托人的需求为宗旨。顾客和委托人属于不同行业，要求提供不同内容和不同形式的语篇。译者很少有根据自己的偏爱选择原本的机会，即使同一原本，不同的委托人也可能提出不同的翻译要求。例如，有一份大型矿山的详细资料，地质工程师对矿山的地质地貌及水文资料感兴趣，机电工程师关注各项运行设备，采矿工程师则关心其开采方法及相应的技术手段，管理人员则更想了解其管理模式、开采指标、成本核算，而企业的领导者则着眼于全面的情况等。如果语篇涉及文化的差异，则更需一番变通。例如，由潘鹤教授设计的贺龙元帅铜像，屹立在天子山贺龙公园。铜像高6.5m，重大约100t(张家界旅游画册)。国内游客大多熟悉贺龙元帅生平。原文突出雕像的雄伟气势和设计者的知名度。但境外游客想知道的是雕像为何许人也，为什么要树他的雕像，他与此地有何关系。铜像直观形象，游人对它的设计者(除非是世界级的)、高度、重量不会产生兴趣。所以译者在以下译文中改变信息焦点，实际效果反而更好。

The Grand Bronze Statue of Marshal He Long. He Long(1896—1969), one of the founders of the People's Republic of China, born in Shanzhi, somewhat 60 kilometres from the tourist site, led many battles during the Anti-Japanese War and the Liberation War.

（三）翻译策略的选择

翻译目的决定翻译策略（直译或意译，归化或异化，等等），也决定译本的体裁或类型。所以翻译是在原文的基础上产生功能恰当（adequacy），而不是等值（equivalence）的译本，实际上就是原文在译语语境中的重新定位。例如，在中国一提到孔子，上至白发苍苍的老人，下至天真幼稚的顽童，无人不知，无人不晓，人们为了纪念他，在许多地方都建有祭祀他的寺庙，天津也不例外。Confucius is a household name in China. Temples in memory of him could be found everywhere in China. Tianjin is no exception.（李欣译）

原文是典型的汉语表述，讲究辞藻，多四字结构，且语意有重复。译文则按英语习惯去繁就简，目的是便于译语读者接受。但是反过来英译汉时适当采用四字结构，可使译文节奏感强，文采陡增。例如：All dialects are linked historically and all developed from a com—mon ancestor, Proto—Slavonic. 所有方言历史上都一脉相承，源出一宗，即原始斯拉夫语。

（四）译文形式的确定

中介人和译者通常要根据不同的传播中介或传播对象来确定译语的形式和风格，如弗朗西斯·培根（Francis Bacon）*Of Studies* 中的一段，王佐良用浅近的文言文翻译，而廖运范用白话文翻译，风格迥异：To spend too much time in studies is sloth; to use them too much for ornament is affectation; to make judgment wholly by their rules is the humor of a scholar. They perfect nature and are perfected by experi—ence, for natural abilities are like natural plants, that need pruning by study, and studies themselves do give forth directions too much at large, except they be bounded in by experience.

有一技之长者鄙读书，无知者羡读书，唯明智之士用读书，然书并不以用处告人，用书之智不在书中，而在书外，全凭观察得之。读书时不可存心诘难作者，不可尽信书上所言，亦不可只为寻章摘句，而应推敲细思。（王佐良译）

机巧的人轻视学问，浅薄的人惊服学问，聪明的人却能利用学问。因为学问本身并不曾把它的用途教给人，至于如何去应用它，那是在学问之外、超越学问之上、由观察而获得的一种聪明呢！读书不是为着要辩驳，也不是要盲目信从，更不是去找寻谈话的资料，而是要去权衡和思考。（廖运范译）

归根结底，译品是简是繁，是略是全，是文是白，是由中介人根据翻译目的而定。

三、应用翻译的理论原则

翻译研究的基础是翻译实践。应用翻译主要是信息翻译。信息是可以验证的，包括客观世界中的实践、状态、过程、物体、人物、地点等。应用翻译理论首先要符合信息翻译的特点和要求，经得起科学验证和实践检验。应用翻译的理论原则包括实践性、对策性、功能性、系统性和综合性。

（一）实践性

实践是应用翻译理论研究的出发点。应用翻译理论来自实践，又指导实践，并在实践中接受检验，得到修正。"应用翻译研究主要是基于实践的研究。……这类实践研究是把实践的元素融入方法论或研究产出中去的一种学术研究"。陈刚指出翻译理论的实践性主要在于两方面。

(1)语言(包括原语和译语)实践，即以语言的多样性、差异性，以及双语的可译性为基础，研究翻译实践中的各种问题。

(2)翻译过程及翻译过程的参与者，包括原文、作者、原文读者、翻译发起人、译者、译文、读者等因素，描写并解释应用翻译的实践过程，重点是译者、译文、读者。

（二）对策性

对策是应用翻译理论研究的落脚点。对策包括理论观念、策略手段和翻译技巧三个方面。

(1)理论观念研究，指对应用翻译的实质、目的、功能和特征的探索和论证。

(2)策略手段研究，包括对已有策略(如归化、异化、同化、改写、阻抗、文化移植、全译、变译等)的适应性研究和创新研究。"要研究的不仅是哪些手段属于常规性，哪些手段属于变通性；更重要的是，运用哪些手段的基本作用机制，即在什么条件下可以考虑运用哪些手段，在什么条件下哪些手段不宜运用，以及为什么不宜运用。"

(3)翻译技巧研究，传统的研究主要从语法角度加以条理化、系统化。现在，除在传统技法的基础上进一步发展外，需从各种相关学科(如语用学、篇章语言学、认知语言学、语言心理学等)的原理出发，对翻译技巧加以总结和提炼，并有更好的概括和解释，适应应用文本新词生长快、形式变化多、互文性强等特点。

（三）功能性

就翻译实践层面而言，应用翻译中除等功能翻译外，还有近功能翻译和异功能翻译。异功能翻译使译文和原文具有不同的功能。例如，根据翻译委托人的意愿，译者可将以呼唤功能为主的原文只翻译其信息内容；委托人也可能要求译者把几篇主题相同文章综合翻译成一篇综述性文章。显然，综述性译文的功能既不等同于某篇文章的功能，也不等同于原文或几篇原文功能的总和，而是贯穿于应用翻译理论研究的各层面。但是，就目的论而言，目的是首要的，功能可以因目的的改变而改变。

从理论层面而言，应用翻译理论除实践功能外，还有认识功能(由研究应用翻译的本质特点而得)、方法论功能(以研究翻译策略和方法为基础)、批判功能(依赖于应用翻译理论的本体论、认识论、价值观、方法论)等。

（四）系统性

应用翻译理论研究的系统性包括两方面。一是应用翻译子系统受制于翻译学总系统，随翻译学总系统的发展而发展;反过来,子系统的发展也有助于翻译学科总系统的发展。也就是说,应用翻译理论研究要接受总系统普遍理论的指导,要运用总系统中的相关研究成果。例如,文化学派理论是宏观理论,认为翻译实践是与一定的历史现实相联系的实践,是在一定的文化历史环境下按照某一社会群体的利益对原文进行重新阐述的实践,它本质上是社会文化的实践。这对应用翻译理论研究有指导意义。翻译过程中译者不仅翻译字句,也翻译意识,对译与不译或改写的选择有时基于意识形态的考虑。二是应用翻译理论子系统相对独立,它有自身的研究对象、范畴和方法论,区别于翻译学科中的其他子系统。

(五)综合性

应用翻译理论研究的综合性体现在两方面。一方面,是研究对象的综合性,据上所述,应用翻译语域宽、涉及广,其理论的覆盖面应具有应用翻译所及的宽广度。因此,需要提炼各次语域的共性,加以集中研究和讨论,特别要侧重于应用翻译功能、目的、文本类型、翻译规范、翻译策略、翻译技巧等方面的理论研究。另一方面,是对于与应用翻译密切相关的交叉学科的综合研究,特别要加强对应用翻译研究范畴具有开拓性和依赖性的学科的综合性研究,如功能语言学、文本类型学、文体学、社会语言学、篇章语言学等。

四、应用翻译的实践原则

应用翻译理论既从语言学派那里得到支持——特别是功能语言学和语用学的支持,也从文化学派那里得到支持,如关于意识形态、翻译的社会文化规范理论等的应用。应用翻译的研究者不但从各自熟悉的语域提出翻译实践的对策性理论,而且从中观上提出翻译的原则和标准。早在 2003 年,林克难就提出"看译写"(后来改为"看易写")的翻译原则;随后,丁衡祁(2006)针对公示语的翻译提出模仿—借用—创新的翻译原则;杨清平(2007)提出"目的指导下的功能原则与规范原则";等等。这些原则或模式,有的吸收外来成分,有的继承传统译论,注入新的思想,对于指导翻译实践或做进一步的理论研究,都有重要意义。但是,作为宏观理论,上述原则或模式的解释力和概括力可进一步提升,为此,笔者提出应用翻译达旨—循规—共喻的总原则,以在更大范围内适应翻译实践和研究,提高理论的概括力和解释力。

在译论研究中,我们需要继承传统的思想脉络和固有的理论特色,吸收外来有用的成分来讨论面临的问题。达旨—循规—共喻三原则是根据严复的翻译思想和翻译实践,结合文化学派规范理论和功能目的论提出来的,是中西翻译理论元素相结合的尝试。达旨——达到目的,传达要旨;循规——遵循译入语规范;共喻——使读者畅晓明白。三者各有侧重,互为因果。其中,"达旨"和"共喻"源自严复的"译例言";"循规"源自文化学派的翻译规范理论。翻译活动发生在一定的社会文化环境之中,译者为使翻译获得认可,就必须要遵守译文社会的规范。作为翻译原则,我们要吸取的只是"达旨""循规""共喻"源出文本思想的合理内核,而非照抄照搬。

（一）达旨

在我国的译论中，对严复的"信、达、雅"基本上是接受的。但对他的方法论或具体的译书方法一般持反对态度，这是一对矛盾。学者们特别认为严复的"达旨"不可取。例如，傅斯年先生在《译书感言》中说："严几道先生那种'达旨'的办法，实在不可为训，势必至于'改旨'而后已。"（转引自罗新璋，1984：366）范存忠先生在《漫谈翻译》一文中也说："严氏所谓'达旨'，所谓'发挥'，一般理解为意译，实际上是编纂，完全超出了翻译的范围。"（转引自罗新璋，1984：784）那么，我们用今天的目光来重新审视一下严复的"达旨"。

1. 严复的"达旨"

"达旨"是严复翻译《天演论》的基本思想。对他来说，"达旨"既是翻译原则，也是翻译策略。汉语的"旨"有"意义""目的"双重意思。所以严复达旨的双重性在于：通过翻译，在表达原作意思的同时，达到译者的目的；或通过传达原文之旨（意思）来达到译者之旨（宗旨）。严复的《天演论》就是达旨式的译文。

王克非指出严复的达旨，发端于他译书的目的。他在《原强》一文中说："意欲本之格致新理，溯源竟委，发明富强之事，造端于民，以智、德、力三者为之根本。三者极盛，则富强之效不为而成；三者诚衰，则虽以命世之才，刻意治标，终亦隳废。"严复以探究"格致新理"来促进国家富强，这是他译书的总目标。为了达到译书的目的，他"不云笔译，取便发挥"，摆脱原文的缰绳，自由驰骋。严复的"达旨"一般采取三种方法。

（1）在文内加警句，点主题，如《天演论》首段中有"离离者亦各尽天能，以自存种族而已。数亩之内，战争炽热，强者后亡，弱者先绝"之译句，系译者自加，"是为了突出宣传'生存竞争''救亡保种'的爱国主义思想作伏笔的"。

（2）替换实例，改造原文，甚至把自己的观点强加于原文的"实非正法"。

（3）文外加按语，在《天演论》的翻译中"他一半通过翻译，一半通过按语，将他认为必需的达尔文基本原理、斯宾塞普遍进化观和赫胥黎以人持天、自强保种之新观点——摄取，连同他自己的理解、倾向和强调，综而统之，注入书中。"

罗新璋指出他在译例言中对"达旨"的解释：译文取明深义，故词句之间，时有所颠倒附益，不斤斤于字比句次，而意义则不倍本文……题曰达旨。《天演论》的第一句的译文就为他以上论述作了最好的注释。

这里严复解释他如何达旨。不拘于原文形式，重在内容，采用多种有效手段，用自己的语言译述，这是今天我们仍然可以借鉴的。严复为了达到他本人之"旨"，在翻译中还采用一般译者不屑、不为或不愿的种种方法，"取便发挥"。例如：

Things are vastly changed since the passions of those who were strong by station or by personal endowment were in a state of habitual rebellion against laws and ordinances, and required to be rigorously chained up to enable the persons within their reach to enjoy any particle of security.

(On Liberty, Paragraph 6, Part 3)

故之人民，或以其地望之独尊，或以其财力之胜众，实时与其国宪法，相互抵触。是非约束之严，势且弱肉而强食，而民之性命财产，无一息之获安。

比起《天演论》和《名学浅说》，严复《群己权界论》还算是忠实于原文的。但是在上文中严复还是从达旨的理念出发，加上了原文中没有的字句，如"势且弱肉而强食"。

严复达旨的高度常人很难达到，"他'于西学中学，皆为我国第一流人物'，是'十九世纪末年中国感觉敏锐的人'，才有可能胜任这种以达旨式译法传播西学的重任"。这里，我们借用"达旨"两字，主要就他的翻译思想而言，同时吸纳他的颠倒附益、长句短译、增译减译等方法。

严复的达旨包括达到目的和传达意义两个方面，两者互为因果，不能偏废。功能只是译文的一种可以把握的属性。

2. 目的论与达旨

目的论的理论核心在于翻译的目的，亦可谓达旨。与严复不同的是，目的论中的达旨主要不是表达或达到译者个人之旨，而是通过译者表达或达到翻译委托人和译本接受者的旨。开译之前，译者要了解委托人或客户对翻译的要求和目的，也就是要了解译文的预期功能、译文读者、翻译的时间、译文的空间（译文的篇幅或信息含量）、译文的传播媒介等。这就是所谓的翻译要求或翻译纲要。翻译要求也可以由客户和译员共同讨论完成。译员根据翻译要求制定翻译策略，翻译要求成为译者翻译工作的目标。

应用翻译中有大量信息型文本，如教科书、技术报告、报刊文章、学术论文、会议纪要等。信息型文本的核心是关于某个主题的事实，是语言之外的现实世界，因而信息和客观事实是翻译的着力点。诺德认为，"信息型文本的主要功能在于向读者提供真实世界的客观事物和现象。语言和文体形式的选择应该服从于这一功能"。除信息型文本外，应用翻译还面对以呼唤功能（vocative function）为主的文本，如通知、广告、企业推介、宣传文字等。这类语篇有较强的劝导性，着力点在于号召读者"去行动、去思考、去感受"。当然，许多语篇是以一种功能为主，兼有其他功能的。不管怎样，在形式和内容的关系上，翻译应着重于意义和精神。而不是拘泥于原文的语言形式。奈达认为，"作为职业翻译，最重要的是有效地传递意义，因为意义才是客户确切想要和需要的东西。他们所关心的不是文本的形式特征，而是文本的内容"。可见，坚持达旨的原则乃是译者的根本。

（二）循规

循规即遵循译入语的文化规范。文化学派认为规范是社会文化对翻译的约束力。"翻译是一项受规范制约的行为"。赫曼斯说："规范是心理和社会实体，是人们互动交际中重要的构成因素，属于社会进程中的一部分。从广义上讲，规范涵盖常规与法令之间的全部领域。"可见，翻译规范是译者的翻译行为所遵循的原则，翻译法令、翻译标准、翻译规则和翻译常规等都是翻译行为原则，虽然它们对翻译行为的约束力有强弱差异，但都应纳入"翻译规范"的范畴之内。

1. 符合译语思维方式

对于同一内容，不同民族的思维角度可能不一致。思维上的民族特征从语言差异上反映出来，这种差异靠语言本身的规则是解决不了的。一种语言代表一种文化，从某种意义上说，翻译就是翻译文化，只能靠研究民族文化和与此相关的不同思维特点去解决。例如：

我公司经营各类城市绿化专用树苗几十个品种 50 余万株，完全达到随来随购，顾客满意的程度。

The company's stocks of dozens of species(a total of 500,000－odd saplings)are sufficient to meet the demand of urban tree planting.

译文中的 sufficient to meet the demand 足以传达原文中的"随来随购，顾客满意的程度"。这里，汉语思维方式无法通过英文传达出去，硬译出来，译文会显得臃肿，不堪卒读。又如以下广告语：

A world of comfort—Japan Airlines. 充满舒适与温馨的世界——日本航空公司。

Coke refreshes you like no other can. 没有别的食品能像可口可乐那样使您精神豪爽；没有别的罐装饮料像可口可乐那样使您清新。

上例中"can"语义双关，汉语无对应词，可分别译出。

2. 遵守译语规范制度

不同的国家实行不同的货币制度、纪年制度和技术规范，也有不同的职称、职衔，翻译时常需转换或改译，采用译入语国家的相应说法。为此，译文有时必须加以调整。

Sandringham 52 49N 0 30E A village in E. England, in Norfolk. The Sandringham estate was bought by Queen Victoria for Prince of Wales(later Edward Ⅶ)in 1861.

桑德灵厄姆 东经0°30′，北纬52°49′。英格兰东部诺福郡一村镇。1861 年维多利亚女王为威尔士亲王(后来的爱德华七世)买下该处房产。

经纬度、温度(英语国家多用华氏，我国用摄氏)、度量衡制度(英语国家多用英制，我国用公制)常要以译入语国家的规范为准，有时须进行换算。

又如：High explosives detonate at velocities varying from about 5 000 to 25 500 feet per second, depending on the explosive composition. 不同的猛炸药，根据其组成成分，爆炸速度大致在 1 500～7 500m/s。

上例汉译将速度的英制单位转换成我国规定使用的公制单位。

第十一章 工程技术翻译学

工程技术翻译这一行业，一般人不大熟悉，即使在外语翻译教学与研究领域，直接从事过第一线工程技术翻译实践的人也是极少数。但实际上，工程技术翻译在中国至少存在一百七十多年了，并且越来越多地被运用在我们周围和世界各地。

第一节 工程技术与工程技术翻译学

一、什么是工程技术

"工程"一词，据考证最早出现在南北朝时期，主要指土木工程，如《北史》记载"营构三台材瓦工程，皆崇祖所算也"。当今中国进入了繁荣发展的时代，只要我们稍微留心身边发生的事情，就会发现无数个"工程"包围着我们：学校里有"育英工程""电子工程""机械工程""生物工程""建筑工程""医药工程""管理工程"；社会上有"人才工程""希望工程""就业工程""送温暖工程"；工商业的名目就更多了，如"菜篮子工程""送水工程""坝堤加固工程""装修工程"……可以说是多如牛毛，数不胜数，几乎随便做一件事情，都可以称之为"工程"。但是，"工程"有没有基本的定义呢？

2007年商务印书馆出版的《现代汉语词典》（第五版）对"工程"的定义是：①土木建筑或其他生产、制造部门用比较大而复杂的设备来进行的工作，如土木工程、机械工程、化学工程、采矿工程、水利工程等，也指具体的建设工程项目；②泛指某项需要投入巨大人力和物力的工作，如菜篮子工程（指解决城镇蔬菜、副食供应问题的规划和措施）。

2002年美国出版的《韦氏新百科大辞典》（*Webster's New Encyclopedic Dictionary*）对"工程"（engineering）的定义是："①the activities or function of an engineer. ②a: the application of science and mathematics by which the properties of matter and the sources of energy in nature are made useful to people. b: the design and manufacture of complex products [software engineering]. ③calculated manipulation or direction (as of behavior) [social engineering]."

1995年英国牛津大学出版的《牛津简明英语词典》（第九版）（*Concise Oxford Dictionary*）对"工程"的定义是："the application of science to the design, building, and use of machines, constructions, etc."

对比这三种定义，我们不难发现：《现代汉语词典》定义中的①与《韦氏新百科大辞典》定义中的①和②、《牛津简明英语词典》定义中的唯一一项基本一致，而《现代汉语词典》的

②大致相当于《韦氏新百科大辞典》的③。

由此，我们可以这样总结：在世界范围内，"工程"（engineering）主要是指在生产、制造等工业技术部门的大型而复杂的工作，其次是指某些需要投入巨大人力、物力的工作。本书所讨论的"工程"正是这里的首个义项所指。

另外，还有一个词"项目"，常常容易与"工程"混同。现代汉语词典（第五版）对"项目"的定义是：事物分成的门类，如服务项目、体育项目、建设项目。又根据百度百科：项目是"一系列独特的、复杂的并相互关联的活动，这些活动有着一个明确的目标或目的，必须在特定的时间、预算、资源限定内依据规范完成"。

根据《牛津简明英语词典》，project means "① a plan；a scheme. ② a planned undertaking. ③ a usu. long-term task undertaken by a student to be submitted for assessment."

又根据美国出版的《韦氏新百科大辞典》，project means"①a specific plan or design：scheme. ②obsolete：idea. ③a planned undertaking：as a：a definitely formulated piece of research b：a large usually government — supported undertaking c：a task or problem engaged in usually by a group of students to supplement and apply classroom studies. ④a usually public housing development consisting of houses or apartments built and arranged according to a single plan. synonym see PLAN".

根据以上三个"项目"（project，另一个同义词是program）的定义，我国的"项目"与英国定义②、美国定义③及④是基本一致的，即从事一项计划性的、需要投入人力和物力的活动。这样，"项目"就与"工程"非常接近了，二者的区别主要在于"工程"强调较大规模的人力物力计划性活动（常指宏观的工程行为），而"项目"泛指任何规模的这类活动（常指具体的工程行为）。因此，本书的"工程"就是特指较大规模的工业建设项目，与前页第五段文字对"工程"的总结一样，而且也符合我国一线工程技术人员的习惯称呼（例如，中国建筑工程总公司的英文名称是 China State Construction Engineering Corporation，而项目经理的英文是 Project Manager）。

殷瑞钰、汪应洛和李博聪提出我国工程哲学家对"工程"的定义更加专业和细致："所谓工程，是指人类创造和构建人工实在的一种有组织的社会实践活动过程及其结果。它主要是指认识自然和改造自然世界的'有形'的人类实践活动，例如建设工厂、修造铁路、开发新产品等。""工程是集成建构性知识体系使技术资源和非技术资源最佳的为人类服务的专门技术；有时也指具体的科研或建设项目。"这个定义与本书上述认识也是一致的。

"技术"的种类也是五花八门，我们平常可以见到"通信技术""装配技术""缝纫技术""驾驶技术""烹饪技术""公关技术"，那么"技术"的基本定义是什么呢？

《现代汉语词典》（第五版）中对"技术"是这样定义的："人类在认识自然和利用自然的过程中积累起来并在生产劳动中体现出来的经验和知识，也泛指其他操作方面的技巧。"

2002年美国出版的《韦氏新百科大辞典》中对"技术"是这样定义的："① a：the practical application of knowledge especially in a particular area：engineering（medical technology). b: a capability given by the practical application of knowledge(a car's fuel-saving technology). ② a manner of accomplishing a task especially using technical processes, methods, or knowledge. ③ the specialized aspects of a particular field of endeavor (educational technology)."

《牛津简明英语词典》(第九版)对"技术"(technology)是这样定义的："①the study or use of the mechanical arts and applied sciences. ②these subjects collectively."

我们通过对三条"技术"定义分析，可以发现：《现代汉语词典》①与《韦氏新百科大辞典》①和②以及《牛津简明英语词典》中的唯一一条相似。由此，我们可以这样总结：在世界范围内，"技术"主要是指人们运用自然科学和知识的能力。本书涉及的"技术"正是这个义项所指。而且在工程哲学意义上，"技术"还包括三个相互联系的方面，即技术的操作形态、实物形态和知识形态。

工程与技术联系密切，从这对概念的内涵来说，技术是工程的基本要素，工程是技术的优化集成。从一般媒体和公众的习惯说法分析，"工程技术"(包括"工程技术人员")实际上是对工业建设工程和应用技术的特殊称呼，而不是其他非工业建设的各行各业的所谓"工程"和"技术"。读者可以参见张常人主编的《汉英古今常用语汇词典》和美国汉学家德范克主编的《ABC汉英大词典》中相应的条目。

综上所述，在本书以后的语境中，"工程技术"这个名词指各国工业企业引进(输出)或承担的工程技术项目的内容，这也是该行业内的习惯称呼。

二、工程技术翻译学的定义

虽然"工程"和"技术"在各类词典和经典著作中已经有明确的定义，但是"工程技术翻译"这一表达法在目前还没有明确统一的定义，"工程技术翻译学"就更是一个新术语。那么，如何给这门新学问下个定义呢？

(一)从业者对工程技术翻译的称呼

在引进(输出)工程技术项目翻译的实践中，翻译人员、技术人员、管理人员和普通员工习惯把翻译工作和翻译职位说成"工程翻译""技术翻译""工程技术翻译""企业翻译"或"施工翻译"，甚至对翻译者也这么称呼。例如，原上海金山翻译有限公司掌门人陈忠良先生从事引进(输出)工程技术翻译四十年，就把自己从事的职业称为"工程技术类翻译"。在我国数量众多的15 000家翻译公司中，大多数承接工程性或技术性翻译工作的公司都冠名为"工程技术翻译公司"，而非"工程翻译公司"。此外，在我国各种报刊媒体的报道中，更多是采用"工程技术翻译"，类似的还有"工程技术人员""工程技术质量"等。

如果仅仅说"工程翻译"，行业内的人员当然明白，不过容易让外行人产生误解，以为这门翻译是为诸如本章第一节中所列举的五花八门的所谓"工程"服务的。如果仅仅说"施工翻译"，涵盖的范围又过于狭窄，听起来缺乏学科理论的内涵，毕竟一门学科不仅要面向行业内的人士建立，而且还要面向社会的各个阶层。但如果又仅仅说"技术翻译"，似乎也不能概括这门翻译工作的所有内涵,因为这个行业翻译涉及工业技术和技能、工程现场建设活动、公关及法律活动。

一门学科的术语,首先应该涵盖学科的内涵,同时还要尽可能为学科内外的广大人员理解和接受。所以,本书赞成采取从业者的习惯称呼"工程技术翻译"来命名这个行业的翻译工作,以及本书拟研究和构建的新学科"工程技术翻译学"。

(二)从业者对工程技术翻译的认识

我们先看看几位工程技术翻译者对此的认识。

资深俄语工程技术翻译家陈九皋的解释是:"所谓工程翻译,就是以工程为对象的翻译"。

本书评价:这个解释很简要,对于行业内部的人员来说是明白的,但是作为一门学科的概念术语显得过于简单笼统,缺乏明晰的内涵。

上海工程翻译协会的翻译者们的解释是:"工程学、工程技术、工程设计和工程施工领域中的翻译工作可称为工程翻译,亦可以理解为所有关于可应用到具体工农业生产中的自然科学及工程技术的翻译,以及各类与工程相关文件和材料的翻译,具体包括技术规格书、说明书、指南、手册、合同、专利、广告、网页等。"

本书评价:熊智和彭芳的解释更加具体明确,包括了实际翻译的大部分内容,对"工程技术的翻译"亦有所提及,定义中似乎也涵盖了笔译和口译两部分内容。但是,其中的"工程学"一词,尽管表面上与"工程"仅一字之差,却实际属于科学或学科的范畴,而非"工程"。此外,这个定义对翻译内容的表述过于宽泛,如"可以理解为所有关于可应用到具体工农业生产中的自然科学与工程技术的翻译",实际上超出了引进(输出)工程技术翻译人员的工作范围,没有凸显"工程技术翻译"的内涵。

2010年,全国翻译企业协作网领导小组颁布的《现场口译服务质量标准》(以下简称《标准》,2010)对工程技术翻译涉及的"现场口译"进行了说明:"本标准所述的现场口译,仅指工程建设、技术交流、技术和工艺引进、工业设备引进等涉外工程项目建设从立项至结清全过程中的各类口译,属工程技术类口译范畴。"

本书评价:这个《标准》概括了工程技术口译涉及的主要过程,可惜并未提及笔译工作。而且,就2008年以来我国成为全球第一大出口国和第二大进口国的实情看,"技术和工艺引进、工业设备引进"这种单向的工程技术交流已经无法反映出我国外贸领域和工程技术翻译的实际情况了,因此可以改为"技术和工艺引进与输出、工业设备引进与输出"。

著名翻译家方梦之主编的《中国翻译学大词典》是部分翻译理论研究者的共同研究成就,其中没有"工程技术翻译""工程翻译"或"技术翻译"的词条,只有相似的词条:企业翻译、经贸翻译、工程谈判的口译。"工程谈判的口译"与本书的研究对象最接近。"工程谈判整个过程分为五个阶段:①发标或招标;②投标;③评标;④开谈;⑤成交。内容上包括商务谈判和技术谈判两大部分。体现工程谈判过程的是每次会议的会议纪要或备忘录,体现谈判结果的是一份合同。大多数工程谈判规定以英语为工作语言或合同语言,但对手未必是以英语为母语的,如,日、法、德等国的出口商占相当比例。他们口音各异,表达方式也有差别：有的善于辞令，有的外松内紧，有的含蓄圆滑。对此，译员要有深刻的领悟力，明白无误地译出深层的意思，将双方的本意拧到一起，从而有助于谈判的进展……"。

本书评价：该定义很长，但仅仅提及工程技术翻译工作刚开始的部分，即工程合同谈判的部分内容，远远没有反映出引进（输出）工程技术项目所经历的事情，也远远没有表述出工程技术翻译人员所承担的实际工作内容。从第四句话起（"大多数……"），该条目不大像在为一门学科的术语下定义，而似乎在面向学生做讲座。

本书作者对工程技术翻译的认识：工程技术翻译是指引进或输出工程技术项目（工业工程项目建设、工业技术交流、工业技术和工艺引进与输出、成套工业装备及大中型单机设备引进与输出）从启动立项至结清手续全部过程中的翻译工作，包括各种文件、资料、过程及相关信息的笔译和口译。

本书评价：这个定义吸收了全国翻译企业协作网的定义成果，涵盖了工程技术翻译的全部工作，包括了对象、过程、方式、内容等基本要素，在逻辑上与"工程"和"技术"两个概念保持了一致。关于这个定义，本书拟定的英文术语是 Industrial Engineering Interpretation and Translation(IEIT)。在 Engineering 前面加上定语 Industrial(工业的)主要为了区别于其他行业的"工程"；在口语或实践中也可以说 Industrial (Project) Interpretation and Translation。把 Interpretation 放在前面，Translation 放在后面，是考虑到口译是一个工程技术项目最先开始的翻译方式，而笔译一般随后。本定义涉及的语境、性质、特征、过程等内容将在后续各个章节进行讨论。

（三）工程技术翻译学的定义

工程技术翻译学是研究引进或输出工程技术项目（包括跨国工程技术项目建设、工业技术交流、技术和工艺引进与输出、成套工业装备及大中型单机设备引进与输出）从启动立项至结清手续全部过程中的"一条龙"翻译工作的学科。

作为一门独立的学科，工程技术翻译学的研究对象首先是它的定义、历史发展、研究现状，它的客观性研究对象主要是工程技术翻译的语境场、话语场、语域、词汇和语句，主观性研究对象主要是翻译者及其认知过程和思维场，整体性研究对象主要是工程技术翻译的性质、特征、标准体系、方法论及教育论。中外学者曾提出过普通翻译学和特殊翻译学的分类方法（Holms, 2000）。普通翻译学注重研究各类翻译活动的共性及其基本性质，特殊翻译学侧重研究特定领域或行业的翻译活动。本书研究的工程技术翻译学属于特殊翻译学的范畴，具有特定的研究对象及其历史、研究方法和研究结论（成果）。

作为一门新兴的学科，工程技术翻译学有许多基础性的工作需要进行。首先是界定工程技术翻译学的定义和范围，回顾和总结工程技术翻译的历史，梳理本领域的前期理论研究成果，然而这些基础工作目前尚无系统、现成的资料。工程技术翻译学的定义、客观性对象、主观性对象和整体性对象，其内涵与其他行业翻译的同等对象具有显著的差异，需要研究者在工程技术翻译实践的基础上，借鉴普通翻译学和其他学科的研究成果，进行独创性的探索，并努力构建一个合理的、完善的学科理论体系。

第二节　工程技术翻译学与相关翻译研究的区别和联系

随着我国现代化建设和国际交流活动的深入开展，涌现出了越来越多类型的翻译活动。与工程技术翻译相关的翻译实践有科学翻译、科技翻译、应用翻译、企业翻译、商务翻译等。从字面上看，这些翻译活动似乎相差不大或相互容纳，但实际上各自都有其侧重的方面和内涵，往往还建立了自己的一套术语和理论。

一、工程技术翻译学与科学翻译学/应用翻译学的区别和联系

由黄忠廉、李亚舒撰著的《科学翻译学》是特殊翻译领域少有的系统性的研究专著，2004年出版以来在全国影响较大。该书探讨了科学翻译的对象、基本策略、历史简述、本质、分类、规律、原则、标准、过程、翻译的中枢单位等宏观性的命题，还讨论了科学翻译教学、评论、机器翻译、词典编撰、术语规范等微观性的命题，其中对有些命题的探讨具有开拓性的贡献。然而，读者的疑问较为集中在"科学翻译学"的研究对象上。作者在其著作的开篇说明里指出："本书所取的'科学'含义是广义的，包括社会科学、自然科学、工程技术，甚至还包括外事、外贸等，总之，包括（本书作者注：原文没有"不"这个字，可能是印刷错误）以感情为主的非文艺领域的一切实用领域。"由此看来，"科学翻译学"的研究对象并非全部是一般人认为的自然科学和工程技术领域的翻译，而是除纯文学翻译外的所有翻译活动。尽管作者声明了这个定义的特指范围，但仍有人对于把除文学翻译外的所有内容塞入"科学"持不同看法，因为这难以符合一般读者对于科学的认同感。

两位作者在一定程度上总结了"科学翻译"的特点和规律，有高屋建瓴之势。不过，其中不少内容（包括举例）似乎与工程技术翻译"擦肩而过"，与我国工程技术翻译人员实际面对或承担的工作还存在很大差距。此外，支撑科学翻译学的另外两本著作是李亚舒、黎难秋合著的《中国科学翻译史》和黎难秋独著的《中国科学翻译史》。这两部著作资料丰富，叙述广泛，主要就"科学"文献翻译及出版历史进行了梳理和论述，对鸦片战争至洋务运动时期与工程技术翻译有关的人和事件也有所记载，不过还是显得零散。

应用翻译学的正式创建时间是2013年，以著作《应用翻译学》的出版为标志。该书是一部宏观性的、带有全局指导作用的著作，研究对象也很广泛，总共21章。这部著作基本上遵循了普通翻译学研究的思路，着重宏观命题的综述研究，开拓了翻译研究者的学术视野。

不过，该书对于其关键词（核心概念）"应用"所指涉及的内容显得薄弱，其"应用"研究的范围实际上仅仅涉及了翻译教学论、文化翻译论、宗教翻译论，就连流行的科技翻译、商务翻译、旅游翻译、会议翻译也没有论及，更没有空间容纳工程技术翻译。与其冠名"应用翻译学"，不如直接称呼为"普通翻译学概论"来得实在。

工程技术翻译学是研究发生在具有相当规模的工业企业内部的，并针对引进（输出）工

程技术项目的特殊行业翻译，它要总结工程技术翻译的历史实践经验，论及工程技术翻译的对象、性质、过程、原则、标准、方法等一系列特殊命题，为目前和将来的工程技术翻译实践提供较为直接而坚实的理论支撑。对于工程技术翻译学来说，科学翻译学和应用翻译学所论及的基本命题具有积极的启示意义。

二、工程技术翻译学与科技翻译研究的区别和联系

就名称来看，科技翻译与工程技术翻译是最接近的。首先，上海外语教育出版社出版的《科技英语翻译理论与技巧》中，作者戴文进对其研究对象是这样界定的："从广义上说，所谓科技英语，泛指一切论及或谈及科学或技术的书面语和口头语。具体说，其包括：①科技著述、科技论文（或科技报告）、实验报告（或实验方案）等；②各类科技情报及其他文字资料；③科技实用手册（Operative Means），包括仪器、仪表、机械和工具等的结构描述和操作规程的叙述；④科技问题的会议、会谈及交谈用语；⑤科技影片或录像等有声资料的解说词等"。这也是本书作者见过的对"科技英语翻译"最为具体的描述。由方梦之、范武邱主编的《科技翻译教程》对"科技翻译"没有给出明确的定义，仅仅提及"科技语域泛指一切论及科学和技术的书面语和口语，语域层次多、范围广。"其次，在中国的历史、经济和文化背景下，"科技英语翻译"实际上主要针对多学科或多行业进行的零散性的、任意性的、时效性弱的翻译活动，并且主要是一种宽泛的指称，开始流行于改革开放之初的20世纪80年代；而"工程技术翻译"是在特定工业部门进行的系统性的、强制性的、时效性强的、专业技术性较高的翻译活动，既包括笔译，也包括口译，这是一种范围和意义较为确定的指称。再次，两者在工作范围上还有一个明显的区别。从事一般科技情报或资料翻译的人员通常分布在各个层次的科技情报研究所或一些大中型企业的技术情报室，承担广谱类科学技术资料或专业情报的笔头翻译工作，他们自称（或被人称呼为）"搞科技翻译的"或"搞情报翻译的"；而从事工程技术翻译的人员主要是在大中型企业或大中型工程技术项目工作（无论是专职或兼职），主要承担工业部门（如机械、电力、化工、纺织、钢铁、汽车、建筑、路桥、矿山等）的大中型引进（输出）工程技术项目的翻译工作（包括口译和笔译），并且称呼自己（或被人称呼）为"工程翻译""工程技术翻译""技术翻译""施工翻译"或"企业翻译"。对于这一点，各自行业内部的翻译工作者和翻译客户是非常明确的。最后，尽管科技翻译主要针对广谱类科学技术书面文献的翻译，但也包括本书涉及的部分内容，在一定程度上有助于本书开展工程技术翻译学的研究。不过有一点必须指出：仅仅从事"科技翻译"的人不一定承担引进（输出）工程技术项目翻译的实际工作，而从事工程技术翻译的人则应该了解广谱类的科学技术知识。

三、工程技术翻译学与企业翻译研究的区别和联系

20世纪90年代，有些研究者讨论过企业翻译，还举行过四次全国性的大中型企业翻译研讨会。刘先刚把企业翻译研究定义为："在企业范围之内发生的，或为企业服务的，

或为企业所利用的,将一种语言信息转换为另外一种语言信息的活动,是促成操不同语言的人们相互沟通了解或合作共事的有声语言或有形语言移植再现的媒介。从语言学角度来看,企业翻译是科技文化交流和外语应用相互交叉实践的产物。以覆盖面为视角分析,企业翻译几乎囊括科技翻译领域和各个有机组成的方方面面,而且横跨社会科学、文学艺术等领域。它具有明显的目的性和功效性……已形成了有着明确目的的企业翻译活动的一条龙特点。"根据研究者的观点,企业翻译的研究对象包括"企业翻译与国际市场开拓、企业翻译与企业文化建设、企业翻译与外语应用、企业翻译与科技文化交流、追求企业翻译经济效益和社会效益等应用课题"。

2002年,许建忠在其《工商企业翻译实务》一书里也提出建立"企业翻译学"的思想,讨论了工商企业翻译的归属和分类、历史发展过程(自20世纪80年代后期全国召开石油企业系统的企业科技翻译研讨会算起),提出了工商企业翻译的原则、方法及特征,甚至还提及国际译联的认同。该作者从所有工商企业的角度出发,概括性较高,但与本书讨论的工程技术翻译仍然具有明显差异。

企业翻译的研究对象与本书的研究对象有重叠之处,它所涉及的范围除了企业的"科技翻译",还有其他"社会科学、文学艺术等领域",即企业的非技术部分。刘先刚、许建忠和文军提出企业翻译的突出特点表现在其综合性和技术性,具体说,就是既要负责"科技翻译",也要承担外宾接待、人员管理、经济效益管理等非技术翻译成分,因而对于企业翻译实践的核心内容"科技翻译"表现出淡化。

此外,"企业"这个词语在汉语中有广泛的内涵。根据《现代汉语词典》(第五版)的定义,"企业"是"从事生产、运输、贸易等经济活动的部门,如工厂、矿山、铁路、公司等"。不少研究者讨论的"企业"翻译就是一般性经营单位及其一般性的进出口业务翻译,而本书讨论的工程技术翻译(服务于技术交流、引进与输出成套工程技术装备及大中型单机设备,以及承担跨国工程技术项目)主要发生在工业制造和建设领域的大型或中型生产性单位,与一般性的企业翻译还存在明显区别。

从学科构建角度考虑,企业内部的翻译工作固然重要,但企业的任务是生产经营,而非理论研究,因而企业翻译学作为一门学科,想要在企业环境里扎根,可能性不大,实际情况也证明如此。但是,工程技术翻译学以研究对象命名,学术目标十分明确,无论是企业翻译者、自由翻译职业者、教师、学生,还是专业研究人员均可以共同参与,不受局部环境限制,何况引进(输出)工程技术项目翻译也不仅仅只与企业有联系。

四、与商务翻译研究的区别和联系

商务翻译,或称商务英语翻译,或称经贸英语翻译,是一项十分广泛的英语实践活动,其实践者和研究者均不在少数。就人数来看,目前商务英语及翻译的研究者是最多的,这可以通过国内任何一个论文数据库来检索证实。近十多年来,"商务英语研究热点为商务英语专业、商务英语教学、高职商务英语、商务英语函电、商务英语翻译、商务英语人才等"。不过,"笼统研究商务英语(包括 ESP)和广告英语的论文多,深入研究国际商务具体领域或专门用途英语的论文少"。方梦之主编的《中国翻译学大词典》对商务英语翻译的定义是："分口译和笔译。笔译文本主要是商贸信函、合同和规约，以及各国的经济政策、经济状况及相关文件等。其领域涉及贸易、金融、保险、招商引资与海外投资、金属进出口、对外劳务、国际运输等。商贸信函一般具有格式固定、措辞婉约、选词正式、行文严谨等语体特点，翻译时需再现之。"

从涉及的范围看，商务英语翻译活动集中发生在国际经济贸易活动的商务接洽环节，涉及各种类型、各个层次的商品交易活动。我们发现：许多商务翻译论文或著作常常以商业洽谈为商务翻译活动的起点，以签完合同为商务翻译活动的终点，关注的也是围绕日常普通商品的咨询、合同谈判与签约等"商务性"环节，最多谈及普通货物的发送和接受。至于那是什么性质的合同，那笔合同是否做成，合同执行的过程怎么样，合同条款的标的是否实现，许多研究者是没有兴趣去了解的，因为那已经超出了"商务"的范围。实际上，国际商务的翻译活动与合同签订后的活动密切相关。

工程技术贸易是国际经济贸易或商务的一个特定领域，涉及合同金额巨大的、高新技术的、大中型成套装备或单机装备、大中型工程技术项目施工、合同期限较为漫长的（延续几个月到几年，甚至10年以上）系列性国际经济贸易活动。其活动程序包含引进（输出）工程技术项目的商务环节，也包括工程技术项目的建设、营运、维护环节，以及由此可能产生的仲裁和司法诉讼环节。工程技术翻译活动就是围绕其各个环节展开的。因此，目前进行的商务翻译实践及研究可以丰富工程技术翻译学中某些环节的研究。

第三节　工程技术翻译的语境场

我们先认识工程技术翻译中最具表象意义的要素——语境。彼得·纽马克指出："语境在所有翻译中都是最重要的因素，其重要性要大于任何法规、任何理论、任何基本词义。"所以，了解工程技术翻译的语境是研究和构建工程技术翻译学的首要任务。

语境即使用语言的环境。这个概念最早由德国语言学家威格纳于1885年提出，后来经波兰人类语言学家马林诺夫斯基于20世纪20年代进一步划分为文化语境和情景语境，并认为话语和环境是紧密结合的，语言环境对于理解语言是必不可少的。后来的英国语言学家韩礼德进一步丰富了语境理论，并将决定语言特征的要素归纳为：语场（field）、语旨（tenor）、语式（mode）。语场指实际上发生的事情，即包括话语、题目、话语者及其他参与者的全部活动；语旨指话语者与参与者之间的关系，也包括参与者的社会地位及他们之间形成的角色关系；语式指话语交际的媒介和方式。我国学者胡壮麟在此基础上提出语言语境（上下文或语篇内部环境）、情景语境（语篇产生时的外部环境）和文化语境（话语者所在的语言社会团体的历史文化和风俗人情）；裴文从对语言的影响大小把语境分为大语境和小语境；龚光明从主体与客体的关系出发，提出了主体语境和客体语境，并把语境分为语境A、语境B和语境C；许建忠则从生态翻译学的角度概括了翻译活动的语境，称其为"翻译的社会环境""翻译的规范环境""翻译的生理和心理环境"。

一、工程技术翻译语境场的定义

"场"本来的意思就是场地，现代物理学率先利用其隐喻意义指代另一知识范畴或物质领域，如电磁场、引力场。现代人文科学也纷纷采取此种隐喻来建立各自的学科体系，如当代法国著名的社会学家布迪厄就将"场域"作为超越主观和客观对立的主要概念，我国学者胡庚申和许建忠也利用生物学和生态学的概念隐喻来构建各自的生态翻译学理论体系。

语境场这一概念表明在此"场"范围内存在某种特殊的语境，如人们熟悉的语言语境场、情景语境场、文化群语境等；每一类语境场内部又存在若干个语境要素，它们既相互共存，也相互作用，对特定话语或文本意义形成一种预设综合影响。另外，工程技术翻译的语境既包含其他行业翻译通用的要素，也具有自己独特的要素。所以，语境场的概念可以将各种语境要素综合起来，形成相对完整的认知范畴，同时也能够拓宽我们的认知视野。

首先，本书研究的对象——工程技术翻译——是指工业企业在涉外或跨国工程建设、技术交流、技术和工艺引进与输出、大中型工业设备引进与输出等涉外项目从启动立项至结清全过程中的翻译工作，包括相关信息、文件和材料的笔译。这样一整套复杂的翻译工作所涉及的信息内容（语场）并不像一次旅游、一场会议那样单一，工程技术翻译话语的发生地点、时间也与文学翻译、社科著作翻译、会议翻译甚至外交翻译大相径庭。其次，工程技术翻译中的话语者关系（语旨）不可能仅仅是文学及社科著作翻译中的译者与读者关系，也不可能是旅游翻译中导游与游客那种简单的说话者—听话者关系。最后，工程技术翻译的语篇形式（语式）也不可能要么是书面语篇翻译，要么是口头语篇翻译，实际上它拥有书面翻译、口头翻译及混合形式。

本节拟借助语境场概念，对工程技术翻译的语境场进行讨论和研究。这种语境场不仅是我们了解工程技术翻译的认知前提，而且还有助于形成工程技术翻译学的特殊方法论。鉴于目前许多外语学习者及翻译者对文学翻译、社科翻译、普通会议翻译、旅游翻译等大众热点集中的行业翻译比较熟悉，而对专业技术性程度较高的"冷点"型的工程技术翻译还不了解或了解甚少，本章将在讨论工程技术翻译语境场（情景语境）的同时，适当与其他行业的语境做一些对照，这样或许能够给读者留下较为深刻的印象，便于后续各章利用这个语境场研究工程技术翻译学的其他概念。

二、工程技术翻译的情景语境场

工程技术翻译的情景语境场是工程技术翻译的外围性语境，由翻译对象、翻译时机、翻译时间、翻译场所、翻译客户等要素构成。这些要素的概念与其他行业翻译的情景语境场相似，只是构成这些要素的内涵有着自身的特殊性和复杂性。读者很快会发现，工程技术翻译情景语境场的构成要素可能令翻译新手或外行感到诧异，其根本原因就是：与引进（输出）工程技术项目本身一样，工程技术翻译是一系列翻译过程的复合体，而非单一性翻译的过程，涉及多维层面。

（一）工程技术翻译的对象

翻译对象是与引进（输出）工程技术项目有关的各种公关文件、合同法律文件、技术文件、商务文件、施工及运行文件，同时还有相应的口译话语。

一个引进（输出）工程技术项目的文件是什么样子？其前期文件、合同正文条款、技术规范等主要文件通常从几百页至成千上万页不等，即使在施工过程中发生的来往信函也远远不止人们普通交流的几封信那样简单。例如，一个中型公路桥梁建设项目的合同条款就可能有200个标准页（A4），加上技术规范500页、工程量计算表500页、工程图纸数百份，这份合同文件总共至少有1 000页（虽然工程量计算表和工程图纸的翻译量不大）；此外至少还有几百封信函、电报、传真要翻译。如果是科技含量较高的机电类和化工类工程项目，其文件数量则大大多于土木工程项目。例如，一个中等规模（年产10万～20万t）的聚酯纺织工程项目的合同文件（纸质）可以达到10t。据说我国第一艘航空母舰"辽宁号"的设计文件及图纸共有40t之多，还尚不包括舰载武器系统的设计文件。2017年正式投产的中国—俄罗斯亚马尔液化天然气LNG项目是目前全球最大的同类项目，其完工的技术文件多达700多万页（口译任务未计）。

一个引进（输出）工程技术项目的口译是什么？就是提供给项目建设的口译服务。口译信息主要源自书面文件，涉及专门而细致的技术信息，包括项目前期的咨询考察口译、合同谈判口译、人员调动及货物接发口译、工地上的施工运行口译、业务会议口译、索赔理赔口译、竣工及维护期口译、项目清算终结口译等。口译服务通常是按小时计算。在一个引进（输出）工程技术项目的工期动辄长达几年的情况下，口译工作的小时累计数也是相当大的。

工程技术翻译对象的特点有3个。第一，书面对象（文件及信函）是非出版物，绝大部分情况下仅仅是供内部人员阅读参考的工作文件和资料，不可外传，通常在项目结束后必须存档保留；口译对象是有关工程技术项目的话语交际活动，同样在绝大部分情况下也不能对社会公开披露。这两个特点也致使非工程技术项目人员对此知之甚少。第二，工程技术翻译的对象既涵盖无三维外形的、无声的、静止的书面文字对象，也涵盖有三维外形的、有声的、活动的口译对象（人员、机器、设备、材料及实施过程）。第三，工程技术翻译的对象具有高度的专业性及复杂性，其涉及的内容主要是工业产品的技术知识、生产或建设过程，并非一般读者或听者能够轻松理解的人伦情感、社会道德、公共法律、风景名胜、日用商品等大众化主题。故有的工程技术翻译初学者对此十分陌生（尽管工程技术项目的终端产品可能具有大众性）。

（二）工程技术翻译的时机

工程技术翻译的时机是指翻译者承担翻译工作的时间背景。有些行业的翻译者似乎不在意翻译的时机，如文学翻译者和社科著作类翻译者对此颇为从容淡定，但对于工程技术翻译人员却不可忽视。由于翻译对象的专业性及合同的强制性，工程技术翻译的时机也具有相应的特点。

从宏观上说，工程技术翻译的时机体现出一定的风险性。首先，凡是参加工程技术翻译的人员事先均以各种形式与雇主或客户签订翻译工作合同或协议；其次，翻译者必须保证翻译质量或达到客户的要求。虽然旅游翻译者、文学翻译者也有合同的约束，但工程技术翻译者不仅要按时完成翻译任务，而且还需承担一定程度的技术风险、经济风险。如果出现明显失误，翻译者要承担责任并受到处罚。在以往的引进（输出）工程技术项目翻译中就发生过类似情况，而旅游翻译者和文学翻译者几乎不会面临这些风险。

从微观上说，工程技术翻译具有随机性。在翻译实践中可以发现：级别越高的会议或事件，主办方提前通知翻译者准备的时间越长（现在往往还提供PPT或打印的讲稿）；级别越低的会议或事件，主办方提前通知翻译者准备的时间越短。换言之，越是高级别的翻译活动，其计划性越强而随机性越小；越是低级别的翻译活动，其计划性越弱而随机性越大。由于工程技术翻译在大多数时候服务于中下级的工程技术人员，所以其翻译活动（无论是笔译还是口译）常常表现出很大的随机性。例如，某工程项目的文件资料由于各种原因延迟到达工地，而项目建设马上需要翻译文件，这时翻译者可能没有充分时间熟悉某一话题，匆匆上阵担任笔译或口译工作，其临场心理压力就会增大。另外，鉴于中国工程技术翻译者单一的知识背景（通常缺乏工程技术学科背景），他们对新项目的技术内容往往比较陌生，短时间内又无从充分准备，常常只能草草应付。因此，在工程技术翻译中如何降低随机性而增大计划性是项目业主、项目承担者、翻译者及研究者应着力考虑的问题。

这种时机性体现出的另一种风险是工程技术翻译中大量存在的谈判性口译，即使其笔译也需要互相交流，并面临项目其他各方可能对笔译成果表示疑问或拒绝的风险。这种谈判性交流（口译、笔译）带来的时机性风险不仅在工程技术翻译中出现的频率高，而且其风险性还高于许多非谈判性交流活动的翻译（如商业推介会翻译、联欢会翻译）。

（三）工程技术翻译的时间

工程技术翻译的时间可以从三个方面来描述。

第一个特点是工作周期长。从一个引进或输出工程技术项目的考察过程算起至合同终结，翻译的持续时间最短也有几个月，多则几年。例如：中国葛洲坝集团股份有限公司在中南美洲国家厄瓜多尔承建的索普拉多拉水电站项目，该项目包括索普拉多拉水电站的土木建筑工程和机电设备的设计、制造、供货、施工或安装、实验及试运行，装机容量是487MW，从2011年4月正式动工，2015年4月完工；我国耗时最长的工程是从日本引进的上海宝山钢铁厂项目，从1978年启动，1985年9月点火运营（一期），直至23年后的2001年才陆续终结（三期）。小型项目（例如浙江省宁波风机厂出口埃及共和国圣戈班玻璃工程的风机项目）也前后跨越两年，而同等金额的日用货物贸易仅需一个月就足够了。

第二个特点是翻译工作量大。一个引进（输出）工程技术项目的书面翻译工作量（时间）占该合同项目总工期的50%稍多，而口译工作量也占该项目合同总工期的50%略少。如果是我国的引进工程项目，则笔译时间一般多于口译时间；如果是我国的输出工程项目，则口译时间一般多于笔译时间。假设一个项目从启动咨询考察至合同项目终结为两年，目前我国一个翻译者的标准笔译时间大概是：$(730/2-52\times2-11)$天$\times4$小时$=1\,000$小时，口译时间也大体相当。在该计算公式中，$730/2=365$是两年的50%（天数），52×2为一年里的52个双休日，11为目前法定假日数，4为每天实际的翻译工作小时数。其实，每当项目文件及口译任务来临之际，翻译者常常不计时间加班加点。在2000年我国实行双休日之前，或出国担任输出工程技术项目的翻译时，我国翻译者的工作时间实际上大大超出上述标准预算时数。

第三个特点是工程技术翻译具有及时性，这在文件翻译中极为明显。翻译者常常会遇到这样的情况：如翻译者不能按时提交翻译文件，就会影响该项目施工的进度或机器设备的安装转运；如合同一方超出合同期限后才完成合同义务，则该方必须承担经济损失（国际工程项目合同里普遍订有"保留金"条款，一般为合同总价的5%）及声誉损失（影响以后的工程合同招投标资格审定）。其他行业翻译虽然也存在及时性，但通常不会面临如此约束和惩罚。

（四）工程技术翻译的场所

翻译场所在其他行业翻译里仍然是一个不大引人注意而实际上又是人人会遇到的问题。本节的定义不用"地点"，而采取"场所"，其中蕴含更丰富的背景所指：项目所在地或施工现场的自然环境、人为环境、物资环境。这是工程技术翻译语境的特色之一。

关于工程技术翻译的场所，除了合同谈判主要发生在宾馆或写字楼里，其余绝大部分的翻译活动都发生在工厂车间、临时营地、实验室、野外工地、行驶途中的车辆上等场所。许多工程技术项目的临时营地搭建了活动板房，会议室、实验室、项目经理室和各个子项目责任工程师的办公室也位于板房之中，常常有一线员工走动，声音嘈杂。机电工程和化工工程项目的地点一般需要新建，有时利用原有的厂房或车间，管线纵横、机器轰鸣，甚至有些设备启动后发出刺耳的啸叫，伴随有关产品或原料的特殊气味。土木建筑及公路桥梁工程的工地除办公室及寝室为活动板房外，场景主要为三类：一类是开动的施工车辆、机械和设备以及活动人员；另一类为旷野地形（包括平原、丘陵、沙漠、戈壁、河流），施工人员日晒雨淋，物质条件较其他工程项目艰苦；第三类为行进中的车辆上，这时的车辆绝非旅游大巴或舒适的小轿车，而是灰尘满面的越野车或皮卡车，行进途中不关窗户（便于观察工地和与沿途工人交流），道路常常是崎岖不平的施工便道或根本就没有建成道路的旷野。显然，这些场所的物质工作条件没有个人书房那么舒适。随着计算机互联网的普及，工程技术项目的有些文件翻译工作出现了外包服务，或者采取机器翻译（在室内），部分发达国家和地区也有在家办公的SOHO一族，但是这些情况仅限于一部分书面文件（如技术标准、技术规范、工程合同）的翻译。无论如何，绝大部分工程技术项目的口译活动，以及相当大部分的技术规范和施工文件翻译仍然必须在工地现场进行。

工程技术翻译场所的这一特殊性带来两个问题。

第一是微观方面的，工程技术翻译者，尤其是口译者，常常因机器的噪声、过热或过冷的环境、不断变化的工地景物或者处在众目睽睽之下而产生焦虑、恐慌等心理压力，从而精力不集中，影响传译能力的发挥。例如，笔者于2010年在埃及共和国苏伊士省参加过一个大型玻璃工程项目,建设完工后在其生产流水线的熔炉前举行竣工典礼,埃及国家电视台、广播电台及数百人聚集在车间各处,车间内外有施工的噪声,给口译工作带来了很大挑战。

第二是宏观方面的问题,谈判或会议(特别是人员层次较高级的会谈)选择在合同项目的哪一方所在地举行也颇有讲究。一般来说,会谈的发起方倾向在自己所在区域举行,这样能够占一些"人气"优势,表现在人际关系、物质条件甚至心理状态方面。主办方可以占据会议人员配备、话题引导、谈判加码的优势,翻译者可以占据心理自信、准备充分的优势。对于中国翻译人员来说,在国内担任翻译任务显然心境宽松得多,因为来中国的外商和工程技术人员一般比较礼貌;如果去国外担任翻译,即使其他条件相同,而面对陌生的人员和环境,翻译者在初期很容易感到心理压力较大。

(五)工程技术翻译的客户

1. 工程技术翻译客户的定义

工程技术翻译的客户就是接受工程技术翻译服务的个人、公司、政府机构或其他部门。在2000年之前的大部分时间里,我国并没有"翻译客户"一词,因为翻译者常常就是该引进(输出)工程项目所在单位(业主)的正式成员或长期聘用职工,在此情况下不存在谁是主人谁是客人的称呼区别。即使在目前情况下,相当多的单位(各级政府机关、大型机构和公司)仍然拥有正式在编的或长期合同制的翻译人员,从事着翻译这份内部分工的工作。大约自2000年以后,随着大量自由翻译者进入市场,并形成独立法人的翻译公司,这时他们要与购买翻译服务的个人、项目业主、公司或机构签订翻译服务合同,于是从翻译公司内部逐渐兴起"翻译客户"一词。欧美等国家启用"翻译客户"一词较早,这与其用工制度有关。"翻译客户"是翻译者为独立法人一方时才使用的名称,用来称呼使用翻译服务的另一方。

2. 工程技术翻译客户的划分

一个引进(输出)工程技术项目涉及上上下下众多的管理部门和技术部门,有的大中型项目仅仅从申报立项到项目开工就要跑上百个部门,盖上百个图章(审批程序数量),这还不包括之前和之后需要联系的部门。按其在合同项目中的法律身份,翻译客户可以分为进口方、出口方、业主方、投资方、政府管理方、工程承包方、咨询方(设计监理方)、翻译方;按其在合同实施过程中的工作岗位划分,翻译客户包括工程管理人员、工程技术人员、商业机构人员、政府管理人员;按与合同项目的关系,翻译客户分为合同项目内部人员、合同项目外部人员(例如海关、港口、船公司和其他多种机构)。也可以按照场地划分,翻译客户包括项目工地内的人员、项目工地外的人员、办公室人员、工地现场人员。不过,从翻译者的角度看,出于对翻译服务需求的区别,如此众多的管理和技术部门及人员可以划分为以下三大类。

(1)高级技术管理层客户群[包括合同项目业主或法人代表、咨询设计监理公司经理、项目所在国家(城市)政府各主管部门负责人、项目承建方国家驻项目所在国大使馆及领事馆负责人]：负责引进（输出）工程技术项目的规划、高层联络，编制及审定项目建议书、编制及审定项目可行性研究报告、项目批准书、项目合同，并决定或处理重大公关事务和重大技术问题。

（2）中级技术管理层客户群[包括合同项目经理、项目主监（业主代表）、项目副经理、项目总工程师、总会计师、业主下属各部门负责人、咨询（设计监理）公司下属部门负责人、政府主管部门下属科室负责人，以及移民局、警察局、劳动局、海关、机场、银行、船公司、铁路局、保险公司、税务局、工商管理局等项目外涉机构的下属科室负责人，有关使领馆部门负责人]：主要负责引进（输出）工程技术项目的直接设计、实施、监理、维护、营运等事务（涉及合同条款及技术规范），并处理日常公关事务和重点工程技术问题。

（3）初级技术管理层客户群（包括合同项目内子项目主管工程师、工段长及普通员工、子项目监理工程师、业主下属部门经办人、咨询设计公司下属部门设计师、政府主管部门下属科室经办人、有关使领馆部门经办人，以及移民局、警察局、劳动局、海关、机场、银行、船公司、铁路局、保险公司等项目外机构的下属科室经办人）：负责该项目（子项目）的直接实施、监理、维护、运营（涉及合同条款及技术规范），并处理日常公关事务及解决一般性工程技术问题。

3. 工程技术翻译客户的属性

不同于有些行业的客户（譬如，文学与社科翻译的客户一般是单纯的大众阅读者，商业推介翻译的客户常常是大众的潜在客户），工程技术翻译的客户是小众的专业客户，他们不仅是译文的读者和听者，同时也是原文话语的发布者，还是原文话语意义所指向的行为实施者。工程技术翻译客户这种多元属性决定了工程技术翻译的特殊性——从翻译话语、翻译性质、翻译特征、翻译过程，到翻译标准、翻译方法。因此，了解和研究各种类型的翻译客户有助于我们了解工程技术翻译的整个范畴。

第四节 工程技术翻译的话语场

话语是工程技术翻译的直接对象，是翻译行为发生的物质载体或语言载体，也是构建工程技术翻译学的理论主体。在本节里，我们仍要借用自然科学中电磁场、引力场的隐喻意义来说明工程技术翻译话语的情形，因为各种话语要素构成了一个特定的话语复合体或话语场。话语场内的话语信息既相对独立，又相互作用，还受到"场"外其他因素的影响。

一、工程技术翻译的话语者

话语是由话语者发出的，所以话语者是形成话语场的第一要素。尽管话语者不等同于话语，但是不同的话语者会产生不同的话语信息。在这一点上，话语者决定了话语的各种形式和内容。工程技术翻译的话语者这一称呼，表示这些人参与了工程技术翻译的活动，但不是每一个话语者都是翻译者。这好似教育话语场里话语者不一定是教育者（牛海彬，

2010：124），与文学翻译及社科翻译话语场里话语者基本就是翻译者的情况迥然不同。在工程技术翻译话语场里，所有话语者相互合作，共同参与了翻译活动，各自发挥着独特的作用。

（一）话语者的身份

1. 划分话语者身份的理据

一个引进（输出）工程技术项目工地可能积聚了数以百计甚至成千上万的人，也就是能够说话的人，但他们各自的作用和影响是不同的。这与大众媒介的分众颇有相似之处。为此，我们借鉴传播学的分众理论按话语者的身份进行细分，便于一线翻译者了解各类话语者出现的时间、时机、地点，从而能够未雨绸缪，早做心理和物质方面的准备，也便于翻译理论研究者分门别类研究不同的话语者。

有些行业翻译的话语者仅有一个角色，且除了话语翻译者，话语发布者也是一个人（原著作者），其他成千上万的读者仅仅是话语的单纯受让者，并没有发表话语的机会，他们不可能是话语的发布者。譬如旅游翻译，基本上也是导游一个人兼任翻译者在发表话语，其余游客仅仅是受让者，基本上没有机会成为翻译话语的发布者；又如许多非谈判性会议翻译的语境里也仅有一个话语翻译者和一个话语发布者（演说者），其余的人仅仅是单纯的受让者。

工程技术翻译语境中存在众多的话语发布者和受让者，且这些人员的身份可能随时变化，这给翻译者带来了更多的挑战。由于话语发布者及受让者来自世界各国各地和各个行业，具有不同的教育背景、文化背景和工作背景，形成了不同的语言习惯和生活习俗，这在客观上给翻译者进行翻译工作增加了（N＋1）倍的难度，即翻译者在同一地点、同一场合很可能必须翻译多位话语发布者的话语。因此，区别话语者身份对于翻译者就显得非常必要。

2. 话语翻译者、话语发布者、话语受让者

按照出现在翻译话语场的话语者权力，工程技术翻译的话语者可以分为话语翻译者、话语发布者、话语受让者。一个引进（输出）工程技术项目翻译的话语者并非仅有翻译者一个人，还包括在场的其他人，并且在不同的语境或图式里会有多种不同的话语者出现。

话语翻译者，即在某个翻译语境或图式里能够有机会，或者被授予权力从事翻译的语言工作者。严格地说，他/她也是话语发布者之一。即使在某个图式或场合还存在其他翻译者，而那些翻译者没有被授予话语权力，那么他们也不是话语翻译者。

话语发布者，即在翻译话语场有机会发布一种语言的话语而不从事翻译者（例如在工地现场被问及的任何人），同时往往也是在某个语篇或图式里有权力受让翻译话语的人（如工地的项目工程师）。譬如签订合同的会议及工地会议中可能出现许多人，但是仅有一部分人才有权力发布话语，并要求翻译者传译，而更多人并没有这种权力。

话语受让者是单纯接受或受让翻译话语的人，如大多数普通一线工人，他们绝大部分时间是接受翻译话语，并根据其意义实施工程技术行为。然而在工程技术翻译实践中，这

三种身份者常常相互兼容：话语翻译者同时也可能是话语发布者，话语发布者也往往是话语受让者，而话语受让者也常常是话语发布者（项目经理和工程师）。

3. 直接话语者和间接话语者

按照出现在翻译话语场的频率，工程技术翻译的话语者分为直接话语者和间接话语者。所谓直接话语者，是指与项目翻译存在直接工作关系和利益关系并经常出现在项目建设现场的话语者，包括项目业主、项目实施的承建方（或出口方）、项目监理工程师；所谓间接话语者，是指并不经常出现在项目建设现场，或在某些方面间接地与该项目有一定联系的话语者。例如，与在建工程项目存在间接关系的项目投资方、项目设计方、项目指定的设备制造商或物资供应商，以及其他多种间接管理或服务机构。在工程项目建设实践中，不少项目的业主方就是投资方，不少监理方也是设计方（有时称为设计咨询方）。

从翻译工作考虑，直接话语者发布话语的机会比间接话语者要多得多，因此他们也是工程技术翻译学研究的重点。实际上，项目现场的翻译者既承担直接话语者的话语传译，也承担间接话语者的话语传译，但承担直接话语者的话语翻译显然更多。

（二）话语者之间的关系

我们在此重点考察直接话语者之间的关系。工程技术翻译话语者分为直接话语者和间接话语者，包括话语翻译者在内一般至少有七个（方）话语者（实际上，"其他服务管理方"常常包括多方部门），但是从翻译视角观察，最主要的话语者是直接话语者。他们之间的关系，不像文学社科著作翻译者与读者那种关系，不是外交会见中翻译者与宾客那种关系，也不是一般会议翻译者与发言者那种关系。工程技术翻译的时间跨度大（几个月至几年不等）、话语场景多、话语内容繁杂，且直接涉及各方的经济利益，故这些话语者之间的关系是既熟悉又陌生，既有联系又有冲突的矛盾关系。

1. 业主方、承包方、监理方之间的三角制约关系

自 1957 年以来，世界各国在引进（输出）工程技术项目实施过程中，逐渐形成了菲迪克条款（FIDIC）的管理规范。该条款原是由"国际咨询工程师联合会"（FIDIC）在《欧洲土木工程师联合会章程》基础上制定的指导各国土木工程项目的国际惯例，即我们通常所说的菲迪克合同条款（FIDIC）。FIDIC 条款第 1 版发布于 1957 年，第 2 版于 1963 年，第 3 版于 1977 年，第 4 版于 1988 年。1999 年，国际咨询工程师联合会根据多年来在实践中取得的经验及专家、学者的建议，在继承前四版优点的基础上，新编了 FIDIC 合同条款一套四本，以适应各类工程技术项目的实施：《施工合同条件》《生产设备和设计—施工合同条件》《设计采购施工（EPC）/交钥匙工程合同条件》与《简明合同格式》。此外，FIDIC 组织为了便于雇主选择投标人、招标、评标，编制了《招标程序》，由此形成一个完整的工程合同管理体系。

菲迪克条款以业主和承包人签订的项目承包合同作为基础，以独立、公正的第三方（施工监理者）为核心，从而形成业主、监理、承包人三者之间互相联系、互相制约、互相监督的合同管理模式。菲迪克条款脉络清晰，逻辑性强，承包人和业主之间的风险分担公

平合理，使任何一方都无隙可乘，并且对承包人和业主的权利、义务及工程师(实际是业主雇佣的监理方主监)的职责权限做出了明确规定，使合同双方的义务、权利界限分明，工程师职责权限清楚，避免合同执行中过多的纠纷和索赔事件发生，并起到相互制约的作用。例如，菲迪克条款(红皮版，适用土木工程)规定，业主支付给承包人的工程预付款最高不超过合同总价的15%，这对承包人是有利的，同时也减少了业主的投资风险(没有一次性全部或大部分付款)。又如菲迪克条款(黄皮版，适用电气和机械工程)规定，进口方收到出口方的货物并经过验收后应支付80%的货款，对于出口方具有保护性。总之，菲迪克条款强调的是合同项目各方的经济利益的平等，在理论上形成了工程技术项目实施中业主方、承包方(或出口方)、监理方之间的制约关系。

2. 业主方——监理方的利益联盟关系

工程技术翻译者应该认识到，菲迪克条款所强调的经济利益平等，并非实际话语地位的平等，并不等同于教育学研究者积极呼吁构建的教师—学生话语的平等。通俗地说，在菲迪克条款中，业主、承包人、工程师(监理方)三者的关系就是一个老板和两个雇员的关系。监理方在名义上是业主聘用的独立法人，实际上是维护业主利益的代表；监理方的经济收益是由业主方付款，因而监理方一般会遵照业主的旨意开展工作。

在本书的八个翻译语篇中，尤其是C图式和D图式，业主有权通过其驻地工程师代表(主监理工程师)随时发布工程指令，同意或否定承包方的工程进度计划，同意或否定承包方的工程技术实施成果，同意或否定承包方的月度财务报表及收款可能性，甚至有权批准或开除项目工地的任何员工。另外，承包人必须严格按照合同条款及技术规范实施具体工程，保质保量按时完成工程项目，然后经监理工程师认可并将工程财务报表送业主审核后才能获得付款。

不过，业主对工程师或监理方(尤其是新的合作伙伴)也存在一定的戒备心理，担心他们与承包人串通谋利。但是这种情况在总体上还是极少数。

3. 业主方——承包方的互争互惠关系

工程技术项目合同的性质决定了业主方与承包方(或进口人与出口人)的经济利益对立关系。业主与承包方的关系，许多时候是通过菲迪克条款里的"工程师"(我国工程领域习惯称"甲方代表"，实际上是业主方的代表)或"工程师代表"(主监理工程师)来体现。在正常情况下，业主与承包方按照菲迪克条款顺利履行合同义务，互相合作，以争取双方的最大利益。但实际上，工程合同项目在执行中常常遇到意外的情况。譬如，业主在经济利益优势权力的驱动下(付款权力)可能改动菲迪克条款(业主一般是项目合同的起草者)而提出对承包方(出口方)的过分苛求，也可能多次要求修改图纸或方案而不同意增加付款；承包人也可能为了降低成本来获取最大收益而采取一些必要的措施(例如有的承包公司为了获得"买方"市场的项目，不惜采取"低竞标、高索赔"策略)，这时就会出现明显的利益纠纷。

4. 翻译者——话语发布者(受让者)的顺应关系

工程技术翻译的语境决定了翻译者—话语发布者关系不会像有些行业语境那样单纯。

鉴于引进(输出)工程技术的时间跨度较大,翻译者与多方话语发布者(受让者)形成了两种不同的顺应关系。

第一种是自然顺应关系:翻译者与聘用翻译者的一方(一般是业主或承包方)之间建立了一种信任和默契,因此翻译者在翻译过程中会不自觉地,或有意识地顺应或偏向聘用者一方。

第二种是反向顺应关系:翻译者与非聘用翻译者一方处于较为陌生的、利益微妙的关系,即翻译者有意或无意,或被迫地偏离非聘用翻译者一方,与之形成反向顺应关系。

对于翻译者而言,如果他(她)受聘于业主方或监理方,在话语交流中就自然拥有了该方的部分地位和权力,于是自然可能顺应业主或监理方,而反向顺应承包方;如果翻译者受聘于承包方(出口方),也会承袭该方的部分地位和权力,于是可能顺应承包方,而反向顺应业主方。

值得注意的是,这里的"顺应"关系并非就是"忠实"关系,而隐含了"利益驱动"的意思。

第五节　工程技术翻译的语域

语域在广义上属于话语的范畴,鉴于工程技术翻译的语域具有很强的特殊性,所以单独成章论述。

什么是语域?简言之,就是语言在使用过程中产生的变化。语域现象古已有之。例如,印度梵语是印欧语系的祖先,其后的多种印欧语言都是其子孙。当然,语言在实际运用时还要发生许多功能性的变化。1964年,英国语言学家韩礼德将这一现象取名为语域,意思是语言变化的形态可以按照使用的情况划分为若干部分,或称语域。语域是由多种语境特征——特别是图式语场、图式方式和图式语体等——相联系的语言特征构成。按照语言使用的外部地域和场合划分,语域包括一种语言的大量方言及使语言行为适应于某一特定活动的类型和语体。按照语言使用的内涵划分,语域是该种语言包含的信息范畴,如广播新闻、演说语言、广告语言、课堂用语、办公用语、技术交流、商务交流、家常谈话、与外国人谈话、口头自述等。

陈忠华、赵萱和杨占把科技英语或科普读物英语看作一种独立的语域,通过对科技英语文献和科普作品中具体的词语和句子分析来说明科技英语的语域;余陈乙和王盈秋结合商务英语教学(与科技英语关联)关注语域的研究意义。科技英语语域及商务英语语域和本章讨论的工程技术翻译语域存在相关性,但前者内涵广泛,后者内涵较为狭窄,这使得对工程技术翻译语域的研究具有特殊性。

在此讨论的工程技术翻译语域首先是指其话语形式变体。形式变体是语言使用者形成的外部性的、语言形态的变体,如方言、行话、正式体、口语体、俚语等。一个英语专业毕业生初次接触工程技术翻译时也会感到窘迫和不适,因为他们面对的话语者并非是说(写)标准语来谈论社会事物的英语播音员、记者、官员、教师或作家,而是操各种方言和行话，具有各种文化背景、商业背景和技术背景的工程技术人员和商务人员。另外，工程技术翻译的语域也涉及内部性的、构成话语信息的各类知识范畴，如社会性的、商业性的、学科性的、工程性的、技术性的。

一、工程技术翻译的一般语域

工程技术翻译的一般语域是如何形成的？首先，我们考察其话语的发生过程：一个跨国工程技术贸易项目，双方或多方通过语言交流（翻译），首先以比较正式或礼貌的语言书面沟通，陈述各自的主要意图；在初步认识的基础上进一步交流，语境逐渐宽松，书面话语或口头话语变得随意。在初次讨论商务内容和工程技术条款时，双方会使用标准的商务术语或工程技术术语，因为通用的国际商务知识和工程技术知识是各方谈判的基础。在后续的谈判、磋商、项目预备动员、项目实施、工地会议，以及索赔、仲裁、诉讼、项目终结等过程中，双方人员加深了解，熟悉了对方的言谈举止和工作方式，逐渐使用一些富于专业性的行话和个人的习惯语。

（一）口译的一般语域模式

从以上的分析我们发现：在工程技术翻译（口译）过程中，其口译话语的语域类型包含正式口语、通俗口语、标准术语口语、通俗术语（行话）口语这一语域系列。而对于担任工程技术口译的中国译员来说，除了要面对语域的转换，还要面对语际的转换，这当然具有更大的挑战性。鉴于目前我国引进（输出）工程技术口译主要涉及中、英两种语言，因此上述语域系列必然还存在对应的英语语域系列，由此这两个系列演化成一个更大的语域系列。这个系列描述了一般性的口译过程（也可以说明其他行业的口译），故本书称之为工程技术口译的一般语域模式。

（二）笔译的一般语域模式

在工程技术笔译中，也存在类似情形：笔译话语的语域项目包含正式书面语、通俗书面语、标准术语书面语、通俗术语（行话）书面语，也有中文与英文或外文的转换，由此形成工程技术笔译的一般语域模式。为了尊重一线工程技术人员的习惯，我们也把通俗术语（行话）书面语简称为"行话书面语"。

上述两个工程技术翻译的一般语域模式既包含语言外部形式的变体（正式语体和通俗语体），也包含语言内涵形式的变体（标准术语和行话术语）。从这里也可以发现，工程技术翻译之所以令翻译新手有些胆怯，主要在于其语域里增加了中、英（外）语的四个技术性变体，而这正是我国一般文科背景的翻译人员必须加强的方面。

二、工程技术翻译的知识语域

语域除了具有外部性的、语言形态方面的变体，还有内部性的、构成话语语义的各类知识范畴。那么，一个引进（输出）工程技术项目的翻译话语由哪些知识范畴构成呢？第一是学科性知识，因为这是工程技术项目赖以存在的基础。没有现代各类学科知识作为基础，其他知识及行业就不可能得到充分的发展。第二是技术性知识，这个范畴并不是专门研究某些学科或行业的基本概念和原理，而是应用相关学科知识的间接成果，其形式体现为专利技术、诀窍技术、专业技术人员、专业工作知识、专业工作技能，以及这些技术知识的物化成果（技术文件、机器、设备、材料、配件、厂房、工地等）。第三是在项目引进（输出）过程中涉及的公关知识范畴，因为引进（输出）工程技术项目是一系列复杂的工作，不仅是工程技术成果的体现，也是各国技术人员的合作成果，包括公关人员、公关规则、公关技能、公关活动，以及公关知识的物化成果（公关机构、公关文件、公关会议等）。

（一）学科知识语域

我们通常说的科学知识是通过各类具体的学科来体现的。教育部 2011 年公布的《学位授予和人才培养学科目录》，其中总共有 13 个学科门类和 110 个一级学科。例如，外国语言文学就属于一级学科，而英语语言文学（或其他语种语言文学）属于二级学科。仅以一级学科考虑，哪个人能够掌握全部 110 门科学知识？何况对于翻译人员来说，不仅要掌握以母语书写的专业知识，而且还要掌握以外语书写的相应的专业知识，其难度无法想象。中国近代史上，中国人里掌握外语学科知识最多的是辜鸿铭先生，据说他曾获得过 13 个英国博士学位，那已经是最高的纪录了。现在有些科技翻译教材或著作谈起翻译内容，便上及天文下至地理，面面俱到，实际上弄得翻译学生和翻译新手无所适从。工程技术翻译的学科知识语域涉及一定的专业范围。

1. 掌握工程技术翻译话语学科知识的前提

要分析工程技术翻译话语的学科知识范畴，首先应该了解我国引进（输出）工程技术项目的类型。自 1949 年以来，中国企业引进（输出）的工程技术项目类型参见本书第二章《中国工程技术翻译历史概述》涉及机械工程、电气工程、电信工程、矿山工程、冶金工程、石油工程、化工工程、纺织工程、建筑工程、交通工程这十个方面。其中，前三个门类联系更为紧密，实践中通常称为机械电子行业，另外中国机电产品进出口商会把机电类产品细分为 27 类（参见中国机电产品进出口商会网站），那是为了便于有关部门统计分析和决策；第四和第五个门类通常称为矿山冶金行业；第六、七项通称为石油化工行业；纺织工程由于从 20 世纪 60 年代以来更多采用从有机化学物品中提取纺织原料的技术，故现在通称为化纤纺织行业；最后两项通常称为土木建筑行业，实践中通常细分为"桥隧路港"和"房屋场馆"。另外，我们也应该适当了解其他国家引进（输出）工程技术项目的行业分布。

从我国引进和输出工程技术项目的时期特点分析，1949—1978 年，我国企业引进的工程技术项目集中在冶金、煤炭、普通机电等行业；1979 年改革开放以来，我国企业引进的工程技术项目集中在机电（钢铁精炼、精密仪器、航空航天技术）行业、化纤行业、电信行业。自 1998 年国家大力提倡"引进来"和"走出去"，以及 2013 年"一带一路"倡议以来，我国企业输出的工程技术项目集中在房屋场馆、桥隧路港、水电站、电信、石油化工、煤矿机械、矿山冶金、铁路及高速铁路等行业。以 2015 年为例，我国机电产品出口比重已经占到全国出口总值的 57.7%，其中在国际上较有竞争力的大型煤矿机械设备和石油化工成套设备出口额占同期机电产品出口额的30%(中国海关网站,2016-3-13),同期我国高速铁路成套技术及设备进口额也迅猛增长。

2. 学科知识在工程技术翻译话语中的分布

2011年,国务院学位委员会、教育部公布了新的《学位授予和人才培养学科目录(2011)》(教育部,2012),学科知识共分为12个门类,其中涉及工程技术项目翻译的有经济学、法学、理学、工学、管理学五大门类。但这些门类过于庞杂,不便于外语翻译者了解和学习。下面根据我国引进(输出)工程技术项目的类型并结合该目录中的二级学科(如遇一级学科另外加括号表示),简要说明每一类工程技术项目赖以存在的主要学科知识范畴。但是请注意:中国语言文学(一级)、外国语言文学(一级)、历史学(一级)属于翻译者的本行或基本素质,是任何翻译者必须具备的知识,故不包括在此。

机械电子行业:基础数学、力学、工程力学、机械工程、机械电子工程、车辆工程、材料科学与工程、冶金工程、动力工程及工程热物理、电气工程、电力系统及其自动化、电子科学与技术、信息与通信工程、计算机应用技术、船舶与海洋工程、航空宇航科学与技术、会计学、企业管理、施工组织学、国际经济法。

矿山冶金行业:基础数学、矿物学、岩石学、矿床学、岩土工程、矿业工程、测绘科学与技术、冶金工程、化学(一级)、安全技术及工程,包括机电行业的部分知识、会计学、企业管理、施工组织学、国际经济法。

石油化工行业:基础数学、化学(一级)、固体地球物理学、地质学(构造学)、第四纪地质学、矿物学、石油与天然气工程、测绘科学与技术,包括机电行业的部分知识、会计学、企业管理,施工组织学、国际经济法。

化纤纺织行业:基础数学、化学(一级)、化学工程与技术、纺织科学与工程、轻工技术与工程,包括机电行业的部分知识、会计学、企业管理,施工组织学、国际经济法。

土木建筑行业:基础数学、土木工程、岩土工程、结构工程、市政工程、供热供燃气通风及空调工程、桥梁与隧道工程、测绘科学与技术、交通运输工程、道路与铁道工程、交通信息工程及控制,包括机电行业的部分知识、会计学、施工组织学、企业管理,国际经济法。

从以上各类项目所包含的知识范畴看,所有的学科是基础数学、机电行业的部分知识、会计学、企业管理、施工组织学、国际经济法。这些学科可以视为工程技术翻译话语的基础学科知识语域。

需要指出的是,工程技术翻译者并不是工程技术项目的专业技术人员,不可能是某一技术领域的工程师或专家,但要对自己参与或将要参与的项目具有大致的了解(了解的深浅程度依据不同的项目类型、合同期限、施工进度)。工程技术翻译者不可能像工程师那样去掌握一门上述的学科知识,但有可能大体了解该学科涉及的主要概念或术语,它们的中英文表达形式及主要用途。

(二)技术知识语域

科学与技术既有区别又有联系:科学或各类学科侧重研究有关事物的基本规律和原

理,而技术侧重将科学或各类学科的理论知识转化为各种用途的存在物、设备、材料和物品,把各个学科的理论定义和定律转换为实际工程项目中能够操作的指令或技能。因此,翻译者有了学科知识,不等于就获得了技术知识。

1. 项目的合同条款和技术规范文件

合同条款(contract terms and conditions)中有关工程项目的具体内容,通常包括一般性条款、常见条款和特殊条款。一般性条款是一份合同成立的法律基础,对整个合同的法律性质进行定性说明,确定合同签约人、合同标的,以及合同条款的法律地位;常见条款着重于合同的商业常规操作程序,如支付条款、信用证条款、保险条款、交货条款、纳税条款;特殊条款随各类项目合同有所不同,如土木工程项目合同的劳工条款、临时工程及材料条款、工程计量条款,以及机电项目合同的技术转让条款、知识产权条款、设备及工艺条款。大中型项目的合同条款文本通常就相当于一本几百页的书。

技术规范(technical specifications)是一个工程技术项目得以实施及实现的技术性约束文件,规定了该项目各个工艺流程或技术细节的性能、指标、操作程序,是一个合同项目文件最主要的翻译语篇。大中型项目的技术规范(尤其是机电类和化工类技术规范)文本动辄成千上万页。

2. 项目实施期间产生的临时性文件

项目实施期间产生的临时性文件包括工程指令、子项目申请开工(竣工)报告及批准文件、技术性能指标检测报告、工程进度月度报告、工程财务月度报告、设备材料采购单据、海关单据、工地会议纪要、工作简报、索赔理赔报告、合同项目申请竣工验收报告及证书、合同项目终结申请及附属文件。

3. 项目施工现场情况

项目施工现场情况包括翻译者能够说出项目所在国家和地区的有关合同或工程法律条款;能够说出工艺流程、机器设备、材料的标准术语和行业或习惯术语(行话);能够说出该项目现场的施工环境、进展情况、存在的问题或困难等内容。例如,机械工程项目多数集中在一个工地,有车间厂房,内部排列若干类型的机床及其他设备,陈放密集,若有大型水压机则单独设立厂房,库房和实验室也单独分离,机床类型和加工产品性能也是翻译人员应该注意了解的重点;化工工程项目厂房及车间分布更广,管道密布,犹如阡陌,多种蒸馏釜和高压釜,充满多种气味,翻译人员应了解主要的化学反应程序、原料及产品(化工产品的名称较其他行业产品要复杂许多);土木工程项目工地分布有点面和线性二类,房屋场馆工程的工地相对集中,通常设立在城市内;桥隧路港项目工地通常分布在山区、河流或海湾附近,机器设备及各类材料随工地搬迁,混凝土拌合厂分离设置,运输及施工车辆较多,翻译人员应着重了解各子项目的平面图、主要施工技术规范及材料性能;冶金工程钢铁(金属)冶炼项目地点相对集中,机器设备排列密集,以冶炼高炉和轧制设备为中心;矿山项目分布很广,运输车辆众多,常常有地下作业坑道,还有选矿和洗矿等工序及加工厂,翻译人员应着重了解原料性能、主要生产过程的技术规范。

4. 专业技术话语者

了解专业技术话语者也是翻译者的技术知识储备之一，这包括：了解并能够说出该项目内合同双方(各方)主要人员(管理人员、专业技术人员)的工作范围、工作方式、个人口音甚至个人生活习惯等，还包括一线工人对于工艺流程、机器设备、材料配件的习惯性表达方式(行话)和工作习惯。例如，有一种聚四氟乙烯(polytetrafluoroethylene)材料广泛使用在机械和阀门设备中，但是一线技术人员并不直接称呼如此冗长的技术名称，而是喜欢叫特氟隆(teflon)，实际上是该英文术语的缩写词读音(通俗术语书面语或行话)；又如爆破工程使用的雷管，英文技术规范的用词是 detonator(标准术语书面语)，而有的外国工程师却使用形象化的表达方式 finger(行话口语)；再如土木建设工程项目中，为了方便混凝土工程高效施工而在距离施工地点较远处设立临时混凝土生产基地，并使用专用混凝土运输车转运到工地，一线技术人员把这个基地称为 plant(拌合厂)。同时，翻译者还应了解本项目所在国或所在地政府对项目的有关规定，以及当地的风土人情。

(三) 公关知识语域

公关知识语域虽然属于非学科性、非技术性知识语域，却是每一个引进(输出)工程技术项目得以顺利建成投产的外部重要条件。各类项目在学科知识方面可能存在差异，但是其公关知识具有相同的语域。公关知识语域包含下列分类。

1. 公关机构及人员

这是公关知识赖以存在的物质依托，它决定公关知识的其他要素。这里的公关机构，并非仅仅指一个公司的公关部门(department of public relations)，而是泛指该工程项目涉及的所有其他事务机构。一个项目涉及的公关机构及人员在各个国家是不完全相同的。例如，我国对一个引进工程技术项目过去曾经需要一百个以上的机构认可(2014 年起已经大大缩减)，而在有些国家则少得多。但无论如何，下列公关机构及人员是任何国家在完成任何类型的引进(输出)工程技术项目时必不可少的。

(1)合同项目内部的人员及机构：业主法人代表及下属各个部门负责人、投资和咨询设计监理公司经理及下属部门负责人、合同项目施工经理部总经理及下属各个技术部门及施工队负责人(包括总工程师、总会计师、项目工程师、班组长)、项目监理部主监(业主的常驻工地代表)及各个项目监理工程师。在项目的施工单位内部，一般设有经理部、总工程师办公室、技术处、财务处、人事处、公关翻译处、驻外办事处、设备材料供应处、后勤保障处、材料实验室、各个子项目处室或工程技术分类处室(按不同的项目类型)。

(2)合同项目外部的机构及人员：项目所在国家(及城市)政府主管部门及其负责人和下属科室负责人、项目一方国家驻项目所在国使领馆负责人及各部门负责人、项目双方的非主管性政府机构和商业机构(公安部移民局或边防局、警察局、海关、劳动局、工商管理局、银行、税务局、机场、航空公司、船公司、汽车运输公司、保险公司等)的负责人及下属科室负责人和经办人员。

2. 公关规则

每个国家或地区的公关(办事)机构对各类引进(输出)工程技术项目的审批规则、办事程序和办事效率不尽相同。这与该国或地区的历史传统及经济发展水平有关。譬如，我国境内的大中型引进技术项目，一般事先必须垂直报请各省市，直至中央各有关主管部门、外经贸部、发展和改革委员会（2012年以前称计划委员会）批复；在横向公关方面，引进工程项目还需经过当地财政、公安、消防、环保、水利、林业、卫生等诸多部门批准。此外，如遇特殊工程需求（例如使用炸药），必须经过当地县级以上公安机构批准，并经过政府特许的公司购买或销售。

在其他国家，一个引进技术项目的垂直公关和横向公关两个方面也有相似之处。譬如，在也门民主人民共和国的工程项目遇到使用炸药问题时，施工单位必须首先经项目主管部门初审，然后报经该国外贸部审查，再报送英国驻亚丁（首都）大使馆批准，最后报经亚丁宪兵司令部核准之后方能从国外进口。之所以经过宪兵司令部和英国大使馆批准，是因为也门在1969年之前长期为英国殖民地，独立以后其社会安全事务主要由宪兵司令部负责，而进口危险物品一直依靠英国人把关；又如有些前英法殖民地的第三世界国家，在执行海关准则及海外货物运输规定时常常沿袭前殖民统治时期宗主国的规定，这显然是后殖民主义的表现。有的老牌资本主义国家（如英国）则常常沿袭许多年（有的一百多年）以前的规定，这与其经济法律制度较为稳定有关；而尼日利亚的海关税收规则曾在1990年制定，2002重新修订，因为该国经济波动很大，原有制度的适用期很短。

3. 公关活动

公关活动也包含公关技能，两者在实践中密不可分。不同级别或不同类型的项目涉及不同的机构业务人员和公关人员（常常是翻译者），也常常采取不同的公关活动。

（1）正式信函。是项目经理部或项目上级管理机构的正式文件，有序列编号和文件头，名称有：项目文件、备忘录、会谈纪要、通知、外交照会、最后通牒、仲裁通知、法院判决书等。这些文件语言严谨，逻辑清晰，针对项目建设出现的重大工程问题或技术问题，公关对象是高级机构负责人。

（2）便函。通常也有文件编号时间、接收入等信息，形式包括子项目申请及审批文件、项目各方工作意见交流及陈述、项目情况简报等。这些信函语言较为随和，目的是陈述项目的技术行为、工程进度、存在的一般性问题，以及与对方商讨解决问题的具体措施。其公共对象为项目现场中级和初级技术管理人员。

（3）电报、电传、传真、电话、电子邮件。前面四种形式曾被长期使用，近年来电子邮件也被普遍使用。除电话外，其他形式均有序列编号，文字篇幅不长，但内容往往涉及项目重大事务，不可轻视。电话使用虽然非常普及，但其信息不易保留，一般不能视为法律证据。2000年以来，电子邮件作为公关及贸易形式已经非常普遍，我国合同法也将其视为可以采纳的法律证据；不过在涉及国际贸易的纠纷时，各国对此规定不一，而且取证操作复杂，因此大中型项目签约及重要公关事务不宜主要依靠电子邮件，而应以书面文本为主。

（4）正式会议。参与者是双方（各方）的高级和中级技术管理者，人员较多，针对项目实施发生的重大项目工程或技术问题，常常以协议、会谈纪要或备忘录等书面形式作为结果。

（5）工地会议也称工地例会，一般每天（上午）、每周或每月在项目工地临时办公室举行，气氛比较放松，参会人员互相较为熟悉，人员也较为固定（通常是项目的中层以上干部），偶尔会有初级人员甚至高级技术管理干部人员。其目的是总结前一阶段的成绩和问题，商讨下一阶段的施工措施及进度，结束时不一定有会议纪要（每月工地会议则一般要求整理会议纪要），但要有现场文字记录。

（6）个别交流包括谈话或宴请两种形式，通常发生在项目内外各方高级和中级负责人之间（如项目经理与业主、项目经理与主监理、项目经理与保险公司经理），地点隐秘，内容涉及项目敏感话题，结束后可能以书面信函确认谈话结果。此刻，翻译者可能是唯一的见证者。

（7）大型集会主要形式是大型工作会议和大型宴会。举行大型工作会议一般是开工仪式、竣工典礼，地点在项目工地（也不排除罢工集会），出席者为全体项目员工及相关人员。举行大型宴会的原因可能是项目签约、开工、竣工（终结）、项目所在国大型节庆或传统节庆，出席者是高级和中级技术管理人员，可能包括一线初级员工。

（8）考察或巡视。考察指项目动工之前去某已建项目参观访问并为签订合同或协议做准备；巡视特指去在建合同项目检查、监督的过程。地点包括考察或巡视国内的项目工地现场、考察或巡视国外的项目工地现场。参与考察或巡视者一般为高级或中级技术管理人员，目的是了解项目的新技术成果或督查开工项目的质量。

4. 公关目标

（1）高层公关目标。启动项目考察及预选，联络合同项目各方，审阅并咨询项目建议书、项目可行性研究报告，批准项目立项，谈判及批准项目合同，处理项目实施中涉及的重大公关事务和重大工程技术问题。

（2）中层公关目标。组织实施及监理项目，活动中心围绕执行项目合同的技术规范和财务结算，并决定项目内外的日常公关事务和关键工程技术问题。

（3）基层公关目标。直接进行项目的预备动员（车辆、设备及材料供应、人员调配）、实施项目（破土建设、修改原设计或图纸、设备安装、试车或试运营、竣工、验收、结算）、监理、索赔理赔、处理一般性工程技术问题、安排员工生活事务、保障项目工地正常运转。

（四）知识语域的模式

根据以上论述，我们能够建立工程技术翻译话语的知识语域模式。该模式以我国引进（输出）工程技术项目的五种常见行业为横向细分，以知识语域的三个次级语域（学科知识、技术知识、公关知识）为纵向细分。该模式兼顾同类型项目的口译模式和笔译模式，因为知识语域运用在口译和笔译两种翻译方式时并没有显著区别。该模式便于我们全面而直观地了解工程技术翻译话语的知识语域，也有利于同其他模式进行对比和研究。

第六节　工程技术翻译的词汇和语句

一、工程技术翻译词汇的性质

从词汇语义学理论审视工程技术翻译词汇，主要是着眼其质量和数量两个方面。词汇质量的概念有义位和义值。义位是最基本的语义单位，通俗地说，就是一个词的某一个意义。例如，一个单义词只有一个义位，而一个多义词有多个义位。义值是词汇所表示的内容，由基义和陪义构成。词汇数量的概念有义域和集合。义域表示某一个词具有的义位数量总和，是义位的意义范围和使用范围，是人们所认识的具有义位所表征的事物集群；集合则是表示某类词汇的总数，或称为宏观的词义场。

(一)基义多于陪义

基义和陪义这一对概念属于义值的子项目。按其名称，我们知道基义是一个义位(词语意义)的核心，或称基本语义，或称概念义；而陪义是一个义位的附属意义或附属义值，虽然只有次要交际价值，但是能够提高和加强语言的表达功能。在工程技术翻译词汇这个集合中，基义和陪义是通过若干话题的词汇展现的。

(二)学科义位多于普通义位

为了进一步认识工程技术翻译词语的义值，我们把基义分为两种变体：一种是学科义位，另一种是普通义位。学科义位是各门学科的专门义值，具有逻辑因素、科学内涵、范畴及指物特征；普通义位表现经验意义，即普通人凭借经验感知的表意特征和指物特征。需要指出的是，在工程技术翻译话语中，常常还有通过其他非词汇形式表示的信息，如符号、图纸、图表、数字等。从传播学角度看，这些非文字形式的话语也是具有学科义位的信息单位。

(三)具象性多于抽象性

这对性质也属于义值范畴。具象性就是能够从具体事物感知到的意思，而抽象性是指不能从具体事物感知到的，而只能从概念意义联想到的意思。任何行业的词汇集合都存在具象性和抽象性，只是工程技术翻译词汇的具象性和抽象性在其领域内分布呈现某些特点。工程技术项目是应用性的科学成果，它的任务不像基础自然科学(如数学、化学、力学、电学、电子学)那样去探索未知的基本原理，并以建立新的理论知识体系为己任，而是运用已知的理论知识创造出某种实用技术，或者制造某种设备和物品，或者创造某个实物。这一性质决定了工程技术项目翻译的词汇在实际使用过程中呈现较多的具象性、较少的抽象性。

具象性和抽象性并不是均衡地出现在工程技术翻译词汇里。①从词汇集合分布看，表示机器、设备、材料、产品等实物的词汇集合呈现显著的具象性，如 all-purpose adhesive(万能胶)、crack detector(金属探伤仪)、knock meter(爆震传感器)、hot-in-place recycling train(就地热再生沥青混凝土摊铺机组);②从口译工作流程看,具象性的词汇集合更容易出现在参观考察现场(翻译图式 A)、设备材料运输及抵达工地(翻译图式 C)、工程建设及安装现场(翻译图式 D 及 G),如 the ram platen of the hydraulic compressor(水压机压板)、aggregate stockpile(集料场)、grader's blade(平地机刮刀)、lifting jack(千斤顶)、scaffold fittings(脚手架配件);③从笔译文件类型看,具象性词汇集合更容易出现在技术规范、技术图纸、施工报告、操作指南、财务报表、理赔索赔清单等书面文件中,如各类工具、设备、材料、产品。

抽象性的出现也有相对集中的范围。①合同法律、项目价值、项目功能等词汇集合,如 effectiveness(合同效力)、contract value(合同价格)、trade terms(贸易条件)、impact of the project(引进/输出项目的影响);②口译流程的翻译图式 B、翻译图式 E、翻译图式 F 和最后的图式 H,如 negotiation(谈判)、consultation(磋商)、discrepancy(争执)、concession(让步)、harmony(和解)、arbitration(仲裁)、termination(终结)、handover(交接)、celebration ceremony(庆典)、liquidation(清算);③技术规范文件中表示技术参数、工艺流程的部分术语,如 benchmark(水准点)、blasting interval(爆破间隔)、voltage(电压)、capacity(电容)、inflection(弯沉)、slump consistency(坍塌度)、polish(光洁度)、Doppelduro method(乙炔火焰表面淬火法)、Kaldo process(卡多尔转炉炼钢法)。

(四)上下义结构、总分结构、序列结构、其他结构

这三个特点是存在于词汇集合(或宏观词义场)的结构特点。词汇内部分布着多种结构形式,组成了词汇这一庞大集合。工程技术翻译词汇的结构来自工程技术所涉及的学科门类(参阅 8.4 节)。在这个自然科学的领域,词汇的概念(义位)明确,归属明确,层次明确,顺序明确,而且许多词汇往往具有唯一的所指对象或分散于某些集合,由此形成了词汇间的上下义结构、总分结构、序列结构和其他结构。

1. 上下义结构

上下义结构也称为上下层语义关系,或语义包孕,是概念(义位)意义纵向的划分,强调的是词汇义位的等级或包孕关系,是工程技术学科及实践在词义逻辑范畴深度的体现。从语义方面看,两个以上的词汇要构成上下义结构,必须符合一个公式:X(下义词)是 Y(上义词)。这一结构广泛存在于工程技术项目的各个学科中,如在工程机械的词汇域就存在下列上下义结构:① hydraulic excavator(液压挖掘机);② excavator(挖掘机);③ earthmoving machinery(铲土运输机械);④ construction machinery(工程机械);⑤ machinery building(机械制造);⑥ engineering mechanics,material mechanics(工程力学、材料力学);⑦ mechanics(力学);⑧ physics(物理学)。

2. 总分结构

总分结构表示个体词汇与其内部次级词汇的整体与部分之间的关系,是工程技术学科及实践在词义逻辑范畴广度的体现。这一语域关系典型体现在工程技术项目的设备、材料、部件、施工组织等词汇方面。与上下义结构不同,总分结构内部各个词之间的义位是平行的。

3. 序列结构

序列结构是工程技术学科及实践在词义逻辑范畴的时间序列和空间序列的体现。这一语域关系典型体现在工艺流程、施工进度的词汇集合方面。

4. 其他结构

与上述三种词汇结构不同的其他结构是同义结构、反义结构、交叉结构或组合结构，这些结构是文学词汇、普通新闻词汇，以及社会科学词汇的典型结构特点。同义结构虽然在工程技术翻译词汇里也存在，尤其在设备、材料词汇方面存在稍微多些，这主要涉及部分具象名词的变体，如一个词语的标准术语、通俗术语或行话，但总体上数量不多，因为一个科学技术概念不可能常常采用多个定义（义位）和标识词；反义结构在表示技术科学概念的词汇里也有存在，如"氧化—还原"(oxidating，edoxidation)、"阴极—阳极"(cathode，anode)、"挖方—填方"(excavation，backfill)、"螺栓—螺帽"(bolt，nut)，但是数量不多；而义位交叉或组合结构在同一工程技术领域较为罕见，因为在同一学科内一个词语不能既是甲又是乙，这与自然科学和工程技术的本质——实在性和精确性——背道而驰。

（五）大量的词汇变体

变体也属于词汇集合或词义场的范畴。工程技术翻译词汇出现大量变体的主要原因：一是工作语境的需要；二是中高级技术管理者与初级技术管理者之间的文化差异；三是产品终端使用者的存在。可以想象：中高级人员经常在较为舒适的工作场合阅读或谈论合同条款、技术规范和技术标准文献，其谈吐中自然会流露出标准术语和正式词句；从事实际施工的部分中级人员和绝大部分初级技术工人身着工装、手握工具、奔波于车间或工地，其谈吐自然是通俗简洁的词语和行话；产品终端使用者一般不关心制造过程如何复杂，只讲求如何方便地使用产品。这一现象在其他行业词汇里也存在。

1. 专业词汇的变体多于普通词汇的变体

一线技术人员和工人接触引进（输出）项目（包括施工过程）的时间往往多于高级技术管理人员及部分中级技术管理人员，并且频繁地称呼（或默念）该项目的实物和施工过程，常常需要简便快捷地完成任务，加之该项目来自国外，具有一定的新鲜感，因而在他们的心里很容易形成对该项目技术、实物及施工过程的好奇或依赖，由此会无意中对直接涉及项目的专业技术词汇产生个人习惯语或更为方便的称呼形式（书面语或口语），即词汇变体。例如，测量工程的重要仪器 infrared EDM instrument，其标准书面术语为"红外线测距仪"，而其行话口语变为 infra（"红外"或"亚"），我国一线技术人员称为"红外仪"（通俗书面术语、行话口语）；又如机电工程里的 damper，其中文标准书面术语为"风门调节电子装置"，而其行话口语演变为"风门盒"。

另外，普通词汇许多是各语言使用国家或民族的本土文化和语言中的常用表达，早已形成固定的用法，一般较为简单，没有必要再简化，加之不易令人产生新鲜感或好奇感，工程技术翻译中多采取沿用的策略。因此，普通词汇在工程技术翻译中出现变体的机会远远低于专业词汇。

2. 复杂的材料术语容易产生变体

材料术语是工程技术翻译词汇中构成数量很大的集合，尤其是化工材料术语，其英文单词通常由多个、十几个甚至几十个字母组成，而且有的词汇仅仅是一连串符号，这在实际施工中极不便于口语交流和书写。一线技术人员及工人有时为了节省时间和口舌方便，就对此采取简单的变体。例如 phosphoric series flame resistant epoxy resin potting compound，其中文标准书面术语为"磷系阻燃环氧树脂灌封料"，工作中常常变体为"磷系灌封料"（通俗术语口语或行话口语）；又如 KM－7R Reactive Brilliant Orange，其中文标准书面术语为"KM－7R 活性艳橙"，这样在实际工作中读起来很麻烦，所以常常变体为"活性艳橙"（通俗术语口语或行话口语）。

3. 复杂的设备或物资术语容易产生变体

机械设备及物资词汇不仅数量庞大，而且构成也颇为复杂。例如，汽车发动机系统的部件 injector for common rail injection system，其中文标准书面术语为"共轨燃油喷射系统喷油器"，这个术语让一线工程师和员工说起来并不轻松，故该词译文变体为"共轨系统喷油器"（通俗书面术语）或"喷油器"（行话口语）；又如，电力工程中电线电缆的名称非常复杂，其中有一种电缆的英文标准书面术语为"IEC60673－40－92 Part 40：Glass－fibre braided resin or varnish impregnated, bare or enameled rectangular copper wire, temperature index 200"，其中文标准书面术语是"国际电工组织编号 60673－40－92 第 40 部分的温度指数为 200 的聚酯或聚酯亚胺漆浸渍玻璃丝包裸或漆包铜扁线"，共有 53 个字符。如此冗长的名称，加之电缆的规格品种繁多，任何人都很难全部记住。所以一线技术人员习惯将其变体为"200 度玻璃丝包裸线或漆包铜扁线"（通俗书面术语），甚至进一步变体为"200 度丝包漆包线"（行话口语）。

4. 复杂的工艺术语容易产生变体

长期以来，许多先进的工艺流程多在欧美等国产生，不少工艺名称显得怪异冗长，中国工程技术人员及翻译者为了方便工作经常对其变体。例如，冶金工业中常用的一种工艺流程，其英文标准书面术语是"the process of dislodging the surface oxide sheet iron of the belt steel in neutral sodium supphate solution by electrolysis"，其中文标准书面术语为"在中性硫酸钠水溶液中用电解法去除带钢表面氧化铁皮工艺"。如此冗长的术语确实很难记忆和读写，所以一线技术人员把该英文术语缩短为"dynamisator process"（通俗书面术语），中文对应的通俗书面术语为"电解去除氧化皮法"；而在企业的实践中，中国工人又将其变体（简称）为"中性电解去鳞"这一形象说法（行话口语，以去鱼鳞为隐喻），大大方便了工作交流；又如在化工领域的一种工艺是 synthesis that in the presence of anhydrous hydrogen chloride and zinc chloride, cyanide and polyatomic phenol are to be condensed as phenolic ketone，这项技术的中文标准书面术语是"在无水氯化氢和氯化锌存在条件下氰化物与多元酚缩合为酚酮的技术"，共 30 个字。为了减少如此复杂的词汇在工作时听、说、写、译的难度,技术人员改用该技术两位发明人的姓氏来称呼(Houben－Hoesch synthesis),其中文译为"豪苯—霍施合成法"(通俗书面术语),而中国工人有时还将其进一步变体为"豪霍法"(行话口语)。

5. 复杂的终端产品名称容易产生变体

我们较为熟悉的例子是医疗设备(机电产品)术语 nuclear magnetic resonance computerized tomography 的变体,其中文标准书面术语为"核磁共振计算机化断层成像技术仪"(15个字),该技术仪器可以用于金属探测和医院检测身体(尤其是检测肿瘤)。但如此冗长的名称实在不方便一线制造技术人员使用,于是他们将其变体为 NMRCT(通俗书面术语)。但该术语对于终端使用者(医生和病人)仍然拗口难记,于是他们习惯将其变体为 CT(行话口语或通俗商品名称),这样一来该词变得老少皆宜了;再如有一种化工产品是用于非农业耕地的除草剂,其英文标准书面术语为$(CH_3)_2NC(O)NHC_6$;$H_4OC(O)NHC(CH_3)_3$,完全是一连串化学符号,其中文标准书面术语因直译而实在冗长,随后有人使用其通俗书面术语(karbutilate),翻译为"卡尔布提雷特"。但这六个汉字组成的外来词在中国基层技术人员及农民使用者看来仍然很拗口,于是中国技术人员结合其译音和用途将其变体为"卡草灵"(行话口语或通俗商品名称)。

第十二章 语境与翻译学

系统功能语言学者多年来对语境及其相关问题进行了大量深入的研究。Halliday 继承和发展了人类学家 Malinowski 和伦敦学派 Firth 等有关语境的探讨，并把语境纳入他所创建的系统功能语言学理论体系中。

系统功能语言学者从社会的角度诠释语言与意义，把语言看作一个多层次的符号系统，认为语义系统中的选择受到语境的制约，因此强调把语境作为语言理论的重要组成部分。Halliday 把语言意义归为社会符号系统，即语言意义不是孤立地存在于语言单位之中，而是与特定情景语境所体现的社会符号系统密切相关。语言在情景中发生，并在情景中得到理解和解释。在 Halliday 看来，语义系统是意义潜势的网络。这个网络包含了许多互相联系的系统，而每个系统就是一套选择。语境能制约语篇，各种语境变量激发语义系统，从而产生各种词汇语法选择。

第一节 语境的定义与发展

一、何谓语境

在这个纷繁的大千世界上存在着各式各样的事物，各种事物都处在一定的环境和体系中，这在文化研究中被称为语境。人类交往中使用语言，更是离不开特定的语境。人类交往的语境又可分为单文化语言语境和跨文化语言语境。翻译即是在后一种语境中发生的交际活动。本章将提出翻译语境的概念，并就此展开讨论，以区别于常见于语言学著述中对单文化语言语境的论述。

自从人类学家 Malinowski 于 20 世纪 20 年代提出语境的概念以后，人们开始从理论上领悟到，对语言的理解不仅仅是语言自身的问题，还会牵涉到语言的参与者和使用环境，离开了这些，语言便失去了意义。但只是从 20 世纪 60 年代开始，语言学家才将这一概念引入语言学范畴，而翻译研究再从语言学中植入语境这一概念则已是 20 世纪 90 年代的事了。学者从各自感兴趣的角度对语境进行研究和论述，由于出发点和目的的不同，对语境考察的视角和范围就产生了差别。Georgakopoulou 进行了简明而全面的概括，将语境分为如下四种类型。

(1) 情境语境：交际参与者、交际目的、交际者的社会角色和地位、具体场合、社会场景。

(2) 文化语境：语言社区规范、言语行为的类型、交际主题。

(3)语言语境：上下文。
(4)认知语境：有关习俗、制度和规范的知识；共享假设；推知(process of inferencing)("推而知之"之意)过程。

很明显这四种类型可归为两大类：前三种取语言学视角，以语篇自身和其运作背景为观察对象；最后一种取认知视角，以交际参与者的心理活动为关注焦点。当然，Georgakopoulou只是罗列了语境类型和主要参数(contextual parameters)，是一个清单，而不是一个系统。要形成一个具有充分描写力量的理论框架，关键在于根据翻译活动的特点和需要，确定合适的凸显点，以便可以提纲挈领，合而统之，形成理论框架。

二、语境的前理论概念——上下文

在"语境"(context)作为一个语言学术语引进翻译研究中并给予系统的理论意义以前，类似的朴素概念早就以"上下文"的提法存在于译论和翻译教科书中了，而且有关阐述已具有相当的深度。翻译家们常常在讨论词语翻译时使用这一概念。范存忠说"理解一句话或一个词，必须通过上下文，不能断章取义。这种上下文关系，英语叫作'verbal context'。语言学者把这种关系扩而充之，指出除上下文关系外，还有时间关系、地点关系、文化背景(time context，place context，cultural background)等"。朱光潜在谈到一词多义的时候也十分强调上下文的作用，而且还进一步说："单靠语篇的上下文还不够，有时还要理解作者的思想体系和用词习惯。"这些观点其实是很接近现在所说的包括情境、文化和上下文在内的语境概念的。焦菊隐则早在1951年便以"符号联立"的概念讨论过上下文对词汇意义的框定作用，他指出一个词"只是一个静止的、孤立的、不发展的、抽象的符号。它必须和别的符号联系在一起，才被别的符号相乘相因相消长而建立起意义来……它和不同的符号联立起来，又可能消灭了自己，发展出另外符号的意义，也可能消灭别的符号，强调它自己的意义，更可能连自己带别的符号的意义一起消灭而成为另一个新的意义"。所以语境这一概念并不是前所未有的全新而陌生的东西，它的雏形恐怕在更早的时候就已存在于翻译工作者的下意识中。

三、语境研究发展的轨迹

早在两千多年之前，有识之士就已经意识到语境的作用了，虽然那个时候还没有语境这种说法。这里仅以孔子为例。早在春秋时期，孔子就在《论语·宪问》中说道："夫子时然后言，人不厌其言。"明白无误地告诫我们，说话要注意时机，掌握火候，该说则说，不该说则不说。他还指出常人容易犯的三种错误："言未及之而言，谓之躁；言及之而不言，谓之隐；未见颜色而言，谓之瞽。"(《论语·季氏》)孔子不仅从理论上对语境加以重视，而且在自己的言语交际过程中也十分注意。《论语·乡党》曰："孔子于乡党，恂恂如也，似不能言者。其在宗庙朝廷，便便言，唯谨尔。"如何身体力行，由此可见一斑。

然而，把语境作为语言科学的一个概念进行系统研究，却没有如此久远的历史。根据我们掌握的文献资料，语境作为语言学概念，是德国语言学家 Wegener 于 1885 年最先提出来的。Wegener 告诉我们，语言的意义是通过实际使用而产生的，语言的意义也只有根据语境才能确定。他认为，语境概念包含的因素很多，大致可以分为三种：一是说话时的客观情景，二是受话者能够直接联想到的各种成分或因素，三是人的整个心态，尤指交际双方对各自身份的意识程度。

Wegener 的语境思想在语言学界并没有引起很大反响。在此后的 30 多年中，语境理论没有取得重大突破。直到 1923 年 Malinowski 重新讨论语境这个问题，提出了"情景语境"(context of situation)这个概念，把它应用于不同语言之间的翻译和理解之中，并于 1935 年提出"文化语境"(context of culture)概念，把语境研究推到了一个新的高度。这就是国内外语言学家们讨论语境时一般都从 Malinowki 开始讲起的原因。

我们可以把 Malinowski 提出语境概念 80 年来的语境理论发展史分为以下三个阶段。

第一阶段从 1923 年 Malinowski 提出情景语境概念开始，到英国语言学家 J. R. Firth 于 1960 年去世为止。这个阶段可以看作是语境理论的初创阶段。Malinowski 的贡献是，根据亲身的社会实践，第一次比较系统地提出语境思想，并把语境分为情景语境和文化语境两大类进行分析研究。虽然他是人类学家，不是语言学家，但他对语言现象尤其是语境的关注，对后来语言学的发展产生了巨大的影响。Firth 的贡献在于把 Malinowski 的语境思想引入语言学，并把语境的变量经过抽象后归纳为三种。这可以看作是语境理论的重大突破与飞跃。

第二阶段从 Firth 逝世开始，到 20 世纪 80 年代初结束。在这段时间里，许多语言学家对语境变量的分类及语境与语篇之间的相互关系做了深入的研究。其中突出的有 M. A. K. Halliday、R. Jakobson、M. Gregory、D. Hymes、van Dijk、J. Lyons、R. Hasan 等。这些语言学家的共性在于都认识到语境对语言使用的重要性，都对纷繁复杂的语境变量进行抽象归纳，并不同程度地探讨这些变量与语言结构或语言功能之间的对应关系。

第三阶段从 20 世纪 80 年代初开始，到现在还没有完全结束。根据现有的成果来看，这个阶段的语境研究在吸取前一阶段成功之处的基础上，在以下两个方面取得了新的进展：一是把语境看作动态因素，把语言交际看作动态过程，进而研究这两个动态现象之间的相互关系；二是突破以前一对一的对应模式，探索语境因素与语义结构之间的交叉关系，即一对二甚至一对多的对应关系。

第二节 翻译与语境的关联

一、英汉翻译中的语境问题

翻译是一种交际活动，它的目的是达到思想和情感的交流。这种交际首先必须具备两个或两个以上的参与者(participants)，一方是信息的传授者(originator)，另一方是接受者(receiver)。信息的传授者要使接受者明白自己话语的含义，必须尽量考虑接受者是否具备理解自己话语的必要语境。

人类文明伴随着不同语言民族的交际而发展,这种交际只有借助翻译才能进行。而翻译交际的实践已经有了几千年的历史,这说明人类思维具有普遍的共性。

与之相应,人类思维的工具——语言也具有很多共性。正是基于这一共性,不同的语言才可以互译,翻译交际才得以进行。当然,这并不是说只要有掌握了两种语言知识的译者,不同文化背景的人之间的交际就能畅通无阻,不会遇到任何问题。每个民族的语言都有自己的文化特征,这些特征给我们的翻译带来了困难。

所以,它要求译者在翻译的过程中不仅要正确地理解语言的字面意义,还要注意语言的上下文含义、不同的社会文化背景和不同的历史文化背景的含义,只有这样才能把原文中的真实含义全面正确充分自然地表达出来。本文中的语境指的是语言的上下文、交际双方使用语言时的情景、不同的社会文化背景和不同的历史文化背景。

(一)翻译时的情景与翻译

对词语的理解,单依赖语言的语境还不能完全理解一个词语的意义,因为许多语境提示不存在于词语内部,而是存在于词语外部,即交际双方使用语言时的情景。

Thornborrow 和 Wareing 举过这样一个例子:Meet me here at the same time with a stick this long. 这里,me、here、the same time、tomorrow 和 this long 等词语的本身都是清楚的,但听话人需要一定的背景才能明白说话人用意,即通过当时在场的人物确定 me 是谁,通过他们所在的地点确定 here 的方位,通过他们当时会面的时间(the same time)确定下次会面的时间,从他们当时会面的日期知道第二天的日期,用周围可表示长度概念的事物(如栏杆)或用手比画知道棍子有多长。这些词语都是指称词,离开具体的语境,它们只是一些完全不着边际的抽象概念。语段的语境不仅包括相关的互文,也包括有关语段的相关情景特征。语境关系到一个语篇的语言的和非语言的全部背景。语言方面指一个语篇的特定的邻近部分成为我们注意中心的单位(如一个词)。非语言部分,即情景语境,包括使用该单位的直接情景,作者和读者共同意识到的此前说过的内容,以及恒久的信念系统(与该语篇相关的信念和预设)。

(二)不同的社会文化背景与翻译

"culture"(文化)一词,来源于拉丁文"cultus",原意是"耕作,培养,教育,发展,尊重"的意思,这便是西方的文化概念最原始、最基础性的含义。之所以将"culture"一词译作"文化",这又有其中国的文化背景。汉语中"文"本有"文雅""文字"等含义。作为"文化",其本身就是一个"复杂"的总和,包括知识、信仰、艺术、道德、习俗和一个人以社会一员的资格所获得的其他一切行为习惯。它为一个语言社会的全体成员所共有,也为这个语言社会所独有。语言是人们交际的工具,而文化则是这种交际能够顺利进行的前提和背景。只有当译者具有一定的文化背景知识,翻译活动才能顺利地进行。翻译是一种语言活动,是使用不同语言的民族之间交流思想,进行跨文化传播的一种手段。根据奥地利哲学家波普尔(Karl Popper)对世界进行的分类,即 WⅠ,纯客观自然;WⅡ,人的思维;

WⅢ，由 WⅠ和 WⅡ共同创造的东西，它因民族之间不同而不同，而 WⅢ是最具有特殊性的东西，它就是文化。在翻译过程中，必须掌握跨文化传播中的语言现象的分歧和重合，也就是掌握文化之间的特性和共性的外化形式。不同的社会文化背景所造成的原文与译文的语言现象分歧的原因有三个：①语言往往被不同的文化历史烙上了印记，因而自身的表达也带有文化的特征；②文化背景的差异影响词语的理解；③文化背景的差异造成了原文和译文之间语义的非对应性。

1. 语言往往被文化历史烙上了印记，因而其自身的表达也带有文化的特点

就广义而言，历史泛指一切事物发展的过程，包括自然历史和社会历史。人们通常所说的历史是指人类社会发展过程。语言属于历史范畴。语言的演变有其自身的规律，但促使语言演变的根本动力，则是社会的发展。语言随着社会的产生而产生，随着社会的发展而发展。语言也可以随着社会的消亡而消亡。社会以外，无所谓语言。历史的发展离不开语言，语言是历史发展不可或缺的因素。语言以其独有的优势反映不同时期的社会、经济、文化、风俗习惯等各种社会现象。特定时期语言的所指可能与另一时期的所指有所区别，甚至区别很大。上述情况主要反映在语言历史上的变化，即"语言成分在其历史过程中改变它的语义要素，发生了被全民接受的变化"。这种变化称为语义的"历史性变化"。这就要求译者在翻译过程中注意具体的言语显现在不同历史时期所表达的具体意义，而不是望文生义，一概而论。以下的惯用语分别反映了中国各个方面的文化。"课桌文学"（校园文化）喻指一些道德观念淡薄的大、中学生在书桌上信手涂鸦，胡编一些情趣格调不甚高雅的顺口溜或打油诗，试译作："Desk Literature"——Some pieces of bad writing such as doggerel(ragged verse)or jingle；"糯米团子"（饮食文化）喻指优柔寡断，没有主见的人；试译作：an irresolute and hesitant person or an indecisive person；"踢皮球"（体育文化）喻指办事敷衍拖沓，该办不办，不负责任的行为，试译作：Perform one's duty in a perfumetory manner or muddle through one's work。

棒球已成为美国最为普及的运动项目之一，已有近一百年的历史，许多美国男孩子做梦都会见到棒球明星，这项运动为他们的语言增色不少。一些棒球运动用语已远远超过了棒球场的范围，进入了美国人的其他部分。例如："to touch all bases"——触遍各垒，该词组已用于商业、法律、学校等方面，涉及某个问题的所有各点；"get to first base"——跑到第一垒，该词组用于说明离起码的相互了解还差很远；"struck out"三击不中出局，该词组比喻一无所获；"dropped the ball"失球了，该词用于喻指失掉了机会。再看下面的例子：

Rats and mice and such small deer.

Have been Tom's food for seven long years.

这句话出自莎士比亚名剧《李尔王》，作于 1607 年。剧中的"deer"在 17 世纪时，意思是"任何哺乳动物"；而现代英语意思是"鹿"。又如 wife 最早可泛指"妇女"，而今天则指"夫人"或"妻子"；meat 原先可泛指"饮食"，而现在则指肉类。

因此无论汉语或英语都有其历史的文化背景，如时下汉语中的"某某下海"，就不单从

其指称意义译成：go to sea or put out to sea；该词是对在特定的社会历史文化背景下从事经商活动，获取经济利益的一种表达方式。所以该词应译为：engage in some profitable business。

2. 文化背景的差异影响着对词义的理解

语言是文化环境中的产物，又是文化的载体。作为记录人类历史和人类思想的工具，每一种语言都有其独特的文化特色。由于汉语和英语产生于不同的文化环境，它们承载着不同的社会制度、宗教信仰、风俗习惯和道德规范，因此两种语言在表达方式上有许多不同之处。例如，中国人对"月""雪""雁""菊""僧""风"等词有十分特殊的感情，或者说赋予了这些词很独特的美学意义，这是西方人不能理解的。同样，西方人对"sea""castle""shepherd""summer"等词也产生了丰富而独特的联想，我们也无法产生共鸣。以 sea 为例，在汉语里，"海"主要与"广阔""平静""浩瀚"等词相联系，如成语"海阔天空""海不扬波""浩如烟海""海角天涯"等。而在英语里，"海"主要与"黑暗""恐惧""愤怒"等词相联系。例如，英国著名作家乔叟（Chaucer）在《特罗勒斯和克莱西德》中写道：

Out of these black waves for to sayle，

O wind，O wind，the weder ginneth clere；

This see clepe I the tempestuous matere

Of desespeyr that Troilus was inne.

译文：

天气开始晴朗起来，风儿啊，

把我们的帆船从这些黑浪里推出来吧，

特罗勒斯的失望

像暴风雨那样——这就是我所说的黑海。

在这里诗人把特罗勒斯内心的失望比作狂风暴雨中的怒海。乔叟在《骑士的故事》里又将"海"与"阴暗"相连，和淹死的痛苦相联系："如此阴暗的海"（the sea so wan）。

中国人在亲属称谓方面也受到文化的影响，如 mother-in-law，既可以表示"婆婆"，也可以表示"岳母"；father-in-law，既可以表示"公公"，也可以表示"岳父"；grandparents 可以表示祖母、祖父，也可以表示外祖母、外祖父；cousin 既可以表示堂兄弟姐妹，也可以表示表兄弟姐妹，而汉语中没有这样的词。在翻译时要根据上下文，把其准确的含义表达出来。

例1：My maternal grandfather, it is true, was cutoff in the flower of his youth at the age of sixty-seven, but my other three grandparents all lived to be over eighty. (Bertrand Russell, How to Grow Old)

译文：我外祖父固然是在风华正茂之年就弃世了，当时他只有六十七岁，但是我的祖父祖母和外祖母却都活到了八十岁以上。（庄绎传译）

英汉两种语言中有很多形象化的成语。它们把自身所表达的内容形象、生动地展现在读者眼前，使他们产生丰富的联想。这些成语在原文里能够以形传神，读者也可以欣赏到这些成语在措辞上的审美价值。但是，如果把它们英汉互译，这种形象感就可能消失。这是由英语和汉语的语言特征和英汉民族人们的思维方式及措辞手段的差异决定的。如果把这些成语机械地直译过去，其译文则可能生硬，不合乎目的语的措辞习惯，影响其可读性，读者也会觉得别扭，甚至莫名其妙。在这种情况下，译者应当舍其行而求其神，即意译。

3. 文化差异造成了原语和译语之间语义的非对应

文化的差异会使东西方人对同一件事有不同甚至相反的看法，如汉语的"东、西风"可以分别译成英语的"east wind"和"west wind"。有句中国俗"东风压倒西风"，在《新英汉词典》（上海译文出版社）1978年4月第1617页就被译成了"The East wind is prevailing over the west wind."。然而，根据中国人和西方人对"东风"和"西风"二词语境的区别，情况迥然不同。在我国，"东风"是指温暖的，能使草木萌芽，万物复苏，给大地带来生机的类似春风的和风；而西风则是指西伯利亚吹得寒冷刺骨的风，类似凛冽的北风。所以，我们常把东风比作正义的力量，而把西风比作非正义的力量。二十世纪六七十年代，中国总自称为东风，为世界带来了新生，带来了春天。此时，就很难想象西方人对中国自称为东风的理解。他们的理解恰恰相反。east wind是指从欧洲大陆北部吹来的寒冷的风，相当于我国的西风；而west wind则是从大西洋吹来的温暖的受人欢迎的和风，相当于我国的东风或春风。所以，在英语中，多有文人赞颂west wind的诗，如著名诗人雪莱的《西风颂》，这一点正如中国文化中有无数赞颂东风的诗一样。再如东西方人对龙（dragon）的看法，在象征意义、美学含义及语言应用上均存在极大的差异。西方人把龙看成是动物中最恐怖的一种。它们散播瘟疫，糟蹋庄稼，以吃人为乐，被喻为贪婪的掠夺者，视财如命的守财奴。而在dragon构成的习语中则指"恶魔、魔王"，如"Dragon Lady"（盛气凌人的女人）等。与此相反，中国的龙是受尊重与崇拜的对象，因为它掌管河、湖、海，控制降雨，供奉它们的龙王庙随处可见。

作为跨文化传播的语言翻译，应注意将原语中蕴含的各种文化因素与译语加以比较，使之在交际功能上协调一致，尤其要重视同音词、多义词、词的兼类及词义活用等可能产生歧义的语言现象。

（三）上下文语境与翻译

语境分析是翻译理论界经常关注的一个课题，也是翻译实践中往往容易被忽视的问题。现代语言学理论认为，翻译过程中涉及的不是抽象的语言体系，而是具体的言语产物（话语）。任何语言产物都必须具有三要素：①通报主题，即话语的内容；②交际环境；③言语活动的参与者，即发讯人（说、写的人）和收讯人（听、读的人），双方都必须具备一定的实践经验，其中既包括语言方面的（了解语言知识），又包括非语言方面的（有关周围现实世界的知识）。这就是我们通常所谓的"语境"。

语境是一切言语活动存在的前提。人们在理解一个词语的具体含义时必须结合语言环境才能准确无误地掌握词语的具体所指，离开了语境，就没有言语活动；没有一定的上下文，词语的翻译也就无从谈起。其道理是不言而喻的，我们对英语中的各种语境因素的领悟力远不如汉语那么透彻，难免出现这样或那样的偏差。其实，汉语中的各种语境问题同样耐人寻味，值得探讨。

语境分析是翻译的前提，无论英译汉，还是汉译英，概莫能外，离开了语境分析，所谓的增词减词等翻译技巧就无从谈起，更不用说译文的实际效果了。不顾上下文，盲目地追求所谓的翻译技巧，无异于本末倒置，其结果只会是弄巧成拙。语境分析的一个突出问题是如何把握原文的语气。仍以汉译英为例，一句简单的"怎么了？"在不同的语境中至少可以有以下几种不同的译法：A. What has happened?（询问情况）；B. What's the matter?（关注问题）；C. What's wrong with it?（强调毛病）；D. What's up with you?（关切对方）。

综上所述，作为跨文化传播的翻译，绝不能不顾语境亦步亦趋"单打一"地进行，而应细心揣摩语言符号是否在参与交际的人之间，即原语翻译语接受者中间引起相同的反应和共鸣，以准确、顺利地实现二者的由此达彼、由彼达此的交际目的。

二、翻译研究中的语境观

Newmark 将翻译研究中的语境分为两种类型："从可见的语言范畴上说，词语是借助于搭配、语法功能以及它们在句子里的词序而进入语境的。从不可见的语言外的所指范畴说，词语处于由真实或想象的情境、文化背景、话题和与读者共享知识所组成的语境中。"

Nida 在一篇题为"The Role of Context in Translating"的文章中结合翻译实践阐发了这种翻译语境概念。除了语言学中常常谈到的上下文、文化、情境等因素，还对更为广泛的语境因素进行了阐述。既涉及了所谓横组合语境（syntagmatic context）和纵聚合语境（paradigmatic context）这样的语篇语境层面，又涉及了译者风格、兴趣和知识，甚至对原文内容与风格的理解和同情（sympathy）这样的认知层面，出版者和读者这样的情境语境层面，以及业已存在的译文这样的互文性层面。文章虽短，却涵盖了很多重要的翻译语境因素。但他的讨论并未形成明确的语境体系。Nida 后来还讨论过翻译中制约词汇意义的各种语境因素，大部分是语篇语境因素，也提及个别的情境和文化因素。①交际依赖语境。翻译是一种跨文化、跨语言的交际，当然也是在一定的语境，而且是更为复杂的语境中发生的。翻译所处的语境和单语环境中的交际有许多相同之处，必须考虑文化、情境、参与者、目的等因素，但它面对的是两种文化中的两套语境参数，译文就是在这两套参数相互作用、相互制约的过程中生成的。因此有必要从理论上提出翻译语境这一概念，以有别于单语环境中的语境研究。②翻译语境这一概念不是简单的语言学概念，它必须彰显与翻译活动密切相关的一切重要因素，在引进语言学、语用学和文体学中的语境概念的时候，必须针对跨文化、语言交际的特点加以必要的变通和延伸，各理论概念间也要进行适当的整合，形成一个自立的翻译语境体系，以期对纷繁、微妙的翻译现象产生更大的描写力和解释力。

迄今为止，翻译研究中已提出三种典型的语境模式。

Hatim 和 Mason"力图提供一个涵盖宽泛的语境定义，使它足以解释实际语篇运用的复杂问题"。他们将的语域理论与语用学、符号学的理论概念结合起来，构建了一个庞大的由三大范畴组成的语境框架——主要由语域诸因素组成的交际范畴（communicative transaction），包括话语行为及会话含义理论在内的语用行为范畴（pragmatic action）和以符号学有关概念为基础的符号互动范畴（semiotic interaction）。

Bell 在论及句子的意义的时候，提出"理解本身就包括从语篇词语中重建语境的过程"。在 Bell 的理论体系中，语境包括三个抽象层次（levels of abstraction）：直接情境（immediate situation of utterance）、语句语境（context of utterance）及话语世界（universe of discourse）。这三者呈内包关系，即直接情境在语句语境中，语句语境又包含在话语世界里。所谓直接情境指语句发生时最切近的场景（如人、物、地点、动作、关系等）；语句语境比直接情境要宽泛些，涉及与语句有关的更抽象和更概括的社会和文化知识；而话语世界则包括有关某一体裁的所有特点，不仅包括交际参与者所知道的，还有他们不知道但却是交际群体所共享的体裁规范。

这两种语境观的提出都十分倚重于功能语法中对语境的论述，是功能语法语境观的拓展、延伸或变体。系统功能语言学强调语言是一个系统，在一定的社会文化背景和情境背景中发挥交际功能。

文化语境是非常宽泛的语言使用背景，它决定着对体裁的选择和体裁的特点；情境语境则是更切近、更具体的语言使用背景，它表现为以语场、语旨和语式为主要范畴的语域特征。而语场、语旨和语式又分别与语言的三个纯理功能——概念功能（ideational function）、人际功能（interpersonal function）和语篇功能（textual function）发生联系，继而又对语言自身的及物系统（transitivity system）、主位系统（thematic system）和语气系统（mood system）产生影响。可以看到，这种语境观所关注的焦点是文化语境和情境语境在语言的使用中是如何物化为具有各种功能意义的语篇特征的。

Hatim 和 Mason 的语境模式是在功能语法语境观的基础上拓展和演变而成的，它不仅引入了功能语言学（其交际范畴采用了功能语法中情境语境体现为语域特征的思想），还引入了语用学和符号学的理论概念，并使这些概念内涵相互融合，外延得以扩展，作者和读者被放在动态的交际环境中，语篇被视为体现着交际意图的信息载体，在所处文化系统中发挥作用。读者的理解过程被视为遵循关联原则与作者在共享的认知环境中进行沟通的过程。这一扩展的语境体系有利于描述和讨论翻译中文化因素的介入现象，在他们合著的另一本著作 *The Translator as Communicator* 中就专门讨论了意识形态和文化因素在语篇及其翻译中的体现。此书可视为对 1990 年的 *Discourse and the Translator* 一书中语境模式的阐发和运用：语篇脉络（texture）、语篇结构（structure）和语境（context）三个范畴被凸显，并结合成篇性（textuality）的一些要素，对口译、笔译实例进行了分析。

而 Bell 的模式则可说是功能语言学语境观的一种变体。它形式上虽然也是三层内包式框架，但其内容已发生了很大变化，按抽象性和概括性的强弱将语境分为三个层次：语句即时情境、语句语境和话语世界。

以上两种翻译语境模式都引入了功能语法语境观及语篇语言学、语用学中的某些理论，而且都成功地将这些理论相互融合，使各植入概念各司其职，各居其位，互动互联，但就系统性而言，Hatim 和 Mason 的语境模式更为严谨，已成为他们后续研究的工具范式，而 Bell 并没有像 Hatim 和 Mason 那样把语境概念作为研究的理论框架。

翻译研究中还有一种语境观，就是 Gutt 引进 Sperber 和 Wilson 的关联理论而建立的认知语境模式。关联理论中，"语境是一个心理架构，是听话人关于外部世界的假设的一个次类。正是这些假设，而不是外部世界的真实状态，左右着人们对话语的解释"（Sperber and Wilson，1995）。依此，Gutt 认为，语境并非指与交际事件相关的某些外部环境，而是指交际参与者对外部世界的某种假设，即认知环境。"认知环境"的概念考虑各种外部因素，但它所强调的是外部因素为解释过程所能提供的信息以及交际参与者能获得这些信息的程度。"（Gutt，1991）Gutt 的语境包括三方面的信息：来自物理环境的可感知信息、从记忆中可检索到的信息，以及可从以上两个来源中推知的信息。

上述两种基于功能语法的语境观和基于语用学的语境观有很大区别："……系统功能语言学重视的是广义的文化语境和具体的情景语境，而语用学重视的主要是认知语境。"说得更中肯些，基于功能语法的语境观采用的是语言视角，是文化和情景因素作用在语篇上所产生的可分析特征，而基于语用学的语境规则采用了认知视角，审视交际参与者的能动作用。尽管有些学者认为"语境在广义上，既可以被认为是由独立于语言使用者之外的因素构成，也可被认为是语言使用者自身的、由语言使用者所具备的有关这些因素的知识构成"。但从语言交际的本质上讲，确实不能将这两种看法简单地归结为"学究之论"（pedantic）。语境不可能独立存在于语言使用者的认知之外。"与其说语境是世界和上下文本身，不如说它是世界和上下文中的有关特征（在交际参与者头脑中形成）的知识积累。"翻译研究中，必须彰显交际事件参与者作为行为主体的作用，翻译语境研究就其本质而言，应该是认知视角下对语境诸因素的观察和描写，强调翻译语境的认知属性是十分必要的。

三、翻译与语境张力的关系

（一）"语境张力"概念

20世纪50年代现代翻译研究起步的时候，所接承的是以直译、意译为方法论和以忠实为尺度的翻译标准论的传统翻译思想。以 Jacobson、Catford 和 Nida 等为代表的西方学者，试图用语言学理论将传统翻译思想"科学化"。在当时结构语言学的影响下，他们的研究以"对等"和"转换"为关键词，聚焦对译文和原文词句层次上的形式对比研究上。

译语文本和源语文本书写（或语音）实体，是翻译活动的实际运作层次。对运作层次的对比语言学描写，可视为现代翻译研究的初始的和基本的关注点。在随后的几十年里，翻译研究的整体走向呈现出对这一基础关注点的离心扩展态势：从词句对比向语篇分析扩展；从语言关注向语用关注扩展；从文本层面向文化层面扩展。而这种扩展趋势的动力在于语言层面和语境层面间一直存在着的一种张力：文本和语境间无法扯断的关联。

张力这一概念来自物理学,指受到牵拉的物体中任一界面两侧存在的相互作用的拉力。张力不是单向的,是两种力相互作用的结果。这一概念曾被引入文学研究中,如英美新批评派理论家艾伦·退特在1937年的《论诗的张力》中就提出了这一概念。但他说,这不是一种比喻,"tension"(张力)是"intension"(内涵)和"extension"(外延)二词去掉前缀而来。

我们认为翻译研究的发展中其实也明显存在着这种张力,可称为语境张力。它体现着翻译研究活动的内涵——在文本层级上的结构运作和其外延——诸语境制约因素间一种永恒而又动态的关联,而关联的表现形式是某种二元对立冲突:翻译操作中形式对等和语境差异间的冲突;将翻译事件视为字符转换和视为文化情境中的语用顺应过程的认识论上的冲突;将翻译研究视为以语言为本的学科和以文化为本的学科间的冲突。而这种二元对立冲突却促生了语言结构表征和语境因素构成的相互关联、相互作用、相互制衡的统一体。半个世纪以来,研究者们正是在这种张力的统一体中进行理论视角的抉择,确立其研究途径,提出其理论构想的。下面我们就看一看几种主要研究派别在这种内在张力的拉伸下是如何发展的。

(二)各学派发展中的语境张力体现

1. 语言学派

现代翻译研究语言学派发展的初期,虽然关注点集中在对译文和原文的对比语言学分析上,但也并非完全忽略了语境问题。实际上,在初期的语言学途径中就存在着两条脉络(strand):一条是结构主义的语言层面的对比;另一条是在情境层面对等效语篇交际的寻求。Nida的"动态对等"和"语境连贯"概念,基于社会语言学对语言的社会属性的揭示,将译文放在译语社会—文化语境中加以评价,凸显了翻译信息接收者的反应在整个翻译决策过程中的权重。Catford的 *A Linguistic Theory of Translation* 以系统语法为理论框架,也提出了"语篇对等"(textual equivalence)这样的带有语境倾向的思考:当译语词项(target item)和源语词项(source item)在特定情境下可以互换(interchangeable in a given situation)时便出现语篇对等。但是,只有第一条脉络在20世纪70年代得到了翻译学者的积极关注和发展,而第二条脉络却未得到重视和发展。Nord在谈到这第一条脉络时说道:"这种以语言学为基础的途径……对20世纪60年代和70年代欧洲翻译理论的发展,较之动态对等概念具有更大的影响力。"我们觉得,以历史的眼光看,20世纪50年代和60年代翻译研究采用的微观(atomistic)分析方法,在开辟准科学性学科体系上是有贡献的,是现代翻译研究的"先行者"(Snell—Hornby称之为"pioneer"或"immediate precursor");至于第二条脉络,由于当时的语言学理论中的语用倾向还不足以成为理论供体,或者说翻译学者对其还没有足够的关注,自然也就难以延续了。

沿着Catford提出的以译文相对于原文的结构变化为着眼点的"翻译转换"思路,有的学者提出了更为精密或更为宽泛的转换类型。这是沿着结构主义思路的发展。但也有学者开始将纯结构层面上的转换与语篇和语境联系起来。Vinay和Darbelnet提出,转换类型的选择与语篇的类型和特征及读者的接受有关。Levy 认为"实际的翻译工作是重语用的，译者总是选择能保证以最小的阅读努力获得最大交际效果的解决方法"。Anton Popovic 更是提出"表达方式转换"(shifts of expression)这一具有语境倾向的概念，对转换概念进行泛化和延伸，突出了语境制约对翻译决策和选择的影响。

到了 20 世纪 80 年代，对比语言学方法已受到明确的质疑，面对对等和转换等概念的纷繁分类，学者们指出，翻译的语言学理论的一大弱点就是未能充分地冲破词、句等较低语言层次分析的圈。20 世纪 90 年代，随着语言学领域中语篇分析理论的发展，翻译学者开始将功能语言学的语域理论植入翻译研究。Hatim 和 Mason 不但关注语篇的语篇功能，也关注人际功能和概念功能的实现。Baker 则运用语篇分析中的衔接、连贯和主位结构等概念在语篇级层审视译文和原文的对等。House 以 Halliday 的语域理论为蓝本建立译文评价体系，试图从语篇的高度观察翻译现象。但真正将语篇分析置于更宽泛的文化语境和情境语境中，还是 20 世纪 90 年代末 Hatim 和 Mason 所做的一些研究。在 *The Translator as Communicator* 一书中，他们"做出了更大的努力，将一个 Halliday 式的文化和思想意识概念引进对翻译的分析中"(Munday，2001)，他们所取的"思想意识"视角源于批评话语分析：意识铸就了话语，话语又维持、强化或挑战着思想意识。他们的"文化"关注的是有助于形成特定话语的文化编码(cultural code)，这标志着一个很明显的发展动态：语言学派的学者在以自己的视角观察文化学者们所讨论的翻译课题，在寻求语篇结构与文化和语用层面的接合点。

综上所述，在语言学派的发展过程中，语境张力有两种体现。一是理论发展初期就存在两条脉络，主导性的结构关注和朦胧的语境关注；二是在第一条脉络的发展过程中，语言结构运作和语境因素间的张力导致了语言学派的理论工具从结构语言学向功能语言学、语篇分析和语用学的转移。语言对比分析中引发的种种思索和难题，无不指向更宽泛的语境范畴，从语篇语境因素到情境语境因素再到文化语境因素，这层层的扩张和种种交际因素的介入，构成了语言学途径发展的主动力。

2. 德国功能派

功能派是在对语言学派的结构主义倾向和对等至上观点的批判思辨中发展起来的。如 Snell-Hornby 所论，德国功能派是在反对以 Wilss 和莱比锡学派(Leipzig school)为代表的科学派的过程中产生的，她称德国功能派是德国的"文化转向"。功能派认为，语言学派对语篇转换的关注层次虽然自 20 世纪 70 年代开始经历了从词到词组再到语篇的扩展过程，但基本的语言学取向并未打破，"翻译理论不能只借鉴一种语言学理论，不管这种语言学理论有多么复杂。我们需要一种文化理论来解释各种交际情境，解释语言表达的和非语言表达的情境因素之间的关系"。功能理论将研究视野定位在翻译是发生在特定文化情境中的交际活动这一理论命题上。

Reiss 摆脱 Nida 早期理论中的结构主义思路(Nida 基于 Chomsky 的转换生成概念提出的逆转换模式)，将研究视角从结构对比引向对译文的功能分析，提出语篇的交际功能类型和翻译决策间的关系。这一弃一扬便奠定了功能派的起始思路：交际功能和翻译策略的关系。她的学生 Vermeer 将这一关系进一步在语境的广度上扩展，提出翻译是一种人类行为。行为理论把人类行为分为三个层次：基于技能的行为，即近乎下意识的、自然而协调的行为；基于规则的行为，即有意识的行为，行为者要经过培训，按一定程序执行所规定的行为；基于知识的行为(knowledge-based level)，即用智力解决问题的行为。行为者确定目的，制定达到目的的策略和方法，实施之，并根据情况进行调整和改进。翻译作为一种交际行为，应属于第三个层次。翻译活动不仅是语码的变换，更是一种交际行为——是人际的、意图的、文化的互动，交际目的是行为策略抉择的决定因素。Vermeer 将翻译视为特定情境中发生的具有意图性和目的性的行为，翻译行为是情境的一部分，而同时又修改(modify)着情境。Holz-Manttari 则将 Vermeer 目的论中的情境概念进一步泛化，提出了"翻译行动"(translational action)这一类属(generic)概念。文本的转换只是翻译行动的一部分，在译语文化的大情境中，时间、地点、媒介、发起人、信息接受者等因素都是翻译行动的组成部分或参与者，翻译被视为译者在翻译目的的驱使下与有关语境成分谋议的结果。

至此，功能派似乎将其研究视野在语境张力的作用下从语言结构完全转移到了语境因素，但实际并非如此。功能理论中其实也有两条发展脉络，一条是 Vermeer 和 Holz Mäntäri 引进的行为理论；另一条是 Reiss 的语篇类型和功能理论。前者趋强，后者较弱。前者将功能派拉近文化学派的研究范畴和兴趣，后者使功能派仍保留着关注语篇分析的余脉。功能学派强调语言是文化的一部分，注重语篇的功能分类，注重语篇分析，从宏观到微观，从结构到语义，以至衔接、主位结构，相当全面，因为这是译者制定翻译策略和方法的前提。功能理论是当前所有翻译理论流派中最自成体系的，涵盖面(从理论阐述到语篇分析再到翻译教学)最广的理论体系。德国功能派学者们对语篇和语境的学术关注，达到了较好的平衡。在结束这一节之前必须说明一点，有的学者将德国的功能学派(skopos theorie)归入翻译研究的语言学派。但必须看到，功能派虽然始于对语篇类型的关注，但其后来的发展途径却十分倚重于行为理论和交际理论的观点。Justa Holz-Mänttäri 便强调翻译的行为诸层面(actional aspects)，还植入了生物控制论(biocyberneties)的有关观点用以解释作为社会存在的人相互协调和合作的条件。因此，还是将功能派作为一个独树一帜的理论体系对待较稳妥。

3. 描写翻译研究

同样是在 20 世纪 70 年代，以色列学者 Even-Zohar 摆脱了把翻译文学作为孤立文本的译文、原文对照研究方法，将翻译文学纳入译语文学和文化多元系统中加以观察，分析其在译语多元系统中的地位、作用和演变。可以说研究重心完全倾向于译语文化语境。只是多元系统论在随后主要和 Toury 的名字相联系的发展中，译文与原文的对照和分析被明确纳入了研究日程。例如，Toury、Lambert 和 van Gorp 都遵循多元系统论的理论框架，将译文置于译语系统之中考察其意义和接受等问题，并将译文和原文进行对比找出"成对"的译文和原文片断间的关系，力图从译文和原文在宏观与微观层面的转换中，发现译语文化多元系统中译文的构建及译文和文化因素相互作用的规范(norm)和法则(law)。

对于描写翻译研究，Hermans 作为一个文化学派学者（culturalist）说过一句十分清醒的话：由于描写翻译研究主要关注翻译的产生、接受和历史影响等问题，"相对而言，便很少关注翻译的语言学或哲学层面，也很少关注翻译过程的心理和认知层面的问题。这种包罗万象的描写方法的主要受益者是历史层面"。这句话中肯地指出了描写翻译研究的偏重点和关注领域。当然，不能说对语篇的描写，特别是对原文的分析，已被完全忽略，只是其聚焦点在于影响翻译决策和操作的种种社会、文化和诗学的根源。

对译文所处语境的关注催生了多元系统论，又给予了描写翻译研究丰富的思辨营养。在语境张力的作用下，描写翻译研究把对文学语篇的分析历史化、语境化，引发越来越宽泛的社会、意识形态思考。但描写翻译研究实质上仍是一种实证性的（positivistic）研究，对语料描写的关注使其可能与 20 世纪 90 年代后的语言学途径产生多界面的互动，甚至互融。

4. 文化学派

20 世纪 90 年代 Susan Bassnett 和 Andre Lefevere 所宣称的"文化转向"对语言学途径采取了明确的否定态度，认为"语言学的分析单位由词发展到语篇，便再无突破"，甚至把语言学派讥为对眼前的树木视而不见的"无畏探险者"（intrepid explorer），文化学者把翻译活动和操作抽象为历史和文化背景下的一个模糊的客体，刻意关注和彰显权势、意识形态和诗学对翻译活动和操作的制约和影响。和其他研究方法相比，文化学者对语篇的关注是最不系统和最任意的。

同样沿着文化差异这一主线对文学翻译进行观察和反思的 Venuti，提出了彰显源语文化、克服民族中心主义翻译倾向的"阻抗式"（resistance）翻译策略。他对多元系统模式中对文化因素的关注仍嫌不足，认为"Toury 的研究方法……必须进一步转向文化理论，以对语料进行评价和对规范进行分析。规范可能首先是语言学的或文学的，但也同时会包含各种不同的价值观、信念，以及社会表现，而这些都是服务于特定群体的意识形态力量"。Lefeverer 则嫌多元理论有着"过分结构主义的根源"，所以便离开 Toury 的规范（norm）论，向着更宽泛的文化语境开拓。作为多元系统理论创始人的 Even-Zohar 也刻意将其早期理论泛化为一种普通文化理论。

20 世纪 80 年代末和 90 年代文化学派翻译研究中出现了女性主义和后殖民主义的呼声，大有"扩大和在一定程度上取代'描写翻译研究'"的势头。对女性主义和后殖民主义这两个人文学科研究领域有关理论的移植导致了翻译研究语境化的进一步泛化。翻译活动和事件已不是语言系统间单纯的信息传译，而被视为人类社会发展中的权力工具和思想意识的较量。文化学派对翻译活动进行语境化的趋向得以进一步彰显，似乎任何文学的、社会学的和文化学的理念都可以在翻译研究中占得一席之地，大展其描写解释能力，可以说语境关注是文化学派的原动力和生命线，而语境张力也造成了其研究范式的严重失衡：翻译的内涵几被忽略，一股强大的离心力正将翻译研究拉向诸多与翻译有关联的人文学科的应用范畴，翻译研究可以是文化的，可以是文学的，但偏偏不是语言的。过大的离心力，加之缺少与之制衡的向心力，将模糊翻译研究和文化研究的边界，将这个学派推向泛化的文化研究，成为文化研究和史学研究的组成部分，事实上，有些历史学家（如王宪明）已经运用对平行语篇的观察和分析，十分翔实有力地支持了他们的文化史、思想史研究。在这方面，历史学家比翻译研究者似乎做得更好些。

（三）语境张力下各学派的相对位置

从上面的分析中，我们已看到这几种研究派别所体现出的对语境的关注度是有明显差别的。文化学派理论中的语境张力最为强势和泛化，描写翻译研究的语境概念强调多元化和级层化，而功能理论所涉及的语境因素聚焦在翻译作为一种人类行为的目的性，即译文对读者所产生的交际功能的语用层面上。语言学派从初期的结构主义的对比语言学分析到20世纪90年代的语篇转向，再到90年代末对更宽泛的语境因素的关注，对原文和译文的关注度基本持平，对语境参数的关注与时俱增。可以说，在对语境因素的探索上，文化学派和描写翻译研究比功能理论和语言学派（特别指其90年代后期的发展）涵盖面更宽泛些，挖掘也更深些。就文化学派和描写翻译研究而言，前者的语境关注更为宽泛。就功能理论和语言学派两者而言，前者基于翻译作为一种交际活动的目的性，聚焦译语语境，后者则是将语言学派所固有的语篇分析的理论平台向文化语境层面拉伸，以求探讨原本为文化学派所关注的一些问题。总之，就语境关注程度的强弱而言，我们可以这样排序：文化学派——描写翻译研究——功能理论——语言学派。

（四）语境张力的启示

按 Koster 的观点，翻译研究方法就是由一些基本问题构成的体系：who translated what, when, where, how and why? 而对这些问题的回答构成了由对语境诸因素的观察（回答：what, when, where, why）而得出的"外向"翻译史（"external"translation history）和由对诸语篇因素观察（回答：how, why）而得出的"内向"翻译史（"internal"translation history）。这种分类虽然有过于机械之嫌，但它指明了对翻译现象进行回顾性研究（retrospective observation）的两个范畴。两种翻译史基于不同的问题，并遵循着一定的逻辑序列：没有内向翻译史也可以写出言之有物的外向翻译史，而没有外向翻译史却无法写出言之有理的内向翻译史。语言学途径的发展展示出从内向翻译史向外向翻译史探求的路径，功能学派走的也大致是这样一条路；描写学派和文化学派理论（尤其是文化学派）中更为强烈的语境张力，则使更多的语境因素被纳入研究视野，从而使其成为更注重外向翻译史的研究范式。

我们已经看到，现代翻译研究发展的动力是语境张力。没有这个动力，翻译研究将长期徘徊于对语言结构层面的论争，无法摆脱对"能指—所指"关系的笃信和愚忠。翻译研究中的语境因素与文本因素二元冲突和对立并不是绝对的。文本和语境你中有我，我中有你，没有明确界分。一方面，文本在一定的语境中发挥交际功能，语境制约着文本的生成、传播和接受；另一方面，文本本身也生成语境，语境在很大程度上就存在于言语之中，而并非独立其外，流通在社区中的一个个文本作为语境的重要构成部分，生成和定义着主流意识形态、社会心态和氛围。语境张力正是在文本和语境既有分别又有联系的互生、互动中发挥对翻译研究的推动作用的。

同时，我们也看到，语境张力并没有促生一个一统自足的翻译研究领域，相反，翻译研究如今已成"分治"状态。究其原因，是由于不同学术背景的学者采用或移植了各自谙熟的供体理论，并将研究指向各自的关注和兴趣。它们在各自的发展过程中，基本是各行其是，极少相互借鉴，更说不上交融共进。究其原因，或许林林总总，但有一点不可忽视，那就是，它们都忽略了或没有认识到，翻译学发展的动力，不管属于哪个学派，都是语境张力。既然这是各个学派发展的共同动力，我们也就应该在这个共享的张力中共谋翻译学的发展，探讨其发展规律，提出其发展范式。

在语言学途径的发展中，对语境因素的分析主要倚重于 Halliday 式的语境观，而这种语境观对跨文化、跨语言交际的研究而言，时常显出涵盖面不足和解释力不充分的弊端，致使语言学途径中的语境张力显然弱于其他几种途径或流派。所以，语言学派要发展，必须在语境化上做出更积极的探索，力争取得突破性进展。其方法有三：一是借鉴语言学最新发展中有关语境、语用研究方面的理念、思想；二是植入语言学外相关学科的有用理论概念，特别要将翻译研究提高到某种哲学思考层面；三是建立语言学途径的各个分支领域，如不同语域的翻译研究、教学研究等，以形成一个包括纯理论思考、语料分析描写和翻译教学在内的翻译研究体系。

功能派的发展，近年来似乎呈现出一种自我完善的态势。功能理论的基本理念被进一步应用于不同语篇类型的翻译研究，应用于翻译教学和翻译批评，并开始探索翻译过程的研究、文化因素的影响等课题。功能派较为完善的研究范式使它成为一个自立性颇强的学派。在功能研究范式中，语境张力主要体现在对翻译目的和译语读者预期等翻译语境因素的关注上，已经出现的对文学翻译和文化层面的探讨将使功能途径保持适当的语境张力，从而促进整个学派的发展。

描写翻译研究发展成一种重翻译语料描写的经验性(empirical)研究范式，强调非规定性(non-prescriptive)、系统性及规范(norm)的普遍性而非个体性的特点。这使描写翻译研究一直保持着对语篇分析的关注，而这正是我们希望看到和拓展的它与语言学派的潜在结合界面。描写翻译研究寻求语际转换中体现在语篇层面的规律性(patterned regularity)并将其视为文化的和诗学的符号加以阐释，这已和文化学派的批判—解释性(critical—interpretive)研究模式有所交接(interface)。因此可以说，从语言学途径到描写翻译研究再到文化学派，并非从泾渭分明的一个研究范畴跨越到另一个研究范，这其中自有其关联，完全可以形成一条方法论上的合作链条。

文化学派则呈现出不断加强的多元化语境张力。解构主义及其视域下的后殖民主义、女性主义思想的介入，使文化学派的研究视角越来越宽泛，话语主题越来越多和文化研究相重合。假如如 Gentzler 所言，包括语言学、人类学、心理学、妇女研究、文化研究和后殖民主义在内的诸多研究领域都已具备了发生"翻译转向"的条件。那么，它们会给翻译研究带来什么新的启示，翻译研究又应如何去和这种发展结合呢？文化学派必须认识到，在翻译研究中的语境张力不断加大的时候，它的反作用力也会/应同时增强。当语境化无限泛化的时候，对语篇分析的缺失也就会越来越明显。翻译研究毕竟不是文化研究，也不是后殖民主义研究，解构的哲学观念也无法支撑一个自立的翻译研究体系。文化学派中强大的语境张力是近年来整个翻译研究领域的发展动力，但这个张力需要、实际也存在着一个与之平衡的力，那就是翻译研究中的语言学途径，一个具有明显语篇分析取向的反作用力。在将来翻译研究的发展中，语言学途径将扮演制衡翻译研究这个新兴学科论题过于泛化的角色。

翻译研究中的语境张力，已经导致了以不同的视角对语境因素的关注，促生了几乎是泾渭分明的研究途径，形成了语域有别的学术话语。但这种种差异中也同时孕育着语境观视域下作为一个统一学术领域的整体翻译研究学科的形成。为什么呢？在语境张力的作用下，一个研究途径之所以能被认可，是因为它和其他研究方法在对语境的关注上有区别。而这种区别也正表明它和其他研究方法在语境关注上的联系。语境张力导致了翻译研究的学派纷纭，同时也必将从宏观上将纷纭的学派凝聚在一起。Gentzler提到翻译研究的"内部障碍"(internal barriers)已出现消除的迹象。可以预言，目前存在于语言学派、功能派、描写翻译学派和文化学派之间的话语障碍将会弱化，但其间的差异仍会存在，语言学派不会把语境关注推演到文化学派那样的极致，文化学派也不会将语篇分析做得像语言学派那样系统。而从长远来看，要促成一个统一自立的翻译研究体系的最后确立，只提倡"运用不同学科和学术话语中的翻译理论来更好地分析各种意义和由此产生的各种功能"是不够的。这只是短期目标，还必须及时将语境张力下的各研究途径的消除障碍、互动、互融提到研究日程(agenda)上来。

要实现这个长期目标，也就是建立一统化(unified)的翻译研究学科体系，应该有不同的探索、路径或方法。下面所说只是我们目前研究中萌生的一点设想。要实现各研究途径，或简略地说，语言学途径和文化学途径的融合，可以分三步走。第一，语言学途径要将语篇的观察和分析置于恰当的语境框架之中。这个框架基于语言学的理念，同时具有一定的开放性，容有对翻译所涉及的文化因素进行描写和理论化的空间。第二，文化学派在开拓更多文化层面研究的同时，应致力于将对文本的关注系统化，即将文化描写和语篇描写间散在的接触面和接触点体系化，构建一个语篇描写体系。这两个步骤发生的顺序哪个在先都是可能的，也可以是同步的，我们无法预测。但我们希望看到的是，语言学派构建的语境框架和文化学派构建的语篇描写体系，能够引起相互的兴趣和关注，并产生借鉴和融合的动机。至于功能派，其对语境的关注似介于语言学派和文化学派之间，自身又具有较为完备的体系，且已明确地提出开辟综合性研究途径(integrated approach)的主张(Snell-Hornby, 1995)，可以发展成为更具批评—解释性(critical-interpretive)的研究途径。而描写翻译研究，一方面和语言学派的语篇分析层面应有所合作；另一方面可以向着解释和历史层面有所扩展，这样它将可以对语言学派和文化学派的互动作出贡献并从中获得营养。于是，翻译研究作为一个整体研究领域就可以走出第三步，以语言学派和文化学派为主的各种途径发生越来越多的互动和融合，相互挑战对方、促进对方、改变对方，最终形成一个为大多数翻译学者认同的一统的翻译研究领域。但必须指出，这里所谓的"一统"不意味着各个流派将合为一派，而是指各个流派或途径间将建立起互通的界面，使对翻译现象的不同视角的思辨能互补互益，但同时又体现着语境张力的差异。而在每个研究途径内部，学者们应力求在文本与语境之间建立某种平衡，但这种平衡可遇而不可求，不平衡是永恒的，平衡将意味着停滞。

第三节 功能语境对翻译的影响

一、情景语境对翻译的影响

一般来说，语言由情景、形式和实体组成。情景指与语言活动相关的环境、事件、人物、交际方式和渠道等，它使语言在交际中发挥其功能，是语言活动产生的动因和环境。形式把实体成分排列成可辨认的、有意义的模式，包括两个次层次：词汇和语法。词汇指语言的个体项目和个体项目组成的模式，语法则指语言项目的类别和由不同语言项目的类别组成的模式。实体是语言的"原材料"，指语言的载体：讲话的声音和书写的符号。研究语音符号的科学称为语音学（phonetics），研究书写符号的科学称为文字学（graphics）。情景与实体从实质上讲是非语言的。前者是语言运用的环境，后者是语言的载体。语境把语言形式与情景联系起来，由此产生语境意义，即语言的词汇语法与情景的关系。语言的功能就是语言在情景中的作用，也称意义。

在现实生活中会遇到无数不同的情景。这些情景可以归纳为数目有限的情景类型（situation type），如"母亲给孩子讲故事""顾客在商店买东西""教师在教室里上课"等。社会文化就是通过各种各样的情景类型来表现的。这些情景类型与语言的"意义潜势"相联系，从而在语言中产生了各种各样的语言变体，称为"语域"。

情景语境制约着对意义系统的选择。语篇是在情景语境的制约下，通过对意义的选择生成的。由此，语篇不是一个语法单位，不是一个超级句子，而是一个意义单位，是表现语域的一个实例，是由句子体现的。因此，研究语篇的文体必须把它看作一个意义单位，直接受情景语境的制约。

（一）情景语境理论研究概述

情景语境（situational context）理论研究发表于 20 世纪 20 年代。在此之前，语境概念主要指的是句子或语篇中的语言要素的前后、上下文关系，描述的是语言之间的一种静态意义。当时的语言学家通常把语境看作是一个静止不变的参数，认为语境是预先给定的，是一个客观存在的、静态的既定集合体和被适应对象。

1923 年，波兰籍英国人类学家、功能学派的创始人 Malinowski 首次提出了"情境语境"的语言学概念。他在 Ogden & Richards 所著的《意义的意义》（*The Meaning of Meaning*）一书的补录中，把语言语境分成文化语境（context of culture）和情景语境（context of situation）两类。"文化语境"指说话人生活于其中的社会文化情景，"情境语境"指言语行为发生时的具体情景。至此,情景语境以其特有的功能和实用性进入了语言学者的研究领域。

当时,Malinowski 在通过对太平洋特罗布恩群岛上的土著居民的语言进行实地研究后,得出结论说,话语只有被置于情景语境中才有意义。他认为,语言是行为的方式而不是思想信号,话语和环境互相紧密地结合在一起,语言环境对于理解语言来说是必不可少的。他首创了"言语环境中完整的话语才是真正的语言事实"这一理论。

Malinowski 的观点后来被伦敦语言学派的代表人物 Firth 所继承和发展。Firth 进一步拓展了语境的内涵,把上下文、言语活动、社会环境、文化、信仰、参与者等诸要素都融入了语境当中,并创立了完整的语境理论。Firth 认为语境有两类。一类语境存在于语言内部,即一个结构各个成分之间的组合关系和一个系统内项目或单位之间的聚合关系,或者说上下文。这是由语言因素构成的语境。另一类语境来自语言外部,由非语言因素构成,即 Malinowski 所说的"情景语境"。情景语境又分为内部关系和外部关系。内部关系涉及:①言语活动参与者的相关特征,包括参与者的言语行为和非言语行为;②与言语活动相关的事物。外部关系可描写为:①参与者所属的经济、宗教、社会结构;②话语类型;③个人情况;④言语类别。

Firth 提出了"语义存在于语境"的观点。Firth 指出,言语只有依靠语言环境和上下文才有真正的含义。

继 Firth 之后,伦敦功能学派的又一个在语境研究上做出贡献的重要人物是其学生 Halliday。Halliday 从 Firth 的情境语境理论中得到启示,于 1964 年提出"语域"(register)这个术语,并在 Hill 的"机制语言学"框架内进行了语域分析研究。

美国社会语言学家 Hymes 于 1968 年进一步发展了语境学说。他把语境归纳为八个部分:"话语的形式和内容、背景、参与者、目的、音调、媒介、风格和相互作用的规范。"Hymes 指出:人们进行社会交际时,要有在一定时间、地点、场合说出相应恰当话语的能力,即"交际能力"。这种交际能力是由于人和社会环境相互作用而形成的。人们说话既要符合语言规则,又要适应言语环境。

英国语言学家 Lyons 对语境研究也作出过贡献。他于 1977 年在论述话语的合适性时归纳出构成语境的六个方面的知识:①每个参与者必须知道自己在整个语言活动中所起的作用和所处的地位;②每个参与者必须知道语言活动发生的时间和空间;③每个参与者必须能明辨语言活动情景的正式程度;④每个参与者必须知道对特定情景来说,什么是合适的交际媒介;⑤每个参与者必须知道怎样使自己的话语适合语言活动的话题,以及话题对选定方言或选定语言(在双语或多语社会中)的重要性;⑥每个参与者必须知道怎样使自己的话语适合情景所归属的语域。20 世纪 70 年代,Halliday 明确了语域与情景语境的关系:语域是情景语境的具体表现,语域是情景语境理论得更为抽象的解释。

20 世纪 80 年代,Halliday 进一步将语域理解为"与某一情景组成语场、语旨、语式有关的语义组成"。即①情景语境包含三个变量;②语域是这三个变量组成产生的语义集合。(Halliday & Hasan,1985)

1985年，Halliday构建了一个较为完整的语域理论框架。按照Halliday的观点，某一交际情境与该情境中使用的语言存在着某种关系。语域就是用来解释人们如何使用语言，在不同类型的情境中"选择与之相适应的不同类型的语言"，即得体、符合约定俗成规范的语言。Halliday认为语言有三大功能：表述各种过程及其间逻辑关系的概念功能（ideational function），表述语境中对话人角色关系的人际功能（interpersonal function），生成语篇的语篇功能（textual function）。这三大功能是由语境决定的：话语场决定概念意义的选择；话语语旨决定人际意义的选择；话语方式决定语篇意义的选择。

在Halliday之后，语域理论有了进一步的发展，具有代表性的是Martin的理论。Martin在Halliday的理论基础上，将情景三要素细分，从多维度来看待它们，如将语旨细分为权力、情感介入和接触三方面；同时又从人际距离和经验距离两方面理解语式。

情景语境理论观点得到了语言学界和翻译学界的普遍认同，极大地促进了社会语言学及语用学研究的发展。

情景语境是指具体的参与交际的人、发生的事、交际渠道、参与者之间的相互关系和心理情感等。语境不仅限制于语篇内部，还必须联系语篇的客观环境。18世纪英国文豪Samuel Johnson（1709—1784）博士曾说："Language is the dress of thought."一个人的语体风格必须适合于交际情景，犹如他的衣饰打扮必须符合交际场合一样。语言必须适合情景，这是语言使用的基本规律。由Halliday所发展起来的语域分析理论和衔接理论是被用来进行语篇分析和研究句子运用的。语域分析理论是根据语境来研究语言变体和语篇的类型的。语言变体是与语境类型相联系的：特定的情景类型决定特定的语言变体和特定的语篇类型，特定的语言变体和语篇类型由特定的词汇语法模式来体现。

（二）情景语境的理论内涵

在英语翻译研究中，我们可以从交际领域、交际方式和交际关系把语言分成不同的语域。例如，从交际双方的社会地位和社会关系来说，英语可以分为冷漠体、正式体、商量体、随便体、亲密体等五种；从交际领域来分又可以分成正式体、半正式体、公共核心体、半非正式体、非正式体等。不同的语域语言变体彼此是有区别的，如果用几个简单的例子来说明一下就会看得很清楚。例如："汤姆病了，今天没去上学"，如果说"Tom didn't go to school, because he was ill."这就是一句公共核心语；而如果说"Tom was ill, so he didn't go to school."这就是口语体，即非正式语体；如果说"Being ill, Tom didn't go to school."或"Tom didn't go to school because of illness."都是正式语体（当然这句话的内容用这种句式表达并不合适）。从中我们可以看到用原因从句的表达方式是比较正常的，用"so"连接的句子显得不那么正式，用抽象名词和分词短语的形式都显得十分正式。另外有些表示相同，意思的不同表示形式也有语域方面的区别，如"according to"和"in accord with"，前者为公共核心语，而后者为正式用语，"It is important."和"It is of importance."相比，也是前者为公共核心语，而后者为正式体。甚至连冠词的用法都可以表示这种区别，如①The horse is a useful animal. ②A horse is a useful animal. ③Horses are useful animals. 以上三句中：第一句中用定冠词加单数名词表示马的类属是正式用法，第二句中用不定冠词加单数名词表示马的类属则为公共核心语,而第三句中复数泛指马的类属表示法则为非正式语体。所以,我们在接触一个篇章时,弄清它的语域情况是十分重要的。因为这将决定我们在翻译时如何选择语句。例如,我们遇到"After an hour of climbing, we finally found ourselves at Zhurong Peak, the very apex of Mt. Hengshan, towering 1,296 m above the sea level."这个句子时,可以从"after…climbing"这种动名词用法看出比较正式,它不是用短句表示(After we had climbed for an hour),如用短句则显示出更为常见的公共核心语体。另外,"apex"(顶峰,巅峰),与之同义的词还有"summit、top"等词,但"apex"更为典雅,正式程度高于"summit",更高于"top"。使用"towering"这一分词,不是用短句(it towers 1 296m above the sea level),也说明其正式性。那么,我们在翻译这句时则用比较正式的语言,可译为"一小时后,我们终于登上海拔高达1,296米的衡山之巅祝融峰",而不译作"我们爬了一个钟头,终于到了祝融峰的山顶,它是衡山的最高峰,有1,296米"。一般情况下,法律、科技、报道、讲演词、政论文等都比较正式,而小说中文体、语域最复杂,要视情况而定,不可一概而论。

Halliday认为语言是交际手段而不是一套规则,故应把语言放在社会环境中去研究。他的社会环境(social context)包含三个方面的内容:①话语范围(field of discourse)(指所谈论的人、事、物);②话语基调(tenor of discourse)(指谈话参加者的各种情况);③话语方式(mode of discourse)(指话语所选用的载体、渠道)。三者都可反映于话语的社会背景之中。此外,Halliday还把语言功能分为三类:表意功能(ideational function),即关于现实或想象世界的陈述;人际功能(interpersonal function),即通过称谓、语气、措辞等方式以表现、建立或维持人际关系;语篇功能(textual function),指使话语上下连贯并与特定情景相适应的功能。三种功能都负载于语境意义。所以Halliday的社会环境论和语言功能观点完善了语境意义的理论。科技英语是人们从事科学技术活动时所使用的语言,它是人们从科学技术活动时进行交际的工具,是全民语言用于自然科学题材时所产生的变化。从语场的角度讲,其作用是传播和开发自然科学与社会科学知识和技术等,包括理科、工科、医科、农科及许多社会科学的语域,如社会英语、工程英语、机械英语、医学英语、语言学英语等。从语旨的角度讲,科技英语主要涉及自然科学和社会科学工作者之间及其与大众的有关知识技术的研究或传播的交流,以及知识或技术的传播者与知识或技术的接受者之间的交流。

综合Halliday等学者的研究,情景语境的构成因素中的三种变项(parameters)(语场、语旨、语式)中的变量(variables)的交织作用,产生了不同的情景语境。各种情景语境又都有其独特语言特征(包括词汇、字形、发音、语法、语用模式,甚至语调、音量、手势、姿势等),而某种情景语境之独特语言特征所构成的表达类型就是一个"语域"(register)。在这种定义下的"语域"可以变化万千,是一个动态的、发展的概念,因为交际本身就是一个动态的过程。

从无数个具体情景中人们都可以发掘出以上三个可比较的变量。这三个变量共同决定了意义选择的范围和表达内容的语言形式。这是一个概括性极强的理论模式,这一模式与语言的元功能、语言组织形式之间十分吻合。这是 Halliday 对语域理论的伟大贡献所在。近年来它已广泛地应用于语篇分析、文体分析、翻译及教学之中。

情景语境的构成因素中的三种变项——语场、语旨、语式的含义及其关系如下所述。

1. 语场

语场(或"话语范围")(field of discourse)是话语在其中行使功能的整个事件及说话人或写作者有目的的活动。语场是指在实际交际过程中发生的事，以及参与者所从事的活动，其中语言活动是最重要的组成部分。语场包括发生的事情、言语主题、谈话参与者的目的活动等。语场体现语境中的交际功能和目的。为了达到有效交际，一切言语活动必须紧紧围绕能够有效表达话题的语言项目进行，如术语、习惯用语、比较固定的语法和语篇格式(如试验报告等)。从这个意义上来说，科技英语的语域在很大程度上是由语场来决定的，即内容决定形式。语场决定交际的性质，构成话语的主要范围，并影响词汇和话语结构的选择和使用。例如，"library"在计算机英语中就是指"库，程序库"；"loop"指"圈，环"，但在无线电中指"回路，回线"，在数学中指"自变"，在计算机英语中指"循环"。

需要注意的是，虽然语场与话题或题材相关，但很多情况下并不一致。一般来说，只有在某特定情境的题材可预测性高时，语场与题材才有密切的关系，如在学科专业知识讲授、法庭交流这些语场中。因此，人们可以从交际场合、目的和题材或话题来确定语场。

科技语篇在词汇上的选择多数是由语场的变化引起的。在特定的情景下谈论什么：话题对语域选择的影响最直接地反映在词汇的运用上。语言学语域中，语场规定了大部分的词汇与语言学相关。计算机英语中会出现大量的诸如"linkage(连接)""to load(装入，寄存，写入，加载)""location(存储单元)""logger(登记器，记录器)""machine language(机器语言)""magnetic storage(磁存储器)"等词汇。

2. 语旨

语旨(或"话语基调")(tenor of discourse)指参与者之间的角度关系，即话语的参与者之间的一种永久性的或暂时性的相应的社会关系。包括参与者的社会地位，他们之间的关系，及语言使用者想要向受话者实施的意图，如解释、命令、劝导、鼓励等。语旨指交际情境中话语的发出者与接受者之间的关系，体现的是语言的人际功能。语旨可以从正式程度(formality)、礼貌程度(politeness)、非个人程度(impersonality)和可接受程度(accessibility)这四个方面进行描述。语言的正式程度越高，说明交际双方人际距离越远，也可以表明话语发出者更加重视所发出的信息。礼貌程度反映出交际双方的社会距离，包括社会阶层距离和权力关系距离(如地位、年龄、权威性)。非个人程度即为交际的客观化程度，学术、法律文本即是典型的非个人程度的文本。可接受程度反映了话语发出者认为接受者与其共享交际内容相关知识的多少。发出者认定的共享知识越多，文本表层结构上不清晰之处也就越多，对缺乏相同分享程度的其他接受者来说，文本便越难以接受，如专业性强的话语。

语言的用语表达因不同的文章题材和作者的表达目的不同，而在语言形式上体现不同的功能与特点。为简化起见，人们通常用正式与非正式或礼貌、口语化、亲密等来描述语旨。这种反映交际双方人际关系（addressee relationship）的语旨被称为个人语旨（personal tenor）。除个人语旨外，还有表示交际发出者交际意图的功能语旨（functional tenor），如寒暄、说明、劝说、说教、告知等。语言本身具有全民性和超行业性，每个民族都只有一种语言，人们都按照大致相同的语法规律，运用大体相同的词汇和语音进行对话与写作。可是，不同行业、不同身份的人对语言的运用方式有着明显的差异。例如，科技工作者在科技学术论文中用科学语言论述和写作；文学家在文学作品中使用文学语言说话；商人在进行商业运行与交流的过程中使用商业语言互相致函；而律师在法庭上使用法律术语进行论辩。从语言学的角度来分析，这些差异并不是说明大家使用的语言不同，而是因为人们在运用语言的形式不同，发挥着语言的不同功能罢了。对于科技英语而言，可以分为专业性较强的科技英语和专业性较弱的科普英语，二者的区别在语言的正式程度上可以得到体现。相比较而言，前者信息量大，专业词汇多。由于语旨的变化，即语言参与者之间的关系不同，科技语域可分成许多不同层次的语域，如专家与专家间交流的绝对科技语域，专家与大众之间的科普语域，等等。不同的语域层次限定了不同词汇的使用。专业性强的领域较多使用的是专门词汇，这些词汇专业化程度高，且有确切而严格的专业含义，是专家用语，往往不为外行人所通晓。另外，在科普语域中，普通词汇可以代替专业词，以利于大众理解。

科技英语是在社会的科技文化圈内与科技人员的语言行为有关的具有特色的英语，具有不同于普通英语的一些特征，如大量运用被动语态，对中心词进行大量的前置和后置修饰，大量运用名词化结构，等等。这些特征被认为主要是由其语场决定的，最近，语旨对科技英语语域的影响开始受到人们的重视。科技英语被划分为专用科技英语（the English of specialized science and technology）和普通科技英语（the English of common science and technology）两种。前者的内容专业化很强，是专门为从事某项专处的科技人员而写的，后者几乎用于包括不同专业的所有领域，其内容主要是讨论科普知识（赵宏涛，2001）。在某种程度上，我们可以说科技英语是有其特殊的词汇和语法表达形式的，而且这也是专业人员相互交流所必需的。

3. 语式

语式（或"话语方式"）（mode of discourse）是指语言交际的渠道或媒介包括修辞方式、事件中的话语发挥功能的方式，因此它包括语言采用的交际的媒介（medium）和渠道（channel）。按语式来划分，语域对于英语翻译来说是非常重要的。有确定的专业而且还要根据不同的交流对象把握交流的内容，重视的是英语翻译的各种表达程式（dimension of modality）。

语式在交际的媒介与渠道表达上，可分为书面语和口语，其中还包括修辞手段。交际渠道是语式的另一大参数，指交际过程得以进行的手段，如面对面交流还是通过电话交流，是平面渠道还是立体渠道，是单一渠道还是多维渠道。交际渠道与交际媒介共同影响着交际者的语言选择。可以用最简单的"口头""书面"来描述交际媒介，但实际情况往往复杂得多。交际媒介可以进一步从即兴程度（spontaneity）、参与程度（participation）和私密程度（privateness）来分析。口头语式中通常宣读或背诵的是非即兴的对话。即兴的口头交流中，言语的发送者与接受者之间的反馈程度（参与程度）往往高于书面交流，而且通常是与交流同时进行的；书面交流的反馈往往是滞后的，当然，文本的作者也可以激发读者的参与。私密程度与某话语（口头、书面）的参与者数量有关，这一变量与语旨有部分重叠之处。交际媒介的这些因素综合对语式产生作用，进而影响交际者对语言的选择。同时，口头与书面交流的界限也不是那么分明。

科技语域的交际渠道可以是面对面的口语交流，也可以是书面的交流及知识的传播。由于科技英语是一种科技语言，它记录了人们从事科学技术活动的过程及结果，因而它是客观的语言。这种客观语言无论以口语还是书面语形式出现，都是比较正式的。

对于新闻英语来说，用语表达不仅要求准确，还需要形象生动地传达信息。所以在英语新闻采编时，免不了要采用相关的描写手法。一般情况下，描写是一种主观性较强、修饰性较强的表达方式，与新闻采编的客观性原则有一定出入，但描写也可去除主观性色彩而客观化。首先要便于大众的阅读。在这一点上，新闻英语有别于科技英语、文学英语、商务英语等，新闻英语最基本的功能和所要达到的最基本的目标是快捷、准确、真实地通过语言文字把相关的信息传递给大众，而这里新闻英语里所谓的大众就是包括社会各阶层的人群集合，不仅有受过高等教育的人群，还涉及社会底层文化层次较低的人群。所以，新闻英语的用语表达不能追求深奥、典雅和华丽，而要力求通俗化和朴素性，以达到满足不同文化层次人群的阅读和吸收信息的要求。美联社发给该社记者的《写作手册》中就有这样的描述："尽量使用常用词汇。记住，美联社的工作并非在于扩大读者的词汇量。如果你不得不使用读者可能不熟悉的词，那就必须对该词做出解释。"

系统功能语言学家指出语篇与语境之间存在着辩证关系：语篇的构建受到语境的影响，并可用语境变量来解释，语场、语旨和语式三个变量在实现各自的值时都面临着一系列的选择，当每个变量分别被赋予一定的值时，这三者之间就构成了任意一个语境配置（contextual configuration）。Hasan认为语境配置概括了构成一个语类的各种潜在的情景语境（context of situation）。情景语境是确定语篇结构的决定性因素，可以预测语篇结构的必要成分（obligatory elements）和可选成分（optional elements），以及各种成分的排序（sequence）与再现（iteration）。简而言之，语境配置决定了语篇结构中的必要成分和可选成分（Sarcevic，1997）。

通过以上分析，我们可以看出，语域的变化取决于制约它的语境因素的变化。因此，我们对意义决定形式这一基本的语言学原理应给予充分的注意。如果我们能够充分注意到语域在科技英语中的作用，从影响语域变化的语言情景中去寻求科技文章的词汇特点，在从这些独特的词汇特征归结出该语篇赖以产生的情景语境，以及更广泛的文化背景。

4. 语场、语式和语旨之间的关系

从上述介绍中可以看出，语场、语式和语旨之间的关系主要体现在相互关联和相互制约两个方面。

在交际实践中，具体的交际事件或交际事件的各个部分中，语域的三个参数是相互关联的,有时候三个变项之间的界限甚至是模糊的。在不同的交际情境中,由于这三个参数需要被凸现的程度不同,会引起各参数内在变量被选用的侧重程度也因实际交际情境而显得各不相同,即语场的交际场合与活动、交际目的、话题与题材、语式的渠道与媒介(口头、书面、即兴程度、参与程度、私密程度)和语旨的个人语旨(正式、非正式、正式程度、礼貌程度、非个人程度、可接受程度)跟功能语旨地位可以相互转化,以期达到话语者的交际目的。语域的模糊性还表现在文本(话语)内部语域的转换(shifts of register)上。正如Halliday所言,"(一个说话人)用很多不同的语域说话"(Hatim and Mason, 2001),这与人们交际的复杂性相关。

但与此同时,三个变项之间也存在着相互制约的一方面。正如Hatim所说,"某一正式程度的语旨影响了(并为之所影响)某得体的交际渠道中的某一语场的技术性程度"(Hatim and Mason, 2001)。而在一般情况下,语域主要由语场决定,语式和语旨对语场的性质(进而对语域本身)做进一步补充和限定。

正因为如此,我们不能对语域持一种过于简单化的看法:认为交际情境与语域有着一一对应的关系。这种看法的典型代表便是"特殊语言"(special language)这一概念,如广告语言、新闻语言等。当然,这些"特殊语言"有着有别于其他用途语言的特点,可以对其语域做一些粗略、大致的概括性描述,也比文学语言更容易进行概括性分析。但是,正如文本功能具有杂合化特点,语域也同样具有模糊性(fuzziness);对任何一个文本,都要根据具体的交际情境,对语域的三个参数及各个参数的不同变量进行具体分析和归纳。可以说,有多少个具体的交际情境,就有多少个不同的语域。

"语域"(也称为语域变体)对英语翻译理论及实践研究的制约。这一概念是Reid在1956年研究双语现象时提出来的。后来Halliday等在研究"语言规划框架(institutional linguistic framework)"时,对语域做了进一步的研究。语域的概念是指我们所用的语言随着情景类型不同而改变的情况。研究语域理论的目的在于发掘控制这种变化的一般原则,进而了解什么样的情景因素决定什么样的语言特点。Hamday曾把语言的情景因素归纳为三个组成部分:语场(field)、语旨(tenor)和语式(mode)。语场体现了语言的概念功能,即参与者正在从事的活动,语言被用来表示与此有关的内容;语旨体现了语言的人际功能,即用来表示参与者之间的社会关系,可影响句型和语言的选择;而语式体现了语篇功能,指语言所起的作用,影响话语的衔接和风格。这三个变项决定着意义系统的三个组成部分:概念意义(ideational)、交际意义(interpersonal)和语篇意义(textual)。其中任何一个的改变,都会引起整个意义的变化。归纳起来,语域理论将具体的语言变体放在具体的文化语境和情景语境中进行研究,将逻辑概念意义、交际意义及语篇意义有机地结合起来,进行理解和解释,实际上就是同时兼顾了语言系统内部的纯语言意义与语言的社会意义与功能(张美芳,2002)。

二、文化语境对翻译的影响

文化语境是社会结构的产物,是整个语言系统的环境,可以被视为特定文化所表达的意义的总和。功能语法学家Halliday将功能语法语境与语言系统联系到一起。他认为，语言是一个可被选择的系统。文化的背景是决定系统选择的环境，而情景语境是一个系统的某一特定选择的环境。文化语境决定了整个语言系统，情景语境决定演讲者在实际情况下说的具体话语。文化语境是由众多特定的情景语境所构成的，而情景语境可以归纳为寥寥几种类型。语境的类型决定了语言的实际使用范围，而语言的类型的变化会导致语言的变化，各种语言变体的语境因素占主导地位，即不同类别的语域。"文化语境（context of culture）"，可以指说话人的历史文化、风俗人情，属于相同言语社区的人们可以理解其含义的话语。文化语境（体裁）是一种抽象的、笼统的概念，它代表着人们日常社会活动的一种抽象形式。

Halliday的系统功能语言学已发展为较成熟的文化理论和情境理论，可以从文化语境角度为外语教学提供理论依据。Halliday的语法被称为"人类经验"理论，话语被称为"社交语言"，把文化定位于我们运用的语法、选择的词汇和赖以生存的隐喻中（Halliday，1990）。基于Halliday的语境理论，文化语境是所有其他语境的背景，它是指在话语事件的参与者之间有关思想构建和机构的背景知识。

（一）文化语境功能的内涵

语言既有反映和传播社会文化的功能，也有创造社会文化的功能，是体现社会文化的最主要手段之一。它被认为是体现人类的行为潜势（behavioural potential）的"意义潜势"（meaning potential）。也就是说，在社会交际中，语言可以把人类能做的事变成他们能表达的意义，然后又把他们能表达的意义变成他们能说的话，即语言的词汇和语法。而文化语境是整个语言系统的环境，对语言系统起决定性作用。从生物学的角度看，如同我们都具有直立站着和走路的能力一样，我们也都具有学说话的能力。但从生态学的角度看，每个个体的人又都是特殊的，因为每个人所处的环境模式不同。然而，这种由个体经历的不同所引起的个体的特殊性是与文化密切相关的。人类的环境是由文化定型的，人类学习语言的条件也主要是由文化来决定的。例如，在汉语环境中成长的人要讲汉语，学习汉文化。汉语从某种意义上讲是汉文化的一个重要组成部分。同时，文化也是给人类的行为模式定型的决定因素，并且人类的大部分行为是由语言作为媒介的，是在人们按照一定的文化常规行事、父母指导、与别人交际这样的环境中学习母语的。这样，在他学习母语的同时，也学到了本族文化的价值系统和行为模式。所以文化语境的功能及其对语言产生的影响是值得我们研究的重要课题之一。

文化语境是功能语言学三大语境（另包括言内语境和情境语境）类别之一。文化语境的意义并非一开始就得到了语言学家的认识，即便是Halliday本人至今也没有给出一个文化语境的语言学模型，但文化语境潜在的制约语言运用的功能已得到公认。

1. 制约功能

语境对于语言使用的制约功能是最根本的。"制约性"表现在对语言生成和交际的制约，包括动机和主题的建立、语义的明确确立和转换、风格方式（结构、文体和语体等）的选择和交际信息的滤补等。"文化制约"包括整个言语活动的社会文化环境和交际个体的文化修养、性格、情操、志趣、能力等条件。

2. 解释功能

语境既是社会活动也是心理产物，语境的存在帮助解释语音、词汇、语法、语义、修辞等规则和现象，尤其有益于理解话语言外之意，消除歧义。文化语境对于理解异质文化背景下产生的独特语言现象意义尤为重大。以中、英两种语言为例，两种语言在音、义、形上有明显不同。英文是拼音文字；中文是象形表义文字。英语形态变化表达语法意义，句界分明，语言组织丰富；汉语主要通过词序、虚词等手段构句表义，以意统形，词约意丰。二者可谓相去甚远，而这些特点的形成与两种语言长生和发展的历史文化背景密不可分。

（二）文化语境功能对语言的影响

文化的定义历来众说纷纭，具有较大指涉范围的定义为：文化是人类社会各种知识、经验、信仰、价值观、意识形态、社会结构、社会功能、处世态度、方法、行为及物质财富的积淀物；其表现为一定的语言模式和行为方式。文化的传播自然离不开语言这一强有力的主体性表现手段，语言像一面镜子反映着民族的全部文化，又像一个窗口揭示着文化的一切内容，而文化又是语言赖以生存的根基，是语言新陈代谢的生命源泉。语言的存在不能脱离文化，二者紧密相连。

任何一个语言使用者都是在一定的文化氛围中成长的，作为一个正常人，他的思维习惯、行为习惯、通常要交流的意义、要说的话都会受到他所赖以成长的文化背景即文化语境的影响。尤其对于有着不同母语的交际者来说，交际的成败取决于对方语言外的文化背景知识，也就是文化语境。综合起来，文化语境是指某种语言赖以根植的民族里人们思想和行为准则的总和，即交际参与者所共有的背景知识，包括特定的社会传统习俗、历史文化知识、社会认知结构、社会心理、民族情感及交际个体之间的文化背景、认知结构和心理状态等。

如上所述，从广义来讲，文化语境因素包括语言使用社会的和言语交际个体的文化背景。本文的研究注重语言交际的共性，从社会历史文化背景、社会认知结构和思维方式等方面分析文化语境对语言的影响。

第十三章 译者角色与翻译学

译者在翻译实践中涉及的伦理问题不是简单的语言转换过程中的"忠实"问题，而是翻译活动中各主体对语言信息背后各种社会关系的处理问题。译者究竟要面临哪些翻译伦理问题，我们只有弄清楚了"翻译到底译什么"这个有关翻译本质的问题，才能明确译者要面对什么，应该注意什么样的问题，处理好什么样的关系。

第一节 译者角色研究

译者角色研究指向的是译者类群体，主要分为三大类：一是高屋建瓴的理论研究，主要将口译与笔译合在一起，体现理论的高度概括性；二是笔译译者角色研究；三是口译译员的角色研究。后两种研究以实证性的描写研究为主，通过语料的转写和分析，揭示了译员在不同的交际语境下扮演的不同角色。

译员角色的理论研究主要从哲学、阐释学、接受美学、叙事学、话语分析、社会学等视角展开对译者角色的讨论，也有学者结合不同的翻译研究范式变迁、某一译论（如目的论）、翻译史、文化转向、全球化语境来探讨译者角色的变迁。

描述性研究则多将译者角色与某一翻译类型结合起来，口译主要有法庭口译、社区口译、战地口译、医疗口译等；笔译类型主要有新闻翻译、诗歌翻译、文化翻译、文学翻译（传记文学、奇幻文学、委婉语等）。

随着翻译理论（尤其是文化研究学派）的拓展和大量实证描写研究的不断深入，译者的角色从隐身走向显身，译员角色自20世纪70年代以来就是口译产品研究领域中的重要课题之一。最早进行译员角色研究的布鲁斯·W. 安德森（Bruce W. Anderson）在《译员角色面面观》中提出，译员在交际活动中常常占据赋权的地位。贝尔尼埃（Pergnier）指出译员不仅协调两种语言的差异，更需要协调交际双方及其所代表的社区的利益。在译者角色有更严格规定的法庭口译中，朗格（Lang）发现，译员也不是官方规定的被动参与者，而是非常积极的参与者，参与各方的实际协商情况决定了其交际互动的参与情况。伯文（Bowen）以会议口译员为案例分析了其常常在国际交流中扮演咨询员的角色。福勒（Fowler）在《法庭译员：完美者与入侵者？》一文中也探讨了译员在法庭口译情境下的不同角色选择。以瓦登斯约为主的学者们从社区口译的各种形式手，以大量的语料分析描述了译员在真实工作现场扮演的角色。国内学者任文、蒋莉华也从话语分析的角度揭示了联络口译员的显身意识和非中立场。近期研究中，谢军锋、张锦通过分析法庭口译员翻译过程中对形势及语言的控制阐释了其机构守门人的角色。蒋莉华通过建立三方会话口译模型解释了译员显身性如何体现在译语产出中。张威的《会议口译员职业角色的自我认定调查》也显示了译员角色并非一成不变。赫莱兹（Herraez）等学者亦发现，虽然译员会按照不同机构的要求进行角色调整，但在大多数情况下，都会超越职业操守所规定的角色范围，发挥更多的功能。

译者角色从传统的"传声筒""复印机""语码转换器""绝对中立的中间人""信息传递员"走向另外一个端点："文化掮客或文化专家""交际的直接参与者、交际协调员、沟通专家""某一利益倡导者""某一服务助理"。国内学者也纷纷从阐释学、译者主体性、主体间性的角度提出了译者角色的其他描述，"读者—作者"，还有交际者、决策者；阐释者、创新者；文化创造者、传播者；译者角色经历了屈从性、中立性、权力性的流变；译者与原作之间的关系有"仆人、主人、亦主亦仆模式"等。译者角色的多元性在学者中得到了肯定，针对译者多元角色的论述，周领顺用"语言人"和"社会人"分别描述了译者角色连续统的两个端点："译者的属性在译者属性连续统上表现为从'语言性'到'社会性'的渐变，实现了译者在译者角色连续统上从'语言人'到'社会人'的转变。"

应该说周领顺以意志体译者为出发点建立起了译者行为研究一套理论话语，其求真—务实译者行为连续统评价模式将翻译分为基本层和高级层，基本层上的"翻译"是译者语言性的表现；高级层上的"翻译"体现的是译者的社会性，从译者社会角色化过程解释了翻译变体现象，就翻译批评也提出了译内效果和译外效果的区分。笔者也曾经从翻译的本质出发，提出译者只有集基本角色与其他角色于一身，才能完成翻译这一复杂的社会实践活动。

译者角色无疑为以译者为中心的翻译研究提供了新的视角和切入点。虽然周领顺的语言人和社会人这一说法尚需斟酌：社会人在语义上的对应是生物人；无论是语言还是译者都具有社会性。另外，语言人如何体现语言与文化的关系？他所提出的求真与务实的区分也尚有模糊地带：求真并非为求真而求真，求真亦可能为务实；务实还有为谁务实，即务实的立场问题，如法庭口译从法官的角度希望译员能最大化的信息保真，而从辩护人的角度希望译者对不利于被告的证词能模糊处理。措辞的问题可以商榷，周先生试图将译者多重角色进行解释并引入译者行为研究，为从社会学的角度研究翻译增添了新的路径。

目前的译者角色研究多是从传统的译论进行讨论，描述性的研究多进行译文与原文的比对，即从译者采用的翻译策略中推断出译者在扮演哪些角色，现已经有了大量的实证性分析。这类描述性分析从观察入手，描述所关注的现象存在何种性质、特点和规律，但相对比较零散，没有进一步概括和上升到译者角色的理论建构。对译者角色的探索性、描述性研究积累到一定程度，是时候反过来开始从理论上探讨译者角色这个课题了，很多新的问题亟须探讨。例如：译者多重角色的根源是什么？角色之间是如何调整的？译者的多重角色是如何影响翻译行为本身，又是如何体现在翻译策略选择上？

第二节 译者面临的翻译伦理问题

一、翻译的本质

(一)语言观与翻译观

我们普遍谈到的翻译,从表面上看是一种语言转换为另一种语言的言语活动,它所连接的两端——源语与译入语都涉及语言本身。我们对语言的认识很大程度上影响了我们的翻译观。

语言哲学对语言意义的探讨——无论是指称论、观念论、行为论还是指号论——都从不同角度渐进地揭开了语言的多重属性:实在性、意向性、社会性、历史性和文化性。这些语言哲学观对我们认识翻译的本质及对翻译方法、原则、标准的形成都产生了深远的影响。综观国内外众多对翻译的定义及其本质的阐述,语言观与翻译观之间的联系表现为以下几种。

第一种观点认为翻译译的是语言,即翻译是语言间的符号转换,译者关注的是译语与源语形式之间的对应。这里主要受到的是结构主义语言学对语言内部结构关注的影响。翻译"属于人类语言之间的转换活动",是"把一种语言(源语)的话语材料替换成另一种语言(目的语)中对等的话语材料"。

第二种观点认为翻译译的是人的思维活动或思想。洪堡特主张的语言与精神的同一性,以及马丁·海德格尔(Martin Heidegger)提出语言是人类精神家园的观点支撑着这一观点。因此,翻译"是用一种语言把另一种语言所表达的思维内容准确而完整地重新表达出来的语言活动"。"1989年我认为翻译是译者的一种特殊而复杂的思维活动过程。这个过程不仅应包括思维活动的结果(译文作品),而且应包括这个结果的社会效益(译文读者的反应)。"

第三种观点认为翻译译的是语言承载的意义。语言哲学一直探寻的两个重要议题——语言和世界的关系,以及语言或语词的意义问题,其对语言意义的关注使得人们认为翻译的核心问题就是语言意义的语码转换。"翻译是把一种语言的言语在保持内容方面也就是意义不变的情况下改变为另一种语言的言语的过程。"

第四种观点认为翻译译的是符号,即译文化。语言是特定文化下的符号系统,承载了大量的文化信息。由于语言哲学家将语言的意向性、社会性揭示出来,将语言意义引入了语用交际层面,使得翻译转向具有社会功能的社会符号系统,促进了功能派翻译理论的萌生及语用翻译研究。"当一种语言和另一种语言进行交流时,实际发生的是不同文化之间的交流。交流时语言和语言之间并不直接相通,必须借助翻译。所以说,翻译的任务在本质上就是实现不同文化之间所进行的交际。"

最后一种观点把翻译定义为信息转换,"将一种语言传达的信息用另外一种语言传达出来""翻译的本质是信息的传播与交流"。奈达在其早期的研究中也强调从语义上、文体上用最切近、最自然的对等语在译语中再现源语的信息。然而,对于信息的定义,学者们并没有给出统一的解释。

(二)语言与信息

翻译既然是一种语际的转换活动(无论其转换的是什么),那么对翻译本质的认识离不开对语言本质的探讨。语言到底是什么?是符号系统?是文化载体?还是思维工具?如果我们回到哲学所理解的原初世界去理解语言,会更好地理解翻译本质。

哲学界普遍认同构成宇宙的三大基本元素是物质、能量和信息。由于物质的存在,物质之间的普遍联系就表现为信息和能量。其中,能量是物质在运动中的量化转换,而信息则是物质相互联系的状态和方式,物质之间借助能量的转化相互联系并表现为信息的传递。人与世界的联系也表现为信息,人类创造了一种自己联系世界、联系人类社会的重要工具,这就是语言。语言分层次的有机组合系统构筑了无限多的表达形式以应对无穷的信息编码需求。维特根斯坦以"图像"喻指意义的生成方式,意义就是图像对世界的摹画,它是由图像显示出的"映射关系"。"图像论"意义观的内核就是以语言工具论为基础的意义指称论,这种思想忽视了语言的本体论价值。其实,语言自被创造出来之后,就在人与世界的不断联系中根据信息传递的需要不断演变与进化,形成了自己的生命力并作为一种客观存在反作用于人和世界。因此,洪堡特相信"语言乃是一种独立的存在",费尔克拉夫也认为,话语"不仅仅反映和呈现社会事物和关系,其本身就构建和构成它们"。

语言本体论者自海德格尔、洪堡特以来就认为语言和世界是同构的。然而,他们又忽略了语言的工具性,忽略了语言不是由实体组成而是由符号、概念组成的整体。语言表达世界和建构世界是间接的,必须借助主体对符号的创造、理解和使用。在多层次组合的系统运作下,语言虽然具备无限的表达潜力,但是由于语言的抽象性、不确定性和信息本身的千变万化,无限的语言形式与无限的信息之间并不能保证一一对应。

语言作为人与世界联系的纽带,如何表达相对确定的信息,以体现其稳定性呢?这主要涉及两个因素。其一是语言具有历史性和社会性,其传承和演变受到了使用者和使用者所处世界的制约,因此打上了社会的烙印。语言在长期使用过程中形成的为大多数人接受的意义及规则是语言承载信息具有确定性的基础。其二是语言作为思维工具的普适性。大部分人通过思维的方式与世界发生联系,其中思维又有很大一部分是以语言为媒介进行的。语言反映出的思维活动是有着共通性的,有规律可循的。

语言传递的信息是立体的,这主要取决于人与世界联系的多维性。维索尔伦在谈到语言的选择与交际语境的顺应时,对语用世界(语境)进行了三分:物质世界、心智世界、社交世界。

我们所处的世界由客观世界和心智世界构成。客观世界由人之外的自然物质世界,以及由人的个体和群体组成的社会世界组成;心智世界则包括普通认知世界、情感世界与艺术审美世界。

人与客观世界及自己的心智世界发生联系,主要表现在三个方面:人对客观世界和心智世界的发现——普通认知与表征；人与其他社会个人、群体之间的关系——社会规约和交际，人对完美世界的追求——怡情审美。因此，人与自然界、自身心智、人类社会（其他个体和群体）之间的联系中存在三大类信息：普通认知信息、社会规约和交际信息、怡情审美信息。其构成了语言信息的三个维度。

（三）翻译是意向性的跨语言立体信息中继传播活动

翻译首先是一种语言活动。语言活动不能脱离主体因素，具有明显的意向性。后期维特根斯坦的"语言游戏"理论将语言与生活形式结合起来，奥斯汀则认为语言表义的目的是行事，意义包含并取决于人的目的/意向，以言行事就是通过语言的意义来实现人的意义。塞尔（Searle）的心灵哲学研究阐述了心灵与世界的因果联系，意向性是心灵借以内在地表现世界上的物体和事物的特征。这些理论都分别从不同的角度论述了语言使用的意向性。

翻译作为语言信息传播的一种特殊形式，也具有意向性，是一种有目的的跨语言、跨文化的信息中继传播活动。中继通信本是通信技术中的一个术语，这里借用以区分翻译与普通的从信息发出端到信息接收端的直接信息传递。译者是信息传递的中心，流向源语参与方和译语参与方的信息都要经过译者这个中继站。与中继设备不一样，译者本身是有血有肉的价值载体，译者所译的不是语言本身，而是源发于意向的、以语言为载体的信息，即语言表述的三种信息的混合体（立体信息）。如前所述，语言表述的信息虽有一定的不确定性，但仍然具有相对的稳定性，否则信息将无法传递和解码。

人类信息传播有着明显的目的性，作为信息中继传播活动的翻译，实际上可以分为两个阶段。第一阶段是信息的接收阶段，由于译者掌握着两套编码系统，利用源语编码系统对信息 A 进行解码时，必然会不自觉地受到译语编码系统的影响，获得立体信息 A′。一般来说，译者会最大限度地调用源语编码系统，尽量靠近原作，避免译语编码系统的影响。即使译者因为其他目的有选择地发掘、过滤信息，但是在解读信息的过程中依然是尽量使用源语编码系统。这里我们应该注意的是，即使没有翻译发生，在单语理解的过程中，我们对语言立体信息的不同维度关注度是不一样的，有时我们会侧重语言中的认知信息，有时是交际信息，而有时更多地去感知语言中的审美信息。语言信息的三个维度也会因为个体对语言符号系统的掌握能力及个体主观因素而可能呈现出不同的图像。这就是为什么同样一句话，不同的听者可能理解不同，听者理解的该信息交际意图也可能与源语信息发出人完全不同。

第二阶段是接收信息转换为译语的二次传播阶段。根据信息传播理论，译者接收信息后再次传播给受众，必然会受到信息二次传播目的（译者在影响翻译活动各因素的制约下所决定的翻译目的）的约束。由于有了人与世界发生联系的意向性和目的性，就有了译者作为信道对信息的选择和整合，继而就有了因跨语言信息传播目的（翻译目的）不同，而存在的对不同维度信息进行选择性传播。尽量保真的翻译是理想中的完美翻译，在大多数交际情景下都有着其交际和伦理价值。然而，不同的语言编码系统并不能与信息完全对应，往往导致信息的编码和解码不统一。编码规则产生的社会文化语境不同，也可能使信息的接收和处理自觉或不自觉地强化、弱化、轻化、压缩、增益。因此，译者根据翻译目的自觉地对信息进行改译、写译、拟译、编译、节译、选译、摘译，产生了不同程度的翻译变体。相对尽量保真信息的完美翻译而言，翻译变体的存在也非常普遍。

二、翻译伦理多维性与译者面临的翻译伦理问题

翻译复合的不同社会活动层面实际上使译者、整个翻译系统面临着诸多复杂的社会关系，这些社会关系的平衡带来了不同方面的伦理问题，体现了翻译伦理的不同侧面，即翻译伦理的不同维度。翻译本质所关注的信息传播伦理，构成了翻译伦理的核心内容，而翻译复合的其他社会活动层面所涉及的伦理关系则构成了翻译伦理的外围侧面。

一切伦理关系的产生都来源于我们的社会实践，对于翻译伦理的考察应该扎根于我们的翻译实践。由于翻译活动广泛地与各种社会活动发生联系，翻译的社会实践活动产生的伦理问题可谓纷繁芜杂，在梳理的过程中，应牢牢把握两个层面：第一，我们仅仅讨论与翻译活动和翻译系统运作紧密相关的社会伦理层面，将焦点放在翻译领域中亟待解决的伦理问题；第二，对于不同的伦理问题，我们应该条分缕析地进行整理，统一标准，这样才能紧扣问题的实质，并逐步实施深入剖析。

（一）翻译活动本质所涉及的信息伦理问题

翻译活动的本质是人类意向性的跨语言立体信息中继传播活动，因本质凸显的是翻译之所以为翻译的根本属性，翻译实践涉及的伦理问题也主要是与翻译本质紧密相关的信息传播伦理问题，翻译伦理最核心的部分必然受到信息伦理调整。

信息伦理又称信息道德，它是调整人们之间及个人和社会之间信息关系的行为规范的总和。20世纪80年代中后期，与信息领域有关的伦理研究范围逐渐扩大，从计算机伦理到网络伦理、媒体伦理，已经拓展为更广泛的信息开发利用活动的伦理学研究，即信息伦理。而传播伦理，就是"传播过程或传播行为所涉及的道德关系"。基于信息伦理调节的是信息的传递、开发、利用中所涉及的各种社会伦理关系，而传播的对象是信息，因此传播伦理应该包含在广义的信息伦理范畴之中。

作为应用伦理学的一个研究领域，信息伦理研究主要关注信息时代因信息关系产生的伦理问题，如美国管理信息科学专家R. O. 梅森(R. O. Mason)提出信息时代的4个主要的伦理议题：隐私权(Privacy)、信息准确性(Accuracy)、信息产权(Property)及信息资源存取权(Access to Information)。在文献计量学的基础上，曹超对信息伦理研究也做了一些定性分析，列出了信息领域的其他伦理关注，如网络伦理、媒体伦理、计算机伦理、生物信息伦理、图书馆伦理、经济信息伦理、跨文化信息伦理、信息专家伦理、信息产品的伦理问题、信息收集与分类过程中的伦理问题、信息获取与传播中的伦理问题等。

与其他的现代伦理研究一样，信息伦理研究也引入了权利概念，将权利作为伦理的基点，强调权利的保护及外来权力结构对权利侵犯的阻止。信息权利主要包括信息发布权、信息获取权、隐私权、知识产权、信息安全权等。学者们试图基于个体和组织的信息权利建构信息伦理的不同领域。

与普通的单语信息活动相比，翻译活动是一种特殊的跨语言的信息传播活动，有着其自身的特性。我们完全可以遵循翻译活动中各个主体的信息权利来考察翻译所涉及的信息伦理问题。

结合信息伦理中主体的信息权利和翻译实践，我们发现实际上信息保真——传统译论中的忠实，实际上是翻译本质所对应的信息伦理中最核心的要求。只不过由于受到不同的语言哲学观的影响，翻译理论对忠实有着不同的解释。以索绪尔为代表的结构主义语言学家认为语言是由能指和所指构成的符号系统，其研究重点是对语言进行内部结构的分析；受其影响的翻译观注重语言形式的转换、语义和句法分析，忠实指向了语言形式。而解构主义哲学家颠覆了西方逻各斯中心主义的传统，否定语言的终极意义，否定文本的封闭性，打破了作者与译者、原文与译文之间的主从关系，质疑忠实原文之可能性，催生了多元化的翻译理论。功能主义途径、描写翻译研究相继出现，无一不是对原文至上的传统忠实论的反动。洪堡特认为语言的普遍性、客观性决定语言的可译性，语言的特殊性、主观性又决定了语言的不可译性。洪堡特主张的语言与精神的同一性，以及海德格尔提出语言是人类精神家园的观点使得翻译关注思维活动、思想内容的转换，翻译的忠实指向了语言的思想和内容。格莱斯、塞尔、胡塞尔、奎因不断深入将语言的意向性、社会性揭示出来，将语言意义引入了语用交际层面，直接或间接地促进了功能派翻译理论的萌生和发展及语用翻译研究，忠实指向了语言的功能和交际效果，使得奈达的翻译思想从形式对等走向动态功能对等，而功能派的代表人物克里斯蒂安·诺德更是对传统的"忠实"(Fidelity)加以修正，提出了"功能加忠诚"，将忠诚指向翻译活动中译者对其他翻译主体的责任。而积极建构职业伦理的皮姆则提出了"译者首先必须忠诚于作为交互文化空间的翻译职业"(Translators' prime loyalty must be to their profession as an intercultural space…)。而切斯特曼则改用"真实"的价值而不是"忠实"来描述原文和译文的关系，树立起"再现"的伦理观。

本书认为语言本质上是人类传递信息的有机符号系统，不仅具有工具价值也具有本体价值，其所承载的信息是多维立体信息。无论我们主张基于语言形式、语言内容、还是语言功能的忠实观，还是译者忠诚于相关翻译主体或翻译职业的忠诚观，都不能否认信息传输的双方对信息的准确性享有权利，后续的信息加工、开发、利用都有赖于信息的准确接收，人类对语言的准确解析和传递是人际交往和社会合作的基础。因此语言立体信息通过翻译进行传递时，必须超越和平衡两个符号系统的差异、两种文化的差异，在语言信息的不同维度方面尽量接近。

但是现实中，信息权利的行使又是可以自主协商的，在不影响他人利益和侵犯他人权利的基础上，权利人可以自由行使自己的权利。也就是说，如果信息使用者只希望攫取主要信息为己所用，而不关注细节描述，在原作者同意或翻译信息使用不对原作者产生影响的情况下，他完全可以要求译者进行摘译、编译、缩译或其他翻译变体形式。

(二)翻译活动涉及的文化生态伦理问题

翻译活动涉及的生态伦理问题包含两个方面：一方面，是翻译作为一种文化再生产活动对现有文化生态环境造成的影响,着眼于整体翻译活动与宏观文化生态的关系;另一方面,是翻译系统本身作为一个生态系统,系统内部成员对翻译生态环境的影响,着眼于微观翻译系统内部各主体与翻译生态环境之间的关系。

在整体翻译活动与宏观文化生态层面,如果我们将世界文化再生产看成一个有机系统,世界上任何一种文化看成文化生态环境的一个物种,那么各国文化的相互交融,就组成了一个大的世界文化生态系统;翻译活动就是世界文化再生产系统与各种文化进行联系的机制之一。从结果上看,翻译将一种文化中的信息传递至另一种文化,肯定会对接收国现有的文化体系带来新的元素,产生或正向、或负向、或混合的影响,也可能在一定时期影响甚微。从过程上看,翻译活动跨越两种文化,必然涉及文化差异的处置问题。保留还是改造源语文化中异质性的东西是译者必须做出的决定。译者对文化的处置看起来是个人行为,实际上离不开译者所处的文化生态环境对译者的制约。多元系统论早在 20 世纪 70 年代就已然揭示了翻译文学系统与译语文学系统之间的互动关系,由于译语文学系统的不同特征,翻译可能游走于中心地位和边缘地位之间。当翻译占据系统的中心地位时,会成为译语文学系统中创新的力量。文化间的不平等,语言使用者自觉、不自觉的我族中心主义倾向,使得翻译活动必然关乎语言使用及文化碰撞中的立场定位和秩序维护,语言使用的文化环境之间的关系,即如何对待文化差异性的问题也开始提上伦理议事日程。

另外,胡庚申与徐建忠在国内率先将生态学与翻译学结合起来,考察了翻译的生态环境。胡庚申指出"翻译生态环境"是原文、源语和译语所呈现的世界,即语言、交际、文化、社会,以及作者、读者、委托者等互联互动的整体。而根据《翻译生态学》,徐建忠提出翻译的宏观生态(Macroscopic Ecology)最大的范围是生物圈,其次是整个地球上各个国家,通常宏观生态研究得比较多的是一个国家疆域内组成的大翻译生态系统。翻译系统内部如何保持平衡、可持续性发展也成为翻译生态面临的重要伦理问题。

应该说翻译生态系统、文化生态系统由于系统内部成员之间的相互关联、相互作用、相互适应、相互选择呈现出阶段性的稳定与平衡,并在历史过程中不断进化、循环再生,显示出与生态学中所述生态系统类似的家族相似性。因此我们对于自然生态系统的伦理研究对翻译生态及翻译所影响的文化生态都会有启示,可以尝试用生态伦理中所适用的伦理原则来考察翻译活动所涉及的生态伦理问题。

生态伦理是对人与自然环境之间道德关系的系统研究,现代生态伦理主要考虑的问题是维护生态多样性、整体和谐,而不是人类中心。伦理原则主要有:尊重各物种的生命权、不伤害原则、预防原则、尊重自然原则、代际平等原则等。从生态伦理的基本原则出发来考察翻译系统的运作会有一个总体的把握,高屋建瓴地借助理论上的指导去分析翻译实践。

(三)翻译活动涉及的经济伦理问题

早在翻译产业化之前,古老的翻译活动就与经济活动相生相伴,为跨境贸易解决语言、文化方面的障碍。翻译活动不仅为经济活动提供服务,在为社会提供服务的过程中也逐渐实现了自身的产业化,表现出产业的相关特征:专属产品、市场需求、竞争机制、品牌、行业技能与资产、行业标准、产业链与特有的经济运作机制等。作为一种经济活动，翻译必然涉及相关的经济伦理。结合经济伦理原则，让我们分析翻译活动涉及的相关伦理问题。

经济生活的基本领域主要有生产、交换、分配、消费等。经济伦理调整的正是经济生活领域内的道德关系。其中，效率与公正之间的矛盾是经济伦理的基本问题。"效率的价值原理表达行为目的的实质性价值实现，是判断行为是否有效或是否善的基本依据。公平价值原理表达的是社会道义的伦理理想，是人们用以评判社会和个人的经济行为，特别是对经济效用价值的分配是否正当合义的伦理标准"。一般来说，符合经济效率价值原则的活动在伦理上是有积极意义的，但是并不表示两者不存在冲突。在翻译实践活动中，机器翻译往往能带来产出效率的提高，但是如果没有人工译后编辑，质量却很难得到保证；如果没有翻译技术的参与，同一译者单位时间的产出与质量表现往往也是成反比的。另外，如果我们只重视结果——译文的接受程度，如出版界翻译外国文学作品时因强调适销性而压制原作者，对原文大肆篡改，就很难体现出原作和原作者的真正意思。

作为产业经济活动的翻译，在生产领域主要考虑翻译生产的产品对整个社会生活的功能，翻译在整体上应该促进文化间的理解和交流、促进社会的繁荣和稳定。人类生产的目的是消费，生产应基于一定的需求，但需求是基于人的欲望而产生的，人的欲望无穷尽，在此基础上产生的需求未必都是合理的，因此翻译时常面临经济效益与社会良序的选择，有经济效益的翻译活动不一定符合社会良好风尚，无论是个人还是翻译机构作为生产者都应该牢固树立起为社会服务、为人民服务的正确的生产观。对于淫秽作品、侵犯他人正当权利的言论、邪教传播、伤害国民感情的言论，翻译生产者、发起者和赞助者都应当树立起正确的筛选意识，不能仅仅考虑经济效益，而是应该将经济效益和社会效益结合起来，承担起应有的社会责任。人类对翻译的需求存在不同的层次，随着翻译逐渐走向大众化，民众对翻译有了不同层次的需求，对跨语言立体信息的传递有不同的准确度、及时性等方面的要求，翻译的生产也应充分考虑这些不同层次的需求，提供多元化的产品和服务。另外，翻译生产也应遵循翻译的生产规律，从流程上保证生产的每一个环节都在质量的可控范围，盲目追求生产效率而不考虑生产者的劳动状况、生产的时间限制、生产资料的技术能力、生产能力等因素都会导致赝品、次品的产生。

经济生活的交换环节主要遵守的是自主、互利、竞争、信任原则。翻译活动和其他经济活动一样也需要遵守相应的市场规则和竞争机制，这属于翻译行业规范的问题，本书不做重点论述，而是聚焦在为经济活动服务的翻译和提供翻译服务的译者身上。

参与经济活动的译者往往不是一个中立的角色，即使自由译者同时服务于经济活动的双方，似乎可以不偏不倚，做到中立；然而，经济活动的合作性本性就暗示了译者协助双方争取交际效果最大化的目标。经济活动指向的经济关系，使得译者不得不参照两个社会中的经济话语和文化规范，在两种不同的规范之间转换，译者很难做到完全对应，尤其是两种规范差异较大的时候，译文产出的结果总是会更加接近两种规范的某一端。这种自觉不自觉的偏向，实际上可以看作译者对某一规范的遵从，持有某一特定立场而做出的决定。

当译者为一方工作时这种偏向会更明显，尤其是译者是企业的全职译员，经授权共同参与经济活动时，他完全可以在保持公正性的基础上，主动谋求有利于雇方经济利益最大化的交际翻译。例如，某企业全职译员在参与企业的合资谈判时，其立场是站在该企业这一方，对于不利于合资顺利进行的言论，译者可以向企业指明、建议。为了让译者明确每一阶段的谈判目的，企业主谈判人有时甚至会让译者参与谈判策略的商议。此时的译者绝不是一个中立的角色，而是与企业有着共同使命的员工，译者的角色在谈判工作期间实际上还复合了谈判助手的角色，其上位概念就是一定经济利益的代言人。

（四）翻译活动涉及的交际伦理问题

功能派翻译理论将翻译看作一种跨语言、跨文化的交际活动，认为翻译包含了原作者与原作读者、译者与译作读者的两次交际过程，作为交际活动的翻译应该重视交际的结果。本书前述翻译本质是目的性的跨语言立体信息中继传递活动，这一概念与翻译本质上是一种跨语言、跨文化的交际活动还是有所区别的。人类交际的手段有多种，语言交际只是其中一种，语言交际（翻译又是语言交际的一种）的本质表现就是以语言为媒介的信息传递，信息传递是交际发生的必要条件，也就是说，只有信息产生并传递才会产生人类的交际活动。因此从逻辑上说，信息传递更接近翻译本质。信息伦理处理的主要是人与人之间，以及个人和社会之间的信息关系，而交际伦理则侧重主体与主体之间如何相互对待的关系。因此信息伦理更接近翻译伦理的核心内容，而交际伦理与经济伦理、生态伦理等一样均属于翻译伦理涉及的外围内容。

就交际伦理而言，中西方因文化传统的不同，存在着较大的差异。汪怀君指出中国传统交际伦理是建立在"仁爱"基础上的人伦，"仁爱强调人与人之间的友爱、和善、恭敬、谦让、温和、互助，提倡孝悌，同情别人。仁爱不但是处理血缘亲属交往关系的原则，也是处理社会上一切人伦交往关系的基本原则，它统领着众多的道德子德目"。另外，两条原则强调经权结合、通全达变以及和而不同的交往观。由于中国社会深受儒学的影响并有着集体主义文化传统，人际交往中的谦虚、谨慎、和谐、重情、脸面、通融观念等深入人心，和谐是人际交往的重要目标。在中国的交往伦理中，和谐胜过竞争，群体利益高于个体利益。而以个人主义文化为基础的西方的交往伦理则有着自身的特点，体现为：交往主体的个人本位、依照平等互利的契约原则建立交往准则、价值取向崇尚竞争、交往目标的功利主义、交往手段的商谈理性等特点。

如果说休谟（Hume）的利己主义基础上的利他交往提倡契约精神带有功利主义色彩，那么康德（Kant）提出有关道德的"绝对命令"用来化解交往主体之间的利益冲突则更多地体现出先验主体理性，带有较强的主体性色彩。黑格尔（Hegel）认为生命个体的自我意识是在扬弃他者自我意识基础上确立的和实现的，"相互承认"对方独立的自我意识就是相互承认的交往伦理，体现出明确的互主体性；发展到哈贝马斯（Habermas）的交往行为理论和话语伦理学更是完成了从主体性到主体间性伦理思想的转化。

哈贝马斯的话语伦理学（又称商谈伦理学）认为人类社会道德水平发展到较高阶段时，

主体之间的交往、共同规范的认定是通过主体之间平等协商进行的。也就是说，他把伦理原则的普遍认同看作一个共同论证的过程，所有具有理性参与讨论的人都根据自由意志提出自己的观点，经过各方之间的讨论、争论，达成真理性共识，使得自己的意志被确定为共同承认和遵循的普遍规范。这一共同论证需要以话语为工具和媒介，为了确立可能理解的普遍条件，即确立"交往行为的一般假设前提"，哈贝马斯试图在建立普遍语用学的基础上提出了言语的真实性、真诚性和正确性等有效性条件。言语行为要达成的"理解"不仅仅是语言意义、主体意向的理解，还是参与话语交往过程中的主体之间的默契与合作，是一种建立合法人际关系的交往实践活动。

虽然哈贝马斯的商谈伦理学因理想对话环境无法实现带有一定的乌托邦色彩，但是他将普遍伦理原则诉诸主体间诚实、平等的交往和对话突出了主体间性的中心作用，对正确认识交往伦理有着重大意义。

这样看来，西方的交往伦理往往从哲学的视角认识人的社会交往活动，再从交往活动认识人和世界，带有较强的理性色彩。基于哲学对认识世界的方法论意义，哈贝马斯的交往伦理对翻译理论也有诸多启示，引发了学者们的探讨。吕俊基于哈贝马斯的交往行动理论指出"翻译活动属于涉及三个世界与三个交往层面的认知交往活动。它不仅仅是第一层面的主—客关系，也不仅仅是第三层面的主—主关系，而是一种主—客—主这种活动关系"，并在此提出了构建翻译新标准的理论设想和以普遍语用学原理建构翻译伦理学的构想。

（五）翻译活动涉及的语言伦理问题

如果我们将语言视为整体而不是能指和所指二分的符号来考量，我们与自我、思维的关系以及与他者的关系无不通过语言，在某种意义上说没有哪种伦理与语言伦理无关，因此有学者认为翻译伦理首先就是一种语言伦理且关乎诗学，因为诗歌极大程度地突出了语言内部系统性，意味着生活行为，代表了语言伦理中最强的一种形式。如果我们将语言作为一个整体来看，由于语言无所不包，我们完全可以理解元伦理学为什么以分析道德语言为己任，以逻辑和语言学的方法来分析道德概念、判断的性质和意义，用来解决道德判断和价值判断的根本问题。

但是应用伦理学中所指的语言伦理与这种从哲学视角考察的语言伦理有较大的出入。由于本研究是基于应用伦理学对翻译实践的审视，对于本研究，我们采用应用伦理学中的概念：语言伦理学是从语言学和伦理学角度系统地阐释言语交际行为中的道德伦理现象，探讨言语交际中的道德规范系统。从定义中看语言伦理与信息伦理（包括传播伦理）、交际伦理等都有交叉的内容，因为语言的功能有很大一部分表现为信息传递、交际的功能，因此言语道德中也涉及了普遍的信息伦理和交际伦理范畴的内容。对于信息伦理和交际伦理中已经提及的部分，如信息伦理中对准确性的要求、交际中对说话人态度真诚的要求等本书不再赘述；仅仅讨论去除相关内容后有关语言使用道德关系的部分。

语言伦理原则分为话语理解与话语建构的道德准则。就语言理解而言，听者不能以偏概全、妄下结论，应该结合言实统一、言人统一、言行统一、言境统一和言德统一的五项原则进行解析。

另外,一定的语言会产生一定的后果,说话人要对自己讲话的内容负责。使用语言应符合语言规范,语言的使用应该符合社会道德规范,不对社会造成不良影响。言语的使用代表了个人的道德修养和文化修养水平。话语建构的道德准则应该遵循言语真诚、言语真实、言行一致的原则,对于译者而言,对所接收的信息用译语建构的时候也应该遵循这一原则。

(六)翻译活动涉及的技术伦理问题

随着信息技术和自然语言处理技术的不断进步,在当前的大数据时代,术语提取、翻译记忆、机器翻译、机辅翻译、云翻译平台、语联网等的推广和应用大大改变了翻译的工作模式、翻译产业的运作模式、翻译教育模式等一系列翻译社会实践活动。技术对翻译职业的影响、对翻译产业的影响、对翻译教育的影响、对人们翻译观的影响乃至对人类跨文化交流的影响将是深远的,使得我们不得不关注技术引发的翻译实践中的伦理问题。

由于科学技术具有动机的探索性,其实践受到多种社会外部因素的影响,其实施效果也能产生正负两种向度,在科技是第一生产力的全球化知识经济时代,科技对社会、对人类的影响是巨大的。贝克(Beck)指出,随着科技的发展,人类已经从工业社会进入风险社会。传统风险主要是"来自外部的,因为传统或者自然的不变性和固定性带来的风险";而风险社会中的风险则主要是"被制造出来的风险"。因此冯昊清提出安全是科技伦理的首要原则;安全既指主体的生理、财产等客观实在的物理安全,也指主体尊严、自由、荣誉等观念性的安全,既指主体的生存发展在当前和未来不被侵害,也指现在和未来的基本需要得到保障,不至于匮乏。

当然,技术伦理不仅仅局限于技术对人类以及社会安全的考量,也同时涉及其他广泛的议题,如学术自由与责任、科技伦理教育、科技人员职业道德、知识产权保护等。尽管议题众多,技术伦理的实质就是从伦理的角度规范技术开发、使用者的行为,评价技术可能带来的物质、观念和社会风险;将人文主义的关怀注入工具理性的反思。

作为技术活动的翻译活动适用哪些直接与翻译相关的伦理价值原则?我们应从技术对翻译系统及其他社会系统的影响入手,结合翻译主体、翻译活动、翻译系统本身的伦理属性探寻答案。

现代技术在翻译活动中的使用主要可以概括为以下几类:①信息技术帮助译者与其他翻译活动参与者(包括客户、同行、翻译公司、出版社、读者等)生产译文并进行沟通;②翻译机构及译者(包括职业译员与非职业译员)广泛使用机辅翻译和机器翻译;③云翻译技术使得多人协同翻译在云端完成;④翻译本地化业务融合了大量的技术元素;⑤信息技术参与翻译业务的宣传、营销、人力资源、项目管理等方面;⑥信息技术在翻译行业协会自组织中的运用。由此看来,信息技术、翻译技术已经深入个人、机构乃至整个行业的发展与管理,目前反映出来的问题主要可以概括为以下几点。

1. 翻译技术滥用带来的质量与效率矛盾

大众对翻译不同层次需求的扩大、信息技术及翻译技术效率的不断提高,使得大量需要翻译的客户通过各种翻译技术使用免费或付费的翻译服务，大量的业余译者也通过网络提供免费或付费的翻译服务。翻译技术开发者的愿景是将来全球90％的语言障碍都能通过机器翻译等翻译技术予以解决，使得人们使用翻译就像使用水电那样便利，使用翻译成为人的一项基本权利，为人类相互了解、相互交流作出贡献。

此外，云翻译平台及网络信息技术催生了众包生产模式，使得多人协同翻译同一文本成为可能。虽然有术语、语言风格一致性方面的控制，不同译者产出的译文仍可能带有拼接、断裂的痕迹，成为翻译质量的硬伤之一。大规模生产效率与语言风格一致性之间的矛盾不是不可调和的，这就要求我们的基础研究更好地解决翻译技术开发过程中遇到的问题。文体风格方面问题敦促我们更多地研究语言本身，深化语言学的基础研究，细化语言的分类，建立起更为完善的文体学量化指标体系，使得译者接收相关训练，在云翻译平台协同工作时能有可以参照的标准。

技术活动是人类利用技术改造自然、改善生存的能动性活动，技术本身并无价值取向，技术的应用却融合了人的价值取向抉择：效率与质量、准确与谬误、责任与随心所欲、沽名钓誉与追求真理等冲突无不体现在技术应用中，一旦失去了正确的价值观就可能造成技术的滥用。翻译涉及的技术伦理应该指导所有翻译活动利益相关者（包括翻译技术开发者、原作者、译者、发起人、读者、翻译使用者、出版商等）充分考虑技术滥用可能带来的包括质量在内的一系列问题，以及如何进一步防范各种问题的扩大化。

2. 翻译技术带来的语言自然性与机械化之间的矛盾

一方面，人类语言的产生具有自然性，语言符号的能指和所指之间存在着任意性，我们可以观察到自然语言中语言符号横向组合的过程中存在着很多打破语言规则的组合现象，如省略、倒装等语言现象，其实这在一定程度上也体现了一定的语言符号组合的任意性。另一方面，歧义性也是自然语言的典型特征。对机器翻译而言，歧义和语言规则的任意组合是机器理解自然语言的致命弱点。为提高机器翻译效率，越来越多的要求指向对源语的控制和改写，以提高源语的机器可读性，使得源语趋于标准化、机械化。大量控制性语言的产生会使得语言沦为技术的工具，自然语言产出的多样性遭受破坏。试想如果不提高机器翻译技术本身，仅仅从源语控制入手，多少年后充斥网络和社会的语言将会是什么形式，人类语言会退化到什么程度？

在主流的机器辅助翻译技术中，完整的翻译对象（文本）首先会被分割成片段化的翻译单元。因为翻译记忆的大量使用，译者面对某个语言片段的时候面临多种备选参考，译者往往从这些备选之中挑选出最优选项。可是，由于这些语言片段来自翻译记忆库中不同的翻译材料，蕴含着不同的语境，当译者将其认为最优的选项组合起来的时候，实际上是将不同语境下的片段进行组合得到的整体结果，并非最优选项。这也同皮姆（Pym）所说，译语产出更多考虑了语言的纵组合关系而相对忽略了自然语言中的横组合关系，一旦大量译文进入目的语语言系统，就可能对目的语语言的现有结构产生冲击。

以上都是语言的自然性与机械化之间的矛盾，不仅对源语同时也对目标语语言系统可能产生破坏性的影响。语言与思维的关系紧密、萨丕尔的语言决定思维假说虽然还缺乏有效的论证，但是我们见证了计算机拼写检查的使用带来学生拼写能力的下降、网络语言对现有语言系统的冲击等一系列负面效应。翻译技术对源语及目的语语言系统的影响到底会有多大，短时间内很难评价，但是有社会责任感的学者应该预见其影响，尽量将这些技术可能带来的负面效应降至最小并思考相应的补救措施。

3. 技术垄断及自由竞争之间的矛盾

虽然译者能够接触并购买一些翻译技术工具，但拥有的多半是翻译技术资源的初级形态，只有语言服务商和大型的翻译公司才真正掌握了翻译技术资源的高端形态：大型的项目管理系统包括了项目统计分析和预处理、译员组织、文档传递、进度控制、过程质量跟踪记录、项目成本记录、译员费用结算等；拥有云翻译服务平台技术的语言服务商能够将分散的多语资源、需求整合形成相互关联、紧密协作的庞大产业价值链。技术霸权的垄断使得市场、客户资源越来越向这些公司聚集，传统的自由竞争条件恶化。翻译行业的规则将逐渐由这些垄断者制定。

从社会学的角度来看，一定场域内的资本是可以互相转化的。拥有技术资本（场域理论的提出者布迪厄并没有单独将技术资本提出来），但是在知识经济的今天，个人和组织所掌握的技术资本同样可以转化为社会资本、经济资本及文化资本和象征资本。以技术资本控制了市场和客户的语言服务商，他们以技术使用为由限定了译者的劳动工具、工作模式，垄断了行业价格，将技术辅助完成的部分翻译工作从译者劳动中扣除，降低了译者薪酬，使得译者面临自由竞争力、生存条件下降的趋势，也不得不屈服于行业霸主制定的游戏规则。

翻译技术伦理必须考虑技术发展对产业自由竞争的影响、对整个行业健康发展的影响，以及对从业者的影响。翻译产业中技术的发展和应用肯定是趋势，在技术洪流的冲击下，如何保障从业者的利益，如何培养从业者的技术应用能力，如何体现技术应用中的人文关怀都是亟待解决的课题。

4. 大数据时代互联网共享精神与知识产权之间的矛盾

互联网精神是开放、平等、协作、共享。其中，开放、共享是互联网发展的原动力。信息共享使得互联网成为人类知识累积和交流的场所，大有一种人人为我，我为人人的姿态。

目前，基于统计的机器翻译技术是基于大量可靠的人工翻译语料进行计算，翻译自动化用户协会（TAUS）的《2013年翻译技术全景报告》宣称，如果翻译服务要真正做到成为公用设施服务，还需要数万亿字的语料和80,000多语言组合，而目前TAUS拥有的共享语料只有540亿字，2200多语言组合；因此该协会专门就翻译数据知识产权的问题提出了相关方案，力图将翻译数据与原文和译文区分开来，使得译者或语言服务商能够拥有其在工作中不断累积起来的语料数据库所有权（要求该翻译数据库能够进行术语、句子片段的多语对齐，但却不能在此基础上重新恢复原文和译文）。

一方面，机器翻译技术及愿景中承担公用设施服务的翻译需要大量的翻译数据进行计算和机器学习；另一方面，翻译工作确实能借助翻译记忆中出现的类似文本提高产出效率,然而,翻译数据的再使用涉及客户信息保密和知识产权保护的问题。

互联网共享精神的核心价值是打破技术和资源的垄断,但这并不意味着一切免费。目前,有一些国家基金支持建设的语料库并不向公众开放,造成了资源的浪费。而且有些企业打着公益的旗号要求翻译语料共享,其实这些翻译语料的再次使用最终多用做了商业目的,这不得不使人们质疑共享这些翻译数据背后的动机是否纯粹。TAUS 提出的翻译数据知识产权归属方案虽出于善意的目的,但还是违反了目前知识产权中关于语言资产保护的宗旨,且不说情报专家对翻译记忆库是否有恢复原文的可能或提取重要机密的可能,一个公司对其语言资产的转让或公益用途应该出于自愿。译者或语言服务商对翻译数据的所有权完全可以像版权协议一样与客户进行沟通、谈判,明确该项目的翻译记忆数据是否为客户独有,译者如果要继续使用该翻译记忆可以进行价格上的区分。翻译数据的知识产权年限保护也可以做出特别规定。总之,既尊重译者劳动、客户对原文和译文拥有的正当权利,又能在此基础上打破不必要的垄断,实现资源的有效利用。

5. 技术依赖与教育追求个性、发展之间的矛盾

随着翻译技术和信息技术的发展,译者对技术的依赖性不断增强,越来越多的翻译教育都在不断加大翻译技术课程的比重。Ignacio Garcia 指出本地化教育将越来越向机器翻译的译后编辑发展。在翻译技术应用的实证研究方面有学者指出译后编辑的质量高于译者使用机辅翻译工具进行翻译的质量,因此翻译教育中应该更多地重视译后编辑。也有实证显示学员对两种工作模式的心理进行比较,译后编辑较传统翻译模式而言趋于枯燥乏味。技术虽带来了效率的提高,但同时又使得译者大脑处理的信息量和负荷增加。

以法兰克福派为代表的技术批判主义者认为,本该为人控制的技术反过来控制了人,容易造成人的平庸和人性的丧失。在翻译教育中,如果人们的思维模式越来越技术化和标准化,重视单纯的、有形的信息和知识的获取,而忽视了对人本身的智慧和思想的追求,将会导致翻译教育中的本末倒置。翻译技术应该是为挖掘译者潜力服务,而不是限制其潜力和创造力的发展。翻译技术在翻译实践中的应用带来了不同价值观之间的激烈冲突,暴露出翻译技术开发与应用中的伦理困境,成为翻译系统内部的波动因素。这些内部因素亟待新的翻译技术伦理观予以调整,以便建立新形势下翻译系统的新秩序和平衡。科技伦理强调的是科技进步与人文关怀并举,翻译技术开发和应用中的人文精神,不仅仅是其为全人类跨文化交流服务的宗旨,不仅仅是其对公众信息权、语言权的关注,也理应体现帮助公众实现这些权利的译者的价值,以及翻译作为人的社会实践活动之价值本身。翻译技术应为人的发展塑造个性化的空间,体现人的个性化和社会化进程的统一。其开发和应用应该能体现整个社会物质文明、精神文明和制度文明的共同进步。

(七)译者的职业伦理问题

广义的职业伦理研究人们在职业活动领域中的道德关系和道德现象,而狭义的职业伦理主要研究各行各业的道德规范和准则,也就是从事一定职业的人们在职业活动中应该遵循的,依靠社会舆论、传统习惯和内心信念来维系的行为规范及必备的品德。行业组织为了保护行业的发展、规范行业竞争、树立职业形象，在从业人员的相互作用和约束下形成了广泛共识的内部职业操守。职业道德与社会基本道德原则是特殊和一般的关系，社会基本原则指导并制约职业道德的产生和内容，但由于各行各业都有行业所要求的特殊职业技能，形成了特殊的职业关系，因此职业伦理有着行业的特性，一般社会道德原则并不能代替具体的职业道德。

从整个翻译职业队伍服务的广泛领域来看，从译者面临的无所不包的翻译任务来看，翻译职业关系涉及的不仅仅有关乎翻译本质的信息传播关系，还有为完成跨语言信息传播任务所涉及的其他社会关系，体现为信息传播与世界的相互影响、信息传播对翻译活动参与主体的影响，以及译者使用工具对信息传播的影响。因此翻译的职业伦理应该包含翻译伦理所涉及的信息伦理、经济伦理、生态伦理、交际伦理、语言伦理、技术伦理等问题。译者对这些关系的处理在职业伦理中应该体现为"职业理想、职业态度、职业技能、职业责任、职业纪律、职业良心、职业荣誉、职业作风"等方面。

目前的职业道德规范似乎并未涵盖以上所有内容，其实，职业道德规范是随着职业的发展不断演化的，目前的职业规范未能走出翻译传统的定位，对译者角色也限定过窄，与现在的翻译实践及不断加深的翻译理论认识相距甚远。相关论述属于另外的研究课题，不是本研究的重点，暂且略去。

第三节 多维翻译伦理关系中译者角色的动态调整

一、翻译伦理关系与译者角色

(一)翻译伦理关系与译者角色

翻译伦理调整的是翻译活动中特定的社会关系。由于社会关系是一个总的概念，指的是人与人之间形成的一切关系，因此只有渗透了伦理观念的社会关系才能形成伦理关系。在第三章，本书基于翻译系统所面临的不同社会关系的平衡带来的伦理问题，讨论了翻译伦理的多个维度，指明了译者要面对的多维伦理关系。

翻译伦理规范的是翻译系统中各个主体的行为，包括翻译系统中最重要的主体——译者的行为。从社会学视角来看，译者行为是译者根据自身内化的角色规范及结合社会情境而实施的真实的角色扮演。译者对多维翻译伦理关系的处理实际上体现了译者在不同社会关系中的角色扮演。因此，译者角色成为理解多维翻译伦理关系中译者行为(如翻译策略选择)的重要环节。

(二)社会地位、位置、身份与社会角色辨析

社会学中的地位(status)、位置(position)、身份(identity)、角色(role)是容易混淆的概念。社会地位是指个人在不同的社会关系体系中所处的带有排序的位置。个人在社会中与他人发生错综复杂的社会关系，使得个人常常处于不同的社会关系网中，拥有多种社会

地位。社会地位体现出个人在各个社会关系网中不同程度的影响力，根据其所处的社会关系网络及该社会关系网中的衡量标准，如财富、教育程度、权力、社会贡献、职业重要性等，个人拥有诸如阶级地位、经济地位、职业地位等各种不同的社会地位，这些社会地位在各自的社会关系体系中处于不同的等级水平，因此会体现出不同程度的地位相似性（多种社会地位接近）或地位相悖性（各个社会地位等级排序差异较大，如学术地位高但经济地位低的现象）。

如果说社会地位侧重的是一定社会关系中的位置和等级排序，社会位置则是个人在某一社会按职业、组织、家庭、爱好等进行归类时所处的位置。这一社会位置通常不是个人自己的划分而是社会普遍认同的划分。一个社会位置同时可以由多个人占据，如教师的职位可以由很多从业者担任。单个人也可以占据多个社会位置，如个人可以同时是企业家，也可以是政协委员、红十字协会常务理事。在现代社会中，个人最重要的社会位置就是其职业位置。个人占据的社会位置会影响其社会地位的排序。一般来说，某一社会位置是相对固定的，社会对于处在该位置的人往往有相对固定的期待，总是与一定的权利义务和行为模式相联系。

个人对所处位置及社会地位的认同、内化和表达形成了其对自身社会身份的认识，实际上是个人（包括自我与他人）心理上对个体在复杂社会关系中处于某一社会群体的归属（belonging）和存在（being）的区分。简单地说，身份是个人归属于何种社会分类或群体的认识（Hogg & Abrams）。身份显示的是人与人、人与其所在的环境、人与其隶属的组织及人与自身的广泛的关系结构。社会身份在汉语语义中有着静态的意义，是个人和他人对主体认识打上的标签。英文 Social Identity 实际上翻译成"社会身份认同"更为恰当，当我们谈及社会身份时，更多指的是一种动态的、具有相对性和情境性的、个人社会群体归属的心理认知。曾经有教师谈及自己虽占据教师的社会位置，但内心却没有将自己归入这样一个队伍。

在社会学中，个人是通过其所处的社会位置及在该位置上的一系列角色扮演来体现其社会地位和社会身份的。社会角色是与一定社会地位相联系的权利义务、行为规范和行为模式的总和。社会角色是某一社会位置的外在表现，角色扮演是个人社会身份认同的自我表达。当个人认同某一身份时，会自觉遵守相应的角色规范，对他人角色规范的违反也会表现出反对甚至是惩戒的态度。

（三）译者的社会位置、地位、身份与角色

弄清了社会位置、地位、身份与角色的概念，不难理解在当今社会，个人因其所承担的工作占据了译者这一社会位置，就面临着社会对于这一社会位置所赋予的权利义务（对译者的角色期待），社会对译者的角色期待很大程度上确定了译者这一群体的总体社会地位（译者个人的社会地位还受到其他因素的影响）。个体对这一社会位置上的角色期待及社会地位的认同就产生了身份认同问题。产业界有不少承担了大量翻译工作的个人，由于他们还占据了其他社会位置，由于他们不太认同译者的社会地位，也并不遵从译者的角色规范，从身份上并未将自己归入翻译工作者之列。他们或许仅仅将译者作为自己的从属身份

或次要身份，其角色扮演自然不一定符合译者身份。

认同译者身份的个体，在译者的社会位置上的角色扮演包含了译者对自身社会地位及身份认同的表达，体现出其对译者这一职业所关联的角色规范的理解、遵从和适应。

二、译者的多重角色

译者角色随着翻译理论（尤其是文化研究学派）的拓展和大量实证描写研究的不断深入，从隐身走向显身，译者角色的社会性及多元性逐渐被揭示出来。第二章研究综述已有论述，本章不再赘述。值得注意的是，前人关于译者角色的研究多从实证中收集语料，通过语料的分析，归纳出译者角色不只是传统的语码转换器的角色，在不同的领域，哪怕是法庭口译和会议口译等对译者角色限制最严的领域，译者角色都体现出一定的多样性。这方面的实证研究已经很丰富了，下一步应该基于实证积累的素材对译者角色进行理论上的提炼。

（一）译者多重角色的根源

角色是社会关系的产物，特定的角色总是产生于一定的社会关系之中，随社会关系的变化而变化，角色的本质是由社会关系决定的。社会心理学认为每个人在不同的场合扮演着不同的角色。

译者所面临的不仅有文本/话语所构筑的世界，同时还有文本/话语之外的现实社会世界。译者在文本/话语内、外的世界里所扮演的角色也是多样化的。

1. 话语内社会关系与译者外源性角色

话语内社会关系指的是话语内容指向的社会关系，以及话语内容蕴含的主体之间的社会关系。我们知道，信息的发出者为实现一定身份下的交际目的，会通过话语扮演各种角色（自我和他者的角色），用来承载特定的信息内容，将交际意图传递给信息接收方。译者对话语中的角色进行认知处理时，不得不置身于话语所指向的社会关系，成为文本/话语内社会角色的观察者、阐释者和评判者。译者会从文本指向的社会关系语境中，调用其对源语社会角色的认知，并应用该社会语境的语用原则，对文本和话语内容进行推理性、判断性解析，随着话语内容的变换不断体会话语中的角色变换，并再现这些角色扮演。译者再现他人的角色扮演是一种外源性角色扮演，不是译者本身的反应，而是为了传递他人信息而被动做出的行为。与之对应的是译者内源性角色扮演，是译者基于自身判断和价值观所做的符合自身身份的行为表现。

外源性角色与内源性角色之间的关系怎样？我们知道，译者实施外源性角色扮演是其内源性角色的要求，再现源语发送者通过话语传递的信息和角色定位，通常情况下不受译者的价值观干扰。但是，话语体现的社会关系延伸至译语环境，会对译语文化现有的社会关系带来或隐或显或零，或正或负的影响；译者面对的不仅仅有读者，还有诸多与信息内容联系的直接或间接利益相关人，译者面对这种影响及直接或间接的利益相关人，对于源语中异质价值的处理只可能有以下几种情况：有意或无意地不予干涉，或者有意、无意地进行不同程度的介入。译者基于一定的立场对外源性角色扮演进行干预，实际上也是其内源性角色的要求。

即使站在不予干涉的立场上，译者的主观局限性及两种语言所构筑的世界的差异，使得源语在译者头脑中的反映不可能完全等同于源语信息发出者头脑中的反映。两种文化对同一社会角色的理解也不可能完全一样，当译者接收的信息与译者本身的知识图式不兼容的时候，常常不得不做出有关文化立场、伦理立场、审美立场等多方面的选择，不予干涉意味着译者可能并未意识到源语异质价值的存在和影响，因此采取无意的不干涉；或者觉察到这种存在但仍然决定保留异质价值，是有意的不干涉。有意无意的介入也有两种情况，一是译者的误读，产生了无意的介入；二是有意介入，译者对源语中蕴含的异质意识形态、伦理价值观，以及文化选择了与源语社会角色不同的立场。异质价值与译者认同价值之间的差异大小往往还会影响到译者介入的程度。

无论译者的介入还是不干预、有意还是无意、程度的深浅，译者对文本的处理实际上已经超出了一一对应的语码转换的范围，全程都涉及面对话语内外社会关系之中的话语价值判断。因此，哪怕是译员自己发起的单纯的笔译活动，不涉及任何市场行为，译者扮演的也绝不是单纯的语言转换者的角色，译者在观察、阐释、评判文本中体现的社会角色的过程中，源语中蕴含的异质的意识形态、伦理价值观，以及文化观，必然会与译者自身的意识形态、伦理价值观、文化观发生碰撞，译者实际上必须选取某种立场（伦理价值、文化观等）维持或者介入源语所表现的社会角色。译者无论维持或介入源语表现的社会角色都是译者内源性角色的要求。

从翻译本质所要求的信息伦理维度而言，信息的准确性对于信息传递的两端都有着极高的价值。因此，对于文本所体现的社会关系和社会角色，译者最基本的职能是再现源语中社会角色的扮演。当移植这一角色扮演到译语环境中时，源语角色体现的社会关系处理可能会对译语环境产生影响和冲突，译者的内源性角色要求译者选取一定的立场禁止、限制、维护或是支持这一影响的发生。典型的例子如明清时期西方小说的译介大量删去或改造了与当时主流伦理价值观相悖的内容，译者实际上充当的就是文化协调员或本土文化维护者的角色。即使在更为开明、更为多元的现当代，译者在译介国外作品时，常常会因为伦理观念、文化的差异对原作进行改编，使得作品更符合译语文化读者或观众的价值观。

2. 话语外社会关系与译者内源性角色

译者所面临的话语外社会关系包含两个部分，一是翻译活动所牵涉主体（翻译主体）之间的关系，二是翻译活动包括翻译内容（话语内容）所紧密联系的社会场域。翻译不是为了传递信息而传递信息，信息传递的背后是个人意向的驱动。翻译的社会性表现为一定的翻译活动总是发生在一定的社会情境之下，翻译主体是翻译信息的直接利益相关人，除了翻译主体，翻译信息的传播可能还牵涉一些间接的利益相关人。例如，民营文化企业制作了相关传统文化节目并向海外销售，这里文化产品的外译涉及发起人和赞助人——民营文化企业（基于销售目的发起文化节目的翻译）、原作者——文化企业委托的制作人、译者——文化企业委托的翻译工作者、受众——海外文化消费者。但是受文化产品的特殊性和目前国家文化输出战略的影响,政府尽管未直接参与整个过程,翻译信息在海外的传播还是会间接影响国家形象的建构,因此政府也就成了该翻译活动的间接利益相关人。在必要的时候,间接利益相关人可能会介入翻译活动成为直接利益相关人,如对文化产品及其翻译信息进行审核等。译者应对这些直接或间接利益相关人的关系就是译者在这一位置上所进行的角色扮演。

正是因为翻译具有意向性和社会性,翻译任务所牵涉的主体使得译者不得不考虑话语之外的各种社会关系,以便顺利地完成翻译。译者对这些社会关系的处理,往往需要调用其内化了的角色规范和个人价值观,做出符合其身份的判断和行为,因此称之为内源性角色,也就是我们通常所说的译者角色。译者角色是一个社会性的概念,体现的是大多数人对角色的理解,而角色扮演则是一个个体性的概念,体现了个体在内化和表现这些角色上的差异。由于译者主要的工作是翻译,其内源性角色的扮演多体现在其外源性角色表现上,捕捉到了译者外源性角色扮演与源语角色的差异就能帮助我们很好地分析其内源性角色规律。

另外,译者还要面对诸多场域习惯。不仅仅有翻译场域,还有影响翻译活动的其他场域,包括翻译议题所指向的其他社会场域,如翻译活动如果发生在政府与企业之间,阶段性的翻译内容交流的是一国历史文化议题,此时的翻译涉及的除了翻译场域还有经济场域、文化场域。这些场域紧密联系,各个场域中的习惯对处于其中的主体而言是无形的压力,约束着主体按章办事。译者置身多个场域,都会不自觉地受到这些场域习惯的束缚。当不同的场域习惯对译者提出不同要求时,译者就需要做出判断应向哪边倾斜。译者在动态的场域交织中,对不同场域习惯的倾斜实际上是译者多重角色之间协调的结果。

(二)翻译活动的复杂性与译者多重角色

1. 翻译活动复杂性的几个层面

翻译可以分为两个阶段,即源语被译者接收的信息转换阶段和译者基于翻译目的对信息进行加工再编码的阶段。翻译目的不会空穴来风,而是译者处于一定的社会关系,根据普遍意义上的伦理道德规范,产生的如何应对该种社会关系并处理相关信息的意向。由于翻译场域与其他场域有着密切的联系(这一联系由翻译活动牵涉的主体及翻译文本/话语指向的社会关系决定),基于译者的意向性源自一定的社会关系处理,翻译活动自然也就复合了除本质外的其他的社会实践活动;翻译走向市场是市场经济活动,为商务交易服务的翻译必然涉及各方经济利益,也成了经济活动的一部分;利用翻译技术的机器翻译和机辅翻译还可以被看作一项技术活动;在文化生态圈创造文化价值的翻译又可以被视作一项文化生命活动……

2. 译者的基本角色

翻译的本质决定了译者的工作性质和主要工作内容,译者通过翻译行为对翻译本质的诠释就是其基本角色扮演。译者之所以为译者是因为其实现了翻译本质所要求的跨语言立体信息的中继传播,这一基本角色是恒定的,缺少了这项工作内容的译者行为很难被归入译者角色扮演，而是译者充当其他身份时的角色扮演。译者是否实施了基本角色扮演是译者身份与其他社会身份的重要区分标志。

3. 译者除基本角色之外的其他角色

翻译除本质外所复合的其他社会活动层面使得译者的基本角色（由翻译本质决定）与其他社会活动发生联系，译者也将面临在这些活动中进行角色扮演的问题。虽然译者最基本的社会功能是用一种语言传递另一种语言表达的信息，但是他同样还要面对出版社、客户或雇主、读者、原作者、工作伙伴及其所传递的信息涉及的利益相关人这样复杂的关系群。对于处在译者这一社会位置上的个体而言，其他关涉主体对他的期望就不仅仅是忠实地传递语言信息，而是要能够按照一定的社会规约去处理好翻译活动中涉及的各种社会关系，也就是说译者除了基本角色，还面临着其他角色。

从宏观上看翻译与世界的关系涉及社会的三大子系统：社会、经济、文化。对应的角色为某一社会立场维护者、经济利益代表者、文化立场代言人。从中观上看翻译场域内各翻译主体之间的关系及与其他关涉社会子系统中平等主体的关系，翻译还可以是一种交际活动，译者在其中的角色可能是交际参与者或协调员。从微观上看翻译与其所使用的工具之间的关系，翻译还是一项语言活动或者技术活动（使用翻译技术或高科技通信手段的条件下）。而翻译的职业活动同时涉及宏观、中观、微观三个层面，译者以职业人士的角色开展各项职业活动。

4. 译者多重角色的发生机制

由此看来，无论是译者的工作对象——文本/话语所指向的社会关系，还是译者工作的翻译系统与其他社会系统的联系，都为译者设定了不同的工作场景，随着文本/话语内容不断延伸，随着这一内容与翻译场域及其他场域的互动与联系，译者身份所聚集的多重角色在不断地动态调整和变化着。

一方面，文本/话语涉及的社会关系随着言语内容的变化而变化；另一方面，译者角色还因翻译活动涉及社会关系的变换而变化。一项翻译活动涉及的主体是多元的，多元主体的参与形成了不同的社会关系；在不同的翻译阶段，这些主体对翻译的影响力也是不同的：翻译的发起阶段，发起人、赞助人的作用突出地表现在对翻译内容的选择之上；翻译的实施阶段，翻译使用者的目的、读者的期待、赞助人的翻译要求、译者自身的翻译动机、间接利益相关人对翻译内容的态度等对翻译策略的选择形成了制约。另外，翻译涉及的社会活动性质（是经济的还是文化的）不仅取决于参与的主体，也取决于话语指向的社会关系（话语内的社会关系），翻译的社会性决定了翻译活动除了涉及翻译场域，必然与其他场域发生联系：也就是说，翻译活动如果具有经济性质，翻译活动除了涉及翻译场域，同时也牵涉经济场域。

如此看来，译者所处的场域除了翻译场域，还有言语内容涉及的场域，以及翻译活动复合的社会性所指向的场域。这些场域交织在一起，组成了译者多重角色发生和实现的社会环境。

阶段性的翻译活动涉及不同的文本内容，随着文本内容的变化，文本内容指向的社会关系也在变化，文本内容所联系的社会关系环境也随之改变；不同阶段的翻译活动也可能带来关涉主体的改变，形成文本外的动态社会关系。

三、译者多重角色之间的关系

（一）译者角色集

在社会学中，角色不是孤立存在的，总是与其他角色联系在一起，组成角色集。角色集包括了两种情况：一种如林顿（Linton，1936）所说，多种角色集于一人身上，如一位译者同时还承担着诸如父亲、朋友、俱乐部成员等其他社会角色；另一种情况，如罗伯特·默顿（Merton，1957）所说，角色集是指在同一社会位置上的各种复杂的角色要求的总和。每一个社会位置并不是仅有一个角色，而是很多个角色的集合。当个体进入译者这一社会位置的时候，他需要与翻译实践中的不同主体打交道，由此形成了一个角色集，该角色集体现的是译者的内源性角色。在前文中已经论述了就译者这一社会位置上的个体而言，除了基本角色，译者还要按照一定的社会规约去处理好翻译活动中涉及的各种社会关系——这就是译者的其他角色。

译者角色集中的角色对应的是处在译者这一社会位置上的行为模式和表现，而不是处在其他社会位置的行为模式和表现。虽然译者角色集中可能包含某一经济代言人的角色，但是该角色与销售员社会位置上的经济利益代言人的角色是不完全相同的，因为社会大众对于这两种社会位置上的角色期待是有不同的。

1. 译者角色集的动态性

译者的基本角色由翻译职业的本质特点决定，是跨语言信息传递中介的角色，这一角色是恒定的。但是，译者的其他角色是译者为完成不同文化、不同主体之间信息传递，在某一特定的时空可能需要扮演的角色。随着翻译内容指向的社会关系，以及不同翻译阶段涉及的翻译主体关系的变化，加上可能的间接利益相关人的改变，译者承担的这些其他角色也在动态地发生着变化。如果译者参与的是政府间为建立睦邻友好关系而进行的技术贸易洽谈，译者很有可能需要承担一定经济立场等代言人这样的角色。涉及哪些角色主要是由翻译内容所指向的社会关系和翻译活动所涉及的社会关系决定的。

阶段性翻译工作是动态发展的，翻译任务初始，译者受委托人委托为客户服务，在了解了各方面期待和需求后，再加上自身对任务的认识，确定翻译的整体目标，即信息传递是为何，这既是为整个翻译任务定性，同时也确定了翻译任务的宏观整体目标。随着翻译任务的分解，结合具体的语言信息内容和话语策略，译者对阶段性不同类型的话语翻译也会有着不同的子目标，用以服务整体目标，但也会因内容和话语策略的不同有所区别。正如一次正式的外事会谈，正式会谈前宾主之间的寒暄、正式会谈中涉及利益的交锋与最后议题转向推动文化交流的友好合作，信息内容的不同、对关涉主体影响的不同、涉及场域的习惯不同，使得译者为完成信息传递，不断地调用适恰的行为准则以完成信息传递，也就是围绕着译者的基本角色，译者的其他角色会随着议题的转变、工作内容的重心不断调整。

2. 译者角色集的构成及阶段性主导角色

译者角色集可以定义成由译者基本角色与其他角色组成。译者的基本角色和其他角色实际上是一种竞争和互补的关系，译者的基本角色体现的是翻译本质中的信息中继传播的那一部分，而译者的其他角色则体现的是翻译本质中社会性和意向性的部分。

互补关系指的是，翻译活动的复杂性和社会性使得译者的其他角色伴生于信息传递的基本角色，在该情境下，译者的其他角色和基本角色会对译者同时提出要求，如果其他角色提出的信息目标与基本角色并不矛盾，译者其他角色对译者行为的其他要求对于基本角色而言就是补充的关系。也就是说，当译者的其他角色对信息传递的目标与基本角色的信息传递目标（符合翻译本质）一致时，译者的基本角色就是其主导角色，其他角色就是次要角色，或显或隐地为主导角色服务，帮助完善主导角色的建构，是一种互补关系。

然而，尽管译者的其他角色伴生于基本角色，是译者为完成信息传递所需要面对的，但由于不同的角色遵循着不同的行为规范和角色价值观，如果译者其他角色提出了与基本角色不同的信息目标，这就需要译者去平衡，通过伦理判断或决策去确定到底应该更多地满足哪种目标。此时的译者基本角色与其他角色之间就是一种竞争关系。在特定的情境下，可能存在信息传递两端意向性不对等，信息传递对接收主体、利益相关人产生负面影响，信息接收场域习惯对信息传递产生阻碍，等等情况。在这些情况下，译者确定的阶段性信息工作目标可能偏离基本角色目标。译者为了完成特定的信息任务，就会凸显某一与其工作任务相符的角色，确定其为该阶段的主导角色，并选择服从该角色的价值观，对信息传递中的阻碍进行调和和介入。主导角色价值观因此会影响其他次要角色，以及基本角色的价值观，从而指导译者选择相应的翻译策略。

因此，基本角色与其他角色之间时刻处于一种竞争和互补的关系，无论是竞争还是互补，对于译者来说，阶段性翻译工作中的主导角色只有一个，当阶段性翻译工作的目标重心是忠实的信息传递，译者的主导角色就是其基本角色，其他角色就是次要角色，为主导角色服务。如果该阶段译者的其他角色对翻译所提出的要求超出了翻译本质属性（或翻译原型范畴），并且得到了译者的伦理支持，该其他角色就上升为主导角色，译者的基本角色以及其他角色就是阶段性翻译工作的次要角色。

一般地，译员的基本角色是相对固定的，基本角色、主导角色和次要角色之间可能发生转换，不同角色的行为规范不一致会造成主导角色规范抑制次要角色规范的现象。

译者的角色扮演是译者动态角色集中各个不同角色竞争和互补的结果。除了译者基本角色是恒定的，译者是否需要扮演其他角色则是由阶段性的翻译内容和翻译环境所决定的。译者的其他角色是伴生的、临时的、流动的。如果我们将译者的行为看成一系列选择的过程，那么译者的角色选择也是动态发展的，其制约因素包括：翻译场域和翻译活动涉及的其他场域，以及场域交织之中的译者根据个人拥有的资本和习惯为平衡各种社会关系而确定的信息目标。

翻译场域及翻译活动涉及的场域会指向一系列的社会关系，特定的社会关系产生特定的角色,使得译者面对包括基本角色在内的角色集时,这一角色集会随着所涉及的社会关系的变化而动态变化。同时,译者置身场域中各种社会关系背后的权力争斗,各种力量的较量(体现为习惯和资本的角逐)会使得译者明确信息加工目标所要达到的效果,来理性处理这些社会关系,也就是在一定的社会关系下译者确定相应的翻译目的指引自身的翻译行为。在翻译目的(包括翻译子目的)的驱使下,译者会选择承担阶段性翻译工作的主导角色和次要角色,以恰当的行为模式(包括语言和非语言行为)来实现翻译目的。

(二)译者多重角色的分类

处于某一社会位置的角色规范因其权利和义务内容的多样化呈现出多样化的特点,不同的角色行为因处理不同的社会关系而发生,也通常会带来一系列的社会影响,承担起一定的社会功能,对于译者的多重角色完全可以按每一种角色所处理的社会关系即角色行为的社会功能进行归类。

社会学对某一职业的多重角色分析中存在大量类似的分类,如管理者的角色可以从人际关系、信息沟通、规划三个方面进行论述。人力资源经理在人际关系方面充当的角色有激励者、沟通者和协调者三种;在信息沟通方面的角色有监视者、调查者和发言人三种;在规划方面有企业人力资源规划者、员工职业生涯指导者和培训者三种。陈万思认为,传统教师的角色从传道、受业、解惑变为多重角色的复合体,在新型教学和学习理论的影响下,教师的角色包含了学习资源的提供者、新型师生关系的塑造者、合作学习者、教学参与者、组织者、促进者、指导者、评估者等。

前人对于译者的诸多角色分析,从语料中给出了大量证据,证实了译员在各种翻译工作中除了语码转换还承担着其他不同的工作,只不过这些工作有些来自译者潜意识,属于自发行为,有些却是译者自觉实施的。由于这些实证基于不同的领域(如法庭口译、社区口译、商务口译等)及不同的翻译类型(如笔译、同传、交传、手语等),其所得出的结论只在一定领域具有适用性和解释力。如果不站在一定的理论高度,从更宏观的角度去梳理这些微观发现,译者多重角色的研究就会流于碎片化、零散化,不利于对译者角色的整体认知及内在规律的发现。

1. 译者与信息之间的关系

基本角色:跨语言信息传递者。译者接收源语信息并用译语传递信息,跨语言立体信息中继传播是翻译最本质的属性,决定了译者的基本角色。

2. 译者考量信息传递与其他翻译主体之间的关系

其他角色④:交际协调者。无论口译、笔译,译者在信息传递过程中都希望话语的发出者与接收者能达到各自的交际目的,尽可能促使信息传递顺利进行。

3. 译者考虑信息传递与工具之间的关系

其他角色⑤:语言工作者。

其他角色⑥:翻译技术使用者。

译者涉及的这几类角色均是宽泛的划分,与广泛意义上的社会角色不同,译者的其他社会角色只有与翻译活动本身直接相关,或者说与跨语言信息传递相关才能进入译者角色集,否则就不属于译者的其他角色,而可能是译者的其他社会身份所带来的与翻译无关的角色。

不管译者是否意识到自己面临的所有角色,构筑这些角色的社会关系对译者来说是不言而喻的,译者对这些社会关系的处理实际上就是译者自觉、不自觉地在扮演一定的角色。角色伦理对译者的语言行为和非语言行为潜移默化地提供了重要的参照标准,也提出了要求。译者面对不同的角色对语言行为(这里指翻译策略)提出的要求会进行权衡,最终确定优先满足何种要求以确定翻译策略,这个过程就是一个伦理选择的过程。

第四节 译者的伦理判断与决策

一、译者的普通决策与伦理决策

翻译活动可以看成译者对所接收的语言信息进行解析、整理、加工并再以译语产出传递相关信息的一系列决策活动,这一系列决策活动既有普通认知决策和行为决策,又有伦理决策。普通认知决策主要指的是译者从认知上(包括普通认知和审美认知)对语言信息进行加工的过程,如确定词语、句子、主题的阐释意义,确定语言修辞的使用,等等。普通行为决策与伦理决策都属于行为决策,但两者不同的是普通行为决策不涉及道德情感,虽然一样需要权衡利弊,把握轻重缓急,但是普通行为决策并不涉及该行为的善恶。例如,译者决定将译文平均分配到每个工作日,还是决定先预留时间找出难点、查阅资料,然后一气呵成完成任务,这属于译者的普通行为决策。而译者接到翻译任务后,由于家中突然有事,打算将翻译任务分包给另一位译者,显然该决策有违职业操守,该怎样做才能合乎职业道德的要求?这是需要译者进行伦理判断和决策的行为。同样,儿童读物中存在暴力血腥的描写,作为译者是拒绝翻译任务,还是对这些儿童不宜的内容进行再处理,也需要译者做出伦理判断和决策。

(一)支撑译者决策的价值观体系

译者置身翻译实践,从翻译任务接受与否,到翻译对象选择,到宏观翻译策略的确定,再到微观翻译方法的运用,以及译后的编辑加工,无一不涉及译者的语言决策和非语言决策。此决策非彼决策的选择意味着译者舍弃一些选项,选择其认为最恰当的路径,这其中既有译者本能自发的反应,也有自觉地思考和判定。关于取舍的判定,无论是自发还是自觉意识,支撑译者做出反应的是译者的价值观体系。

价值观是人们判定某种行为、事物的好坏、对错,以及是否有价值或价值大小的总的看法和根本观点。价值观的内容主要包括真与假、善与恶、美与丑三个方面,就处理语言信息而言,译者的价值观体系分别对应了语言信息的三大维度:认知信息、社会规约与交际信息、审美信息。有关真假的价值观主要针对认知信息;善恶价值观主要涉及社会规约与交际信息,处理主体间、主体与客体及主体与世界之间的关系;美丑价值观主要针对语言的审美信息。但是在社会活动中,真假、美丑也不是单纯的真假、美丑判断,人们在评判时常常会加进善恶观。因此,善恶观,也就是伦理价值观,实际上是价值观的核心内容。

语言从宏观意义上看是人类世界观、价值观的载体,从微观意义上说是个人身份构建的元素。语言信息正是通过译者的价值体系过滤,形成了对所接收信息的图式,并再次根据这一价值体系对信息进行必要的加工,产出译文,也就是说,翻译过程自始至终都离不开各种价值判断,具有强烈的伦理色彩。

译者基于善恶价值判定的行为就是一种伦理行为,而基于真假、美丑价值判定的行为如果与伦理无涉,就是一种非伦理行为。也就是译者决策中既包含了伦理决策又包含了非伦理决策,伦理决策的行为结果要么是道德的行为,要么是不道德的行为。而非伦理决策的行为结果是非道德行为,即与道德无关或不属于道德现象的行为。

(二)译者伦理决策的内容与信息传递

翻译过程中译者究竟要面临哪些伦理判断和选择?作为信息中继站的译者,其伦理价值观完全可以不同于言说者,如实地反映言说者的价值观就可以了,难道还需要做出什么选择吗?译者需要对他人发出的信息负责吗?既然信息传递是因为不同主体的需求而产生的,存在着一定程度的信息加工,那么译者在什么情况下对信息进行何种加工是符合伦理的?这实际上都是译者伦理决策所要面临的问题。

译者的伦理决策包括自发和自觉的伦理决策,涉及的内容主要有两个方面。一是对文本内关涉伦理的内容进行解析,评估考察其对各利益相关人的影响。马克思和恩格斯的《共产党宣言》承载了无产阶级的伦理价值观,站在不同伦理立场的译者在传递该伦理价值观时可能出现误读、有意歪曲的情况;如果没有得到代表主流价值观的政府当局的认可,译者甚至不敢贸然接受将之用于公开发行的翻译任务。二是译者站在信息传递中继的位置,对信息各方主体(包括利益相关人在内)的需求进行权衡,无论该信息内容是否与伦理相关,由于译者在平衡各主体需求时会有所倾向,违反了译者基本角色伦理的要求,译者应为自己的行为提供伦理解释和辩护,因此也属于伦理决策的内容。例如,在商务谈判翻译中,中国工厂的全职译员对于厂长过于"豪迈"的语言予以一定程度的低调化,以降低外方不理解中国地方"土豪"风格造成的负面印象,从而促进外资企业与中国合作谈判的顺利进行。译者显然违反了其基本角色伦理的要求,其支持该行为的伦理解释是,译者作为厂方雇员,此时其译者角色集中还复合了经济利益代言人的角色,当厂方的言行可能会危害到双方合作的时候,译者会在翻译伦理许可的范围内对厂长话语进行适当调整。

这两个方面的内容并不是截然分开的,文本和话语内容承载的价值观可谓无所不包,译者和信息参与各方并不需要赞同所有的伦理价值观才能进行信息交流,只是当传播这一伦理价值观对利益相关人产生不良影响,有可能阻碍这种信息交流时,译者才可能需要进行干预。也就是说,同样是反政府言论,如果是政府发起的翻译活动,希望知己知彼,译者应尽量还原原作的真实意图和伦理价值观。而如果是公开出版物,则译者就要考虑其可能带来的不良影响，决定是否接受翻译任务，或者对部分内容进行加工删减。那么，如何进行合理的信息加工？可否进行信息加工？信息加工合理度如何把握？这些问题都是译者伦理判断和决策的内容。

二、译者伦理决策依据

译者作为一个社会的人，其伦理价值观的形成来自个人成长过程中对社会伦理规范的习得与内化。译者在处理与翻译无关的伦理问题时所适用的就是个人所认同的社会伦理观。在最初的翻译活动中，由于没有固定的规范和标准，个体译者会适用社会普遍伦理规则解决特定问题，久而久之，在翻译实践中就形成了为多数人认可和接受的行为准则和价值观念，积淀成翻译领域特定的伦理规范。反过来，这些共同的规范和价值观又会作用于个体译者，对个体产生约束。其中最为直接、影响力最大的就是翻译伦理规范和译者角色伦理规范。当然，前提条件是译者接受了相关培训，或者在翻译界有足够时间耳濡目染，在社会化的过程中能够观察和体会到多数从业者所遵从的价值观，并结合自身情势形成个人对翻译伦理和译者角色的理解。个体对翻译伦理和译者角色伦理的理解都会存在一定差距，对未能进入译者有关翻译伦理和译者角色伦理认知的伦理问题，译者肯定会调用其他相应社会伦理规范。因此，译者在翻译活动中进行决策的依据主要有社会伦理、翻译伦理和译者角色伦理。

（一）社会伦理

社会伦理是指得到多数人普遍接受和遵从的道德文明观念。翻译伦理、译者角色伦理可以说都是社会伦理在具体的翻译领域中的具体化。就特定翻译领域中的伦理问题而言，一般都会适用翻译伦理实践过程中已经得到广泛认可的、更为具体化的伦理标准。然而，如果译者不具备这种伦理知识（如刚刚加入译界，对翻译伦理规范还不甚了解），甚至不认同某些翻译伦理观念（如因为译者具有不同的翻译观）等情况，译者就需要调用社会伦理来解决其所面临的翻译伦理问题。

（二）翻译伦理

翻译伦理（本研究的工作定义见第一章）虽然还是一个新的概念，但是有关翻译活动的道德规范在不同的历史时期都有不同的表现，虽然很多没有明文的规定，却以场域习惯的力量约束着该场域中的主体，影响着翻译主体对翻译的看法、对译者的要求。翻译伦理作为特殊领域伦理研究，更多是立足翻译实践，描述翻译伦理现实，归纳翻译实践领域中的伦理问题，其中很重要的一部分是借助史学的方法对某一历史时期某一译者群体的翻译思想、翻译行为进行挖掘，从而梳理出不同历史时期翻译伦理思想的主要内容和变化发展。

1. 翻译伦理与社会伦理

译者在翻译活动中所面临的各种伦理选择，实际上是译者置身翻译系统，在翻译系统自身运作，以及与其他社会系统交互的过程中所要考虑的有关善与恶的问题。和所有其他领域的伦理一样，无论翻译伦理概念有无提出，有关翻译活动中的善恶判断都是建立在社会普遍尊崇的伦理价值，以及人们对翻译自身规律认识的基础之上。可以说，翻译伦理实际上是社会伦理在翻译实践领域中的具体化。

2. 日益显化的翻译伦理

翻译伦理是发展的，由一定社会历史时期翻译系统中的大多数行为主体定义并制定了规则，逐渐成为翻译场域习惯中的重要组成部分。而个人因所持有资本和社会经历的不同，形成的个人习惯也常常以潜意识和自发的状态影响个体实践。习惯影响个人和群体于无形，社会系统也同时拥有一种自组织机制，使得身在其中的主体自觉遵守为多数人所普遍认可的原则，追求顺应该系统发展的核心价值，从而形成广泛的自律机制。只有一些上升到一定社会影响的问题、涉及伦理底线的问题，以及那些应该且容易监控的问题，才会得到权威部门的关注和管控，进入他律的范畴，他律机制中所体现的内容多为显性规则。

随着翻译产业的壮大、翻译职业化进程进入快车道。翻译行业组织的设立，一些广泛认同的道德规范被制度化，扩大了他律的范围，使得翻译伦理得以不断显化，受到了广泛关注，原先散落在翻译系统内部或者外部的有关翻译伦理的思考、实践不断地被归纳、提炼，走向了理论化、系统化的道路，并不断地将新形势下出现的新型伦理问题纳入研究范畴；随着翻译伦理讨论的深入、行业的重视，以前多处于隐身状态、多为个人自律状态的伦理问题被纳入翻译伦理的他律机制，得到业界和社会的共识。

20世纪80年代以前，业界还不知翻译伦理为何物，随着这一概念的提出和研究的深入，日益显化的翻译伦理原则会得到更多人的认同，不仅能提升从业人员的翻译伦理意识，更重要的是还能帮助他们认识和了解翻译过程中涉及的伦理问题，提供了伦理判断和伦理问题解决的依据，能够理性地指导翻译实践。

翻译伦理的不同维度为翻译实践中不同的伦理问题提供了参考和解释范围，译者根据具体问题判定该问题所属的是宏观、中观还是微观翻译伦理价值层面，并根据该问题使用的领域调用一个或几个维度的翻译伦理原则。当然，翻译伦理的研究和教育还需要业界和社会的共同努力，才能不断完善，真正帮助指导和解决翻译实践中的伦理问题。

(三) 译者角色伦理与译者职业伦理

"译者角色伦理"和"译者职业伦理"是两个不同的概念，它们之间存在一定的交叉，即译者在职业翻译活动中所遵循的伦理规范。

如第四章所述，个体所处的社会位置是变化的，在不同的社会场合会被赋予不同的身份，充当不同的角色。有些身份是主要的、长期的，有的身份是次要的、临时的。在现实生活中，很多具备多语背景的人往往被赋予临时译者的身份，如为同事翻译一封电子邮件、在看外语电影或新闻时为亲朋充当解说、在公众场合问询处为偶遇的外国人提供帮助等。在诸如此类的社会场合，临时译者的翻译行为跟职业无关，不受职业伦理的约束，但是，虽然是临时译者，他们的翻译行为仍然受到译者角色伦理的调整，尤其是译者基本角色伦理的调整(体现了大众对译者之所以为译者的普遍认识)。临时译者的其他身份，如"同事""亲人""朋友""志愿者"等带来的角色扮演，如果与翻译无关，就不是译者角色伦理讨论的范围。然而，如果这些其他身份指向的社会关系对翻译（信息传递）产生了影响，就会因为信息传递与译者基本角色产生联系，转化为译者角色集中的其他角色，如交际协调人等。另外，临时译者基于翻译内容自觉、不自觉地面对的有关社会关系的调整，也会转化为译者角色集中的其他角色影响其翻译行为。而这些译者角色伦理规范跟职业伦理无关。

同样，即使在作为职业行为的翻译活动中，职业译者的角色也是多重的，译者的多重角色前面已有论述。职业译者的主要身份虽然是译者，但也可能拥有其他社会身份，如"中国人""苗族人""女性""公司代表"等。这些社会身份中与翻译活动直接相关的角色扮演也会进入职业译者角色集下，与职业译者的基本角色发生碰撞、磨砺，得到从业人员和行业组织认同的共同规范。

因此，译者角色伦理是处于译者社会位置的个体，面对社会的期待需要遵循的角色行为规范，包括基本角色伦理规范和其他角色伦理规范。译者社会位置的划分可以根据爱好、职业、实施的行为等进行归类，虽然职业位置在当今社会是最重要的一种社会位置，但并不是全部。译者角色伦理约束的对象是占据了译者社会位置的所有个体，包括职业的和非职业的译者，这也是本书所针对的译者。而译者职业伦理是翻译行业组织为了保护翻译产业的健康发展，对翻译从业人员提出的具有普遍约束意义的内部职业操守规范，其约束的对象是职业译员。因此，译者职业伦理可以被看作译者角色伦理在职业关系中的具体化，可以视为译者职业角色伦理。

对于尚处在发展初期的翻译伦理和译者职业伦理，社会大众对其认识并不深入，也不全面，但是对角色伦理的认知却更为清晰和具体。人在社会化的过程中对不同的社会角色都有着普遍的认识，社会对这些社会角色的期待和规范体现着一定的伦理关系，构成了该角色的伦理规范。译者角色集中各个角色对应的伦理规范就构成了译者角色伦理的全部内容。因此，对译者职业伦理的认识应该从译者角色伦理入手。

译者的基本角色是译者角色集中恒定的组成部分，也是译者之所以为译者所必须面对的角色。该角色是广泛意义上的信息传递者角色在翻译领域的特殊化，是发生在不同语言之间，以译者为中继信息传播者的特定角色。该角色所遵循的伦理规范是译者角色伦理的核心部分。译者的其他角色皆因为译者传递信息过程中所涉及的社会关系而起，处在一定的社会关系中，译者对这些社会关系中的角色认知就会被激活，而对这些社会关系的认识和处理，使得译者自然地就在扮演由这些社会关系所指向的角色，不管译者是否意识到自己已经进入了该角色，并开始了角色扮演。

当然，由于个人对角色规范内化的程度不一、个人遵循的价值观不同，其角色的扮演就可能千差万别。从伦理研究的角度，个人角色扮演的具体行为表现可能不同，但是个人自始至终都受到角色伦理的制约，这是个人在社会化过程中认可相应价值、自然习得伦理规范的结果。只有弄清角色伦理，考察大多数人所遵从的价值和原则，才能推断出译者行为的应然状态。

特定社会关系下特定角色的行为规范和社会期待是清晰的，都受到该角色伦理的调控。然而，由于译者集多重角色于一身，译者的基本角色，无论是不是阶段性工作的主导角色，自始至终都对译者角色集中的其他角色产生影响和制约。因此，角色伦理的调控机制就变得复杂和模糊起来。

应用伦理学对上述单纯的各个伦理领域都有丰硕的成果，但是与翻译领域的交叉，也就是翻译伦理的这些维度如何体现翻译活动的伦理特性则仍有待我们深入探索。译者不同角色协调与翻译策略的选择之间的联系也呼唤更多描写性实证研究，以发掘其中的规律。

（四）翻译伦理的主要内容——译者角色伦理

翻译伦理考量的各种社会关系也是译者在翻译活动中必须面临的问题。一定的社会关系产生一定的角色，社会对处于该社会关系中的角色有着一定的行为期待和规范，这些作用于角色的行为规范形成了人们调节该社会关系的角色伦理。基于两者天然的联系，可以说译者角色伦理所体现出来的是翻译伦理在不同维度上对译者的要求。

翻译伦理的产生是翻译活动过程中各行为主体面对翻译活动所要考量的各种伦理关系，基于不同社会伦理价值观碰撞而产生出来的维护翻译系统运作，以及翻译系统与外部社会环境和谐的秩序规范，为系统内部成员所广泛遵守的道德规范。无论是系统的内部运作，还是其与外部关系的协调，处于中心地位的译者将翻译系统内外的主客体因素全部都联系在了一起，由于译者处于翻译系统的中心地位，翻译伦理在各个伦理维度上的内容都会对译者有要求。虽然翻译伦理从主体上进行划分，包括译者伦理和其他主体的伦理（如翻译发起者伦理、翻译使用者伦理等），但是真正对翻译系统承担主要责任的还是处于中心地位的译者。翻译伦理所关注的译者是一个种属的概念、抽象的概念，不仅仅局限于译者个体，而是涵盖了个人、代表译者的机构、类群体译者等的集合，应该说译者作为一个种群在翻译活动中所要面对的各种社会关系，也囊括了其他主体从事翻译活动所要面对的各种社会关系，只不过各自观察的立足点不同而已。因此，毫不夸张地说，翻译伦理的主要内容就是译者伦理，将译者伦理放入翻译实践活动中进行解析就是译者的角色伦理。如同索绪尔所做的语言与言语的区别，译者伦理是一个系统，体现为译者各个角色伦理的集合，而译者角色伦理则是译者伦理在各个角色上的具体表现。

虽然译者角色集中的角色是多重的，角色扮演也千变万化，但是这些其他角色对翻译所产生的影响是有限的，而且脱离了翻译本身的角色扮演也与本研究定义的译者角色集无关。就译者其他角色对基本角色的影响来看，没有必要进行过于细致的划分，译者所需要处理的社会关系从社会系统的划分来看可以归为几个大类，根据翻译活动复合的社会活动层面及所要处理的社会关系，就可以进行科学的分类。

既然翻译伦理的维度划分与译者角色的划分享有同一分类标准——翻译伦理所调整的社会关系，毫不夸张地说，译者所要遵循的角色伦理都能在翻译伦理的各个维度上找到相应的针对译者的内容。

翻译伦理的核心维度源发于翻译本质，可以理解为是译者承担跨语言信息中继传播任务，也就是译者基本角色所面临的伦理关系，是广义的信息伦理与翻译基本角色价值观碰撞的结果。翻译本质的要求使得信息伦理维度成为翻译伦理的核心维度，是翻译伦理中相对静态、稳定的核心内容。

翻译伦理的外围伦理维度，调整的是翻译复合的不同社会活动层面所面临的诸多不同侧面的伦理问题，对应了译者角色集中其他角色所面临的伦理关系。从翻译伦理的产生来看，外围伦理维度是译者承担其他角色与其他翻译主体发生关系时，援引所对应的广义社会角色伦理与基本角色碰撞而产生的结果。这里值得再次强调的是，译者角色集中的其他角色不是脱离翻译活动的、广义的其他社会角色，而是译者为完成翻译任务，基于翻译内容和翻译所涉及场域的影响，而不得不进行相应社会关系的协调，伴生于基本角色的其他角色。因此，翻译伦理的外围维度代表了译者在翻译活动中所必须要考虑的、翻译的宏微观环境，是动态的、变化的。

翻译核心伦理内容与外围伦理内容之间的适应与兼容就构成了翻译伦理的全部内容。而译者角色伦理则构成了翻译伦理的主要内容。

第五节　译者伦理决策与翻译策略选择

翻译伦理问题的讨论必然要关注翻译伦理对译者行为，尤其是译者翻译行为的影响，而翻译行为中翻译策略的选择与翻译本体联系甚为紧密。译者伦理决策对翻译策略的影响是从伦理学视角研究翻译的一个必不可少的课题。

一、翻译策略选择中的伦理问题

翻译与伦理之间的关系体现在以信息中继传递为中心的各个方面，跨语言信息中继传递本身产生的是信息伦理关系，针对信息传递对世界的影响存在宏观层面的社会伦理、经济伦理和文化生态伦理问题，针对信息传递涉及的主体间关系存在交际伦理问题，针对工具对信息传递的影响又产生了微观的语言伦理和技术伦理问题。这些翻译活动中出现的不同侧面的伦理问题都属于翻译伦理的范畴。如此看来，作为跨语言信息传递的整体加工方案，翻译策略的选择与翻译伦理中最主要内容——译者伦理就有着密不可分的联系。

（一）翻译策略与翻译方法、技巧

翻译策略是译者为完成跨语言信息中继传递任务所确定的信息加工总体方案选择。翻译方法和技巧主要是基于翻译策略而采用的微观语言转换手段，用来平衡两种语言在符号表示、文化、认知等方面的差异。熊兵有关翻译概念中翻译策略、方法、技巧的界定很好地厘清了各个概念的内涵、外延，并指明了三个概念之间的关系。其对三个概念的理解，以及将译论中翻译策略、方法、技巧进行的归类整理，有着较强的逻辑性和合理性。不过，信息加工的整体考虑可以有不同的切入点，翻译策略也应呈现出多样化的局面，而不仅仅是作者文中列出的靠近读者的归化策略，或是靠近作者的异化策略这一组策略。辜正坤在其提出的翻译标准多元互补论中指出，无论是动态还是静态地考察观察对象，不同的观察点就会有不同的考察结果。翻译策略也是如此。

翻译策略的区分也可以有不同的观察点。从信息内容的整体控制可以区分全译、变译策略；从信息服务对象区分译语整体表达策略又可以分为语义翻译策略（服务信息发出者）和交际翻译策略（服务交际双方或者信息接收者）；译者对待异质文化态度的不同又带来异化、归化策略；根据对待翻译的立场的不同，又可以区分中立的翻译策略和目的性极强的行动主义翻译策略；等等。这些策略针对不同的信息加工重点，对应不同的翻译方法和翻译技巧。

信息加工的整体翻译策略虽然切入点、侧重点不同，但是都涉及所接收源语信息的再处理，译者面对的信息内容是一致的，因此基于不同标准而区分的翻译策略之间会有交叉，并且各个策略落实到语言的微观处理上也多有交叉。选择全译策略的译者可以在主观上选择服务信息发出者的语义翻译策略，或是服务交际双方的交际翻译策略；在保留全部信息内容基础上，或更多地倾向于靠近源语话语意义，或更多地倾向于表达源语所承载的交际意义。其文化立场也可以选取以异化为主，或者以归化为主。另外，有关翻译方法和翻译技巧，笔者虽然同意熊兵关于翻译方法在语义上比翻译技巧处于更为上位的位置，但由于这些微观层面语言转换的手段经过分类后并不是非常芜杂，在本书中就将两者合在一起，统称为翻译方法了。

（二）翻译策略的层次

翻译策略的选择主要分为整体和局部两个层次。整体层面上需要就信息处理确定整体方案。例如，首先是翻译什么？这里涉及译或不译，选择什么文本或何种类型信息进行翻译，译全部还是译部分，保留什么信息，是否增加或减少信息，等等。从信息的完整度看主要有全译、变译策略。再者，怎么翻译？这里面的内容就多了，处理异质文化态度的不同带来异化、归化策略；是承认语言的本体价值，还是仅仅承认其工具价值，又带来直译与意译策略之分；就译者的立场而言，既有中立的翻译策略，又有目的明确的行动主义翻译策略；按信息服务对象区分又有语义翻译策略与交际翻译策略；等等。

局部翻译策略是在整体信息处理策略的基础上，由于翻译内容指向的社会关系或翻译活动进入不同阶段，带来与之关联的翻译的宏观、微观语境改变，使得译者对该部分信息需要重新定位，进行调整以实现整体翻译目标下的子目标。与整体翻译策略相比，局部的翻译策略或沿袭整体翻译策略，或必须做出调整，以适应情境的发展和具体的翻译子目的。但是总的来说，宏观翻译策略和微观翻译策略的选项没有什么不同，只是微观翻译策略或许需要调整，可能采纳与宏观翻译策略不同的选项。

翻译策略的讨论总是带有二元倾向，常常是非此即彼。考虑到翻译的复杂性，翻译策略的选用应该是分层次的。整体宏观策略服务于整体翻译目的，在宏观策略指导下，局部的翻译子目的或有不同，需要做出微观翻译策略的调整。辩证法对前提条件的设定使得很多看上去二元对立的概念在一定的条件下可以相互转化。由于整体信息和局部信息为翻译设定了不同的条件，宏观策略和局部策略可能不同，正是整体和局部翻译策略的共同使用使得这些二元的概念在翻译实践中往往不是二元对立，而是二元并立，你中有我，我中有你。在宏观和微观的翻译策略指导下，译者可以灵活使用各种翻译方法和技巧。

（三）翻译策略选择的伦理考量

策略的选择都是基于一定的目标，即译者希望选取的信息加工策略与其他策略选项相比，能达到一定的效果，实现一定的功能，译者对信息功能的调控体现为译者在信息传递过程中的角色扮演。虽然影响翻译策略的因素很多，但就信息的宏观操控而言，策略对应的是信息传递的意向；而信息传递意向的确定与译者的角色选择、译者援引翻译伦理、角色伦理确定其意向的合理性、伦理性密不可分。

翻译策略的选择过程中哪些内容会进入译者伦理认知的层面？为什么翻译策略选择事关伦理？从信息的输出端来看，由于信息使用者对信息有不同的需求，译者存在多种选择：译全部还是译部分？保留什么信息？是否增加或减少信息？等等。确定了信息内容，还要从整体上决定译语表达策略，是采用接近读者的交际翻译策略还是接近原作者的语义翻译策略？另外，还要确定译者的文化立场，是更多地采用异化策略还是更多地使用归化策略？

同样，译者对于信息的输入也不是完全被动的，其主动选取接收信息的方式取决于信息二次传递的目的。就信息的输入端而言，译者可以主动或被动地去激发一个或多个信息源（如话轮控制）；就信息的接收方式而言，可以全盘接收，细致入微、字斟句酌去揣摩立体语言信息在各个维度层面所传递的信息，也可以囫囵吞枣、快速浏览，甚至选择性寻找、注意并过滤信息。

基于前面的论述，我们清楚地认识到，在信息的接收和输出端译者存在多种选择，是因为翻译本质所要求的译者基本角色总是与译者的其他角色伴生在一起，语言信息内容指向的社会关系及直接和间接的利益相关主体交织在一起，就构成了译者翻译工作的宏观、微观环境，并随着语言信息内容的变化也不断发生着变化。在现实中，译者除基本角色外还动态地承担其他角色，虽然这些其他角色伴生于基本角色，是译者为完成基本角色任务所必须面对的，但是不同角色有着不同的行为规范和行为模式，对信息处理可能会提出不同的要求。所以，表面上译者选择信息加工策略，其实质是译者的基本角色与其他角色发生竞争，需要确定阶段性主导角色，优先考虑该主导角色价值观指导下的角色要求，从而决定符合该角色信息要求的翻译策略。

翻译策略涉及宏观的、整体的信息加工，就信息加工而言，译者基本角色提出的信息要求可能面对译者其他角色提出的不同要求，具体表现为以下几点。

1. 信息的完整性

译者基本角色所涉及的信息伦理要求信息是完整的。然而，前述译者的其他角色，或因客户对信息效率的要求，或因信息使用者对信息使用不同目的的需求，或因信息内容与译文环境的不适应，等等原因，期待译者不同程度地留存源语信息内容，通过或删减、或添加、或评述等手段对内容进行整体处理。作为中继站的译者需要评估增加或减少信息内容的信息加工是否符合伦理。

2. 信息的准确性

译者基本角色要求译者在语言立体信息的三个维度（认知信息、社会规约与交际信息、审美信息)上尽可能接近原文,以求得译文在意义、语用、风格等方面的极似,保障翻译参与主体的话语权利和维护正常的话语秩序。而译者承担的其他角色可能在特定的情境下对信息的准确度提出了不同的要求。信息的准确度,除了内容上的完整,还有就是译语表达在不同信息维度上尽量接近源语。而源语社会与译语社会无论是在认知、社会规约,还是审美各方面都存在差异,译者的基本角色要求译者去弥合这种差异。但是,在翻译现实中,翻译工作对译者提出的角色要求不仅仅是弥合差异,求得与源语信息极似那么简单,译者往往需要选择性地调整某一维度的信息,以适应不同角色的期待。合资工厂中,中方译者过滤了外籍经理带有极端负面感情色彩的话语信息,仅仅传递与生产相关的操作信息,以及在文化上不至于激怒工人的评价语信息,这是译者在基本角色与交际协调者和文化协调者的角色冲突中,根据情境的发展,将阶段性的主导角色定位为交际协调者/文化协调者的选择。

3. 信息传递的中立性

译者的基本角色要求译者在信息传递过程中保持中立的立场,即译者不应该有意偏向于信息传递所涉及的任何一方利益相关人,包括译者自己或其他间接利益相关人的立场。这就要求译者不得以个人偏见影响源语信息的解读,不得为任何一方利益相关人的利益进行信息加工,以中立者(源语文化中无任何利益冲突的普通读者)的视角,解读和传递源语承载的认知信息、社会规约和交际信息及审美信息,尽量在译语中找到能涵盖这三个维度信息的语言形式,不偏不倚地以源语编码规则为基准解读信息,以译语编码规则为基准传递信息,也不考虑信息对世界、其他参与人的影响。

然而,由于信息传递是有意向性的,源语信息发出者希望信息实现一定的功能,而译者在传递信息的过程中却不得不考虑翻译这些内容对世界的影响,体现在社会、经济、文化三个大的方面,译者对于源语信息内容影响的干预就是译者在这种相互作用中所扮演的角色。不同角色对信息加工提出的不同要求会产生冲突,译者究竟该如何选择,这里面就涉及了译者的伦理判断和伦理决策。与信息加工策略直接相关的伦理考量主要有以下几种。

(1)信息使用需求的合理性。信息传递因信息主体对信息存在需求,受到驱动而产生,翻译活动中不同的主体对于源语信息的使用有着不同的需求,或求新、求快、求美、求用,甚至求误导(这都体现了翻译的意向性)。然而,并非所有的需求都具有伦理性。另外,由于多个主体的存在,尊重此需求而舍弃彼需求,本身就体现了主体关系的调节。译者置身于这些主体编织的社会关系之中,对相应社会关系的处理体现了译者承担的多种角色。不同角色伦理价值观对信息内容的处理,通过译者由上而下的价值过滤及道德判断,确定哪种角色的信息加工要求会得到支持,也就是说译者会通过确立阶段性主导角色,来为冲突提供解决机制。

该主导角色的价值观会压制其他角色的价值观,指导译者平衡不同主体对信息的需求,确定信息二次传递的目标,也就是翻译目的。源语信息的发出目的与译语信息使用目的不尽相同,不同信息接收主体对信息的使用需求也可能不同,译者确定的翻译目的可能与源语发出目的及信息使用目的都不相同。但是，译者这种对各翻译主体信息功能要求的平衡恰好反映了翻译伦理的主体间性。

（2）信息内容对相关主体与世界的影响。信息是物质的，信息的传递会对关涉主体及其传播的环境带来影响。这种影响是善是恶，是好是坏，译者应该有理性的判断。译者关于信息对宏观社会环境影响的调控，无论是有意识的干预，还是无意识的干预，均体现了译者处于一定社会场域对自身立场和角色的选择。信息对关涉主体的影响，不仅仅限于翻译活动的直接主体，也涉及信息所波及的间接利益相关人。

信息对人、对世界的影响，实际上体现了信息主体与其他主体之间的一系列社会关系的交织，译者置身话语内容构建的社会关系和翻译活动构建的社会关系之中，其对信息影响的干预就是其在特定社会关系中对自我角色的定位。其所选择的主导角色所凸显的翻译伦理维度会指导译者对信息影响的干预。

同样的信息内容对特定主体会产生不同的影响。成人作品与儿童作品就存在较大的区别。翻译以儿童为读者群的文学作品时，译者的翻译策略应考虑作品内容对儿童价值观的影响，删除那些血腥、暴力、污言秽语的内容，极力保存儿童世界的童趣、善良、美好的一面。其翻译策略的选择应该考虑儿童的认知、语言和审美。

（3）信息传递的质量与效率。信息伦理维度要求译者高质量地传递信息，不损失、增益或扭曲信息，对于语言符号所承载的立体信息进行全方位解读，并以准确的译语表达。但是，如果译者同时面对信息传播效率的要求，如何兼顾质量与效率？不能兼顾时不得不牺牲质量的翻译策略选择就带有了伦理性质。译者的伦理判断应包括：在什么条件下可以牺牲质量？牺牲质量在什么程度上是合乎伦理的？

（4）信息传递中的文化立场。翻译将永远地面对文化间的差异，归化、异化既是文化翻译的一组策略，也是译者对待异质文化的伦理态度。对他者文化的尊重在这个多元化、国际交往的时代显得越来越重要，在全球化背景下弱小文化的生存和保护方面亦不可少。为挽救濒危语言，大量的人力物力用于整理和保存现有文化遗产，甚至尝试复活已经消亡的语言。而翻译工作者也应该未雨绸缪，慎重对待弱小文化的作品，在不造成译入语读者认知障碍的前提下，尽量采用异化策略传递源语中的文化信息，在文化的交流中真正承担起文化使者的责任。

虽然翻译策略的选择会受到其他各种因素的影响，呈现出各种不同的结果，但就翻译策略涉及的信息加工方案而言，无论是信息使用的目的、信息内容的留存度，还是信息传递时的文化立场、对原文功能及译文功能的平衡，无不受到译者伦理价值的判断和抉择，从理论上对这些关系进行抽象，即译者的翻译策略选择受到了译者伦理的制约。

然而，译者的伦理判断和伦理决策是如何影响翻译策略选择的？

二、译者伦理决策的本质——角色间的价值冲突

撇开其他的伦理选择不谈，仅就翻译策略选择中译者面临的伦理决策而言，主要是因为译者基本角色所要求的信息保真（完整、准确、中立等要求）与其他角色所允许的一定程

度的信息加工（如增、减、释、并、评等）产生了一定的冲突，需要译者从伦理的角度进行判断和决策。

对于译者的基本角色，无论译界还是社会公众都有着清晰的认识，但是译者一旦进入翻译任务环节，就不再是一个单纯的信息传递员，而是与其他角色复合在一起组成了译者角色集。译者的基本角色就要面临着来自其他角色要求所带来的压力。译者基本角色所要求的信息保真策略不断接受来自其他角色伦理的检验。如果信息保真策略不能满足其他角色伦理指导下译者的行为意图，那么信息保真的策略就需要加以调整，采用匹配的翻译策略更好地完成行为意图。

考虑到译者的基本角色主要受到译者角色集中其他 6 个角色的制约，而这 6 个其他角色分别代表了翻译伦理的宏观、中观、微观三个层次的内容，因此翻译策略的选择可以从宏观、中观、微观进行价值过滤。译者的基本角色，也就是翻译伦理的信息伦理维度所要求的翻译策略，会受到翻译内容及翻译活动所涉及的社会关系的制约改变原有的方向。

也就是说，当译者基本角色要求的全译策略与该角色价值观要求的信息加工发生冲突时，就会采纳主导角色所能接受的变译策略。而在整个翻译过程中，如果翻译的阶段处于宾主之间的寒暄期，翻译的信息内容也是拉家常之类的话语，译者此时作为沟通协调人的角色在当前阶段就能上升为主导角色，译员通常可以采用相对较为灵活的交际翻译策略。随着翻译内容的不断变化，译者基本角色支持的信息保真策略会不断受到来自其他角色的压力，也就是译者基本角色所支持的翻译策略会经过一系列的其他角色价值过滤，倘若与其他角色价值观不相冲突，译者仍然可以保留该策略，而对于与阶段性主导角色价值观相冲突的情况，译者会考虑转向其他适宜的翻译策略。

主导角色的确定主要受两个方面的制约，一是翻译的信息内容所指向的社会关系和翻译活动所处的社会关系，这些社会关系确定了译者角色集中除了基本角色还会出现哪些其他角色。二是译者衡量信息内容对主体和世界的影响，从而选择主导角色，确定如何干预这种影响。

三、伦理决策与翻译策略选择流程

前面我们阐释了翻译策略选择和译者伦理决策之间的关系，尝试着构建了译者伦理决策过程模型，并在此模型的基础之上解释了翻译目的的形成实际上是译者伦理意图形成的一部分，是平衡了各种社会关系的、有着伦理支持的理性思考，这样在译者伦理决策与翻译策略选择之间架起了一座理解的桥梁。

（一）译者角色伦理与翻译策略选择

从伦理学视角来看，翻译策略选择中的伦理考量主要来自译者的多重角色的动态调整与协调。为帮助译者正确选择，首先应加强译者的伦理认知，只有明确了翻译伦理在不同维度上对译者的要求，即译者角色伦理中各个角色的规范，才能帮助译者在信息处理时，将有些问题的考虑纳入伦理认知层面，正确地进行判断。

(二)译者翻译工作程序中的伦理问题清单

基于对企业伦理问题的重视,西方企业加大了企业伦理制度的建设,制定员工守则,成立专门的伦理委员会,甚至将商业伦理纳入企业竞争与发展战略的范畴。为指导员工做出合乎伦理的决策,在整合了前人有关伦理原则及伦理过程模型的基础上,提出了几种伦理决策模式,主要有:伦理检查模型(Blunchard and Pearle, 1988)、道德决策树模型(Gavanagh, 1989)、九问模型等。

关于译者伦理决策,由于翻译伦理问题本身的道德强度有时并不明显,不太容易为人感知,更由于翻译伦理在翻译教育中的缺失,翻译职业伦理规范尚未完善,译者在执行翻译任务时常会遇到这样或那样的伦理困境,不得其解;或者忽略了翻译伦理问题,引发了不良后果,产生翻译纠纷甚至诉讼;关于操作层面上翻译策略的选择,也往往饱受争议和质疑。因此,为帮助译员进行正确的伦理决策,在讨论了翻译伦理多维性的基础上,在辨析了译者多重角色动态调整的基础之上,我们完全可以为译者的翻译实践提供伦理决策的工作程序,从伦理的角度更好地指导翻译实践。

以下为译者翻译策略之伦理决策问题清单。

(1)翻译内容或任务涉及经济利益吗?经济利益代言人在本阶段的翻译要求是否有违译者基本角色伦理?冲突体现在哪里?该要求是否应该得到支持?理由是什么?

(2)翻译内容或任务涉及文化间的协调吗?文化协调者、传播者的角色与译者基本角色有无冲突?冲突体现在哪里?该要求是否应该得到支持?为什么?

(3)翻译内容或任务要求译者承担交际促成者的角色吗?交际促成者的角色与译者基本角色有无冲突?冲突体现在哪里?是否支持?为什么?

(4)语言使用者的伦理角色与译者基本角色有无冲突?冲突体现在哪里?是否支持?为什么?

(5)翻译中是否使用了翻译技术?技术使用者的角色与译者基本角色有无冲突?冲突体现在哪里?是否支持?为什么?

第六节 译者角色伦理论的适用性

本研究提出的译者角色伦理论,从翻译本质出发,从伦理学和社会学的角度阐释了译者面临的多重角色及其动态调整机制,指出了译者各个角色的划分与翻译伦理维度的划分存在着天然的联系。由于译者同时也是社会的人,除了翻译活动,译者也会承担其他社会活动,与翻译无关的社会角色不在我们讨论的范围之内。但是,在翻译活动过程中,译者除了信息传递的基本角色,还需要自觉、不自觉地扮演其他角色才能顺利完成信息的传递,这些伴生于译者基本角色的其他角色却是本研究重点讨论的范围。

译者角色集中的其他角色,并不会因为翻译活动涉及了数不尽的情境,或者涉足成百上千个领域而产生成百上千种角色。一定社会关系中的角色会打上那个社会场域中的烙印,体现出一定的共性,对译者基本角色的信息要求产生影响,而我们只需要将能够影响译者基本角色的其他角色聚类归纳就可以了。按照一定的标准，区分译者角色集中围绕基本角色而聚合的其他角色，有助于我们按一定的标准去理解角色之间的相互关系。沿着这条思路，译者作为社会的人就与译者作为翻译人区分了开来，有了这样的区分，产生于普遍社会伦理基础之上的翻译伦理也就与社会伦理区分开来。

译者角色伦理对翻译策略有着直接的影响，表现为翻译内容的变化带来译者多重角色的动态调整，以及调用译者角色伦理的相关内容最终确定信息传递目标及信息加工方案。信息传递目标不是凭空而来的，而是译者处于一定的角色集，通过平衡各种社会关系而产生的。译界所熟知的《论语》英译的两位译者——辜鸿铭和理雅各，正是因为他们在翻译任务中所考量的社会关系不同及自身角色定位不同，而带来了信息传递目标（翻译目的）的不同，最终导致了翻译策略的不同。就理雅各所承担的《论语》翻译来看，其目标读者是来华传教的教士，或者来华工作、需要了解中国文化的外国民众。某一文化立场的代言人（理雅各要让西方了解中国的文化经典继而透析中国文化精神，实际上也代表了一定的文化立场），以及读者与原作者之间的交际协调者（译者帮助读者跨越时空的差异，语言、认知、审美、伦理等方面的差异达到一定程度的理解）。辜鸿铭翻译《论语》同样也面临着这些角色选择。虽然面对的是同一类角色，受该角色伦理支持的信息传递目标却是不同的，体现为对原作的操控策略即信息加工策略的不同。

一、译者角色伦理论与翻译多元标准互补论

译者的翻译行为实际上是译者在翻译过程中自觉、不自觉地扮演各种角色而实际产生的语言信息传递行为。如同语言表达策略服务于说话人的目的，译者翻译策略的选择就是对所接收源语语言信息选用不同加工策略，以达到译者所权衡的翻译目的，实际上是译者根据自身所处的社会关系及信息内容所涉及的社会关系，确定其在一定情境下、一定内容的传递过程中所要优先调整的社会关系，即选定翻译过程中阶段性的主导角色。

由于译者的角色是动态变化的，不同的翻译内容很可能带来译者动态角色集中主导角色的变换，因此即使有整体的翻译策略，局部的翻译策略也会因地制宜地进行调整，翻译策略的变化及其所带来的翻译方法的适用给译文的生成带来了各种不同的可能性。单从译者的主导角色选择而言，虽然译者所处的社会关系，以及信息内容所指向的社会关系，定义了译者角色集中其他角色的存在，但是这些其他角色是主动还是被动地存在，是否能上升为主导角色，却是译者自主决定的结果。各种角色对信息的传递提出要求，译者会通过不同信息要求背后的伦理价值进行比较，从而确定哪种信息要求应得到满足，此时译者也就选定了阶段性工作的主要角色。

译者伦理决策和伦理行为是一个复杂的过程，会受到译者伦理认知、翻译道德强度、译者个人因素、环境因素等的影响，即便是同样的问题，译者做出的伦理判断也不尽相同。即使做出了相同的判断，也有可能受其他条件的影响，而产生不同的翻译行为。

辜正坤只是从立体思维、多元翻译标准的客观现实性、翻译的艺术性几个方面提出了翻译标准多元互补论的假设，并没有从翻译实践的层面进行论证。译者角色伦理论是基于

翻译实践中多维翻译伦理问题及译者多重角色而抽象出来的理论假设。翻译伦理的多维性及译者多重角色伦理为翻译伦理标准的多元化提供了强有力的解释，从而从伦理学的视角证实了辜正坤提出的翻译标准多元互补论。

在翻译标准多元互补论中，翻译标准系统包括一元化的抽象标准和多元化的体现原作与译作立体相似关系的具体标准，两者辩证统一；其中，抽象标准是具体标准的标准，具有支配力和统帅力。在辜正坤看来，翻译的绝对标准是原作，最高标准是与原作的最佳相似度，而多个具体标准则不断地处于斗争之中，在翻译标准系统中争夺中心地位。为什么将原作定为翻译的绝对标准，辜先生的理由是一切译作总根植于原作，且要满足一部分人对绝对标准的渴望，即使永远无法达到。于是有了最佳近似度这个抽象化的最高标准，并外化成各个不同的具体标准。如果说伦理为译者行为提供了价值尺度，翻译的绝对标准是不是原作可以进一步确定。诚然，译者角色集中的基本角色将翻译伦理中的信息伦理维度推向了核心地位，将信息传递的准确性、完整性及我们传统意义上的忠实作为翻译标准的理想境界，从这个层面将原作理解成传统意义上翻译的绝对标准并不为过，将最佳近似度作为最高标准似乎也顺理成章。

翻译过程是译者不断进行伦理价值判断的过程，原作即源语信息在信息传递过程中是否一直有着至高无上的地位，还要看译者这个信息中继传递者的价值评判。源语信息是否需要另行加工，取决于译者角色集中的其他角色与基本角色是否产生竞争，并由在译者的伦理价值判断中是否占据主导地位来决定。如果其他角色与基本角色有着相同的信息加工诉求，它们之间是互补的关系，也就不会动摇源语信息的地位。因此，将原作作为绝对标准，还有最佳近似度作为最高标准是有条件的。虽说是有条件的，但由于译者基本角色与翻译本质密切相关，译者进行信息传递时的各种判断都是基于源语信息，译者有关翻译的所有伦理决策均是因为基本角色与其他角色发生价值冲突引起，译者所有的信息加工，即便是翻译变体都可以看作狭义的忠实翻译加上合理的各种信息加工手段。由此，将完成译者基本角色功能——全方位信息保真传递作为最高标准毫不为过。

不过，辜正坤将翻译标准分为绝对标准、最高标准和具体标准。体现的是翻译人对翻译本身的伦理价值诉求，但从逻辑上讲，绝对和最高体现的是一种极差概念，而"具体"一词与绝对、最高这两个概念不在同一范畴平面上。笔者认为在翻译实践中，译者的翻译伦理价值体系从极差的角度可以引入理想标准、可接受标准和底线标准这三个层次。在伦理学中，"道德作为人类行为的某种规范力量，它本身也存在层次性的问题"。一种是把道德区分为底线道德和崇高道德，一种是分为实际实践的道德和用于批评的道德。翻译的理想标准是在源语信息三个维度（认知信息、社会规约及交际信息、审美信息）方面尽可能地接近，虽完全的对等终不可实现，但译者求真、求善、求美之追求却是其毕生奋斗之目标，命名其为理想标准应该确切。可接受标准则允许一定的容差，允许源语信息在不同维度上有所调整，根据具体的情境、依据译者的语言能力而定。而底线标准则是整个翻译被拒的标准，即如果达不到一定的标准（这一标准可以由用户和翻译机构为特定的翻译任务设立一套参数指标），则面临整个翻译工作被拒的风险；然而，即使是底线标准，也是因人而异,因任务而异,因情境而异,断不可整齐划一一刀切。

而如果沿用辜正坤自己的用语,窃以为也可以使用抽象标准和具体标准之说,不用再重复所谓的绝对标准,因为尽管辜正坤强调该绝对标准是相对意义的,绝对标准不是绝对意义上的绝对标准,"绝对"二字总是容易产生误导。

由于翻译标准多元互补论中的绝对标准和最高标准(本书中的理想标准)受到了译者其他角色的挑战,或者说翻译带来了各种社会关系力量的较量,译者遵循的理想标准受到了翻译所涉及的社会生活的影响,我们应该进一步认清这种影响,将这些影响体现到各种具体的标准之中。译者角色伦理论对我们从译者角色的角度探讨这种影响提供了较为清晰的方向和分类体系,有助于推进我们对翻译过程的认识。具体标准也不仅仅是从不同侧面讨论如何接近原作的各个不同的标准,而且还可以加上在何种情况下进行何种信息另行加工的标准。对于不同类别的具体标准也可以设定一个底线。当翻译伦理的经济伦理维度与信息伦理维度发生冲突的时候,可能会影响我们对翻译策略的选择,那么底线是什么?这是个值得讨论的问题。

二、译者角色伦理论与功能派翻译理论

功能派翻译理论继翻译研究的语言学路径的发展而兴起,其代表人物各有建树,关注点也不尽相同。莱斯通过将文本类型和语言功能结合,提出在语言内容与形式对等之外还存在着交际功能对等的翻译原则,翻译策略的选择应该与文本类型保持一致;曼塔利通过区分翻译行为与翻译,分析了翻译过程中的各种影响译者行为决定的参与人因素,提出译文应该服务于接受者目的并适应接受者文化;弗米尔分析了三种翻译目的,指出目的准则是所有翻译过程的基本原则,也是决定翻译是否充分的标准,基于不同的翻译目的可以区分出文献型翻译(强调源语发出目的)和工具型翻译(强调译语使用目的)这两种策略。诺德在强调忠实于译文功能的基础上又加上了忠诚原则,从译者的责任即伦理的角度对译文的功能进行限制,以达到各方参与人都能满意的理想状态。

虽然功能派学者各人所持观点不同,但是他们都跳出了语言学路径中原文与译文的对比关系,不再拘泥于词、句在意义和语法上的等值,而是关注语篇层面上语言功能的实现,更多地将翻译视为一种有目的的跨文化交际活动,充分考虑翻译过程中的人际因素,将翻译策略的选择与预期的译文功能结合了起来,因此被人统称为"功能派翻译理论"。其实,从功能派理论的发展来看,早期莱斯受篇章语言学的启发,将翻译策略与文本类型结合起来,将奈达的等值论、动态功能对等推进到语篇交际功能的层面。而曼塔利和弗米尔充分考虑了翻译过程中多方参与人的因素,将翻译归为翻译行为的一种,将翻译目的置于翻译行为决策的统帅地位,译文因此可以不以原文为中心,而是从原文当中摄取有助于实现翻译目的的内容和信息。由于目的论者受到了不尊重原文、目的性过强、过于强调译者能动性等批评,诺德的功能加忠诚原则似乎又是一种回归和平衡。

功能派翻译理论打破了千百年来的原作中心论,解放了译者,打开了束缚他们的语言符号转换等值的桎梏,将影响翻译的文本外因素考虑了进来,这无疑顺应了翻译新时代的

发展，为多种信息交流打开了灵活的文化转换的大门。但是，功能派受到的诘问也不少，主要集中在过于关注目的语文化环境的接受，显得太过功利；目的性过强的翻译总是踩着译与非译的红线受到质疑；目的论似乎更适合应用翻译而在文学翻译领域的适用程度尚不明确；目的论对于宏观层面的操作更有指导意义，而对于微观层面的表达却缺乏足够的解释力；等等。

功能派理论遭遇质疑的声音不无道理。确实，其将长期受忽略的翻译背后的人际因素考虑了进来，为译者灵活处理各类翻译问题铺平了道路，也更能提升译文的接受力和传播力。但是功能派翻译理论对于翻译目的定义不清、分类不明，对翻译目的的伦理性缺乏足够的解释，而诺德尝试让译者对所有参与人忠诚的愿望也过于完美，对其微观操作的适恰性缺乏深入的探究。

译者角色伦理论综合考虑了话语内外的因素，不仅将话语内涉及的同一类社会关系的信息内容予以划分，分析译者的外源性角色扮演，同时还考虑了翻译内容及翻译活动所涉及的社会关系，从译者内源性角色要求来分析外源性角色扮演的调整，通过译者角色真正将话语内外的因素有机地结合在了一起。

译者角色伦理论区分了译者角色集中的其他角色，以及译者作为社会人所承担的其他角色，这样的区分同时也很好地回应了译与非译之间的界限。译者角色伦理论还重新定义了翻译目的，指出翻译目的是译者基于一定的角色对一定的信息内容所提出的要求，这些要求涉及语言信息的三个维度（认知信息、社会规约交际信息）及审美信息的再次呈现。对翻译目的的重新定义使得我们直接将翻译目的指向了信息加工，将间接的翻译动机，如译者为了赚钱养家糊口，排除在翻译目的之外。将翻译目的与具体的信息内容结合，转化成直接的信息加工要求或目标，从间接走向了直接，也可以从宏观把控走向具体操作，避免了目的论在指导上过于宽泛的诘难。另外，通过分析译者伦理决策与翻译策略之间的关系，阐明了翻译目的的形成是译者不同角色对相应信息内容提出要求的结果。各个角色对信息的要求都是基于一定的角色伦理，并通过译者的伦理判定或决策予以最终确定。这样，翻译目的的伦理性也就有了正确的向度。

译者角色伦理论通过译者角色——外源性角色和内源性角色，可以将文本的内容及文学翻译场域中影响文学翻译的诗学、美学、文学性等因素纳入进来，为目的论在文学翻译领域的适用打开了一条新思路。甚至关于诺德过于完美的忠诚，在角色伦理论中也找到了平衡的办法，因为角色伦理论探寻的就是不同角色之间冲突的解决。

三、译者角色伦理论与变译理论

（一）变译理论的发展

变译理论是黄忠廉针对翻译实践中存在的大量变译现实，创建的一套体系较为完整、上论学理下释具体操作的理论。他重新定义了翻译概念，指出全译实为窄式翻译，而变译则属宽式翻译。如果说西方理论侧重对翻译变体事实的描述及背后原因的挖掘和解释，变译理论更多的是在充分观察、描述、解释变译事实基础上进行归纳、抽象,并最后上升为应用理论以指导实践。如黄忠廉所说,变译研究走的是现象—规律—理论—学科—应用的研究之路。

国内学界普遍认为变译理论是目的论的延伸和扩展。目的论和变译论都主张从原文中提取能服务翻译目的的信息,生成所需译文文本。两者的确在翻译本质的再思考、对原文的重新定位、对忠实对等观的质疑、对译者和接受者的重视、对翻译目的的强调及翻译标准和翻译策略的多元化上有诸多相似之处。目的论试图将传统意义上的翻译(对应黄先生所说全译)与翻译中的变体(对应部分变译现象)包括进来,建立更具有普遍意义的翻译理论;其对全译中的变通及翻译中的变译策略并未进行具体区分,对翻译目的论指导下的各种变译之间的关系、规律、原则、手段也未进行深入探讨。虽然目的论学者亦尝试结合大量的案例论证其理论的合理性和可行性,也试图结合篇章语言学、语用学等语言学理论将因翻译目的而变通的翻译引入翻译教学,但并未能围绕"因何翻译目的作何应对"予以规律和原理上的思考;再加上目的论研究更多涉及翻译的外部研究,本体研究不足,因此其理论体系也仍待建设。

关于变译理论主要的质疑是关于全译变译的命名、定义、划界分类、全译变译之间的关系、变译和非译与胡译乱译的界限,以及变译理论作为理论发展亟待解决之问题尚缺乏研究深度(如变译批评)等。其实,不论是目的论还是变译论,受到质疑最多的就是:某些翻译变体,或是目的论指导下的翻译活动,或是变译论囊括的部分变译活动是否还属于翻译的范畴?这些变译现象如何与胡译乱译区分开来?

多维译者角色伦理能对传统意义上的翻译(全译)及现代意义上的变译背后的伦理价值驱动进行剖析,从译者角色和角色伦理的角度正确看待全译与变译的存在,判定变译是译还是非译,在何种情况下是善译,在何种情况下所谓的变译确实是胡译、乱译。

(二)全译的翻译伦理价值

1. 翻译之忠实传统

纵观翻译史,最早的翻译既不是宗教典籍翻译也不是文学经典翻译,而是不同民族在对外交往过程中发生的信息交流。承担信息交流中介的译者在不同历史时期都出现过并不完全精通两种语言和文化就承担翻译任务的情况。同样,即使精通两种语言和文化的译者,在信息传递的过程中仍然存在有意无意地信息增益、减损甚至扭曲的情况。可以说广义的翻译而非狭义的翻译从一开始就大量存在。但是,为什么传统的翻译观对忠实推崇备至,给予原作至高无上的地位呢?除了宗教传播带来的翻译高潮及文学经典翻译奠定了原作中心论的传统,对语言从工具价值走向本体价值的发现,语言与文化的揭示,以及多元文化主义都使得译界力求对原文传递的信息(认知信息、社会规约和交际信息、审美信息)全方位保真,无怪乎黄忠廉称之为全译。即使因为一种语言符号表达的信息在另一文化中没有对应或有冲突需要进行转化,也是微观的变通,由于无损原文的内容,亦无伤全译之名与实。

2. 全译的翻译伦理价值

除了以上这些因素，专注于信息保真的全译也是翻译本质关乎的译者角色伦理的核心要求。

译者基本角色要求忠实于话语信息，尽量保证话语的准确性，这是信息传输双方的权利，而后续的信息加工、开发、利用都有赖于信息的准确接收，人类对语言的准确解析和传递是人际交往和社会合作的基础。除此之外，人人都享有平等的语言权利，信息的准确也能确保个人的语言权利不受损害。因此，翻译伦理的核心内容要求信息的准确性，要求语言立体信息通过翻译进行传递时必须超越和平衡两个符号系统的差异、两种文化的差异，在语言信息的不同维度方面尽量接近。

对信息准确性的要求是信息发出方和接收方的权利，也是译者的职业义务、职业技能及职业精神的要求和体现；是译者履行其基本角色——信息传递者的主要内容。全译因其尽可能地保留源语信息内容从一开始就具有深厚的伦理基础。

（三）变译的翻译伦理价值

既然信息保真的全译是翻译伦理的核心要求，具有深厚的伦理基础，那么我们该如何从伦理的角度看待偏离翻译伦理核心要求的变译现象呢？

1. 信息伦理中的信息权利行使

在现实中，权利的行使是可以自主协商的，在不影响他人利益和侵犯他人权利的基础上，权利人可以自由行使自己的信息权利。也就是说，如果信息使用者只希望攫取主要信息为己所用，在原作者同意或并不对原作者产生不良影响的情况下，他完全可以要求译者对所接收的信息进行加工处理。在文学翻译领域，我们可以看到不同作者对译者处理自己作品的态度可能是截然不同的：莫言赋予译者葛浩文更多的自主权，允许其对原作实施一定的删、减、并、改等变通以符合作品接收地的文化审美和诗学规范，在新的土壤中延续作品的生命；而也有作者坚决不同意编辑和译者对作品的改动，甚至组成自己的翻译团队以保证翻译的准确和忠实。从伦理的角度来看，对于作者们截然不同的态度带来的不同翻译策略的选择，只要该选择尊重了信息发出者和接收者的基本权利，尊重了语言信息传递的内在规律，且并不违反公共良序，该翻译就是合理的，也是善译。

权利的实现同样也需要条件，在同声传译的工作环境下，由于时间限制、源语稍纵即逝的特点、认知负荷等各种因素的参与，译员根本不可能做到信息的完全准确，不得不采取各种变通手段，抛开次要信息，尽量保留主要信息。即使在信息量损失不大的情况下，为瞬时产出译文，译文的结构不得不进行调整以纳入不断递增的信息，同声传译中的顺句驱动很难兼顾两种文化思维之间关于谋篇布局的差异，本身就偏离了原文的语言形式。交替传译也是如此，所有的交传训练都要求译员对听到的信息进行逻辑整理，一方面便于存储记忆，另一方面帮助听众更好地接收信息。由于没有可以反复斟酌、参考的原文，口译想做到信息的准确几乎没有可能。因此口译也涉及多种变译方法的采用，但我们绝不会说运用了多种变译方法的口译是胡译、乱译，也不会将口译排除在翻译范畴之外。

2. 变译中的伦理考量

变译作为广义翻译中的一种形式,实质可以看作在传统的翻译基础之上运用了其他信息加工的手段来满足信息使用者的需求。翻译最大的社会功能就是利用译者通晓多种语言和文化的优势,为人类的相互交流服务。随着全球一体化进程的加快,各民族相互交流的形式越来越多样化,对交流的信息也产生了不同的要求,随着翻译技术和信息技术的推进及本地化业务的扩展,翻译的现代化使得翻译行业已经演进成为现代语言服务的一部分,而翻译职业作为语言服务行业的实质,就是为个人、机构及国家还有各行各业提供跨语言的信息服务。

正是因为现代对外交往中信息需求的多样化,翻译业务及译者面临的任务常常背离传统翻译所要求的全译或忠实性翻译,如企业可能委托翻译公司整理其所收集到的与某一技术相关的外文资料,分类就核心内容进行汇编。甚至有公司委托译者借助机辅翻译,快速粗略地了解信息全貌,等确定信息价值后再进行选择性的翻译工作。在信息传递的过程中,各方参与主体对信息都会产生不同的需求,处于中继地位的译者必然会平衡各方需求,最后确定自己的信息传递目标和信息加工策略。译者对源语信息进行的多种加工也就是变译理论通过充分观察提炼出来的8种变通手段如增、减、编、述、缩、并、改、仿,以及在此基础上形成的摘译、编译、译述、缩译、综述、述评、译评、改译、阐译、参译、译写、仿作12种方法。

翻译既然是意向性的跨语言信息中继传播,作为中继站的译者,作为语言服务提供者,译者应有责任,也应有能力去获悉翻译主体及所有利益相关人对该翻译活动的期待。从伦理的角度来讲,译者面临诸多伦理考量。第一,译者对所传递的信息是否对利益相关人造成不良影响应该有预判,决定是否能够进行信息传递。第二,何种信息传递方式最能凸显翻译的社会价值,并带来各关涉主体的最大利益。第三,对于部分信息传递有可能带来的不良影响可否规避或予以化解。第四,在平衡信息传递需求时应该做出伦理判断:哪些信息需求是合理的,哪些是不合理的。第五,信息传递过程中,如何协调翻译各主体之间的关系,即体现主体间性的翻译。

(四)全译、变译与译者角色观

胡东平、喻艳在《变译伦理:"舍"与"得"思考》一文中指出了变译活动是基于变译主体间的对话,变译背后的伦理实际上是各方价值观的协调,变译虽有文本之舍,却有创新之得;虽有作者之舍,却有译者之得、读者需求之得;虽有文化个性之舍,却有文化融通性之得。只不过作者并没有说明何时该舍、何时该得,如何舍与得才是符合伦理的,而这恰恰是变译伦理应该解决的问题。

变译作为与全译并立的一种翻译策略,实际上是译者基于多维翻译伦理的考量,在动态调整其所承担的多重角色过程中,凸显与基本角色相异的阶段性(临时)主导角色价值观而做出的选择。译者角色集中基本角色和其他角色分别对应各自领域所要处理的伦理关系,译者基本角色伦理与其他角色伦理的兼容与适应构成了翻译伦理的主要内容。其中,翻译本质所关注的信息传播伦理是核心内容，而翻译复合的其他社会活动层面（译者为完成翻译任务所必须要面对的其他角色）所涉及的伦理关系则构成了翻译伦理的外围侧面。

翻译策略的选择是一个宏观布局、局部把控的过程。全译还是变译的选择会经历译者从宏观到中观到微观三个翻译伦理层面的价值过滤，全译策略（符合译者基本角色要求）的实现如果没有与阶段性上升为主导角色的其他角色伦理所允许的信息加工范围相冲突，就能够得到译者较好的贯彻，但是如果与主导角色伦理所许可的信息加工发生冲突，译者多会选择屈从于主导角色的价值观，采取适宜的、变通的翻译策略，服从译者内心的选择，完成与其所确定的翻译目的一致的翻译行为。

医疗口译中阶段性的工作内容要求病人所述被准确无误地进行翻译时，译员的主导角色就是职业的基本角色，即信息传递员的角色。但当阶段性工作要求译员对病人激动情绪予以安抚时，译者作为交际协调人的次要角色（受翻译情境及翻译内容可能对主体造成影响的制约）在那一时刻就上升为主导角色，并指导译员采取相应的行为，此时译者对医务人员不利于安抚病人的话语可能就会做适当调整。

全译、变译的选择首先涉及译者是否遵从翻译伦理核心维度的要求，可以说是译者遵循其伦理价值指导所做的翻译策略决策。这里的决策绝不是随心所欲的，而是受到翻译场域及与其邻接的其他社会场域习惯的制约，体现为译者对于阶段性翻译工作主导角色的选择及不同角色规范的理解和认同。这些不同的角色来自翻译伦理的外围伦理维度所要处理的社会关系，每一个外围维度对应一个译者可能发生的其他角色。因为只是外围伦理维度和译者的其他角色，进入翻译伦理的部分只是其与信息传递关联的部分，因此这里不需要做过于细化的分类。

所有的翻译活动都是从译者的基本角色出发，经过译者的多重伦理价值考量，自发地或是自觉地判断阶段性翻译工作的主导角色是否仍然是译者的基本角色，从而确定是否可以背离翻译伦理核心内容的要求，转而服从主导角色的价值观。译者基本角色对主导角色价值观的屈从度实际上就构成了翻译伦理外围维度在各个侧面上的内容。因为即使是主导角色价值观彰显，译者的基本角色价值观——翻译伦理的核心维度——信息伦理对其仍然有着一定的制约。

译者对角色的选择在很多情况下是潜意识的，处于一定的社会关系之中，译者自然而然就适用了处置该种社会关系的伦理规范，扮演了该种角色。角色伦理中讲究以名定责（张钦，2012），实际上就是要求译者对集约于不同角色扮演下的各种规范的遵守。至于译者对全译策略还是变译策略的选择，我们可以将译者面临的不同角色选择显化出来，设计出译者决策的相关工作流程图，指导译者的决定。只要译者翻译策略的选择是遵循了相关的翻译伦理维度规范，且该策略指导下的译语产出从语言学的角度诠释也确实达到了该翻译目的，变译现象是否胡译、乱译就能从伦理的角度进行界定。也就是如果变译策略的选择与翻译伦理维度所允许的范围和标准冲突，此时的变译策略是否恰当就值得质疑。也就是说，变译批评也有了一定的依据。

第十四章 译本视角与翻译学

翻译就是从语义到语体在译语中用最贴切、最自然的对等语再现源语的息。由于英汉两种语言在语法或表达习惯上存在巨大差异，在英汉翻译的过程中，往往需要改变原文的词类或句子成分。作为英汉翻译中常用的翻译方法，转换法可以使译文自然、流畅、准确，既传达原意又符合汉语的表达习惯。

第一节 译法研究

（一）词类转换

词类转换是常用的英汉翻译方法。在翻译时，由于两种语言在语法和习惯表达上的差异，在保证忠实原文的前提下，译文必须改变词类，这就叫词类转换。词类转换非常复杂，在英汉两种语言中，几乎所有的词类都可以相互转换，有些甚至非换不可。因为英语中有些词类在汉语中并不存在，如冠词、非谓语动词、分词、动名词、不定式等，词类转换主要体现在名词、介词、动词、形容词、副词等的相互转换上。

（二）直译和意译

所谓直译，就是在译文语言条件许可时，在译文中既保持原文的内容，又保持原文的形式——特别指保持原文的比喻、形象和民族、地方色彩等。

每一个民族语言都有它自己的词汇、句法结构和表达方法。当原文的思想内容与译文的表达形式有矛盾不宜采用直译法处理时，就应采用意译法。意译要求译文能正确表达原文的内容，但可以不拘泥于原文的形式。应当指出，在能确切地表达原作思想内容和不违背译文语言规范的条件下，直译有其可取之处，一方面有助于保存原著的格调，另一方面可以引进新鲜的表达方法。

（三）归化和异化

翻译的归化/异化是在1995年由美国学者韦努蒂（L. Venuti）所提出的，Venuti十分欣赏布朗绍的名言："翻译是纯粹的差异游戏：翻译总得涉及差异，也掩饰差异，同时又偶尔显露差异，甚至经常突出差异。这样，翻译本身就是这差异的活命化身。"在他看来，差异在翻译中被弱化的原因有二：首先，长久以来，翻译的讨论被遮蔽了，它在目的语坐标的价值体系中处于边缘化地位，差异非但没有活现，反而处于融化的过程之中；其次，英国和英语的价值标准，在战后形成了全球性的优势，从而更加确定了英美国家主义文化的语境。这种语境只接受在意识形态上符合英美文化的意识形态的外语文本。

归化翻译的最大特点就是采用流畅地道的英语进行翻译。在这类翻译中，翻译者的努力被流畅的译文所掩盖，译者为之隐形，不同文化之间的差异也被掩盖，目的语主流文化价值观取代了译入语文化价值观，原文的陌生感已被淡化，译作由此而变得透明。从后殖民理论吸取营养的异化翻译策略则将归化翻译视为帝国主义的殖民和征服的共谋，是文化霸权主义的表现。所以，Venuti 提倡异化的翻译策略。根据这一策略，译者和译语读者在翻译的过程中努力摆脱来自强势文化的羁绊。异化翻译并不应理解为对应的翻译，它并不能提高译文的忠实性。后殖民学者 Robinson 认为异化翻译与直译和逐字翻译相关联，只是没有直译那么极端，因为他们并不坚持在翻译中恪守原文句法序列中的个别词语的意义，但却坚持要保留原味。

在异化翻译中，新的东西可能会加进去，从而凸现译者的身份，提高翻译的地位，并且对翻译的文化霸权进行有力的回击。

作为中国诗歌乃至中国文化的源头之一，《楚辞》历来受到国内外学者的重视。而《九歌》作为《楚辞》中非常重要的篇章，以其独特的文化视角展现了楚文化的风貌，是研究楚的祭祀文化、屈原思想的重要文本。与之相关的研究成果可谓汗牛充栋，不胜枚举。据统计，仅 20 世纪 90 年代专门研究《九歌》的论文就达 152 篇，专著 12 部。自 2000 年以来，有关《九歌》的论文有 90 篇之多。与此相对应的是，《九歌》在翻译界也受到国内外译家的追捧，译作层出不穷，如亚拉斯、厄克斯、阿瑟·韦利、大卫·霍克斯、杨宪益、戴乃迭、许渊冲、孙大雨、卓振英等的《九歌》英译相继问世。其中，阿瑟·韦利于 1955 年出版了 The Nine Songs：A Study of Shaman is min Ancient China，作为《九歌》第一个全译本的汉学家，阿瑟·韦利的翻译成就值得我们高度关注，其翻译方法也值得我们探讨与分析。

（四）对韦利《九歌》译本的研究综述

作为英国 20 世纪最伟大的汉学家，阿瑟·韦利被世界汉学界公认为最优秀的中国文学翻译家之一，他翻译的中国古典诗歌在英语世界已被经典化。韦利在汉学界声望崇高，享誉已久。他的《诗经》英译，评家认为文学价值特高，胜于理雅各和高本汉的译本。韦利的其他译作也广受好评。1955 年，韦利出版了他的研究性译著《九歌：中国古代巫术研究》，这在楚辞的翻译介绍和研究上是个历史性的突破。然而，令人遗憾的是，韦利的这部译作却少有人关注，研究成果极少。据笔者统计，关于韦利《九歌》译本研究的学者主要有张弘、陈远止、张敏慧和洪涛。这些学者有的侧重探讨韦利翻译《九歌》的历史缘由、翻译特点及译文讹误等；有的则关注韦利《九歌》在英语世界的诠释与传播、《九歌》中的中国古代巫文化等问题。这些研究成果各有特色，极具其自身的学术价值，但这些研究成果也存在着对《九歌》译本特点缺乏深入分析的不足。鉴于此，笔者拟在这方面进行一些尝试，通过文本细读，探讨韦利《九歌》译本的三种翻译方法。

（五）韦利《九歌》的三种译法

韦利认为不同的翻译具有不同的目的，而翻译方法和策略应该因翻译目的而异。若翻译法律文件，则只需要准确地传达出意思；若翻译文学作品，则不能只关注字面意思的表达，还需注意原作的情感和美学重构。基于这种理解，韦利在翻译《九歌》的过程中通过重音节奏译法、归化翻译法和音译加注法三种不同的翻译方法，充分再现了《九歌》原文的神韵。

1. 重音节奏译法

在翻译与当代欧洲传统的诗歌艺术截然不同的中国古典诗歌方面，韦利主张用"再创作"法。这种翻译形式需要善于阐释的艺术家，他必须同时既是诗人又是学者。自新诗运动以来，中国古典格律诗在译成英语时大都被译成自由诗。最典型的例子便是庞德和韦利，他们的译诗促进了自由诗运动的发展。自由诗实际上并非绝对"自由"，根据英国现代著名诗人文学评论家艾略特的观点，自由诗应当有一定的节奏组成方式，而且是比较独创的节奏方式。因此，庞德自由诗的节奏组成是短语节奏，其划分也是以短语为基础的。而韦利的节奏形式更为复杂一些，他用的是一种重音体节奏。对于其翻译中国古典诗歌的指导思想，韦利在1918年出版的《中国诗一百七十首》的序言中说，他用的节奏形式是"一个重读对一个汉字"，并且说明他大致上遵循"每三行约有两行节奏与中国诗行的节奏相似"的翻译原则。译诗无韵，也没有正常的音步，但有重音节奏，每行结尾处也有强调的重读而且行中间的停顿也运用得很多。这是韦利翻译中国诗歌的重要特点。这种形式的运用使其翻译的中国古典诗歌取得了巨大的成功，他所翻译的诗歌在西方世界已被经典化，甚至被选入相当重要的诗歌创作选集中。这种重音节奏翻译在韦利《九歌》中得到了充分体现，例子俯拾皆是。

例1：吉日兮辰良，穆将愉兮上皇；抚长剑兮玉珥，璆锵鸣兮琳琅。

译文：On **this** lucky **day**, **good** in **both** its **signs**, **Let** us in **reverence** give **pleasure** to the **Monarch** on **high**. I **hold** my **long sword** by its **jade grasp**; My **girdle**—**gems tinkle** with a **ch'iu**—**ch'iang**.

上文选自屈原《九歌》开篇《东皇太一》。译文中的黑体字母表示在朗读时需要重读的音节，即在朗读时需增加这个音节的力度和长度，以表现这个音节同其他音节的区别，进而使这个音节增加语义上的内容。而关于重音的划分没有固定的规则，一般来说，在一个句子中实义词重读，功能词非重读。另外，原文中意义需强调的字或词，在译文中一般也需重读。原文中第一句共有11个汉字，译文中有11个重音与其对应；原文中第二句共有12个汉字，译文中有10个重音与其对应。由此可见，韦利的译文摒弃了传统格律诗的押韵形式，基本上做到了用英语一个重读音节去译原作的一个字。这种译法使译文读来有抑有扬，跌宕起伏，朗朗上口，最大限度地再现了原作的音韵美。

例2：广开兮天门，纷吾乘兮玄云。

译文：The **gates** of **Heaven** are **open wide**; **Off** I **ride**, /borne on a **dark cloud**! May the **gusty winds** be my **vanguard**, May **sharp showers sprinkle** the **dust**!

上述例子选自《九歌·大司命》，大司命是主宰整个人类生命的神，所以称大。"广开兮天门"是指把天门大大地打开，大司命要下凡。其中"广开、天门"都是需要强调的词，因此在韦利的译文中,这两个词也相应地加以强调。"纷吾乘玄云"指大司命乘着乌云下来。这句原文共六个字,译文共五个重读音节,然而韦利利用逗号形成了一个行中大停,其效果相当于一个重读音节,因此这句译文做到了一个重音对译一个汉字。"令飘风兮先驱,使冻雨兮洒尘"这两句的意思是:我命令旋风做我的向导,令暴雨洒除空中的尘埃。"兮"在这两句中没有具体的意义,只是作为骚体诗的标志,因此韦利的译文中用五个重音节奏来对译原文除"兮"字外的五个实义词。这种重音节奏的译法,保留了原诗的节奏美,向西方读者呈现了清新自然的自由体译诗。

2. 归化翻译法

在翻译具有鲜明独特文化内涵的作品时,难免会提到归化与异化翻译策略的选择。而翻译策略的选择与译者的翻译目的、译文读者对象等因素密切相关。《九歌》是诗人屈原在祭歌的基础上加工而成的歌谣,诗中创造了大量的神与巫的形象,具有鲜明的文化特色。韦利翻译《九歌》的目的是让西方读者了解中国文化,他把《九歌》译本的潜在消费群定位为一般读者。为了能让一般读者充分了解和接受中国文化,韦利在翻译《九歌》时必须充分考虑一般读者的审美爱好、接受能力等,并主要以归化的方式翻译其中的文化成分,从而最大限度地降低译文的异质感,使译文能被目标语的一般读者所接受。韦利《九歌》译本中"兮"字的翻译充分说明了这一点。

例3:暾将出兮东方,照吾槛兮扶桑。(《九歌·东君》)

译文:There is a glow in the sky; soon he will be rising in the east. Now on my balcony falls a ray from Fu-sang.

作为骚体诗的标志——"兮"字的翻译历来备受关注,各译家对此的翻译也不尽相同,如许渊冲把通篇"兮"字都译成英语中的感叹词"oh"。韦利对"兮"字的理解受到闻一多的影响,闻一多在《怎样读九歌·九歌兮字代释略说》中说,根据不同的上下文,"兮"字可以分别作"之""夫""而"等虚字解释。也就是说,"兮"字的意义根据语境的不同而不同。在《九歌》的翻译过程中,韦利充分借鉴了闻一多的观点,把"暾将出兮东方"中的"兮"字理解成"于",即"出(于)东方"。此外,在英语中表示"太阳从东方升起"并不用 from,而用固定搭配"the sun rises in the east",因此在韦利的译文中用"in"这个介词来对译原文中的"兮"字。这样的表达既地道又不损害原作意思,不失为一种成功的译文。

例4:浴兰汤兮沐芳,华采衣兮若英。(《九歌·云中君》)

译文:I have washed in brew of orchid, bathed in sweets cents, Many-colored are my garments; I am like a flower.

《九歌》的一个显著特征是其中富含了浓厚的植物文化现象,各种植物被巫师们用作迎神驱邪治病疗伤,因此可以说植物文化与巫文化有着密不可分的关系,它们相伴相生、相辅相成。韦利在其《九歌》译本的前言中就曾提及翻译植物名的困难:各种各样带香气的植物在祭祀活动中扮演了至关重要的角色,而如何翻译这些植物名称对译者来说是个大难题。例如,例4中的"兰",是《九歌》中经常出现的一种植物,在韦利的译文中都被译成"orchid"。但是有人提出疑问,认为《九歌》中的"兰"指泽兰属植物,其英文译名是

367

"thorough wort"，它与兰科植物(orchid)不是一个植物科属。然而韦利仍坚持用"orchid"来对译"兰"。首先，他认为"thorough wort"这个词学术味太重，过于生僻，不易把握其节奏韵律；其次，韦利认为"兰"这个词在古代实际上含义较为广泛，很多不同种类的芳香植物都可以叫作"兰"。因此，韦利用英语中的常见词来对译《九歌》中植物名的译法，不仅成功地传达了原诗中文化词的含义，而且避免了译文中出现各种复杂的植物学名从而破坏译诗的节奏美。

3. 音译加注法

众所周知，音译已成为不可或缺的一种翻译方法，最常见的是人名、地名的翻译。除此之外，还有一些饱含特殊民族文化的文化负载词的翻译。这类词往往反映的是源语文化中一些特有的现象，如中国传统哲学中的"道""阴""阳"，这些特殊的文化负载词在英语中找不到与之对应的词，因此音译为"Tao""Yin""Yang"。作为中国文学和文化起源之一的《九歌》，其中所包含的文化负载词数不胜数。如何传达这些文化负载词的信息以实现跨文化交际，对韦利来说是个巨大的挑战。为了能让西方读者充分理解这些文化负载词的含义，韦利采用了音译加注的译法。这种方法主要用于翻译《九歌》中专有名词和楚方言这两类词。

例5：令沅湘兮无波，遵吾道兮洞庭。《九歌·湘君》

译文：May the Yuan and Hsiang raise no waves.

I turn my boat and make for *Tung-t'ing*.

楚国位于南方沅、湘一带，《湘君》则是古代楚人对湘江水神的祭歌。整篇诗歌中出现了很多专有名词，如以上两句中的"沅湘""洞庭"。译文中的斜体词就是韦利翻译的这些专有名词。为了让西方读者能进一步了解这些音译词的意思，韦利在译文中还加上脚注：Rivers that flow into Tung-t'ing, the huge lake south of the Yangtze。韦利的这种译法简洁明了，使读者能一目了然，便于理解。韦利的音译加注法还应用在《九歌》中出现的楚国方言的翻译。

例6：羌声色兮娱人(《九歌·东君》)

译文：Ch'iang! Beauty and music are things to delight in!

译文中的 Ch'iang 是韦利根据汉语发音杜撰的一个词。"羌"为楚国方言，放在句首用以构成一种反问的语气。"羌声色兮娱人"整句话的意思是表现人们在太阳的光照下的和乐安康。译文中 Ch'iang 仿佛是一个拟声词，是人们因满足而发自内心的欣喜感慨。虽然在语义上没有一处反问的语气，但是能让读者身临其境感受到当时楚国人民迎接太阳神的愉悦心情。因此，从总体上看，韦利的译文虽然没有字字对译，但却准确地传达了诗歌中所体现的意境，让我们不得不佩服他在中国古典诗歌翻译方面卓越的才能。

韦利摸索出以自由诗体译中国古典诗歌的翻译方法，即以"重音节奏"为基础的无韵译诗，取得了巨大的成功。韦利译的《九歌》用词朴素精粹，旋律欢快自然，保留了古典诗歌的形美和音美。此外，在处理《九歌》中的文化成分方面，韦利充分考虑目标读者的阅读要求，倾向于归化的翻译策略，使其译本在最大限度上被西方读者所接受。同时，韦利在翻译《九歌》中的专有名词和楚地方言方面采取了音译加注的译法，不仅保留了诗歌的原有特色，而且也利于读者理解。总之，在译介中国古典诗歌和传播中国古典文化方面，韦利作出了卓越的贡献，不失为一位杰出的汉学家和翻译家。

第二节　译本实例分析

翻译不仅是两种语言文本间的转换，更是一项社会文化活动。既然每一项社会文化活动都受到相关制度、规范的约束，那么翻译也必然是受到社会文化限制的活动，其社会、文化特点使之不同程度地受到多种因素的制约。

接下来我们以《水浒传》为例，对其中两个影响最大的英译本进行研究。对于《水浒传》两个影响最大的英译本，学术界一直争论不休。其争论的焦点归根结底在于两者不同的翻译策略，不同的翻译策略直接导致不同译本的生成。通过对"智取生辰纲"两译文的对比，可以发现译者所采取的不同的翻译策略，并引发对不同翻译策略的思考。

一、词组层面

例1：撇下藤条，拿了朴刀，赶入松林里来喝一声道："你这厮好大胆，怎敢看俺的行货！"

例2：你这客人好不君子相！戴头识脸的，也这般罗唣！

对"戴头识脸"的翻译，赛译中保持了原语形象"head"和"face"，而沙译中用了"You look like a proper man."。原文中，晁盖一伙人扮成贩卖枣子的商人，白胜扮成卖酒的人，晁盖一伙不经允许夺酒吃，白胜故作很生气，就骂道："似乎看起来也是有头有脸的人，怎么这般不讲道理。"

所以，沙译中"You look like a proper man."准确表达了"戴头识脸"的隐含意思。对于单个词组的表达上，两位译者对于文中"椰瓢"的处理也不一样。赛译中将其译成"half coconut shell"（半个椰子壳），而沙译中用的是"coconut ladle"（椰子勺）。

二、句子层面

例1：我等一面走，一头自说道："我七个只有些枣子，别无甚财赋。"

在原语中，承接的信息是虽然我们听说这黄泥岗一带经常有贼打劫客商，下一句的信息明显带有转折的意味——"尽管有劫匪，但我们只有枣子，所以我们也不担心。"沙译中就直接用"but"来表达转折；而赛译中完全遵照原句的顺序，没有用任何连词来表达原文隐含的意思。

例2：那挑酒的道："不卖！不卖！"

沙译："No, no! Nothing doing!"said the vendor.

三、对话层面

例1：那七个人道："客官请几个枣子了去。"杨志道："不必。"

Yang Zhi said, "It is not necessary."

"Please have some dates, sir," said the seven. No, thanks," replied Yang Zhi.

在赛译中，将"不必"翻译成"It is not necessary"（没有必要）只是将原文中表示没有必要的意思给表达出来了，而沙译中的"No, thanks"（不用，谢谢）更符合英语中委婉拒绝对方好意的用法。

例2：众客人道："就送这几个枣子与你们过酒。"众军谢道："甚么道理。"

The soldiers thanked them, saying, "What is this courtesy?" "You're very kind."

当晁盖一伙扮成的枣贩提议说"送几个枣子你们一块下酒"，对方用"甚么道理"来表示谢绝，相当于汉语中"那多不好意思"。在赛译中将"甚么道理"翻译成"What's this courtesy?"（这是什么礼节?）直接翻译了原文的字面意思。而沙译中的"You're very kind."虽与原文看似相差很远，但却传达了其中的语用功能，交流达到了一致的效果。从整个句子句法结构来看，赛译比较拖沓冗长，习惯用 and 来连接几个动作。而沙译句子简洁，结构清晰，常用伴随状语，符合英语习惯。

例如：那七个客人从松树林里推出这七辆江州车儿，把车子上枣子丢在地上，将这十一担金珠宝贝都装在车子内，遮盖好了，叫声："聒噪！"

此例中，赛译中采取的是遵照汉语的句法习惯，一个主语后面接上八个动词谓语的结构，显得很拖沓，不简洁。而沙译采取的是用 ing 形式作伴随状语的结构，简单明了，更符合英语的句法结构。

寒山是中国文学史上具有传奇色彩的诗人，其在本土被边缘化的诗歌经过译介的一番洗礼，在目的语文化中获得了前所未有的成功。笔者运用图里的翻译规范，从预备规范、初始规范和操作规范的角度探讨和分析翻译规范在源本选择、翻译策略的设定和翻译方法的使用三个方面对斯奈德与赤松英译寒山诗的影响。在具体的翻译过程中，斯奈德采用向目的语规范靠近的翻译策略，将寒山形象及典故等进行归化处理。赤松则更倾向于源语规范的翻译策略，力图忠实地再现源语文本信息，向目的语读者传达出寒山清新自然的诗风。

在美国伯克利地区有一处名为"诗歌道"的诗歌文物建筑，斯奈德译的寒山诗和威特·宾纳译的李白诗，与杰克·伦敦、罗伯特·海耶斯等名家的作品一起位列其中。寒山外表放荡不羁，衣着褴褛不整，但其思想境界极为高深。然则诗如其人，寒山诗不拘泥于主流，打破古诗历来语言优雅凝练的传统，采用民间白话语言，故而一直未被正统文人所接受。

北宋时期，由于中日两国在文化背景上的相近，寒山诗在一衣带水的邻国获得了故国不曾享有的名声，并在因缘际会下进入英语世界。1954 年，英国汉学家阿瑟·韦利在美国《相遇》杂志上发表了他翻译的 27 首寒山诗，开创了英语国家研究和翻译寒山诗歌的先河。1958年，加里·斯奈德翻译的24首寒山诗在《常春藤评论》上发表，被英语世界公认为寒山诗歌中最具影响力、最为广大民众接受的译本。美国著名汉学家和翻译家伯顿·华生通过日语转译，于1962年发表了译著《唐代诗人寒山的100首诗》。此外，1983年，民间译者赤松的《寒山诗歌集》问世，"这是英语世界的第一个寒山诗全译本，因而在寒山诗的翻译和研究领域具有特别的意义"。寒山及其诗歌在美国广为流传，赢得了在源语文化中望尘莫及的成功。究其原因，除了"当时的社会对寒山诗歌有一种精神上的渴求并且在寒山诗歌的译作中看到了一种新的希望"，更在于各大译家精准到位的翻译。现结合斯奈德和赤松的两个寒山诗译本，深入分析翻译规范对源语文本的选择、翻译策略的设定和翻译方法的使用三个方面的影响。

1. 翻译规范概念的厘定

"规范"（norm）一词来自社会学。早在二十世纪六七十年代，列维（Jiri Levy）和波波维奇（Anton Popovic）便在翻译研究中讨论过"规范"问题。然而，真正促使翻译规范成为翻译研究重要论题的学者是以色列人吉迪恩·图里（Gideon Toury）。图里将"规范"定义为："对翻译进行描述性分析的一个范畴，即某一译语社会里所共享的价值和观念，如什么是正确的，什么是错误的，什么是适当的，什么是不适当的，转化成在特定情况下正确的适当的翻译行为原则"。图里把主要作用于翻译前期阶段的两类规范称之为预备规范（preliminary norms）和初始规范（initial norms）。预备规范指待译文本的选择及翻译的直接性。选择翻译文本是翻译过程中至关重要的一步。考虑到不同文化及意识形态的影响，译者往往会选择迎合目的语主流趋势的源本，以此来获得更多目的语读者的关注。翻译直接性即指是否允许或接受第三国语言的转译。初始规范决定译者翻译的总体策略。如果译者更倾向于遵循源语的语篇关系及规范，其译本就会带领目的语读者向源语文化靠近；反之，如果译者更倾向于遵循目的语的语篇关系及规范，其译本就会向目的语文化靠近，更符合目的语文化的阅读习惯。图里称其为"充分性"（adequacy）和"可接受性"（acceptability）。其实在实际翻译过程中，并不存在完全的充分性翻译，抑或可接受性翻译，大部分翻译作品往往处于两者的中间地带。图里把在翻译过程中起具体指导作用的规范称之为操作规范（operational norms）。如果说初始规范从宏观层面决定了译者的整体翻译策略，操作规范即是在微观层面上影响译者的抉择。操作规范可细分为母体规范（matricial norms）和篇章语言学规范（textual linguistic norms）。母体规范与译文的完整性有关，包括是全文翻译还是部分翻译，是否有删改，等等，篇章语言学规范则在细微层面上指导字词、短语等的选择。

与传统翻译理论将"绝对等值"奉为圭臬不同，翻译规范旨在客观、非评价性地描述翻译现象，通过分析无数翻译个案在文化语境中文本内外的各种因素对译者决策的规范制约，归纳总结翻译规律，以期帮助并引导译者呈现更佳接受效果的译作。图里认为，翻译规范在某种程度上可以说是译者在不同语言、文化、篇章传统规范间取舍的产物，规范对译者的影响反映在译作的每一层面。

2. 预备规范与源语文本的选择

斯奈德译本在西方世界能够获得大众与专家学者的双重青睐,成功的源本选择在一定程度上功不可没。笔者认为,斯奈德选择翻译寒山诗歌主要与三个因素有关,即译者的个人生活经历、译者对东方文化的热爱及当时美国的社会历史背景。

斯奈德少年时代在华盛顿州和俄勒冈州的高峻山地中度过,所隐居的内华达山也处人烟稀少之地,与寒山所居住的寒岩甚是相像。斯奈德回归自然的山野情结与寒山实现了跨越时空的契合,故而选择翻译寒山诗也在情理之中。他说:"我在山中待过很长时间,因此对寒山这一地理环境了如指掌。相反,要我对中国诗中的妻妾、宫宇或者战场同样熟悉几乎是不可能的。我的翻译有一部分几乎是对我在西埃拉·内华达山所历所感的一种身体感应。"其次,斯奈德选择寒山诗歌与他痴迷于东方博大精深的经典文化不无关系。斯奈德在加州大学伯克利分校师从陈世骧攻读东方语言文学研究生期间,在陈的推荐下开始接触寒山诗歌,从此结下了与寒山的文学因缘。其后又远赴日本研习禅宗。寒山诗中所蕴含的人生态度满足当时美国社会精神贫困者的内心诉求也是斯奈德选择寒山诗歌的重要原因之一。众所周知,美国在"二战"结束后遭遇了前所未有的精神危机,战争的创伤使民众失去了对生活的信念。寒山诗中诗人身处寒岩自得其乐的禅宗境界,正好符合当时美国青年期望回归本真、皈依心灵、向往自由的心理,符合战后美国的主流意识形态。

一般而言,译作越接近目的语读者的需求与期待,就越受欢迎,因此译者会有意无意使自己的选材符合目的语主流意识形态和价值观。正如勒弗菲尔所说:"只有当主题的选择符合社会系统中的意识形态时才能被社会系统所接受。"斯奈德和赤松选择寒山诗正体现了预备规范的影响。在满足自身兴趣爱好的同时,他们慎重考虑了当时美国大众的心理状态和社会历史因素,选择富有深厚禅意的寒山诗,以满足目的语读者对东方神秘宗教的精神渴求,迎合目的语社会中的主流意识形态及诗学主题,为译作的成功奠定了良好的基础。

3. 初始规范与翻译策略的设定

在实际翻译过程中,目的语文化语境中的主流意识形态和诗学传统,以及译者对翻译规范的考虑会在很大程度上影响译者对翻译策略的选择。选择"充分性翻译"的译者往往会对源本进行陌生化处理,采取"异化"的翻译策略;而对于选择"可接受性翻译"的译者而言,通常会采用"归化"的翻译策略,对源本进行本土化处理。

斯奈德的寒山译本在西方世界能够风靡一时,除了源本的选择,译者合适的翻译策略的使用也功不可没。中国"斯奈德"研究专家认为:"在译诗中,斯奈德主要采用了直译与陌生化的方式翻译寒山诗……这些'异国情调'正是当时美国众多有识之士认为走下坡路的美国文化所需要的清新之风,寒山诗中所流露的充满禅机和人生哲学的处世方式是他们乐意接受并争相仿效的。"胡安江在给寒山译者分类时,认为"斯奈德和彼德·斯坦布勒无疑归属于后者……后者主要着眼于翻译规范中所谓的期待规范,以目标语文化、目标读者和译入语为依归,在翻译处理上则以译本的可读性和预期读者的可接受性,为文本旅行与经典建构——寒山诗在美国翻译文学中的经典化"。笔者认为,斯奈德选择翻译寒山诗,其中一个重要原因便是通过寒山诗中的禅意禅心，帮助心灵迷失的美国民众重建精神家园。寒山一生著诗300余首，斯奈德却只挑选了其中有关寒岩和禅境的24首，其用意不言而喻。为了达到翻译目的，他对源语诗进行了一定程度的改写及个性化创造，使之更符合目的语规范。2003年出版《中国古典诗歌选集》的编辑、美国翻译家温伯格也说："尽管斯奈德所译不多，但他于1958年发表的寒山诗却无疑是一部俗语经典。其中，斯奈德将一位半传奇的游方僧人变成了一位美国嬉皮士。"如此一来，目的语读者对于这样一位奇装异服、装疯卖傻的海外僧人便有了跨越时空的沟通，产生了心灵共鸣。

细读赤松的寒山诗译本，大多数译文都逐字对译，译者固守中文规范，没有冲破原文句法结构的束缚，在原有的音乐感和文学感上丧失了应有的艺术效果，显得平淡无奇。1983年，译者赤松在《寒山诗歌集》的出版序言中说："我通常使用口语体翻译寒山诗，也许读者会很好奇：这样的处理方法是否恰当地体现出了寒山诗的语言特色？事实是：肯定没有完全体现出来……然而，本人往往用英语口语译寒山，试图传达出原诗的神韵。也许这样做效果并非如人意，但我笃信直译的翻译方式，且不期望太多的读者会读第二遍。本人之所以如此，最大的问题在于我不是诗人。"

相较于韦利、华生和斯奈德，赤松译本在诗意和诗歌意境的传达上稍显逊色。然而其独特的双语对照阅读模式和细腻周全的注释是其他三译本所不及的。

通过比较，我们不难发现，从整体上看，斯奈德为了使其译本能更好地被美国民众所接受，更多地采用了向目的语规范靠近的归化翻译策略，充分考虑了目的语读者对寒山诗的可接受性，并确保了译文语言的流畅。赤松则坚持向源语规范靠近的异化翻译策略，试图使读者在欣赏时能感受到寒山不拘一格、逍遥自在的语言特色和隐士风范，给乌烟瘴气的美国社会带来一缕清新之风。尽管译本效果不甚明显，但其翔实的注解对喜爱中国经典文化的读者而言大有裨益。此外，受到美国新诗运动和现代主义诗歌潮流的影响，斯奈德和赤松都突破了格律体的束缚，采用散体译诗的方式，节奏自然，无形中与寒山不拘格律、朴实无华的作诗风格相吻合。

4. 操作规范与翻译方法的使用

在不同的翻译阶段有不同的翻译规范起着指导和制约作用。如果说在翻译前期，初始规范和预备规范帮助译者在双文化背景中分析研究原文本，确定整体翻译策略，那么操作规范则是译者在实际翻译过程中着眼于具体的字词选择、句式构成、文本删改、风格再现等。

首先，在字词方面，由于散体译诗，斯奈德译本"省去原诗的韵脚不说，甚至多处省去句首连接词和谓语动词，有时更用分词代替谓语动词"。而向源语规范靠近的赤松译本，"直译和口语化的译诗风格表露无遗；单音节词、缩略词、省略用法、非正式表达法充盈其间，整个译文的非正式色彩非常浓烈"。

例1：杳杳寒山道，落落冷涧滨。啾啾常有鸟，寂寂更无人。

斯奈德译文：Rough and dark—the Cold Mountain trail, Sharp cobbles—the icy creek bank. Yammering, chirping—always birds. Bleak, alone, not even a lone hiker.

赤松译文：The trail to Cold Mountain is faint, the banks of Cold Mountain are a jungle, birds constantly chatter away, I hear no sound of people.

渐渐风吹面，纷纷雪积身。朝朝不见日，岁岁不知春。斯奈德译文开篇四句，没有一个句首连接词及谓语动词，通篇以形容词或分词开头，营造了一个清冷寂寥的意境。译者以独特的翻译手法，成功向目的语读者传达了一首通过描景表现禅趣的诗，满足了目的语读者的审美期待。此外，由于译者偏爱山居生活，其选词相对于原文的清幽而言，略显粗犷与豪放，如 rough、sharp 等。而赤松的译文则表现出对原文的极大尊重，极力保持其朴实自然的语言风格，选用字词平淡简单，尽其最大限度还原目的语读者一个忠实的文本。

其次，在处理中国文化负载词翻译上，斯奈德充分考虑了目的语读者对中国文化特有意象的可接受性，尽力将之本土化，力求在"垮掉的一代"和嬉皮士中产生共鸣。而赤松则一如既往地坚持使用加注的翻译方法，使读者能够体会到寒山诗独特的语言特色。

例2：重岩我卜居，鸟道绝人迹。庭际何所有，白云抱幽石。住兹凡几年，屡见春冬易。寄语钟鼎家，虚名定无益。

斯奈德译文：Go tell families with silverware and cars, "What's the use of all that noise and money?"

赤松译文：All you owners of tripods and bells, what good are empty names.

"钟鼎之家"在汉语文化中喻指富贵宦达。曹雪芹在《红楼梦》第二回介绍林黛玉父亲林如海时曾写道："虽系钟鼎之家，却亦是书香之族。"古时富贵奢侈的人家人口众多，吃饭时要以打钟为号，大鼎盛食，故称钟鼎家。寒山在诗中试图告诫达官贵人，拥有再多的物质财富也只是空有其表，徒有虚名。世人应当追求内心宁静自在的禅境，而非虚无缥缈的俗世诱惑，如此才能超脱顿悟。斯奈德把"钟鼎家"翻译为"families with silver ware and cars"。20世纪50年代，美国中产阶级兴起，享乐主义生活方式盛行，拥有银器和小汽车是地位与身份的象征，人人追而求之。斯奈德充分考虑到目的语读者中的主要群体，即"垮掉的一代"和嬉皮士，将"钟鼎"翻译为当时西方世俗生活中的奢侈品，满足他们对小资生活的不满和鄙夷心理，讽刺美国社会过度追求物质生活，而精神世界匮乏的普遍现象。

赤松译本将"钟鼎家"直译为"owners of tripod sand bells"，并采用脚注的形式加以补充说明："Tripod sand bells were cast at great Expense for us to eat sacrificial ceremonies, and the names of ancestors or the men who commissioned them were often carved on their surfaces. Empty names, indeed!"三脚架和铃铛是祭祀仪式中耗费巨资的祭祀用品，可用于驱邪避祸。尽管赤松译本所选择的意象从字面看似与"钟鼎"相仿，但对于当时高度工业化的美国而言，银器与小汽车更贴近他们的日常生活，对整首诗所表达的意境更能感同身受。

例3：寒山有裸虫，身白而头黑。手把两卷书，一道将一德。住不安釜灶，行不赍衣械。常持智慧剑，拟破烦恼贼。

斯奈德译文：His shack's got no pots or oven. He goes for a long walk with his shirt and pants askew.

赤松译文：At home it makes no fire, or the road it packs no clothes.

根据《现代汉语词典》，"赍"意为"怀着，抱着"，故"行不赍衣械"意为"（寒山）出行远游时不携带备用衣袍"。在斯奈德的译本中，译者将"不赍衣械"巧妙地处理为"with his shirt and pants askew"。僧人寒山摇身一变，以衣着歪斜、放荡不羁的形象呈现在美国读者眼前。毫无疑问，斯奈德的这一本土化处理，在当时"垮掉的一代"和嬉皮士中能够引起更大的共鸣。而在译诗过程中始终坚持忠于源作的赤松，则直译为"packs no clothes"，旨在带领目的语读者领略源作最本真自然的一面。相较于斯奈德译本的考究，赤松译本的字词更为淳朴，与其想要传达的寒山自然清新的诗风相得益彰。

图里的翻译规范产生于对同一原文在不同历史时期由不同译者翻译的文本所进行的比较研究。斯奈德选择翻译寒山诗，缘于自身对东方语言和经典文化的热爱，以及寒山诗中人与自然和谐为一的禅宗境界与当时美国民众的精神诉求高度契合。在具体文本翻译过程中，为了使其译本更易被目的语读者所接受，斯奈德采用向目的语规范靠近的翻译策略，并将寒山形象及典故本土化、美国化。赤松则更倾向于偏源语规范的翻译策略，力图再现最忠实可靠的源语文本，让目的语读者领略寒山清新自然的诗风。

第三节　译本的语用学解读

D. Sperber 和 D. Wilson 于 1986 年合著的《关联：交际与认知》一书出版后，标志着认知语用学的诞生，也引起了国内外语言学和语用学界的广泛关注。它综合了当代认知科学、语言哲学和人类行为科学的研究成果。在该理论中，语境信息经有关单元处理后成为与思想语言相同的命题形式，成为推理前提的一部分。关联理论认为，每个个体的主体认知结构由逻辑、词汇和百科知识组成，从而形成了主体的认知环境。由于各主体的认知结构不同，推理的结果则会出现差异。

Sperber 和 Wilson 认为：关联是交际中最基本的一条原则，因为关联是认知的基础。语言交际模式一般来说有两种：一种是信码说，一种是推理说。而 Sperber 和 Wilson 则对一般的推理模式作了重要的补充，他们创造了直显推理模式，在他们看来，任何语句在不同场合可能有不同的意义。例如，"She is professional."这个句子既可以表示她是某方面的能手，对英美人士来说则很可能会让人想到 She is likely a prostitute. 这是英美娼妓文化触导的定向思维结果。到底是什么意思？这便要通过语境获得。依据最佳关联原则，说话人必然将所要强调的部分通过某种直显手段表现出来，以便听话人进行推理。没有这种"直显性"，有时即便有了语境，听话人也无从下手。

关联理论把语言交际活动视为一个有目的、有意图的活动。语言交际活动所要传递的是说话人的意图，一是信息意图，一是交际意图。由此，Sperber 和 Wilson 得出了有关人类交际活动的总原则——关联原则。根据这一原则，任何直显性交际活动都意味着最佳关联性。

关联理论主张建立交际的推理模式，即认为交际中语言表达和说话者意图之间的分离是靠认知过程来弥补的。语境是推理过程的一个组成部分。在关联理论的理论框架中，语境由一系列命题组成。这些命题往往是不完整的，一般需要推理才能得到一个完整的语境。

Peter：Would you drive a Mercedes?

Mary：I wouldn't drive ANY expensive cars. (Sperber & Wilson 1986)

这里显然有一个暗含(implicated)前提：Mercedes is an expensive car. 推理的过程为：Mary will not drive an expensive car——Mercedes is an expensive car. She will not drive a Mercedes. 看似没有回答 Peter 提出的问题，实际上即间接回答了，而且这样回答比直接回答更有艺术性。

示意和推理是一个交际过程的两个方面，从说话人的角度来看，交际是一种示意过程。示意是指说话人明确一个使某件事明确的意图，如玛丽和迈克在公园里散步，她很讨厌彼得。她看到彼得后，就对迈克说："Look, Peter is coming."这里她有可能通过提醒迈克，表示想走开的愿望。如果是这种情况的话，玛丽的行为就是一种示意过程。因为她先明确了一句话，而又通过这句话表明想要回避他的意图。推理是指听话人从说话人提供的迹象中推断出说话人的意图。在上面的例子中，如果迈克知道玛丽的意图，就表示交际的目的达到了。关联理论提倡说话人改变听话人的认知环境。

在语篇交际中，推理始终在语篇和语境的交互作用下进行。语篇信息提供了概念项和语境信息存取的语言线索。语境信息丰富了语篇信息，帮助读者获得语义信息，并产生与作者意向性解释一致的显性含义和潜性含义。

鉴于语用推理中各种潜在的语境假设都可以被应用于读者的解释过程中，选择与作者意图相一致的语境假设往往成为语篇理解的关键，而统辖语境选译的根本原则是关联原则，即话语产生适当的语境效果，而达到这一目的所要求的信息处理努力应当是最小的。语境效果（语境含义的产生、强化和消解）是现存假设和新信息相互作用的结果。依据交际双方所共同推定的语篇关联性，说话人要估测听话人所能取用的语境信息并使用特定的手段限制听话人的语境选择，即每一说话人要决定他/她所传达的含义中有多少是显性的，有多少是隐性的，以帮助听话人获得最佳关联。这也是不同风格产生的原因。

翻译是一种跨语际、跨文化的交际，在两种语码和两种认知环境之间进行。翻译的交际性质决定了它也受关联原则的制约。

在原文理解中，译者应当能辨别语言特征、显性含义和潜性含义及原文作者意欲制造的语境效果之间的相互关系。译者应使用原文作者所预想的语境信息，避免自身认知环境的干扰，以获得正确的话语解释。

在译文创造中，由于语言和认知环境的不同，语境信息的损失难以避免。鉴于译文读者会自然而然地依据关联原则处理译文信息，译者应当运用不同的手段填补信息空缺，将译文读者无法从自身认知环境中取用的，但对译文理解至关重要的语境假设变为显性信息。因此，译文中显性含义和潜性含义的分布会大大异于原文，有时译者不得不将自己的解释添加在译文中，但译者必须谨慎，避免曲解原文作者的意图，并防止与原作者意图不相符合的语境假设的产生。

等值是翻译实践的根本目标，对等值概念及其前提条件的探索是翻译研究的核心问题。关联理论阐释了翻译是传达与原文作者意图相一致的语境信息的过程，也是一个语用推理的过程。话语解释是语篇信息和语境信息相互作用的结果，语用推理中语境信息的选用决定话语解释的内容，而语境选择受关联原则制约。因此，翻译等值实际上是语境等值。

词汇作为语言最活跃的因素，总离不开"偶然原则"(Principle of Contingency)，即"决定语言变化的要素从社会行为的格局中演化而来。但同时，这种演化又无法预测，社会和语言的联系是历史任意和偶然地连结的结果"。同样，偶然性也能扩增词汇的隐喻。自2009年2月云南青年李某事件之后，"躲猫猫"这个本来简单的游戏词汇，不再囿限而是在语用层面附加了特殊的社会隐喻，强调事件披露不够透明及公民应有的知情权没有得到法律兑现。借着这个新增的社会隐喻，"躲猫猫"一词广为流行。

根据CNKI中国工具书网络出版总库，"躲猫猫"的说法有两大社会来源。一是浙江民俗，指旧时债主除夕讨债，无力偿还者外出躲债，称为"躲猫"。另一较广泛的意思是中原、江淮、西南等地的常用官话，指"捉迷藏"。在英语现有的词汇库中，比较能够接近"躲猫猫"一词的是"hide-and-seek"。根据维基百科，"hide-and-seek"是种游戏，其具体规则因时因地有细微差别，但主要规则还是一方为躲，一方为找。故此，2009年上海译文出版社推出的《汉英大词典》(第3版)把"躲猫猫"译成了"hide-and-seek"。

除此之外，"躲猫猫"还有两种主要翻译版本。《华尔街日报》(*The Wall Street Journal*)2009年2月18日在题为"Hidden Cat：A Prisoner's Death Gives New Meaning to Children's Game"的报道中，使用的是"playing hidden cat"。然而，在国内许多网民看来，"hide-and-seek"和"playing hidden cat"都未能传达出"躲猫猫"一词现有的特定含义，于是他们集思广益，把"躲猫猫"译为"suihide"("suicide"和"hide"的合成词)。

词汇是高度浓缩的符号，包括语音、词汇、语法。词汇的指称意义和言内意义主要在语义上和语用上体现，我们由此可以找到其社会原型和社会喻义。在具体的文化语境中，诸如"躲猫猫""房奴"等时下流行的新生词汇都有其隐喻意义。而喻体普遍存在多样性，从翻译角度来看，更因为跨文化的因素而变得复杂。在双语翻译中，如果只是摄取了原语喻体的一个维度，未必能够激活目的语中主体的认知概念。现以"躲猫猫"为例，对上述三种译文进行初步分析。

新词通过各种社会事件衍生出新义，变异出特殊的社会隐喻，致使原有词汇意义的重心发生潜移暗动。如果翻译仍然孤立在原始词义上，而译入语的文化并没有相应的变化，那么就无法认知和理解。如果要传递出原语"躲猫猫"这个文化现象，就要考虑借用外来词的精确原则、省力原则和填补空白原则。

一、精确原则

"精确原则"这一概念是 Juan C. Sager 在《术语标准化》中提出来的。他认为"某个术语与其所指内容的关系可能更加明晰,造成接受者对其所指内容产生误解的可能性更小,这时这个术语就可能会被接受"。Sager 的解释虽不是针对流行词汇,但笔者认为目前的流行词汇都体现了自身与所指内容关系上的明确性。试分析下面这个例子。原文(ST):他们在玩躲猫猫。译文(TT):They are X. X 代表的选项有三个:①playing hidden cat;②playing hide-and-seek;③playing suihide。现分别用 T1、T2、T3 代表。

先分析 T1。看起来它是可行的,这要归功于《华尔街日报》的报道,其标题已经用 New Meaning 突出了它的社会隐喻,有助于人们理解。但这也仅限于此篇文章而已。一个可能要面对解析该词社会隐喻的英美读者,如果事先并没有读过该文章,在别处遇到这个词,就会读不懂;同时,也有可能懒于追根究底,而就此跳过。T1 的社会隐喻与"躲猫猫"的社会隐喻若要有等同的理解效果,从传播学原理来看,没有铺天盖地式的报道,难以构成有影响力的传播效果。

我们发现 T2 与所指的内容的关系不够明晰。维基百科提示我们,"躲猫猫"在原语词汇中有特殊的语用意义,但它在英语语言系统里却没有追加起来。这样一来,原语的语用意义不能同时裹挟到 T2 中,造成信息遗漏,以至于造成听者的误解或不解。一个词会产生误解或不解,从词汇产生的精确原则来看,就较为难以接受。Eleanor M. Novek 认为隐喻会进一步深化普通读者与精英分子的对立,按这个扩展推理的话,一个文化中的隐喻到了另一个文化中,是不是更加深化了文化的困惑呢?例如 T2。一个词语的语用意义是有文化土壤和历史渊源的。少了原语的社会信息,反倒让懂英语的中国人费解,需要对照阅读才知道它原来在汉语中的语用意义,那就有问题了。文章即便是临时交代过它的语用意义,它也不具备历史性和文化性,换了新的语言环境,它的语用意义就很难在听者那里产生"共鸣"。一个文化中熟悉的词,到了另一个文化,可能就陌生了,隐喻和语用意义也是一样的。

"隐喻能指与隐喻所指地结合在很大程度上是任意的,但作为整体的隐喻活动能够揭示符号使用者的集体价值取向",按这个意思来看,T1 与 T2 均有不足。第一,中国人知道"躲猫猫",因为这是一个整体的隐喻活动,暗示的是使用这个语言符号的集体价值取向,但国外是否也有同样的集体价值取向?能否产生同样的语用意义?第二,《汉英大词典》的收录缘由是把它作为 2009 年热点词汇,而其受热捧的原因是词汇自身追加的社会隐喻,但《汉英大词典》提供的译文并没有传达出这种隐喻。在译入语中要面临的问题是,译入语文化了解吗?这种了解广泛吗?它是否已经上升到了一种集体价值取向?词汇在一个文化里产生的语用意义,到了目的语文化中,是否能够激活主体的认知概念?这些问题让我们不得不重新思考"hide-and-seek"。隐喻一旦跨文化,就格外需要文化参照。

T3 中"躲猫猫"事件牵涉着复杂的社会隐喻,折射了多重社会命题,但最主要的还是躲和自杀。"suihide"表面上看起来是由"suicide"与"hide"合成而来,暗合的却是原文指涉的双关命题"suicide"（自杀）和"hide"（躲）。社会隐喻的对接是最困难的，但是"suihide"很好地照顾了原语的社会含义。从精确原则来看，这个词语与其所指内容关系清晰，接受者能够产生的误解空间和不解空间非常小，因为它听起来和"play hidden cat"及"hide-and-seek"是两回事，其指称意义、言内意义和语用意义都很明确，不会模糊。

二、省力原则

索绪尔认为语言价值学说与经济学原理有密切关联。美国哈佛大学教授 Zipf 认为："我们在用语言表达思想时就感受到两个方向相反的力，即单一化的力和多样化的力的作用，它们在说话时共同作用，一方面，希望尽量简短，另一方面，又要让人能够理解，要使每个概念都能用一个对应的词来表达，从而让听者理解起来最省力。"网络流行语的构词正是这样。一个词语如果语音冗长，就会显得拖赘；如果是有声语言，听起来就更吃力。词汇的语音非常重要，如果要让一个语言体系接受新词汇，就必须考虑它的语音，如联想公司挖空心思创造的 lenovo 这个单词，始终无法被英语接纳和吸收，更是成为其国际销售的语言障碍，就是因为它的发音"像极了意大利甜点的名称"。同样，德国词汇 Fingers pit zenge fiihl，用来形容细致敏锐的感觉和鉴察力，英语没有这个词，就借用过来，但是语音过长，拼写也烦琐，就把它简化了，改成 finger tip feel。

汉语中"躲猫猫"简明清晰，在听者那里也很省力。在译入语中，T1 与 T2 写起来麻烦，听起来也冗长。而"suihide"则不同，它是个合成词，既合了"音"，又合了"义"，两相兼顾；既能藏"hide"于"suihide"中，又是巧妙的音义双关。"suihide"写起来简单，听起来易懂，在使用的过程中人们就越能感受到这个词汇的弹性，符合人们对单词拼读简约的要求。人们越愿意使用它，就越能增加它的生命力。从英语词汇构词规律来看，一个词语越符合省力原则，就越有机会固定下来。像"fridge"这样的缩写词和"motel"这样的合成词，都是历史证明。比较一下 T1、T2 和 T3，T3 既省"音"，又省"写"，非常符合省力原则。

三、填补空白的原则

只要能够填补空白，外来词就容易被吸收。单词是外壳，语义才是核心，借助外来词就是既借外壳，又借核心，以此来弥补自身不足。一个词汇体系吸附外来词汇，如果填补了词汇空白，又符合构词法，那剩下的就应该顺利了。但是如果填补了空白，又不大符合构词法，那么语言体系就会改造它，直至改到合适为止，但原有的"基本骨架"到底还是移植进了新的语言体系。"suihide"与"躲猫猫"暗指的文化现象，这里不再赘述。其中，"suihide"既符合构词法的规律，作为外来词，又能填补文化空白和词汇空白，这是最大的优势。"suihide"这个新创词汇，由于"长"得太像一个本土词汇，欧美人士如果看到它，理解不过来，就会去追踪其文化历史源头。"新的隐喻具备定义现实的力量，人们也可以在各种领域利用新的隐喻"，而"suihide"一旦在译入语文化中寻到相似的文化刺激点，就会广为流传并固定下来。它本是网友们半带严肃想来的点子，笔者亦认为它有可取之道，发音简练，更易接受，从语音到语义都雕刻得非常完美。

"suihide"的可信度验证，基于以上三个原则的分析仍然有待考证。理论上，要让一个语言系统真正接收一个新鲜的外来词汇并常用之，绝非易事。从构词法来讲，同时从历史经验来看，新词汇的进入和扎根，大致要做到三点：一是字母的对接，二是发音的对接，三是隐喻的对接。

1931年，美国实用主义哲学家、逻辑学家Peirce提出估推概念。"估推仅由一个或较少的事实（结论）跳跃到理论假说（大前提）并得出结论（小前提），因此，估推较归纳的假设能力更大，其结论也更容易出错"。我们拟用估推来检测"suihide"的可信度。以"suihide"是标准译法为大前提，欧美人士使用该词汇为小前提，语境如下：

原文A：他们在躲猫猫吗？B：是的，这可真神秘。

译文A：Are they making suihide? B：Yes, so much of a mystery.

原文和译文的社会隐喻都因为"suihide"这个新词而外显，那么，听者就不需要费脑筋去推测"mystery"在此的语用意义。像"suihide"这样的流行词汇，反映了社会焦点与热点，其指称意义日新月异，而人们又不得不跟上这样的迅速发展。若能沿用并沉淀下来，是以本土文化为天然基础，译入语如果套用现有词汇，只怕在译入语文化中缺了这个"新义"，无法上升到可以暗含互明的文化境界，"意思"可能就不够用。如果字面直译，给出注释、解释、临时补充字义，也是一种可借鉴之法，但临时补充的与长久积淀的不能相提并论，时空轮换，指称意义也就消失。另外，值得一提的是，语言的"隐喻可以帮助人们理解新的事物、未见的事物、不了解的事物；但也有误导性，有时甚至故意误导，因为你我之间支持理解的经验总是不一致"，按这个观点来看，居心叵测的说者也有可能利用"hide-and-seek"在解读空间迂回旋转，误导读者。

2009年热点词汇还有很多，如"动车（don'train）""笑而不语（smilence）""偷菜（vegeteal）"等。网友改译的方式与"suihide"大同小异，大致都是通过"改装"字母让词义融合。"改装"的大致过程是这样的：以音节为单位，依靠音节分段，在多个关键词里寻找可以弥合的辅音字母，据此进行具体拓展，合成词汇，同时尽可能保存原来的字母。从"suihide"展开，估推也为我们揭示了更多的可能性。对于汉英翻译来说，语系的差异更增添了翻译的难度。翻译中如果能借用"suihide"的一点启发，对于源语和目的语的词汇规范进行相似考察及相异研究，从静态层面深入动态层面上，对翻译本身而言都是极具价值的。

"译文要符合译入语的习惯，符号转换要避免引起误解，在转换过程中尽量求同存异……要实现（简明易懂）这个目标，就不能采取简单逐字对应的翻译，而应该以解释性翻译或者创造性翻译来进行对外传播的符号转换"。这番话放这里亦有相合之处，简单对应地翻译"躲猫猫"更容易造成误解的可能。"suihide"所代表的新翻译，没有颠覆传统构词法的主要规范，而是兼顾了汉英两种语言的双向需求，是符合语言历史变化规律和社会需求的。这样的中国式英语不仅不会干扰外国读者，从创新角度来看，或因它们的新奇特质，激发读者的好奇心，促使进一步了解中国的时代信息和社会变化，而不是一跳而过，让可能的新一轮的文化交流泯于无迹。

"改装"单词，这种译法虽然极为创新，从精确原则、省力原则和填补空白三个原则来看，也并非完全行不通，而估推更加强了这种信念。也许，这种新译法反而能部分地解救翻译的两难境地，促进了文化和语言的交流，保留了词汇的文化特色，限制了翻译中的英美文化民族中心暴力。让英语产生某种变化，也并非完全不可能，因为"语言变化与经济也有密切关系，东亚英语也会因为商业重心的转移，将在各类英语里角逐取胜，成为英语言说的主要力量"。到底哪个更好，都需要时间来检验语言与词汇这个复杂而微妙的精密系统。

第十五章 社会符号学与翻译

第一节 现代符号学理论概述

一、现代符号学理论的确立

符号学思想最早出现于古希腊时期。古希腊名医希波克拉底(Hippocrates)被公认为是"符号学之父"。李幼蒸(1999：68—97)认为，现代符号学先后经历了希腊时代(智者派—苏格拉底时期、柏拉图—亚里士多德时期、斯多葛派—犬儒主义时期)、罗马和基督神学时代、西欧中世纪后期、近代时期和现代时期。我们简要概述如下：西方的符号学研究发轫于苏格拉底和柏拉图哲学时代。苏格拉底对语词基本语义的质疑态度成为西方哲学史和符号学思想史的根本动力之一。从哲学史上看，无论是出于实利需要而考究语言用法和论证方法的智者派，还是出于追求真理知识需要而提出语词意义辩证问题的苏格拉底及其追随者，都在思考交流中共同开启了人类语言含义问题的考察方向，因此其讨论既是语言哲学性的，也是符号性的。亚里士多德是语义世界切分逻辑的创始人，他的范畴学和存在论使我们对世界存在的内部结构和关系有了较全面的认识。而斯多葛学派和伊壁鸠鲁学派的哲学、伦理学和逻辑学则直接开启了罗马时代的人文思想。罗马和基督神学时期，学术趋于实用化，记号思想偏于技术性。当时的奥古斯丁所关心的意义问题，可以说同为解释学和符号学的问题。以其学说为中心的一些有关神学逻辑的研究构成了中世纪前期符号学思想史的核心部分。从11世纪到14世纪的中世纪后期，哲学史进入经院哲学时代。这一时期在符号学思想史上占有重要位置；近代时期，随着自然科学的进步，符号学获得了实质性进展。近代学术中的各种人文学、数学、自然科学、语言学中均存在着丰富的"符号学方面"。当代时期，符号学的发展一方面表现在20世纪中叶以后语义学研究的深化，另一方面表现在语言符号学在文化各领域中的扩大应用。从研究的内容和风格上看，过去30年的进展与20世纪前半叶的情况颇有不同，但在理论的根据和系统上仍有明显的一体性。可见，符号学的发展经历了近一百年的历史，但正式的符号学学科是20世纪的产物，其真正创建者是瑞士语言学家兼哲学家索绪尔和美国哲学家兼逻辑学家皮尔斯。二者分别从语言学和逻辑学的角度探讨符号的性质问题。他们的观点中有不正确或不完善的地方，但二者的理论思想对后世符号学研究者影响深远。因此，他们在现代符号学的建立和发展中发挥了重要作用。莫里斯继承并发展了皮尔斯的符号学思想。20世纪上半叶，莫里斯的 *Foundations of the Theory of Signs* 和 *Sign, Language and Behavior* 的出版标志着符号学成为一门全新的独立学科。

在某种意义上，古希腊的很多哲学家都是符号学家，他们的符号学思想对后来的哲学家和符号学家影响深远。但这些古希腊先哲没有过多地关注符号学，没有对它做详尽的阐述，致使该学科在很长一段时间内停滞不前，符号学思想也就没能得到很好的发展。到了近代，各学科取得了长足的进展，而各学科取得的成果为符号学的发展提供了动力，使其取得实质性的进步，为该学科的建立奠定了扎实的基础。20世纪中叶，在索绪尔和皮尔斯等的带领下，许多符号学家、语言学家、哲学家、社会科学家、自然科学家、心理学家等参与到符号学的构建工作中，经过长期不懈的努力和多方面、多样式的论述，符号学逐渐走向成熟，并作为方法论广泛应用于各现代学科。

二、现代符号学理论的思想来源

符号学是一门跨学科的科学，如果把相关学科都包括在内，自然来源众多。去粗取精，舍次求主，王铭玉教授认为大致有四个主要来源：自然科学、社会与人文科学、现代哲学和现代语言学。第一，自然科学中的控制论和信息论是现代符号学思想的理论基础之一。第二，社会人文科学的全面发展使人们能更加准确全面地描写社会和心理领域的对象，而社会与心理世界整个范围内表达面和内容面各自的切分及其相关方式直接构成了各个部门符号学的具体内容。第三，现代哲学思想是现代符号学思想的主要内容和根据之一。分析哲学、现象学、解释学、西方马克思主义及其他各种语言哲学，都与现代符号学理论性探讨直接相关。很多符号学家本身就是哲学家，如皮尔斯、莫里斯等。他们的符号学思想也体现了其哲学观点。索绪尔的符号学思想中也不乏哲学思想，如索绪尔对符号性质的阐述：任意性说明了"名称外于事物的本质"；系统性体现了"一切事物处于联系中"的思想；而社会性正是"语言是人类交际的工具"的体现；不变性和可变性正是"万物处于运动中，运动是绝对的，静止是相对的"的最好证明。第四，现代语言学是现代符号学最重要的来源和基础。符号学与语言学的关系较前三者更为直接和紧密。索绪尔的思想及各种现代结构主义语言学与现代符号学在内容上具有重合性，在理论上具有理据性，在应用上具有相关性。作为普遍语义研究学科的现代符号学，正是在现代语言学原理指导下提出各种语义理论的。语言学在现代人文科学领域中的自主性和独立性使现代符号学活动具有了明确的和相对独立的轮廓。

第二节　翻译研究的符号学途径

现代符号学由索绪尔和皮尔斯分别从语言学和逻辑哲学角度提出后，经由叶尔姆斯列夫、巴特、莫里斯等发展完善，逐渐成为一门独立的学科，并逐渐与各现代学科，如语言学、文化学、心理学、美学、文学、控制论、信息论、社会学及人类学等结合，发展成为跨学科性质的新学科。它的研究边界也不断扩大，成为很多现代学科研究的方法论。符号学的思想自然也被用于翻译研究领域。第一位将符号学理论引入翻译研究的是俄国著名翻译家巴尔胡达罗夫。

一、语言符号学途径

索绪尔语言符号学认为符号具有系统性，即符号的价值和意义产生于该符号与同一系统中其他符号的相对关系中。符号能指与所指的价值同样由该符号的能指或所指与其他符号的能指或所指的相对地位决定。索绪尔从心理学角度，指出符号是由能指和所指这两面组成的心理实体。因此，索绪尔关于符号的定义走出了以往关于符号是事物的简单的命名工具的误区。这种符号学观使很多翻译家清楚地认识到，不应该仅凭借各民族语言表层结构上的差异性就认为翻译是艺术或技艺，而不属于科学范畴。在索绪尔语言符号学的影响下，结构主义翻译理论产生。这种翻译理论通过研究语言符号系统中符号与符号之间的关系来探讨如何将承载原文文本信息的语言符号转换成相应的译文语言符号。这种翻译观将原文文本看作翻译的中心，认为翻译活动中最重要的就是传递原文文本信息。结构主义破除了传统翻译观赋予翻译活动的神秘性，关注语言规律的研究，使翻译研究趋向于客观、科学。同时，索绪尔对符号能指和所指的划分也为历来存在的直译与意译之争提供了新的研究视角。虽然索绪尔的能指与所指是心理概念，但经过语言符号学派的其他符号学家发展后，能指与所指可以相应地理解为形式与内容。直译或意译之争就是围绕文本的形式与内容展开的，前者较多关注形式，而后者认为内容更重要，为了有效地传达内容，形式可以改变。直译与意译的选择要受很多因素的限制。首先，两种语言的接近程度。如果翻译发生在具有亲缘关系的两种语言中，原文的形式和内容（或能指与所指）的对应关系在译语中也存在，应该采用直译策略。如果翻译发生在两种差别很大的语言（如汉语和俄语）中，原文的形式和内容的对应关系在译语中很难找到，应遵循翻译以传递信息为主的原则，采取意译的方式。其次，文本的体裁类型。文学文本的形式本身就具有意义，在翻译中传递内容的同时应尽量保留形式。而应用性较强的科学文本、法律文本等的内容相对来说要重于形式，在这类文本的翻译中内容应该优先传达。最后，译者的目的。

索绪尔语言符号学中的另外两个概念也对翻译有重大影响：符号的任意性和线性。符号的任意性指的是符号的能指和所指之间没有本质的联系，可用不同的能指来指称同一所指，这使翻译具有可行性。但从另一角度来看，虽然人类生存的世界共同性大于差异性，但异质性仍然存在。这种异质性使各民族语言的世界图景不同，不同的世界图景再加上符号的任意性，各民族语言中就会出现表达本民族特有事物的词汇及表达特有思想的独特方式，这些都使翻译工作困难重重。但语言符号的线性特征在某种程度上能够缓解这些困难，解决一部分问题。语言符号的线性特征要求译者在翻译过程中不能孤立地看某个词，而应该把词放在其所在的词组、短语、句子或更大的段落、章节，甚至整个文本中来分析。因为在很多情况下，符号的意义是在与其他符号的关系中产生或决定的。因此，在翻译过程中译者既要关注聚合关系，也要关注组合关系。索绪尔语言符号学将翻译从是艺术还是科学的窘境中摆脱出来，为翻译成为具有科学性的独立学科奠定了基础。索绪尔语言符号学为翻译的可行性提供理论保障的同时，对翻译中长期存在的直译与意译之争做出新的阐释。但这种翻译研究途径也存在不足：以索绪尔语言符号学为基础的结构主义翻译理论将原文作为关注焦点，译文似乎成了没有灵魂的躯壳。另外，这种翻译观只注重对语言符号系统本身的研究，而没有考虑语言符号系统外因素对该系统的影响，将其他符号系统、人和社会文化语境等因素完全排除在翻译之外。

二、皮尔斯符号学途径

皮尔斯将符号界定为在某方面对某人来说代表某物的东西。他的符号包括三项：媒介关联物、对象关联物和解释关联物。戈雷根据皮尔斯符号的"三位一体"性提出翻译的三种等值：指称等值（referential equivalence）＞意义等值（significational equivalence）和性质等值（qualitative equivalence）。但从定义上来看，戈雷划分的三种等值与莫里斯提出的言内意义等值、指称意义等值和语用意义等值没什么本质的区别。符号的"三位一体"性体现了皮尔斯哲学观中的"普遍范畴"思想：媒介关联物对应于第一性存在，对象关联物对应于第二性存在，解释关联物对应于第三性存在。雅各布森(1959：233)根据符号的这种"三位一体"模式将翻译分成三类：语内翻译、语际翻译和符际翻译。语内翻译是用同一语言的其他符号来解释语言符号。在这种翻译中，信息的损失量最小，符号的意义潜能得到最充分的发挥；语际翻译就是人们常说的严格意义上的翻译，是用另一种语言符号来解释某种语言符号；符际翻译是使用非语言符号来解释语言符号。这种翻译中的信息量损失最大，但这种翻译的优势不在于信息传递，而在于创新，从某种程度上来说，损失的信息可以由附加价值补偿。皮尔斯的符号学不是以语言中的词为基础，而是以命题为基础。如果应用在语言中，它的符号相当于语言中的语篇。所以，皮尔斯认为符号的能指与所指之间是有理据的，语言对现实世界具有模拟性，而人类生活的世界共同性大于异质性，因此不同民族的语言符号之间的翻译是可能的。从皮尔斯符号学角度来看，"意义"是一个符号对另外一个符号的解释，寻求意义的过程是一个生产出无穷多"解释项"的意指过程，每一个指号过程都会揭示出指称对象的部分相关信息，从而不断逼近事物的真相。戈雷根据皮尔斯的"符号过程"的观点，指出"翻译是一个符号过程，为了给符号学新的生命，符号过程是而且必须是永无止境的、目标确定的持续过程。但我们认为把翻译过程完全等同于皮尔斯的"符号过程"是有问题的。皮尔斯的符号过程指的是一个符号的解释项还可以再作为符号加以解释，这一过程是永无止境的，有不同的解释对象。但翻译过程中的解释对象是固定的，即原文，因此翻译过程是以原文为中心的、发散的。虽不能将翻译过程简单地理解为符号过程，但"翻译就是指号过程，是生产出无穷多解释性符号的过程"的提法给我们重大启示：一个符号经解释之后还可以再解释，即符号总是会有新的意义产生。一个符号在不同的指号过程中意义不同，不同时期的人会对同一符号做出不同的解释。因此，我们需要对文本不断地重译。从另一方面来说，无论是语内翻译，还是语际翻译，抑或是符际翻译，都不再是原文的复制品，而是突破了原文的束缚，产生了与时代、社会和文化相关的新意。

莫理斯发展了皮尔斯的符指过程理论，指出符指过程包括五个因素：符号（符号载体)、解释者(某事物对其来说是符号的有机体)、解释项(符号在解释者那里引起的做出反应的倾向)、所指物(一个满足行为冲动的对象)、指表(作为符号的所指物应满足的条件及符号对作为对象的这种条件的对应关系)。雅各布森进一步修正了莫里斯的符指过程,提出了六因素分析法:发送者、语境、信息、接触、符码、接收者。如果从翻译研究角度来看,就可表示为十二因素分析法:原作者、语境、信息、信道、符码、原文读者(包括译者)、译文、语境、信息、信道、符码、译文读者。莫里斯提出的符号学三分野(句法学、语义学和语用学)对很多语言学家产生了重大影响,他们根据符号学三分法将语言的意义重新划分为言内意义、指称意义和语用意义,这对翻译来说意义重大。苏珊·巴斯耐特受莫里斯符号学三分法的影响,认为翻译等值应该体现在三个方面:句法等值、语义等值和语用等值。而且三者之间存在等级差别:语义等值优先于句法等值,语用等值影响并调节着前二者。什维策尔也具有类似的观点。他以符号学三分法为基础建立了等值层面的模式:句法等值、语义等值和语用等值。并认为语用关系可以影响整个翻译过程。他认为要实现等值,首先需要把握原文的语用关系,分析原文发出者的交际意图;其次,译者自身也有着一定的交际目的,即译者作为特定文化中具体的人,既有个人特点,又有时代、文化和社会所赋予他的非个人特点,所有这些特点都不可避免地进入翻译活动中;最后,在翻译过程中,由于译者面向的是另一语言、文化中的读者,需要利用各种转换手法对原文内容作变形处理。皮尔斯符号学引入"解释项"概念,但解释项并非解释者,因为在他看来符号系统是自产的,符号互相解释从而产生意义。莫里斯引入了"解释者"概念,但由于其哲学基础是生物行为主义的,他所谓的"解释者"只是普通生物,或生物的人,而不是社会人。因而皮尔斯符号学不能对翻译中活生生的译者做出全面而恰当的阐释。Van Kesteren以皮尔斯符号的"三位一体"观为基础,结合莫里斯的符号学理论提出"翻译理论的符号学模型"。

三、文化符号学途径

洛特曼指出翻译对文化发展具有重要的作用。他从"符号域"思想出发,认为文化文本在可译和不可译之间相互作用,而文化也由于受进入中心文化的"外来的""不对等的"和"附带"文本的影响不断重组。洛特曼的文化符号学思想对很多翻译理论家影响重大,尤其是苏珊·巴斯耐特、图瑞和埃文-佐哈尔。

巴斯耐特(1980:13)认为,"尽管翻译有一个语言行为的中心内核,但它应该属于研究符号系统/结构、符号过程和符号功能的符号学"。此后,巴斯耐特又强调:"翻译绝不是一个纯语言的行为,它深深根植于语言所处的文化之中",并指出译者要在译语中找到合适的对等关系应该做到:①接受在语言层面原语句子的不可译性;②接受在译语中缺少相似文化惯例;③根据说话人的民族、地位、年龄、性别及与听话者相遇的情景等因素适当调节译语表达方式,使其恰到好处;④考察句子在较大范围内特殊上下文中的意义;⑤用译语表达出原语句子在两种指称系统(文本的系统和产生文本的文化系统)中的不变内核。巴斯耐特虽提出很多符号学翻译的说法,但她的理论与其说是符号学翻译法,不如说是功能翻译法。她对翻译的巨大贡献在于她与勒费弗尔共同提出了翻译研究的"文化转向"。

埃文-佐哈尔提出的"多系统论"是一种文化、文学理论，但它对翻译研究有重要的方法论意义。"多系统论"，如同洛特曼的"文化域"理论，认为文学内部及文学外部的相关系统构成整个网络体系，这些相关系统之间存在着等级关系：那些创生新项目和新模式的系统常被称为"一级系统"或主导系统，而那些巩固与强化现存的项目和模式的系统则被称为"二级系统"或次级系统。佐哈尔认为，在整个人类历史上，次级文学系统不断地向主导系统挑战和渗透，进而转变成主导系统。翻译文学必须被包括在多元系统之内，而且在小国家及新兴国家里，翻译文学可以发挥中心的作用。翻译作品和文学多系统之间的关系既不能归为"一级"的，也不能归为"二级"的，而是一个变量，它取决于文学系统内部起作用的特定环境。

图瑞在多元系统论基础上提出了描写性翻译研究方法论的主要观点。描写性翻译研究方法集中关注特定文学多元系统中翻译文学不断变化的地位、功能及历史文化因素对译者选择的影响。这种研究方法将翻译作品视为既成事实，研究社会因素对翻译过程的影响及译作在译语文学多元系统中的功能和地位。描写性翻译研究只是对这种功能和地位作详细的描述，而不是规定性的评价。这种方法适用于对多年以前产生的翻译文学或是不同历史条件下产生的同一文学作品的不同译本进行比较研究。它能使评论者有效地避免自身所处的历史时期的审美期待的干扰，客观地揭示翻译文学的本质和价值。这样，描写性翻译研究弥补了按模式进行规定性翻译批评的缺陷，使翻译批评这一子符号系统趋于完善。翻译理论家波波维茨受雅各布森和洛特曼的鼓舞，出版了 *Dictionary for the Analysis of Literary Translation*。其中一章专门谈文学翻译中的"时间"和"空间"的符号分析。他把翻译中所遇到的差别看作所译文本的不同时间和空间认知的结果。波波维茨认为文学文本不是符号的简单加和，而是有文化沉淀的符号系统。因此，翻译前要对这些具有文化特性的符号进行详尽的考察。

俄罗斯教育科学院院士罗日杰斯特文斯基在1995年出版了《文化学》一书。在书中，他将文化从功能角度分为社会文化、集体文化和个人文化，又从形式角度分为物质文化、精神文化和人体文化。我们认为，这种文化的划分对翻译有一定的启示：首先，译者从原文语言符号的表达形式初步判定文本所涉及的文化类型，在译语文化中找到相应的类型，而后用这种文化类型中对应的或最接近的表达方式译出文本内容；其次，作者、译者和读者都受到上述各种文化类型的影响，每个角色都是文化的综合体。译者在翻译过程中体现本身文化类型的同时，也应该使作者与读者之间有文化经验的沟通。

四、解析符号学途径

解析符号学的核心概念是克里斯蒂娃的"互文性"。但"互文性"的提出及克里斯蒂娃学术观点的形成都有其特定的历史背景和思想渊源，我们不得不提及解构主义。20世纪60年代中期起，西方文艺批评理论界开始质疑并批判结构主义，而后便渐渐进入后结构主义或解构主义时期。解构主义的代表人物是法国的德里达、福柯、巴特、克里斯蒂娃和美国的德曼等。他们将解构主义引入翻译研究，从新的视角来审视翻译中的问题，给翻译理论注入了新的活力。特别是受本亚明的《译者的任务》的影响，20世纪80年代到90年代初，翻译理论在西方发生了巨大的变化。在谈到翻译时，德里达认为在翻译中所呈现的语言与事物无关，而只是与语言本身有关。译文不是原文的翻译，而是另一个早先存在的译文的翻译，而那个早先存在的译文又是更早的译文的翻译，如此不断向前推演，直至无限，这也就是德里达所说的"无限回归的意义链"。也就是说，在德里达看来，翻译实际上就是一系列不同的"意义链"。巴特宣称"作者死了"，他认为文本一旦完成，语言符号就开始作用。读者通过对语言符号的解读来解释文本的意义，起作用的是语言符号和读者对语言符号的解读，作者已经无法限制读者对文本的理解了。这样，文本能否存在下去取决于读者。因此，文本没有中心，也没有唯一的、一成不变的、终极的意义，我们可以对文本做多种解释。可见，解构主义一反原有的以原文和原语为中心的翻译观，从全新的视角诠释原作与译文的关系。克里斯蒂娃提出了一切文本都具有"互文性"的观点，认为创作本身是一个无数形式的文本互相抄印翻版的无限循环的过程。无论是原文还是译文，都像马赛克一样，由很多与其他文本相似的文本块黏合而成。从解析符号学来看，原作没有权威性，译者具有创造性，而译文具有创新性。从某种程度上来说，解析符号学提高了译者和译文的地位。有学者指出，互文性可以分为积极互文性（active intertextuality）和消极互文性（passive intertextuality）两种。前者能引发某一文本外的知识和价值体系，后者只是为了让文本显得连贯。相应地，存在两种互文关系：外互文关系和内互文关系。翻译是一种言语交际活动，其间既涉及语言符号系统，也涉及其他符号系统，还涉及社会和文化。因此，在翻译中两种互文性和互文关系都应该考虑到，从而使译文在形式上衔接，内容上连贯。解析符号学的翻译思想不是"求同"，而是"存异"。一篇译文的价值取决于它对语言差异的反映程度和对这种差异强调的程度。因此，在译文中应该尽量反映语言之间的差异。劳伦斯·韦努蒂（Lawrence Venuti）从解析符号学思想出发，反对"通顺的翻译"策略，并提出了一种反对译文通顺的翻译理论和实践，即"异化"的翻译。

文化符号学和解析符号学共同催生了后殖民主义翻译理论。文化学派的主要代表人物巴斯耐特后期的研究也有了后殖民主义翻译理论的倾向。解构主义也把翻译研究与权力、意识形态和殖民主义联系起来。受这一倾向的影响，尼兰詹娜出版专著《为翻译定位：历史、后结构主义和殖民主义语境》。尼兰詹娜采用本亚明、德里达和德曼的观点，把翻译看作被用来维护各种民族、各种人种和各种语言之间的不平等关系的行为。尼兰詹娜通过考察分析18世纪以来的印度文本的翻译状况，敦促后殖民主义的民族对翻译重新定位，并把翻译作为抵抗和转换的场所。她还运用解构主义的理论，结合有关帝国主义和文化的研究，从根本上颠倒了以往的西方翻译史。

五、文学符号学途径

文学作品的翻译是翻译中的特殊领域，也是翻译研究的重点与难点。由于文学作品的特殊性和难译性,译界一度怀疑文学作品的翻译是否可行,甚至以此为据将翻译神秘化,认为翻译是一种艺术,因此只有具备特殊才能的文学大师才能成为译者。文学符号学就是探讨文学符号的这种特异性,将文学文本与非文学文本加以区分的学科。雅各布森指出文学符号学最关键的一个概念是"诗性",即符号的自指性。这句话的意思是说文学语言符号的特性是"自指性",即文学语言符号的意指过程是开放性的、永无止境的诠释活动,文学文本没有终极的、最准确的、绝对的意义,文本真正的意义在符号无限衍义的过程中。因此,读者(包括译者)在阅读文学文本时应发挥主观能动性,透过表层意义,理解文本的深层含义。德国的威尔斯认为,在翻译文学作品时译者应充分发挥解释能力或联想能力,通过对原文语言的感悟,运用自身特有的语言来传递原文的信息和作者的思想感情。

将文学符号学用于文学翻译,研究者注意到一个长期被忽视的问题:文学文本的意义具有开放性。虽不能像巴特说的那样,"作者死了",但文学文本往往经过读者的阅读获得新意。译者,作为特殊的读者,应该通过阅读文本的语言符号来同作者对话,透过表层意义来了解深层意义。

六、现存符号学翻译研究途径的缺陷

从符号学(包括语言符号学、皮尔斯符号学、文化符号学、解析符号学和文学符号学等)角度对翻译加以研究,改变了传统的语言学翻译观,使翻译跨出了对纯语言的研究,进入了语言符号与其他符号系统的对比关系和更广阔的文化比较研究中。符号学将翻译真正纳入科学范畴,从科学和客观的角度对翻译过程和翻译理论加以论述。但由于各符号学分支自身所固有的观点和理论上的局限,并不能客观、准确地描述所有翻译问题,也就不能切实解决这些问题。例如,索绪尔的语言符号学,虽为翻译成为一门真正的科学打下了良好的基础,并为翻译中长期存在的一些争议提供了全新的阐释角度,在一定程度上解决了一些问题,但该理论产生的背景和研究动机导致该符号学派从静止的、封闭的观点来看待、分析符号,将符号视为完全封闭的系统。

这种符号学理论在"真空"状态下研究语言符号,摒弃了与符号相关的所有外部因素。因此,从语言符号学出发,不可能正确把握翻译过程,也不可能对翻译做全面研究。皮尔斯符号学派克服了语言符号学派静止的、封闭的观点,认为符号过程是无限的指称过程,进而指出翻译过程的动态性,并为原文的不断重译提供理论依据。皮尔斯符号学派提出符号的"三位一体"观,而后由"解释项"发展而来的"解释者"的概念对翻译研究有重大启示:将人纳入整个翻译过程,打破了对语言符号(文本)的"真空"状态下的研究,这使翻译研究向前迈进了一大步。但是,皮尔斯符号学中的解释者,由于其生物人的性质,不能发挥主观能动性,致使以此符号学观为基础的翻译研究仍是较小范围的,并不能解决这一人类历史上最复杂的智力活动所面临的所有问题,如与译者的能动性和创造性、社会及文化有关的问题。文化符号学强调翻译除考虑文本的语言符号外,还要考虑文化因素,反过来,翻译对文化有促进作用。以洛特曼文化符号学为指导的翻译研究者都关注翻译文学对文化的影响,并指出对文本的功能方面的比较也应该作为翻译评判的一个标准。但文化符号学对翻译过程中发挥巨大作用的译者的分析显得很不够。解析符号学弥补了文化符号学的这一缺陷，给译者以足够甚至过剩的权利，完全否定了原作者的地位，似乎有点过犹不及。除此之外，解构主义关于意义的不确定性及译文与原文关系无相似性的论点在一定程度上对翻译也产生了负面的影响。文学符号学考虑到文学语言符号的特性，并从符号学角度来剖析文学语言符号的"自指性"本质，从而认为文学翻译中译者应该发挥主观能动性和创造性，使译文的语言符号也像原文的语言符号一样具有"自指性"，以便为读者留下思考的空间。可见，文学符号学强调译者和读者的同时，并没有贬低原文和作者的地位。但由于其研究对象过于集中只关注文学作品，因而其作用范围相对狭小。综上，现存的翻译研究的符号学途径在一定程度上解决了传统翻译观解决不了的问题，但我们仍需要从更全面、更贴切的角度出发来研究翻译，社会符号学有可能是这样的一门学科。

第三节　社会符号学理论源起

社会符号学，作为一门交叉学科，近年来虽受到了国内外学者们广泛关注，但它的研究对象还没有得到公众的认可，研究范围也没有明确的界定，即社会符号学尚未成为独立的学科。大多数学者认为社会符号学是集符号学、社会学和语言学等于一身的交叉学科。也有学者认为社会符号学是符号学的变体（variant of semiotics）。我们不去评论哪种观点正确，哪种观点错误。但毫无疑问，社会符号学的研究离不开符号学：第一，作为交叉学科的社会符号学自然要以符号学的理论为基础，吸取后者的一些思想理念，甚至借用一些概念和术语；第二，如果社会符号学是符号学的变体，那么社会符号学就是从符号学演变而来的，其理论依据必定源于符号学。因此，我们有必要对符号和符号学作简要阐述。

一、符号和符号学

符号在《简明不列颠百科全书》的定义为："常用的一种传达信息的基元，用以表示或象征人、物、集团或概念等复杂事物。"也就是说，我们可以将符号理解为一种媒介，它携带着信息的最基本元素，人们通过它来把握更复杂的事物。以符号为研究对象的科学，我们称为符号学。正如 Hartman 所言："符号学是系统地研究语言符号和非语言符号的学问。"由于知识背景和学术动机的不同，各符号学家从不同角度、以不同方式为符号和符号学下定义。

（一）索绪尔符号学派的界定

瑞士语言学家索绪尔和美国实用主义哲学家皮尔斯几乎同时提出"符号学"。符号学也因此分为两派，分别以二人为代表。受社会心理学影响，索绪尔认为符号学是"一门研究社会生活中符号生命的科学；它将构成社会心理学的一部分，因而也是普通心理学的一部分"。索绪尔对符号的研究从语言学入手，因此该学派又被称为语言符号学。在索绪尔看来，"语言学只是符号学这门一般科学的一个部分，将来符号学发现的规律也可以应用于语言学"。巴特，作为语言符号学派的成员，赞成索绪尔有关符号学的设想，并提出了自己的一些看法。但他反对索绪尔提出的语言学是符号学的一部分的观点，认为符号学是语言学的一部分。在他看来，无论哪种符号系统都要借助语言来解释、说明。就这一问题，笔者认同索绪尔的观点。确如巴特所言，其他符号系统需要借助语言符号来解释、说明，但这正是语言符号作为特殊的符号的本质：语言是符号；语言还是其他符号的元符号（解释工具）。索绪尔认为："语言符号联结的不是事物和名称，而是概念和音响形象。后者不是物质的声音，纯粹的物理的东西，而是这声音的心理印迹，我们的感觉给我们证明的声音表象。它是属于感觉的，我们有时把它叫作'物质的'，那只是在这个意义上说的，而且是跟联想的另一个要素，一般更抽象的概念相对立而言的。"之后，索绪尔用"能指"和"所指"来代替"音响形象"和"概念"。

当我们细读《普通语言学教程》时就会发现，教程的编写者也觉得"音响形象"这个术语不妥："音响形象这个术语看来也许过于狭隘，因为一个词除了它的声音表象，还有它的发音表象、发音行为的肌动形象。"还有很多学者根据各自的知识背景和理解对这两个术语进行了修订。他们认为，"能指"通常不仅仅限制在"音响形象"上，还可以用来指语言符号的表达形式，"所指"也不仅仅是指"概念"，常用来指信息、意义或语言符号的所表内容。"能指与所指"相当于"形式与意义"的说法出现在很多论著中，如我国清朝的训诂学家王念孙就曾十分明确地提出了在"名"和"实"之间还存在一个重要层次"义"，即"命名之义"，与"实"相区别。在此，我们觉得有必要对"意义"和"概念"加以区分。华劭教授曾明确指出概念和意义之间的区别，大致有以下几点：①概念反映事物最本质的特征，它们体现其质的规定性，而意义则反映词语使用者认为在日常交际中重要的特征，即通常说的科学的概念和生活中常用的意义；②词语意义和科学概念对客观现象观察角度、划分界线不一样，这与民族通过语言勾画的世界图景有关；③概念的内涵是精确的，而词的意义不是绝对确定的，常有一种或大或小程度上的模糊性；④意义总是和特定语言中的语音相联系，通过后者纳入语言内的意义系统，并和系统内的词互相制约，而概念则可用专门的符号来表示，从而可以摆脱特定语言系统内附加的、但对理解事物本质并不重要的、有时甚至是错误的意义。这样，概念就能为各民族所通用。综上，我们认为，从表层上来讲，能指与所指的提出使符号的双面要素更具对立统一性，对符号整体的界定更加清晰；从深层上来讲，能指与所指的提出使语言符号的应用范围更大。受社会心理学的影响，索绪尔在纯语言符号系统的范畴内将符号的双面称为音响形象和概念，二者都是一种心理印迹，不具有实指性。从这一角度来看，如果将客观世界纳入符号范畴，音响形象和概念就显得不那么准确了，而如果对能指与所指作较为宽泛的理解，即能指作表达形式理解，所指作意义或概念理解，我们觉得准确、合理得多。

叶尔姆斯列夫发展了索绪尔的符号双面观，认为符号由表达方面和内容方面构成，而且表达和内容两个方面又可分为形式和实体两个层次。巴特据此做进一步阐释：表达的实体、表达的形式；内容的实体、内容的形式。

巴特在研究"转义"时，给作为系统的符号下了定义：E 表达（或能指），R 关系，C 内容(或所指)。这个符号系统可以成为另一个更加复杂的符号系统的成分之一。如果将上述符号系统的内容加以扩充,第一性符号系统(E_1, R_1, C_1)就变成了第二性符号系统的表达层:$E_2(=E_1R_1C_1)R_2C_2$。在这种情况下,第一性符号系统是本义性的,而第二性符号系统是转义性的;第一性符号系统也可以扩充其表达层:$E_2R_2C_2(=E_1R_1C_1)$,这样,第一性符号系统就成了被说明的对象,第二性系统成了元语言。

(二)皮尔斯符号学派的界定

皮尔斯将符号学看作逻辑学的别称。他认为人类的思想和行为,甚至包括人自身在内都是符号,宇宙由符号构成。皮尔斯说,"所谓符号是相对于某人在某个方面能代替(代表、表现)他物的某种东西"。这个定义简明扼要地概括了符号的本质,反映了皮尔斯就这一问题的对象关联物、解释关联物三个方面。符号的这种"三位一体"性质充分体现了他的"普遍范畴"思想。"普遍范畴"的三个基本范畴就是"第一项""第二项"和"第三项"。符号的"媒介关联物"与"第一项"相对应,"对象关联物"与"第二项"相对应,"解释关联物"与"第三项"相对应。皮尔斯认为符号是通过符号来说明的。解释性符号可以或必须在其自身方面被说明,从而将第一解释项转化为第二媒介,这一媒介是对其自身方面的解释。"解释过程"原则上可以无限地进行下去。

(三)其他界定

巴赫金认为,"与自然现象、技术对象及消费品一起,存在着一个特别的世界——符号世界。符号也是一些单个的物体,正如我们看见的那样,任何一个自然、技术或消费的东西都可以成为符号,但是同时它又具有单个物体自身范围内的意义。符号不只是作为现实的一部分存在着的,而且还反映和折射着另外一个现实。"

西比奥克把使用符号看作包括人在内的动物与生俱来的能力。从二分法的角度,他认为符号由可被感知的能指部分和理性的所指部分组成。

艾柯认为:"符号学研究所有能用作符号的事物,能在意义上代替别的事物的就是符号,这些事物不一定存在或只在符号代表它们时才在某个地方。因此,符号学原则上是研究一切可以用来撒谎的东西。"

卡西尔认为动物使用的是信号,只属于物理世界。而人使用的才能称为符号,这种符号不仅是物理世界的一部分,也是意义世界的一部分。人类通过符号把握客观世界。符号的发展体现了人类文化的发展。因此,对符号的研究应该结合人类的社会文化生活,从而认识人类的本质。

二、社会符号学理论的建立

(一)理论建立的必要性

符号学界对符号和符号学的界定意见不一,形式多样。我们无力给符号以准确的定义,给符号学界定精确的研究范围。但有几点应该是明确的:①符号是一种媒介,它能表达或代表世界中的其他事物,人们通过它把握更复杂的客观世界和虚拟世界;②符号学是研究人类使用的符号的科学；③符号的全部意义，并不会在符号系统内或由符号自行产生，通过人在一定的社会环境中的使用，符号才具有意义；④符号形式及其所代表的意义处于不断的变化中，我们应时刻将符号与人的社会文化生活紧密联系起来，从而准确把握符号。反过来，通过透析符号，我们也可以更好地理解社会和人的本性，并通过使用、改变或重新构建符号来改变，甚至重建社会。综上，研究符号不能离开人类、社会和文化生活。

主流符号学，作为方法论，广泛地应用在各个现代学科。但符号学自身通常给人模糊不定的感觉，被认为是玄而又玄的学问。我们觉得，这门学科应该"踏实"下来，以便于我们解决更多的实际问题。德国符号学家艾施巴赫对符号学发展提出三点建议：①发展一门基本的、批评的符号理论；②发展作为一种运用中的社会性的符号理论；③发展一门历史的符号理论，它能认识自己的根源、成就和错误。符号学与社会学、语言学相结合，即社会符号学的出现切实达成了我们的心愿，实现了艾施巴赫的第二点提议，它是一种运用中的社会性的符号理论。符号学与社会学相结合，使符号学具有可感性，透过社会生活中人们常见的社会现象，揭示现象背后的符号意义。反过来，又以这种社会意义理论为依据，指导人们的社会实践；与语言学相结合，进一步加强了该学科的现实性，因为语言除本身是符号系统外，还是解释其他各符号系统的工具。因此，社会符号学有存在的必要性和迫切性，是符号学发展的必然趋势。

（二）理论建立的可能性

1. 符号的社会性

索绪尔认为，任意性是符号的本质特征与核心，它决定了符号的社会性、系统性、不变性与可变性。符号的任意性指的是符号的能指与所指之间的那种约定俗成的关系。也就是说，能指与所指之间的关系一旦确定下来，任何人都不能随便改变它，这实际反映了符号的社会本质，即创造和使用符号必须在社会中，符号的意义是社会中集体的共同认识。

索绪尔认为，"要彻底了解语言符号的作用，必须离开个人行为，走向社会事实，因为个人行为只是言语活动的胚胎""当我们听到人家说一种我们不懂的语言的时候，我们的确听到一些声音，但是由于我们不了解，我们仍然是在社会事实之外"。索绪尔还指出："言语活动有个人的一面，又有社会的一面；没有这一面就无从设想另一面。此外，在任何时候，言语活动既包含一个已定的系统，又包含一种演变；在任何时候，它都是现行的制度和过去的产物。乍一看来，把这个系统和它的历史，把它的现状和过去的状态区别开来似乎很简单；实际上两者的关系非常密切，很难把他们截然分开。""语言和言语活动不能混为一谈，它只是语言活动的一个确定的部分，而且是一个主要的部分。它既是言语机能的社会产物，又是社会集团为了使个人有可能行使这机能所采用的一整套必不可少的规约。整个来看，言语活动是多方面的、性质复杂的，同时跨着物理、生理和心理几个领域，它还属于个人的领域和社会的领域。我们没法把它归入任何一个人文事实的范畴，因为不知道怎样去理出它的统一体。"可见，索绪尔关注语言符号的社会性，认为社会性是语言符号的本质属性。语言是社会产物,并随着社会和历史的变化而变化。索绪尔虽然承认语言符号具有社会性,但他出于个人研究目的的考虑,较多关注纯语言符号系统的研究。这种研究方式遭到后来很多语言学家、符号学家的批评,尤其是功能语言学派。

皮尔斯符号学没有将注意力过多地投入符号的社会性方面,但该学派在符号的分类中同样认识到符号具有社会规约的性质,象征符号就属于此种情况。例如,在皮尔斯符号学看来,"象征符号是一种与其对象没有相似联系或因果联系的符号,所以它可以完全自由地表征对象。象征方式的表征只与解释者相关,可以从任意的符号贮备系统中选择任意的媒介加以表征,这种符号可以在传播过程中约定俗成地、稳定不变地被应用"。

巴赫金非常关注符号的社会性。他认为研究符号必须结合社会环境。首先,包括语言符号在内的所有意识形态的符号,在社会交际过程中实现时,都由其所处时代的社会氛围和社会团体决定;其次,理解符号必须结合符号实现的社会环境;最后,符号产生于社会环境,而不是个体的意识中。它是众多单个意识相互作用的产物,是社会集体的共同认知模式之一。可见,巴赫金认为,符号产生于社会,在社会中发挥作用,符号的意义是集体共同认知的结果。理解符号必须结合时代的社会环境和使用的具体环境,由社会团体共同约定。

从社会学角度看,只有把符号与社会、文化结合起来,人类才能顺利完成交际。社会赋予符号以意义或事物以名称,符号只有得到社会大众的认可才有意义,它的价值也才能得以体现。符号能指和所指的结合产生意义,但很多情况下人们需要的并不是词典里的固定意义,而是通过分析语言情景和社会文化语境得出的具体意义。因此,要确定语言符号的准确意义必须借助于使用该语言的民族的文化和社会。社会符号学的目的恰恰就在于阐明符号与物质文化的关系,使文化现象社会化,并区分符号系统和赋予它们的社会意义的分辨性系统。也就是说,社会符号学能解释社会情境中能指和所指以何种方式体现出来方有意义。巴特曾经以服饰和食物为例来说明符号的聚合关系和组合关系。我们借用此例来说明符号的社会意义。从社会符号学角度来看,服饰和食物都是有意义的符号。拿服饰来说,服饰的质地、款式、颜色等物理性质对购买者或穿衣人而言都有重要的意义。随着人们生活水平的不断提升,服饰除其物理功能——御寒、蔽体外,往往还体现一个人的品位、社会地位和经济状况等。食物也如此,现代人吃饭不光是为填饱肚子。就餐的地点、食品的种类和档次可以反映出就餐者之间的关系、生活状况和社会地位等。人们可以根据个人的兴趣和爱好选择衣食住行的方式,但性别、年龄、职业、信仰及经济状况和自身所处的社会的文化习惯等社会条件和文化规约对衣食住行的方式都有所限制,甚至起决定作用。因此,吃穿住行的方式是一个社会成员的社会标志。社会成员的穿着打扮、言谈举止及对某些行为所持有的态度都体现了某种共同的认知模式。社会符号学的目的就是通过分析表面的社会现象来揭示现象背后的社会成员的共同认知模式和他们共同掌握并遵守的关系系统,从而使文化现象社会化。

2. 理论基础

社会符号学是集社会学、语言学、符号学等于一身的交叉学科。交叉学科,顾名思义,是纵轴和横轴交叉的一个点,是二者结合的产物。从纵轴的历时角度来看,社会符号学对以往学科具有继承性,但作为一门独立学科(虽然现在还没有明确的界定),又必然具有创新性,且为以后各学科发展提供参考和借鉴;从横轴的共时角度来看,社会符号学对同时代其他学科发挥作用的同时,也要受到相关学科的影响,吸收各学科的养分,并以此为基础,不断发展、完善。

(1)社会学基础。社会符号学的两个关键概念——社会人和主体间性,以及六个基本概念中的两个——社会结构和语码均源自社会学。

"社会人"这一概念凸显于20世纪70年代。社会符号学中的"社会人"不是相对于个体人而言,而是指处于社会环境中的个体人,与生物人相区别。"社会人"的提出使人类将关注点从物质环境转向其生存的社会环境,从对自然环境的保护工程转而关注社会工程(social engineering)。韩礼德认为,教育实质上就是社会工程。如同工程师和城市规划人员构建物理环境一样,教师对社会环境的形成发挥重要作用。所不同的是,教师不是通过掌控社会结构来影响社会环境,而是在个体人成为社会人的环节发挥主要作用。而语言,作为交流工具,在社会工程中的作用自然功不可没。

语言是传承生活方式的主要途径,是儿童学会以社会的一员行事的重要工具。受不同的社会团体的影响,儿童接纳某一文化的思维方式及价值信仰。但这并不是通过命令或规范来实现的,至少对于学龄前儿童不是的。没有人告诉孩子社会集体根据什么原则组成,以及他们的信仰系统如何形成,即便有人这么做,孩子也不会理解。孩子对某一文化的思维方式和价值信仰的掌握完全是间接的,通过无数小事积累起来的经验获得的。在这些小事中他们的行为受到指引和控制,从而认识和发展各种人际关系。而这一系列过程都以语言为媒介。这里的语言不仅仅指课堂语言,更重要的是与家人、邻居及在公共场所与其他人交流中使用的日常语言。这些交流向孩子传递社会和社会人的本质特征。对于韩礼德来说,语言与社会人是不可分割的,二者必须作为一个整体来考察。没有语言就没有社会人,没有社会人语言也将不复存在。因此,要研究语言符号必须联系社会和人,必须将语言放在社会环境中考察。

在不同的领域中,"主体间性"的意义不同。在这一概念形成的过程中,主要涉及了三个领域,并形成了三种含义不同的"主体间性":社会学的主体间性、认识论的主体间性和本体论的主体间性。韩礼德主要借鉴了社会学的主体间性,即作为社会主体的人与人之间的关系,关涉到人际关系及价值观念的统一性问题。韩礼德认为,"我们有必要更多地用主体间或社会创造性的概念来解释语言发展。学会表达意义是一种社会或主体间的创造性,是一个创造的过程,在这一过程中儿童或成人通过与周围人的交往构建符号(意义)潜势。而这一潜势引导我们通往构成社会现实的大厦"。人类生存的环境既包括客观物体和物理过程,又包括其他人,是一个双面体。人是历史进化的产物,人体的每一结构,无论是生理的还是神经的,都取决于它所完成或将要完成的功能,并不断进化使然。在进化的过程中,人性不是自足的,而是与其他社会人相互作用的。社会人接受外部世界的同时发挥主观能动性,凭借协同合作,改造客观世界和生存的社会。作为社会环境中人类行为的最本质部分，语言符号系统不仅反映外部世界，更重要的是它调节外部世界。人类正是通过对语言符号的使用来改变现实世界，并创造自己的梦想世界。因此，社会符号学认为，研究语言符号必须将其与社会、人类相结合，把语言符号作为社会的、主体间的符号加以考察。只有这样，才能准确地把握语言符号的意义。

(2)语言学基础。韩礼德的系统功能语言学思想对社会符号学影响重大。社会符号学的六个基本概念中有四个——语篇、情景、系统和语域源自系统功能语言学。可能正是因为这样，韩礼德的系统功能语言学理论也常被认为是狭义的社会符号学理论。系统功能语言学自身也有其理论基础和思想来源。20世纪的各个语言研究流派和语言学家几乎都受到索绪尔语言符号学的影响。索氏之后的语言研究大致有两个主要方向：形式主义语言学研究方向和功能主义语言学研究方向。乔姆斯基的转换生成语法是前者的代表，韩礼德的系统功能语言学则成为后者的范例。胡壮麟把系统功能语言学的一些概念来源简述如下：韩礼德的许多早期思想都可以追溯到弗斯的学说，如"系统"的思想。弗斯把系统看作聚合关系，与结构相对立，但他没有明确二者的关系。韩礼德认为语言描写的是系统资源，而不是结构，那么系统就是第一性的，即在索绪尔的聚合关系和组合关系中，聚合关系是第一性的，组合是对选择的结果的"组合"，是第二性的。对韩礼德社会符号学思想有重大影响的另一位学者是英国剑桥大学人类学系教授马林诺夫斯基。后者在对太平洋某岛土著人的调查中发现：土著人的语言是一种活动方式，而要了解语言的意义，必须结合当时当地的情景语境。弗斯在此基础上提出了情景语境的具体框架：参与者的有关特征（人物、人品），包括参与者的言语活动和非言语活动；有关事物；言语活动的影响。韩礼德借鉴上述二人的观点，进一步明确了语境对语言研究的重要性。他认为语言的意义不是来自语言内部，而是来自外部。韩礼德把语境分为语场(Field)、语旨(Tenor)和语式(Mode)。另外，韩礼德受马林诺夫斯基启发，将功能主义方法应用于语言学研究。在对太平洋某岛土著人的调查过程中，马林诺夫斯基发现语言对组织社会生活有重要作用。人们使用语言是为了实现一定的功能——寒暄功能、实用功能和巫术功能。但马林诺夫斯基只关注后二者，认为寒暄功能不具实用性。受这种思想的启发，韩礼德提出语言的三个元功能：概念功能、人际功能和语篇功能。并认为语篇功能使语言与语境发生联系，因此概念功能和人际功能要借助语篇功能才能实现。

(3)符号学基础。

①主流符号学的影响。索绪尔的思想影响着各学科的学者，社会符号学与索绪尔语言符号学在理论观点上自然存在一致性。首先，索绪尔提出"符号学是研究社会中符号生命的科学，它是心理学的一部分，也可以说是社会心理学的一部分"的观点，并认为"语言学不过是这门一般科学的一部分"。韩礼德把语言看作社会符号，关注语言符号的社会意义。可见，二者都承认语言具有符号性，是特殊的、典型的符号系统，且符号具有社会性。其次，语言符号学认为符号具有任意性，但存在拟声词和感叹词等特殊情况，我们可以将索绪尔所说的任意性理解为相对任意性。社会符号学认为，在代码层面符号是任意的，人们只能根据社会规约或文化习惯在特定情境中选择某种语码，但在编码层面符号是非任意

的,人们表情达意时对形式(词汇语法)的选择具有灵活性。因此,在韩礼德看来,符号同样具有相对任意性。最后,二者都采用整体论的观点来分析语言符号。索绪尔认为能指与所指是不可分的整体。韩礼德跨出纯语言符号系统范畴,认为语言符号与社会、社会人是不可分的。

综上所述,韩礼德与索绪尔的符号观具有继承性。由于研究方法的不同,二者对符号和意义的解释有差别。韩礼德认为要研究符号的意义,不能像索绪尔那样把关注的焦点集中于静止的、封闭的单纯符号系统,而应该跨越纯语言符号系统的边界,结合其他符号系统、社会和文化来研究。文化是各种符号关系交织在一起的综合体。社会符号学就是要阐述符号意义、社会和文化之间的辩证关系,将语言与人类经验、社会过程和社会结构紧密联系在一起。因此,社会符号学的观点受语言符号学影响,二者之间具有继承性,但前者显然要比后者那种静止的、封闭的符号观进步许多。

皮尔斯符号学的符号分类实际上就是符号活动过程。从"媒介关联物"到"对象关联物",再到"解释关联物",每个阶段都是一个符号。符号代表的对象经过解释后,还可以再解释。也就是说,符号活动过程永无止境,符号具有动态性。从这点上来看,韩礼德对那种静止的符号观的否定与皮尔斯符号学的观点是一致的。皮尔斯符号"三位一体"观得到莫里斯的继承和发展,"解释关联物"被"解释者"代替。这对韩礼德社会符号学有重大启示。由此可见,社会符号学与皮尔斯符号学之间也具有继承性,但皮尔斯符号学中的"解释者""动态性"与社会符号学中的有很大差别。前一种"解释者"是动物或生物行为主义中的生物的人、个体人,他们提出的"符号过程"和所谓的"动态性""互动性"也都是以行为主义为基础的。而社会符号学中的"解释者"是社会人,从本质上讲是社会符号人,是社会意义的集合体。

从社会符号学角度来看,表达内容的实体就是社会中的具体的文化现象,是代码化意识形态的源泉和基础;表达内容的形式则是被代码化的具体意识形态,是人们在现实生活中言行举止的规约法则,它可以通过社会交往和象征行为物质化或具体化。表达方式的形式是指与代码化意识形态相符的词素成分;而表达方式的实体是物质文本,它与代码化意识形态相符并以物质的形式存在。这样,社会符号学将符号与社会紧密联系起来,将符号的意义与社会结构和社会文化结合起来分析,利用符号模式构筑了一座符号价值与物质文化生活之间的桥梁。

②巴赫金社会符号学的影响。20世纪80年代以来,巴赫金的理论思想一直受到各学术领域学者们的广泛关注。巴赫金的符号学思想中包含很多社会符号学观点,可以说,巴赫金符号学就是社会符号学。巴赫金通过探讨人与人之间的社会交往和对话来确立他的社会符号学。他认为任何符号都是社会行为,是社会现实的一部分,脱离社会历史环境,交际活动不可能存在,符号也就没有存在的必要。胡壮麟(2001)曾总结过巴赫金的符号学观点,认为巴赫金所论述的符号具有四种独特性。第一,物质性:符号是有物质基础的,即以物示物,由此产生意义。第二,历史性:任何意识形态的符号,都与所处的时代有关。第三,社会性:只有在两个个体社会的组织起来的集体中,个体之间才会形成符号环境。

第四，意识形态性：当形象转化为象征后，构成意识形态。在巴赫金看来，符号必须具有物质性，这样人们才能以此为凭借，赋予它意义。而这种被赋予的意义不是由个人决定的，是在个体所处的社会环境中确定的，是由社会成员共同约定的。可见，巴赫金的社会符号学观点与韩礼德的社会符号学观点基本一致。

巴赫金的意识形态观对韩礼德社会符号学产生了重大影响。功能语言学接触到巴赫金思想后，发生了重大转变，最明显的是接受了巴赫金的体裁理论。巴赫金的体裁理论与意识形态观是不可分割的。因此，系统功能语言学在接受巴赫金体裁理论的同时，也接受了其意识形态观，而以韩礼德功能语言学为基础的社会符号学必定受到意识形态观的影响。巴赫金否定存在"中"性的词和形式，认为"所有的词和形式充满着意图"，特别是充满着"他者的意图"。可见，巴赫金认为所有的符号都具有意识形态性，人们根据意识形态的规约使用符号。意识形态随时代和历史变化而改变，符号的使用自然也要有所变化。但根据巴赫金的对话理论，不同时代的符号之间具有互通性、对话性，随着在不同时代符号使用的变化，意识形态也会发生变化。

巴赫金的社会符号学理论打破了体系的限制，冲破了时间与空间的界限，将共时的静态分析与历时的动态分析融合起来，把对符号的研究与社会和文化结合起来，从意识形态的大范畴着手关注社会中的活生生的语言。

③克里斯蒂娃解析符号学的影响。克里斯蒂娃及法国解构主义家德里达认为世间万物都是文本系统，社会和历史自身也存在于这个系统中。克里斯蒂娃受巴赫金对话理论的影响，提出一个新的文艺理论概念——互文性。"互文性"其实源自"主体间性"，指的是文本的"主体间性"。任何文本都像马赛克一样，是对其他文本的吸收和转换，由一系列小的文本块组合而成。很多人认为，据此克里斯蒂娃否定了索绪尔所建立的能指与所指的确定关系。

我们认为这种说法不妥：索绪尔的能指与所指之间的确定关系是针对词而言的，克里斯蒂娃的能指与所指的关系则涉及了文本，即社会符号学中的编码层面。因此，不能断然判定二者观点的矛盾性。解析符号学的核心概念——互文性也提出丰富了社会符号学，促进后者进一步发展，推动了社会符号学理论的文本分析研究。

社会符号学家不仅把克里斯蒂娃的互文性与巴赫金的对话理论相连接，而且还把互文性与巴赫金的意识形态相结合，提出"语义工程"概念，旨在通过互文性使语言符号反作用于意识形态，构建新的世界。

④巴特神话符号学的影响。巴特在索绪尔语言符号学理论基础上，发展了符号的意义观，认为符号的意义具有层级性，除具有一级符号系统——表层意义外，还具有二级符号系统——深层意义。这种深层意义就是神话符号学的"神话"。从社会符号学的角度看，所谓的"神话"就是代码化的意识形态的表现形式，即一种叙事或言说。这种叙事或言说表面上看是客观的、自然的，实际上受特定历史条件下的意识形态的影响，是意识形态的一种表现形式。在巴特看来，大众文化就是一种"神话"，从符号学角度来探究这种神话就是探索符号的深层意义，即二级符号系统。这个二级符号系统正是社会符号学的研究中心。

社会性是符号的本质特征，人们要把握符号的完整而准确的意义，必须将符号放入社会和文化情境中，并结合具体的情景来分析。社会学、语言学及符号学都为社会符号学的建立提供理论支撑。社会符号学的很多思想都是对当代符号学思想的继承，而符号学内部各分支的发展也在不断丰富社会符号学，促其发展、完善。社会符号学作为交叉学科，在很大程度上要受到相关学科的影响，并与这些学科有很多交叉部分，但不能就此否定社会符号学成为独立学科的可能性和必要性。如同瑞士语言学家索绪尔当初对"符号学"所描述的那样，我们只是尚未对社会符号学有清楚的认识，但它确实存在，且将发挥巨大的作用。我们相信，随着现代科学的不断发展，借助多学科、跨学科的知识，社会符号学的定义、研究对象和研究范围一定会越来越清晰。因此，社会符号学的建立是可能且可行的。

三、社会符号学理论建立的过程

索绪尔早就看到符号的社会性，只是由于当时的学术环境及个人的学术动机等原因，没有过多强调而已。但他认为符号学是"研究符号生命的科学，它是心理学的一部分，特别是社会心理学的一部分"的思想给我们重大启示：研究符号要与心理学，特别是社会心理学相结合。这就要求我们研究语言符号应该考虑人，而且不是生物的人，是社会的人。因此可以说，索绪尔是社会符号学思想的提出者。索绪尔语言符号研究出符号的社会性和结构（系统）性，但他未能将二者结合起来说明符号的工作方式。他的符号学理论也因静态性和封闭性而常常受到质疑。巴伊继承了索绪尔符号学有关符号的社会性和结构（系统）性的观点，并以研究言语为己任。他区分了言语的两种效果：被告知说话人所经历的感情的自然效果（natural effect）和被告知说话人的语言环境的联系效果（evocative effect）。并且将研究聚焦于后者，从而将"语言是社会事实"的原理付诸实践。法国社会学家克洛德·列维-斯特劳斯受索绪尔影响，将结构语言学的研究方法广泛地运用到人类如何进行文化创造的研究中。在他看来，社会生活中符号间的关系与语言符号具有同构性。以此为基础建立了结构主义社会学。此观点往往被视为社会符号学的雏形。法国著名文学批评家、社会学家和符号学家巴特继承并发展了索绪尔语言符号观，将语言符号的意义层级化。他指出，符号在意指一个特殊客体的同时，也指称一个由文化决定的二级符号意义，它强调文化指称过程。Gottdiener认为这种二级的内涵意义正是社会符号学的研究中心。韩礼德在20世纪60年代就涉及语言作为社会符号的问题，但在20世纪50年代到70年代间，以乔姆斯基为代表的转换生成语法在西方语言学中始终占据着统治地位。这一语法范式以构建高度理想化的语言理论为目标，主要考察中性的说话者/听话者的语言能力，忽略了语言的社会性、历史性和意识形态性，掩盖了语言的真正本质。在这种主流思想的压制下，已经萌芽的社会符号学思想并未得到广泛关注。直到20世纪70年代中后期，韩礼德发表了 *Language and Social Man*，*Sociological Aspects as Semantic Change*，*Text as Semantic Choice in Social Contexts*，*Language as Social Semiotic：The Social Interpretation of Language and Meaning* 等一系列专著，并在 *Language as Social Semiotic：The Social Interpretation of Language and Meaning* 一书中系统论述了语言的社会符号本质后，社会符号学才真正被提出。韩礼德及其后继者借鉴了弗斯的系统思想、马林诺夫斯基的语境思想、社会学家伯恩斯坦的语码思想、巴赫金的社会符号学理论及克里斯蒂娃的互文性理论等,从人类学、社会学、符号学的角度考察语言符号的意义,把对符号的研究与社会需要、社会结构及社会文化等外部因素联系起来。韩礼德把语篇、情景、语码、语域、语义和社会结构等概念看作社会符号学理论的重要组成部分,认为它们是该理论的基础。Kress 与 Hodge 等受韩礼德影响,继承并不断发展和完善社会符号学理论。他们冲破文本和语言结构的限制,认为社会结构、社会过程和信息等外部因素也应该纳入语言符号的研究范畴。因为文本和语言结构只能提供符号的部分意义,为使符号的意义更加具体、准确、完整,我们必须从社会、文化等外部因素出发来研究语言符号。

第四节 社会符号学翻译模式构建

一、"社会符号学翻译模式"构图

社会符号学翻译理论就是从社会符号学角度来研究翻译的理论。由于社会符号学理论的研究现状——非独立性和非系统性,我们只能从该学科的几个主要概念入手来阐释与之相关的翻译的基本问题。但无论哪种翻译理论都要指导翻译实践,解决实际问题,而此时就要涉及翻译手段或翻译技巧。据此,我们得出如下的社会学翻译理论模式(表 15-1)。

表 15-1 社会学翻译理论模式

层次		深层	浅层	表层
领域		社会符号学	基本问题	表现手段
对应关系	显性	社会结构	翻译动机	归化或异化
		社会结构/社会人	译者角色	语言特点
		语义系统	翻译等值	意义的取舍
		语篇	翻译单位	转换单位
	隐性	语码/语域	翻译过程	无
		语域	翻译标准	无

二、"社会符号学翻译模式"阐释

社会符号学翻译理论模式由社会符号学、翻译基本问题和表现手段三个层次构成:社会符号学处于深层,是社会符号学翻译理论模式的基本根源。翻译基本问题处于浅层,受社会符号学中相关概念的影响。而表现手段处于表层,是前二者关系的一种体现形式。但不是所有的社会符号学概念与翻译基本问题的对应关系都能由翻译手段表现出来。有些关系是显性的,即能在原文与译文的比较中有所发现,如社会结构与翻译动机的对应关系、社会结构/社会人与译者角色的对应关系、语义系统与翻译等值的对应关系及语篇与翻译单位的对应关系等。而有些关系则属于隐性的，在整个翻译过程中起到很重要的作用，但不能通过具体的翻译手段或技巧表现出来，如语码/语域和翻译过程的对应关系，以及语域和翻译标准的对应关系。根据这种情况，我们仅就显性关系作阐述与实例分析。

（一）归化与异化

当翻译研究超越语言学范畴，涉及文化领域后，直译和意译之争逐渐转化为异化与归化之争。直译与意译不是硬译和乱译，二者都强调对原文内容或意义的准确传达，只是前者更关注形式的得失，而后者认为形式的得失不那么重要，为实现内容的传递，形式可以做些必要的变动。

最早提出归化与异化思想的是德国著名古典语言学家和翻译理论家施莱尔马赫(Selileiermaeher)。1813年，施莱尔马赫在题为"论翻译的方法"的报告中提出两种方法：一种是让作者安居不动，引领读者去接近作者；另一种是让读者安居不动，而引领作者去接近读者。美国解构主义翻译家韦努蒂于1995年在 *The Translator's Invisibility* 一书中，正式提出了"归化法"和"异化法"。韦努蒂从解析符号学思想出发，考察了从17世纪到当代的西方翻译思想，她发现在西方翻译史上一直占主导地位的是"通顺的翻译"策略。产生这种现象的根本原因在于西方的意识形态，以这种意识形态为标准，在英语中形成翻译外国文学的规范——"通顺的翻译"和"归化"的翻译。这样的翻译是以民族中心主义和帝国主义文化的价值观来塑造外国文本的。韦努蒂对此提出了疑问，并提出了一种反对译文通顺的翻译理论和实践，即"异化"的翻译。其目的不是在翻译中消除语言和文化的差异，而是要在翻译中表达这种语言上和文化上的差异，这也是解构主义翻译思想的一个基本观点。美国翻译理论家纽曼和英国翻译家威廉·莫里斯(William Morris)也倡导"异化"翻译。异化翻译表现了一种自主的意识形态，把差异放在异国文化之中，它追求文化的多样性，突出原语文本语言和文化上的差异。斯坦纳认为翻译过程可分为四步：①信任；②侵入；③吸收；④补偿。在国外，归化的代表人物是奈达，异化的代表人物是韦努蒂。在国内，不同翻译理论家和翻译家也对两种策略各有喜恶。如严复，虽提出"信、达、雅"的翻译标准，认为译文应忠实原文，且通畅雅致，但具体翻译中采取的是归化策略。另一归化的代表就是林纾。鲁迅是异化的代表人物。

社会结构中社会秩序和权势关系的不平衡，如果从世界范围内来看，往往体现为各国家和民族的强弱相势，进而出现不同的文化权势位置。而在跨文化交际的翻译中，译者往往根据这种强弱之势选择不同的翻译动机，进而采用不同的翻译策略。归化与异化，作为两种翻译策略，是一对动态的概念，不能说孰优孰劣。从弱势文化到强势文化的翻译往往采取归化翻译策略，弱势文化的特点经常被覆盖；而从强势文化到弱势文化的翻译往往采取异化翻译策略，强势文化的特点被彰显，引进先进文化理念，使弱势文化发生变化。译者在翻译过程中对异化与归化的选择既要考虑"大社会"的社会结构，又要考虑"小社会"的社会结构。译者根据翻译的目的来调节这两种社会结构之间的关系，使二者达到一个基本的平衡。因此，我们认为比较好的方式就是在内容方面多考虑"大社会"的社会结构，在形式方面可适当考虑"小社会"的社会结构。换句话说,归化大都表现在语言的层面上,以帮助读者跨越语言理解的障碍,而异化则多表现在文化层面上,其目的是给读者介绍异族文化。但归化与异化之间不存在优劣之别。采取哪种翻译策略,我们不能一概而论,应充分发挥二者的优势,使它们相辅相成,相得益彰。只有这样,翻译才能促进民族文化的和谐交融。正如郭建中所说:"如果考虑到翻译的目的、读者的对象和要求、文本的类型及作者的意图,归化的翻译和异化的翻译在目的语文化中都有其存在和应用的价值。"而在二者的应用上我们要把握好分寸。从弱势文化到强势文化的翻译,过度的归化会丧失原作中大量的文化内涵,使弱势文化的思维方式、意识形态、世界观、人生观、价值观被掩盖、改造甚至扼杀,从而得不到很好的传播,也就达不到文化交流的目的;而从强势文化到弱势文化的翻译,过度归化就会阻止新表达法、新思想的引入,从而拒绝接受先进思想和新鲜文化,在不自觉中陷入种族主义的泥潭,同样违背了翻译是文化交流这一基本原则。过度的异化则会降低作品的可读性,影响译文读者对文本的理解,体会不到阅读的乐趣。

(二)翻译的语言特点

社会符号学中的其他概念基本上直接或间接地源自社会结构,翻译研究中的翻译动机几乎影响基本问题中的所有其他问题,而在表现手段方面,归化与异化策略自然也会作用于表现手段中的其他方面,包括译文的语言特点。如果采用归化策略,在语言层面以译语的习惯表达方式为主,在文化层面以译语文化的规约为主。例如,翻译原语的特有事物时,译者可能会保留事物的本质信息,但改变表达方式或者用译语中类似的事物的名称来代替;如果采用异化策略,在语言层面上以原语为主,并尽量采用译语读者能接受的方式,在文化层面则会以原语文化为主,尽量引进新的文化内容和思维方式。例如,原文中的特有事物,译者可能会保留表达形式,用音译或音译加注解的方式来翻译。

社会结构使得世界上存在译者这种社会人角色,而作为社会人的一种,不仅与客观的文本有关,还与其他社会人相互作用。因此,译文的语言特点是以译文读者的接受力为基础的原语特点、译语特点、作者因素、译者因素的综合体现。由于原语特点、译语特点和作者因素的体现要靠译者才能完成,因此我们主要分析译文读者的接受力和译者因素两方面对译文语言特点的影响。首先,以译文读者的接受力为基础。译文是译者翻译给预期读者或特定读者的。译者必须根据读者的特点来选择翻译策略,自然也间接地选择翻译时采用的表现方式。译文读者的接受力与自身的知识水平、年龄、性别等因素都有关。例如,严复的《天演论》,如果是为系统学习、研究进化论的专家翻译,译文就应该尽量保持原作者的风格,并将原文涉及的所有进化论的术语都翻译出来,供其参考研究;而如果是为儿童翻译,让孩子了解原著内容,就应该改变作者的表述风格,把原文改写成科普读本,采用儿童语言,将其中深奥的思想以浅显的、吸引人的方式表达出来,让儿童爱科学。其次,译者发挥主观能动性。从社会符号学的角度讲,译者不是被动的作者的影子,而是具有主观能动性和创造性的社会人。译者的主观能动性的发挥主要体现在对原文的理解阶段和译文的创造阶段。我们都知道语言符号具有多义性和多功能性,在创造译文的过程中译者就要发挥主观能动性,对语言符号做出分析、选择。而译者自身的意识形态、年龄、性别、审美价值等方面的因素又会对译者做出的选择有很大的影响。所有这些都会在译文的语言特点中有所体现。社会人是社会环境中的个体人，他总是隶属于一定的阶层，服务于一定的集团利益。在译文中包含着很多译者的意识形态方面的元素。译者经常通过对词汇—语法资源的有目的的操纵，完成其具有强烈意识形态取向的交际意图，所以译文往往能够清楚地显示译者的身份、地位、价值观等方面的信息。下面，简单从译者的国籍和性别两方面因素对译文的语言特点的影响来加以阐述。对待同一原文，不同国籍的译者会采用不同的译法，语言特点自然不同。涉及本国的利益时，本国的译者在翻译中往往选择正面的词汇，以争取别国的支持或理解，而他国的译者翻译时往往选择中性的词汇，客观地报道相关事件。

（三）意义的取舍

译界大多认为，意义是翻译必须传达的。社会符号学翻译理论也不否认这种观点，但传统的符号学翻译观涉及的意义没有社会符号学翻译观所说的意义精准。因为传统的符号学是形式符号学，符号的意义是形式意义。社会符号学强调符号的社会属性，符号的意义是以社会文化和具体使用情况为背景分析出来的实用意义。通过上面章节的论述，我们已经清楚地认识到，从社会符号学角度看，翻译等值既包括外部的语境等值，又包括内部的语篇等值。语篇等值建立在不同的指称层面，从言内，到指称，再到语用。语境等值建立在交际行为层面上，涉及语篇语境和社会语境的等值。语篇语境是由语场、语旨和语式构成的三面的复合体，在这一层面的等值，主要涉及概念意义（功能）、人际意义（功能）和语篇意义（功能）的对等。社会语境指的是一些社会符号关系，社会语境层面的对等是通过语篇语境对等实现的。因此，社会符号学翻译等值的关键在于语篇等值和语篇语境等值。

在语篇等值中，主要实现言内意义、指称意义和语用意义的等值。但不同类型的意义可译度不同。一般来说，指称意义可译度最强，语用意义次之，言内意义只能在同一系统中解决。但在某些情况下，指称意义的翻译也存在很多困难。例如：①词典意义和实际使用意义不同；②一词多义；③两种语言中对应词的指称意义之间存在差别。语用意义更是复杂多变，难以把握。例如：①载有语用意义的指称对象在译语中不被接受；②语用意义原语有而译语无；③指称意义相同，语用意义不同。我们认为完美的翻译应尽量把语篇内的三种意义都传达出来，但在实际翻译中往往事与愿违，只能以某种意义地实现为主，兼顾其他。而在这种情况下我们就要决定哪种意义优先传达，哪种意义次之，甚至改换或放弃这种意义。在这里除翻译策略的影响外，文本类型也起十分重要的作用。

文学性较强的文本，在翻译中言内意义的传递往往占据优先地位；科学性越强的文本，语用意义的传递往往越优先；而处于中间位置的则要以指称意义传递为主，兼顾语用意义和言内意义。

语篇语境是由语场、语旨和语式构成的三面的复合体。而语场、语旨和语式与概念意义（功能）、人际意义（功能）和语篇意义（功能）等密切相关。要实现这一层面的等值就要做到语场等值、语旨等值和语式等值。在翻译过程中，原文的语场包括叙述的社会行为和构成文本内容的社会行为。叙述的社会行为是指作者在特定的社会文化背景下进行的这种创作活动。构成文本内容的社会行为，指的是文本内各个角色进行的社会行为。如果要实现语场的等值，译者就要再现原文涉及的两种语场。作者的叙述行为，译者同样在"写作"译文的过程中执行。构成文本内容的社会行为译者通过传递原文中的时间、地点及事件等得以完成。在句子（简单句）中，通过及物性等语言手段体现，从而实现概念功能。原文本的语旨分为两个层次：作者和读者的角色关系，以及故事角色之间的关系。第一种关系译者通过自身与译文读者之间的关系对应。第二种关系译者通过介绍人物及他们之间发生的事件来实现。在句子（简单句）中通过情态等语言表达方式体现，从而实现人际功能。原文本的语式与目标文本的语式都指的是文本的表达方式。二者均通过一系列与"主题"有关的系统来实现，关注符号与符号之间的关系，从而实现语篇功能。

（四）分析单位与转换单位

从社会符号学角度看，翻译单位应该界定为符号关系。符号关系是多种多样、错综复杂的。因此，翻译单位也应该是由各层次单位组成的多层结构体系，在这个体系中，每个单位层次能够在各自的环境中独立工作，但同时在整个翻译活动过程中各单位层次又能协调合作。将符号关系作为翻译单位，使翻译单位包括了语言单位和言语单位，既体现了翻译单位的多元性、开放性，又体现了翻译单位的可操作性。翻译，作为一种交际行为，大致可分为三个阶段：分析—转换—表达。转换阶段属于思维范畴，我们没有办法考证其单位。在分析阶段，译者要透过句法形式把握语篇的语义内容，属于理解阶段，要涉及动态的、能表达完整意义的言语单位。而在表达阶段，译者是将深层的语义内容向表层的句法形式呈现的过程，必然要涉及静态的语言单位。根据语义内容我们可以分出翻译的分析单位，这种单位应该以动态的言语单位为主；而根据表达形式我们可以分出翻译的转换单位，这种单位应该以静态的语言单位为主。

罗选民较早区分了翻译的分析单位和转换单位。前者指"一个能帮助我们理解话语内部和话语外部的相对完整的语言材料，并能恰当分析语言心理机制等方面的非语言因素的单位"；后者有时"能在译文中找到相应的单位，不过它的组成部分在译文中往往找不到对应物"。胡壮麟认为，"如果两种语言具有亲缘性，意义系统和词汇语法系统十分接近，其形式对应的单位一般出现在词级、词组级或小句级以上等较低的阶级上。反之，如果两种语言的意义系统和词汇语法系统差别很大，共同点极少，其形式对应的单位一般只能出现在较高的级阶上"。

我们赞同罗选民和胡壮麟的说法，翻译单位应该分为分析单位和转换单位。这样使翻译单位具有多层次性，顾及翻译行为的主要过程，使翻译单位具有了可操作性。

第五节　社会符号学翻译理论应用

综合考虑多方面的因素，我们选择了人民网的新闻翻译实例作为分析对象。原因如下。第一，资料丰富，获取方便。人民网的汉译俄新闻翻译实例很多，可以批量从网上获取。而其他如文学或科技文本数量较少，且获得较为困难。第二，代表性强。新闻中有硬新闻和软新闻。虽新闻文本从体裁来看，偏向于科技文本，但其中的硬新闻相对来说科技倾向更强，而软新闻则略具文学倾向。这样就包括了大多数文本的体裁，具有较强的代表性。第三，实用性强。用社会符号学翻译理论来分析新闻翻译实例，就是将一种社会的、应用性很强的翻译理论用于与社会结合最紧密的、应用性很强的文本翻译分析，能充分说明这种翻译理论对翻译实践的实际指导作用。

新闻一般可划分为硬新闻与软新闻。《新闻学大词典》界定如下。硬新闻，源于西方新闻学的一个名词，指题材较为严肃，着重于思想性、指导性和知识性的经济、科技新闻。受众阅读或视听这类新闻时，只能产生延缓报酬效应，所以称这类新闻为"硬新闻"。软新闻，源于西方新闻学的一个名词，指那些人情味较浓，写得轻松活泼，易于引起受众感观刺激和阅读视听兴趣，能产生即时报酬效应的新闻。在我们分析的169篇例文中有硬新闻110篇、软新闻59篇。这种比例也恰恰体现了新闻这种文本体裁的科技倾向。

根据"社会符号学翻译理论模式"的阐述，我们主要从社会结构角度出发分析翻译动机，进而分析翻译策略的选择。

首先，从"大社会"的社会结构来看。全球化的思想已经渗透到各个领域，在全球化的过程中，世界各民族的文化相互碰撞、相互影响，尤其是经济和科技发达国家"强势文化"对发展中国家"弱势文化"的巨大冲击。中国是发展中国家，文化目前仍属于弱势文化。新闻属于外宣材料的一种，新闻翻译自然属于外宣翻译。外宣翻译是把大量有关中国的各种信息从中文翻译成外文，通过图书、期刊、报纸、广播、电视、互联网等媒体及国际会议，对外发表和传播。它的实践性很强，是跨文化的传播和交往活动。因此，汉语新闻材料的对俄翻译，应按照文化的不平衡状态，采用归化的翻译手段。葛校琴认为国外的翻译研究"不再停留在翻译内部，如语言、语言文化、风格等如何进行归化或异化转换这种提供翻译技巧的规定——指导性探讨上，而是拓展到翻译外部，如翻译与社会、意识形态等大文化如何发生互动的一种描述释性研究上来"。也就是说，现在的翻译研究对归化或异化策略的选择，已经不再属于单纯的翻译技巧的探讨层面，而是拓展到翻译外部，涉及翻译与社会、意识形态等大文化如何发生互动的解释性研究层面上来。如果对弱势文化采用异化的翻译手段，则有助于弱势文化的传播，让世界听到更多的文化声音。汉语新闻是向世界展示中国的平台，是世界了解中国的桥梁。我们应该借助异化翻译的优势，扩大中国文化的影响，在世界文化中加入中国元素，在全球化的文化整合中保持中华民族文化的特色，同时增进各国对我国真实情况的了解，从而在国际上树立中国的正面形象，促进我国同世界各国的友好合作和相互信任。不论是软新闻还是硬新闻，它们的翻译都是以交流为前提，使俄罗斯读者能更多地、更快地、正确地理解中国的民族、文化及中国对一些国际问题的回应方式。

其次，从"小社会"的社会结构来看。俄罗斯社会中存在权势和功能的分布不均。但我们这里的不均衡并不是指俄罗斯社会内部人们之间具有明显的阶级性，而是指通过了解能对中国产生影响的不同人群，即新闻翻译主要面对的读者群。读者对象千差万别，但大致可以将读者分为两类：知识分子和普通读者。如果译文以前者为主要对象，应适当地多采用异化手段。一方面是他们的知识面较广，理解力较强。另一方面是他们乐于接受和了解异域文化。如果译文以普通读者为主要对象，应多采用归化。这样可以使他们读起来更轻松、更有趣，与自身文化更多地呼应。我们认为，新闻报道的国外读者主要是对中国感兴趣、关注中国、研究中国的文化层次较高的各界人士，如国家行政人员、金融机构人士、商业人士、文化和科研人员等。总的来说，这些读者是受过教育的专业人士，他们对中国和中国文化有所了解或相当了解。

随着科学技术的迅猛发展，国际交往日渐增多，经济、科技、文化等领域内的交往越来越频繁，译语读者的接受水平也与时俱进，他们在获取信息的同时，也期望能感受外国语言和文化的精妙之处。除此之外，中国目前在国际上的地位不断提升，这使得越来越多的外国人关注中国。他们想更多地了解中国的民族、文化和地道的汉语，而这些无疑是新闻报道汉译俄翻译中应考虑的因素。

综上所述，异化翻译可以更好地宣传中国，弘扬中国文化，异化应该是新闻报道材料汉译俄翻译中的首选策略。

归化与异化之争跨越了语言学的范畴，涉及了文化领域，但在语言中二者主要还是体现为意译和直译的方式。

第十六章　跨文化交流与翻译学

随着科学技术的不断发展，交通、通信手段的迅速改善，跨文化的交际在广度、密度和深度上都达到了空前的地步。不同文化群体的人们能否在"地球村"这个人类拥有的唯一家园中共处共存，共同努力来解决关系人类生存的一系列问题，很大程度上要决定于我们能否有效地进行交往并逐步达到相互理解。从这个意义上讲，跨文化交际的重要性无论怎么强调都不过分。

跨文化交际和翻译活动紧密相连，作为一种交际的工具，翻译不仅仅是一种双语交换的过程，而且还是一种文化移植的过程。事实上，翻译不但是一个双语活动，而且是一个跨文化活动。一个好的译者，一方面需要掌握两种语言的翻译技巧，另一方面更应清楚地了解这两种语言的文化背景。

第一节　跨文化翻译与文化对比

一、文化

（一）文化的内涵

关于"文化"一词，随着社会和近代科学的不断发展，人们对文化内涵研究的兴趣仍然非常浓厚，文化也日益成为人们专门探讨的一门学问。

(1)在我国20世纪70年代出版的《辞海》中，广义文化的概念是指人类社会历史实践过程中所创造的物质财富和精神财富的总和；狭义上的文化概念是指社会的意识形态以及与之相适应的制度和组织机构。

(2)社会语言学家戈德朗夫和本尼迪克特则从跨文化语言交际的角度进行研究，他们直接将文化定义为："文化是由人们为了使自己的活动方式被社会的其他成员所接受、所必须知晓和相信的一切组成。作为人们不得不学习的一种有别于生物遗传的东西，文化必须由学习的终端产品'知识'组成。"

(3)根据1974年美国出版的 *The New World Encyclopedia* 一书中给"culture"的定义，文化是一定群体所共享的精神、艺术观点的总和，其内容包括传统、习惯、道德伦理、社会关系等。

中西方关于文化内涵的说法可谓见仁见智。文化就是人们所觉、所思、所言、所为的总和，不同的民族创造了自己特有的文化，也被自己的文化所塑造。

（二）文化的构成与分类

1. 文化的构成

由上述文化的内涵可知，文化的构成很复杂。具体包括民族的个性、时间和空间观念、言语和非言语的符号、价值观、行为规范、社会群体及其相互关系等。

2. 文化的分类

按照不同的分类标准，可以对文化进行不同的分类。

(1)按照文化内涵进行分类：知识文化、交际文化。

①知识文化。它是指非语言标志的，在跨文化交际中不直接产生影响的文化知识。

②交际文化。它主要是指在跨文化交际中直接发生影响的文化因素，其又分为外显交际文化和内隐交际文化。外显交际文化是指那些比较外显的形式，如生活方式、社会习俗等；内隐交际文化则往往不易觉察和把握，因而它更为重要且需要人们给予更多的关注。只有对内隐交际文化进行深入研究，才能满足一些深层次交往的需要。

(2)按照表现形式进行分类：物质文化、制度文化、心态文化。

①物质文化。它是指人类在社会实践中的物质生产活动及产品的总和。它是可感知的、具有物质实体的文化事物。物质文化构成整个文化创造的基础。

②制度文化。这些制度既对物质财富创造者有约束作用，又服务于物质财富的创造。总而言之，制度文化指的就是人类社会的制度法则。

③心态文化。它是指人类在长期的社会实践和意识活动中形成的价值观、审美观和思维方式。具体而言，心态文化又可以被分为社会心理和社会意识两个层面。社会心理是指社会群体的精神状态及思想面貌。社会意识是比社会心理更高一层次的文化，是在社会心理的基础上进行总结、归纳而来的思想文化结晶。

④行为文化。它主要是指人类在长期的实践交往过程中约定俗成的一些行为模式。

(3)按照文化层次进行分类：高层文化、深层文化、民间文化。

①高层文化又称"精英文化"，是指相对来说较为高雅的文化内涵。

②深层文化又称"背景文化"，是指那些隐而不露的文化。深层文化和前面所提到的内隐交际文化类似。

③民间文化又称"通俗文化"，是指那些与人们生活密切相关的文化内涵。

(4)按照对语境的依赖程度进行划分：高语境文化、低语境文化。

①高语境文化是指对语境的依赖程度较高，主要借助非语言符号进行交际的文化，其主要代表国家有中国、日本、韩国等。

②低语境文化则是指对语境的依赖程度较低，主要借助语言符号进行交际的文化。在这种文化中，人们之间的差异或异质性较大，因为语境或交际参与者身上所蕴含的潜在信息很少。

由于高、低语境文化的人群对语境的依赖程度不同，当来自这两种文化的成员在进行交际时，要灵活地调整自己的交际策略和交际方式，使沟通顺利进行。

(三)文化的属性与特征

1. 文化的属性

(1)文化的历史属性。不同的时代有着不同的文化,这是因为任何文化都是在历史发展演变的过程中产生并逐渐累积起来的精神成果。人们对于事物的名称、观念也会随着历史的发展发生变化,可以根据文化词对特定的历史时期大致进行推断。

文化的历史属性还在于它动态地反映了人类社会生活和价值观念的变化过程。并且文化发展的基本趋势是随着历史的前进而不断进步的,这只是文化发展过程中的暂时现象,不会改变文化随着时代的发展而不断进步的历史趋势。

(2)文化的民族属性。任何一种文化都与本民族的生产、生活关系密切。同时,由于不同民族的发展历程、生活环境和生活态度的差异性而衍生出民族文化的独特之处。文化的民族属性主要体现在物产的民族化、习俗的民族化及观念的民族化。

①物产的民族化往往受制于其所处的地理位置、气候等客观环境。

②习俗的民族化是指由于不同民族受到各自发展历程的影响,而形成独具其民族特色的习俗。

③观念的民族化。思想观念属于意识形态的范畴,它往往是由社会教育如家庭教育、学校教育等逐步形成的人生观和价值观。

(3)文化的地域属性。文化的地域属性是指由于不同民族所生活地域上地理环境的差异,与之相关的气候、地形、生活方式、社会结构、社会背景也会有所不同。

2. 文化的特征

(1)社会性特征。文化作为一种社会现象,其社会性特征主要包括以下两个方面的含义。

①文化可以规范人的行为。人作为组成社会的重要分子,其言谈举止受到特定文化环境的影响。人在社会中接触相应的文化规范,并掌握一些基本的处事交往的规则。

②文化并不是自然就有的,它是人类通过创造性的活动而逐渐形成的。

(2)阶级性特征。在无阶级社会里,文化活动是由群体创造的,因而反映这些群体活动的人类文化也带有该群体的共同特征,并为群体所共享;进入阶级社会后,很多重要的文化现象都在不同程度上带有阶级的色彩,某些文化被部分利益集团所占有,有的甚至带有"反文化"性质。

由此可见,在阶级社会中,部分文化具有"阶级性"。因此,在阶级社会里,大部分文化现象仍然具有人类共同性。

(3)宗教性特征。文化具有显著的宗教特征。在人类的发展史上,两者有时互相利用,有时则政教合一。

物质文化、制度文化、心态文化等各种类型的文化,都与宗教有着密不可分的联系。宗教对人们的思维、信仰、意识形态有极大的影响力,宗教文化统治了整个欧洲中世纪社会文化的各个方面。

(4)共同性特征。文化是人类改造自然、精神方面取得成果的综合体现。物质文化以物质实体反映人对自然界进行的利用和改造,因而具有非常明显的人类共同性。

除物质文化外,在不同社会环境中形成的制度文化、心态文化,彼此之间也具有一些共性和相互可借鉴性。

(5)继承性特征。文化是社会历史的沉淀物,是特定历史时期的时代反映。因为历史是随着时间的发展而变化发展的,故文化具有很强的历史继承性。

二、翻译

(一)翻译的定义

关于翻译定义的叙述,随着翻译事业的发展,学者从新的视角对翻译定义的探讨版本多样,层出不穷。

(二)翻译的分类

(1)按照涉及的语言符号即翻译所涉及的两种代码的性质给翻译进行分类。①语内翻译是指在同一种语言内部用一种语言的符号对另一种语言的符号所做出的阐释;②语际翻译是指一种语言文字的意义用另一种语言文字表达出来;③符际翻译是用语言符号解释非语言符号或用非语言符号系统阐释语言符号。

(2)按照所涉及的语言给翻译进行分类,翻译可分为母语译成外语、外语译成母语两大类。

(三)翻译的过程

翻译作为一种复杂、艰苦的思维过程,它有别于其他任何语言活动的过程。

(1)有学者从符号学的角度将翻译过程描述为信息输入、黑箱、信息输出三个阶段。

(2)根据杨自检的观点,翻译的思维过程包含了形象思维、灵感思维的交错运用,翻译的思维过程不是一维的抽象思维。

翻译是以语言为媒介、以译者为主体的创造性活动。其翻译客体是具有整体性、系统性、可读性、稳定性、可译性、可读性、外伸性等特征的文本。

(四)翻译的价值

1. 翻译的社会价值

翻译的社会价值与时代的变化和发展共存。翻译的社会价值具体体现在翻译对社会交流与发展的推动作用,它取决于翻译活动的社会性。

此外,翻译的社会价值还在于对民族精神和国人思维的深刻影响。具体体现在以下两个方面。

(1)翻译有利于民族精神的塑造。

(2)翻译通过改造语言最终改造国人的思维方式。

2. 翻译的美学价值

翻译实践中的任何一部佳品,都体现着译者对美的追求和美的价值呈现。

(1)翻译家许渊冲认为：求真是低要求，求美才是高要求。

(2)严复的"信""达""雅"中的"雅"字，现代翻译学家赋予其新的含义就是要求译文应该具有美学价值。

就翻译本身而言，它不仅是单纯地对语言进行转换的过程，移植到译文中的一种审美和创造美的过程。翻译的美学价值体现人们对美的追求和人文理念。

3. 翻译的文化价值

就目前而言，人们对翻译的认识与理解也在不断深入与提高。因此，翻译的文化价值也备受重视，其文化价值指的是应该从文化的高度去认识翻译。

翻译因人类相互交流的需要而生，促进文化交流为其翻译的目的或任务。一个民族或个人的文化价值观也会影响其对其他文化的态度。总而言之，当时的译者对翻译的文化价值已经有所认识。

4. 翻译的创造价值

翻译的创造价值具体可以体现在以下三个层面。

(1)从社会层面而言，翻译作为一种以交流为基础的社会活动，同时也为译者的创造力奠定了基础。

(2)从语言层面而言，为了真正导入新的事物、观念和思路，文学语言艺术的翻译就是在源语的基础上对语言符号转换并创造的过程。

(3)从文化层面而言，翻译中导入的任何异质因素，都具有创新性。其创造价值蕴藏着一种求新求异的敢于打破自我封闭局限的创造精神。

5. 翻译的历史价值

纵观人类文明发展史，不难发现历史的每一次重大进步与发展都和翻译有着密切关系。然而，翻译作为跨文化的人类交际的活动，也有着不可避免的历史局限性。

翻译活动在很大程度上受制于人类认识水平和世界认识水平等诸多因素。这句话指出了翻译的历史价值观，包含以下两方面的含义。

(1)可以基于人类的翻译实践去考察人类的历史发展进程。

(2)可从历史发展的角度来看翻译活动不断丰富和发展的内涵，以及不断扩大的可能性，就具体的翻译活动来说，翻译对原文的理解和阐释都不是译者一次就能彻底完成的。在翻译实践中，既要清醒地意识到翻译活动的历史局限性，又要以辩证发展的眼光来看待这种局限性。

三、文化与翻译的关系

有史以来，资深的翻译研究者都比较重视文化与翻译的关系。文化与翻译作为两种社会现象，两者之间关系密切，翻译实践也丰富和利于文化的发展。

（一）翻译对文化的作用

一个民族的文化发展不仅要依靠自身文化，还应以辩证的眼光吸纳外来文化。

(1)翻译对译语文化的丰富和促进作用。有史以来,翻译作为促进民族文化发展的一个重要手段,在知识和文化的多维传播方面起着重要的作用。

(2)翻译在引入新思想、新知识的同时,无形中丰富了译语文化的语言和文学,有时甚至对本民族语言的形成起到了促进作用。

(二)文化对翻译的作用

1. 文化对翻译过程的干预

翻译作为两种文字间的转换和两种语言体系的接触活动,也是一种文化传输和移植,甚至是不同程度文明的接触过程。译者作为受到所属文化影响的个体,即使在文化中极力克服其个人的主观因素,但仍带有译语文化的烙印。文化对翻译过程的干预在很大程度上受制于译者在特定社会所形成的独特的文化取向。具体体现在以下几点。

(1)译者心态的开放和保守对翻译风格和内容都有很大的影响。同时,译者在翻译过程中采取哪种翻译方法也都受到特定时代人们观念的影响。

(2)译本的更迭是文化发展和变迁的结果。

文化对翻译过程的干预也大都通过译作来体现。可以通过这些方面的对比来观察该地区或国家文化的发展程度和社会面貌。

2. 文化对翻译形式的影响

文化对翻译形式的影响具体体现在以下几个方面。

(1)文化的强势、弱势影响着翻译活动方式。这里所指的强势和弱势是指在某一文化领域或文化整体的强与弱。

(2)翻译过程在很大程度上受制于民族心理的开放程度。

(3)翻译活动的规模受制于其对文化的需求程度。

总之,文化与翻译关系密切,翻译中涉及的文化因素非常复杂,译者只有对两种语言熟练驾驭并深化对两种文化的对比和理解,才能有效提高翻译质量。

第二节　全球化语境下的跨文化交际与翻译

无论是在科技高度发达的西方国家,还是在拥有古老文化底蕴的东方世界,跨文化交际正随着人类永不疲惫的脚步迈向世界的每个角落。在全球化的今天,无论是物质文明还是精神文明都给人们的相互交流带来新奇的感受,宗教、社会规范、价值观念及行为方式等方面的不同往往使人们对跨文化交际望而却步。

然而,任何文化都不可能孤独地寻求生存与发展,它也是在同其他文化的碰撞、交流、融合中不断发展的。跨文化交际是文化得以进步和发展的动力,各民族文化、各区域文化是在相互学习、相互交融中得到发展和提高的。中西跨文化交流是中西文化进步的动力。16世纪之前,中国文化曾借助阿拉伯人西传,引发了中世纪西方的觉醒;近代西方以先进的资本主义文化强劲地挑战中国古老封闭的农业文化,支撑着中国文化在欧美强势文化语境下的艰难表达。当今，在全球化的背景下，中国实施了全方位、多角度、宽领域的对外开放，主动学习、吸收、借鉴西方优秀文化因素作为中国文化进步、创新的因子。

翻译目的论认为，翻译是人类行为研究的范畴。因此，翻译必然受源语文化和译入语文化的制约，一些学者甚至提出翻译与其说是语言交流不如说是文化交流。译者作为翻译交际的中心人物，不仅要面对与读者或是作者有共同语言和文化的问题，而且还涉及是否与作者同属某一专业，以及为什么样的读者服务的问题。

在全球化进程日益加快的21世纪，跨国、跨文化促销、交流已发展成为一种客观现实。在全球化条件下，翻译担负着促进各民族间文化交流、构建跨文化理解的重任。然而，由于文化的多元化和各民族文化间的差异、各个国家社会制度及语言习惯的不同，人们在跨文化之间的促销、传播、交流中会遇到许多问题和障碍。跨文化交际不仅仅是在文化背景、语言、风俗习惯等存在明显差异的人群之间进行，还大量出现在人们原以为文化背景、风俗习惯趋同的人群之间。随着文化全球化的迅速发展，跨文化交际研究的重点也在发生转移和变化，帮助人们认识到全球化因素对一个国家的民族文化发展所产生的重要作用。在全球化背景下研究跨文化交流更具有理论和现实意义。

一、跨文化交际理论

（一）文化、交际与语言

文化是人类在社会历史发展过程中所创造的物质财富和精神财富的总和，交际指的是人与人之间相互往来和交流信息的过程。语言与文化息息相关，蕴藏着丰富的文化内涵。文化在交际中得到传承，语言是交际的工具。

1. 文化

（1）文化的定义。现代汉语词典中关于文化的定义就有三个，包括两方面的内容。一方面，泛指人类物质和精神财富的总和；另一方面，又特指文学、艺术、科学等。一种趋向是从广义层面上认为文化是人类区别于其他动物的独特创造，包括人类所创造的一切成果，主张文化是人类所创造的物质财富和精神财富的总和，第一个层次是物质文化，它是经过人的主观意志加工改造过的；第二个层次主要包括经济制度、法律、文艺作品、人际关系、行为习惯等；第三个层次是心理层次，或称观念文化，包括人的价值观念、道德情操、宗教情感和民族心理等。在文化学或文化人类学中，"文化"一词通常指人类社会区别于其他动物的全部活动方式及活动的产品。

（2）文化的表现形式。一种文化系统的内部往往呈现出不同的姿态。外显文化就是眼睛看得见的文化，如衣食住行、社交活动、宗教、文体活动等。内隐文化是我们眼睛看不到的文化，通常指隐藏在习惯性行为、语言行为背后的价值体系和思想观念。

文化是一个大范畴，广义的文化包括人类改造过的自然或自然物和经济、哲学、宗教、民俗、心理等社会生活的各个方面。

根据文化可以被广义地定义为某一特殊社会生活方式的整体，可以有罗马文化、阿拉伯文化、华夏文化等。因为能够体现该文化的特色的也可以被称为文化。

(3)文化的作用包括以下四个方面。

①文化的社会作用。文化是一种精神力量，在人类认识世界、改造世界的过程中，对民族、社会的发展产生深刻的影响。

②文化的教化作用。文化通过其中蕴含的知识体系、思想信仰和行为规范等规范人们的行为，在行为上与社会要求保持一致。

③文化对经济的作用。文化能凝聚人心，更新观念，开阔视野，从而推动经济发展。

④文化对个人的作用。文化可以启蒙心智，认识社会，愉悦身心，陶冶性情，获得精神上的满足和依归。优秀文化能够丰富人的精神世界，引领人们前进，激发人们的精神力量，促进人的全面发展。

(4)文化的特征 文化有四个最基本的特点。

①文化是经由学习获取的。文化是一组共同分享的符号系统，必须经由学习的过程来求得。

社会化是人类社会学习文化的最基本的道路。在此过程中，人们有意无意地一步一步接受、整合、强化文化需求的符号系统。

②本族中心主义。文化的第一个特征叫"本族中心主义"，它是指人们紧紧依靠自己的文化。经由学习或涵化过程，一个人慢慢地认知、拥抱与传承自己团体或族裔的文化。

③整体性。文化是一个社会传统的总和，文化内的各要素层层相扣，彼此影响。

④动态性。文化和人一样，有生命的周期，文化也一样，也会随着时代的发展而进步。文化是传承的，是社会的遗产。

2. 语言

(1)语言的定义。语言就广义而言，是生物同类之间由于沟通需要而制定的具有统一编码解码标准的声音讯号。符号会以视觉、声音或者触觉方式来传递。

(2)语言的结构。语言的结构包括音位、语素、短语、句子、篇章。

(3)语言的特性。语言具有创造性、结构性、指代性、社会性与个体性的特性。语言是人类的创造，只有人类有真正的语言。只有人类才会把无意义的语音按照各种方式组合起来，成为有意义的语素。人类创造了语言之后又创造了文字。文字是语言的视觉形式。

(4)语言的分类。语言的种类分为对话语言、书面语言、内部语言。而就大脑而言，脑语就是我们大脑时时产生的"思考""思想"或"思维"的东西。语言是一个人能力的重要表述部分。

按照习得过程，语言还可分为第一语言和第二语言。人出生后，首先掌握和使用的语言，叫第一语言，是人自然学到并熟练运用于交际和思维过程中的语言。本族语言或母语一般来说都是个人的第一语言。第二语言专指本国内非本族语。

(5)语言与文化的关系包括以下三个方面。

①语言是文化的重要组成部分，是保持生活方式的一种重要手段。语言是在自己特定的环境中为了生活的需要而产生的，所以各种语言所在的环境必然会在语言上打上烙印。

其次，统一团体的成员不仅交流他们的经历，也通过语言创造经历，运用语气、表情、肢体等语言或非语言的方式使其群体接受，语言承载了文化现实。语言是人们交流思想的媒介，语言这种文化现象是不断发展的，其现今的空间分布也是过去扩散、变化和发展的结果。

②语言反映文化。语言是交际媒介与语言符号。语言交际是人类社会必需的另一种交换活动。语言是文化的载体，语言反映文化，揭示该文化的一切内容。同时，语言又受制于文化，它的使用总要遵循一定的文化规约，它深深地扎根于文化之中。文化和语言有着密切的联系，学习一定的文化背景知识有助于促进语言应用能力的提高。

③语言是文化的载体和传播工具。语言与文化关系密切。不存在没有语言的文化，也不存在没有文化的语言。这个系统是由符号与符号之间的关系、符号与其所指的关系和符号与语言使用者之间的关系组成的。语言是文化现象，是文化主体的一个组成部分，是自成体系的特殊文化。文化制约着语言形式，文化是语言反映的内容。它随着人类的形成而形成，也随着人类社会的发展而发展，随着人类社会的变化而变化。

语言与文化相互依赖、相互影响。语言是我们从事社会活动需要借助的主要方式，语言与文化以各种方式与文化紧密地联系在一起。由于语言的产生和发展，人类文化才得以产生和传承，不存在没有文化的语言。广义的文化包括语言，使语言为了适应文化发展变化的需要而变得更加精确和缜密。

(6)语言学与文化。现代语言学主要来源于两大系统：语文学传统和人类学传统。人类学传统是指运用人类学方法去研究没有书写系统和文字传统的社会集团的语言。语言是一种特殊的文化，语言发展的同时，也承担着传承文化的责任。

3. 交际

(1)交际的定义。交际这个词来源于拉丁语 commonis 一词，意为"共同""共享"。因为通过交际，人们可以获得更多"共同"和"共享"的东西。而来自不同文化的人，共同和共享的东西不多。跨文化交际就是要使不同文化的人相互了解，从而消除交际过程中的障碍。

(2)交际的基本要素。在交际的过程中，有几个因素十分重要，即信息发送者、反馈、交际渠道和语境。

①信息发送者。信息发送者指的是发出信息的主体。发送者既可以是个人，也可以是组织或国家。

②信息接收者。信息接收者指的是接受信息的主体。接收者既可以是个人，也可以是组织或国家。

③编码与解码。在交际的过程中，发送者需要通过一定的符号系统，而接收者在接收到信息后也必须通过相应的符号系统将信息转化为意义，才能够理解。

④反馈。反馈是指信息接收者反应的一部分，反馈对交际有十分重要的意义，交际者可以通过反馈来检验是否有效地传达和分享了信息。面对面的交流往往能取得最好的效果，就是因为信息的发送者能够获得最及时、准确的反馈。

⑤交际渠道。渠道是交际过程中必不可少的因素。渠道可以分为直接渠道和间接渠道两种。由于是面对面交流，交流者可以获得最丰富的信息和最直接、及时的反馈，信息传递的准确率也很高。

⑥语境。所谓语境，就是交际发生的场所和情景。交际发生的语境能够帮助人们更加深入地了解交际的内容和形式。

(3) 交际的基本模式包括双向交际模式和单向交际模式。

①双向交际模式。施拉姆提出的交际模式形象地描述了发送者和接收者在交际时编码和解码的过程。发送者将信息编码后发送给接收者，接收者对信息进行解码，并将反馈的信息在编码后传递给发送者。

②单向交际模式。在交际过程中，如果接收者接收到发送者发出的信息没有及时反馈，这种交际模式就是单向交际模式。单向交际最重要的特征就是信息的发送者单方面发出信息，信息的发送者不能及时地获得接收者的反馈。在单向交际的过程中，虽然信息传递的速度快，但由于没有及时的反馈，发送者不知道接收者是否收到信息及对信息的理解如何。

(二) 跨文化交际基本概念

1. 跨文化交际的定义

国内外学者都认同跨文化交际学的多学科性、跨学科性、边缘学科性，与其相关的学科有人类学、社会学、心理学、语言学、哲学等，但是对跨文化交际存在着理解上的差异。

跨文化交际是一个符号的、解释的、相互影响的、与上下文有关的过程，当大量的和重大的文化差异导致不同的理解，并产生期望如何去更好地交际时，跨文化交际就出现了。

2. 跨文化交际的界定

文化和交流都依赖于一定的符号系统。交际是人们赖以生存、文化赖以传承和储存的重要机制。但交际会受到文化的影响，由于人们共用一套规则，文化可以成为交际的润滑剂，特别是在差异很大的文化中，文化就会成为交际的障碍。

跨文化交际首先是一种交际，具有交际的一般特点，但是跨文化交际同时又是一种较为特殊的交际，有着自己的特点和模式。

跨文化和同文化交际的过程和本质基本一样，二者只是在程度上的不同。从理论上讲，不同人的文化和社会背景、性格、爱好等方面都存在差异。

Richard E. Porter 和 Larry A. Samovar 曾以一个连续体的形式表明不同文化间的差异程度，很直观地表明了不同文化群体间不同程度的文化差异：①跨种族交际；②跨民族交际；③同一主流文化内不同群体间的交际；④国际性的跨文化交际。

在我国，跨文化交际的重点主要集中于国际性的跨文化交际维度上。因此，本研究中所涉及的跨文化交际不包括国内同一主流文化内不同群体间的交际。而在交际层面方面，本研究只包括跨文化人际交往，而不包括跨文化的组织交际和大众传播。

3. 跨文化交际的有效性

不同文化背景的人之间常常发生着各种跨文化交际行为，有时是唇枪舌剑的言语交锋，有时是表情手势的非言语交流。交际是一个交换信息，并赋予其意义的过程。信息的发出者和接收者进行的上述潜在过程要做到完全一样，跨文化交际因其跨文化的特点就使得这种完全相同的意义赋予更难以实现。

交际效果取决于交际双方在多大程度上对交换的信息赋予了相同的意义。误解固然是存在的，成功的交际者会设法将其降到最低限度。交际效果不是平常所说的是否理解了对方的意思和表达出了自己的意思，而是多大程度地分享了信息和多大程度地降低了误解。

有效的交际指的是信息接收方在任何语境下能够理解信息发出方的意图并做出合适反馈的交际。

交际中的误解是指双方对同一信息所做出的诠释不一样。只要将误解降到最低，信息在传达和被诠释的过程中未被歪曲，交际就可以说是有效的、成功的。

(三) 跨文化交际能力的基本概念

1. 跨文化交际能力的定义

跨文化交际能力是进行成功的跨文化交际所需要的能力。跨文化交际能力是跨文化交际领域中的一个重要研究课题。

跨文化交际能力一般包括三个基本因素：情感因素、认知因素、行为因素。具体来说，一个跨文化的人应该能够做到以下四点：①能够辨别出两个群体关系中的冲突区域；②能够解释冲突的行为和信念；③能够解决冲突或对不能解决的冲突进行协商；④能够评价一个解释系统的质量，自己建构一个有效的解释系统。

2. 跨文化交际能力的内涵

语言学习理论研究的任务之一，因为只有对语言能力和语言交际能力的构成因素和形成过程有了全面认识。从这个意义出发，这里主要探讨的是语言能力、交际能力和跨文化交际能力三者之间的相互关系。

(1) 语言能力。语言能力的概念是美国著名语言学家 Noam Chomsky 于 20 世纪 60 年代提出来的。他把语言分为语言能力和语言行为，并且把两者对立起来。

关于语言存在结构系统和规则的观点在我国外语教学领域有着长期的、根深蒂固的影响。但也存在明显的不足：此种语言理论只涉及语言系统本身或内部的内容，而未能解决语言的本质，即社会交际功能的问题。

(2) 交际能力。①语言的词汇及语法知识；②说话规则，如知道如何开始并结束谈话，不同场合对不同的人用什么称谓形式；③掌握如何使用不同的言语行为，并对其做出反应；④掌握如何适当地使用语言。

美国社会语言学家拉波夫提出了一种与交际理论相关的会话风格理论。他认为，人们不可能只使用一种谈话风格，在真实的交际情景中，人们会根据语境和话题调整谈话风格。非正式的谈话风格中,说话人对会话的关注少。拉波夫的这一理论受到了学者的广泛关注,并推动了学术界对交际理论的深入研究。

语言学家桑德拉·萨维尼在研究了语言特征以后,总结出五种交际能力特征。①交际能力是动态的而不是静态的概念,内容取决于共享同一符号体系的交际者所认同的意义。②交际能力适用于书面和口头沟通。③交际能力是针对具体语境而言的。④语言能力和语言运用能力在理论上是有区别的,语言运用能力是表现语言能力的能力;语言能力只有通过语言运用能力才能表现出来,语言能力才能得以发展、保持和评价。⑤交际能力是相对的,不是绝对的。交际能力取决于所有交际参与者的合作,这样交际能力的高低才能够显现。

卡内尔和斯魏恩对语言交际的各种因素进行了深入研究,并将交际能力概括为四个方面的知识与技能:语法能力、社会语言能力、语篇能力和策略能力。

凡·艾克提出的交际能力模式包括六项能力,前四项能力与卡内尔和斯魏恩的交际能力完全吻合,所不同的是他增加了一个文化能力和一个社会能力。①语言能力:能够根据所学语言的规范理解和表达意义的能力;②社会语言能力:能够理解语言使用受社会环境因素影响;③篇章能力:在理解和创造篇章时能够使用一些恰当的策略;④交际策略:在交际遇到困难时能够采用一些补救措施去说明自己的思想或弄清对方要表达的意思;⑤社会文化能力:每种语言都是以其独特的社会文化为语境,外语学习者应该了解目的文化;⑥社会能力:外语学习者愿意而且能够在与他人交往时,善于解决一些社会问题。

语言学家及语言教学专家一直在探索人际交往的奥秘,语言是交际的主要工具。语言能力研究起初定位在对语言的语法、语音等构成要素的研究,但是学者发现交际者仅有语言知识是不够的。运用语言的能力涉及社会文化范畴的知识,因此语言能力研究逐步发展成交际能力研究。

如何判断一个人是否具备良好的交际能力呢?Boehner & Kelly 将交际能力理解为"与自己与他人发生有效联系的能力",这种理解考虑了交际的双方,包括:①形成与达到目标的能力;②与他人合作的能力;③对情况或环境的变化做出适当调整以适应的能力。

他们认为有能力的交际者应该能够在最大限度上实现自己的交际目标,并进一步指出,如果要在最大限度上实现自己的目标,需要具备以下能力:首先确定目标,其次要获取相关信息,选取并运用适当的交际策略,最后还要能准确评价交际的结果。

(3)跨文化交际能力。不难发现,语言能力和交际能力中都提及了两个要素:特定环境、有效得体。跨文化交际是与来自其他文化的成员发生的。我们可以将跨文化交际能力定义为在特定环境中与来自其他文化成员进行得体、有效交际所需具备的能力,包括知识、意识与技能三方面的内容。

①特定环境:能力指的是一系列的才能或者是有技巧的行为。能力的判定却是随着标准的不同而不断改变的。交际者具备有利于跨文化交际的性格特征,必须在特定环境中来考查是否具备良好的跨文化交际能力。

②有效与得体:有能力的跨文化交际者能与其他文化成员进行有效得体的交际,是指

交际行为合理、适当，符合特定文化、特定交际情境，以及交际者之间特定关系对交际的预期。有效是交际的结果，得体是交际的过程。但在达到目的的过程中，不同的人可能会运用不同的方式，有的得体，有的可能稍欠妥当。又能够运用十分得体的方式，就是成功的交际。

③知识、意识、技能：跨文化交际能力并不是与生俱来的，也不是偶然获得的，需要具备一定前提条件。如果交际者缺乏这些必备的条件，他成功进行跨文化交际的可能性就会大大降低。

语言、交际、文化的关系密不可分，即具有交际能力；文化影响语言和交际，所以教授语言的理想目标是使教学对象使用所学语言在目的语的文化语境中以符合对方文化习惯的方式交际。

在对交际能力的讨论中，我们注意到，交际能力的研究大都是以本族人之间的交际为基础的，而对交际能力与文化差异的关系的研究还不够深入。

3. 跨文化交际能力的界定

在过去的 20 年间，学者们对跨文化交际能力从不同方面给出了自己的解释：①自我及自我概念；②对陌生者交际的动机；③陌生人的社会分类；④交际情景过程；⑤与陌生人的联系。

学者们对跨文化交际能力的界定虽然角度不同，但存在一定共性。语境是交际发生的环境、场景或场合，交际要在一定的场景中进行。交际者的社会角色、交际角色和交际目的直接影响交际行为，不同文化背景的交际对象对行为模式、社会角色有不同的认知。由于交际对象交际行为与自身交际行为规范不符，从而产生厌恶的情绪。

二、作为跨文化交际行为的翻译

（一）翻译的跨文化交际性质

语言交际在不同文化中都是以自身默契来编码与解码的，建立跨文化的东西方共识，以促进东西方文化间的沟通，以避免不同文化之间的冲突，最终促成成功的跨文化交流。

自从产生了人类社会，特别是人类通过语言交流思想以来，要使这种跨文化交际能够正常运行，就需要进行翻译活动。当最初的两个操着不同语言的族群邂逅时，双方的交流离开了翻译肯定是难以进行的，翻译也就随之产生了。翻译人员和翻译活动的产生，由最初族群之间、民族之间的微观跨文化交际，继而发展为国家与国家、地区与地区之间乃至全球性的宏观跨文化交际。两者是相辅相成和相互依存的关系。

从本质上讲，翻译是一定社会语境下发生的交际过程，是一项跨语言、跨文化的交流活动。翻译涉及两种语言，是一种把语言文字、语言知识、文化修养结合在一起的综合性艺术。

随着时下文化研究热的兴起，从文化的角度，特别是从跨文化的角度来研究翻译也逐渐形成潮流。近 20 年来，翻译研究中出现了两个明显的趋向。一是翻译理论深深地打上了交际理论的烙印；二是从重视语言的转换转向更加重视文化的转换。这两种倾向的结合，就把翻译看作是一种跨文化交际的行为。

（二）跨文化交际与翻译研究和实践

随着跨文化交际学的兴起，不少学者认为，翻译就是一种跨语言、跨文化的交际活动。具有一定的跨文化交际能力，才能使译文完成相类似的文化功能。

在跨文化交际活动中，参与交际的各方要十分熟悉本民族的语言与文化，了解他人文化的目的是懂得对方的意思，而了解本民族与其他民族文化差异的目的，是既要把自己的意思表达清楚又不至于造成误解，甚至伤害对方。只有这样才能使交际顺利进行下去。

文化差异往往构成了跨文化交际中必须克服的最大的障碍。在必要时要避免使用具有强烈民族色彩的词语和表达法，要进行解释或改写。如果一味坚持使用具有强烈民族色彩的词语与表达法，那么往往难以达到跨文化交流的目的。

跨文化交际研究提供确定翻译标准的依据，它以达到跨文化交际的目的为旨归。翻译是一种跨文化的交际活动，译文忠实与否取决于译者对两种语言及其所表达的文化内涵的细微差别的掌握。跨文化交际的理论和研究方法，对信息接收者的整体特点和具体个性的确切了解，以及对确定翻译标准适度性、翻译技巧选用的策略性、翻译质量优质性、翻译传播效果的实效性提供了定性或定量的依据。

综观国内的研究成果，一些学者着重探讨了西方人的思维模式、道德规范、行为准则、交往方式乃至生活方式等；一些学者重点从语言的功能，文字的音、形、义及其文化效应的角度对汉语和英语进行了一定深度的对比；而更多的学者则是从翻译学的角度出发，主要研究在英汉两种语言互译中如何运用译入语恰当、准确地传达源语的语义及其中的文化内涵的问题。

（三）跨文化交际与我国译者的文化态度

当今，跨文化交际活动和现象变得日益频繁，中西方文化之间的交流、碰撞和融合时时处处都在发生，从而越来越引起人们对跨文化交际的重视。跨文化交际又与翻译活动紧密相关，翻译活动和翻译人员在跨文化交际中有着举足轻重的作用和影响。在各种错综复杂的跨文化交际活动中，我们应保持理性的认识，决不可自以为中华泱泱大国的文化影响力巨大，对跨文化交际停留在过去陈旧的认识上。跨文化交际平等、友好而和谐，相互学习，但实际上，这种跨文化交际往往是不可能一帆风顺、平等进行的，甚至渗透着强势文化和弱势文化在无声无息中争夺各自势力范围和话语权的斗争。

在经济全球化进程日益快速推进的今天，这种选择权和自主权的空间日益缩小。此外，西方国家凭借其经济、文化、教育等方面的优势所带来的语言霸权，诋毁和摧残其他国家和民族的历史与文化。作为发展中国家，我们应对跨文化交际和翻译工作有理性的认识。我们既要迎接西方文化的挑战，又要坚持中华民族的传统文化；既要有选择地译介西方优秀文化，又要对外译介我们中国的文化精华，让世界了解中国。在翻译实践中，应持平等的态度来对待源语文化和译入语文化，平等也就意味着尊重。

第三节　跨文化传播视阈下的翻译功能

一、翻译研究跨文化传播学的新视角

跨文化传播学是传播学的一个重要分支，20世纪40年代后期诞生于美国，70年代至80年代逐步发展成为一门有着独特理论体系的独立学科，并于90年代引入我国。它是一个阐释全球社会中不同文化之间社会关系与社会交往活动的知识系统，是不同文化之间的意义阐释和理解。随着国际经济、文化往来的日益频繁，融汇了多种学科资源的跨文化传播学正逐渐在学理探索中走向成熟。这门交叉学科综合运用文化研究和传播学领域的思想成果，同时研究这样的文化传播过程中大众传播媒介的基础性和调节性作用，融汇过程、关系、意义、消费等视点，探讨如何实现不同文化之间的理解、合作、共存、共荣的可能与机制。

（一）传播的定义与内涵

英语中的"传播"一词其原意为"分享"和"共有"。19世纪末，"communication"一词成为日常用语并沿用至今，成为使用最为频繁的词语之一。它们从不同角度、不同侧面对"传播"进行解读。人们已普遍认同的传播是人类传播或社会传播：指个人与个人之间的信息交流和精神交往活动，指信息在一定社会系统内的运行。正是由于人类社会有传递信息的需要，因而才有了传播行为的发生。本研究使用的传播概念，同时具有以下三个方面的内涵：

第一，传播具有社会性。传播是人类特有的活动，社会人是传播的主体——社会人既是信息的传播者，又是信息的接收者。这一现象并非偶然，没有社区就不会有传播，没有传播，社区也难以为继。事实上，通过结成一个有机的整体去从事各种社会活动，也是人类与其他动物群体的主要区别。

第二，传播是不同信息之间的交流、沟通与共享的过程，接收者也不是被动地接受信息，两者是动态的、互动的。在传播过程中一切都可能发生变化，同时也总会有新的东西出现。

第三，传播是一个持续不断的、复杂的、合作建构意义的交流过程，进而建造人类生存的意义世界。这里的"意义"是主客观相结合的产物，是认知主体赋予认知对象的含义。传播作为符号活动，是一个动态多变的编码和译码的过程。

概而言之，传播的实质就是通过符号和媒介交流信息的一种社会互动过程。人们使用大量的符号交换信息，不断产生着共享意义。

（二）传播的要素与功能

最普遍意义的"传播"就是指信息的流动过程，在这种意义上的传播必然包括两方面：信息和流动。传播的内容包括传播的材料和负载材料内容的编译码。传播的过程及其效果

是通过媒介实现及受众反馈来体现的。

1. 传播要素

(1) 信息。作为传播的材料,信息可以指在特定时间、特定状态下,是传播或交流的最基本因素。通常,信息总是与现实中的事实相关;而且信息总是处在流动过程中,被相关的信息接收者所分享。环境作为传播的一个组成部分,可以是社会环境、身体状况或心理状况,信息的意义和理解同样也离不开这些环境因素。

(2) 传播者和接收者。发送者发出信息有时是有意识的,有时是无意识的;有时是自觉的,有时是无目的的。在成功的传播和交流中,接收者的反应与发送者的意愿基本相似,否则传播就很难达到目的。

(3) 编码与解码。传播是通过信息编码和译码来传递意义的过程;解码则是将从外界接收到的传播符码进行破译、赋予意义或进行评价的过程。重要的是,编码必须以接收者能够理解为前提,否则信息难以传递。

(4) 媒介。媒介还可称传播渠道或信道,是信息得以传递的物理手段和媒介,是传播方式、传播手段或传播工具的具体化。当我们说话时,媒介就是空气。空气的振动,把说话者的声音传给听话者。在跨文化人际传播中,传播媒介往往就是人本身——人可以通过自身,接通与他人之间的情感和思想联系。

(5) 反馈。信息产生的结果返回到原信息传播者的过程中,接收者把自己的信息加以编码,通过某种渠道再回传给信息发送者。反馈通常是检验传播效果的重要尺度,特别有助于修正传播者当前和未来的传播行为。

2. 传播功能

1948年,拉斯韦尔(Harold Lasswell)在《社会传播的结构与功能》(*The Structure and Function of Communication in Society*)一文中,较早对传播的功能进行了概括。后来,在拉斯韦尔这一观点的基础上,社会学家查尔斯·莱特(Charles Wright)又补充了传播的第四个功能,即提供娱乐的功能。

1981年,联合国教科文组织在名为《多种声音,一个世界》的报告中,提出了传播的多种功能,包括:①获得消息情报,收集、储存、整理和传播必要的新闻、数据、图片、意见和评论等信息;②社会化,为人们提供从事社会活动的知识,使之积极参加公共生活;③动力,为激励人们的意愿和理想而奋斗,鼓励人们为实现共同商定的目的而进行个别活动或社会活动;④辩论和讨论,目的是促使人们关心和积极参与本国和国际事务;⑤教育,培养人的品格,使人们在人生的各个阶段获得各种技能和能力;⑥发展文化,激起人们对美学的热忱与创造力,发展文化事业;⑦娱乐,使个人和集体得到娱乐和享受;⑧一体化,便于彼此相互了解并借鉴他人的生活经验、观点和思想。

(三) 文化和传播的关系

爱德华·霍尔(Edward Hall)于1959年就在《无声的语言》(*The Silent Language*)一书中阐述了有关文化、传播及跨文化传播的种种观点,影响巨大。这种以传播定义文化传承的观点一直影响着跨文化传播的研究发展。同时，传播也被视作文化流动和传承的工具，二者在很大程度上是同质同构关系。

1. 文化是传播的语境和内容

传播产生于人类生存和发展的需要，是人类的一种主要生存方式。文化与传播之间是互相渗透，相互兼容的。纵观历史文化的发展历程，文化不是一潭死水而是永远流动的，一经传播就显示出其本身所具有的生机与活力，文化则是传播的必然结果。

从传播活动的整体来看，它并不是杂乱无章地在随意进行着。人们总是生活在一定的社会文化环境中，在探索周围客观世界的实践活动中，并做出反应。人们关注什么，思考什么，赋予事物什么意义，文化因素决定了人们的思想意识，从而决定着人们的选择和行为模式。文化语境决定了社会整体运行规律，包括决定着载播文化的传播模式，并制约和影响着传播者的思维方式、行为模式。由此可见，文化决定了传播规则，决定了人们对传播内容的选择和传播方式的使用。

2. 传播促使文化传承和融合

人从出生开始就接受家庭教育和社会熏陶，经过耳濡目染、潜移默化的内化过程，逐渐根植于人们的思想意识之中。正是由于有了人类的传播活动，社会的文化传统世代相传得以继承下来，使文化在历史长河中得以积存和沉淀。人的社会化是一种个体接受所属社会的文化和规范，并将这种文化"内化"为自己行为的价值准则的过程。

（四）跨文化传播研究

人类社会的历史表明，文化传播的时间越久远，文化积淀就越深厚，文化遗产和文化传统就越丰硕。正是因为有了跨文化传播，域内与域外相互交流并相互融合，从而形成了各个国家、各个民族的不同个性。

1. 跨文化传播的历史渊源

作为一种社会现象和交流活动，跨文化传播的历史可谓源远流长，可追溯到原始部落时期。各部落之间的文化交流和沟通，使人类能够昌盛繁荣，可以组成更大的社会团体。在中华民族形成过程中，不同民族不断相互接触和融合，这个过程就充满了丰富的跨文化传播内容。西汉张骞出使西域、唐朝玄奘西行印度取经、鉴真东渡日本传经、明朝郑和七下西洋、清末民初的西学东渐等，其中都包含了十分复杂的跨文化传播和交流的因素。由此可见，跨文化传播是自古以来就存在的现象，有时盛有时衰，但却从未间断过。

这种情况在我国如此，在世界其他地方也不例外。15世纪，西方探险家迪亚士、达·伽马、哥伦布等的足迹从欧洲延伸到世界各地，随之而来的海外贸易与殖民活动促进了世界范围内的交往。在交通和通信工具日新月异、世界经济一体化趋势日益明显的今天，随着因特网的快速发展及普及，人们通过文字、声音，足不出户便可以进行跨文化传播。尤其随着世界各国物质交往日益频繁，外交联系愈益密切，跨文化传播活动已经成为人类社会生活的重要形式。

2."跨文化传播"的术语来源和定义

20世纪50年代，服务于美国国务院外交服务学院的美国文化人类学家爱德华·霍尔在其经典著作《无声的语言》中首次使用了"跨文化传播"一词,其英语表达为"intercultural communication"。

"跨文化传播"这一术语在汉语中尚有其他几种表述方法。这些术语在汉语使用上产生差别的原因之一,就是这门新学科刚刚建立;另一原因是学者来自不同的学科背景。

学界对跨文化传播的定义多种多样,主要概括为如下三种类型。

第一,来自不同文化背景的人际交往与互动行为。在跨越文化的人际传播中,可能存在着观念、思维方式、生活方式乃至民族性格等方面不同程度的差异。在这一理解的基础上,个体通过采用彼此的视角来合作建构意义。

第二,信息的编码、译码由来自不同语境的个体或群体进行的传播。传播双方信息编码比较一致的传播可以称为同文化传播,传播双方的信息编码基本不同的传播可以称为跨文化传播。一般而言,双方信息重叠量达到70%可算是同文化传播,低于70%则是跨文化传播。

第三,由于参与传播的双方符号系统存在差异,因而传播成为一种符号的交换过程。有效传播即是能够在来自不同文化的传播者之间创造一种共享意义。当不同文化或群体成员的文化差异增大时,产生误解的可能性无疑更大。

美国著名传播学家萨默瓦和波特在《跨文化传播》(*Communication Between Cultures*)一书中将其定义为具有不同文化观念和符号系统的人们相互交流的一种情境。这似乎过于简单,而且没有体现出跨文化传播的互动过程。第一,日常生活层面的跨文化传播,主要指来自不同文化背景的社会成员在日常互动过程中的矛盾、冲突与解决方式;第二,人类文化交往层面的跨文化传播,不同文化之间进行交往与互动的过程与影响,以及由传播过程决定的文化融合、发展与变迁。

二、跨文化传播的模式与功能

(一)跨文化传播的模式构建及要素分析

所谓模式是指对客观事物的内外部机制直观而简洁的描述,它是理论的简化形式,可以向人们提供事物的整体信息。

第一,构造功能:揭示跨文化传播过程中各系统要素之间的次序、相互关系及作用原理,从而获得对事物的整体认识。

第二,启发功能:模式构建总是与理论发展相伴相生,随时进一步启发扩展其他研究内容与范围,引导人们探知新的未知的事实与方法。

第三,预测功能:由于模式能给我们提供考虑问题的框架,我们可以把握事物规律,从而预测事物发展的进程和结果。

传播学奠基人之一拉斯维尔于1948年首次提出著名的"5W模式",认为传播过程由5个基本要素组成:谁(Who)、说了什么(What)、通过什么渠道(In which channel)、向谁说(To whom)、有什么效果(With what effect)。这个模式第一次将人们天天从事却又阐述不清的传播活动明确表述为由5个环节和要素构成的过程。有些学者，如布雷多克，认为拉斯维尔模式比较实用，因此进一步补充发展了这一模式，进一步完善了传播的一般模式。实际上传播过程研究是一个开放的、系统的研究，大量的研究都具有多层性和多面性。

综合以上传播学意义上的传播过程模式，我们认为作为特殊领域的跨文化传播过程模式还应该包括传播方式或传播方法这一在内因素。这样，我们就可以把跨文化传播的要素增加到8个，它们分别是传播者、传播信息、传播媒介、信息受众、传播效果、传播目的、传播环境及传播方式。虽然这种过程模式在本质上属于理论模式建构，但是仍旧可以将其理论成果运用于其他领域的探索而建立起新的模式。

1. 跨文化传播者及其文化身份

跨文化传播者是传播活动的主体和起点，也是传播活动的中心之一。另外，传播者文化身份的自觉与主动是跨文化传播达到预期目的的重要前提。传播信息内容、环境的变化使文化身份在群体成员身上的显现有强弱之分。文化身份不仅决定传播交际者采用哪一种语言进行传播，还决定着不同文化属性的人们所使用的编码、解码的方式。在跨文化传播中，交际双方解释自己文化身份的特点、行为规范的做法有助于彼此建立信任，并减少偏见。

2. 跨文化传播产生的原因及环境

跨文化传播的产生机制是全球化的结果，世界范围内的传播成为从中心区域向非中心区域生产和消费扩散的过程。同时全球化的技术和管理对市场进行分切和分节，导致传播的管理模式演变为社会管理的技术。其次，文化间的差异导致了跨文化传播关系的产生，因此也产生误读与误解。

跨文化传播活动总离不开一定的社会环境。在不同的环境中传播的效果也不相同。我们认为跨文化传播的环境应有四种基本类型：一是空间环境，如传播进行时所处的空间、气候、温度等；二是社会关系，如社会组织、文化习俗及人与人之间的关系等都会对跨文化传播构成影响；三是心理因素，心理境况直接影响人们的传播行为；四是时间因素，时间环节有时最不易为人们所重视，它通常是指跨文化传播活动具有特别意义的时刻。

上述跨文化传播环境的四种基本类型并不是孤立存在的，它们总是相互作用、相互依存，并被其他几个类型所影响。所以说空间的、社会的、心理的、时间的诸种情境类型共同发生作用，构成了跨文化传播的整体背景。

3. 跨文化传播的媒介、方式及途径

（1）跨文化传播的媒介。传播媒介的发展是人类传播能力发展变化的表征。传播的发展史实际上就是传播媒介的发展史。一方面，传播媒介的发展受制于两个基本因素：一是思想文化的发展程度；二是科学技术水平。这就必然促进人们不断改革传播的媒介来适应日益发展的思想文化的需要。另一方面，传播媒介的发展又受制于科学技术的发展水平。人类每次传播技术的提高，都会带来传播方式的重大变革。

传播媒介可分为印刷媒介和电子媒介两大类。印刷媒介主要指报纸、书籍、杂志三种,历史也较悠久,它使语言文字得以大量印刷而大规模传播,大大地推动了人类文明的进程。

在跨文化传播中一般最简单的传播关系也必须在两个以上的组织和个人之间才能形成。传播媒介联结传播关系的工具和手段,可以是社会组织,如工会、社团等。

(2)跨文化传播的方式。跨文化传播过程不同,方式也不同。一般来说,主要有直接传播、间接传播和激起传播三种。

第一,直接传播。直接传播是最简单、最基本的跨文化传播模式,指传播者与接受者像接力赛跑似的,一站一站地传到远方。它是在同一个时间的横向传递,所以又可称为横向传播。这种文化传播模式谓之根式传播,就如同树根一样从主根、支根到须根依次传递和扩散,所以又可称为竖式传播。如果把传播文化放到一个更为广阔的空间和持续运动的时间内来观察,单纯的波式传播或根式传播很少见,而常常是一个复杂的多层次的结构模式,表现为波式传播,大都是采取多层次交互作用的传播模式。

第二,间接传播。如果两种文化不是直接交往,这就是间接传播,又称媒介传播。在一般情况下,贸易是常见的传播方式。精神文化产品,同样是历代商人贩运的对象,唐代白居易的诗和张旌的文章,都为朝鲜和日本所喜爱。此外,帮助日本了解世界起了很大作用的魏源的《海国图志》就是由清朝商人几次航海时传过去的。

第三,激起传播。激起传播又叫刺激传播,刺激了另一社会,即给另一社会以灵感和启发,使之相应发明或发展了类似的文化因素,激起传播是由外来文化的先例所促发的新的文化因素的成长。到18世纪,在不知道具体制陶技术的情况下德国人找到了制陶的原材料并重新发明了制陶技术。如果不是先在中国存在制陶技术并将瓷器传到了欧洲,那么欧洲人在18世纪甚至以后就不大可能会产生这项发明。中国印刷术的传播所引发的许多民族对印刷术的日臻完善,就是一个比较典型的激起传播事例。13世纪,我国印刷术传入欧洲,1454年,德国人古登堡受其启发,发明了铅字印刷。直到1590年葡萄牙人用铅活字印刷了传教士孟三德的《日本派赴罗马之使节》一书,印刷术又倒输回中国。

(3)跨文化传播的途径。如上所述,跨文化的信息传播都是直接或间接通过人的接触和交流进行的。纵观世界文化发展史,跨文化传播的方式和途径多种多样,主要把它们归为以下几种。

一是自然式跨文化传播。在传统社会里,人们生活的主要物质要依靠大自然的赐予,在遇到自然灾害时,人们就会向新的地方迁徙和流动。随着人的流动,迁徙的人们将在原居住地的前人所创造的文化成果,从一个文化空间带到了另一个文化空间。

二是强迫式跨文化传播。主要是某些国家和地区出于经济利益的驱动,用武力手段和强制政策,强迫另一些国家和地区接受自己的文化,这是一种野蛮的、常常伴随着血与火的跨文化传播方式。美洲、澳洲等地与欧洲文化共同体的形成,都是当时的欧洲人占领这些地方后,一方面使当地土著人的文化被边缘化,另一方面在那里强力推行欧洲文化。这些都是强迫传播文化的行为,其目的是企图用自己的文化取代当地的文化。

早期的宗教传播是一种自然式或交流式的跨文化传播，但是后来在某种特殊的社会历史条件下，它也成为一种强迫式的跨文化传播。在中国近代史上，一些早期西方来华传教士就是纯教会行为，他们遵守中国法律，为中西文化交流都作出了不同程度的贡献。

三是交流式跨文化传播。主要是不同国家和地区在加强理解、共同促进发展的前提下，彼此之间互相介绍和推广自己的文化。这是一种积极主动的、文明的跨文化传播方式，其具体的途径也是多种多样的，主要包括商贸传播和学术传播。

商贸传播。随着商品经济的发展，归属于不同文化的国家和地区之间建立了商业贸易关系。例如，中国古代著名的"丝绸之路"，最初就是为了国际性的丝绸贸易而由商人们开辟的。商业通道也成为不同文化相互交流与传播的渠道。

学术传播。人类生活实践、知识经验及思想认识的不断积累和发展，也促进了异质文化的传播，如许多世界经典名著被翻译成不同语言的文字，可以对异国文化进行全面、深刻和系统的了解，以及国际召开多个国家学者参加的学术讨论会等。

总之，随着人类生产和交往范围的不断扩大，跨文化传播的方式和途径也越来越趋于多样化。特别是由于现代传播技术和信息网络水平的提高，呈现出媒介化的发展趋势。跨文化传播已经成为人类文化创新和发展的有效方式，是提高文化实力的重要途径。

4. 跨文化传播的受众分析及效果影响

传播效果作为传播要素之一，在跨文化传播学研究领域有着较高地位，传播主体都希望达到一定的效果，总要对异质文化中的受传者产生一定影响。如果受传者没有接收到传播者发出的信息，就谈不上传播效果。这里所说的效果有程度上的差异，有的传播只要受传者有反应，有的传播却能改变受传者的态度、观念和思想等，进而产生社会变革和文化变迁。传播效果有的时候是疾风骤雨式的，来得迅猛；有的时候又可能是润物细无声的潜移默化式。

但是，决定传播活动效果的主体是谁呢？从现代传播学角度看，传播活动的主体不仅有传播者，是他们双方共同作用，才促成了传播活动进行。跨文化传播过程中必然也存在着两个主体：源语文化传播者和目的语文化受传者。跨文化传播的整个过程都以源语文化传播者搜集、传递信息开始。一方面，传播者总是直接或间接地向受众传递自己的传播意图；另一方面，由于受众是跨文化传播的对象和目标，对于传播者、传播渠道在传播过程中所产生的作用，往往都需要根据受众接受信息的状态和反馈结果来评价。因此，重视目的语文化中的受众在传播中的地位有助于理解跨文化传播过程和传播效果。

5. 跨文化传播的特殊方式——翻译实践的突出作用

跨文化传播是主体之间的精神交往和信息交流，符号构成了跨文化传播的文本、信息、话语。就符号的形式而言，有的学者将符号的意指形式分为三类：声音形式、形象形式、文字形式。在信息传播技术飞速发展和大众媒介全球化的背景中，翻译的功能日益凸现，从字面转述走向文化阐释，对消除误会隔阂、改善国际关系具有重要意义。

作为跨文化传播倚重的媒介，翻译是源语和译语之间的沟通中介。另外，翻译的重要性体现在二度编码上，即译者对原作者作品的解码或表达。传播中的传播者与受传者的角色功能是对等的,双方在编码、译码和解码上轮流发挥同样的作用。因此,翻译质量的高低和跨文化传播效果的检验是建立在译文读者对译文的理解与源语读者对原文理解程度的比较之上,才能最终衡量译文是否正确恰当。异化翻译就是文化植入,即源语文化表达形式直接进入译文。

(二)跨文化传播的功能分析

跨文化传播是人类对异质文化的分配和共享,成为一种社会需要、社会过程和社会现象,具有推动人类文明发展的经济意义和教育意义。回顾跨文化传播的历史,跨文化传播主要具备以下几种功能。

1. 促进异语社会沟通

跨文化传播能够促进人类主体之间的相互沟通,能够为不同文化的人与人之间实现社会期待、价值认同和文化融合的精神沟通提供桥梁和纽带。人类所创造的文化信息,首先是为了满足人与人之间交往与沟通的需要。失去了跨文化意义上的信息传播,他们的交往便不可能顺利进行,彼此就难以达到正常的社会沟通。

2. 整合平衡异质文化

跨文化传播能够加强异质文化里人们的社会化程度,形成和确定必要的社会规范,进行社会教化。异质文化社会在向个体进行跨文化传播的过程中,跨文化传播是对异质文化中社会道德规范、文明规则的一种启蒙和宣传,能够影响人们的行为规范,改变人们的社会行为,进而实现社会文化的规整。

跨文化传播还是实现异质社会文化整合的重要因素,从人类历史宏观共时的角度看,人类文明的发展进程并不是完全"均衡"和"趋同"的。

3. 推动人类文明发展

跨文化传播是推动人类社会文明进化的重要因素,历史已经证明,不同背景社会的发展和文明进化离不开异质文化之间的相互传播。跨文化传播将文明的火种传递到世界各个角落,互相取长补短,彼此求同存异,促进了整个人类的文明进化。

第四节 跨文化翻译与传播:教学研培类

一、跨文化交际翻译教学概述

(一)文化差异对翻译教学的影响

翻译不仅是一种语言间的转换活动,更是一种文化之间的信息交流活动。概括来说,文化差异对翻译的影响主要体现为以下两个方面。

1. 文化误译

文化误译是由文化误读引起的,许多人习惯性地按自己熟悉的文化来理解其他文化。

文化误译是中国学生在英汉翻译中经常出现的问题。

2. 翻译空缺

翻译空缺是指任何语言间或语言内的交际都不可能完全准确、对等。在英汉翻译教学中，教师应该提醒学生注意这一现象，英汉翻译中常见的空缺有词汇空缺和语义空缺两大类。

(1)英汉词汇空缺

尽管不同语言之间存在一定的共性，这些特性渗透到词汇上，就会造成不同语言之间概念表达的不对应。

教师在英汉翻译教学中要特别注重词汇空缺现象的渗透，指引学生采用灵活的翻译方法化解矛盾，翻译出优秀的文章。

(2)英汉语义空缺

英汉语义空缺是指不同语言中表达同一概念的词语虽然看起来字面含义相同，但实际上却存在不同的文化内涵。因此，教师在日常的翻译教学中要不断引起学生对语义空缺现象的注意，遇到空缺时尽量寻求深层语义的对应，而不是词语表面的对应。

(二)文化差异对英汉翻译教学的启示

1. 翻译教学的现状

(1)英语翻译教材内容受限。学生使用的多数翻译教材存在一个共性问题：忽视了语言形式的文化意义。翻译教材中涉及的英语文化，尤其是有关英语国家价值观、民族心理等方面的材料很少。

(2)翻译教师的文化意识淡薄。教师因素是文化翻译教学能否落实到实处的重要因素。造成这一结果的原因有很多：首先是翻译教师自身接受的翻译教育就是传统的"骨架知识"教学。在英语翻译课堂教学中，多数教师仅注重学生对某些词汇、语法点的翻译，对英汉文化知识的渗透十分有限，点到即可，缺乏一定的系统性和条理性。一些翻译教师认为学生能准确翻译出词汇和语法等基本语言点就够了；一些教师认为学生学习英语翻译，忽视了语言中文化因素所起的作用。另外，教师也属于非母语学习者，缺乏英语学习的大环境；并且由于教师的教学任务过于繁重，没有太多时间和精力用在文化差异研究上。

(3)学生缺乏跨文化交际意识。我国学生进行英语学习的主要目的是通过考试，在这种意识的指导下，部分学生认为跨文化学习是一种浪费学习精力的行为，并不能提高英语考试的成绩。由于学生的跨文化意识淡薄，虽然在应试教育中会取得一定的成绩，但是无法流利地使用外语进行交流。中国学生存在的"哑巴英语"现象便是普通语言知识教学的重要产物。

2. 翻译教学的内容与目标

(1)翻译教学的内容。①翻译基本理论。翻译的理论知识主要涉及对翻译活动本身的认识、标准、工具书的使用等。②英汉语言对比。在语言层面上，主要是对英汉语言的语义、句法、文体篇章进行比较，发现它们的异同。③常用的翻译技巧。翻译中的常见技巧有语序的调整、增补语省略、主动与被动、句子语用功能再现等。

(2)翻译教学的目标包括一般要求、较高要求和更高要求。

一般要求：①学生可以借助词典对题材熟悉的文章进行英汉互译；②学生的英汉译速可以达到每小时约 300 个英文单词；③学生的译文可以基本准确。

较高要求：①学生可以摘译所学专业的英语文献资料；②学生的译文通顺达意，理解和语言表达错误较少；③学生可以使用适当的翻译技巧。

更高要求：①学生可以翻译介绍中国国情或文化的文章；②学生的译文内容准确，基本没有错误、漏译，文字通顺达意，语言表达错误较少。

3. 文化差异对翻译教学的启示

(1)提升学生英语文化知识水平。从当前的英语教学翻译教学现状来看，多数教师全面照搬课本上的知识，对英美国家的文化知识了解甚少。因而，在翻译过程中一旦遇到文化问题，会出现误译的情况。翻译涉及众多学科与领域，若不具备该领域一定的基础知识将很难理解文本。

基于以上问题，很多院校纷纷开设了涉及西方文化及文学方面的选修课，激发学生对外国文化的兴趣，培养学生的文化差异意识。在具体的翻译教学中，增强学生对英语中所包含的文化现象的认识和理解，从而提高他们在翻译中处理文化问题的能力。

教师还应有意识地选用一些包含文化知识、涉及文化差异的教材，体会英语的具体使用，以便使学生能更加忠实、准确地再现原文的思想意图。

(2)夯实学生的语言功底。如果没有强大的双语基本功做支撑，学生便无法深刻体会源语言的信息，翻译的质量就会大打折扣。在普通英语翻译教学中，教师通常只关注提高学生的英语水平。因此，加强培养学生的汉语语言功底具有十分重要的意义，要让学生熟悉汉语行文特征，这样才能在翻译过程中体现、发扬汉语语言传统。

(3)积极开展网络教学与第二课堂教学。我国的英语翻译教学仍沿用着传统的教学策略和教学工具。教师应积极主动地探索新的翻译教学策略与教学工具并身体力行。

互联网是一种信息技术，是信息传播、整理、搜寻的一种技术，其主要任务是传递信息。在翻译教学中教师应充分发挥互联网的优势，将网络作为翻译课堂教学的补充。由于翻译课堂时间十分有限，教师还应在课下开展一些有益学生增加文化知识、提高翻译水平的活动。

(4)注重对学生文化差异意识的培养。加强学生的文化差异意识，对提高翻译能力、改善翻译教学的质量有重要意义。

①自然因素引起的文化差异教学。自然环境对人类生产生活有着较大的影响。中国和英美国家所处的自然环境不同，其主要体现在自然、植物、动物、数字、颜色等客观文化现象的差异上。

②历史、宗教因素引起的文化差异教学。历史、宗教上的重要人物、事件等往往会反映在本民族的语言之中，这一因素带来的差异主要体现在修辞文化和习语文化等语言文化方面。在翻译过程中，学生只有对各自不同的文化积淀有所了解，进而采取有效的对策，

才能实现忠实、通顺的翻译。

③风俗不同引起的文化差异教学。英汉民族有各自特别的习俗和对事物的认识。总之，教师要重视这些由不同民族的生活习俗引起的文化差异，做出正确翻译，实现跨文化交际的目的。

④思维方式不同引起的文化差异教学。英汉民族往往因为对同一事物的看法、理解不同而在各自的语言中有着不同的表达方式。它几乎可以包罗或解释中西文化差异的各个方面。

原文含义的重点不是过高地评价不可能，而是这个事物本身就不值得如此好评。可见，在翻译教学中，英汉思维方式引起的文化差异教学同样重要。

二、CBI 教学模式下的翻译教学

CBI 教学模式是将语言教学与内容教学融合在一起的教学模式。CBI 教学模式主要有以下四个主要特征：以学科知识为核心；使用真实的语言教学材料；学习新知识和新信息；符合不同层次的学生群体的需要。以学科知识为核心，指在学习学科知识如历史、语言学、心理学、社会学等学科的过程中获得语言交际能力；使用真实的语言教学材料，是指在语言教学过程中所使用的主要教学材料均为本族语所使用的材料；学习新知识和新信息，是指学习者借助母语建立起来的知识来对新知识和新信息进行评价和学习；学科的课程设置符合不同层次的学生群体的需要是指学科知识、教学话题、语言教学材料、教学活动等要符合学生的语言能力水平、认知程度、将来求职的需求和个人的爱好兴趣等。

翻译综合能力涉及了各种学科知识和技能的协调应用。翻译教学的目的就是使学生学习翻译学科知识的同时获取语言交际的能力，培养翻译人才，而 CBI 教学模式就是将语言教学和学科知识结合的一种教学模式。

（一）翻译教学的现状

很多院校相关的翻译教学方面的新材料较少，翻译教学的目的就是培养时代性的翻译人才，因此这些教材作为教学内容很难适应现在翻译教学的发展。

国内传统的翻译教学模式是，翻译课程的教师发给学生一篇自己选择的文章或者翻译段落（一般都是由翻译大家或专家做过的相关范文）以供参考。然后，学生在课堂上以口头或书面的形式把这样的文章或者段落翻译出来，教师指出学生在翻译的过程中出现的错误或者存在的问题，这种传统的教学方法总是教师唱主角，教师提供的参考译文成为翻译教学的最终目标，在很大的程度上扼杀了学生学习翻译的主动性和翻译练习过程中的创造性。

（二）翻译教学中 CBI 翻译教学模式的应用

1. 教学模式的理论准备

把一种新的教学模式应用在翻译教学中，翻译教学的最终目标、教学理论和教学实践等问题应该借鉴他人成功的教学经验，限制学生能力发展和制约翻译教学的因素应该被全面清除。在课程一开始时教师就可以提出问题，邀请学生共同探讨并进行思考。教师可推荐学生参考平行文本，使学生对翻译的基本概念、历史发展与现状及翻译界的热点和焦点问题有更多的了解。遇到有争议的问题，教师尽量客观地评价这些问题，帮助学生树立辩证的学习态度。在帮助学生了解各种不同观点的同时，让学生抛弃狭隘的翻译目标，在学生的翻译理论水平提高的同时，学生语言和翻译的能力也应加强，教师应教育他们树立良好的学习思想。

2. 实施操作

CBI模式下的翻译教学就是指在一些教学环节中如设定教学目标、课堂教学和评估学生作业等方面要充分考虑学生的个人因素。主要体现在：学生参与选择翻译教学内容和翻译材料；培养学生严谨的翻译学习风气和批判性思维的能力，这应作为教学方法与教学手段的重点内容；分析学生译作时，首先要充分肯定学生译作的闪光点，注重分析和挖掘导致学生产生错译或误译的原因。

(1) 让学生参与到教学中。翻译课教学应在一定的翻译理论指导下进行翻译练习和实践。教师要做到这点首先要有选择地介绍符合翻译学科发展和研究趋势的翻译理论；不要根据个人的主观看法和兴趣特意介绍某个大家的理论；其次在给学生介绍更好的翻译方法的同时，一定要告诉学生为什么这样翻译而不是那样译。

(2) 选取不同的翻译练习文本。目前，学生所使用的翻译教材过于陈旧，因此教师在教学过程需自己选择翻译练习的材料供学生进行课内的翻译练习。学生最喜欢翻译哪类文本，教师就可多选择这类文本作为翻译课堂的练习材料。

(3) 重视翻译教学的质与量。量变才会引起质变，要提高翻译的质，翻译实践就要达到一定的量。教师可引进"精译"和"泛译"的两个概念，将翻译练习分为两类。这类作业能让学生在翻译练习的同时理解翻译的概念。教师执行教学方案时要与学生沟通，实施大多数学生能认可的方案。

3. 安排多样化的作业

(1) 课堂集体讨论。学生在翻译理论知识方面对本课程寄予了很高的期望，教师一般选择长度和难度适中的材料用于课堂讨论，学生大都能独立完成这些材料的翻译。课堂讨论时能集思广益，在分享各自的思维活动中学生翻译的速度和翻译水平也可得到一定的提高。

(2) 翻译思维过程练习。教师要求学生在一本指定的翻译教材上选择学生最感兴趣的一篇文章，译完后对当时翻译的思维过程进行回忆并记录。要求学生对参考译文进行比较，并说明自己进行判断的根据是什么。这样能很好地锻炼学生翻译过程中发现和分析问题的能力，学生也不会再盲目崇拜一些翻译作品。

4. 善于发现学生翻译作业中的亮点

对学生作业进行评阅时教师一定要持欣赏的态度，要把学生的心理因素考虑进来。学生有了积极的学习心态，才会对教师对其翻译练习提出的问题或批评欣然接受，这样翻译课堂的气氛因此会变得更为活跃。而传统教学模式总是教师在唱主角，打消了学生学习的积极性，整个翻译课堂也显得枯燥乏味。

CBI教学模式的翻译教学法能使学生体验到翻译过程的艰辛，也能使学生意识到翻译的重要性。在此基础上，学生在语言能力和翻译综合能力方面的优点和缺点明显地体现了出来，这样能促进学生养成好的学习习惯，更重要的是CBI教学模式能让学生对翻译产生更为浓厚的兴趣，形成自己的翻译见解并具翻译创造性。

三、基于语言文化对比角度看翻译

（一）语言文化对比

学习翻译当然应该学习具体的技巧，甚至应该了解一下古今中外有关翻译的理论。唯有对比深刻，才能将翻译中遇到的困难理解深刻，问题方能迎刃而解。当然对比不应只看到差异，也要看到一致。

1. 语言对比与文化对比

翻译学涉及众多学科，但不属于这些学科中的任何一种，翻译的过程也是一个始终都在使用语言的过程，因此翻译学就始终离不开对语言的研究。

翻译学对这些分支的研究却与语言学有着本质的区别。首先，研究目的不同，前者的研究目的是应用。其次，研究方法和研究对象不同，翻译学所探讨的是两种语言符号活动的规律，所观察和研究的不是语言符号体系。

由于翻译研究主要与语言有关，不论从研究对象和研究领域的逐步扩展上，还是从理论和研究方法的多元发展变化上，无一不受语言学的影响，从语言的结构转向语言的功能，从人们如何说出和听懂语言到如何利用机器来分析、模拟和翻译等。

西方的每一种翻译理论或每一个翻译学流派的背后，从传统语言学到历史比较语言学，从结构主义语言学到形式主义语言学，都能在翻译学中找到相应的理论或流派。研究方法也不例外，从历史比较法和共时描写法到多学科方法的综合运用都能找到。

我们强调翻译研究与语言研究的关系，语言不是简单的机械，不是冷漠无情的单纯器具，而是充满了人情心绪、人品精华，蕴含着生机、灵气、活力，甚至可以说，一个人的语言就是他一部分生命的信号，片面强调翻译研究的模式化、标准化，把情感丰富、跳动着生命旋律的翻译活动变成干巴巴、冷冰冰的"文字游戏"，结果必定是背离了翻译研究的人文性，又有违于翻译研究的科学化的初衷。建立中国翻译学，把中国传统的宏观描写理论与西方的微观分析理论结合起来，用科学的方法加人文关照对双语转换过程中的各个机制进行描述，确立语言翻译的科学依据。

由于语言是翻译的基本要素，因此在两种语言的转换过程中，对两种语言进行对比必不可少。翻译所涉及的不仅仅是语言文化，还有更大范围的背景文化。因此，必然要涉及两种文化的对比。

确立英汉翻译主要依靠英汉翻译语言文化对比，文化翻译的任务不是翻译文化，而是翻译容载或含蕴着文化信息的意义。宏观的、广义的文化翻译涵盖容载一切文化信息的意义转换。

语言差异是民族文化所形成的民族思维方式差异在表达方式上的体现。文化渊源不同，建立中国翻译学，就要立足于中华民族的语言、文化思维方式，从汉外、外汉语言文化对比研究的实际出发，描写翻译实践过程。

每一种语言都按自己特有的形式来组织和它相对应的经验材料，一种语言和另一种语言的词汇意义和功能的分布情况是各不相同的。首先在形态表现方式上，英汉之间就存在着很大的差别。首先是基于文化与语言关系研究之上，还要研究译入语中的表达方式，翻译固然要考虑到文化问题，但最终还得通过语言的操作来完成翻译过程。因此，语言与文化、宏观与微观这两个方面都不能忽视。英汉翻译语言文化对比研究，无论是作为一个科目，还是作为一项课题，都是从内容上将英汉两种语言与文化放在一起进行对比研究。

翻译必须通过语言的操作才能最终完成翻译的过程。翻译研究中的文化翻译是一个次范畴，一个专题英汉语言文化对比研究中的文化对比研究的目的是探讨英汉民族文化对英汉语言翻译活动的影响，通过对两种语言、文化异同的分析对比，以此作为参照性依据，提高语言接触的深度、广度及语言转换的效率和质量。

2. 语言文化对比维度

(1)语言文化对比是翻译研究科学化的依归。从一种语言到另一种语言，意义如何确立、限度等一直是翻译理论界长期思考和探索的重要课题。

对比分析可以是共时性研究。它要揭示语言之间的一致性和分歧性，尤其是分歧性。从翻译理论要求看，对比研究应该是"多向度的"。研究应以中国语言、文化为基石，用科学的方法加上人文关照对双语转换过程中的各种机制进行描述，确立语言翻译的科学依据和依归。

翻译学视域中的文化疆界取决于翻译学探讨的全部问题所涉及的领域和范围。文化翻译的任务不是翻译文化，而是翻译容载或蕴含文化信息的意义。一个从语言国情学角度出发，研究词语的文化内涵；另一个则从跨文化交际学角度出发，分析语言使用的文化背景。基于文化与语言关系研究，尤其是基于两种或两种以上的语言与文化之间的比较研究，文化与翻译研究在比较两种语言与文化的基础上，需要研究译入语中的表达方式及这种表达方式在译入语读者中的理解和反应。以此作为双语转换的参照系，为英汉两种语言文化转换的深度和广度提供理论依据和方法论支持。

(2)语义的对应转换是翻译研究的核心。任何翻译都离不开原文语义的传达，无不是为了人们的思想交际、沟通。翻译不仅是一种作用于语族之间的信息传递和语族之间的文化交流活动，而且是作用于语族之间的一种文化动力活动。无论是"信息传递"还是"艺术再现"，其结果是将一种语言形式转换成另一种语言形式。

(3)语言是人类认知世界和表述认知的方式。语言是文化和次文化纵向传承的"基因"，是不同文化、次文化横向交融的桥梁。由于文化的民族性决定语言的异质性，而语言的异质性又决定翻译的比较天性，对比研究的基本目的就是为语际交流提供对策。

语言是人类认知世界和表述认知结果的方式和过程。语言是人类特有的一种符号系统。当它作用于人际关系时，它是表达相互反映的中介；当它作用于文化时，它是文化信息的载体和容器。作为认知工具，它与语言学、哲学、逻辑学有关。所有这些都应该纳入翻译学的网络之中。然而，翻译研究虽然涉及众多学科，但它并不是所有与其有关的学科的混合体，这些学科是研究翻译学的不同途径。

（二）语义与语法结构对比

1. 英汉语义对比

学习语言学的人都知道著名的 Sapir－Whorf 假说。人类正是因为说的语言不同，思维才不同。这个假说将语言的使用和思维的方法联系起来有一定意义。但只要人一介入，情况就会不同。中国人看到一个由四只脚托着一个平面的物体后，用"桌子"表示，而说英语的人看到同一个物体后，用"table"表示。但不是所有的词都能一对一地对等起来。有些词，特别是抽象的、表达概念的词，其附加的文化意蕴却有很大差别。

最典型的一个例子是"democracy"（民主）这个词。其实这个词本来就是起源于西方文化，虽然随着时间的推移，这个词在西方自己的体系中含义也有了细微的变化。时至 20 世纪 90 年代，中国人对西方的看法和"民主"一词刚刚引进时大不一样了。这种细微的差别都应该是一个译者所要注意到的。其实，只要仔细观察，我们就会发现很多词在英汉语言中可找到对应的词。西方人在结婚典礼上穿白色，但传统的中国人却在葬礼时穿白色，婚礼上常穿红色。

译者还应该意识到词的核心意义总是比较稳定的，"table"和"桌子"的所指意义在 50 年前和 50 年后没有什么变化。50 年前美国人在十字路口看到红灯就停下来，50 年后中国人在十字路口看到红灯也停下来，说明其所指意义没有任何变化。

英汉语言间这种差异要比英语和其他欧洲语言间存在的差异大得多。特别是一些科学、技术、哲学等专业词几乎完全一样，因为它们都属于西方文化。每一个从事英汉语言间翻译的人必须注意这种差异。

只要拿一块调色板，你就可以用三个基本颜色调出数不尽的颜色来。人类一旦用词来表达颜色，就将客观现实粗暴地纳入了人自己词语的范围里。一般常用的本体词问题不大，红、黄、绿、黑、白、灰等词在英汉两种语言中可以取得一致。

但在有些情况下，我们甚至无法找到较接近的词。现代科技大多起自西方，很多新的技术名词在汉语里均没有对应的词。

2. 英汉句法结构的对比

英汉两种语言句法差异悬殊，这和英语是屈折语，而汉语是非屈折语有关。英语的语言形态丰富，被称为屈折语言或有标记的语言。而且词与词之间的关系常由一个客观的词来指示，不像汉语要由读者自己来解读。

英汉两种语言各自的优点都可能在翻译中造成障碍。将一个重形合的语篇译成重意合的语篇，最常犯的错误就是将形合的特点迁移到意合的语言中。现在有不少译者的译文充斥着英语的句法结构，甚至还美其名曰"忠实原文"，观念实在有必要清理一下。

定语从句的位置也有必要对比。英语定语从句都是放在所修饰的词的右边,称为"Right Branching Direction"(RBD)。但汉语的形容成分,都是放在所修饰词的左边。这种在展开句子的方向上不同的特点给翻译带来一些困难。因此,英汉 RBD 和 LBD 的差异为译者带来不少困难。译者既然不能在所修饰的名词前放太多的东西,就只能另辟蹊径。

(三)语言外因素对比

我们对英汉两种语言的比较从很小的语言单位开始,语言本身的比较,基本上完成了。所以对于一个译者来说,比较东西方文化的差异,比较英汉两种语言所处的社会结构的差异也很有必要。

其实,当我们讨论语义结构、表达方式、思维结构的差异时,我们就已经触及了文化对比这个题目了。文化无孔不入地浸透在语言的结构中。

我们一般总是以东西方文化的差异来讨论中国社会和西方社会的不同。中国社会独特的家庭观和西方社会也不尽相同。但这种以空间为基础的对比也有其局限性。时空并重的分析法更能揭示两种社会本质上的差异。

内心导向型的社会总是向内心深处已经建立的一套原则寻求准绳。这类社会中的人口增加较快,不停地想开拓新的领域,生活方面也与传统类有很大差别。

他人导向型的社会总是向他人寻求准绳。由于人们总是在他人中寻求标准,所以他们的标准常常变化,因为他人的行为准则常常变化。

李斯曼的这种划分方法从人寻求生活准绳的不同来建立起分析社会的模式,与传统的社会划分法颇有巧合之处。

生活在这三种不同类型社会中的人对生活的态度会因自己的境遇不同而异。传统导向社会里的人总是设想从自己民族的神话中寻求解决问题的方法。

这三个类型的划分并不是十分清楚,而且其影响一个社会的速度也非整齐划一。奈达认为,由于这三个类型的社会中人的世界观、人生观不同,所以要在三个不同社会中进行有效的语言交流就有必要将信息接收者所处的社会环境考虑进去。

那么中国社会又是如何呢?根据李斯曼的模式,今日的中国和几十年前的中国显然不应属于同一类型。几十年前的中国虽然已经有了电灯、电话、柴油机车等低级现代社会的"催生剂",当时的中国人确实很少提出疑问,我们今天之所以这么办,是因为我们历来就是如此办的。但最近 20 年来中国社会的情况已发生了很大变化。伴随着内心导向社会特征的出现,社会功能也逐渐开始分化,法律也开始发挥作用。中国社会为了要达到发展的目标,不得不两面作战。在这样一个大的框架下看东西方文化社会的差异定能帮助译者看清将语篇从一种语言转成另一种语言的本质。

(四)文化与翻译对比

大多数人从文化因素如何在翻译过程中起作用这个角度来讨论文化与翻译的关系。在英汉翻译中有无数的例子,可以说明忽视了文化的考虑就不会有成功的译文。

奈达有关翻译的著作在中国早有所介绍。其实,奈达有关语言和翻译的思想和他在宗教上的思想是一脉相承的，没有他在翻译理论方面所掀起的大波那样"惊世骇俗"，但这涓涓细流正是其思想的源头活水。

1. 人类最基本冲动的相通性

文化不同的人除有差异外，也有很多相同的地方。从什么角度来看才能对不同文化间的异同有较清楚的认识呢？奈达在谈这个问题时，十分深刻地触及人的生理冲动。表达人类最基本冲动和需求的说法在翻译上不构成多大困难，因为这类表达生理冲动或需求的语言在各个不同文化里没有什么不同的意思。

2. 人类较高层次冲动的差异

但人类不满足于生理的冲动和自然的环境。因此，在饮用清泉中的一瓢清水之后，人发明了酒。于是一个简单的人变成了一个复杂的人。因此，差异也随之而来。

人不满足于生理的冲动和物理的环境。人们希望知道人生的意义，希望知道什么是对的，应该为之奋斗；什么是错的，要与之斗争。同一件事对一个文化群体的人来说可褒为天经地义的好事，而另一文化群体中的人则可将其贬为大逆不道的坏事。

除这些主观的精神活动外，在一本描写气象的教科书中描写雨打在屋顶上的情景可能是无情感的客观描写，因此，区别属于生理或自然的符号和属于文化的符号是十分重要的。

所以对译者来说最大的挑战并不是来自科学技术的翻译，而是来自最带人文色彩的语篇的翻译。这些困难都可以在较短时间内通过刻苦学习而克服。要做到这点，短期突击可能不够，有必要养兵千日，方可用兵一时。

3. 商业和高科技环境中的语言特点

在商业和科技环境中，各文化中的语言当然也会有极大的差异。写广告的人会挖空心思在语言库中搜寻最能打动读者的表达法，从不整齐划一。

商业活动求的是利，避免的是情。因此，在国际商业活动中谁都斤斤计较。所以与商业有关的文字必须排除人的情感因素。不同文化的商人会对有些表述提出异议。生活在这种环境中的人不会去使用色彩纷呈的语言，那会造成极大的混乱，不利于商业活动。在目前这一语言是英语，在滚滚的商业大潮的喧嚣声中他们的声音毕竟是微不足道的。

东方人可能对西方的一些价值观不以为然，但是对产生于西方的高科技却从来不会拒绝。因此，科技交流必须以标准化为前提。只有这样，全世界不同文化的人才能成功地交流，如果同一个事物有各种不同的说法，结果就会十分混乱。

人类不能没有生理的、物理的活动，也不能没有精神、审美的思想，这之间有一个平衡的问题。这类整齐划一的、标准化有时甚至是死板的语言自有其存在的理由。在互联网上乐不思蜀的青年男女将没有闲情去欣赏余光中的诗句，也懒于踏上余秋雨的文化苦旅。只要看看我们的出版物，就不难相信，中国文化中的核心部分——汉语——正经历着考验。

西化的汉语大都出自翻译之手。而译者之所以采用西化的译法，我想有两个原因，其一是译者贪懒,其二是译者对翻译的观点有误。

较为贴近原文的译法在某些种类文章的翻译中是应该的。在什么情况下都用这样的译法就不可取了。要使译文符合汉语习惯,是件十分吃力的事。很多译者不愿意在翻译的过程中这样艰难地"跋山涉水",索性采用较为懒惰的办法,照着原文搬过来就交差了。

第二个问题是译者的翻译思想有误,认为这类贴近原文的译法才是忠实的译法。有人甚至认为译文必须像原文,否则就是不忠于原文。

从人类各层次的冲动到商业和科技环境中语言的特点,是翻译工作者应该了解的大背景。在各类体裁的语篇中最富有文化特色的表达法是比喻和套语。一个社会中,法律、商业、科技语言膨胀势必会挤掉不少比喻和套语。

4. 各种比喻或形象语言的用法

比喻和其他文化色彩浓的表达法是使语言生动活泼的语言成分。由于英汉两种语言差异极大,所以有时译者不得不忍痛割爱,舍去一些形象的表达法。译者会想方设法尽量译出莎士比亚的比喻,而对一张日报上的比喻他也许不会花太多精力,用普通的语言译出。译者必须仔细掂量一下每一个成语的分量。如果可能的话当然应该尽量在译文中保留比喻或成语。一般来说,原作价值越高,其中的比喻和成语的价值也越高,有必要多多关照。

第一种情况的优点是保留了原文的特征,能向译入语读者介绍一种源语的表达法。假如保持原文比喻的特征会妨碍读者理解译文,那么这种译法就是不可取的。在英汉翻译中这种将原文中的比喻原封不动地照搬到汉语中的机会不多,要在译入语中找到源语中同样的比喻十分困难。

第二种情况是将原文中的比喻改头换面成译文中的比喻。这种译法是很多译者反复使用的办法。介绍英文的表达法固然可能是翻译的一个方面,地道的中文则是交流顺畅的前提。当一个比喻在原文中举足轻重,甚至是一连串比喻中的一个,是原作者刻意的安排,那么保留源语的比喻则应为首先考虑的译法。

第三种译法是保留原文的比喻,然后再加上一个说明。周到的译者于是为读者把话说得清清楚楚。

第四种译法是舍弃形象的比喻,索性改用普通的语言。在翻译过程中有时译者找不到译入语中的比喻,这时也可以考虑只译比喻的意思。

上面这四种译法是翻译比喻的最常用的译法。人类在远古时期就有用形象传意的能力。因此在一个商业和科技活动频繁的社会中,人们的逻辑思维会越加发达,而比喻的生存空间也会越来越小。译者在处理比喻时如果记住这一现代社会的特征,就不至于冷落了语言中的精华。

最后还有一点有必要指出,比喻等形象表达法也非一成不变的语言材料。新的比喻、新的形象用法层出不穷,少数幸运者可能长期以比喻的身份留在语言中成为历史中留下来的比喻,但有些比喻和形象表达法则渐渐退化为普通的语言。

四、跨文化传播中的文化障碍

在跨文化交际中，语言文化是构成交际能力的一个重要方面。跨文化交际是指操本民族语言的人与非本民族的人之间的交流。众所周知，生活在同一种文化背景的人们在交际时，容易沟通。不同民族的语言反映并记录了不同民族文化的发展。特定的文化背景、不同民族的风俗习惯等，对不同民族的语言发展起着根本的制约作用。

（一）跨文化传播中文化障碍的内涵

跨文化传播中文化可分为表层文化和深层文化两个层次。前者指的是一个社会群体在人际交往中的约定俗成的习惯性定式构成的生活方式和交往方式。后者指的是精神本质层面。深层文化制约着人们的行为方式，并通过表层文化表现出来。

（二）跨文化传播中文化障碍的表现

1. 表层文化障碍的主要表现

（1）对具有文化内涵的词语的不同理解。词汇的文化内涵具有很强的民族性，有些词由于经常使用逐渐积累了一些联想的意义，都可以称为词汇的文化内涵。在英汉两种语言中实际上只有部分词汇完全对应，而另一部分词汇虽然有局部对应的解释，但在词义或文化内涵上是不完全相同的。

（2）对习语的理解和运用。习语堪称语言的精华，是语言的民族形式和各种修辞手段的集中表现，比其他语言成分更具典型性。因此可以说，习语犹如一面镜子，清楚地折射出语言的文化特色。

（3）社会规约。学习者在交际过程中仅仅掌握语音、语法和词汇并不能保证有效地交际。不同的文化具有不同的特质和风格，这些规约实际上就是文化规约，可分为民俗、道德规范和法律。

一般来说，人们非常了解母语文化中的社会规约。因此，当使用不同规约的人们相互交往时，交际障碍的产生是很自然的。如果学习者在这方面没有经过点点滴滴的积累，在实际交际中失败是在所难免的。

跨文化交际障碍不管是历史方面的还是社会方面的，主要都是由文化干扰导致的。在跨文化传播中，一个有效的传播至少包含三个关键要素：传播主体、接收者和经过编码的信息。其中一个原因是信息编码会随着时代的变化而变化。这就导致我们在进行跨文化交流时，常常说一些不得体的话或做出一些不得体的动作。

跨文化交往中的障碍最主要表现为文化休克。一个人从一地迁移到另一地，原来自己熟悉的一套符号、习俗、社会关系、价值观念等，突然发生了改变，因而在心理上产生焦虑，在情绪上不安定甚至沮丧，会产生各种心理和生理方面的疾病。

（4）非言语交际。人际间的交流主要是通过两种形式进行的，一种是语言行为，另一种是非语言行为。对于非语言行为在交际中的重要作用，非语言行为可占整个交际过程的70%以上。同一个动作或行为会被不同文化背景的人理解为不同的信息：一种礼貌的行为会被视为失礼；一种得体的行为会被理解为恶意。在跨文化交际中，由非语言行为引起的交际障碍屡见不鲜，这种障碍会给双方带来不可估量的损失。

在学习别国语言的同时也要学习该国的文化。这跟我们的教学、教材也有很大关系：我们在教材编写的过程中只注重语言形式而忽略了其社会意义，而我们的教学中也只教学生听、说、读、写，极少指导学生怎样运用语言。

2. 深层文化障碍的主要表现

(1)不同的思维模式。因为看待外部世界的方式不同，不同文化的人们在思维模式上也必然存在着差异。不同的思维模式决定了不同的词汇结构。同样比较英汉两种语言，汉语是一种意合语言，词语或分句之间不用语言形式手段连接。而英语是形义融合，意在则形达，表达一定的语法意义和逻辑关系。

(2)不同的价值观念。中国文化的价值观受到千百年来的儒家思想的教育和熏陶。而西方文化价值观的核心是个人主义，人们崇尚独立思考和判断，依靠自己的能力去实现个人利益。在表达个人观点时，中国人因为重视人际关系的和谐，往往采取委婉含蓄的方式。西方人觉得中国人这是在"绕圈子"，他们认为先把个人的观点鲜明地摆出来才具有说服力。

(3)定式与偏见。定式是指一个群体对另一群体所持有的过于一般化、简单化的信念或态度。有时因为受大众传媒的影响，我们会对没有接触过的另一种文化产生先入为主的印象。

定式跨文化交际有直接影响。文化的不断发展及文化内部亚文化的多样性，使任何有关A文化如何、B文化如何的描述都难以做到准确全面。文化意识在没有被充分唤醒的情况下，对文化特征的过分强调可能会使学习者误认为这些特征就是事实，忽略具体的交际情景和个体。

(三)文化障碍产生的原因

语言学家波特和萨摩瓦尔把影响交际的因素归纳为三个方面：观察事物的过程，其中包括信念、态度、世界观及社会组织；语言过程，其中包括语言与思维模式；非语言过程，其中包括非语言行为、时间观念和空间的使用。

1. 思维方式与文化障碍

思维是以概念、判断、推理等方式反映客观世界的过程。人们进行思维活动所使用的工具主要是语言。可以说语言既是思维的主要载体，也是思维的主要表现方式。因为看待外部世界的方式不同，不同文化的人们在思维模式上也必然存在着差异。这里就包含了两种文化的思维方式的差别：中国人偏好综合思维，重整体、重主体、重悟性；而美国人偏好分析思维，重逻辑、重理性、重分析。

近代西方实验科学迅速发展，与此相适应的思维方式便具有很强的实证性。特别是工业革命以来，由于受到大工业生产方式所特有的组织性、民主性的陶冶，公平理论、竞争精神是西方人思维方式的典型特点。从哲学和文化体系角度看，中国人受影响最深的是儒家哲学，儒家哲学体系里强调的是修身、齐家、治国、平天下，也就是讲究道德文化。君子之交淡如水强调的也是义。我们的哲学思想强调综合，西方的哲学思想强调的是分析。

人们的思维方式决定着对周围信息的编码结构，所以不同的文化有不同的语言编码方式，段落安排、篇章结构都是有区别的。在跨文化交流的过程中，倾向于认为对方也用与自己相同的方式进行思维，用自己的文化标准去理解和衡量对方的文化行为。不同的思维模式可反映在不同语言的句法上。同样比较英汉两种语言，汉语是一种意合语言，是通过隐含的语言来表达一定的语法意义和逻辑关系。这类例子在翻译作品中随处可见。

中国人传统上是面向过去，展望未来，在表达上把已经发生的事放在前面，将来的事放在后面。出现这种情况，是由不同的逻辑思维方式决定的，Karl Pribram 把人们的思维模式和说理方法归纳为四类：第一类是采取了普遍接受的概念说理；第二类强调用事实来进行归纳和验证；第三类属于直感式，他们前后一致和整体协调，崇尚权威；第四类是马克思的辩证说理方式，也可以是从反面论证。因而除上述分析的几方面外，东方人和西方人的思维方式还有很大的不一样，具体可总结为下列不同。

(1) 西方人强调敢于发言，即使是面对上司或权威。东方人在上司或权威面前常保持沉默或服从的态度，以示恭敬，他们认为言多必失。

(2) 西方人常会帮助对方把一句没说完的话补充完整，而东方人认为在对方说话的时候插嘴是不礼貌的行为，他们宁愿妥协也要等到对方说完。

(3) 英语思维偏重规律、重客观事实。西方人说话常直来直去，他们把拐弯抹角看作是思路不清或缺乏诚意。知道这一点，对于我们理解西方人写的文章也大有好处：我们常常在文章或段落的开头就可以看到关键的句子从而理解整个篇章或段落的意思。

2. 价值观与文化障碍

价值观与文化一样是一种抽象和概括，我们可以通过观察人们的言行举止而知道他们的价值观。每一种文化都会有其特有的价值系统，告知人们什么是真、善、美，什么是假、恶、丑；告诉人们应该爱什么，恨什么。人们的言语交际、非言语交际或交际中的规约无不受到价值观的支配。不理解价值观方面的差异就不能真正理解跨文化交际。价值观一旦形成，就会对人们的信念、态度、看法和行动起到支配作用。价值观也并非不可改变，在社会发生巨大变化的同时，价值观也随之发生变化。

中国传统哲学观是天人合一，指的是人对大自然的顺从和崇拜，并与大自然和谐统一。所以西方重个人主义、个性发展与自我表现。做事情常常克己守道，先人后己。同时做事情不愿得罪人，觉得人言可畏。西方人对原罪的自我意识使他们为赎罪而不屈不挠地征服自然，改造自我，从而得到神力。西方人的"天人相分"必然导致个人主义取向。

东西方的价值观念差别比较大。中国人比较喜欢以委婉含蓄的方式表达自己的意思，不喜欢正面冲突。因此，在说话尤其是批评和报告坏消息时，唯恐直截了当会伤害对方的面子和感情。西方人不同，尽管他们也重视人际关系，但是不能因为人际关系而使要办的事达不到目的，因此他们直奔主题的时候偏多。

价值观对跨文化交流的影响最为重大。两种价值观的分歧越大，跨文化的适应性就越差。价值取向的不同,导致说话、行为及对语言、行为理解等的不同。

3. 人际关系与文化障碍

中西方在人际关系方面的主要差异:中国社会的人际关系偏向于感情型;而西方社会的人际关系则偏向于工具型。在西方社会的人际关系中,人人平等,父母和子女都是平等的。在人际交往中他们很少顾及人情、面子,他们常常是公事公办,不讲情面。

4. 社会习俗与文化障碍

学语言即学文化,教语言即教文化。学习语言绝不可忽视对文化知识的了解和学习。文化差异是导致文化交流障碍的根源,因为它干扰了语言使用并造成负迁移。正确理解本族文化和强化对异国文化的学习是增强跨文化差异意识,提高文化差异理解能力的保证。

节日文化的发展具有历史的连续性。和为贵、大一统、政通人和、天人合一构成了我国群体的价值观念。西方早于我国进入现代文明,其许多传统节日的文化寓意以浪漫、欢快为基调,如圣诞节。

在跨文化交流中,思维方式的不同、人际关系的不同处理方式及社会习俗差异都是交际中产生文化障碍的重要原因。只有不断增强文化差异意识,加深对不同文化的了解,才能实现顺利交际的最终目的。

五、跨文化传播与英语教学

教育也属于传播学的研究领域。教育是一种有目的、有意识的对人进行的信息传播活动。接触和了解英语国家的文化有益于对英语的理解和使用,有益于培养世界意识。

(一)进行跨文化传播教学的原因及目的

随着社会科技和经济的发展,教育逐步走向国际化,国家间的教育交流与合作日益频繁。国家的发展主要依靠教育,国际型人才的培养和竞争成为教育国际化的核心。

在我国传统的学校教育中,教师是权威的掌控者。文化差异是跨文化交流的障碍,克服文化差异造成的交流障碍已经成为整个世界共同面临的问题。现代社会中一个企业的成功不仅是经济的成功,而且是跨文化交流的成功。

了解文化知识是学习语言知识的关键。语言是文化的载体,又是文化的一个重要组成部分。离开了特定文化背景的语言是不存在的,如果不了解目的语的文化,我们就很难理解某些词语项目的意义。

文化知识的教学是达到语言教学目标的关键。语言能力是交流能力的基础,然而具备了语言能力并不意味着具备了交流能力。我们必须明白,语言能力和语用能力在社会生活中是相辅相成的,是达到语言教学目标的重要教学内容。

目前,我们国家学生以英语为普及外语。不了解跨文化的概念和不具备语言交流能力是我们学生在真正的跨文化交流中发生语用错误的症结所在。近 20 年以来,这种情况有所改变。

跨文化传播教学的基本目的有三个:①培养学生对不同文化的积极理解的态度;②培

养学生跨文化接触时的适应能力；③培养学生跨文化交际的技能。

(二)英语跨文化传播教学的理论基础

1. 认知建构主义理论

建构主义也称为结构主义，由瑞士学者让·皮亚杰最早提出来。智慧本质上是一种对环境的适应，智慧的适应是一种能动的适应。在皮亚杰的理论基础上发展而来的认知建构主义学习理论认为知识不是通过教师传授得到的，而是学习者在一定的情境下，通过意义建构的方式获得的，教师只是活动中的指导者与参与者。建构主义学习理论的基本观点包括三点。

(1)学习是一种意义的学习过程。知识的获得是学习个体与外部环境交互作用的结果。

(2)学习是一种协商活动的过程。每一个学习者都有自己的认知结构，不同的学习者对知识的理解会不完全一样，从而导致了有的学习者在学习中所获得的信息与真实世界不相吻合。

(3)学习是一种真实情景的体验。在真实世界的情境中学习会变得更为有效。

学生对知识的建构是受社会性相互作用影响的。由于每个人的已有经验和学习情境不同，对知识的理解会存在一定的差异。相互交流能促使每个学生从多个角度来建构知识。

2. 探究式学习理念

学生主动探究的学习活动，是一种学习的理念、策略和方法，它适用于各科的学习。在跨文化传播的英语教学中，探究式学习理念表现为学生获得他国文化信息并处理这种信息的能力，尽量消除跨文化交流中的文化障碍。

(1)在英语教学中激发学生学习兴趣，培养学生自主学习能力。激发学生学好英语的浓厚兴趣，培养学生自主学习能力，是提高英语教学质量的有效途径。兴趣是最好的老师，这对为学生创造一个轻松有趣的学习环境、增进学生的兴趣有着特殊的作用。培养学生轻松愉悦感，能诱发其学习兴趣。

(2)在英语教学中培养学生反思性学习能力。反思性学习是以学生为本，以教学的具体内容为对象，积极研读和努力实践为目标，以理解掌握和升华应用知识为内容的研究性探索活动。反思性学习的出发点在于优化学生的英语学习方式，通过思考和探究进行分析归纳和处理知识信息等活动来使学生学会合作。

(3)在英语教学中培养学生创新性学习能力。探究式教学特别重视学生智力的开发和创新性思维的培养，为其终身学习奠定坚实的基础。培养学生创造性学习能力的重要任务是开发学生的潜能。教师不能独占整个教学活动时间，要对学生进行有效的思维方式训练。

3. 人本主义理论

人本主义教学观是在人本主义学习观的基础上形成并发展起来的，该理论认为：教育的真正意义在于发现人的价值，发挥人的潜力，发展人的个性。人本教学法的核心是对学习过程中的完整的人的充分尊重与重视。

人本教学法着重于教学过程。人本教学法重点考虑怎样把学习内容与学习者的生活联系起来。教师的任务不是决定学生应该学什么,而是去发现并创设一种有利于学生能自主学习和成长的氛围。

4. 跨文化交流理论

跨文化交流理论认为,跨文化交流与外语教学密不可分。从交流的角度看,外语学习是一种跨文化的学习和跨文化的交流活动。

5. 英语跨文化传播教学的方法

英语跨文化传播教学的方法是多种多样的,培养文化意识,使学生能主动自觉地吸收并融入新的文化环境中。在教学过程中,我们可以将传统的言传身教的教学方式和现代的多媒体教学结合起来。

(1)比较法。比较外国和本民族文化的异同可以从称呼招呼语、告别、做客、表示关心、谈话题材和价值观念等方面进行比较。

(2)课堂交流或专题介绍。教师可以让学生收集一些有关国外文化方面的资料,研究不同国家人们的服饰、发型等,较直观地了解外国艺术、雕刻、建筑风格和风土人情。利用电影和电视等多媒体教学手段放映教学片段,让学生边听边看,然后提出一些问题让学生回答并讲出自己的观点。

(3)阅读文学作品。由于课时的限制,教师不可能面面俱到。文学作品反映不同的文化背景,而文化背景导致了不同的文化现象的发生,阅读文学作品可以提高学生对新学语言国家文化的敏感度。

要加强篇章文化背景的讲解。英语教材中所选的文章体裁广泛,一定要联系课文所反映的经济、历史、文化等背景知识,并对作品进行评价。

(4)结合课本介绍词汇的文化内涵。词汇是语言的一个重要组成部分,在语言的使用中起着传递信息的作用。所以在讲解词汇时必须让学生理解其中的文化内涵,从而最大限度地传达语言载体所承载的文化信息。因此,在英语教学中还要适时地向学生介绍文化背景知识。

(5)创设对话的文化环境。在日常对话中,学生最容易出现语用错误。在具体的言语交际中,语言形式的选用总是受到时间、地点、交际双方的情感、个性、社会角色及其文化背景等语境因素的制约。教师要鼓励学生到外商独资企业中去进行工作实习或实地调查,直接对来自不同文化背景的人进行观察和接触,增强文化差异意识。这些都不失为提高学习者交际文化的有效途径。角色表演也称为体验型学习方法。可以人为地制造沟通的文化环境,体验解决各种问题的方式。可以举办化装晚会,使学生感受到外国文化的氛围,置身于异国的生活中。

六、英语跨文化传播教学中的注意事项

(一)英语跨文化教学中要注意的问题

英语作为国际语言,学生通过学习英语能了解世界上各个国家和民族的文化历史、社

会习俗、风土人情等多方面的知识，加深对世界的认识，提高文化素质。

1. 正确处理教与学的关系

外语教学是一门实践性很强的课程，着重培养学生自我学习和自我提高的能力。

2. 正确理解教材与教学的关系

教材内容要贴近学生生活，以日常生活为主要内容，同时适当安排一些文学性的篇章。而且，按学生身心发展规律与兴趣特点设计大量丰富的语言和语用活动，不能为了语法教学的需要而编写在目的语国家的日常生活中根本就不可能出现的对话。

3. 正确处理语言知识和语言技能之间的关系

语言知识是指该门语言的语音、语法和词汇知识。语言知识是语言技能的基础，没有扎实的语言知识就不可能获得较强的语言技能。在进行听、说、读、写、译的技能训练时，应用语言知识的准确性和应用语言技能的流利性往往会产生一些冲突。

4. 全面培养学生主动学习、自我完善的意识

当学生抱怨记不住单词时，教师应该告知学生使用什么样的词典。培养学生主动学习、自我完善的意识。学生在学习一门外语的时候，更重要的是学会如何学习。

（二）把握英语跨文化传播教学的原则

1. 相关原则

所谓"相关"，是要求所导入的文化内容应该与教材的内容相关，文化导入教学应充分利用教材中的语言材料，尽可能与语言教学同行。

2. 实用性原则

实用性原则是指文化导入要注重与日常交际的主要方面紧密联系，应该详细讲解，反复操练，做到学以致用。英语教学阶段的文化导入必须遵循实用、分阶段和适度的原则。在英语教学中，与学生所学知识相关的文化会更吸引学生。文化教学结合语言交流实践，使学生不至于认为语言和文化的关系过于抽象、空洞和捉摸不定，还可以激发学生学习语言和文化的兴趣。凡是这类直接影响信息准确传递的文化知识，在课堂教学时就要传授给学生，激发学生学习语言知识和文化知识的兴趣，也使学生了解语言和文化的密切关系。

3. 循序渐进原则

循序渐进原则要求文化内容的导入应遵循阶段性原则，要求导入的文化内容应适应学生的年龄特点、认知能力、语言掌握层次和水平，注意由浅入深，由简单到复杂，逐步扩展其范围。看似简单的一个单词、一个短语或是一个句子就可能蕴含了丰富的文化。从量的积累到质的飞跃，学生的英语学习会由当初的被动艰难上升到积极享受学习。

4. 平等原则

外国文化是与本国文化相对的矛盾关系，两种不同文化的关系应该是并存的，互相学习、互相渗透。文化平等还意味着排除文化优越感和文化偏见，不要将本文化的价值观当成衡量其他一切文化的标准。只有在平等的基础上才能谈交流的成功，不平等的跨文化交流，交流再怎么顺畅，对其中一方来说也不是成功的。

5. 文化本位原则

在英语跨文化传播中,我们要强调学生掌握母语文化的重要性。只有了解本民族的文化,才能在学习外国文化的同时进行比较。跨文化传播,并不是说要全盘照搬目的语国家的东西,不是为了进行跨文化交流就可以不顾我们自己的文化。

(三)提高英语教师的文化素养

教师的文化素养是一种综合的心理特征,是教师在拥有一定文化知识并加以内化的基础上形成的,反映教师的人格、气质、人生观、价值观等方面的个性品质。新课改、新教材的使用,英语的跨文化传播教学都要求当代英语教师必须改革自身的教学理念,才能够培养学生的跨文化意识和跨文化交际能力。

1. 我国英语教师文化素养现状分析

(1)我国英语教师文化素养现状。在实际教学实践中,缺乏对英语语言所依存的语言文化信息的重视。采用以语法讲解和翻译为主的教学方式,缺乏对听、说、写等实际运用能力的培养。

(2)影响英语教师文化素养提升的主要因素。在当前的英语实践教学中,教学理念亟待更新。部分英语教师文化素养不足,缺乏对使用英语的一些国家文化背景的扎实了解,进而致使外语学习与文化教学的脱节,不利于学生良好交际能力的培养。

①文化素养提高缺乏主动性。多年来,我国一直是应试教育体系,培养出来的英语教师缺乏对英语语言文化的观察能力和敏感程度。

②忽略素养提高的现实性和持久性。当前,英语教师普遍存在的问题就是忽略素养提高的现实性和持久性。

2. 培养和提高英语教师文化素养的策略

(1)首先,笔者从"继续教育"的角度谈谈教师文化素养的培养。

①重视英语教师继续教育。教师继续教育选用的教材要尽量包括文化点,可以选取将文化内容与语言材料结合起来的文章。相关课程应选择一些有助于学生在短时间内提高交际技能的文学作品。

②为教师提供机会,扩大对外交流。对在校英语教师的继续教育工作要与时代的步伐紧密结合。应为英语教师提供机会,可与外国院校合作进行交换生的学习教育,或者聘请英美外籍教师和专家来对教师进行培训。

③将英语文化教育贯穿于继续教育的各门课程之中。在英语继续教育中,英语文化教育要贯穿于继续教育的各门课程之中。用社会语言学的基本理论来指导教学,处理好语言与文化的关系,让英语教师充分注意了解英汉交往中东西文化差异的广阔范围和诸多因素。

(2)其次,从"教师自身"的角度谈谈教师文化素养的培养。

①运用现代多媒体技术,多方面获取文化背景知识。英语教师首先要提高自身的思想素质,不断加强自身的文化修养,扩展知识的深度和广度。在自身专业文化素养提高的过

程中,在听力教学方面选取多种听力材料,通过多种形式增进自己对于听力材料和文化背景知识的深刻理解。

②要转变英汉思维,提高自身英语专业素养。英语课程更多应注重和强调的是语言的人文性而不是工具性。因而在英语教学中,应转变自身的英汉思维,总结一些不能用汉语的表达方式去翻译和剖析的英文句子。

③在提高专业知识基础上,要有教学理论水平和灵活的教学技巧。作为英语教师,除具备扎实的专业知识外,还要有教学理论水平和灵活的教学技巧。教师要使用多种教学方法,如视听法、认知法、听说法、交际法等。

④要紧跟时代主题,更新英语综合知识。教师需具备深厚的中西文化的素养,帮助学生提高对目的语的敏感度,以进行成功而有效的跨文化交流,这是语言教学和语言学习的关键。在英语教学中,教师所掌握的语言能力的高低与其所具备的语言知识具有密切的关系。

第五节 跨文化翻译与传播:审美比较类

一、中西文化的审美认识论比较

(一)中国文化的审美认识:气和道的体验

中国传统文化强调"天人合一"、物我不分,主体对客体不是分析其结构形式以获得清晰的概念,而是进行直觉体验以获得"顿悟"。中国传统文化的认识对象主要包括"天地、气、道、阴阳五行、太极"等。汉族认为宇宙是一个"气"的世界,儒家强调人的"浩然之气",即人的主体之气;道家强调天地之气,它来源于"道",它是生命的终极本体,决定了自然万物的生死存亡。"道"是一种"无",只可意会不可言传。老子说:"道可道,非常道;名可名,非常名。"人可以认识宇宙万物,却无法清晰地阐明"道",只能对其"参悟",才能把握客体的内在本质,达到主客相融、物我不分的"化境"。庄子《齐物论》说:"昔者庄周梦为蝴蝶,栩栩然蝴蝶也,自喻适志与!不知周也。俄然觉,则蘧蘧然周也。不知周之梦为蝴蝶与,蝴蝶之梦为周与?周与蝴蝶则必有分矣。此之谓'物化'。"主体通过眼、耳等感官只能把握客体外在形式,而客体内在本质是"气",只有主体内在精神之"气"才能把握。主体认识客体应"得意忘形",超越其外在形式去洞悉其内在本质。

在中国传统文化中,比较而言,儒家注重"内圣外王",强调认识和遵从社会之"道"即社会道德规范,道家强调把握天地之道、宇宙之道。在中国传统文化中,认识"道"就是"体道""悟道",胡晓明在《中国诗学之精神》中认为"体道"是中国诗人"极微至之一种诗情,是对生命与自然源泉之体认,凭艺术之洗练而获美之律动","道、诗美、人格"融为一体。审美主体把握生生不息的天地之道。《庄子》说"是以圣人和之以是非,而休乎天钧",意为天道运转不息。

中国传统文化的气本体论和道本体论使得汉族在审美认识上形成了整体观。徐行言在《中西文化比较》中认为中国文化"坚持有机联系的整一宇宙观，努力将人投入自然中，以认识主体与客体的合一为认识的基本前提"。张法在《中西美学与文化精神》中谈道：汉文化有无相生的气的宇宙决定了中国人对宇宙整体的认识的三个特点：①不是把实体与虚空分离开来，而是必然把二者联系起来，气使得具体事物从根本上不能独立，必须依从整体。因而实验科学是不可能的；②物体中最根本的也是气，气本是功能性的，虽可观察但更靠经验，虽也可分析但更靠体悟，这使得中国思维没法走向形式逻辑，必然另辟蹊径；③物体之气来源于宇宙之气。对物体之气的认识必然依赖于对宇宙之气的认识。整个宇宙对于有限时空的人来说本有已知未知部分。如果重实体，这个分别会立即见出，由于重虚空，在"气"这个概念里，已知未知浑然一样。由于包含未知部分，气又似乎是可以把握、洞见、心领神会的。

（二）中国美学的生命体验

中国传统文化的审美认识从本质上说是一种生命感悟和体验，包含了深刻的宇宙生命意识。司空图《二十四诗品》中说："行神如空，行气如虹。巫峡千寻，走云连风。饮真茹强，蓄素守中。喻彼行健，是谓存雄。天地与立，神化攸同。期之以实，御之以终。""大用外腓，真体内充。返虚入浑，积健为雄。具备万物，横绝太空。荒荒油云，寥寥长风。超以象外，得其环中。持之匪强，来之无穷。"潘知常在《中西美学比较论稿》中认为中国美学的特点是"内在性、超越性、二极性、消解性"。就"内在性"而言，中国美学"否认超验性的实体或超验性的假设"，主体与美之间是"或即或离""运用之妙，存乎一心"。就"二极性"而言，中国美学强调把审美客体"放回到完整融通、生机四溢的世界之中"。中国美学不把宇宙看成是"实然状态的世界"，而是"加以点化、超迈"，力求使其成为一个"理想状态的价值世界"，它"包举万有、统摄万象"，主体在其中"沾溉既久，慕悦日深，同气相引，自然圈尽参赞化育之天职"。

中国传统美学强调主体的生命体验，强调文学是"人学"，把人的主体生命建构看作文学艺术的最高宗旨和目标。九歌先生在《文艺学主体论》中认为文学客体是"人的自由的价值对象"，文学"必然把人当作最能体现自由的价值要求的对象。通过对人的全部复杂性的描写，达到对人的自由的肯定和体验"，主体与客体之间是一种"互相设立的关系，是一种价值的判断——追求过程，而不是反映与被反映的过程。确定文学对象，对主体来讲，就是对作为价值对象的'新我'的追求，对现实的我的改造。文学活动就是自我完善、自我建设的活动"。

陈新汉在《审美认识机制论》中指出"美的自由本性决定了审美活动的自由本性"，审美活动的自由性使其"进入'物我一体'和'物我全无'的意境"。胡经之在《文艺美学》中认为审美体验具有"双向建构性"，它作为主客体交流的"中介"，"既是认识世界，又是认识自我（内部世界）的过程；既是创造（推动）客体，又是创造（推动）主体的过程。不仅建构了具有审美价值的艺术作品，而且纯净升华了人的审美意识，创造出了艺术个性和美的心灵"，审美活动是主体"以自己的感性血肉之躯的各种感官去看、去听、去触摸、去品味、去体验,因而个体性表明欣赏者作为主体对审美对象一种全面的精神把握和特殊占有,主体的各种特殊心理活动,独特的心理感受、情感意志、想象理解都将在客体上打下鲜明个性的印痕。他通过作品与作者的'对话'是富于个性化的,对于其他欣赏者来说不具备必然性和普遍有效性,他以自己的独特的感性(新感性)和经验模式介入和参与对作品的审美把握,从而表证出个体美感的属人的特性"。

中国传统美学认为,主体要在审美活动中获得审美认识,达到生命体验的境界,就需要通过不断增长见识,开阔视野,陶冶情操。刘勰《文心雕龙》谈道:"是以陶钧文思,贵在虚静,疏瀹五藏,澡雪精神,积学以储宝,酌理以富才,研阅以穷照,驯致以择辞。"胡经之在《文艺美学》中认为美育是"通过艺术和其他审美活动形态净化和升华人的情感意绪、人格襟抱",它是审美情感的教育,也是审美经验(或审美体验)的教育,即通过人类长期的审美活动所积累的审美经验,去培养新一代人的艺术感受力和审美意识,使其日常感性不断升华为艺术感性,使其人生达到澄明之境,而走上审美超越之途。陈新汉在《审美认识机制论》中认为美育是"运用人类社会实践所创造的一切文化,通过感性升华与理性复归相统一的教育,即通过中国美学传统表述的'心性—性情'的美的陶冶,来提高主体的审美能力和审美修养,改善主体的审美结构,从而给人的心灵以本质定性,使人自觉地沿着高尚的生活道路前进"。通过美育主体建构理想人格,人格是"主体的自我意识","人格的全面发展是主体认识能力在知、情、意诸方面的全面发展"。人生的"审美境界既在于使人生艺术化,又意味着要用审美的态度来对待人生"。

中国文化审美认识中的生命体验不仅体现在文学作品中,也体现在文艺美学理论作品中。中国传统文论著作具有鲜明的诗化特色,这里的"诗化"有两层含义:其一,中国古代文论作品主要有散文体和诗体两种形式,以散文体为主,如刘勰的《文心雕龙》,诗体文论的代表作有司空图的《二十四诗品》、杜甫的论诗绝句、元好问的《论诗三十首》等,体现了作家论文、诗人论诗的中国特色;其二,中国古代文论作品受中国传统美学的影响,不一味说理,而是将艺术哲理融入高度意象化、情趣化、意境化的语言中,以"诗趣"表现"理趣",富于诗情画意。可以说,整个中国文学理论史就是一部诗学史。《二十四诗品》采用四言韵体形式,大量采用对偶句式,富于音美和形美,其诗化的语言蕴含了深远悠长的诗味、诗意、诗趣、诗理、诗境,"不著一字,尽得风流",具有极高的语言艺术价值,成为中国古代诗体文学批评的经典之作,历来为诗家所激赏。

(三)西方文化的审美认识:物质的剖析

西方文化认为宇宙是物质实体,主体对客体必须进行定量分析,弄清其外在形式和内部结构。主体与客体应保持适当距离,对其各个局部和细节进行客观冷静的分析。主体运用眼、耳、鼻、舌、手等外在感官去了解客体的形状、颜色、体积、气味等特点,在此基础上,运用理性逻辑思维去探索客体内在本质和属性。刘华文在《汉诗英译的主体审美论》中认为中国文化的"道"是"经验之道,是直接面向事物本身的道",是"经验性、直觉性和外指性"的,西方文化的"逻各斯"是"理性、逻辑和语言的化身",是"先验性、逻辑自洽性和概念互指"的。西方民族注重探索自然客观规律,重视基础科学理论研究,强调理论思维的严密性、清晰性和科学性。关于主体与客体之间对立统一的辩证关系，中国文化强调统一，西方文化强调对立，坚持主体与客体、人与自然二元对立的矛盾观。西方民族善于通过批判和否定来获得前进的动力，勇于在基础理论研究上进行超越性探索。西方哲学本体论的理论品性是"崇有务实"，西方哲学"在求'是'（追问世界的本原）原动力的作用下，呈现出对'世界原初本质是什么'的'实然'追索"。西方古代哲学家柏拉图在《理想国》中认为人类探索未知世界其终极目的是把握"理式世界"。朱光潜在《西方美学史》中指出，柏拉图认为"美的境界是理式世界中的最高境界，真正的诗人可以见到最高的真理，而这最高的真理也就是美""人生的最高理想是对最高的永恒的'理式'或真理'凝神观照'，这种真理才是最高的美，是一种不带感性形象的美，凝神观照时的'无限欣喜'便是最高的美感"。

三、中西文化的审美感知和想象比较

（一）中国美学的审美感知和想象

1. 听之以耳

中国美学强调主体外在审美感官与内在审美感官体验的融合，南北朝著名学者宗炳称其为"应目、会心、畅神"，汉民族感受天地、欣赏文艺作品都强调"悟"。庄子提出审美体验的三个阶段为"听之以耳、听之以心、听之以气"。陈新汉在《审美认识机制论》中认为"听之以耳"是指主体"对审美客体具体感性形象的外在美感"，龙协涛在《文学阅读学》中提出"观、味、悟"三个过程，"观"是对作品"外观形式美和形象美的审美感知和把握"，欣赏者"'观文'而'入情'、'观画'而'入理'、'观乐'而'即心'"，最终"把握作品外观形式美所蕴含的内在情趣和韵味"。刘运好在《文学鉴赏与批评论》中认为审美者鉴赏作品时"几乎不假思索地猝然与作品的外观之美相接，直接地观察作品的客观物象、语言型构、韵律节奏、结构形态等"。中国现代著名诗人戴望舒在《静夜》中写道："像侵晓蔷薇的蓓蕾，含着晶耀的香露，你盈盈地低泣，低着头，你在我心头开了烦忧路。你哭泣嘤嘤地不停，我心头反复地不宁：这烦忧是从何处生，使你坠泪，又使我伤心？停了泪儿啊，请莫悲伤，且把那原因细讲，在这幽夜沉寂又微凉，人静了，这正是时光。"诗人把姑娘比作"像侵晓蔷薇的蓓蕾，含着晶耀的香露"，具有鲜明的视觉美。姑娘不停地哭泣，让诗人心里感到悲凉，所以劝她"停了泪儿啊，请莫悲伤，且把那原因细讲"。

中国美学强调作家运用通感手法使作品意象的视觉、听觉、触觉、嗅觉、味觉审美感官效果互为连通，融为一体。西汉学者刘向在《修文》中认为审美体验中的"目悦、耳悦、心悦"三者"存乎心、畅乎体、形乎动静"。钱锺书在《管锥编》中认为通感是"寻常眼、耳、鼻三觉亦每通有无而忘彼此，所谓'感受之共产'，即如花，其入目之形色，触鼻之气息，均可移音响以揣称之""五官感觉真算得有无相通，彼此相生了"。《红楼梦》的作者曹雪芹善于运用绘画艺术的表现手法和通感手法，赋予作品语言意象美。周中明在《红楼梦的语言艺术》中认为曹雪芹"把绘画艺术的'应物象形'运用到《红楼梦》的语言艺术中来，不仅在于其处处尽量使语言形象化，从形、影、声、态、神、色等空间使语言造型给人以生动的形象感，而且力求使这种造型要切合小说所描写的典型环境中的典型性格"绘画离不开色彩。"随类赋彩"是绘画艺术不可或缺的一条原则；淡妆浓抹总相宜，这是绘画艺术之所以令人赏心悦目、心旷神怡的一个重要原因。文学是以语言为材料的，而文学要反映五彩缤纷的社会生活，塑造丰富多彩的人物性格，却不能不借助于绘画艺术的"随类赋彩"。"化无声为有声，化无形为有形，把诗和画的艺术特长，创造性地用于小说人物形象的塑造上"是《红楼梦》创造诗情画意的艺术手法，它"不仅像'诗中有画''画中有诗'那样，沟通了视觉和听觉的关系"，而且还"充分发挥小说作为语言艺术的特长，调动视觉、听觉、味觉、嗅觉、知觉等各个方面的因素，来使人物形象被刻画得情浓意足，形神毕肖，感人肺腑"。曹雪芹"不仅是个伟大的小说家，而且也是个诗人和画家"。绘画，必须通过可视的形象反映客观事物。具有高度的造型能力，能够"应物象形"，这是绘画艺术的特长。曹雪芹吸收绘画艺术的这个长处，从而大大加强了《红楼梦》语言的形象性和生动性。

《红楼梦》第十八回，皇妃元春归省巡游大观园，宝玉、黛玉等题诗助兴。《有凤来仪》写道："秀玉初成实，堪宜待凤凰。竿竿清欲滴，个个绿生凉。进砌防阶水，穿帘碍鼎香。莫摇分碎影，好梦正初长。"作品描写了绿竹的鲜艳色彩和盎然生机，描绘了大观园中竹林茂密、绿荫浓浓的清凉宜人的环境。长在台阶上的竹根防止了水珠滴在石阶上四处溅射，门前的竹枝挡住了鼎香向帘外飘散，间接含蓄地描写了水珠轻滴的声音和从鼎炉飘出的幽幽香气，使读者如听其声，如闻其香。《有凤来仪》中"个个绿生凉"描写了葱翠茂密的竹林使人顿生凉意，《有凤来仪对联》中"宝鼎茶闲烟尚绿，幽窗棋罢指犹凉"也具有同样的艺术效果。

唐朝著名诗人白居易在《琵琶行》中写道："浔阳江头夜送客，枫叶荻花秋瑟瑟。主人下马客在船，举酒欲饮无管弦。醉不成欢惨将别，别时茫茫江浸月。忽闻水上琵琶声，主人忘归客不发。寻声暗问弹者谁，琵琶声停欲语迟。移船相近邀相见，添酒回灯重开宴。千呼万唤始出来，犹抱琵琶半遮面。转轴拨弦三两声，未成曲调先有情。弦弦掩抑声声思，似述平生不得志。低眉信手续续弹，说尽心中无限事。轻拢慢捻抹复挑，初为霓裳后六幺。大弦嘈嘈如急雨，小弦切切如私语。嘈嘈切切错杂弹，大珠小珠落玉盘。间关莺语花底滑，幽咽泉流水下难。冰泉冷涩弦凝绝，凝绝不通声暂歇。别有幽愁暗恨生，此时无声胜有声。银瓶乍破水浆迸，铁骑突出刀枪鸣。曲终收拨当心划，四弦一声如裂帛。东舟西舫悄无言，唯见江心秋月白。"诗人来到浔阳江边，在客船上摆下酒宴，为即将远别的好友饯行。正当他们郁闷惆怅之时，近旁的船上传来悠扬悦耳的琵琶声，诗人于是请来琵琶女弹奏助兴，以排遣愁闷。

2. 听之以心

在"听之以耳"的基础上，审美主体对客体进行"品味""听之以心"，捕捉作品的"言外之味，弦外之响"。唐朝著名诗人王昌龄说："安神静虑。目睹其物，即入于心，心通其物，物通即言。"南朝学者宗炳说："圣贤映于绝代，万趣融其神思。""咏之则风流可想，听之则舒惨在颜。"中国传统美学强调朗读。司空图在《与李生论诗书》中说："愚以为辨于味，而后可以言于诗。"唐朝诗人杨炯在《李舍人山亭诗序》中说"唯谈笑可以遣平生，唯文词可以陈心赏。"陈新汉在《审美认识机制论》中认为"听之以心"是指主体"对审美客体具体感性形象的内在美感",它依靠"内心的体验,领悟"。蒲震元在《中国艺术意境论》中认为"品"是一种"旨在确立规范的鉴赏,一种融审美理想、艺术范式于鉴赏中的富于东方特色的艺术赏析与批评(品评)",主体在审美鉴赏中"捕捉对象的审美特征,辨识其'滋味',特别是其中的'真味'(深层审美特征)"。蒋成禹在《读解学引论》中认为读书需"吟咏、背诵,沉潜思索,涵濡体察,玩味义理,咀嚼滋味",这是"进入作者世界的一条捷径",读诗"既能见出诗歌的音节、选词、造句的功力,更能见出作者之神气、情感"。

龙协涛在《文学阅读学》中认为,"味"是指审美主体"自然涵咏于作品所提供的艺术情景之中,去体味、捕捉和追寻作品悠长的情趣韵味和深厚的艺术底蕴"。在"品味"的基础上,审美主体还要"回味",即审美者体味作品后掩卷长思","让审美意象久久在脑海中盘桓,重新检视自己所得的审美体验,悉心咀嚼审美感兴在突兀骤发阶段无暇细想的一些内容,将一般的感受与认识转入深层的审美回味中"。回味具有"语有尽而意无穷的悠然绵缈的审美特征",属于文学阅读的"延长、加深和拓展阶段"。读者在"回味反顾"中情感趋向"缓解","渐趋摆脱心理建构阶段直接反应的喜怒哀乐,而更多地转归为较冷静的、高级的审美情感和道德情感的陶冶升华和理智思考"。唐朝著名诗人孟浩然在《宿建德江》中写道:"移舟泊烟渚,旧暮客愁新。野旷天低树,江清月近人。"傍晚时分,暮色苍茫,雾霭迷蒙,羁旅人泊舟于小洲边。他孤零零夜宿江边,不禁思念起远方的亲友,越发感到惆怅寂寞。他放目远眺,四处是一片空旷寂寥的原野,天幕低垂,似乎快要贴近低矮的小树,让人感到压抑。泊舟人收回视线,凝视身边的江水,惊喜地发现在清澈的水中倒映着一轮皎洁的明月,仿佛近在咫尺。

连叔能在《论中西思维方式》中认为汉民族注重"观物取象,立象尽言,设象喻理,取象比类""通过自我体认形成心中的意象",集中表现在"立象于言、妙象尽意、微言尽意、人理言息"。王明居在《唐代美学》中认为"畅神"是指审美者"心神的舒畅、情致的酣畅、兴味的浓郁"。吴建民在《中国古代诗学原理》中认为,神思是指"主体感情与艺术表象相融相游、和谐运动、向着审美意象方向发展的心理活动",其基本要素包括"审美情感、艺术表象",其基本特征包括:一是"以艺术表象为运思实体,以审美情感为运思动力","形象性和情感性相统一";二是"虚拟虚构性",神思是"艺术表象向审美意象过渡的过程";三是神思具有"超越时间、自由驰骛的特征"。李泽厚在《华夏美学》中认为中国传统美学"重视想象的真实大于感觉的真实",强调"计白当黑""以含蓄为贵"。

唐朝诗人杜甫在《登楼》中写道:"花近高楼伤客心,万方多难此登临。锦江春色来天地,玉垒浮云变古今。北极朝廷终不改,西山寇盗莫相侵。可怜后主还祠朝,日暮聊为梁父吟。"诗人经历了"安史之乱"的磨难,颠沛流离来到四川寓居。他关心国家的命运,牵挂人民的疾苦,登楼远眺,思绪万千。四川被誉为"天府之国",是安宁祥和之地,景色宜人,但诗人忧国忧民,无心欣赏这美景。这首诗表达了诗人对祖国山河的赞美、对民族历史的追怀和忧国忧民的无限心事,他感叹唐朝统治者依然昏庸腐败,同时义正词严地警告北方外族部落不要入侵国土。诗人以蜀国软弱无能的刘后主来暗喻当今昏庸无能的统治者，并表达了对昔日名相诸葛亮的仰慕。诗人的思绪（审美联想）被眼前的景色所激发，纵横驰骋于古今之间。杜甫的诗歌常常以小见大，以小景写大景，以实景写虚景，留给读者广阔的想象和联想空间。"安史之乱"结束后唐王朝满目疮痍，民不聊生，杜甫流离失所，饱受生活的磨难。诗人晚年旅居四川夔州，贫病交加，知交零落，壮志难酬，心情寂寞抑郁。巫山巫峡阴沉萧森，长江波涛汹涌澎湃，诗人流落异乡，忧国忧民，无比思念远方的亲人，内心孤苦凄凉，"丛菊两开他日泪，孤舟一系故园心"蕴含了极大的时间和空间容量，留给读者丰富的想象和联想的余地。

（二）西方美学的审美感知和想象

西方美学认为视觉是人的第一感官，达·芬奇称其为"最高贵的感官"，因为"被称为心灵之窗的眼睛，乃是心灵的要道，心灵依靠它才得以最广泛最宏伟地考察大自然的无穷作品"。夏夫兹博里最早提出"内在的眼睛"的概念，普罗丁认为只有"内心视觉"才能"观照那伟大的美"。歌德指出"内在视觉"比外部视觉更为重要，"眼睛也许可以称作最清澈的感官，通过它能最容易地传达事物。但是内在的感官比它还是更清澈，通过语言的途径，事物最完善最迅速地被传达给内在的感官：因为语言是真能开花结果的，而眼睛所看见的东西，是外在的，对我们来说并没有那么深刻的影响。莎士比亚是完全诉诸我们内在的感官的，通过内在的感官幻想力的形象世界也就活跃起来，因此就产生了整片的印象，关于这种效果我们不知道该怎样去解释；这也正是使我们误认为一切事情好像都在我们眼前发生的那种错觉的由来"。诗人艾略特谈道："不直接产生印象、无法吸引我们的注意力的诗，后来也不可能使我们感到震撼。"西方美学强调知觉，认为主体只有凭借审美知觉才能把握客体。苏珊·朗格在《艺术问题》中认为"艺术中使用的符号是一种暗喻，一种包含着公开的或隐藏的真实意义的形象；而艺术符号却是一种终极的意象种非理性的和不可用言语表达的意象，一种诉诸直接的知觉的意象，一种充满了情感、生命和富有个性的意象，一种诉诸感觉的活的东西。"法国学者杜夫海纳在《审美经验现象学》中认为主体欣赏艺术作品时的审美知觉包含三个阶段："呈现、表现和想象、映照和感觉。"其中，在呈现阶段"知觉大量发生，这种发生是作为一种综合的、先于思考的、具有整体性的发生，人们对艺术品的审美要素的丰富性进行感知"。

西方美学强调主体通过想象达到对客体的把握和占有，英伽登在《论文学艺术作品的认识》中谈道，在文学作品中"图像只是处于一种潜在的准备状态，即待体验的状态"，"作为感知主体对某一对象的体验物，它们要求具体、现实的体验，要求主体至少进行生动的想象。只有当图像得到具体的体验，它们才能发挥其使特定的感知对象显示出来的功能"。郭宏安在《二十世纪西方文论研究》中谈道，西方的想象论认为"通过图像的具体化，被表现对象的直观性大大增强，其形象变得更加清晰、生动，仿佛直接出现在读者面前，读者可以直接'看到'对象，'听到'它们的声音"。德国文艺心理学家亚历山大·阿克森道夫把艺术作品提供的想象称为"外来图像"或"客体图像"，而把接受者意识中储存的图像叫作"内生图像"或"经验图像"。他认为，文艺审美活动是客体图像与主体经验图像相互作用、彼此印证、互相交融的过程。

参考文献

[1]胡开宝,朱一凡,李晓倩.语料库翻译学[M].上海:上海交通大学出版社,2018.

[2]邢嘉锋.认知翻译学理论与应用[M].苏州:苏州大学出版社,2019.

[3]谭载喜.翻译学[M].武汉:湖北教育出版社,2005.

[4]杨仕章.文化翻译学[M].北京:商务印书馆,2019.

[5]王克非.语料库翻译学探索[M].上海:上海交通大学出版社,2012.

[6]耿秀萍.生态翻译学及其批评体系研究[M].长春:吉林人民出版社,2017.

[7]谭载喜.翻译学作为独立学科的求索与发展[M].上海:复旦大学出版社,2017.

[8]穆雷.翻译学研究的方法与途径[M].上海:上海外语教育出版社,2020.

[9]赵哲.翻译学导论[M].沈阳:东北大学出版社,2014.

[10]林继红.翻译标准的语用学研究[M].厦门:厦门大学出版社,2014.

[11]许钧,穆雷.翻译学概论[M].南京:译林出版社,2009.

[12]郑海凌.文学翻译学[M].郑州:文心出版社,2000.

[13]黄忠廉,方梦之,李亚舒.应用翻译学[M].北京:国防工业出版社,2013.

[14]李惠红.翻译学方法论[M].北京:国防工业出版社,2010.

[15]刘川.工程技术翻译学导论[M].上海:上海外语教育出版社,2019.

[16]姜海涛.翻译学的多维研究视角[M].北京:中国国际广播出版社,2019.

[17]张颖.生态翻译学理论与应用研究[M].长春:吉林人民出版社,2020.

[18]李占喜.语用翻译学[M].广州:暨南大学出版社,2017.

[19]穆雷,李希希.中国翻译教育研究:现状与未来[J].外语界,2019(2):24-32.

[20]李瑞林.关于翻译终极解释的知识论探索[J].东方翻译,2015,(03):9-11.

[21]潘婷婷.读《翻译学》[J].海外英语(上),2015(3):167-167,201.

[22]王德春.翻译学[J].语言与翻译,1989,(1):5-13.

[23]李瑞林.知识翻译学的知识论阐释[J].当代外语研究,2022(1):47-59.

[24]刘佳全.浅析翻译学[J].文教资料,2010(13):39-40.

[25]周秀兰.再谈"翻译学"[J].辽宁行政学院学报,2006,8(9):202-203.

[26]牛云平.翻译学的名与实[J].河北大学学报(哲学社会科学版),2007,32(5):129-134.

[27]娄慧.论生态翻译学[J].青年与社会·中外教育研究,2011(2):23-25.

[28]王祖华.建构的翻译学与翻译学的建构[J].四川外语学院学报,2006,22(2):

72-76.

[29]张经浩．再谈"翻译学"之梦[J]．上海科技翻译，2001(2)：35-40.

[30]尹城．符号学与翻译学[J]．中国俄语教学，2002，21(1)：38-42.

[31]吴志杰．和合翻译学论纲[J]．广西大学学报(哲学社会科学版)，2012，34(1)：100-103.

[32]袁辉，徐剑．翻译学的三个维度[J]．上海翻译，2011(3)：13-17.

[33]穆雷．翻译学专著述评[J]．外语与外语教学，2001(8)：38-40.

[34]曾逸群．描述翻译学研究[J]．中国农学通报，2012，14(28)：368-370.

[35]黄忠廉，信娜．应用翻译学创建论[J]．上海翻译，2011(2)：7-10.

[36]高雷．翻译本体与翻译学体系[J]．山东外语教学，2013(5)：109-112.

[37]余东．翻译学：有名无实[J]．上海科技翻译，2002(1)：13-16.

[38]刘皓云，刘荣．评《翻译学概论》[J]．海外英语(上)，2019(5)：133-134，136.

[39]黄忠廉．应用翻译学名实探[J]．中国外语，2013(4)：93-98.

[40]张利．社会翻译学[J]．剑南文学(经典阅读)，2011(10)：84-84，81.

[41]李平．论翻译学的学科性质[J]．外语研究，2003(2)：43-46，50.

[42]孙荔．生态翻译学研究[J]．海外英语(上)，2016(1)：124-125.

[43]徐盛桓．理解翻译学[J]．天津外国语学院学报，2004，11(4)：1-4.

[44]盛捷柯．浅谈生态翻译学[J]．青春岁月，2015(22)：86.

[45]沈雪丹．翻译学研究方法[J]．今日湖北(中旬刊)，2014(8)：114-115.

[46]张冬梅，黄朝阳．《翻译学》与翻译学[J]．湖南工业大学学报(社会科学版)，2009，14(3)：159-160.

[47]黄忠廉．应用翻译学构想[J]．当代外语研究，2012(1)：45-47.

[48]曾逸群．描述翻译学研究[J]．内蒙古农业大学学报(社会科学版)，2012，14(5)：368-370.

[49]曾东京，刘坤坤．论翻译学词典的体例[J]．学术研究，2006(9)：135-137.

[50]李竹．《翻译学》之浅析[J]．金田，2011(7)：53-53.

[51]乔佳义，杨鸣娟．试论翻译学的构建[J]．天津商学院学报，2003，23(3)：58-61.

[52]翟凤荣．也谈翻译学的建立[J]．烟台师范学院学报(哲学社会科学版)，2001，18(3)：96-99.

[53]谭载喜．试论翻译学[J]．外国语，1988(3)：24-29.

[54]罗迪江．生态翻译学研究的生态范式及其效应[J]．南华大学学报(社会科学版)，2022，23(1)：90-96.

[55]张静屹．生态与翻译——生态翻译学理论解构[J]．英语广场(下旬)，2021(7)：46-48.

[56]胡庚申．生态翻译学的理论创新与国际发展[J]．浙江大学学报(人文社会科学

版),2021,51(1):174-186.

[57]杨仕章.文化翻译学建构探索[J].中国俄语教学,2018,37(1):75-81.

[58]王家根,陶李春.再谈生态翻译学的名与实[J].巢湖学院学报,2020,22(1):128-134.

[59]卢晓茹.生态翻译学之我见[J].长江丛刊,2022(7):19-21.

[60]秦平新.浅谈语料库翻译学[J].语言与翻译(汉文版),2009(2):63-65.

[61]牛荣亮.论翻译学的技术转向[J].南阳理工学院学报,2017,9(3):77-80.

[62]张杲.语言学与翻译[M].长春:吉林人民出版社,2017.

[63]韩竹林,果笑非.生态翻译学及其应用研究[M].哈尔滨:哈尔滨工程大学出版社,2015.

[64]许建忠.翻译生态学[M].北京:翻译生态学,2009.

[65]刁克利.翻译学研究方法导论[M].天津:南开大学出版社,2012.

[66]许建忠.翻译经济学[M].北京:国防工业出版社,2014.

[67]陈刚.翻译学入门[M].杭州:浙江大学出版社,2011.

[68]杨仕章.语言翻译学[M].上海:上海外语教育出版社,2006.

[69]佟颖.社会符号学翻译模式研究[M].天津:南开大学出版社,2016.